春秋大事表

第一册

〔清〕顧棟高 輯
吴樹平 李解民 點校

中華書局

圖書在版編目(CIP)數據

春秋大事表/(清)顧棟高輯;吴樹平,李解民點校.—
北京:中華書局,1993.6(2025.2 重印)
ISBN 978-7-101-01218-7

Ⅰ.春… Ⅱ.①顧…②吴…③李… Ⅲ.中國歷史-大事記-春秋時代 Ⅳ.K225.06

中國版本圖書館 CIP 數據核字(2012)第 145823 號

特約編輯:駢宇騫
責任編輯:胡 珂
責任印製:管 斌

春秋大事表
(全三册)
〔清〕顧棟高 輯
吴樹平 李解民 點校
*
中 華 書 局 出 版 發 行
(北京市豐臺區太平橋西里 38 號 100073)
http://www.zhbc.com.cn
E-mail:zhbc@zhbc.com.cn
北京虎彩文化傳播有限公司印刷
*
850×1168 毫米 1/32 · 94¼印張 · 6 插頁 · 1995 千字
1993 年 6 月第 1 版 2025 年 2 月第 8 次印刷
印數:6001-6600 册 定價:498.00 元

ISBN 978-7-101-01218-7

整理説明

顧棟高的春秋大事表，對春秋及其三傳作了全面、系統、深入的分類整理和實證研究，是清代春秋學的一部集大成之作，有很强的資料性和極高的學術性，至今仍具重要參考價值。

爲給學術界提供一個便於閱讀使用的本子，特對春秋大事表進行整理。全書的點校工作由吴樹平、李解民完成。具體分工是：李解民負責卷首、卷一至卷十二、春秋輿圖、附録，吴樹平負責卷十三至卷五十。同時，吴樹平撰寫顧棟高和他的春秋大事表一文，作爲導言，置於書前。并志芳編製春秋大事表地名索引、春秋大事表姓氏人名索引、春秋大事表官名索引，繫於書後，以備檢索。此外，還重新編製了該書目録。

另須説明的是，在標點方面，有時爲了遵守「句號、問號、嘆號、逗號、頓號和冒號」「通常不出現在一行之首」和「引號、括號、書名號的前一半不出現在一行之末，後一半不出現在一行之首」的規定，在不改變原文意義的前提下，略作變通，與全書的標點體例及斷句習慣或有參差，如春秋列國姓氏表卷十一的表中若干文字。請讀者留意。

中華書局編輯部

顧棟高和他的春秋大事表

吳樹平

西漢時期，春秋就已經成爲一種專門之學。傳授春秋者，最初有公羊、穀梁、鄒氏、夾氏四家。公羊、穀梁二傳立於學官。鄒氏之學口説無傳授之人，夾氏之學口説授受，未著竹帛，因而二家之學相繼失傳。先於公羊、穀梁、鄒氏、夾氏四家產生的春秋左氏之學，於西漢微而不顯，西漢末年雖然劉歆大力宣傳，但其聲勢和地位終究不能與公羊、穀梁二傳相抗衡。至東漢諸儒習左氏之學者日益增多，勢力漸廣。在兩漢以後至清一千多年的時間裏，治春秋的經師代不乏人，著述越來越豐富。只要把漢書、隋書、舊唐書、新唐書、明史、清史稿諸史藝文志或經籍志中的春秋類著録的歷代著作略加對比，就會體會出春秋學日漸發達的趨勢。

在我國封建社會春秋學發展史上，清代是一個十分重要的時期。如果我們把西漢看作春秋學的奠基時期的話，那麽，清代則是春秋學的總結時期。這時的總結工作包括兩方面的内容，一是著書立説，在前人成果的基礎上對春秋和左氏、公羊、穀梁三傳進行訓釋和研究，一是輯集已經散佚的前人的春秋著作。前一項工作内容是主要的，最能反映清代春秋學富有總結性這一特色。

清代的春秋學著作，有從某一個方面進行總結的，如洪亮吉的春秋左傳詁、劉文淇的春秋左氏傳

舊注疏證、孔廣森的春秋公羊通義、陳立的公羊義疏、江永的春秋地理考實、高士奇的春秋地名考略、程廷祚的春秋職官考略、陳厚耀的春秋長歷等，都是有影響的代表作。至於對春秋學不局一隅，全面進行研究而又帶有總結性的著作，則有顧棟高的春秋大事表。

一

顧棟高，字復初，又字震滄〔一〕，自號左畬，無錫人，生於康熙十八年（公元一六七九年）。四十三歲成進士，授內閣中書。雍正元年（公元一七二三年）時引見，以奏對越次罷職，回到家鄉〔二〕。雍正八年（公元一七三〇年），應河東總督田文鏡之聘撰修河南省志〔三〕。雍正十三年，江蘇巡撫顧琮舉顧棟高應博學鴻詞〔四〕。乾隆四年（公元一七三九年），一度假館九江大孤山堂，踰年歸里〔五〕。十一年（公元一七四六年），在淮陰志館修撰淮陰志〔六〕。十五年（公元一七五〇年），特詔內外大臣薦舉經明行修之士。當時共推薦四十多人，大學士張廷玉、尚書王安國、侍郎歸宣光薦舉江南舉人陳祖范，尚書汪由敦薦舉江南舉人吳鼎，侍郎錢陳羣薦舉山西舉人梁錫璵，大理寺卿鄒一桂薦舉顧棟高。只有這四個人，論者認爲名實允孚，皆授國子監司業。這時顧棟高年逾七十，以年老不任職，賜司業銜。回歸故里，繫以六品銜。掌教淮陰書院，生徒甚盛。

乾隆十六年（公元一七五一年）十一月，皇太后聖壽節，顧棟高入京祝嘏，受到召見，拜起令內侍扶掖。顧棟高奏對，首及三吳敝俗，請以節儉風示海内。陛辭，賜七言律詩兩首。一首云：「老不中書尚

著書，皤然鶴髮被簪裾。澹辭待詔來金馬，榮爲通經到玉除。詎曰宸嚴常穆若，欲諮民隱便傷如。題屏合傚王家例，一語還淳足起予。」另一章云：「文章風雅數東吴，誰似沈潛味道腴。爲慕談經虚左席，用宏錫類慰慈烏。從教馬鬣榮光賁，要使蓬門義路趨。不是沉香呼學士，貂璫扶掖重醇儒。」詩中表現了乾隆皇帝對顧棟高的贊許。這兩首詩載於李桓國朝耆獻類徵初編卷一二七，没有標明寫詩的具體時間。乾隆十三年（公元一七四八年）顧棟高萬卷樓刻本春秋大事表書前影刻乾隆兩首詩，詩末云：「乾隆壬申新春御筆賜司業顧棟高。」壬申即乾隆十七年（公元一七五二年）。

乾隆皇帝於二十二年（公元一七五七年）南巡，顧棟高又蒙召見，加二秩爲祭酒，賜「傳經耆碩」四字。這對顧棟高來説，是一極大的榮譽。過了兩年，顧棟高死於家鄉，時年八十一。

顧棟高死後，乾隆皇帝曾提出爲他立傳。清實録乾隆三十年九月戊子諭云：「儒林亦史傳所必，果其經明學粹，雖韋布之士不遺，又豈可拘於品位，使近日如顧棟高輩，終使淹没無聞耶？」陳康祺郎潛紀聞亦載此事，並云嗣是史館始立儒林傳。李桓國朝耆獻類徵初編卷一二七即載有國史館撰寫的顧棟高傳。後來趙爾巽等修清史稿，顧棟高傳幾乎一字不差的迻録了國史館的文字。

顧棟高一生潛心學術，他涉獵的範圍相當廣泛。他對三禮有一定的研究，十八歲時即開始讀周禮，二十一歲又攻儀禮〔七〕。他學習三禮非常認真。裴大中等撰無錫金匱縣志卷二一記載：「華孳亨字子宏，與棟高並習儀禮，嘗畫宫室制度於棋枰，以棋子記賓主升降之節、器物陳設之序，如以身揖讓進退其間。」隨着學習和研究的深入，他對三禮的認識逐漸深化。比如年青時堅信周禮、儀禮爲周公所

作，「見有人斥周禮爲僞者心輒惡之」。及至中年，對自己的看法產生了懷疑。到了晚年，便改變了早期的看法，察覺了周禮出自漢儒，儀禮也不是周公之本文，並根據左傳引經不及周禮、儀禮這一事實進行了考辨〔八〕。他撰有儀禮指掌宮室圖〔九〕，是治儀禮的專著。

對詩，顧棟高也作過一番研究。他撰有毛詩類釋二十一卷，續編三卷，又撰有毛詩訂詁八卷，附録二卷。毛詩類釋被採入四庫全書。是編成於乾隆十七年（公元一七五二年），續編成於乾隆十八年。四庫全書總目提要稱：「諸家説詩中名物多泛濫以炫博，此書則採録舊説，頗爲謹嚴，又往往因以發明經義，與但徵故實、體同類書者有殊，於説詩亦不爲無裨也。」續編於爾雅中釋詁、釋言、釋訓之文與詩有關者，摘而録之，略爲疏解。毛詩類釋釋名物，續編言訓詁，兩者相輔而行。顧棟高治詩的主要成就都反映在本書之中。

對尚書，顧棟高也作過探討，他撰有尚書質疑二卷。此書既不録尚書原文，也不訓釋尚書文義，只是標舉疑義，每條撰論一篇。所論多據理臆斷，不重考證本末，很少有個人創造性的見解。看來顧棟高於尚書之學没有下過很大的功夫，他的尚書質疑一書不爲世人所重。

此外，顧棟高還撰有大儒粹語二十八卷〔一〇〕、王荆國文公年譜三卷、司馬太師温國文正公年譜八卷、淮安府志三十二卷〔一一〕。他還寫過一些文章，彙爲萬卷樓文集十二卷〔一二〕。萬卷樓文集筆者未見傳本，具體内容無從得知。顧棟高不擅長也不喜歡與文人唱合，今天幾乎見不到他的詩作，惟張維屏國朝詩人徵略卷二二摘有顧棟高「兩岸青山圍素月，一溪寒水宿殘星」兩句詩。春秋大事表中有用詩的

形式撰寫的春秋列國地形口號、春秋五禮源流口號，但這是以詩叙史，書後的附録中又有顧棟高的幾首詩，是論述春秋大事表的，都與純文學意義上的詩作有所不同。蒲褐山房詩話就説過，顧棟高不好吟詠，大事表後附論春秋詩皆無關風雅〔一三〕。

顧棟高雖然對三禮、詩、尚書都有所研究，在經學之外也有一些著述，但這都不是他的學術精華所在。他真正擅長的是春秋學。他的一生，相當多的時間和精力都致力於春秋學的探討和總結，最後把自己的成果都凝結在春秋大事表這部巨著當中。正是由於顧棟高對春秋學的特殊貢獻，使他知名當世，從乾隆皇帝那裏得到了特殊的榮譽，成爲儒學士林的一面旗幟。

顧棟高十一歲時，他的父親手抄左傳全本教他誦讀。十八歲時受業高愈。高愈字紫超，無錫人，明高攀龍之兄孫，是有名的經學大師，對春秋和三禮有較深的造詣，撰有春秋經傳日鈔、春秋類、春秋疑義、周禮疏義、儀禮喪服或問、讀易偶存等。顧棟高的舅舅華學泉，字天沐，號霞峯，無錫人，日夜窮經，也深通春秋和三禮，又嗜好周易。他著有春秋類考、儀禮喪服或問等〔一四〕。高愈和華學泉在經學上時常切磋，一再就春秋疑義互相致書辨難。這引起了顧棟高的興趣。不過，他當時對春秋學尚處於初學階段，雖然從旁飫聞其論，但心中却不知其所以然。

顧棟高二十一歲時，父親去世，當時他學習儀禮喪服，旁及周禮、禮記，但于春秋也未嘗釋手。二十七八歲時，學爲古文，開始認識到左傳文章的變化用意。雍正元年（公元一七二三年），他從京城罷職回家，更加潛心春秋。他的書齋號萬卷樓，庋藏有歷代諸儒春秋學著作。他悉發架上藏書，一一研讀。陳

康祺郎潛紀聞二筆卷八有這樣的一段記載:「顧祭酒少治春秋,篤好左氏學,晝夜研誦,輒未暫輟。偶懷忿懥,家人以左傳一卷置其几上,怡然誦之,不問他事。自壯至老,勤勤訂述,常若不及。夏月閉户,不見一客,卸衣解襪,據案玩索,膝摇動不止。每仰視屋梁而笑,人知其一通畢矣。」清史列傳顧棟高傳亦有類似記載。看來顧棟高完全陶醉于春秋和左傳的研治當中了。

宋胡安國撰春秋傳三十卷,張洽撰春秋集注十一卷。明代初期定科舉之制,大略承襲元代舊式,宗法程、朱。而程頤春秋傳僅成二卷,闕略過甚,朱熹亦無成書。因爲胡安國之學出自程頤,張洽之學出自朱熹,所以春秋以胡、張二家之學立于學官。永樂年間,胡廣等奉敕撰春秋大全七十卷,實際上是剽襲元汪克寬春秋胡傳附録纂疏,所採諸説,惟憑胡安國之論以定是非。從此,胡安國春秋傳科場用爲程式,張洽之書遂廢不行。對風行一時的胡安國傳,顧棟高並不迷信。隨着對春秋學研究的不斷深入,他發現胡安國傳有不少謬誤,許多地方的立論,「是文定之春秋,而非夫子之春秋」〔一五〕。他決心要探求春秋本義,爲了達到這一目的,他研究了千百年來産生的有關春秋及左傳、公羊傳、穀梁傳的代表著作。同時,他從瞭解春秋地理出發,「周歷燕、齊、宋、魯、陳、衛、吴、楚、越之墟,所至訪求春秋地理。足所不至,則詢之遊人過客、輿夫厮隸」〔一六〕。

幾十年來的日積月累,使顧棟高對春秋學有了深厚而堅實的基礎,他在學術上已經成熟了,終于經過長期的努力寫出了春秋大事表。

此書共有五十篇,分爲六十四卷。另外,春秋列國險要表後有春秋列國地形口號,春秋嘉禮表後

有春秋五禮源流口號。書前有總叙一篇，每篇前又各有叙，加上地形口號叙、五禮源流口號叙，以及時令表後叙、列國疆域表後叙，共有叙五十四篇。全書五十篇中，有一些篇的後面附有論辨，以訂舊說之訛。據統計，論辨共有七十七篇。

春秋大事表的主要組成部分是五十篇表。這些表，幾乎把春秋和左傳的基本内容，都用表的形式類聚區分，進行了研究和總結，其範圍包括時令、朔閏、列國疆域、爵姓及存滅、都邑、山川、險要、官制、姓氏、卿大夫世系、刑賞、田賦軍旅、吉凶賓軍嘉五禮、王迹、魯政下逮、晉中軍、楚令尹、宋執政、鄭執政、列國爭盟、列國交兵、城築、四裔、天文、五行、三傳異同、闕文、齊紀鄭許宋曹吞滅、亂賊、兵謀、左傳引據詩書易、杜預注正訛、人物、列女等。全書字數約在百萬左右。這樣一部内容豐富、分類精細、體制龐大的著作，在春秋學發展史上並不多見。

宋寧宗時程公說撰春秋分紀九十卷，内有年表九卷，世譜七卷，名譜二卷，書二十六卷，周天王事二卷，魯事六卷，大國世本二十六卷，次國二卷，小國七卷，附録三卷。其中書分歷法、天文、五行、疆理、禮樂、征伐、職官七門。書中廣採諸儒之說，作者又自爲序論，精義頗多。春秋大事表在體例上與是書往往互有出入。但顧棟高並没有剽竊春秋分紀。宋理宗淳祐三年（公元一二四三年），程公說之弟程公許刊刻春秋分紀，明時傳本已罕，清時更難見到，朱彝尊作經義考即云未見，乾隆年間修四庫全書時，僅于揚州馬曰璐家得一宋刻影抄本。在傳本幾乎絶世的情况下，顧棟高是無從獲睹春秋分紀的。今天我們拿兩書進行對比，就會發現，春秋大事表在材料搜集的完備性和内容組織的精密性，以

及吸取前人成果的廣泛性、個人研究的創見性等方面，都不同程度地超過了春秋分紀。這也是春秋學不斷發展的必然趨勢。

顧棟高撰寫春秋大事表經過了漫長的歲月。他在本書總叙中説：春秋大事表一書，「泛濫者三十年，覃思者十年，執筆爲之者又十五年」。凡例更加明確地説：「是編凡爲目五十，經始於雍正甲寅，斷手于乾隆戊辰，歷十五年，隨手輯成，不拘次序。」甲寅即雍正十二年（公元一七三三年），戊辰即乾隆十三年（公元一七四八年）。但是，顧棟高在春秋大事表春秋左傳引據詩書易三經表後附左氏引經不及周官儀禮論中又説：「五十以後輯春秋大事表，凡十四年而卒業。」與總叙和凡例所説相差一年。

春秋大事表中每一篇表、論辨和按語的具體撰寫年代，限於材料，今天已無法確考。可以考知者，僅有以下十七處：

（1）春秋列國疆域表後附春秋時晉中牟論，撰於雍正八年（公元一七三〇年），〔一七〕顧棟高時年五十二歲。

（2）春秋列國地形犬牙相錯表後附春秋時厲賴爲一國論，撰於雍正八年。〔一八〕

（3）春秋列國疆域表後附春秋時楚豫章論，撰於乾隆四年（公元一七三九年），〔一九〕顧棟高時年六十一歲。

（4）春秋列國疆域表後附春秋時晉中牟論顧棟高按語，撰於乾隆五年（公元一七四〇年），〔二〇〕顧棟高時年六十二歲。

(5)春秋列國疆域表後附春秋時楚豫章論顧棟高按語，撰於乾隆五年。〔二一〕

(6)春秋人物表，撰於乾隆七年（公元一七四二年），〔二二〕顧棟高時年六十四歲。

(7)春秋列國都邑表後附秦自穆公始東境至河宜從史記不宜從鄭詩譜論，撰於乾隆十年（公元一七四五年）〔二三〕，顧棟高時年六十七歲。

(8)春秋人物表後附列國謚法考，撰於乾隆十年。〔二四〕

(9)春秋列女表後附衞夷姜晉齊姜辨，撰於乾隆十年。〔二五〕

(10)春秋列女表，撰於乾隆十年。〔二六〕

(11)春秋魯政下逮表後附春秋子野卒論顧棟高按語，撰於乾隆十年。〔二七〕

(12)春秋列國山川表後附書渡河考後，撰於乾隆十年。〔二八〕

(13)春秋列國山川表後附春秋不書河徙論，撰於乾隆十一年（公元一七四六年），〔二九〕顧棟高時年六十八歲。

(14)春秋列國地形犬牙相錯表所附列國地名考異，撰於乾隆十三年（公元一七四八年），〔三〇〕顧棟高時年七十歲。

(15)春秋左傳引據詩書易三經表後附左氏引經不及周官儀禮論，撰於乾隆十三年。〔三一〕

(16)春秋列國地形犬牙相錯表後附齊穆陵辨，撰於乾隆十三年。〔三二〕

(17)春秋大事表總叙，撰於乾隆十三年。〔三三〕

就以上所列諸表、論辨和按語來看，春秋大事表所收文字並不是都寫在雍正十二年至乾隆十三年這十五年間，此前寫的一些文字也偶有收録。

顧棟高編寫春秋大事表的過程中，對全書規模有過調整。他在寄秦子樹灃詩中談到春秋大事表時説〔三四〕：「州次而部居，分肌兼析理。爲卷四十九，爲目四十四。」其下自注云：「後復增六項。」這首詩據顧棟高所記作於癸亥，即乾隆八年（公元一七四三年）。可見，顧棟高最初計劃編寫四十四篇，四十九卷。後來擴充篇目，增加六篇，成爲五十篇。所增六篇，應該是乾隆八年以後撰成。這六篇，今天已不能全部從五十篇中分辨出來，但有三篇尚可指明。一篇是上面提到的撰於乾隆十年的春秋列女表。另一篇是春秋人物表。此表按語寫於乾隆十年，表文與按語當在同一時期寫成。還有一篇是春秋田賦軍旅表。乾隆九年九月華玉淳答復初先生柬云：「春秋田賦軍旅一項極有關係，增入甚善。」據此可知，春秋田賦軍旅表亦係後來增補。

春秋大事表中的五十篇表主要是顧棟高親手編撰，少數幾篇由他人幫助撰成。據凡例所載，春秋列國官制表、春秋列國姓氏表、春秋卿大夫世系表三表由華玉淳輯成。春秋朔閏表經始於華文緯，最後由華玉淳審訂定稿。表後春秋輿圖中的十三圖，則爲華半江一人之力。至於幫助顧棟高作參訂校核工作的人就更多了，其中包括華玉淳、程鐘、姚培謙、程易、程時、程春、程志銘、錢袁英、程雲龍、程澄、程昶、程昭、華育濂、孫廷鏞、孫廷鉞、楊遂曾、程志銓、楊覲、楊度汪、楊守禮、程廷錀、馬曰琯、鄒宗周、俞魯瞻、顧龍光。此外，還有他的學生華文緯、吴光裕、華廷相、華西植、夏建勳、吴昭烺、夏建謨、楊

日炳、吴華熠、王耀、王稻孫、嵇珹、杜灝、施鳳藻、唐寅保、夏瀛、楊潮觀、徐汝瓚、沈岵瞻、程開基、秦斌、程王章、沈金鰲、唐庚保、程樊、顧遷。他的弟弟顧極高也是參訂校核者之一。

在以上五十一人當中，出力最多的是華玉淳。華玉淳，字師道，是顧棟高的舅舅華學泉的從孫〔三五〕，華孳亨之子〔三六〕，爲諸生，窮研經史，務究根底。他不但協助顧棟高做了一些編輯工作，而且還完成了大量的審訂工作。裴大中等無錫金匱縣志卷二二説：「顧棟高春秋大事表一書資玉淳討論之力。」這是符合實際情況的。春秋大事表附録載華玉淳答復初先生柬五通，前二柬是討論由他具稿的三篇表，第三柬討論春秋朔閏表，第四柬討論春秋田賦軍旅表，第五柬討論春秋列國地形口號。後三柬發表的意見十分具體，對各篇的問題逐一作了辨析，並提出了修改方案，這對於提高春秋大事表的質量無疑是大有裨益的。

在華玉淳之外，出力較多的是沈岵瞻、夏瀛、楊日炳三人。他們參校再三，花費了不少精力，所以，顧棟高在春秋大事表凡例中特地提到了這三個人。春秋大事表能够成爲春秋學上的一部重要著作，固然應該首先歸功顧棟高，但是參訂審核者之功也是不可泯没的。

二

春秋本來是春秋時代出自魯國的一部簡略的編年體史作，由於相傳經過孔子的删削和整理，因而自漢代始便奉之爲儒家經典，成爲封建社會統治者和知識階層習誦的經書之一。封建統治者出於政

治上和文化思想上的需要，對春秋作了許多唯心主義的解釋。他們把春秋的主旨歸結爲「定素王之法」，爲後代帝王創立了經國治世的規範。又認爲「正名」是全書的基本觀念。所謂「正名」，就是把封建社會的等級制度神聖化，朝代可以更迭，但以君權爲核心的等級制度却是永恆的。而春秋爲了達到「正名」的目的，主要採取了三種途徑：一曰「正名字」，二曰「定名分」，三曰「寓褒貶」。

基於這樣的認識，必然導致說春秋，反致失去了春秋的本來面貌。董仲舒撰春秋繁露，爲春秋作義。但是，他推求出來的春秋之義，與春秋風馬牛不相及。春秋文公九年載：「九年春，毛伯來求金。」毛伯是周大夫。文公八年周襄王卒，周頃王繼位後派毛伯使魯求金，以供葬事。這只是一件具體歷史事件的記載。以讀史的眼光來看，所述史事是十分清楚的，並沒有什麽深曲之義。但是，公羊傳解釋說：「毛伯者何？天子之大夫也。何以不稱使？當喪未君也。踰年矣，何以謂之未君？即位矣，而未稱王也。未稱王，何以知其卽位？以諸侯之踰年卽位，亦知天子之踰年卽位也。以天子三年然後稱王，亦知諸侯於其封内三年稱子也。踰年稱公矣，則曷爲於其封内三年稱子？緣民臣之心，不可一日無君，緣終始之義，一年不二君，不可曠年無君，緣孝子之心，則三年不忍當也。」這些迂曲的解釋，還只局限在人事方面。到了董仲舒，則突破了人事界限，又與天道聯繫在一起。春秋繁露玉杯說：「春秋之法，以人隨君，以君隨天。曰：緣臣民之心，不可一日無君。一日不可無君，而猶三年稱子者，爲君心之未當立也。此非以人隨君耶？孝子之心，三年不當。三年不當而踰年卽位者，與天數俱終始也。此非以君隨天耶？故屈民而伸君，屈君而伸天，春秋之大義也。」僅是春秋「毛伯來求金」一語，董仲舒竟然主

觀地悟出了天與君、君與民的關係。董仲舒是以習公羊著稱當世的，實際上，他對春秋的歪曲比公羊傳爲甚。

我們舉公羊學的信奉者董仲舒爲例，其意不在專門抨擊公羊學。就客觀情況來説，循着穀梁學或左氏學的路子闡發春秋的封建學者，盡管他們之間的具體見解有别，但由於都固守着春秋乃聖人爲後世「垂法」的相同信條，不能把春秋從聖經的地位還原到一般史書的地位，因而對春秋的解釋也多有不符實際的謬説。

顧棟高作爲儒家經學的飽學之士，他生活的時代所提供的客觀條件以及他自身所具備的內在因素，都使他在春秋大事表中不可能破除對孔子修春秋的迷信，從根本上逾越一千多年來説春秋者設置的藩籬。

但是，顧棟高畢竟是一個踏踏實實、謹慎治學的學者，由於他對春秋的長期鑽研，使他在許多具體問題上積累了不少正確的見解，並在這個基礎上，於春秋大事表中總結出了治春秋的幾個基本原則，反映了他實事求是的治學方法。

第一，打破年代界限，通覽春秋。

顧棟高在春秋大事表中十分强調讀春秋應該打破年代界限，以久遠的眼光通覽春秋。他在春秋大事表書前的偶筆中説：「看春秋眼光須極遠，近者十年、數十年，遠者通二百四十二年。」接着他舉例説：「自桓二年蔡侯、鄭伯會於鄧始懼楚，此發端也。至定四年蔡侯以吳子及楚人戰于柏舉，楚師敗績，

庚辰吳入郢，是結案。志蔡之積怨而能報楚，而褒卽寓其中矣。自僖十九年陳人、蔡人、楚人、鄭人盟於齊，此發端也。至昭八年楚師滅陳是結案，志陳之招楚適自貽患，而貶卽寓其中矣。隱十一年鄭伯入許，此發端也。至定六年鄭游速帥師滅許是結案。志鄭之志在吞許，歷二百八年之久而卒滅之，以著鄭之暴。而中間之許叔入許及許之四遷，鄭之屢次伐許、圍許，皆其聯絡照應也。僖十四年宋人伐曹，此發端也。至哀八年宋公入曹，以曹伯陽歸，是結案。志宋之志在并曹，歷一百五十九年之久而卒滅之，以著宋之暴。而中間之盟於曹南及屢次之圍曹、伐曹，皆其聯絡照應也。」

「看春秋眼光須極遠」，這種治春秋的方法是完全正確的。春秋按年記事，一件歷史事變從發生到結束，往往經歷數年甚至數十年，或者更長的時間。這樣，探求歷史事變的眞象和春秋作者對此歷史事變所持的態度，就不能局限在一年之內的記載上，而必須破除時間界限，着眼全書，把前後相關的記載聯繫起來閱讀。只有如此，才能把握每一個歷史事變的前因後果，來龍去脈，看清楚春秋作者的臧否傾向。

在春秋大事表中，顧棟高往往能不爲年代所囿，以時間久遠的眼光，對春秋提出正確或比較合理的解釋。春秋僖公四年載：「春王正月，公會齊侯、宋公、陳侯、衞侯、鄭伯、許男、曹伯侵蔡，蔡潰，遂伐楚，次于陘。」齊桓公爲什麼會同諸侯侵蔡，左傳僖公三年記述說：「齊侯與蔡姬乘舟於囿，蕩公。公懼，變色。禁之，不可。公怒，歸之，未之絶也。蔡人嫁之。」史記齊太公世家也記載說：「二十九年，桓公與夫人蔡姬戲船中，蔡姬習水，蕩公。公懼，止之，不止，出船，怒，歸蔡姬，弗絶。蔡亦怒，嫁其女。桓公聞而

怒，興師往伐。「三十年春，齊桓公率諸侯伐蔡，蔡潰，遂伐楚。」把齊桓公伐蔡的原因都歸結爲蔡姬之故，顧棟高不贊同左傳和史記的説法，他在春秋齊楚爭盟表中説：「齊桓之圖楚已經二十年，卽遇梁丘至此亦已五年矣。會檉、盟貫、會陽穀，用全力以圖之，豈亦爲蔡姬之故乎！左氏喜談女德，史公因之，遂曰桓公實怒少姬，南伐蔡，管仲因而伐楚，以震動天下大事同於兒戲，可一笑也。」這裏，顧棟高爲了説明春秋僖公四年齊桓公會諸侯侵蔡伐楚的記載，追述了先前會盟謀楚的主要活動，指出莊公三十二年齊桓公與宋公遇於梁丘，僖公元年齊桓公與魯公、宋公、鄭伯、曹伯、邾人會檉，僖公二年齊桓公與宋公、江人、黄人盟於貫，僖公三年齊桓公與宋公、江人、黄人會於陽穀，目的均在圖楚。當時蔡爲楚的與國，地處楚北，正當齊桓公與各國諸侯伐楚之途。齊桓公攘楚，必先有事於蔡。顧棟高通過對春秋數年記事的排比研究，看到了伐蔡是爲圖楚，這一見解確實比左傳和史記的看法更爲接近事實。春秋大事表中用「看春秋眼光須極遠」的方法探討春秋旨意的地方是很多的，這裏不再列舉。

第二，審度形勢，以定是非。

封建社會治春秋的不少儒家學者，主觀的臆説實在是太多了。導致這種現象的具體原因之一就是人們在説明春秋史事時脱離了具體的歷史背景，把本來是生動的，與客觀的社會條件聯繫在一起人物、制度、事變孤立起來。

顧棟高不贊成用這種方法研究春秋，他在春秋大事表中提出了審度時勢，以定是非的主張。春秋晉楚爭盟表後附春秋楚人秦人巴人滅庸論中説：「夫讀春秋者，貴合數十年之事以徐考其時勢，不當就

一句内執文法以求褒貶；宜合天下而統觀大勢，不當就一國内拘傳事以斷是非。」

這種見解，無疑是很精到的。春秋大事表中的春秋晉楚争盟表、春秋吴晉争盟表、春秋秦晉交兵表、春秋晉楚交兵表、春秋吴楚交兵表、春秋吴越交兵表、春秋魯邾莒交兵表、春秋宋鄭交兵表、春秋三傳異同表較多地運用了審度時勢、以定是非的治學方法。顧棟高用這種方法去論人，往往評價較爲公允；用這種方法去察事，往往能得其情實；用這種方法去分析春秋盟會與戰争，往往能言出中的；用這種方法去探討春秋典制，往往與事實相契合。

春秋文公十六年載：「楚人、秦人、巴人滅庸。」據左傳所述，滅庸者實際上是楚國，秦、巴二國只是以兵助楚。胡安國春秋傳認爲，庸有自取滅亡的原因，而楚蔿賈善於爲國謀劃，因此春秋以楚、秦、巴三國並書，並且楚稱「人」而不稱「師」，以減輕楚國的罪過。這完全是不顧事實的臆説。顧棟高反對胡安國春秋傳的説法，批評他「殊失經旨」〔三七〕。

從當時春秋各國形勢來看，勢力最强的要推晉、楚兩國。但是晉國靈公年幼，國力比文、襄時期大爲削弱。所以左傳文公九年載范山對楚穆王之言曰：「晉君少，不在諸侯，北方可圖也。」而楚國穆王卒後，莊王繼立，有志於北向争强。史記楚世家説「莊王即位三年，不出號令，日夜爲樂」，並非信史。真實情況是楚莊王初期，主要用力于爲稱霸諸侯作準備，加强國力，消除腹患。腹患的主要因素是庸、麇、羣蠻、百濮。庸人早就與楚相抗。楚莊王三年，庸人帥羣蠻叛楚，麇人率百濮聚於選，將伐楚。楚人打算遷徙險地阪高。後來楚莊王採納蔿賈的建議，伐庸而滅之，麇與羣蠻、百濮之禍也涣然解除。就

楚而言，滅庸乃勢在必行。顧棟高正確把握了當時的客觀鬥爭形勢，對春秋「楚人、秦人、巴人滅庸」作了透徹的解釋，他在春秋晉楚爭盟表後附的春秋楚人秦人巴人滅庸論中說：「考楚武、文之世，巴、庸嘗病楚，楚方經營近境之不暇，未敢以全力與中國爭。而城濮之役，秦助晉攘楚，楚威稍挫，中國得安枕者十五年。今以晉靈幼弱，楚莊暴興，乃連結巴、秦滅庸。庸與麇俱爲今鄖陽府境，界連秦隴，楚得其地則勢益西，北逼近周、晉。且滅庸而楚之內難夷矣，連巴、秦而楚之外援固矣。滅庸以塞晉之前，結秦以撓晉之後，斯不待陸渾興師而早知其有窺周鼎之志矣。且夫庸非小弱也，周武時曾佐伐紂，立國已數百年，晉欒武子嘗稱楚自克庸以來，無日不討國人而申儆之，蓋亦重大其事。其所屬魚邑實爲今夔州府奉節縣，地跨兩省，居秦、楚、巴三國之界。故不結巴、秦則不得滅庸，庸滅而秦、楚合勢，中國之籓籬撤矣。……前此翟泉、於溫之盟，秦人皆與，志秦、晉之合，晉伯之所以盛。今此楚、秦滅庸，志秦、楚之合，晉伯之所以衰。晉伯之盛衰，周室之安危繫焉，不可以弗志也。」從晉、楚力量的消長和楚莊王爭霸的形勢中，說明了楚合秦、巴之力滅庸的重要性，並指出，對這樣的重大事件，春秋「不可以弗志」，也就是說，春秋只是據實而書。這一解釋，與胡安國春秋傳相比，孰是孰非是十分清楚的。

春秋襄公五年載：「冬，戍陳。」左傳云：「九月丙午，盟於戚，會吳，且命戍陳也。」公羊傳云：「孰戍之？諸侯戍之。曷爲不言諸侯戍之？離至不可得而序，故言我也。」穀梁傳云：「冬，戍陳，內辭也。」穀梁傳范甯注：「不言諸侯，是魯戍之。」三傳解春秋有所不同，左傳和公羊傳認爲戍陳不止魯國，尚有其他諸侯國。穀梁傳則認爲戍陳者只有魯國。陸淳春秋集傳辨疑卷九載趙匡之說曰：「左氏云：『冬，諸

侯戍陳。』按經文無諸侯字，奈何妄云諸侯乎？」公羊云：『離至不可得而序也。』縱離至不得列序，但云諸侯戍陳，於理何傷。若諸侯戍之，如此爲文，卽魯自戍之，而將卑師少，如何立文乎！又若諸侯盡戍之，則兵力盛矣，何得下文更爲會以救之。按僖十三年冬，諸侯會於鹹，明年城緣陵，云諸侯。此無諸侯字，魯自戍之耳，義亦昭然。」這裏，趙匡採用了穀梁傳的結論而又作了闡發。顧棟高不同意趙匡的說法，他在春秋大事表三傳異同表之三中指出：「趙子之說亦甚辨，與穀梁說同。然經文與僖二年城楚丘同義，決非魯一國所能獨城也，則左、公羊之說更爲得之。且此時楚方爭陳，合諸侯力且不足，魯豈能獨力往戍，晉亦無使魯人獨往之理。趙子殆泥於經而未審當日之大勢也。」顧棟高根據當時的力量對比，支持了左傳和公羊說。仔細推敲，他的見解確實比趙匡的說法更爲貼近情理。春秋於「冬，戍陳」上云：「秋，……公會晉侯、宋公、陳侯、衞侯、鄭伯、曹伯、莒子、邾子、滕子、薛伯、齊世子光、吳人、鄫人於戚。公至自會。」諸侯會戚與「戍陳」是緊密聯繫在一起的兩件事情。會戚時，晉爲盟主，據左傳所載，有諸侯戍陳之約。魯戍陳卽是踐約的行動。會戚的其他各國當亦有相同的行動。春秋書魯「戍陳」，絕不意味其他諸侯没有戍陳。既然諸侯戍陳，爲什麽只是書魯「戍陳」呢？對此，杜預有說云：「諸侯在戚會，皆受命戍陳，各還國遣戍，不復有告命，故獨書魯戍。」今人楊伯峻先生春秋左傳注對春秋「戍陳」的解釋採用了杜預注。這些，又從不同的角度說明了顧棟高分析「當日之大勢」而得出的結論是較爲可取的。

第三，既有所主，又兼採衆說之長。

春秋之傳流傳不絕者有三，卽左氏、公羊、穀梁。對三傳之說，顧棟高是站在左氏一邊的。他在春秋大事表春秋三傳異同表叙中說：「今世之學春秋者，微左氏則無以見其事之本末。蓋丘明爲魯太史，親見魯之載籍，如鄭書、晉志，夫子未嘗筆削之春秋，莫不畢覽，故其事首尾通貫，學者得因是以考其是非。若公、穀則生稍後，又未仕列於朝，無從見國史，其事出於閭巷所傳說，故多脫漏，甚或鄙倍失眞。」因此，顧棟高在春秋大事表中推原春秋本義多以左傳立說。

顧棟高雖然肯定左傳，但他並不是不分靑紅皂白地一概排斥公羊傳和穀梁傳。左傳說春秋謬誤的地方和不足之處，他便以公羊傳和穀梁傳來加以糾正和補充。春秋襄公十六年載：「三月，公會晉侯、宋公、鄭伯、曹伯、莒子、邾子、薛伯、杞伯、小邾子於湨梁。戊寅，大夫盟。」對這段文字，左傳以史事作了申述：「晉侯與諸侯宴於溫，使諸大夫舞，曰：『歌詩必類。』齊高厚之詩不類。荀偃怒，且曰：『諸侯有異志矣。』使諸大夫盟高厚，高厚逃歸。於是叔孫豹、晉荀偃、宋向戌、衞甯殖、鄭公孫蠆、小邾之大夫盟，曰：『同討不庭。』」孔穎達疏對左傳之義作了明確的說明：「按傳荀偃以君臣不敵，故使大夫盟高厚，君使之盟，非自專也。高厚既已逃歸，仍恐餘國有二心，故遂自共盟，以一其志。」公羊傳和穀梁傳的解釋不同於左傳。公羊傳云：「諸侯皆在是，其言大夫盟何？信在大夫也。」穀梁傳亦云：「湨梁之會，諸侯失政矣。諸侯會而曰大夫盟，政在大夫也。」公羊傳和穀梁傳的說法是一致的。對兩種不同的解釋，顧棟高擯棄了左傳說，而採取了公羊、穀梁說。他在春秋大事表春秋三傳異同表之三中說：「聖經於叙列諸侯下特著『大夫盟』三字，不是無意，自後平公失伯，列國之大夫擅權，皆自此啟，則公、穀之說

精矣。」他認爲對左傳之說不必拘泥。在當時，各國大夫勢力有所膨脹。溴梁之會，諸侯皆在，而由大夫誓盟，反映了大夫權勢的發展。自此大夫誓盟之後，助長了大夫權力加大的勢頭。如果從這種形勢來考慮，顧棟高的分析頗中情理。由此看來，他的說春秋以左傳爲主，兼採公羊、穀梁二傳，不失爲一種實事求是的治學方法。

立足左傳，兼採公羊、穀梁二傳，固然使顧棟高探討春秋收到了很好的效果。但是，有時會遇到這樣的情況，三傳的說法都與春秋相乖戾。這時，顧棟高往往不固守舊說，黨枯護朽，而是於三傳外尋求新解。春秋莊公八年載：「夏，師及齊師圍郕。郕降於齊師。秋，師還。」對這段經文三傳均有說。左傳云：「夏，師及齊師圍郕，郕降於齊師。仲慶父請伐齊師。公曰：『不可。我實不德，齊師何罪？罪我之由。……姑務修德，以待時乎！』秋，師還。君子是以善魯莊公。」公羊傳云：「成（郕）者何？盛也。曷爲謂之成？諱滅同姓也。曷爲不言降吾師？辟之也。」穀梁傳云：「其曰降於齊師何？不使齊師加威於郕也。」左傳「善魯莊公」之說和公羊傳、穀梁傳隱諱之說都未免牽强，顧棟高於三傳都一無所取，而另闢新說。他在春秋大事表春秋三傳異同之二中說：「莊公親仇讎而伐同姓，郕又不服而降齊師，師久於外，甘爲讎役，直書而罪自見。經文本自直捷簡易，不知傳者何苦自生支離。左氏以善，公、穀以爲諱，俱謬。」這種不苟同，敢於探索的精神，說明了顧棟高是一位求實的學者。

唐以前，解釋春秋都是以三傳作根基的，形成了一種傳統的習慣。而且一般說來，人們又都各守專門，互相駁難，論甘者忌辛，是丹者非素。至唐，有人突破了傳統習慣。唐憲宗時人陸淳撰春秋集傳

纂例、春秋微旨、春秋集傳辨疑，反映了陸淳和他的老師啖助及朋友趙匡的見解〔三八〕。啖、趙、陸三家解釋春秋，已不專主一傳，而融合三傳爲一家之説。並且常在三傳之外立論，就春秋解春秋，對三傳多所駁詰。這種治春秋的方法對宋人産生了深刻的影響。宋代的春秋學名家如劉敞、胡安國等人都勇於攻擊三傳，别樹一幟，在不同程度上受到了啖、趙、陸三家的啟發。啖、趙、陸和宋人的春秋説固然有濃厚的主觀主義色彩，但是他們倡導的方法對於破除迷信、解放思想起了積極的作用。而且，他們使用這種方法解釋春秋也取得了一些成就。四庫全書總目春秋集傳纂例提要在評論啖、趙、陸之學時指出：「舍傳求經，實導宋人之先路，生臆斷之弊，其過不可掩，破附會之失，其功亦不可没也。」評價還算公正。顧棟高解春秋以左傳爲主，又兼採公羊、穀梁二傳；三傳不可取時，又敢於離開三傳，提出新的見解，這種可取的治學方法正是吸取了啖、趙、陸三家和宋人治春秋的積極因素形成的。

顧棟高既有所主，又兼採衆説之長的治學方法，不僅表現在對春秋三傳的態度上，而且也表現在對唐宋元明清幾代形成的各家春秋説的態度上。顧棟高在春秋大事表中研究春秋，主要立足於個人的獨立思考和判斷。但是，他絶不放棄他人的研究成果。對唐人，他特别推崇啖助、趙匡，他在春秋三傳異同表之一中説：「啖、趙辨疑駁正三傳之説極精」〔三九〕。又説：「趙氏匡所駁三傳之説極是。」他在春秋大事表中較多地引徵二家之説立論。宋人孫復、孫覺、陳傅良、家鉉翁、吕大圭、趙鵬飛，元人程端學、趙汸、李廉，明人汪克寬等諸家，也爲顧棟高所推重，對各家之説，春秋大事表中多所採摘。清人之中，顧棟高非常信奉他的老師高愈和他的母舅華學泉的春秋説，每從正面加以引述。另外，對康熙時儒臣

奉命撰修的春秋傳説彙纂也很重視，春秋大事表中不少見解即採自此書。即使他批評較多的人，只要有可取之處，也不因人而廢其説。顧棟高對胡安國抨擊最爲激烈，但春秋大事表中對胡安國春秋傳也不乏贊同之處。總之，對前人和當代人的成果，顧棟高都作了廣泛地吸收。由於他能博採衆家之長，使他研究春秋的基礎更加堅實了。

在指出顧棟高注意吸取他人研究成果的同時，也應該看到，他對他人成果的吸取是有分析有批判的。他雖然推崇啖助、趙匡，但對二家之説時有駁正。對宋元明各家更是直截了當地搗瑕攻謬，不爲回護，即使對他的老師高愈和母舅華學泉也不是每説必從，有時也提出異議，只不過言辭委婉而已。這種實事求是的治學方法，是他研究春秋取得成就的重要原因之一。

第四，反對一字寓褒貶説。

鄭樵認爲治春秋者有三派，一派主張春秋一字有褒貶，一派主張春秋有貶無褒，一派主張春秋無褒貶。統觀由漢至清春秋學的發展大勢，一字褒貶説最具影響。公羊傳、穀梁傳就是這一派的創始之作。所謂一字寓褒貶説，即謂孔子修春秋設有一定的「義例」，或褒或貶，在于一字棄取之間。這種治春秋的方法帶有濃重的主觀主義色彩，在具體的運用過程中，不可避免的望文造義，支離曲折，甚至説一字而前後扞格，不能自圓其説。

顧棟高本着實事求是的態度，力斥一字褒貶的觀點。他在春秋大事表前的「偶筆」中有一段較長的文字集中闡述了他的觀點。爲了充分瞭解他的看法，我們把這段文字全部迻録如下：

「二百四十二年君卿大夫之賢奸善惡，千態萬狀，而欲執書名、書字、書族、書爵、書人、書滅、書入及日月時等十數字以概其功罪，爲聖人者亦太苦矣。不知下筆時費幾許，搖頭苦吟，竄易數四而後斟酌定此一字，作春秋不亦勞頓乎！如此幾同俗吏之引例比律與鯫生之咬文嚼字，聖心心事光明正大，決不如此。春秋只須平平看下去，自如岡巒之起伏。世運十年而一變，或數十年而一變，聖人第因其世變而據實書之。如春秋初年，猶以滅邑爲重，至其後則滅邑不書，而滅國書矣。猶有未賜族之大夫須命於王朝，至其後列國之大夫無不氏與族者矣。春秋中葉，猶書諸國伐我北鄙、南鄙、東鄙，至定、哀則直書伐我，直造國都，而四鄙不足言矣。荆初年猶舉號，繼而書楚人，繼而書楚子，最後但書楚之大夫，兼及吳、越，中夏反受其蔭庇矣。列國會盟征伐，初皆書君，其卿大夫則稱人，無有以名氏見，至末年而但書大夫之名氏，政自大夫出，而君位幾如贅旒矣。通春秋之蒐狩皆書公，至定、哀之蒐狩不書公，君無一民一旅，其得失皆與君無預矣。此皆春秋大變故，而聖人書法第據當日之時勢，初非設定一義例，謂有褒貶於其間也。」

在顧棟高看來，春秋本來没有一字寓褒貶的「義例」，記人、記事、記時、記地時前後的同異，都是對客觀事物的如實記述。反對一字寓褒貶説，是顧棟高始終如一的觀點。他在「偶筆」中説「看春秋須先破除一例字」，在春秋三傳異同表之三中引母舅華學泉之説批評「説春秋者好以一字爲穿鑿」，在春秋亂賊表中認爲從一字求褒貶「未免支離」，在春秋大事表全書中指斥一字見褒貶爲「穿鑿」的話屢見不鮮，一再表達了他反對一字寓褒貶的主張。

這種主張是否可取，只要看看他運用這種主張治春秋的實際情况也就清楚了。

這裏僅列舉兩例：

春秋成公十八年載：「春王正月，晉殺其大夫胥童。庚申，晉弑其君州蒲。」據左傳，殺死晉厲公州蒲的是欒書、中行偃。穀梁傳認爲「稱國以弑其君，君惡甚矣」。胡安國春秋傳則認爲有意省略弑君者名姓，後來諸儒多主此説，認爲晉君爲一國所共疾，欒書和中行偃與國人共同行弑，春秋不明書欒書和中行偃，是爲了分惡於衆。穀梁與胡安國説法不同，但根據却都是一字寓褒貶的信條。顧棟高從自己的一貫主張出發，作了新的解釋。他在春秋三傳異同表之三中説：「春秋之經因舊史，舊史之文從赴告。里克殺卓子而立惠公，惠公旋殺里克，則以弑赴於諸侯，曰：『里克弑其君卓及其大夫荀息。』本國既以弑赴，魯史得有所據而書之矣。若悼公當日未能誅欒書也，既未能正書之罪，則其赴告自必含糊其辭，或稱衆弑，或諉於他人弑，俱未可知。赴告既無欒書名氏，魯史何從指實。魯史向無指名，春秋何從增造。爲書、偃末減者固非，謂春秋宜目書、偃者，則聖人不能違魯史而自定刑書也，不然聖人豈嚴於里克而獨寬於書、偃哉！」顧棟高的分析近乎情，合于理。欒書、中行偃殺死晉厲公後，使荀罃、士魴去京師迎周子而立之，是爲晉悼公。當時晉悼公只有十四歲，而欒氏、中行氏勢力强大，幼弱的晉悼公是不敢把厲公被殺的實情赴告魯國的。那麽，魯史所記自然没有欒書、中行偃的名字。脱胚於魯史的春秋也只是因襲的原始的記載。穀梁傳和胡安國的説法，違於情而悖于理，都是主觀主義的鑿空之言，所以，顧棟高斥爲「謬説」。

春秋襄公十年載：「冬，……戍鄭虎牢。楚公子貞救鄭。」虎牢本爲鄭地，襄公二年，晉和各諸侯盟國爲了破壞楚、鄭聯盟，最後達到制服楚國的目的，在虎牢築城而居之，迫使鄭請求媾和，歸向中原的諸侯勢力。襄公八年、九年，楚連續伐鄭，鄭又屈服於楚。于是，襄公十年，晉與各諸侯盟國又復修城置戍，控制了虎牢。這就是春秋「戍鄭虎牢」云云的來龍去脈。從事情的發展來看，春秋所載只是客觀的記事，虎牢一直是鄭國的疆域，春秋云「鄭虎牢」是很自然的，並無特別的寓義。但是，公羊傳却解釋說：虎牢「諸侯已取之矣，曷爲繫之鄭？諸侯莫之主有，故反繫之鄭。」意謂晉與各諸侯盟國無利虎牢之心，只是想扼制楚國，春秋把虎牢繫於鄭國，用以表達晉與各諸侯盟國的意向。穀梁傳又解釋說：「其曰鄭虎牢，決鄭乎虎牢也。」按照范甯的理解，穀梁傳的意思是說，襄公二年鄭離開楚國而與中原諸侯國結盟，所以當時在虎牢築城，春秋云「城虎牢」，不以虎牢繫於鄭，這是把鄭看作中原諸侯國的成員。此後鄭在中原諸侯國與楚之間反覆無常，沒有從善之意，所以把虎牢繫之於鄭，表示中原諸侯國與鄭斷決關係。也就是說，春秋襄公二年云「城虎牢」是褒鄭，襄公十年云「戍鄭虎牢」是貶鄭。到了胡安國撰春秋傳，又認爲虎牢繫於鄭是表示中原諸侯有罪。對這些各自爲說的鑿空之言，顧棟高一無所取。他在春秋三傳異同表之三中說：「下書楚公子貞救鄭，則上文不得不書戍鄭，以見救之之由。文法當如此，無他義也。一切謂罪諸侯與善晉，又謂棄鄭，皆爲曲說。」很明顯，顧棟高的結論是合乎實際的。

僅從如上兩例就足以看出，顧棟高反對一字寓褒貶的主張是值得肯定的，這使他在一定的範圍内擺脫了主觀主義，駁正了以往的謬說，通過對春秋的客觀探討，得出了正確的解釋。在春秋大事表一

書中，如同上面列舉的一類的例子舉不勝舉。如在春秋亂賊表中對春秋於公族削其屬與氏的解釋，在春秋齊紀鄭許宋曹吞滅表中對春秋桓公六年「冬，紀侯來朝」的解釋，對宣公三年「宋師圍曹」的解釋，在春秋三傳異同表中對春秋宣公元年「遂以夫人婦姜至自齊」的解釋，對昭公二十四年「叔孫舍至自晉」的解釋，對哀公十三年「公會晉侯及吴子於黄池」的解釋，等等，都擯棄了從一字上尋求褒貶的傳統方法，而從實際情況出發，提出了令人信服的見解。

在指出顧棟高反對從一字上求褒貶的同時，也應該注意到，他並不是鄭樵所説的春秋無褒貶論者。在顧棟高看來，春秋還是有褒貶的。他在「偶筆」中説：「聖人之心正大平易，何嘗無褒貶，但不可於一字上求褒貶。」十分清楚，他認爲春秋有褒貶，但不在於一字之間，因而也不應於一字上求褒貶。

那麽，春秋的褒貶是以什麽形式體現的呢？他在「偶筆」中説：「孔子作春秋，天王亦在誅貶之列，然不過直書其事而自見。」也就是説，孔子或褒或貶，是通過對歷史事實直截了當的記載表現出來的。這與歷史學領域裏寓意於史的主張頗相近似。從一般意義上來説，顧棟高的這一見解是可取的，因爲這種認識掌握了作者的思想觀點與所記史事之間的内在關係。當他用以解釋春秋時，確實獲得了不少成績，只要閲讀春秋大事表，就會時有發現。

顧棟高在春秋大事表中所反映出來的實事求是的治學方法，還可以歸納出幾條。但是，以上四條是比較重要的。正是這些實事求是的治學方法，使顧棟高在春秋學方面常常突破舊説，有所創見，爲

春秋學的發展作出了貢獻。四庫全書總目提要稱贊春秋大事表之論「引據博洽，議論精確，多發前人所未發」，並非溢美之辭。今天我們研究春秋和三傳，仍可以從春秋大事表中得到不少有益的啓示。

三

評論春秋大事表的人，一般都從兩個方面加以肯定。一是認爲它條理清楚，如蔣伯潛十三經概論說：「顧棟高之春秋大事表，事事有表，條理詳明，頗便讀左傳者參考。」一是認爲它考證典核翔實，四庫全書總目提要即有此論。前一個問題，易於瞭解，這裏不去討論，只就後一個問題作一些必要的說明。

春秋時代，各諸侯國之間戰争頻仍，争城奪邑，疆域處於不斷變化之中。瞭解春秋地理成爲研究春秋和左傳特別重要的方面。顧棟高非常重視春秋地理，他在春秋大事表總叙中說：「春秋强兼弱削，戰争不休，地理爲要。學春秋而不知地理，是盲人罔識南北也。」春秋大事表共六十四卷，其中有關春秋地理的就有十一卷，另外書中還有春秋列國地形口號、春秋輿圖，於此也可以看出顧棟高是多麽注意春秋地理。

由於顧棟高非常重視春秋地理，所以他在春秋大事表中用了很大的功力去探討春秋和左傳所載列國疆域、都邑、險要、地形和江河水道，留下了許多翔實可信的考釋文字。

春秋僖公二十年載：「鄭人入滑。」此處之滑，高士奇春秋地名考略卷六鄭認爲不是緱氏之滑，而以大名之滑當之。顧棟高不同意高士奇說，他在春秋大事表春秋列國都邑表之四所附春秋時之滑非今滑縣論中指出，此處之滑卽是緱氏之滑。他從兩方面進行了考辨。一方面，他認爲大名之滑「在春秋時止稱漕邑，無滑之名，漢、魏爲白馬縣，至隋開皇十六年始改曰滑州」。大名之滑是晚出之稱，春秋時無論如何也不可能預先使用這一名稱。另一方面，他認爲「漕本爲衞下邑，所謂白馬，與北岸黎陽止隔一河。衞舊都在黎陽之廢衞縣，爲狄人所逐，渡河野處，去其國都不遠。若先有滑國在焉，戴公安得廬之，而齊桓又安得驅滑之衆庶而更以封衞乎？若謂既爲滑，又以封衞，則衞爲鵲巢鳩居，而滑爲鳥鼠同穴，必無之事也」。高士奇發生誤解是有原因的。左傳僖公二十四年載：「鄭之入滑也，滑人聽命。師還，又卽衞。」高士奇體會這一段文字，於是斷定「滑在鄭、衞交境之地」，「緱氏遠在河南，非衞所及」。顧棟高有針對性地指出：「齊、晉與國，幾半天下，卽如魯之郲、莒，亦不必十分逼近。考秦人滅滑傳，秦師過周北門，次及滑，鄭商人弦高遇之滑，與鄭鄰近自不必言。而衞之儀封亦在河南，與滑非絕遠，不必以此爲疑也。」顧棟高的分析中肯，考證翔實，所得結論令人信服。

豫章之名，於左傳凡六見：(一)昭公六年，楚「使薳洩伐徐，吳人救之。令尹子蕩帥師伐吳，師於豫章，而次於乾谿，吳人敗其師於房鍾」。(二)昭公十三年，「楚師還自徐，吳人敗諸豫章，獲其五帥」。(三)昭公二十五年，「楚子爲舟師以略吳疆，……越大夫胥犴勞王於豫章之汭」。(四)昭公三十一年，「吳師圍弦，左司馬戌、右司馬稽帥師救弦，及豫章，吳師還」。(五)定公二年，「桐叛楚，吳子使舒鳩氏

誘楚人，曰：『以師臨我，我伐桐，爲我使之無忌。』秋，楚囊瓦伐吴，師於豫章，吴人見舟於豫章，而潛師於巢。冬十月，吴軍楚師於豫章，敗之，遂圍巢，克之」。（六）定公四年，吴子「舍舟於淮汭，自豫章與楚夾漢」。

豫章在今何地，杜預於左傳昭公十三年始注云「在江北淮水南，蓋後徙在江南豫章」。後又於左傳定公四年注云「豫章，漢東江北地名」。前後所云稍有出入。清人解説紛紜，或以爲一地，或以爲二地，或以爲三地，或以爲水名。顧棟高經過考證，斷定豫章是楚國的一片廣大地域。他在春秋大事表春秋列國都邑表之四扼要地闡述了他的看法，在春秋列國都邑表後附的春秋時楚豫章論中論證較詳。他説：「愚嘗考之，豫章係寬大之語。自江西之九江、饒州二府，隔江爲江南之安慶府境，北接潁、亳、廬、壽，西接光、黄，皆爲楚之豫章地。蓋鳳陽以西壽、霍、光、固之境，皆近淮壖，爲吴、楚交兵處。柏舉在湖廣黄州府之麻城縣，從壽州循淮而西，歷河南光山縣、信陽州三關之塞，至麻城六百里，至漢口九百里。杜氏所云豫章在江北淮水南者，正當卽指淮汭而言。蓋是地之總名，舍舟於此，遵陸亦卽此耳。至豫章之汭，則爲今日之鄱陽湖無疑。何則？饒之餘干縣爲越之西境，鄱陽縣爲楚之東境，俱濱鄱陽湖。楚之舟師略吴疆，而越歸王乘舟，俱在水際，舍此更無別處交接。總之，吴、楚、越接境之豫章非一地，而實非有二名。如秦之會稽、九江兩郡，統隸俱一二千里，豈可以一州一縣當之哉！漢分秦九江郡置豫章郡，蓋以春秋之豫章得名，然實非當日之豫章地。」顧棟高還駁斥了以南昌爲豫章的説法。他説：「以南昌爲豫章尤非。左傳舍舟淮汭，自豫章與楚夾漢，壽州至漢口，中歷光州、信陽州、黄州，至武

昌、漢陽夾峙之漢口，循進至漢，路徑甚明。南昌在其南千餘里，無迂道至南昌之事。且南昌始終爲楚地，於吴無與也。史記闔閭十一年吴伐楚取番，番今鄱陽縣，爲饒州府治。而闔閭十一年係定公六年，在柏舉之後，則當柏舉戰時，吴尚未有饒州之地，又安得越南康、九江二府而遽至南昌也哉！」顧棟高還採納了高士奇春秋地名考略卷九的看法，認爲漢東無豫章地。他對豫章的一係列看法與顧祖禹讀史方輿紀要多有相合之處。如果我們根據顧棟高的解釋去理解左傳提到的豫章，在地域上就不會出現任何矛盾，看來他的考證基本上是正確的。

此外，顧棟高在春秋大事表中對春秋厲、賴爲一國的考證，對春秋楚地不到湖南的考證，對春秋兩楚丘的考證，對春秋衛莘地爲東昌府莘縣的考證，等等，都立論穩妥，證據確鑿，辨析縝密，反映了顧棟高在考證方面的功力。

春秋是一個禮儀繁縟的時代，反映在春秋和左傳中，牽涉禮制的記載較多。歷來研治春秋和左傳的人多把訓解禮制視爲畏途。

顧棟高在春秋大事表中比較重視禮制的探索，他用了六卷的篇幅分别叙列了春秋中吉、凶、賓、軍、嘉五禮的大體情況，又大量吸取前人和他舅舅華學泉的成果，對春秋所載禮制進行了翔實的考索，提出了一些獨到的見解。

春秋隱公二年載：「九月，紀裂繻來逆女。」公羊傳解釋説：「外逆女不書，此何以書？譏始不親逆也。」司馬遷在史記外戚世家中也認爲「春秋譏不親迎」，司馬貞索隱引公羊説爲證。穀梁傳所主與公

羊傳相同。這樣一來，諸侯親迎説便成爲千百年來的定論，持有異議者寥寥，况且所持異論多是依稀兩可之論。顧棟高對諸侯親迎説懷疑了好幾年，最後才完全放棄了諸侯親迎説。他在春秋大事表春秋嘉禮表後附春秋譏不親迎論中説：「公羊謂譏不親迎，非春秋之旨。史公所云，蓋習見漢世尊崇后家，而援公羊以爲説，後儒遂以爲定例，過矣。」究竟如何解釋「紀裂繻來逆女」這一記載呢？顧棟高説：「紀履繻（卽紀裂繻）之逆伯姬，以吾女遭人倫之變而特詳之，亦初非以其不親迎也。夫逆女使命卿，其常耳。必以爲譏不親迎，假令婚於秦、楚，而爲國君者，將舍國事之重，越千里，踰時月，以求婦乎？魯十二公之夫人，若子氏，若姒氏，若歸氏，均非若齊、魯之近也，當日必以大夫迎之。而春秋不悉書者，此正所謂常事不書也。昭公娶於吳，而魯之諸公未嘗涉吳境，此當使誰迎之乎？夫春秋之書來逆者，若莒慶，若齊高固，此則親迎矣，而春秋書之者，惡其以大夫伉諸侯，而莊、宣二公以國君而自屈，故特書之。其意各有在，亦初不關乎親迎與不親迎也。」這裏，顧棟高對諸侯親迎説的批駁，不但合乎情理，而且言之有據，推翻了前人千百年固守的謬説。

諸如此類的例子不但在各表後附的論中可以找到，卽使在有關禮制的諸表的按語中也不乏其例。如春秋定公十五年載：「邾子來奔喪。……九月，滕子來會葬。」杜預注云：「諸侯奔喪，非禮。」家鉉翁春秋集傳詳説卷二八云：「邾、滕之君來奔喪、會葬而皆書者，非嘉其來，志其禮之僭也。」顧棟高並沒有完全停留在杜預和家鉉翁的解釋上面，他在春秋凶禮表中説：「邾、滕之奔喪、會葬，始見於春秋之季，何也？春秋中葉，邾、滕猶視魯爲列國，未如齊、晉之强大也。故邾屢與魯鬭争，互有勝負，而魯亦未敢以

屬國處之。至襄之季，昭之世，而季氏專政，屢侵奪邾、莒以自益，而魚肉邾爲尤甚。故小國聞風生畏，諂以求免，儼如魯之事齊、晉矣。非畏魯也，畏季也。畏季而魯益弱，聖人書之，以志世變，非止譏邾、滕之越禮而已。」對邾子來魯奔喪和滕子來魯會葬，顧棟高不是就禮制而談禮制，他把禮制與政治和軍事聯繫了起來，正確地指出了「邾子來奔喪」、「滕子來會葬」不僅是僭越禮制，更主要的是反映了邾、滕對魯國季氏的畏懼。他在違禮的行爲中看到了更加深刻的內涵。這樣來認識春秋有關禮制的記載，顯然會接觸到禮制的本質。這正是顧棟高考證的精髓。

春秋最初書寫在簡牘上，傳寫過程中文字脱誤在所難免。古時有些人解釋春秋，遇到脱誤，不肯正視，喜歡曲爲彌縫，强求可通。顧棟高却與此相反，他本着實事求是的精神，指出了「春秋文多闕誤，三傳類多附會，而公、穀尤甚」。在春秋大事表中專設春秋闕文一表，對各類脱文誤字作了考證。這些考證雖然有失實之處，但大多數見解頗爲精確。

如春秋僖公二十九年載：「夏六月，會王人、晉人、宋人、齊人、陳人、蔡人、秦人盟於翟泉。」「會」字上無「公」字，據杜預解釋，「魯侯違禮盟天子大夫」，所以「不言公會」。這純屬附會穿鑿。公羊傳和穀梁傳皆有「公」字，可見春秋原來就有「公」字。顧棟高注意到了這一現象，由此斷定「公」字是左氏春秋偶然脱漏，「不必以諱生義」，正確地解釋了春秋。

又如春秋成公十七年載：「冬，公會單子、晉侯、宋公、衛侯、曹伯、齊人、邾人伐鄭。十有一月，公至自伐鄭。壬申，公孫嬰齊卒於貍脤。十有二月丁巳朔，日有食之。」顧棟高指出：「經文原本應於『冬公

會伐鄭』之下卽書『壬申公孫嬰齊卒於貍脤』，蓋嬰齊從伐鄭，還至中途而卒。壬申爲冬十月十六日也。下方書『十有一月，公至自伐鄭』，則日月無誤矣，此蓋春秋之錯簡也。」此說甚是。以春秋「十有二月丁巳朔」推之，十一月無壬申，壬申爲十月十六日。春秋是編年體，記事以年月爲序，公孫嬰齊卒顯然應該繫於「十有一月，公至自伐鄭」之前。穀梁傳也注意到了十一月無壬申，壬申在十月，但它認爲這不是錯簡，而是爲了體現「臣子之義」。所謂「臣子之義」，楊士勛疏解釋說：「嬰齊從公伐鄭，致公然後伐鄭之事畢，須公事畢，然後書臣卒，先君後臣之義也。」這種看法，不但無助於問題的解決，反而把簡單的問題復雜化了。顧棟高在春秋大事表中一再說用穿鑿的方法去解春秋會導致「解經而經愈晦」，穀梁傳使用的方法，正是顧棟高所批評的。從這裏可以看出，顧棟高所作的考證，對於清除那些有關春秋的主觀臆說是十分必要的。

上面我們主要從地理、禮制和闕文三個方面說明了顧棟高的考證是翔實而精到的。實際上，他的考證功力並不僅僅表現在這三個方面，只要我們瀏覽一下他在春秋大事表中的按語和諸表前的叙言、諸表後的論說，就可以感受到他在其他許多方面，如春秋時令、朔閏、列國爵姓及存滅、列國都邑、官制、姓氏、刑賞、田賦軍旅、各國交兵盟聘等方面所作的考證都取得了一定的成就。他的考證，大多數都有針對性。對千百年來陳陳相因的謬說，尤爲下力考辨。每當讀到他富有創見性的考證文字，會使人產生耳目一新的感覺。他的考證，比較重視吸取前人的考證成果。在廣泛搜集前人成果的基礎上，經過謹慎地爬梳，取其所當取，棄其所當棄。他又常常通過自己的考證，對可取的舊說加以補充和深

化，使其具有更强的説服力。

顧棟高在春秋大事表中的考證能够做到翔實而精到，博得人們的贊許，探其原因，固然與他學識的廣博和對春秋鑽研的精深有關，但此外的兩個原因也是很重要的。

一個是治學踏實，勤奮用力。

凡是接觸過春秋大事表的人都會覺察到顧棟高對春秋地理瞭如指掌，大至列國疆域，小至各國城邑、山川、險隘，都很熟悉，正如他自己所説：「遠近迂直俱能詳，征伐屯戍堪指擬。」〔四〇〕對春秋地理能瞭解到如此地步，很大程度上得力於實地調查。他爲了熟悉春秋地理，游歷過許多地方。如親身到過兗州魚臺縣訪詢隱公觀魚處，調查魯國的地理〔四一〕；又曾適開封，取道鳳陽，由歸德以西歷春秋吴、楚戰争地及杞、宋、衛之郊〔四二〕。在春秋大事表春秋列國地形口號中説：「余經歷七省，到處訪求春秋地理。」正是這種踏實而又勤奮的求學精神，使他獲得了大量可靠的春秋地理知識，爲考證工作奠定了基礎。

另一個原因是謙虚好學，有錯必糾。

顧棟高研究春秋數十年，有很深的造詣。可是，他並不滿足已有的成就，一旦發現了自己的錯誤，便毫不猶豫地加以糾正。如他在春秋大事表春秋列國疆域表所附吴疆域論中誤認左傳定公四年提到的豫章爲南昌，後來，他發覺自己的錯誤，在春秋時楚豫章論中放棄了舊説，提出了正確的看法。又如同表所附越疆域論中認爲越滅吴後棄江淮以北，此乃史記之説。當他覺得這一説法有問題時，在史記越句踐世家與吴越春秋越絶書竹書紀年所書越事各不同論中作了糾正。這種謙虚好學，有錯必糾的

無疑有助於顧棟高在考證方面尋求出正確的結論。

四

四庫全書總目提要對顧棟高的春秋大事表提出了兩點批評，一是説它對可以用敍述的方法講清楚的事情，也採用了表的形式，「事事表之，亦未免繁碎」。二是説它「參以七言歌括，於著書之體亦乖」。所謂「七言歌括」，卽是指書中用七言詩寫的春秋列國地形口號、春秋五禮源流口號。這兩點批評，不能説是沒有道理。但是，這畢竟是著書方法上的問題。

在筆者看來，春秋大事表存在的問題當中，對全書質量影響最大的，莫過於對君權的曲爲回護和限於學識而作出的誤斷。

顧棟高從小就受到儒學的薰陶，長大以後更是孜孜於經學，晚年又得到了乾隆賜詩、賜字的殊榮。象他這樣的一個人，維護現實的君權是極自然的事情。他治春秋雖然有一種實事求是的精神，但是，他並沒有破除對春秋的迷信。他認爲，「聖人之作春秋，蓋有防微杜漸之道」，主要意圖在於防止臣弑君、子弑父，鞏固君君、臣臣、父父、子子的社會秩序。所以，「孔子成春秋而亂臣賊子懼」〔四三〕。在顧棟高的心目中，對現實君權的擁護和對春秋主旨的認識是完全相通的。他有意識地通過闡發春秋，維護歷史上的君權的尊嚴，用以説明現實君權的神聖。這實際上是把春秋變成了現實君權的從屬物。這種主觀的庸俗的觀點使顧棟高在解釋春秋和三傳時走入了歧途。

顧棟高在春秋大事表春秋人物表中把春秋和左傳所載人物區分爲十三類，其中「賢聖」類十五人，受到孔子稱許的蘧伯玉卽爲其一。蘧伯玉，名瑗，謚成子，衛獻公衎、殤公剽之臣，與孔子爲友。據左傳記載，魯襄公十四年，衛孫文子逐其君獻公衎，發難之前曾預先告訴了蘧伯玉。蘧伯玉爲了免於禍難，從最近的關口離開了衛國。魯襄公二十五年，衛寗喜殺死衛殤公剽，獻公衎復歸於衛，蘧伯玉再次離開衛國。按照顧棟高的君臣觀，爲人臣者應該「盡忠不貳以事其君」〔四四〕。從蘧伯玉的行動來看，顯然不能算是盡忠事君的。顧棟高意識到如果肯定了蘧伯玉的行爲，便會「使後世之偷祿取容、全生苟免者有以藉口」〔四五〕，這當然不利於現實生活中君權的鞏固。歷史記載與現實君權的需要發生了矛盾，也與顧棟高的忠君思想出現了衝突。這時，顧棟高完全違背了實事求是的精神，毫無根據地否定了左傳的記載。他在春秋大事表春秋人物表所附衛蘧伯玉論中說：「食人之祿者死人之事。傳曰：『謀人之家國，危則亡之。』當孫林父之以謀告伯玉也，伯玉能正色直辭以折之，使不敢動，上也。不然乞師大國，討孫、寗之罪而復其君，次也。不然則逃之深山，終身不復出，又其次也。乃衎出而臣剽，剽弑而復臣衎，有事則束身出境，無事則歸食其祿，視其君如奕棋，漠然不關其慮，是五代之季畔亂反覆者之所爲，而謂伯玉出此乎哉！」這裏没有提出一條材料去説明左傳的不可信。實際上，左傳的記載是不可否認的。論語衛靈公篇載孔子之言曰：「君子哉蘧伯玉，邦有道則仕，邦無道則可卷而懷之。」固然孔子的贊許不一定是確指蘧伯玉兩次離開衛國的事情，但從這一評論中可以看出蘧伯玉對衛君的確是採取或伸或縮、或仕或去的態度，與左傳記載的蘧伯玉神貌一致。顧棟高無根據地否認左傳的記載，又閉口

不提論語中孔子對蘧伯玉的評論，他被忠君思想推入了主觀臆說的泥潭。

在弒君事件的解釋上，顧棟高的主觀臆說也是十分明顯的。春秋記載的弒君事件有二十五起，稱人者三，稱國者四，三傳各有闡發。春秋文公十六年載：「冬十有一月，宋人弒其君杵臼。」左傳解釋說：「書曰『宋人弒其君杵臼』，君無道也。」春秋文公十八年載：「莒弒其君庶其。」公羊傳解釋說：「稱國以弒者，衆弒君之辭。」春秋成公十八年載：「庚申，晉弒其君州蒲。」穀梁傳解釋說：「稱國以弒其君，君惡甚矣。」三傳對於弒君稱人稱國的解釋，基本精神是一致的，都是認爲君有罪過。據筆者推敲，三傳之說不無道理，特别是公羊傳之說，尤爲穩妥。但是顧棟高却認爲三傳的解釋是不可取的。他在春秋大事表春秋亂賊表叙中說：「聞有弒君之賊，人人得而誅之，豈有暴虐之君，夫人得而弒之者乎！使欲懲暴君而先寬弒逆之罪，使忍爲大惡者俱得有所緣以藉口，是春秋教人爲篡弒也，烏覩所謂春秋成而亂臣賊子懼乎！」他不取三傳之說，並没有指出令人信服的理由，只是因爲他意識到如果肯定君惡則可殺，就爲君權留下了莫大的隱患。從這裏我們可以清楚地看到，顧棟高對春秋所載弒君的解釋，完全是一種實用主義的治學方法。

總之，凡是涉及春秋和三傳中的君主與國家、君主與臣下、君主與民衆的矛盾時，顧棟高所遵循的唯一原則是通過維護歷史上的君權來鞏固現實的君權，而不是用客觀的態度探求春秋和三傳的本意，這在很大程度上妨礙了顧棟高對春秋和三傳研究的深入。

春秋包舉的内容相當廣泛，人物、事件、天文、歷法、地理、禮制、風俗、兵制、賦役等，都有所涉及，

加上它記事過于簡略，間有錯亂，這就給訓釋和研究春秋帶來許多困難。而任何一個研治春秋的人，學識總是有限的。顧棟高雖然終生治春秋，但也不可能對春秋涉及的每一個領域甚至每一個具體問題都十分精熟。因此，他在春秋大事表中不可避免地出現了一些疏忽和失誤。

這裏僅舉四例：

春秋昭公二十一年載：「冬，蔡侯朱出奔楚。」又二十三年載：「夏六月，蔡侯東國卒于楚。」穀梁傳「朱」字作「東」，云：「東者，東國也。」關於朱和東國，顧棟高認爲是一人，他在春秋大事表春秋闕文表中說：「左、公羊皆以朱與東國爲兩人。汪氏克寬又引史記蔡世家而辨穀梁之説爲非是。然考史記世家無蔡侯朱，年表于昭二十一年云蔡侯東國奔楚，與穀梁脗合，則朱卽東國無疑矣。況出奔與卒不越兩年，若以爲兩人，則必朱訴於楚，楚拘東國，而東國復卒於楚，何以朱被逐之君而不書其卒？東國係篡國之賊而不志其奔？聖人係所見之世，立文不宜如此之脱落無次序也，其爲闕誤無疑。」

顧棟高之説，前人已言之。吕大圭春秋或問卷一八卽云：「前書蔡侯朱出奔楚，而此書蔡侯東國卒於楚，穀梁以朱爲東，愚謂穀梁所書疑是，又脱一『國』字耳。何者？朱無歸入卒葬之文，而東國無出奔之事，疑只是一事。」顧棟高之説卽本於吕大圭。

顧棟高的説法並不可信。左傳昭公二十一年記載：「蔡侯朱出奔楚。費無極取貨於東國，而謂蔡人曰：『朱不用命於楚，君王將立東國。若不先從王欲，楚必圍蔡。』蔡人懼，出朱而立東國。朱愬於楚，楚子將討蔡。無極曰：『平侯與楚有盟，故封。其子有二心，故廢之。靈王殺隱太子，其子與君同惡，德君

必甚。又使立之，不亦可乎！且廢置在君，蔡無他矣。』」據杜預注，東國爲隱太子之子，平侯廬之弟，朱叔父。從左傳敘事來看，極爲清楚，朱與東國決不能混爲一人。

至於顧棟高提出的，如果認爲朱與東國爲二人，「何以朱被逐之君而不書其卒？東國係篡國之賊而不志其奔？」這個問題並不難解釋。春秋本來是根據魯史筆刪而成，魯史有關外國的記述，基本上是根據外國的報告。朱之卒和東國去蔡適楚，蔡國沒有通告魯國，魯國的史官當然也就不能有所記載，經過筆削而成的春秋也無從有所反映。從情理上分析，蔡國沒有把朱之卒和東國去蔡適楚通知魯國是完全可能的。魯昭公十一年，楚靈王在申地誘殺蔡靈侯，命令公子棄疾率軍圍蔡，滅亡了蔡國，公子棄疾封爲蔡公。魯昭公十三年，公子棄疾殺死楚靈王自立爲王，是爲平王。楚平王初年，爲了籠絡諸侯，鞏固自己的地位，恢復了蔡國，立蔡景侯少子廬爲蔡君，這就是蔡平侯。平侯立九年卒，此後出現了朱與東國的爭國，東國在位實際上僅有一年多的時間〔四六〕。朱與東國時期，蔡國完全喪失了自主的權利，一切聽命於楚國。蔡平侯死後，朱與東國在楚的箝制下，爭奪君位的時間很短促，二人在位的時間也都不長。這兩種情況，可能使蔡國未能把朱之卒與東國去蔡適楚通知魯國。人所共知，春秋記事是很疏略的，一人一事，有時不是首尾完具，像朱失載卒年，東國不記去蔡適楚，並不值得奇怪。

朱與東國爲二人，最有力的證據是「蔡侯朱之缶」。「蔡侯朱之缶」一九五八年出土於湖北宜城安樂垞，形制、銘文字體均與一九五五年壽縣蔡侯墓所出「蔡侯𪓑之盥缶」相似。今湖北宜城爲春秋鄢、鄀故地。據左傳定公六年載，楚昭王迫于吳師侵伐，「遷郢於鄀，而改紀其政，以定楚國」。史記楚世家

亦云，昭王十二年，「楚恐去郢，北徙都鄀」。魯定公六年卽楚昭王十二年，爲公元前五〇四年。蔡侯朱奔楚在魯昭公二十一年，卽公元前五二一年。楚昭王從郢徙都於鄀時，蔡侯朱顯然也到了鄀地，後來卽卒葬于鄀。「蔡侯朱之缶」的出土，無可辨駁地説明了朱與東國確實爲二人，顧棟高所依據的穀梁傳和史記蔡世家的記載不足爲據。

春秋有介國，僖公二十九年春，「介葛盧來」，此爲介見於春秋的最早記載。顧棟高在春秋大事表春秋列國爵姓及存滅表中云：「介，東夷國，今山東萊州府膠州南有介亭。」把介的地理位置確定在膠州。在顧棟高春秋大事表之前，康熙時官修的春秋傳説彙纂也認爲：「今山東萊州府膠州西南七十里有黔陬城，古介國也。黔陬有東西二城，東城，秦置，卽介亭。其在高密縣境者，乃後漢時所遷之西城也。」膠州，卽今山東膠縣。

實際上，魯僖公時期介並不在膠縣。春秋僖公三十年載：「介人侵蕭。」蕭在今江蘇蕭縣境內。如果介在膠縣地，那麽，介人南下侵蕭，至少要經過魯、莒、根牟、鄅、鄫、偪陽諸國，單程就要跨越七百里，往返則有一千四百里，像介這樣的一個小國，是沒有足够的經濟力量和軍事力量來支持曠廢時日的戰爭的。揆以情理，魯僖公時期，介的國境當在魯國之南，與蕭相去不遠。至於膠縣地，應是介在其他時期所居。

春秋對衛國屢有記載。關於衛國的亡年，顧棟高在春秋大事表春秋列國爵姓及存滅表中云：「出公十二年獲麟，後二百七十二年，衛君角二十一年，爲秦二世所滅。」衛世家云：「君角九年，秦並天下，

立爲始皇帝。二十一年，二世廢君角爲庶人，衛絶祀。」顧棟高的說法卽是根據這一記載。但是，這一記載並不可靠。據衛世家載：「元君十四年，秦拔魏東地，秦初置東郡。更徙衛野王縣，而并濮陽爲東郡。二十五年，元君卒，子君角立。」秦攻取魏地初置東郡在始皇五年〔四七〕，于衛相當於元君二十四年，衛世家「十四年」有誤。始皇六年，元君卒，君角嗣立，從濮陽徙野王〔四八〕。始皇七年爲君角元年，至秦二世元年「出衛君角爲庶人」〔四九〕，衛始亡。從始皇七年至秦二世元年，君角共在位三十二年。顧棟高没有發現衛世家的錯誤，把衛君角在位的時間縮短了十一年。

春秋載有萊國。萊國始見於宣公七年，滅於襄公六年。春秋大事表春秋列國爵姓及存滅表云萊爲姜姓。從史籍記載來看，未有云萊爲姜姓者。史記殷本紀太史公論云：「契爲子姓，其分封，以國爲姓，有殷氏、來氏、宋氏、空桐氏、稚氏、北殷氏、目夷氏。」又左傳隱公元年孔穎達疏引世本云：「子姓，殷、時、來、宋、空同、黎、比髦、目夷、蕭。」路史後紀卷九下高辛下亦云來爲子姓國。「來」卽「萊」。據各書所載，是萊本子姓國。顧棟高認爲萊爲姜姓，顯係謬誤。這一謬誤是怎樣産生的呢？顧棟高在春秋大事表春秋列國姓氏表中說：「襄二年傳：『齊侯使諸姜、宗婦來送葬，召萊子，萊子不會。』是萊亦齊同姓國也。」這裏，顧棟高顯然誤解了左傳。左傳記載的襄公二年夏，魯成公的夫人齊姜卒，齊侯使與各同姓之女嫁于齊大夫者和與齊同姓大夫之婦來魯送葬，這是一件事。齊侯召萊子，萊子不會，這又是一件事，與上文本不相蒙。所以，決不能由「齊侯使諸姜、宗婦來送葬」推知萊子與齊同姓。卽使把「召萊子」與上文看作是相關連的，也不能從傳文中悟出萊子亦爲姜姓。孔穎達正義云：「齊侯召萊子者，

不爲其姓姜也，以其比鄰小國，意陵蔑之，故召之，欲使從送諸姜、宗婦來向魯耳。萊子以其輕侮，故不肯會。」孔穎達認爲齊侯召萊子，不是因爲萊子姓姜，這是完全正確的。

在春秋大事表中，諸如此類的錯誤，還可以指出來一些。近年也偶然有人撰文糾正春秋大事表某些方面的錯誤，如台灣一九八二年出版的書目季刊第十五卷第四期登有吴緝華先生的春秋年歷研究略論，文中顧棟高春秋大事表正誤舉例一節集中討論了春秋大事表春秋朔閏表存在的訛誤。據作者本人介紹，他撰有春秋年曆研究一稿，此稿中編分六個專論，其中一個即是顧氏春秋大事表正誤。

上面指出了春秋大事表存在的一些問題。我們在着重肯定本書長處的同時，又注意到了它的錯誤和不足之處，這樣，才能作出較爲公允的評價，對全書有一個較爲全面的認識，以便我們更好地利用這部春秋學上的重要著作。

五

春秋大事表脱稿於乾隆十三年。在此之前，顧棟高即以所成諸篇教授生徒，人們遞相傳抄〔三〇〕，出現了部分篇章的手抄本。這些供自己學習使用的手抄本今已失傳。

本書最早的刻本是顧棟高的萬卷樓刻本。據書前所載刻刊年代爲乾隆十三年。實際上，開雕時間在這一年之前，乾隆十一年顧棟高與楊農先先生書云〔三一〕：「去冬望溪先生有書來〔三二〕，云：『戒爲時賢作序已三十年，今務必破例爲之。』諸生輩用此捐資付刊，已成三分之一。除未經成卷外，謹將刻過諸

卷併序文及凡例、總序草釘成本，呈上左右。雖未成書，而大意已略具。」是乾隆十一年已刻完了三分之一。到乾隆十三年，全書基本刻完。不過書前的諸家序的雕板要略晚一些時間。蔣汾功序作于乾隆戊辰臘月望前二日，戊辰臘月卽乾隆十三年十二月。楊椿序云：「乾隆己巳春從子遂曾以無錫顧震滄先生手書并所著春秋大事表郵寄于余，請爲之序。」己巳卽乾隆十四年。此序寫定時間是己巳夏四月。從蔣、楊二序來看，今天我們見到的萬卷樓本春秋大事表的全部內容，大概在乾隆十四年才全部由手民雕刻完畢。此本大字每半頁十一行，每行二十五字，中縫下題「萬卷樓」三字，每卷末列校字者姓名。書前影刻乾隆皇帝賜給顧棟高的兩首詩。

乾隆三十七年（公元一七七二年）始，清政府用了十年左右的時間修成四庫全書，對所收圖書加以整理和抄寫。春秋大事表作爲四庫全書的一種，也進行了抄寫，出現了第一部也是現存唯一的一部抄寫本。

同治十二年（公元一八七三年），丁寶楨又重刻春秋大事表。丁寶楨，字稚璜，貴州平遠人，咸豐三年進士。同治五年（公元一八六六年），署理山東巡撫，明年卽真，一直到光緒二年（公元一八七六年）才離任，署理四川總督。丁寶楨重刻春秋大事表正值巡撫山東期間。他這次重刻是依據了顧棟高的萬卷樓刻本，由山東尚志堂雕板。此本每半頁行數、每行字數與萬卷樓刻本完全相同，原本每卷末的校字者姓名也一依舊貌。只是表中個別文字失於校讎，發生了舛誤。中縫下題「萬卷樓」三字。書前也影刻了乾隆皇帝賜給顧棟高的兩首詩。

光緒十四年(公元一八八八年),陝西求友齋也刻印了春秋大事表。此本出自萬卷樓刻本,每半頁行數、每行字數與萬卷樓本相一致,中縫下題「陝西求友齋」五字,卷末題「陝西求友齋校字」七字。春秋大事表後面的春秋輿圖有輿圖多幅,上面的古今地名以朱色、墨色加以分別。今天見到的萬卷樓刻本朱色字多模糊不清,難于辨認,而求友齋刻本則較爲清晰。

阮元曾網羅清初至乾隆、嘉慶年間的經學著作七十四家,一百八十餘種,滙刻爲皇清經解。後來王先謙沿用此書體例,拾補遺漏,刊行皇清經解續編,又稱南菁書院經解,共收經學著作一百一十一家,二百零九種,春秋大事表卽爲其中的一種。此本所據也是萬卷樓刻本,每半頁行數,每行字數與萬卷樓本均同。

在以上五種全書刻本、抄本外,清代還出現過幾種某些篇章的抽印本,如道光時楊復吉輯昭代叢書戊集續編收有春秋列國地形口號一卷,辛集別編收有春秋五禮源流口號一卷。光緒時邵章輯經史百家序録收有春秋大事表序録一卷。又光緒時人所輯素隱所刻書收有春秋列國卿大夫世系表二卷。雖然這些個別篇章都是根據叢書的編輯者的需要抽出刻印的,根本不能反映春秋大事表的基本面貌,研究春秋學和春秋大事表的人幾乎不去注意這些篇章的抽印本。但是,人們於此可以看出清人對春秋大事表的重視程度。

在春秋大事表全書的各種刻本中,萬卷樓刻本文字錯訛較少。所以,我們這次點校此書,卽採用道一刻本作爲底本。

春秋大事表中偶然存在一些作者的筆誤，凡是我們發現了的，都撰寫了校記加以説明。

原來萬卷樓刻本的目録，是把各篇的叙、後叙、論辨作爲附録列于五十篇篇目之後。爲了查閲方便，我們重新編排了目録，把叙、後叙、論辨都放在了相應的各篇目的前後。

春秋輿圖中的輿圖原來用朱墨兩色刻印古今地名，現在我們改用兩種不同的字體以示區别。

限於點校者的水平，書中錯誤實所難免，希望隨時得到讀者的指正。

〔一〕張維屏國朝詩人徵略卷二二云顧棟高，號震滄，不確。四庫全書總目尚書質疑提要，王藻、錢林文獻徵存録卷五，李富孫鶴徵後録卷五，唐鑑國朝學案小識卷一三，趙爾巽等清史稿儒林傳，徐世昌清儒學案卷五六皆以震滄爲顧棟高之字。

〔二〕清史稿顧棟高傳及其他有關顧棟高事迹的材料皆云「雍正時」引見，以奏對越次罷職，未載具體年代。顧棟高春秋大事表總叙云：「雍正癸卯歲，蒙恩歸田，謝絶勢利。」癸卯歲即雍正元年。據此可以知道清史稿等書所説「雍正時」，確切年代應爲雍正元年。

〔三〕春秋大事表春秋列國疆域表後附春秋時晉中牟論所加按語云：「雍正八年春，余應河東田制臺聘修河南省志。」筆者所述即據此。

〔四〕顧琮舉顧棟高應博學鴻詞，見王藻、錢林文獻徵存録卷五。

〔五〕據春秋大事表春秋列國疆域表後附春秋時楚豫章論所加按語。

〔六〕據春秋大事表春秋列國山川表後附春秋不書河徙論。

〔七〕〔八〕據春秋大事表春秋三經表後附左氏引經不及周官儀禮論。

〔九〕裴大中等無錫金匱縣志卷三九著録，此書今未見傳本。

〔一〇〕據王藻文獻徵存録卷五、趙爾巽等清史稿顧棟高傳，清史稿藝文志亦著録此書。

〔一一〕顧棟高所撰淮安府志一書，見趙爾巽等清史稿藝文志。

〔一二〕此書見裴大中等無錫金匱縣志卷三九，王蘖、錢林文獻徵存録卷五云顧棟高撰「震滄集若千卷」。震滄集與萬卷樓文集當爲一書。

〔一三〕轉引自李富孫鶴徵後録卷五。

〔一四〕以上所述高愈、華學泉事迹主要根據裴大中等無錫金匱縣志卷二一。

〔一五〕語見春秋大事表總叙。「文定」，胡安國的謚號。

〔一六〕語見春秋大事表總叙。

〔一七〕春秋時晉中牟論後顧棟高按語云：「雍正八年春，余應河東田制臺聘修河南省志，作爲此論。」

〔一八〕春秋時厲賴爲一國論顧棟高所加按語云：「余在汴梁修志著此論。」「修志」即指修河南省志，時在雍正八年。

〔一九〕春秋時楚豫章論顧棟高所加按語云：「余作此論實當乾隆之四年。」

〔二〇〕春秋時晉中牟論顧棟高所加按語末云：「乾隆五年三月上浣識。」

〔二一〕春秋時楚豫章論顧棟高所加按語末云：「乾隆五年八月上浣三日復初氏又識。」

〔二二〕此據春秋人物表中顧棟高的以下一段按語：「右各項俱極矜慎，純臣列士燮而不列士會，以士會在秦時爲秦畫策謀戰故也。……凡玆去取，俱有微意，不得以脱漏爲嫌。　壬戌十月下浣復初氏識。」壬戌即乾隆七年。

〔二三〕秦自穆公始東境至河宜從史記不宜從鄭詩譜論末云：「乾隆十年七月中浣九日復初氏識。」

〔二四〕列國謚法考末云：「乾隆十年七月下浣五日復初氏識。」

〔二五〕春秋列女表後附衛夷姜晉齊姜辨顧棟高按語末署「乙丑六月上浣八日復初氏識」。乙丑即乾隆十年。

〔二六〕春秋列女表顧棟高按語末署「十月下浣又識」。此十月，據本表後所附衛夷姜晉齊姜辨的按語當爲乾隆十年。

〔二七〕春秋子野卒論顧棟高按語末云：「乾隆十年十月中浣九日書。」

〔二八〕書渡河考後末云：「乾隆十年十二月下浣六日復初氏又識。」

〔二九〕春秋不書河徙論末云:「乾隆十一年七月下浣六日復初氏識于淮陰志館。」

〔三〇〕列國地名考異顧棟高按語末署「乾隆戊辰正月下浣九日復初氏識」。戊辰卽乾隆十三年。

〔三一〕左氏引經不及周官儀禮論末云:「乾隆十三年二月中浣五日復初氏識。」

〔三二〕據齊穆陵辨後顧棟高所加按語,此論作於乾隆十三年三月。

〔三三〕春秋大事表總叙末云:「乾隆十三年戊辰八月錫山顧棟高書。」

〔三四〕寄秦子樹澧詩見春秋大事表後附録。秦樹澧,卽秦蕙田。蕙田爲名,樹澧爲字,號味經,乾隆時進士,官至刑部尚書,以經術名世。

〔三五〕春秋大事表附録顧棟高寄秦子樹澧詩云:「舅氏有從孫,貫穿窮根柢。」自注:「謂華子師道。」

〔三六〕春秋大事表附録華玉淳答復初先生柬,顧棟高注云:「華玉淳,字師道,韋軒子。」韋軒卽華孳亨字。

〔三七〕見春秋晉楚争盟表。

〔三八〕陸淳卽陸質,門人私謚文通先生。淳爲初名,爲避唐憲宗諱改名質。新唐書陸質傳云:「質師事趙匡,匡師啖助。」陳振孫直齋書録解題又云質師助、匡二人。諸書所云皆不可信。柳宗元集卷九載唐故給事中皇太子侍讀陸文通先生墓表云:「有吴郡陸先生質,與其師友天水啖助洎趙匡,能知聖人之旨。」吕衡州文集卷四載代國子陸博士進集注春秋表有「以故潤州丹陽縣主簿臣啖助爲嚴師,以故洋州刺史臣趙匡爲益友」之言。又陸質自稱助爲啖先生,稱匡爲趙子,這説明陸質以啖助爲師,與趙匡乃爲同學和朋友的關係。新唐書儒學傳云:「助門人趙匡、陸質,其高第也。」所言尚不誤。

〔三九〕辨疑,卽陸淳所撰春秋集傳辨疑,書中記述啖助、趙匡兩家攻駁左傳、公羊傳、穀梁傳的論辨。

〔四〇〕見春秋大事表書後附録長歌。

〔四一〕見春秋大事表春秋列國疆域表所附魯疆域論。

〔四二〕見春秋大事表春秋列國疆域表所附宋疆域論。

〔四三〕見春秋大事表春秋亂賊表後附孔子成春秋而亂臣賊子懼論。

〔四四〕〔四五〕見春秋大事表春秋人物表後附衛蘧伯玉論。

〔四六〕此據左傳。史記蔡世家云東國在位三年。

〔四七〕史記秦始皇本紀載：「五年，將軍驁攻魏，定酸棗、燕、虛、長平、雍丘、山陽城，皆拔之，取二十城，初置東郡。」

〔四八〕史記秦始皇本紀載：「六年，韓、魏、趙、衛、楚共擊秦，取壽陵。秦出兵，五國兵罷。拔衛，迫東郡，其君角率其支屬徙居野王，阻其山以保魏之河內。」

〔四九〕見史記六國年表。

〔五〇〕見春秋大事表前所載華希閔序。

〔五一〕見春秋大事表附録。楊農先，即楊椿。農先是楊椿之字。康熙時進士，官至侍講學士，擅長經史。

〔五二〕望溪爲方苞之號。

目録

附録

春秋大事表總敍

憶棟高十一歲時，先君子靜學府君手抄左傳全本授讀，曰：「此二十一史權輿也，聖人經世之大典於是乎在。小子他日當志之。」年十八，受業紫超高先生。時先母舅霞峯華氏方以經學名世，數舉春秋疑義與先生手書相辨難，竊從旁飫聞其論，而未心識其所以然。二十一，先君見背，讀儀禮喪服，旁及周官、戴記，而於春秋未暇措手。年二十七、八，執筆學爲古文，始深識左氏文章用意變化處，而嗤近日所評提掇照應者爲未脫兔園習氣。然於先君提命之旨，及兩先生所往復辨論者，未之及也。雍正癸卯歲，蒙恩歸田，謝絶勢利，乃悉發架上春秋諸書讀之。知胡氏之春秋多有未合聖心處，蓋即開章「春王正月」一條，而其背違者有二：其一謂春秋以夏時冠周月，是謂夫子以布衣而擅改時王之正朔也；其一謂不書「即位」爲首絀隱公以明大法，是夫子以魯臣子而貶黜君父也。其餘多以復讎立論。是文定之春秋而非夫子之春秋，非夫子之春秋，即非人心同然之春秋。又春秋强兼弱削，戰争不休，地理爲要。學春秋而不知地理，是盲人罔識南北也。雨雹霜雪失時爲災，蒐田城築非時害稼，時日尤重。學春秋而不知時日，是朝菌不知晦朔也。用是不揣愚陋，覃精研思，廢寢與食。家貧客遊，周歷燕、齊、宋、魯、陳、衞、吳、楚、越之墟，所至訪求春秋地理。足所不至，則詢之遊人過客、輿夫厮隸。乃始剏意爲表，爲目五十，爲卷六十有四。首列時令表，明商、周皆改時改月，以正胡氏及蔡氏書傳之非。於吉禮表詳列十二

公即位或不書「即位」，明夫子當日皆是據實書，以正聖人以天自處貶削君父之謬。列朔閏及長曆拾遺二表，以補杜氏之長曆，而春秋二百四十二年之時日屈指可數。列疆域及犬牙相錯五表，以補杜氏之土地名，而春秋一百四十國之地里聚米可圖。郊禘社雩、崩薨卒葬、蒐田大閱、會盟聘享、逆女納幣，雜然繁夥，列吉、凶、賓、軍、嘉五禮表，以紀春秋天子諸侯禮儀上陵下僭之情形。稅以足食，賦以足兵，乃魯稅畝而田制壞，作丘甲而兵制亦壞，列田賦軍旅表，以志强臣竊命、損下剝上之實。霸統興而王道絶，周室夷爲列國；霸統絶而諸侯散，列國淆爲戰争，列争盟凡五、交兵凡七，以紀春秋盛衰始終、矜詐尚力、强弱并吞之世變。晉、楚争衡，互爲勝負，其當國主兵事者左氏備載其人，列晉中軍、楚令尹表，以志二國盛衰强弱之由。宋、鄭爲天下之樞，晉、楚交争，宋、鄭尤被其害。子産有辭而諸侯是賴，向戌爲弭兵之説而中夏遂靡，列宋、鄭二執政表，以志二國向背關於天下之故。周室頹綱，魯亦守府，自襄王錫晉南陽而勢益不振，魯自僖公賜費而季日益强，列王迹拾遺、魯政下逮二表，以志周、魯陵遲、尾大不掉之漸。禘即祫，祫即禘，一祭二名，而朱子取趙伯循説，謂祭始祖所自出，殊不知帝嚳原非稷、契之父，生民、長發皆商、周尊祖禘祀之樂歌，斷無稱母而不稱父之理，著禘祫説，以明戴記、祭法、大傳之誣。去姜存氏，去氏存姜，不成文理，杜、孔已斷爲闕文，宋儒謂各有意義，殊不知文姜、哀姜之罪惡豈待去其姓氏而明，況上下截去一字，人復知爲誰某，聖人無此弄巧文法，以俟後人推測之理，列闕文表，以一掃後儒穿鑿支離之翳。三傳各執一説，黨枯護朽，此是彼非，使學者茫然歧路，靡所適從，列三傳異同表，酌以義理，衷於一是，以袪後日説經雷同偏枯之弊。蠻、夷、戎、狄，種類雜出，地界既殊，稱名

復混，列四裔表，别其部落，詳其姓氏，以正史遷允姓姬宗目爲兄弟之妄。戰争滋興，技巧益甚，決機兩陳，制變無方，列兵謀表，以志孫武、吴起、六韜、三略之始。文王囚羑里而演周易，周公成王業而作詩、書，一時學士大夫占筮決疑，歌詩贈答，引物知類，千里同風，列三經表以志漢、宋儒者經説傳義之祖。大河遷徙，從古不常，而周定王五年河徙，係己未，爲魯宣之七年。春秋以河爲境者六國，獨係於衞，列河未徙與已徙二圖，以志春秋與禹貢河流遷變之自。此皆有關於經義之大者。既著敍論百餘首，復編口號，以便學者之記誦。蓋余之於此，泛濫者三十年，覃思者十年，執筆爲之者又十五年，始知兩先生於此用心良苦。先母舅霞峯先生博稽衆説，無美不收；高先生獨出心裁，批郤導窾，要皆能操戈入室，洞徹閫奥，視宋儒之尋枝沿葉、拘牽細碎者，蓋不啻什伯遠矣。余小子鈍拙無似，得藉手以告其成，以無負先君子提命之旨，與兩先生衣被沾溉、耳濡目染之益。謹述其緣起，以識於首簡。命之曰春秋大事表云。乾隆十三年戊辰八月錫山顧棟高書。

方苞書

近世治經者有二患。或未嘗一涉諸經之樊，前儒之說罕經于目，而自作主張，以爲心得，不知皆膚學舊說，前賢已辨而絀之矣。或摭拾陳言，少變其辭氣，而漫無所發明。吾子寄示春秋大事表，凡漢、唐、宋、元人之書，皆博覽而慎取之。其辨古事、論古人，實能盡物理，即乎人心。此僕所以許爲之序而不辭也。而負諸責以至於今，則有說焉。爲安溪李文貞公周易通論初成，屬余序之。愚自忖于易概乎未有所明，覺虛爲讚美之言，無質幹可附以立也。高淳張彝歎少與余共治春秋，及書成，以道遠難致，要言他日必爲之序。今僕治儀禮，九易稿而未能盡通。若舍己所務，究切李、張之書，則力不能給。後二故人所屬而先新知之請，則心不能安。故南歸後新安程起生晨夕相見，而所著易通至今未序也。若天幸儀禮之業得終，李、張二書既序，當次第及之。太倉顧玉亭亦言有詁釋古書數種，欲寄余訂正。聞其身近已淹忽，歐公所云「勤一世以盡心於文字」，洵可悲也。不識其書已成否？吾子與久故，宜問其家人。餘不宣。苞頓首。

蔣汾功敍

古今善言春秋者，莫如孟子。其言孔子繼前聖而爲治也，頻舉春秋，非以春秋大於諸經也。使夫子得位行道，周易自可贊，詩、書自可删，而制作禮樂更不待言矣，獨於春秋可無作，所謂吾身親見之也。邪説暴行之禍極於亂賊，春秋明天子之事以正之。二帝、三王之統絶於桓、文，春秋紹王者之迹以維之。顧兩君在莊、僖之世，於二百四十餘年中，曾未及乎四之一，而概以桓、文之事，何也？春秋之運，以桓、文而開；春秋之作，以治桓、文爲要。治之奈何？如其所事而詳書之，俾是非功罪咸自見焉，乃所以治之也。世無禹、湯、文、武，則桓、文爲救世之人，宜乎聖心有深嘉樂與者。然亦即爲代興之人，而王迹於焉永熄矣，此又聖人所深憂也。迄乎獲麟，去霸業逾遠，又思其次而不可得矣，故言乎桓、文，而始、中、終皆舉之也。汾少肄業左氏，於經有若望洋，而首以「春王正月」爲疑。後檢朱子語類亦云爾。乃其言春秋也較諸他經不啻什伯中之一二，又始終謂爲「不可曉」、「不敢問」，蒙益藉口自慰，不復問津矣。顧子復初奮乎千百世之後，創成大事表若干。其書上蟠下際，茹古涵今，於我所獨而非立異也，於衆有稽而不苟同也。遠紹旁搜，囊括萬有，而一出於心所自得，用以承朱子未逮之志，而大肆力焉。厥功偉矣，尚不鄙余而虚衷下問，且以敍請，余何敢辭。抑昌黎有言：「譽盛德者，入耳而不煩。」又奚多事喋喋爲？聊以平日所講習於孟子者，指次春秋義例，或庶幾乎管窺之一得。是用就正於復初。復初如以爲然，即以是弁諸首，可乎？乾隆戊辰臘月望前二日毘陵仝學弟蔣汾功。

楊椿序

乾隆己巳春，從子遂曾以無錫顧震滄先生手書，并所著春秋大事表郵寄於余，請爲之序。序曰：昔之言春秋者莫善於義，莫不善於例。義者，宜也。例則舞文弄法，吏所爲，非春秋教也。自漢胡母生著公羊條例，廷尉張湯用之以治大獄，丞相公孫弘以其義繩臣下，江都相董仲舒撰決事比。於是公羊家以春秋之義爲獄吏例矣。穀梁氏因之。左氏後出，經生恐不得立於學官，仿公、穀二家爲書不書之例，引孔子、君子之言附益之。後儒未察，謂皆出於丘明。杜預集傳中諸例爲釋例十五卷四十部，而習春秋者益但知有例，不復知有義矣。司馬遷云「春秋文成數萬，其指數千」。指者，胡母生例也。張晏曰「春秋才萬八千字」，李燾曰「今更闕一千二百四十八字」，則春秋文脫落蓋甚於他經。後人欲於月日、名字、爵號，氏族之閒以一、二字同異，爲聖人之褒貶；且云五經之有春秋，猶法律之有斷例，豈不謬乎！先儒謂公、穀深於理而事多謬，左氏熟於事而理未明，敍事亦多失實。夫公、穀考事之疏不必言矣，至以祭仲出君爲行權，衛輒拒父爲尊祖，無父、無君已甚，猶謂深於理乎！左氏則見聞之廣，紀述之詳，後之人讀之尚能發爲至論，況其自爲之，焉有所見之不明、所敍之失實如昔賢所譏者乎！隱三年王貳於號，蓋鄭以王爲貳，王亦受鄭之言貳，欣然交質。左氏直書之，以著平王之不君、鄭莊之不臣耳，非以貳爲是也。「君子曰」以下，則經生所益之論斷，非左氏見理之不明也。齊桓侵蔡，釁由蔡姬；晉文侵曹、

伐衞，起於觀浴之與與塊，皆事之不可隱者。否則，召陵、城濮仁義之師，非霸者之舉矣。不得言左氏敍事之失實也。其他苛論不可勝舉。余深病之，嘗欲采左氏事敍於經文之下，而去其書法論斷，取公、穀之事不同者附焉。又思平、桓之際，王迹雖衰，不可云熄，欲仿史記十二諸侯年表爲王迹表一篇，敍霸者之事之盛衰，著王迹之熄之漸。又欲爲天子、諸侯、大夫、陪臣四表，以著春秋世變，禮樂征伐所自出。庶春秋之義明，例自無所用之矣。而浮沈史館，荏苒未成。今老矣，得異聞於先生，又恰如吾意之所欲出，故不辭而爲之序。是歲夏四月戊寅朔武進同學弟楊椿。

附來書

丙寅冬，惠書以春秋大事表序見屬。椿經學甚疏，春秋義尤淺，未見先生書，不敢草率爲之。今年春，同學蔣東委以家文叔序郵示，始悉書之大概，而東委述先生待序意甚迫。三月杪，吳江沈懋勤來，再接手柬及所著讀之，知先生用心之苦，致力之勤，爲之肅然起敬，怡然大悅，繼之渙然以解。竊嘗謂春秋家之弊有二：一則泥於賤霸，謂春秋專治桓、文之罪；一則惑於褒貶，謂春秋有舊例、有變例。夫「誰毁誰譽」，「吾猶及史之闕文」，孔子之言也。今乃於爵號、名字、氏族、月日之訛闕，謂聖人褒貶之例在是，其陋不必言矣。桓、文時，天命未改，周室已衰。陵夷至於敬王然後王迹熄者，桓、文之力也。故孔子仁管仲而正齊桓。孟子生於戰國，王者之不作已久，生民之憔悴已甚。齊宣有其地、有其民而不行王政，僅僅以桓、文爲問，故孟子斥之爲不足道耳。要之，桓、文

正未可輕貶者也。得先生書，桓、文之功罪明，條例之謬誤亦見。太史公十二諸侯年表，昉於春秋曆譜諜，惜所載未備，亦未當先生諸表簡而明、詳而要。顧尚有可商者。孟子曰：「王者之迹熄而詩亡，詩亡然後春秋作。」「其事則齊桓、晉文。」蓋自隱五年王師伐翼、伐曲沃，至莊六年救衛，未嘗無征伐之事，而是非倒置，喜怒失常，故號令不行，每戰輒敗。莊十四年，諸侯伐宋，齊桓請師於周，單伯會之，取成於宋而還。自是大盟會、大征伐必皆請王人主之，諸侯亦遂無敢抗者。定四年，劉子會召陵而後成桓公之會。侵鄭，單平公之會黃池，皆不復見於經。蓋霸者之事即王者之迹，霸者亡而王迹熄矣。似宜於王迹表中詳敍霸者之事之盛衰，以著王迹之熄之漸，不得僅摭王朝事，名之爲王迹拾遺表也。孔子言禮樂征伐，以陪臣執國命繼天子、諸侯、大夫之後。春秋初，石碏使其宰獳羊肩涖殺石厚於陳，陪臣之事始於此。昭、定閒陪臣恣睢甚矣。萇弘爲周室忠臣，亦劉子之陪臣也。聖門如冉有、有若、樊遲、子路、仲弓、子羔，皆嘗仕於季氏。今天子、諸侯、大夫事已詳，而陪臣表獨未有，似宜增之，以備春秋世變。春秋人物善者固多，不善者亦衆，表之恐不勝表，今以至聖與諸賢並列，似覺未安。諸侯叛王始於鄭莊，大夫助君爲逆莫甚於鄭之祭仲、子元、曼伯、原繁、高渠彌、祝聃之屬，今賊臣表止有高渠彌，而祭仲等未載。餘亦尚多可議，似可不立此表。謚法爲有土之君及卿大夫老歸者設耳，而春秋亡國之君、喪家之大夫亦有之，且有子孫同此一謚者，似宜改謚法考爲表，以逸周書之謚、君大夫所已謚者詳列之於左。其他時令、朔閏等表，或闡前人所已言，或創前人所未有。敍、論、考、辨、說，皆證據精明，議論雅正。望之若大海之

無津涯，卽之若江、河之可挹注，真今古之奇觀，儒林之盛業也。椿先君子受春秋於宜興儲仲和先生，著春秋屬辭比事直書。椿駑下，未能續父之業，於先生書非敢妄有論也，以先生虛懷，故畧陳所見。可否，惟先生裁之。序文附到，辭義膚謬，恐未足用。秋閒天氣稍涼，買舟南下，謁先生於萬卷樓中。彼時再罄餘衷，領先生教益未晚也。椿頓首謹白。

楊繩武序

梁溪顧震滄先生以所著春秋大事表屬余敍。余卒讀，喟然歎曰：春秋一書，尊王攘夷而重霸。尊王，故尊周；尊周，故并親魯。攘夷，故擯楚；擯楚，故并惡吳、越。尊王、攘夷，非霸者不可，故重霸；重霸，故予桓、文；予桓、文，而秦穆、楚莊雖入于夷，事有近于霸，則聖人兼有取焉。此春秋之大畧也。説春秋者自左、公、穀三傳而外，不下百什家。大約自唐以前，説經者各據傳，則三傳互有主客。自唐以後，尊經者多棄傳，則三傳漸若贅瘤。夫六經皆説理之書，而春秋獨爲記事之筆。漢藝文志云：孔子觀書于太史氏，據魯史而作春秋，左丘明述本事而爲之傳，明夫子不以空言説經也。則春秋所重尤在事，而春秋之事當以左氏爲斷。故胡康侯亦曰「事莫備於左氏」。但事之大小不同，或合數十事而無與重輕，或一、二事而係天下治亂盛衰之故。若不表而出之，則事無所統紀，而聖人筆削之指歸，終無以昭揭于天下，萬古如長夜。此先生所以有春秋大事表之作也。事莫大于改朔，而謂「春王正月」乃夫子以夏時冠周月，又曰改時不改月是無王也。是故表時令，一本朱子之説，主用周正，而尊王之義明。事莫大於正始。隱公元年不書「即位」，魯史舊文也。而謂夫子以天自處，首黜公以明大法，是誣魯也。是故表吉禮，明十二公書「即位」不書「即位」之實，以見孔子無擅自黜公之事，而親魯之義明。自晉啟南陽而周益衰，魯賜季氏費而魯益弱，此周、魯下替之漸，兩國大事也。是故表王迹拾遺、魯政下逮，而尊

王親魯之義益明。春秋以前諸侯無僭王者，僭之自楚始，歷武、文、成、莊而其焰益熾。齊桓崛起，首折其角；晉文代興，復扼其吭；召陵受盟，城濮敗績；厲、悼繼之，鄢陵再創；蕭魚三駕，而楚始不能與晉爭。此尤夷、夏進退之機，霸業盛衰之界，爲春秋第一件大事也。是故表晉、楚之交兵、爭盟，而攘夷之義明，重霸之義明。時秦亦起自西戎，而三置晉君，義聲頗著，又嘗從晉以勤王，助晉以犄楚，事皆近霸。楚雖猾夏，然討徵舒之罪，許宋、鄭之平，有霸者之風。至於吳，晉雖用以斃楚，而柏舉之師以班處宮，非霸者事。闔廬貪暴，夫差荒淫，黄池之争長未定。於越之入吳，已亟霸，亦不終。勾踐之狡詐猜忌，已開戰國之習，去春秋之霸遠矣。是故表齊、晉，秦、晉，晉、吳，吳、楚，吳、越交兵、争盟之事，而攘夷以重霸之義愈明。春秋之初，鄭莊有創霸之心，其後宋襄有求霸之事，而皆阻於力之不及。然兩國當天下之衝，固霸者之所必争，而其從違向背，亦霸者所視以爲盛衰者也，故其會盟征伐，亦不可以不表。其他大如魯、衞，小如邾、莒，以及陳、許、曹、蔡之屬，亦時有蟻穴之争、螳臂之鬭，無與天下大勢，則從畧焉。春秋時世卿執政，故當國之人最重。當國得其人，則强者以興，弱者以存；不得其人，則强者召亂，弱者致敗。所謂國以一人興、以一人亡者，亦大事也。如晉中軍、楚令尹、宋、鄭執政皆是也，皆不可以不表。弑逆大惡，滅亡大故，災異大變，春秋所載不止，弑君三十六，亡國五十二，日食星隕之不可勝計也。然世有霸主，則亂賊見討，遇災而懼，存亡繼絶之義猶有行之者。霸亡而此義遂熄矣。是亦不可以不表。郊禘大禮，而敢於僭；婚喪亦大禮，而敢于瀆且亂；以至過賓往來，治軍寬猛，覘國者每以其有禮、無禮卜勝負、占禍福焉。五禮皆大事也，不可以不表。朔閏表，本杜氏之長曆，而補其缺畧。彊域

表，本杜氏之土地名，而詳其沿革。人物表，仿班氏漢書之例。然漢書乃一代之史，而上及羲、黄，列爲九等，高下亦多舛誤。兹則人非春秋時者不列，而位置高下亦較核。至于黄河之遷徙不常，四裔之種落各異，亦考古者所當究心之事，兩表尤前人之所未及也。孔子曰：「吾猶及史之缺文也。」公羊傳曰：「所見異辭，所聞異辭，所傳聞又異辭。」則夫史之缺文與其同異，大概各因其舊，作史者所不免也。而必欲字字生義，以爲有意缺之而異同之，且謂聖人之褒貶在是，則附會穿鑿之病轉以益滋。是故表春秋之缺文，則春秋之真面目自出；表三傳之同異，而三傳之得失亦自見矣。若夫有表，必有序，有序必有論，有論兼有辨、有説，更編爲口號，以便人之記誦。或古人之所信而辯其誣，或古人之所疑而證其是，或貶古人之所褒，或褒古人之所貶，皆出于震滄之苦心獨斷，而實核其事之至當與理之不易者，初未嘗以私意參之者也。要其大指，總不越乎尊王、攘夷，尊王、攘夷總不外乎重霸。蓋春秋之時，固不可一日而無霸者也。孟子無道桓、文，聖人則思王者不得，降而思霸，思霸正所以維王迹也。邵子皇極經世一書以皇、帝、王、霸配易、書、詩、春秋，其深識此意也夫。夫學者著書立説，有文人之書，有學人之書，有儒者之書。文人之書持論極工，而事未必核。學人之書紀事極核，而理未必正。儒者之書説理極正，而又不免於迂。康侯之傳，儒者之書也。左、公、穀三傳，學人之書也。唐、宋以來説經諸家，大都文人之書也。震滄是書，論高而事核，兼有文人、學人之長，理不悖于儒者，而又不失之迂。讀春秋者可以知所折衷矣。余受震滄之屬，就愚所見而發明之如此。乾隆歲次丁卯嘉平月上浣三日皐里同學弟楊繩武頓首拜撰。

華希閔敍

吾友顧子震滄輯春秋大事表凡五十卷，屬余一言爲之序。余既卒讀，作而歎曰：「此自有春秋以來所絶無而僅有之書也。」古來傳春秋者三家，而近世功令宗胡氏。顧春秋藉是而明，亦由是而晦。何則？公、穀好以日不日、月不月立例。其弊也，前以不日爲信，後以不日爲渝。又多以闕文强生義例，至以紀子進爵爲侯，啟漢世隆寵外戚之漸。左氏好以稱族舍族、稱名稱字立例。其弊也，於孔父、仇牧、荀息、泄冶之死節，則多加責備；於里克、夏徵舒之行弒，則歸咎其君，貶抑忠義，寬假亂賊，而春秋之旨於是乎一晦。左傳之誤，杜氏祖述之。而公、穀之誤，則杜氏、孔氏、啖、趙、陸氏及有宋孫明復氏、劉敞氏亦既辨之不遺餘力矣。胡文定當介甫蔑棄春秋之後，力崇聖經，矯枉過正，舉其斷闕者，悉以爲書法所存，復鼓公、穀之餘焰。且時值靖康，經筵進講，多指復仇立説，是南宋之春秋，而非夫子之春秋。而春秋之旨於是乎再晦。胡氏之説行百有餘年，諸儒復心知其非，迭加攻擊。至趙木訥氏、家則堂氏遂欲撥棄左傳事實，專以經文前後揣摩億度，增造事端，與郢書燕説無異，而春秋之旨於是乎三晦。嗚呼！春秋一書蒙障二千餘載，非得好學深思之君子，烏能折衆説以歸於一是乎！余於此經研窮五十年，竊謂善讀春秋者，前惟清江劉仲修，今惟桐城方靈皋，與震滄而三。震滄幼承其舅氏之教，垂老創爲大事表一書，歷十五年而成。瓜疇芋區，亦復絲牽繩貫，大旨謂諸儒説經之病有四。其一在以一字

爲襃貶，而不知春秋之教，比事屬辭，是非得失，直書而義自見。其一在以闕文而强生枝節，不知春秋不掌於太史，殁後數十年迺出，故闕誤比他經爲多，無容强爲之說。其一在以傳求經。文十六年楚人、秦人、巴人滅庸。胡氏謂蔿賈善謀國，故與秦並列以減其罪。夫春秋謹夷、夏之防，豈反有愛於楚。前者秦輔晉攘楚，今乃從楚撓晉，故特書以志晉、楚之盛衰。其一以春秋辨王伯，謂不與恒、文。夫斥伯無如孟氏，而曰「其事則齊恒、晉文」。晉伯息而春秋終矣。文、武之天下不至被髮左衽者，全在召陵、城濮，不必以蔡姬與修怨深加苛論。其於三傳不全信，亦不全棄，惟參觀經文前後數十年之事，平心以求其是。一切義例概爲掃除，而聖人之心如日中天矣。此皆其說經之大者。至其論禘則宗鄭氏，謂祭感生帝，徵諸大雅之生民與商頌之長發，而不從史遷稷、契父帝嚳之說。論河道，則謂周定王五年河徙，爲魯宣之七年，春秋以河爲境者六國，而衞獨當其衝。前後渡河處各以本朝地界証實之，尤爲千古之未發。書既成，震滄專以授徒，不欲行世。諸同人愛而争抄，手腕爲疲，各踴躍捐貲付刻，以公同好。余以系名其端爲幸云。乾隆十三年戊辰二月望日老友華希閔。

春秋綱領

歐陽氏曰："傳之于經勤矣。其述經之事，時有賴其詳焉，至其失傳，則不勝其戾也。其述經之意，亦時有得焉。及其失也，欲大聖人而反小之，欲尊經而反卑之。取其詳而得者，廢其失者可也。嘉其尊大之心可也，取其卑小之說不可也。"

朱子曰："春秋只是直載當時之事，要見當時治亂興衰，非是于一字上定褒貶。孟子有幾處說春秋處，皆看得地步闊，聖人之意只如此。今要去一字兩字上討意思，聖人不解恁地細碎。"

"先儒說春秋添一字減一字便是褒貶，某不敢信。桓公不書'秋''冬'，史闕文。或謂貶天子之失刑，可謂亂道。夫子稱顏淵不遷怒，至作春秋却因惡魯恒而及天子，可謂'桑樹著刀，穀樹出汁'者。魯桓之弑，天王之不能討，罪惡自著，何待去'秋''冬'而後見乎！又如貶滕子，而滕遂至于終春秋稱子，豈有此理！"

或論及春秋之凡例，先生曰："春秋之有例固矣，奈何非夫子之爲也？昔嘗有人言及命格，予曰：〔一〕'命格，誰之所爲乎？'曰：'善談五行者爲之也。'予曰：〔二〕'設若自天而降，具言其爲美爲惡，則誠可信矣。今特出于人爲，惡可信也？'"或又謂春秋多變例，所以前後所書之法多不同。曰："聖人作春秋正欲褒善貶惡，示萬世不易之法。今乃忽用此說以誅人，未幾又用此說以賞人，使天下後世求之

莫識其意，是後世舞文弄法之吏之所爲，豈聖人而出此乎！」

「學春秋者多鑿說，後漢五行志注，〔三〕載漢末有發范明友家奴冢，奴猶活，明友，霍光女壻，説光家事及廢立之際，多與漢書合。某嘗説與學春秋者曰：『今如此穿鑿説，亦不妨，只恐一旦有于地中得夫子家奴出來，説夫子當時之意不如此。』」

鄭夾漈氏曰：「以春秋爲褒貶者，亂春秋者也。聖人光明正大，不應以一、二字加褒貶于人。不過直書其事，善者惡者，了然自見。」又曰：「目前朝報尚不知朝廷之意，況千百載之下而遂逆推千百載上聖人之意耶！」

黄東發氏曰：「讀春秋者往往穿鑿聖經，以求合其所謂凡例。如國各有稱號，書之所以别也。今必曰以某事故國以罪之，及有不合，則又遁其辭。人必有姓氏，書之所以别也。今必曰以某事故名以誅之，及有不合，則又遁其辭。事必有日月，至必有地所，此記事之常，否則闕文也。今必曰以某事故致以危之，不月以外之，不日以略之，及有不合，則又爲之遁其辭。則是非以義理求聖經，反以聖經釋凡例也。」

「聖人能與世推移。世變無窮，聖人之救其變者亦無窮。春秋初年，王室微，諸侯强，故抑諸侯以尊王室。及諸侯又微，而夷、狄又强，則又抑夷、狄而扶諸侯。聖人隨時救世之心正如此。而世儒乃動以五帝、三王之事律之。此議論之所以愈繁多，而愈不得其真也。今惟以春秋之世而求聖人之心，則思過半矣。」

呂朴鄉氏曰：「春秋事成于日者書日，成于月者書月，成于時者書時，其或應書而不書者，史失之也。說春秋者多以是爲褒貶，愚請有以折之。蔑之盟不日，則曰渝之也。柯之盟不日，則曰信之。將以渝之者爲是乎，信之者爲是乎？桓之盟不日而葵丘之盟則日，或曰危之也，或曰美之也。將以危之者爲是乎，美之者爲是乎？公子益師卒不日，左氏曰『公不與小斂也』。然公孫敖卒于外而公在內，叔孫婼卒于內而公在外，其不與小斂明矣，又何以書日？公羊曰『遠也』，然公子彄亦遠矣，又何以書日？穀梁曰『惡也』，然公子牙、季孫意如亦惡矣，又何以書日？此類不一而足，皆疑誤而難通。若因其所書月日之前後而知其是非，則有之矣。莊三十一年春、夏、秋三築臺，三十二年春城小穀，則有以見其纍閱三時而大役頻興也。宣十五年秋螽，冬蝝生，則有以見其連歷二時而災害荐作也。莊八年春師次于郎，夏圍郕，秋師還，則有以見其閱三時而窮兵于外也。若此之類，蓋于書時見之。桓二年秋七月杞侯來朝，九月入杞，則著其興兵之暴。昭七年三月公如楚，九月公至自楚，則志其留夷之久。僖二年冬十月不雨，三年春王正月不雨，夏四月不雨，六月雨，則書其亢旱之甚。若此之類，蓋于書月見之。癸酉大雨震電，庚辰大雨雪，則著其八日之閒而再見天變。辛未取郜，辛巳取防，則著其旬日之閒而取其二邑。壬申御廩災，乙亥嘗，則見其嘗于災餘之爲不敬。己丑葬敬嬴，庚寅而克葬，則見明日乃葬之爲無備。若此之類，蓋于書日見之。」

「左氏熟于事，而其閒有不得其事之實；公、穀近于理，而其閒有害于理之正，學者不可不知也。左氏之失實，如楚之荐食上國，賴桓、文出攘之，其功偉矣。然桓、文豈能驟舉而攘之，必先翦其手足，披

其黨與，故桓公將攘楚必先有事于蔡，晉文將攘楚必先有事于曹、衞，此事實也。左氏于侵蔡則曰爲蔡姬故，于侵曹伐衞則曰爲裸浴與塊故。其病在于推尋事由，毛舉細故，而二公攘夷安夏之績，皆晦而不彰，則左氏未可盡以爲據也。至公、穀之害理甚衆。公羊論隱、桓之貴賤，而曰：『子以母貴，母以子貴。』啟後世妾母陵僭之漸。穀梁論世子蒯聵之事，則曰：『信父而辭王父，則是不尊王父也。其弗受，以尊王父也。』長父子爭奪之禍。晉趙鞅入于晉陽以叛，趙鞅歸于晉。公、穀皆曰：『其言歸何？以地正國也。』後之臣子有據邑以叛，而以逐君側之小人爲辭者矣。公子結媵陳人之婦于鄄，遂及齊侯、宋公盟。公羊曰：『大夫受命不受辭。有可以安國家利社稷者，專之可也。』後之人臣有生事異域，而以安社稷利國家自諉者矣。紀侯大去其國，聖人蓋傷之，公羊則以爲齊襄復九世之讎，春秋大之。後世有窮兵黷武，而以春秋之義自許者矣。祭仲執而鄭忽出，罪在祭仲。公羊則以爲合于反經之權，後世蓋有廢置其君如弈棋者矣。是非易位，義利無別。君如武帝，臣如雋不疑，皆以春秋定國。論而不知其非也，其爲害豈不甚于敍事失實也哉！而何休之謬爲尤甚。『元年春王正月』，公羊不過曰『君之始年』耳，而何休則曰『春秋紀新王受命于魯』。滕侯卒，公羊不過曰『滕微國而侯，不嫌也』，何休則曰『春秋王魯，託隱公以爲始受命之王。滕子先朝，故襃之』。公羊曰『母弟稱弟，母兄稱兄』。此其言已有失矣。何休又爲之說，曰：『春秋變周之文，從商之質，質家親親，明當親于羣公子也。』使後世有親厚于同母之兄弟而薄于父之枝者，未必不自斯言啟之。公羊曰：『立嫡以長不以賢，立子以貴不以長。』此其言固有據也。何休乃爲之說，曰：『質家親親，先立弟；文家尊尊，先立孫。』使後世有惑于質文之異而嫡庶互爭者，未必

不自斯語禍之。若此之類，不一而足。三子之釋傳，惟范寧爲少過。其于穀梁之義有未安者，輒曰『寧未詳』。而何休則曲爲之説，適以增公羊之過耳。故曰：『范寧，穀梁之忠臣。何休，公羊之罪人也。』」

程積齋氏曰：「春秋有大屬辭比事，有小屬辭比事。其大者合二百四十二年之事而比觀之，其小者合數十年之事而比觀之。大凡春秋一事爲一事者常少，一事而前後相聯者常多。其事自微而至著，自輕而至重，始之不慎，卒至不可救者，比比皆是。必合數十年之通而後見。或自春秋之始至中、中至終而總論之。此正所謂屬辭比事者也。而先儒或略之，乃于一字之閒而究其義，此穿鑿附會之所由來也。」

張彝歎氏曰：「諸儒多以稱字爲褒，内如季子來歸，外如宋子哀來奔，皆以爲褒其賢也。顧于析邑歸仇之紀季則賢之，而于因亂復國之許叔則又罪之；于蔡季歸國則賢之，而于蕭叔朝公則又罪之；于高子來盟則賢之，而于仲孫省難則又罪之；至華孫來盟，義不可通，則又以爲義不係乎名，説終不得而定。朱子曰：『如王人子突救衛，自是衛當救。當時有個子突，夫子因舊史存他名字，如何卻道王人本不書字，緣其救衛故書字。』推此，則知爵氏名字不關褒貶。」

「三傳言『侵』、『伐』各不同，李氏駁之極是。文定以爲聲罪致討曰『伐』，潛師掠境曰『侵』，亦未盡然也。蓋『伐』云者，執言而來，陳兵于境，必服而後去之，不服則戰，不戰則守，守之固則圍之，守之不固則入之。故春秋書『伐』之後，則有或戰、或圍、或入之事。而書『侵』則無之，無所執以爲言，入其境而卽去，志不在于服之。不及其戰，何用其守？不暇于圍，何至于入？至以爲潛師，晉定公合十八國之

諸侯有事于楚，而召陵書『侵』，非潛師可知矣。又以『侵』爲貶辭，然易稱『利用侵伐』，大雅稱『侵阮徂共』，泰誓曰『侵于之疆』，則『侵』非不善之辭。又如魯受伐則書『伐』，受侵則書『侵』，據實書之，何係乎褒貶哉！」

「諸儒以爲春秋于内大惡諱。然諱弑書薨，而且以不地著之，而桓、宣、翬、遂之爲賊，文姜、哀姜之與弑，則終不得而諱也。其他孰有大于國母宣淫之醜乎？孰有大于朝齊、朝晉、朝楚之辱乎？孰有大于郊禘蒐閱之僭禮，易許田、不視朔之變制，逆祀而躋僖公，瀆倫而娶同姓乎？孰有大于刺公子買、公子偃之殺無罪乎？孰有大于丘甲之虐用民力，田賦之厚斂民財乎？則備書于册，而又何諱！蓋聖人正惡夫禮樂變爲干戈，仁義泯于功利，諸侯强而荆、蠻横，小侯滅而大族興，簒弑叛亂接迹于世，而作春秋以著其變亂之實。使義取乎諱，則春秋亦可以不作矣。」

「諸儒以書公子不書公子、書氏不書氏爲褒貶。然考春秋初年内有不稱公子、不稱氏之大夫，非以奪之者貶之也。春秋中葉以後，外無不稱公子、不稱氏之大夫，非以予之者褒之也。褒貶在事，不在氏族名字。」

「春秋書葬不書葬，内而赴于諸侯以禮葬則書，不以禮葬則不書；外而魯往會則書，魯不往會則不書。因乎舊史，非有筆削。公、穀以爲君弑賊討則書葬，賊不討則不書葬，殆未盡然也。」

「春秋之作，非以維王迹，乃著王迹之所以熄也。會盟有見于傳而經不書者，或于大故無關，或又煩而可省。諸儒以爲惡而削之、諱而削之，皆非也。」

「文公以前，禮樂征伐自諸侯出，雖大夫將而皆諸侯之事，故不必名大夫，不必舉諸侯之爵，而義自見。文公以後，禮樂征伐自大夫出，故詳大夫之名以見義。非大夫將者，則舉諸侯之爵以別之。其有不必詳者，亦從略書人。故前則書人者十之七、八，後則書人者十之二、三，此春秋之大義也。諸儒于前之書人者，概以爲貶；至于事有差善而不可以通者，則又以爲將卑師少。于後之稱名稱帥師者，概以爲無貶；至于事有極惡而不可以通者，則又以爲不待貶而惡見。是非予奪，遂至失實。朱子曰：『夫子只是將當時之事實寫在此，人見者自有所畏懼。若云去其爵、予其爵，賞其功、罰其罪，卻是謬也。』」

先母舅霞峯華氏曰：「春秋有將卑師少而稱人，或貶而稱人。然又有宜貶而書爵者，如成四年鄭伯伐許，傳謂稱鄭伯以著其惡是也。又有不宜貶而書人，如僖二十六年齊人伐我北鄙，胡氏謂有服展喜之善辭齊侯而書人者是也。以一事而前後異書，同一報怨，文二年伐秦報彭衙之役，四國貶稱人；而三年伐秦反書晉侯。以一時而美惡同稱，如同時會伐，成三年晉合宋、衞伐鄭，鄭附蠻、夷，盟主有辭于伐，故晉侯稱爵；然宋、衞又以背殯越境而亦書爵矣。忽以稱人貶，忽以稱爵貶，忽又以稱爵爲無貶，莫善于齊桓之伐楚次陘而書爵，莫惡于楚成之執宋公伐宋而亦書爵，則後世何所取信哉？夫春秋大義，九伐之法，掌于司馬，諸侯非有王命不得興兵，故通經書伐二百一十有三，皆譏也。而其罪之輕重，則各以其事見義，不關乎稱人與稱爵也。」

「茅堂胡氏謂『讀經當看大旨，有疑且闕之』。此最是讀春秋之法。于可疑者而必欲爲之說，則穿鑿傅會而大義反爲之晦矣。如書執國君十有三，惟宋執滕子嬰齊、晉執戎蠻子赤書名。或曰嬰齊書名，遂

失國也。然晉人之執虞公非遂失國乎，何以不名？或曰自外于齊盟也。負芻弑君之罪不更甚于外齊盟乎，何以不名？執戎蠻子亦書名，或曰外之楚誘殺戎蠻子，例當書名而不書；或曰夷、狄相殘略之，執戎蠻子，例不當書名而書名，皆臆說也。春秋大義不過罪其不以王命而執諸侯，書以著其無王之罪耳。罪當施于執者，不宜施于受執者，無名之道也，或曰衍文，蓋疑之而未可定也，則闕之可也。又如經書諸侯出奔十有二，惟衞侯成公出奔楚、衞侯獻公出奔齊、郕伯來奔不名。或曰衞、鄭不名，叔武攝而位未絕也。衞侯衎何以不名乎？或又曰著衎之立以正，非突、朔之比也。北燕伯款、蔡侯朱、莒子庚輿、邾子益亦立以正者，又何以名乎？郕伯來奔，據傳太子朱儒竊地來奔，此正突、朔之比，何以反不名乎？春秋大義，不過罪其遷逃苟免，書以著其失國之罪耳。諸侯失地書名，其不名者，或曰闕文，蓋疑之而未可定也，則闕之可也。又如執君不名，執君歸書名。其執也，大義罪執之者；其執而歸書名也，大義罪受執者，所以著其嘗失國爲後世戒也。而曹伯負芻之歸不名，或曰天子赦之，責王之縱釋有罪。若名負芻以正其罪，不更可以著王之釋有罪乎？又如書國滅出奔，大義責其不能死社稷耳。而譚子、弦子、温子不名，徐子章禹獨名，或曰徐子既已服吳而出奔，責其無興復之志也，然何用知三君有興復之志而不名乎？或曰不名史失之，蓋疑之而未可定也，闕之可也。闕之無害于春秋之大義也。」

「滅同姓書名獨衞侯燬，誘殺書名獨楚子虔，疑者以爲羨文。蓋以齊滅紀、滅萊，晉滅虞、虢，楚滅夔，皆滅同姓而未嘗書名，楚誘殺戎蠻子亦不書名也。然春秋書衞滅邢，雖不書名，而滅同姓之惡著矣。書楚誘殺蔡侯，雖不書名，而楚虔猾夏之惡著矣。不以書名而罪加增，不以不書名而罪加減。雖

謂之美文可也。」

「趙東山以魯與邢俱周公之後，衞滅邢而魯不救，爲無親，故聖人特名衞侯以示親親之道，雖罪衞而意實責魯。此正朱子所謂『桑樹著刀，穀樹出汁』者。」

「程積齋説春秋不書常事，凡崩、薨、卒、葬，皆以爲聖人有故而書。此亦是鑿。」

校勘記

〔一〕〔予曰〕「予」原作「子」，據朱子語類卷八十三改。

〔二〕〔予曰〕「予」原作「子」，據朱子語類卷八十三改。

〔三〕〔後漢五行志注〕「注」原脱，據朱子語類卷八十三、後漢書五行五注補。

凡例二十條

一是編名大事表，凡春秋之無關於天下之故者皆不録。如交兵止七表，其餘如鄭、衞、陳、宋諸國之兵争則不載。遊觀及備四時皆不載。伯統未興以前及伯統既絶以後，其特盟、參盟俱不載，以其無所附麗也。

一春秋周正、夏正紛然聚訟，胡文定謂夏時冠周月，及蔡氏尚書傳謂改時不改月者，皆誤。今一本朱子説，主用周正，而以經、傳文之關于節候者列爲時令表，庶開卷瞭然，夏正之説不煩攻擊而自破矣。

一春秋爲魯史，其編年自宜用本朝正朔，萬無可疑。而諸經容有不盡同者，如論語説暮春，易説卦「兑正秋」，及毛詩「春日遲遲」、「四月維夏」、「秋日淒淒」、「冬日烈烈」之類，俱是從夏正。先儒必欲强而同之，所以後人益增惶惑，反使周正之説不信。不知諸經中偶從夏正者，蓋民俗話言之習熟，撫時道景之切近爾，於三代固通行無忌也。今將諸經另列一表附於後，庶彼此各不相礙。

一杜氏之大有功於春秋者，以有長曆一書列春秋年月，土地名一書詳春秋輿地爾。今俱不可得見。謹列朔閏及長曆拾遺二表，以補杜氏之長曆；列疆域至犬牙相錯五表，以補杜氏之土地名，庶二書燦然復見云。

一朔閏表宜列一年之中氣、節氣，然與經、傳不相關涉。如冬至爲十一月之中氣，孔氏穎達於僖五年「正月朔旦冬至」謂去年爲閏十二月，此拘于常曆法閏後之月中氣在朔之説爾，不知春秋時曆法錯亂，正自不拘，杜元凱已不用此法。愚嘗如其説，從僖五年冬至按二十四氣逆推之，至前一次閏，爲僖元年閏十一月，月之十一日爲冬至，是閏月竟有中氣，不必定在前後之朔晦也。況節氣、中氣須按時刻分數，今經、傳中止得其日耳。從此板板推算，一年之内已要差一日兩日，積久益無憑準，故略而不論。

一春秋時曆法錯亂。杜元凱長曆俱就經、傳上下推校而得，與歷代常法不同。今于日食、置閏二項，特據趙東山本以唐大衍曆與長曆並列上下，并附元史律曆志所書春秋日食三十七事，使學者開卷可知其謬，而左傳所書再失閏愈曉然矣。

一疆域表止列周王畿及魯、宋、鄭、衞、齊、晉、秦、楚、吴、越十大國，其餘小國不可以疆域言，入於列國存滅表内。云都在某處，爲今之某省某府某縣，某年爲某所滅，入某國爲某邑，庶大小相灌輸，有條而不紊云。

一春秋列國各有險要。如函關爲晉桃林，武關爲楚少習，齊之穆陵爲晉時大峴，鄭之虎牢爲漢之成皋，河陽爲唐李光弼死守以固東京之地，鍾離爲梁韋叡苦戰以保淮右之方，謹列出爲表，證以後世史事，使學者知春秋爲後代戰争權輿，庶無失經經緯史之意。

一春秋舊有地里指掌圖。余謂二百四十二年内，强兼弱削，大小無定形，單就分封時地界畫定某國，則晉之范武子封邑在今山東之范縣，楚之商邑在今陝西商州之雒南縣，昭關在今江南和州之含山

縣者，學者反致不曉。今以本朝府州縣輿圖爲定本，注明春秋圖邑地名，别以朱墨。庶學者開卷瞭然，當日强弱之勢具見。

一春秋列國地形犬牙相錯。有以今之一縣而四國錯壤者，如：山東兗州府之滕縣，爲滕、薛、郳三國及邾之絞邑；曹州府之范縣，爲齊、晉、魯、衛四國交錯地；河南開封府之封丘爲衛之平丘、宋之長丘、鄭之蟲牢、魯之黄池。恐繁多難載，今以地之東、西、南、北，細字分注于上下兩旁。其有偏于東北、西北、東南、西南者，則書于四角，庶地里精細，分寸俱可按摹而得。

一春秋北方諸國，以河爲境見于傳文者，秦、晉、周、鄭、衛、齊六國爲多。如秦濟河焚舟，邲之戰晉先縠以中軍佐濟，平陰之役荀偃沈玉而濟，俱不言其何地。他如自茅津濟，自南河濟，涉自棘津，則特志其地名。其不言地者，乃兩國往來常渡處；其特志地名者，乃兵出詭道，乘人不備故也。學者俱弗深考，并左傳文法亦懵如矣。今特列河道一圖，并註明某國濟某處，在今某府某州縣東西南北幾里。千載河形瞭如指掌，而當日行師迂直遠近之勢，亦如在目前。

一周定王五年河徙，自宿胥口東行漯川，與禹河故道别。案周定王五年己未爲魯宣公七年，春秋至此恰一百二十一歲，適當春秋之半。禹河則繞濬縣之西而北流，河徙後則繞濬縣之南經大伾山之足折而東流。禹貢所謂「北過洚水至于大陸」，河徙後已無之矣。今列爲二圖，各詳註其後。庶於春秋之河道無誤。

一近來地里諸書，首推景范氏方輿紀要、高江村春秋地名考及皇輿表，皆用之。然皇輿表以晉條邑

爲直隸之景州，疑穆侯時疆域不到此。至以豫章爲今南昌，景范已辨之。而景范於魯兩平陽俱引盟越后庸事；高江村删一存一，遂以宣八年城平陽與越后庸盟於平陽兩地混而爲一。又齊、曹兩國俱有重丘，景范合而爲一，於襄十七年衞伐曹取重丘，即注東昌府，謂曹東北境之邊邑，俱未是。今俱一一校正。

一晉之中牟，杜元凱時已不知其處第，云當在河北。今開封府中牟縣，在大河之南，本鄭之圃田地，與晉遠不相涉。余向日修河南通志，見中牟縣載入佛肸墓，以爲笑談。乃今檢唐李吉甫元和郡縣志及宋樂史太平寰宇記，俱以鄭圃田與佛肸墓一齊收入。承譌襲舛，非自今日而然也。又班固地里志以楚始封之丹陽謂爲丹陽郡丹陽縣，以衞文公所遷之楚丘混入戎伐凡伯之楚丘，俱大謬。今俱校正。

一春秋左傳説禘，與大傳、小記、祭法、國語不同。杜預稱禘爲三年喪畢之吉祭，既大謬。而朱子取趙伯循説，謂禘不兼羣廟之主，單祭始祖與所自出，亦未爲得。近世萬充宗兄弟既辨之矣，而其立説，閒有未安者。謹著論數首，參以鄙意，以俟後之君子論定。

一春秋經、傳隔今二千餘年，先儒舊説容有未當處，經後人之推勘而益精。如魯之郊禘，明堂位以爲成王所賜，陳氏傅良則謂此東遷以後之僭禮，惠公請之，至僖公始作頌。田賦車乘，司馬法以爲甸出長轂一乘，甲士三人，步卒七十二人，馬牛車輦皆具；李氏廉則謂甸止出一乘之人。越滅吴，史記以爲不能正江、淮以北；吴越春秋、越絶諸書則謂越遷都琅琊，在今山東沂州府日照縣。豫章舊説即南昌，顧氏祖禹謂春秋之豫章與今南昌無涉。余嘗再四推究，知後説爲精當不可易。然前説相沿已久，不容

遞革，致啟後人妄作之弊，今于表及序文內仍以前說爲據。另立一論，歷引經史，發明後儒之說。俾學者知讀書當另出手眼，而亦不至輕蔑前人，庶彼此兩得云。

一杜元凱長曆，散見註疏內共百餘條，愚嘗百方購其書，不得。乃以意創爲朔閏表，以經、傳日之干支爲主，而月之大小、閏之疏密於是乎定。後閱趙東山春秋屬辭，列大衍曆，與長曆錯互，內有長曆云云，與疏中所載不同，知另有長曆一書，東山時猶得見。此本而今無之，因就向所定者改正二十餘條，俱從東山本。蓋以今日欲訂定二千年以前之曆日，先之以元凱，申之以東山。兩先生俱終身殫力于春秋，決當無誤，讀者鑒之。

一凡稱引先儒舊說例舉號，然苦人不甚曉，如張氏洽之爲元德，家氏鉉翁之爲則堂，呂氏大圭之爲朴鄉，趙氏與權之爲存耕，孟何之爲浚南。閱積齋或問中徧舉諸人，殊費查檢。今一從彙纂例，俱列其名。除先師、先母舅外，本朝前輩如望溪先生暨家宛溪，亦從稱名之例，庶使人一見瞭然，非敢唐突前輩也。

一是編凡爲目五十，經始于雍正甲寅，斷手于乾隆戊辰，歷十五年。隨手輯成，不拘次序。家貧客遊，假館恆在千里外，文成輒識其處。又中閒十八項曾經失去，重復輯録，最後乃得敍論數十首。故所志干支，前後不無顛倒，文義閒多重複，欲更删定。程子風衣謂：「删去便不暢，不如仍其舊爲妥且從前之苦心不容遽没。」感亡友之遺言，附識于此。

一余于是編備極苦心，亦藉諸賢之力。氏族、世系、官制三表，則輯于華師道。朔閏一表，則經始于

華生緯，而師道訂成之。十二圖，則華半江一人之力。參校不憚再三，則同里沈生岵瞻及鹽城夏生瀛、山陽楊生日炳之力爲多。將伯之助，深爲銘感，不敢忘也。

讀春秋偶筆

春秋一書，一以存綱紀，一以紀世變。如吳、楚本僭稱王，春秋止書曰子；又如吳、楚之君不書葬，此聖人之不因魯史，特削以示義，所謂存綱紀也。又有世變所趨，不得不存之以紀其實。如楚始書「荆人」，繼書「楚人」，後書「楚子」，此因其勢漸盛交通于中國，魯史書之，聖人亦因而不變，所以紀世變也。若概書曰「荆」，則蠻、夷猾夏之實轉不可得而見。乃或以爲嘉其慕義而進之，或因一事之合禮而褒之，皆非也。罪莫大于觀兵問鼎，而聖人書曰「楚子伐陸渾之戎」，諸儒又將何説哉？

春秋中葉，或前書「楚子」，後書「楚人」，又書「楚師」，後又復書「楚子」，諸儒以爲褒貶所係，皆非也。如城濮、柏舉，俱戰稱「楚人」，敗稱「楚師」，蓋立文不得不如此爾。其餘或書爵，或書人。以君不在而大夫將則稱人，或以討賊之義予之則稱人。宣十一年楚人殺陳夏徵舒，如蔡人殺陳佗、衛人殺州吁之類是也。間有君將而亦書人者，如齊人伐我北鄙，楚人、陳侯、蔡侯、鄭伯、許男圍宋，亦義存乎其事，初不以稱人爲貶。如以爲貶，則楚子、蔡侯次于厥貉，滅蕭，伐宋，圍宋，其憑陵上國甚矣，聖人反書爵以予之乎？

春秋有只一書以見義者。如子同生，肆大眚，鄭棄其師，成宋亂，宋災故，王室亂，終春秋不再見。此聖人之特筆，不必屬辭比事而可知者也。有屢書再書不一書以見義者。如桓五年齊侯、鄭伯如紀，至

莊四年齊侯葬紀伯姬，首尾凡十七年，書紀凡十四事，著齊首滅國，而紀委曲圖存終不得免，憫紀之亡而傷齊之暴也。桓三年正月公會齊侯于嬴，至冬齊侯使其弟年來聘，一年之中連書六事，皆爲昏文姜。莊二十二年及齊高傒盟于防，至二十四年大夫宗婦覿用幣，三年之中連書十四事，皆爲昏哀姜。志閨門之禍，謹履霜之漸，詔天下後世以閑有家之道也。自桓十八年公會齊侯于濼，至莊元年王姬歸于齊，兩年之中連書九事，志魯桓之見殺于齊，而魯呑聲飲恨爲可憐而可痛也。自莊二年夫人姜氏會齊侯于禚，至莊八年齊無知弑其君諸兒，七年之中連書凡十七事，志齊襄之淫恣，夫人之無恥，而魯莊之忘父事仇、縱母淫奔，更會狩會伐以取媚，至元凶就殛而後已，爲悖天而逆理也。自莊九年齊人殺無知，至十三年公會齊侯盟于柯，五年之中連書凡十一事，志莊公之忘父仇而欲定仇國，納子糾，又見殺，與齊爲難，至桓公定伯而後已也。自僖十七年齊侯小白卒，至二十七年楚人圍宋，公會諸侯盟于宋，首尾十一年，連書凡三十四事，志宋襄嗣伯無功，荆楚暴横莫制，諸夏瀾倒，汲汲有左衽之憂，而晉文之出爲刻不可緩也。自僖二十八年春晉侯侵曹，晉侯伐衛，至二十九年盟于翟泉，兩年之中連書凡二十三事，志晉文之一戰而伯，諸侯翕然背楚歸晉，如日中天，患楚之深，故予晉之亟也。自僖三十三年晉敗秦師于殽，至文五年楚人滅六，六年之中書晉、秦、楚三國凡九事，志秦、晉搆難，晉人失援，而楚得滅江、滅六，鴟張無忌也。自文十六年楚人、秦人、巴人滅庸，至宣十五年宋人及楚人平，首尾凡十八年，書晉、楚凡二十事，志楚莊桀驁，晉伯中衰，楚得挾義聲以鞭笞列國，馴至入陳、服鄭，並得宋，幾有天下之半也。自宣十年公孫歸父如齊葬齊惠公，至宣十八年歸父還自晉，及笙，遂奔齊，九年之中書歸父凡八

事，志宣公德襄仲而寵任其子主會盟、專征伐，頓出季孫之上，卒至力小任重，謀去三桓，君薨而身見逐也。自成二年楚公子嬰齊會十二國之大夫于蜀，至襄二年公會諸侯于戚，遂城虎牢，首尾凡十九年，書晉、楚凡十一事，志楚勢鴟張，鄭尤屢服屢叛，雖以鄢陵之勝而不能得鄭，必扼其要害而後乃服從也。自襄元年圍宋彭城，至十一年會于蕭魚，書晉、楚、魯、宋、陳、鄭凡三十四事，志晉悼再伯，勤宋以爲伯之始，服鄭以爲伯之終，晉盛而楚不能抗也。自昭二十二年天王崩，王室亂，至昭三十二年城成周，首尾十一年，書朝、猛、敬王凡十四事，志王室不綱，晉亦失伯，不能急救天家之難，陵遲至十年之久也。自昭二十五年鸜鵒來巢，至定元年夏六月公之喪至自乾侯，戊辰公卽位，首尾凡八年，書昭、定之廢立二十四事，志季之强横，昭之屈辱，而天下無伯之非細故也。自哀元年仲孫何忌帥師伐邾，至八年歸邾子益于邾，八年之中書邾、魯凡十一事，志三家死君忘父，定公骨未寒而殘虐邾國，卒至吴、齊交伐，而後乃悔禍而存亡國也。此須合數十年之通觀其積漸之時勢，真如枯旱之望雨，聖人之意自曉然明白于字句之外，而豈以一字兩字、稱人稱爵爲襃貶哉！

春秋二百四十二年，時勢凡三大變。隱、桓、莊、閔之世，伯事未興，諸侯無統，會盟不信，征伐屢興，戎、狄、荆楚交熾，賴齊桓出而後定，此世道之一變也。僖、文、宣、成之世，齊伯息而宋不競，荆楚復熾，賴晉文出而復定，襄、靈、成、景嗣其成業，與楚迭勝迭負，此世道之又一變也。襄、昭、定、哀之世，晉悼再伯，幾軼桓、文，然實開大夫執政之漸，嗣後晉六卿、齊陳氏、魯三家、宋華向、衛孫甯交政，中國政出大夫，而春秋遂夷爲戰國矣。孔子謂自諸侯出，自大夫出，陪臣執國命，實一部春秋之發凡起例。

逐年有發端，逐代有結案，有起伏，有對照，非可執定一事以求其褒貶也。

春秋大患在楚，堪敵之者惟晉，然必晉與秦合而後可制楚。僖二十八年書晉侯、宋公、齊師、秦師戰于城濮，晉、秦合志，晉伯之所以盛。文十六年書楚人、秦人、巴人滅庸，秦、楚合志，晉伯之所以衰。此對照也。中原之要害在宋、鄭，晉得鄭則可屏蔽東諸侯，楚得宋而患且及魯。宣十五年夏宋人及楚人平，而其年春公孫歸父先會楚子于宋，此楚伯之極熾也。襄十一年諸侯會于蕭魚，而楚旋執鄭良霄，不復以鄭爲事，此晉伯之極盛。亦一對照也。齊伯息而宋興，宋襄死而晉興，晉成、景不競而楚莊熾，楚莊死後幾及二十年而晉伯復盛。此起伏也。齊合江、黄爲召陵之師，而江、黄卒見滅于楚；晉合齊、秦以戰于城濮，遂一戰而伯。此對照也。秦自殽之戰仇晉而與楚合，晉伯不競者數十年，晉不得不通吴以犄楚，成十五年會吴鍾離，此發端也。至哀十三年晉、楚俱衰而吴復熾，與晉争伯黄池之會，此結案也。齊桓之發端在北杏，首欲得宋，屢爲興師伐鄭、伐郳，至僖十五年牡丘之盟，宋卽伐曹以與齊貳，此結案也。宋襄之發端在甗之戰，以立孝公攘齊之伯，至敗泓之後，齊卽伐宋圍緡，此結案也。晉文之發端在踐土以尊王，迨其末也，昭三十二年會諸侯城成周，亦以勤王室，此結案也。夫子直書其事，而天下之大勢起伏自見，褒貶卽存乎其閒矣。

看春秋眼光須極遠，近者十年、數十年，遠者通二百四十二年。自桓二年蔡侯、鄭伯會于鄧始懼楚，此發端也；至定四年蔡侯以吴子及楚人戰于柏舉，楚師敗績，庚辰吴入郢，是結案。志蔡之積怨而能報楚，而褒卽寓其中矣。自僖十九年陳人、蔡人、楚人、鄭人盟于齊，此發端也；至昭八年楚師滅陳是

結案。志陳之招楚適自貽患，而貶卽寓其中矣。隱十一年鄭伯入許，此發端也；至定六年鄭游速帥師滅許是結案。志鄭之志在吞許，歷二百八年之久而卒滅之，以著鄭之暴。而中閒之許叔入許及許之四遷，鄭之屢次伐許、圍許，皆其聯絡照應也。僖十五年宋人伐曹，此發端也；至哀八年宋公入曹，以曹伯陽歸，是結案。志宋之志在並曹，歷一百五十九年之久而卒滅之，以著宋之暴。而中閒之盟于曹南及屢次之圍曹、伐曹，皆其聯絡照應也。成七年吴伐郯，此發端也；至哀十三年於越入吴是結案。志吴之暴興而亦速斃。而中閒之入楚、破齊、與晉争伯，皆其倏忽變幻也。隱四年書翬帥師而十一年有鍾巫之禍，宣二年書公子歸生帥師而四年有解黿之禍，宣元年書趙盾帥師、趙穿帥師而二年有桃園之禍，成六年、八年、九年連書晉欒書帥師而十八年有匠麗之禍，此起伏之在十年以内者。蓋弑君有漸，其大要在執兵權，不至弑君不止。滅國亦有漸，其大患在數侵伐，不至滅國不止。聖人灼見諸國之時勢，亂賊諸人之心事，而次第據實摹寫之，故曰春秋成而亂臣賊子懼。

盟會不書「公」，左氏俱以爲諱，不知此經文偶闕「公」字耳。公、穀現有「公」字，又當如何立說？國惡莫大于成宋亂及文姜之如齊、如莒，此而不諱，何獨諱此乎？

余於先儒及近代春秋説瀏覽幾徧，然十分愜意者頗少。惟孫明復、孫莘老及陳君舉三家爲差勝，餘如程積齋或問、家則堂詳説儘有佳處，然俱以「春王正月」爲夏正，鄭漁仲亦祖其説。最後讀黄東發日抄，亦無確見，姑從戴岷隱在東宫所講，謂三代雖有改正朔之事，而天時恐無可改，何其不細玩經文，而但惑于冬不可爲春之説也。此不須别説，只經文「春無冰」及「春王正月日南至」二句，便確然是周正

無疑。只張翠屏先生春王正月考是不磨之論。葉少蘊夢得說「執曹伯畀宋人」，謂宋人下當闕一「田」字，此千古隻眼。然以十二公配十二月，周官三百六十職配三百六十日，迂駮可笑。趙木訥多于三傳之外摹擬揣度，另造事端，亦未可信。惟本朝方望溪及張彝歎二先生所著，得聖人之心什八、九矣。鄭夾漈謂：「說春秋有三家，有以春秋爲一字襃貶者，有以春秋爲有貶無襃者，有以爲襃貶俱無者。泥一字襃貶之說，則春秋一書字字冰霜劒戟，聖人之心不如是之勞頓也。泥有貶無襃之說，則春秋乃司空城旦之書，聖人之心不如是之慘刻也。泥襃貶俱無之說，則春秋又似叢語瑣說，聖人又非無故而作經也。」鄭氏之言極是。聖人之心正大平易，何嘗無襃貶，但不可于一字上求襃貶耳。孟子明言：「其事則齊桓、晉文，其文則史。」孔子曰：「其義則丘竊取之矣。」如以爲無襃貶，則是有文事而無義也。如此，則但有魯之春秋足矣，孔子更何用作春秋乎？近日有厭支離之說，而竟將春秋之襃貶抹去者，矯枉過正，亦非聖人之意。

有以春秋爲有筆無削者，是卽無襃貶之說也。夫未修之春秋卽不可得見，而左氏之書具在。如襄公親送葬楚子，昭公昏于吳，豈有不遣卿大夫往會吳、楚葬之理？而終春秋吳、楚之葬不書，此削之以示義也。襄公葬楚子不書，而于二十九年春王正月公在楚見之；昭公昏于吳不書，而于哀十二年書孟子卒見之，此削之以示諱也。又如十二公之納幣逆夫人，魯史皆書，而春秋于僖公、襄公不書，此所謂合禮不書也。世子生皆書，而春秋止書子同生，此所謂常事不書也。此皆其顯然可見者。如以爲有筆無削，則春秋竟是一部鈔胥，何足以爲經世大典乎？

春秋有以一事而繁稱不殺，曲折盡意，不煩傳說而顯然明白者。如隱七年冬，〔一〕「天王使凡伯來聘，戎伐凡伯于楚丘以歸」，凡十六言，則志王室淩夷，外裔肆橫。衛不修方伯之職，魯不行報聘之禮，爲可誅也。桓二年春，「公會齊侯、陳侯、鄭伯于稷，以成宋亂。夏四月取郜大鼎于宋，戊申納于太廟」，凡三十言，則志公納寵賂成篡弒，而又薦于周公之廟，爲蔑王章而紊祖制也。莊八年春，「師次于郎以俟陳人、蔡人。甲午治兵。夏師及齊師圍郕，郕降于齊師。秋師還」，凡三十言，則譏其老師費財連結與國，親仇讎而滅同姓也。宣四年，「齊侯平莒及郯，莒人不肯，公伐莒取向」，凡十五言，則譏其恃强淩弱，强人從我，借公義以濟其貪欲也。成二年，「六月癸酉季孫行父、臧孫許、叔孫僑如、公孫嬰齊帥師會晉郤克、衛孫良夫、曹公子首，及齊師戰于鞌，齊師敗績」，凡四十三言，則譏其以忿興兵，魯四卿並出，三國之大夫皆以名見，兵權下擅，爲大夫執政所自始也。成七年，「春王正月鼷鼠食郊牛角，改卜牛，鼷鼠又食其角，乃免牛」，「不郊，猶三望」，凡二十七言，則譏其違天僭禮，可已而不已也。此非貶乎，而謂藉一字以貶乎？僖四年，「春王正月公會齊侯、宋公、陳侯、衛侯、鄭伯、許男、曹伯侵蔡，蔡潰。遂伐楚，次于陘。夏楚屈完來盟于師，盟于召陵」，凡四十二言，受盟而退，不用力征。僖二十八年，「夏四月乙巳，晉侯、齊師、宋師、秦師，及楚人戰于城濮，楚師敗績」，「五月癸丑，公會晉侯、齊侯、宋公、蔡侯、鄭伯、衛子、莒子，盟于踐土，陳侯如會」，凡五十二言，一戰勝楚，天旋地轉。襄十九年，「秋七月晉士匄帥師侵齊至穀，聞齊侯卒，乃還」，凡十八言，行師得禮，卒格遠人。此非褒乎，而謂藉一字以褒乎？又如盟會邾、莒、滕、薛皆稱人，雖晉、宋亦間有稱人者，略之也。文七年、十五年、十七年扈三次會盟，俱不列序

諸侯；而定四年召陵之會十八國之諸侯，無不列序其爵者，則以楚瓦不仁，從楚諸侯悉起從晉，而荀寅以求貨而失此機會爲可惜也。昭十三年平丘之會，十四國之諸侯無不列序其爵者，則以棄疾新立，楚方内亂，晉復得宗諸侯，而叔向徒盛兵威而失此機會爲可惜也。此皆有關于天下之大者。春秋二百四十二年，事勢數變，如高山大川，學者須高處立，大處看，形勢曲折，高低起伏自見。若區區執定一句，又求之一字、兩字，如鑽入鼠穴，聖人之心不得出矣。

春秋又有各爲一事，不宜連屬看者。如莊二十二年肆大眚，與下葬文姜自是兩事，而穀梁彊連之，謂文姜罪本不應葬，若不赦除衆罪而書葬，爲嫌天子許之。二十四年戎侵曹，曹羈出奔陳，與二十六年曹殺其大夫自是兩事，而公羊彊連之，謂殺大夫不死曹君之難者。僖十四年沙鹿崩，與十五年韓原之戰自是兩事，而左氏彊連之，謂期年將有大咎幾亡國。文十二年杞伯來朝，與下子叔姬卒自是兩事，而左氏彊連之，謂來朝時請絶叔姬而無絶昏。十四年齊人執單伯、齊人執子叔姬，自是兩事，而公、穀彊連之，謂單伯淫乎子叔姬，支離扭捏，增造事端。此以屬辭比事而誤用之者也。

先儒説春秋爲孔子之刑書，凡誅殺、爵命之見于經者，皆罪也。如天王殺其弟佞夫，此不當殺而殺也，殺王子朝則不書矣。宋公殺其世子痤，晉侯殺其世子申生，此不當殺而殺也，鄭殺其世子華則不書矣。刺公子買、刺公子偃皆無罪也，殺公子慶父則不書，殺公子牙則變文書卒矣。春秋書爵命三，皆譏天王之濫賞也。他如錫齊桓公命，錫晉文公命，錫晉惠公命，錫衛襄公及齊侯環命，無論當否，皆不書。此詳内而略外也，謂聖人貶桓、文之功而削之，亦非也。僖王以一命命曲沃武公爲晉侯，此最害理，而

春秋不書。此時晉未通于中國，不告，故魯史亦無從而書也。大抵觀其不書者，而聖人特書之旨自見。此最是看春秋之一法。

莊十二年宋萬弑其君捷及其大夫仇牧，據左傳華督亦見殺，督爲正卿，宋之赴告，自必先于牧，此是魯史書之而聖人削之也。近日毛大可氏乃云：「此是宋人不赴，故不書。若云孔子削之，是絶人自新之路。唐堯、衛武俱稱晚蓋。」此論殊謬。夫弑君大惡，豈有可改過自新之理？堯簒帝摯，衛武弑其兄和而自立，此野史誣罔之言，豈可信乎？此過執春秋因魯史之言而失之者也。

未修之春秋明見于左傳者有二。其一見宋華耦之言，曰：「臣之先臣督得罪宋殤公，名在諸侯之策。」其一見衛寗殖之言，將死，召悼子曰：〔三〕「吾得罪於君，悔而無及也。名在諸侯之策，曰『孫林父、寗殖出其君。』」此各國皆書，魯之春秋亦然。而仲尼一因之；一改之曰「衛侯出奔齊」，以自奔爲文。蓋弑君則責在臣子之討賊。君出奔而將來復入爲君，如此書，自覺非體，書君自出奔，以全君臣之分也。此聖經改魯史之鑿然可據者。

孟子曰：「孔子懼，作春秋。春秋，天子之事。」蓋孔子作春秋，天王亦在誅貶之列，然不過直書其事而自見。如隱公不朝聘天王，而王遣使賵惠公之妾；桓公弑其兄，而王追錫桓公命；文姜弑其夫，齊襄淫其妹，而王使魯主王姬之昏，三綱淪，九法斁，昭然具見。初不必名宰咺，王去「天」以示貶也。故曰：「春秋，天子之事。」桓、文亦假託其事者，故聖人亦有取焉。然齊桓之一匡九合可取，而其滅譚、滅遂、降鄣之罪，不得爲桓公諱也。晉文之勤王定伯可取，而其召王巡狩、擅執衛侯之罪，不得爲文公諱也。

蓋春秋只列各人之供招罪狀，未嘗判斷，謂某人應得何罪，某人應麗何條。朱子云：「當時只說張三打李四、李四打張三，未嘗判定云張三應杖六十、李四應杖四十。」

春秋云諸侯盟于扈（見文七年），從此無天子；曰大夫盟（見襄十六年），從此無諸侯。齊桓死而僖公至以楚師伐齊取穀，晉伯息而哀公兩會吳伐齊，夫子所以有被髮左衽之懼。

胡傳曰：「王朝命大夫例書字，附庸之君例書字。」案尊卑有定位，若諸侯書名而大夫書字，侯伯書名而附庸之君反書字，聖人之立法疑倒置矣。此不過因郳儀父及王人子突稱父、稱子有類于字耳。不知齊侯祿父、蔡侯考父、季孫行父皆名也，無以見儀父之爲字也。齊子糾、鄭子儀、子亹、子臧、子華皆名也，無以見子突之爲字也。春秋無書字之法。郳子克是儀父之子，不得謂儀父之名。（方氏苞曰：「克與儀父非一人。儀父之卒不書，至克而後書卒耳。儀父之卒當于桓之末年。」）

史稱定、哀多微辭而聖意未嘗不顯。然昭三十年、三十一年、三十二年春王正月三書公在乾侯，公薨于乾侯，六月癸亥公之喪至自乾侯，戊辰公卽位，則昭公死于客殯，而定公受國意如之情事顯然矣。六次如晉，至河乃復，則季氏連結晉之權臣，伸縮由己，而公束手受制之情事顯然矣。城啟陽及屢次用師于邾，或書三卿，或書二卿，則兵權一手掌握，而欲吞滅列國以自肥之情事顯然矣。兩次會吳伐齊皆書公，齊爲仇讎之國，三子坐享厚實，以危難之事委其君，欲陷公死地之情事顯然矣。此皆聖人所親見，故備書之。當日史官爲季氏之黨，阿奉意指，未必能詳盡如此。

諸侯失地名，滅同姓名。然有滅同姓而不名者，如齊侯滅萊，楚子滅夔，晉滅虞、滅虢是也。有失

地而不名者，如齊人滅譚，譚子奔莒；楚人滅弦，弦子奔黃；狄人滅温，温子奔衛是也。戴記乃出公、穀之後，拾三傳之緒餘以成文耳。學者顧欲據禮以論春秋，過矣。（滅同姓書名，獨衛侯燬，然朱子疑爲羨文。失國書名，獨徐子章禹，先母舅云且須闕之。闕之無傷于春秋之大義，不得以一事著爲定例。）

惟滅國而以其君歸者，則書其君之名。如鄭游速帥師滅許，以許男斯歸；宋公入曹，以曹伯陽歸；晉人滅肥，以肥子緜皋歸，滅鼓以鼓子鳶鞮歸。此不過因赴告之辭耳。蓋滅國則但以得地告，至其君則但云奔某國，不必及其名也。以其君歸，則須有獻俘之禮，不名則不可以告宗廟，因而赴告列國，魯史書之，聖人因而弗削。初非名之以甚其罪，亦非不名以減其罪也。夫遯逃苟免與身爲囚俘，其失守宗祧之罪等耳，直書而義已見，何用名與不名以別其輕重乎？

黃東發謂「學春秋者只當就春秋之世以求聖人之心」，此語最合。後儒乃動以五帝、三王之事律之。如彭衙之戰，文定謂宜加以文諭，不從，乃更告之天子方伯，不宜遽與師與戰。晉悼三駕，或謂遠人不服，當修文德以來之，未聞道斃諸侯以服之。如此則當安、史之亂，唐室只須仗義執言，不煩李、郭之苦戰。而聖人當日遇著桓魋，亦可以禮感化，何爲微服而過宋乎？無怪乎明季闖寇憑陵，畿甸垂破，而儒臣召對，猶以舞干羽爲言者。此種議論，則讀聖經乃是喫騃藥，何益于救世哉？

春秋何以託始乎隱？或謂以隱之讓國而賢之，或謂春秋託始于桓王，皆非也。東遷後，弑君之獄自衛州吁及魯桓公始。而桓之弑隱，實有以召之，寵任羽父及菟裘，不早斷，馴致大禍。故曰：爲人君父

者，不可以不知春秋。

春秋凡書城築皆譏，無論時不時也。城郚、城中丘，則以怯敵書；城向、城諸及鄆，則以啟釁書；城費、城成郛，則以三家營私邑書；城漆、城啟陽、城郲瑕，則以恃强淩弱小書；城杞，則以受役于强大書。其非時與帥師者，則罪又甚焉。蓋春秋一書，聖人特書以垂戒，爲百王法，未有無故而書者也。魯方百里五，所統凡數十百城，二百四十二年之中，城壞而修，亦極常事，何足重煩聖人之筆乎？

外此，如城邢、城楚丘、城緣陵爲聖人許之乎？曰：此春秋以紀世變也。天王失政，外裔交侵，小國不能自立，賴桓公修方伯之職，帥諸侯起而城之。聖人所以不得已而思伯予之，亦傷之也。降此而城成周，抑又甚焉。王室内亂，流離顛越，十年之後，又乞城于諸侯。書此而天王之孱弱，晉伯之怠緩，俱可概見。此皆有關于天下之大者。凡褒貶無關于天下之大，故不書。

二百四十二年君卿大夫之賢奸善惡，千態萬狀，而欲執書名、書字、書族、書爵、書人、書滅、書入及日月時等十數字以概其功罪，爲聖人者亦太苦矣。不知下筆時費幾許，摇頭苦吟，竄易數四而後斟酌定此一字，作春秋不亦勞頓乎！如此，幾同俗吏之引例比律與鯫生之咬文嚼字，聖人心事光明正大，決不如此。春秋只須平平看下去，自如岡巒之起伏。世運十年而一變，或數十年而一變，聖人第因其世變而據實書之。如春秋初年，猶以滅邑爲重，至其後則滅邑不書，而滅國書矣；猶有未賜族之大夫須命于王朝，至其後列國之大夫無不氏與族者矣。春秋中葉，猶書諸國伐我北鄙、南鄙、東鄙，至定、哀則直書伐我，直造國都，而四鄙不足言矣。荆，初年猶舉號，繼而書楚人，繼而書楚子，最後但書楚之大夫。

兼及吳、越，南風滋競，中夏反受其蔭庇矣。列國會盟征伐，初皆書君，其卿大夫則稱人，無有以名氏見，至末年而但書大夫之名氏，政自大夫出，而君位幾如贅旒矣。通春秋之蒐狩皆書公，至定、哀之蒐狩不書公，君無一民一旅，其得失皆與君無預矣。此皆春秋大變故，而聖人書法第據當日之時勢，初非設定一義例，謂有褒貶于其閒也。

看春秋須先破除一例字。胡文定謂凡書救未有不善，此亦不可以一例拘也。僖二十八年楚人救衞，襄十年楚公子貞帥師救鄭，聖人非是許楚，乃是罪鄭、衞。唐討吳元濟，而王承宗、李師道救之，豈得謂許其當救乎？僖十八年狄救齊，聖人則深罪宋襄。齊桓攘狄，一旦身死內亂，宋襄繼伯，反爲搆禍，致煩狄人之救，聖人蓋傷之。杜少陵詩云：「豈謂盡煩回紇馬，翻然遠救朔方兵。」其意正同。例之不可拘如此。

凡伐而書次則善其節制，僖四年齊桓伐楚次于陘，襄元年晉悼伐鄭次于鄫，是也。次而書俟，則惡其妄動，莊八年師次于郎以俟陳人、蔡人，師及齊師圍郕，是也。救而書次，則惡其怯懦觀望，僖十五年救徐次于匡，襄二十三年叔孫豹救晉次于雍榆，是也。外裔而書次，則惡其窺覘中夏，文十年楚子、蔡侯次于厥貉，是也。又如莊二年公次于滑，則譏其救紀無功。定九年齊、衞次于五氏，十三年垂葭，十五年渠蒢，則志其攘伯生事。俱要合上下文之事與辭而觀之，則褒貶各見。單執一「次」字以爲書法之例，何從得見聖人之意？

會禮之簡者曰遇，非善辭也。然亦有褒者，莊三十年公及齊侯遇于魯濟，三十二年宋公、齊侯遇于

梁丘，齊桓執謙以就宋、魯，以是能得諸侯。此褒也。他如莊二十三年公及齊侯遇于穀，則惡其急于成昏。隱四年公及宋公遇于清，八年宋、衛遇于垂，則惡其比周結黨。又如僖十四年季姬及鄫子遇于防，則越禮之甚。褒貶不同如此，而可執一字以爲定例乎？

春秋書初、書猶、書遂，俱聖筆煩上添毫處。書「初獻六羽」，以明前此之僭。書「初稅畝」，以志横征之始。「猶繹」、「猶三望」，是譏其可已而不已。「猶朝于廟」，是幸其禮之未盡廢。「遂伐楚次于陘」、「遂救許」、「遂圍許」，是志其赴機之捷。「遂滅賴」、「遂滅偪陽」、「遂伐曹入其郛」，是志其兵威之暴。「遂及齊侯、宋公盟」，是志其國事之擅。他如曰誘殺、曰以歸、曰取師、曰大去、曰棄師、曰逃歸、曰殲、曰戕、曰用，皆聖人用意下字，此其顯然可見者。

春秋書地震山崩，是爲天下記異。公羊得之，左氏專指晉者非也。（僖十五年沙鹿崩。）隕石六鷁則專爲宋。宋襄創伯六年，屢挫折于楚，是六鷁退飛之象。外災不書，以宋有關于天下之故書之。

春秋誅貶非特不于一字上見，併當於不書處見之。如隱七年天王使凡伯來聘，戎伐凡伯于楚丘以歸，則下當書云「師及衛師伐戎，執戎子某歸于京師」，此理之必然者，而其下寂然，則魯、衛不臣之罪著，而戎之桀驁，凡伯之失節，皆其小焉者矣。文八年天王崩，公孫敖如京師，不至而復，丙戌奔莒，則下當書云「殺公孫敖，公子某如京師」，而其下寂然，則魯慢天王爲不臣，失刑誅爲不君，而公孫敖之罪不足言矣。又如昭二十二年王室亂，則下當書云「公及晉侯及某某國入京師，誅子朝，王室復定」，而其下寂然，但書朝、猛之迭勝迭負，劉、單之拮据萬狀，直至二十五年會于黄父期納王，則晉失方伯之職，諸

侯無勤王之義，均無所逃，而王子朝之罪更不足言矣。隱四年衞州吁弑其君完，則下當書云「天王使某侯伐衞，殺州吁，立公子某」，而其下寂然，直至九月衞人殺州吁于濮，十有二月衞人立晉，殺係衞人自殺，立係衞人自立，天王不能正列國，不能討其罪自著，而衞人擅立君之罪反其小焉者矣。入春秋失政刑于是始。嗚呼！此經之所以託始乎隱也。

聖人所以不得已而予桓、文者，只爲桓、文是假行天子之事。如上書狄伐邢，下卽書齊人救邢；上書狄入衞，下卽書城楚丘；楚三伐鄭，而桓公爲檉、貫、陽穀之會，有召陵之師；楚合四國以圍宋，而文公侵曹伐衞，有城濮之戰；楚以彭城封魚石，而悼公合諸侯圍宋彭城；魯爲齊困，非晉不解，此如病急求醫，緜報殺人而有司遣人拘究不踰晷刻。細檢伯統未興與伯迹既熄以後，則有坐待其斃，聽人之白晝刼殺而已矣，光景截然大異。從此處著眼，而聖人褒貶微意，與孟子所謂彼善于此處，和盤托出紙上。

孟子曰：「春秋，天子之事也。」朱子註謂：「惇典庸禮，命德討罪，大要皆天子之事。然謂聖人筆削，代天子行事者，則又非也。」彝歎張氏謂：「春秋非是維王迹，乃著王迹之所以熄。」最得春秋之旨。細看全經，如三錫命是奬篡弑，褻王言，所謂命德者安在？列侯上傲王命，內相篡奪，而王討不加，所謂討罪者安在？諸侯不奔喪會葬，而王遣使求車、求金，典禮一切廢壞。聖人只是于此等標明王迹不行于天下處，而誅貶自見。如齊桓殺哀姜于夷，大義滅親，此正是合天討處；而下書夫人氏之喪至自齊，細看一路上文，而僖公此舉已是大錯。聖人之意明白具見，何必去一「姜」字乃爲示貶乎？

列國來朝四十未有書名者，獨桓七年穀伯綏、鄧侯吾離書名。左氏云賤之，或又以爲嘗失國，林氏曰「貶穀、鄧遠在方城之外，無爲朝魯朝桓」。諸侯必若穀、鄧而後貶，皆曲説也。失國書名，只當其竄逐苟免之時書之耳。穀、鄧來朝，則現爲君，非失國也。若謂其以前嘗失國，則衞成公出奔，顛沛甚矣，不聞終成公之世皆書名也。蓋桓公簒弑已歷七年，至此遠國來朝，且兩國更迭來，志得意滿，接見于廟，令史臣書之以爲美談，誇詡宋、鄭諸列國。聖人因而弗削，正以見桓公之自侈大意，在責桓非責穀、鄧也。若責其黨逆，則桓公當日歸獄寪氏事極隱秘，天王不加討，近鄰不問罪，穀、鄧遠在二千里之外，何從知爲簒逆而求之備乎？亦可謂欲加之罪矣。（桓二年，蔡侯、鄭伯會于鄧，始懼楚。當日以魯爲周公之後，故朝魯以求庇，而公亦以此自喜。鄭、魯所畏，鄭會鄧而鄧朝魯，故書名以震矜之。此當日之情事也。）

哀四年盜殺蔡侯申。凡無主名及賤者，皆稱盜。故聶政之殺俠累，綱目只書曰盜；雖以子房博浪沙之擊，史記只書曰遇盜，以其大索不獲也。左氏曰公孫翩，則是明有其人，且係貴族，何爲不明正其弑君之罪，而諱之曰盜乎？公孫辰三人以賊黨而猶列其名，公孫翩以首禍而顧免于罰。且文之鍇已殺翩，則罪人斯得，則當書曰「蔡公孫翩弑其君，蔡人殺翩」，以伸討賊之義，又何爲作此疑獄乎？大抵是奸人卒起不意，衆疑是三人所爲，逮後或殺或逃，而姑以姓、霍二人當獄耳，其實不可得而指名也。學者寧信經而舍傳爲是。

桓五年蔡人、衛人、陳人從王伐鄭，自是立文宜如此，增一「天」字便覺不順。如王師敗績于郄氏之

戎，不可云「天王師」也。諸儒泥于去「天」爲貶之說，遂舍鄭伯滔天之罪，而謂桓王不宜以小故興師，自取敗辱。宥臣責君，悖舛滋甚。又如僖二十八年兩次朝于王所，義當責晉、責諸侯，不宜責王，而反去「天」以貶王，可乎？

春秋書衞人殺州吁，蔡人殺陳佗，齊人殺無知。先儒云：人者，衆辭，言夫人之所得討固然。然愚謂責天王意較重。討賊，係天子之事，列國有簒弑，天王當遣方伯連帥討而誅之，何待衞人、蔡人、齊人之殺乎？書人以明一國之私討，非天王之公討也。由是征伐不自天子出，自諸侯出矣。

書衞人、蔡人、齊人之殺弑君者，討罪不自天子出矣。書齊侯、衞侯之胥命，命德不自天子出矣。皆譏天王之失政也。三傳謂善胥命固非，張氏洽謂罪齊、衞猶落第二義。

莊二十九年樊皮叛王，明年王命虢公討樊，執樊仲皮歸于京師，此天討之最合者，而聖人不書，常事不書也。莊十六年王使虢公命曲沃伯以一軍爲晉侯，此天命之最乖者，而聖人不書，不告不書也。華督亦死閔公之難，不書，此聖人削之也。明季有麗逆案而死闖難者，朝廷之贈卹不及，後世史官不列忠臣傳，亦是此義。

春秋書游觀二，隱公矢魚，莊公觀社，皆非禮也。若僖公之泮水，則合禮不書矣。書立廟二，立武宮，立煬宮，皆非禮也。若僖公之修閟宮，則合禮不書矣。後世歐陽公修唐書，于玄宗本紀書幸温湯，至自温湯，或一歲一行，或一歲再行，詳書不殺，全倣春秋之旨。

書弑君，自然知爲大惡，不必以削去「公子」與稱名以見惡。書死君難，自然是褒，不必以稱名多加

責備。三傳泥于稱名之説，遂于死難諸人，毛舉細故，謂以此故名之，是將忠義抹殺；泥于稱人稱國以弒之説，謂君爲國人所欲弒，是爲亂賊出脱，正與孔子作春秋之意反背。

昌黎詩云：「春秋三傳束高閣，獨抱遺經究終始。」「究終始」三字最妙。此卽比事屬辭之法。治春秋自宜以經作主，但不可于三傳外另造出一傳來，如趙氏木訥之經筌，則杜撰鑿空更甚矣。

終春秋之世，天討之見于經者，桓五年蔡人、衞人、陳人從王伐鄭，及莊六年王人子突救衞二者而已。伐鄭而敗績，救衞而無功，不書，是聖人諱之也。他如王師、秦師圍芮不書，伐翼、〔三〕伐曲沃不書，不告也。必以王去「天」爲貶，則子突書字，又何以稱爲褒乎？

春秋之中葉，討伐無書「王」者，政自諸侯出也。至末季討伐無書「公」者，政自大夫出也。定公之初，伐齊反書「公」者，陪臣執國命，而欲假公以與大夫抗也。哀公之世，征伐盟會無不書「公」者，大夫復張，已專其利，而以危難之事陷其君也。聖人一字之去留，世變存焉。皆據實書，以爲褒貶者殊錯。

文定動云「上告天子，下告方伯」，不知石碏之除州吁，當隱公之四年，桓王初卽位，只告陳使討，不聞告王而請討，則此時王令已不行于天下矣。當春秋末世，而輒以五帝、三王之事律之。敵師壓境，而云反躬責己，云加以文諭用兵，云仗義執言、不由詭道。此如人飢將死，而曰何不食肉糜，路逢劫盜而與拱手談仁義。其不供人軒渠者幾希。

杜氏以「伯」、「仲」、「叔」、「季」皆字，書字皆褒。此以加于紀季以酅入于齊，蔡季自陳歸于蔡，許叔入于許，可也。他如蕭叔朝公何以書「叔」？宋人執鄭祭仲何以書「仲」？杜氏又云「叔」與「仲」皆名，然

則紀季、蔡季、許叔何以見其獨爲字乎？方望溪曰：「凡書『伯』、『仲』，皆行次也。叔肸、宋子哀，皆名也。」可云斬盡葛籐矣。

諸侯不生名，死則名之。諸侯死猶名，則大夫無不稱名之理，大夫遇難見殺，更無不稱名之理。左氏以稱名爲貶，遂于孔父、仇牧、洩冶謂不足貴，于崔杼之出奔不稱名以氏告，謂非其罪，顛倒已甚。且以叔肸爲賢而書字，則孔子大聖，續經當書仲尼卒，不當書孔丘卒矣。

聖人當日何嘗執定以獲麟一句結住，只爲是年春適有此事記了。四月遂有陳恆執君置于舒州，六月行弒，孔子沐浴請討不行，于是輟簡廢業，未幾遂卒。是春秋乃聖人未竟之書。一切謂文成致麟，與孔子覩獲麟而作春秋，俱是憒憒。

校勘記

〔一〕〔隱七年冬〕「冬」原作「春」，據春秋左傳隱公七年改。

〔二〕〔召悼子曰〕「悼」原作「惠」，據春秋左傳襄公二十年改。

〔三〕〔伐翼〕「翼」原作「翌」，據春秋左傳隱公五年改。

鑒定校閱姓氏

方苞　望溪　桐城人。

李紱　穆堂　臨川人。

蔣汾功　東委　武進人。

楊繩武　文叔　長洲人。

楊椿　農先　武進人。

程崟　夔州　歙縣人。

胡期恆　元方　武陵人。

顧陳垿　玉停　太倉人。

鄧鍾岳　悔廬　聊城人。

王斂福　鳳山　諸城人。

盧見曾　雅雨　德州人。

黃施鍔　悔齋　無錫人。

程嗣立　風衣　安東人。

華希閔　芋園　金匱人。
秦蕙田　味經　金匱人。
鍾　晼　勵暇　上元人。
周振采　白民　山陽人。
程廷祚　啟生　江寧人。
秦大呂　人俊　金匱人。
王家賁　素修　山陽人。
潘印賜　君佩　溧陽人。
潘果賜　君懷　溧陽人。
吴志涵　藴千　甘泉人。
傅辰三　　　　杭州人。
阮　咸　卓庵　寶應人。
邵之鵬　上九　無錫人。
華孳亨　韋軒　金匱人。
秦鈞儀　伯芳　金匱人。
劉執玉　復燕　無錫人。

春秋时令表卷一

錫山　顧棟高復初　輯
婁縣受業吴光裕益旃　參

敍

春秋開卷書「春王正月」，議者紛然。蔡氏尚書傳既主不改時改月之説；而文定傳春秋又謂夫子虚加「春」字於月之上，謂周本是冬十一月，夫子特借以明行夏時之意。是皆攷古未核，惑於冬不可爲春之疑，遂至輾轉相誤也。後漢書陳寵傳有曰：「天開於子，天以爲正，周以爲春；地闢於丑，地以爲正，殷以爲春；人生於寅，人以爲正，夏以爲春。」是子、丑、寅三陽之月皆可以言正，皆可以爲春明矣。而謂周有天下，更姓改物，於履端初始稱冬十一月，以號令天下，一年之内首尾皆冬，非所以一天下之視聽也，周既不改時月矣。而謂夫子爲周之臣子，改冬爲春，改十一月爲正月，戾王朝之正朔，改本國之史書，尤不可以訓也。今試以經文最顯然者證之。隱九年「三月大雨震電」，若是夏正，則震電不爲災矣。桓十四年「春正月無冰」，若是夏正，則無冰不足異矣。蓋自王朝之發號施令，列國之聘享會盟，與史官之編年紀月較若畫一。其餘田狩祭享猶用夏時，如蒐苗獮狩、禴祀烝嘗，則以夏時起事，而易其時與月之名，

若桓四年「春公狩于郎」、桓八年「春正月己卯烝」是也。此皆其歷歷可見者。而傳文内閒有一二從夏正者，蓋亦有故。隱六年「冬宋人取長葛」，而傳書「秋」。劉氏敞謂丘明作書雜取當時諸侯史策，有用夏正者，有用周正者，故致與經錯異。可見當時諸侯亦不盡用周正。孔氏穎達云：「王者存二王之後，使統其正朔，服其服色，故杞、宋各行其祖正朔。」先儒謂宋行商曆，晉行顓曆，顓曆卽是建寅。故傳書晉國之事多有從夏正者，若卜偃與絳縣老人之言可證也。要自其國通行已久，習俗使然，三代原所不禁。而其告於王朝，則一稟周之正朔。左氏特采録列國之私史，其史官之紀載未經改正，故致偶見此一二耳，無容以爲不改時月之驗也。其經文則與尚書符合，斷然周正無疑。善乎，朱子之言，曰：「夫子未筆削以前，魯史原名春秋，可見以春首時。」片言破的，諸儒無所置喙矣。輯春秋時令表第一。

春秋時令表

經文

隱元年春王正月。

左傳：「王周正月。」

孔氏穎達曰：「夏以建寅之月爲正，商以建丑之月爲正，周以建子之月爲正，月改則春移。」

朱子曰：「劉質夫以春字爲夫子所加，但魯史本謂之春秋，則似原有此字。」又曰：「文

隱六年冬，宋人取長葛。

左傳：「秋，宋人取長葛。」

劉氏敞曰：「左氏作『秋』，杜云『秋取冬來告』，非也。左傳日月與經不同者多，或丘明作書雜取當時諸侯史策，有用夏正者，有用周正者，故經所云冬，傳謂之秋也。」

隱九年三月癸酉，大雨震電。庚辰，大雨雪。

漢書五行志：「劉向以爲周三月，夏正月也，雷電未可以發；既已發，則雪不當復降，皆失節，故謂之異。」

汪氏克寬曰：「或謂春秋用夏正，故建辰之月雨雪爲異。然苟實建辰之月，則震電不

桓四年春正月，公狩于郎。

左傳：「書時，禮也。」

杜註：「冬獵曰狩。周之春，夏之冬也。田狩皆夏時也。」

公羊傳：「冬曰狩。常事不書，此何以書？譏遠也。」

張氏㠯寧曰：「周春正月，夏十一月也。冬曰狩，不以不時書，以

桓六年秋八月壬午，大閱。

胡傳：「周禮仲冬教大閱，書八月，不時。」

張氏㠯寧曰：「周八月，夏六月也，故曰不時。」

定說夏時冠月，謂如公卽位依舊是十一月，只是孔子改作春正月。某便不敢信。據周禮有正月，有正歲，則周初實是元改作春正月。夫子只是爲他不順，故欲改從夏之時。」又曰：「夫子，周之臣子，春秋是魯史，決不改周正朔。」張氏洽曰：「此所謂春乃建子月，冬至陽氣萌生，在三統爲天統。」熊氏朋來曰：「桓十四

據劉氏之說，則當時諸侯亦不盡用周正。孔氏穎達云：「王者存二王之後，使統其正朔，服其服色，故杞、宋之後各行已祖正朔。」愚謂此是宋事，赴告或當用商正耳。先儒謂宋行商曆，晉行顓曆，顓曆卽是建寅，故傳書晉國之事多有從夏正者。

必書矣。」

譏遠書也。」

年『春正月無冰』，若夏之春正則解凍矣。定元年『冬十月隕霜殺菽』，若建亥之月則隕霜不爲異，而亦無菽矣。大抵周人以夏正並行，豳詩、周禮則然。惟春秋魯史，專主周正。」

桓八年春正月己卯，烝。

杜氏預曰：「左傳『閉蟄而烝』，閉蟄係建亥之月。此正月是夏之仲冬月，何爲不得烝？非以不時書，爲

桓八年夏五月丁丑，烝。

穀梁傳：「烝，冬事也，春夏興之，黷祀也。」張氏洽曰：「周五月，夏之春三月也。穀梁皆主夏時，此誤

桓八年冬十月，雨雪。

左無傳，杜註：「今八月也，書失時。」公羊曰：「記異也。」何休註：「今八月未當雨雪，此陰氣太盛，兵象

桓十四年春正月，無冰。

公羊曰：「記異也。」何休註：「周之正月，夏之十一月，法當堅冰。無冰，溫也。」

桓十四年秋八月，御廩災。乙亥，嘗。

胡傳：「春秋用周月，以八月嘗，不時也。」張氏洽曰：「周八月，夏六月也，故曰不

下文五月復烝見瀆書也。」
張氏㠯寧曰：「周正月，夏十一月也，故不以不時書。」

也。」

也。」
張氏㠯寧曰：「按漢書五行志，劉向曰：周冬夏秋，周十月，今八月也。」
穀梁范甯註：「月令曰『孟冬行秋令』，則霜雪不時。」此直以冬爲冬，亦穀梁主夏時之一證也。

時。」

莊七年夏四月辛卯，夜恆星不見。
何休公羊註曰：「周四月，夏之二月。昏參伐、狼注之星當見。參伐主斬刈，狼注主持

莊七年秋，大水，無麥、苗。
杜註：「周之秋，今五月。平地出水，漂殺熟麥及五稼之苗。」
孔氏正義曰：「直言無麥苗，似是麥之苗。而

莊十七年冬，多麋。
杜註：「麋多則害五稼，故以災書。」
張氏㠯寧曰：「周之冬，夏之秋也，故麋多則稼害。」

莊十八年秋，有蜮。
張氏㠯寧曰：「漢五行志爲蜮盛暑所生，非自越來。按盛暑爲夏之六月，周八月也。六月而生，七月見，異而

莊二十五年六月辛未朔，日有食之，鼓，用牲于社。
左傳曰：「非常也。惟正月之朔，慝未作，日

衡平。俱不見，是法度廢絕、威信淩遲之象。」	莊二十八年冬，大無麥禾。 杜註：「書于冬者，五穀畢入，計食不足而後書。」
知麥、苗別者，蓋此秋是今之五月，麥已熟矣，不得方云麥之無苗。故知熟麥及五稼之苗皆爲水漂殺也。種之曰稼，禾始生曰苗。」	莊三十一年冬，不雨。 張氏洽曰：「莊公無閔雨之志，獨酉、戌、亥之月不雨，故不得
	僖三年春王正月，不雨。夏四月，不雨。 穀梁曰：「一時言不雨者，閔雨也，有志乎民者，
書。」	僖三年六月，雨。 高氏閌曰：「周六月，夏四月。建巳之月，萬物始盛，待雨而大。
有食之，于是乎用幣于社，伐鼓于朝。」杜註：「正月，夏之四月，周之六月，謂正陽之月。今書六月而傳云唯者，明此月非正陽月也。辛未實七月朔，因置閏失所，誤以七月爲六月。故左曰『非常』，謂非常鼓之月也。」	僖十年冬，大雨雪。 張氏㠯寧曰：「周十月也。孟冬水始冰，地始凍。書『大雨雪』，

張氏呂寧曰：「冬，周十月也。豳風『十月納禾稼』，故曰『五穀畢入，計食不足』。」湛氏若水曰：「周之冬，乃夏之八、九、十月也。至收成之時，而後知麥禾皆無，故曰『大無』也。」	僖三十三年十二月，隕霜，不殺草，李、梅實。
歷時而言也。」	文二年自十有二月不雨，至于秋七月。
者也。」趙氏鵬飛曰：「正月，今之十一月。四月，今之二月。此時不雨，無害于農，而必書者，又見僖公之念雨也。」	宣十五年秋，螽。冬，蝝生。孫氏覺曰：「蝝者，螽
古者以是月雩而祈雨，則六月之雨尤爲可喜。」	成元年春二月，無冰。杜註：「周二月，今之
寒甚過度也。」黄氏仲炎曰：「雨雪常也，惟大而爲害，故書。獨桓八年『冬十月雨雪』不言大者，周之十月，今之八月，非雨雪之時，故以異書也。」湛氏若水曰：「周之冬酉、戌、亥月，夏之八、九、十月也。是時陰結而未凝，故以爲異。」	成七年冬，大雩。劉氏敞曰：「穀梁曰

左無傳，杜以長曆推之，知爲十一月，經書十二月誤也。周十一月，夏之九月，霜當微而重，重而不能殺，所以爲災。

公羊傳：「書不時也。」

何註：「周之十二月，夏十月也。」

張氏㠯寧曰：「漢書五行志劉向曰周十二月今十月，君誅不行，舒緩之應。」

黄氏仲炎曰：「經書『隕霜』二，一曰『隕霜不殺草』，一曰『隕霜殺菽』。蓋周之十二

左無傳。杜註：「周七月，今五月也，不雨是爲災。」

之子。春秋之秋，夏時之夏也。春秋之冬，夏時之秋也。螽爲災于夏而蝝生于秋，一歲而再見，故謹志之。左氏、公羊皆曰『幸之』，以蝝生于冬，物皆已收而不爲災。案秋乃五穀大成之時，安得曰不爲災乎？且生而不爲災，亦無用書矣。」

十二月，而無冰書，冬温。」

孔氏正義曰：「襄二十八年『春無冰』，則是竟春無冰，此亦應終一春無冰。而書在二月下者，以盛寒之月書之也。今之十二月寒最甚，此月無冰，是終無冰矣。」

『冬無爲雩也』，非也。周之十月，今之八月，若久不雨，可得不雩乎？」

案：穀梁謂「冬無爲雩」，此亦誤以爲夏正之冬。若周之十月爲夏之八月，不得不雩也。所譏者，僭天子大雩之制耳。此亦穀梁主夏時之一證。

月，夏十月也，霜當殺草而不殺草，異也。周之十月，夏八月也，未當隕霜而殺菽，亦異也。」

成十六年春王正月，雨木冰。

左無傳。杜註：「記寒過節。」

孔氏正義曰：「正月是今之仲冬十一月，時猶有雨，未是盛寒。雨下即著樹爲冰，記寒甚之過其節度。」

成十七年九月辛丑，用郊。

公羊傳：「用者，不宜用也，正月非所用郊也。」何注：「周之九月，夏之七月，非郊時，故加用之。」

吳氏澂曰：「九月乃夏時孟秋建申之月，豈郊之時乎？不卜日，不卜牲，而强用其禮，

襄二十七年冬十有二月乙亥朔，日有食之。

左傳：「十一月乙亥朔，日有食之。辰在申，司曆過也，再失閏矣。」

杜氏預曰：「周十一月，夏九月，斗當建戌而在申，故知再失閏也。」

襄二十八年春，無冰。

杜註：「前年知其再失閏，頓置兩閏以應天正。故此年正月仍復建子，得以無冰爲災而書。」

張氏以寧曰：「周之春，夏之冬也。杜氏明以建子爲春矣。不書『正月』，疑脫文。」

定元年冬十月，隕霜殺菽。

公羊傳曰：「記異也。」

何休註：「周十月，夏八月，微霜用事，未可殺也。」

杜氏預曰：「周十月，今八月，隕霜殺菽，非常之災。」

范氏甯曰：「建酉之月隕霜殺菽，舉殺豆則

	哀十二年冬十有二月，螽。 左傳：「火伏而後蟄者畢。今火猶西流，司曆過也。」 杜氏預曰：「周十二月，今十月，是歲失不置閏。雖書十二月，實
故曰用非時之甚也。」	哀十四年春，西狩獲麟。 杜註：「冬獵曰狩。」 孔氏正義曰：「釋天云『冬獵曰狩』。周之春，夏之冬，故稱狩也。」
孔氏正義曰：「經言『十二月』，而傳言『十一月』，今杜以長曆推之，知乙亥是十一月朔，非十二月也。若是十二月，當爲辰在亥，以申爲亥，則是三失閏，不止再失矣。」	
湛氏若水曰：「周之春，子、丑、寅月也。子、丑之月，氣方寒，正鑿冰之時，故以無冰見異。」	
殺草可知。」	

今之九月。火伏在今十月，九月初尚温，故有螽。」張氏呂寧曰：「漢五行志劉歆曰：周十二月，夏十月，火星既伏，蟄蟲皆畢，天之見異也。」

左傳

隱三年四月，鄭祭足帥師取温之麥。秋，又取成周之禾。杜註：「四月，今二月

桓五年秋，大雩。書，不時也。凡祀，啟蟄而郊，龍見而雩，始殺而嘗，閉蟄

莊二十九年冬十二月，城諸及防。書，時也。凡土功，龍見而畢務，戒事也；

僖五年春王正月辛亥朔，日南至。杜註：「周正月，今之十一月。之一日，冬

僖五年，晉侯圍上陽。卜偃曰：「克之。」公曰：「何時？」對曰：「童謠云云。其

也，秋，今之夏也，麥禾皆未熟。言取者，蓋芟踐之。」

孔氏正義曰：「以此傳之下有八月宋公和卒，則知此是七月，故爲今之夏，謂今之五月也。」

張氏㠯寧曰：「後世隋人困陳亦用此法。蓋臨期不能盡得，故先時芟蹂之也。」

而烝。

杜註：「啟蟄，夏正建寅之月，祀天南郊。龍見，建巳之月，爲夏之四月，萬物待雨而大，故遠爲百穀祈膏雨。始殺，建酉之月，爲夏之八月，嘉穀始熟，故薦嘗于宗廟。閉蟄，建亥之月，爲夏之十月，昆蟲閉户，萬物皆成，故烝祭宗廟。」

張氏㠯寧曰：「春秋凡書『秋』者，周九月，夏七月也。七月雩，故曰『不時』。」

火見而致用，水昏正而栽，日至而畢。

杜註：「夏之九月，周十一月，角亢晨見東方，三務始畢，戒民以土功之事。大火，心星，次角亢而見者，致築作之物。夏之十月，定星昏而中，樹板榦而興作。南至，微陽始動而息。」

至也。」[一]

張氏㠯寧曰：「周之春，夏之冬也，至日在周十一月。書『日南至』，不書『冬至』者，周十一月非冬也。」

九月、十月之交乎。丙子旦，日在尾，月在策，鶉火中，必此時也。」冬十二月丙子朔，晉滅虢。

杜註：「以星驗推之，知九月、十月之交謂夏九月、十月也。周十二月，夏之十月。」

案：卜偃對君之言，乃是夏正。先儒謂晉行夏時，此其證也。

僖十五年，秦伯伐晉，卜徒父筮之，曰：「歲云秋矣，我落其實而取其材。」

杜註：「周九月，夏之七月，孟秋也。」案：傳云「九月壬戌戰于韓原」，卽于是日獲晉侯，而經書「十有一月壬戌」。杜註云「經從赴」，非也。傳之「壬戌」卽是十一月之壬戌，但傳因晉之夏正而稱九月，經自用周正而書十一月耳。左

成十年，晉侯夢大厲。傳：六月丙午，晉侯欲麥，使甸人獻麥。

杜註：「周六月，夏四月，麥始熟。」案：此傳紀晉事亦用周正，蓋三正之通用如此。

襄三十年二月癸未，晉悼夫人食輿人之城杞者。絳縣人與於食，曰：「臣生之歲，正月甲子朔，四百四十五甲子矣，其季於今三之一也。」師曠曰：「七十三年矣。」士文伯曰：「二萬六千六百有六旬也。」

襄三十年，鄭人殺良霄。傳：於子蟜之卒也，在十九年。將葬，公孫揮與裨竈過伯有氏，其門上生莠。子羽曰：「其莠猶在乎？」於是歲在降婁，降婁中而旦。裨竈指之曰：「猶可以終歲。」

杜註：「降婁，奎婁也。周七月，今五月，降婁中而天明。」

昭四年春王正月，大雨雹。申豐曰：「古者日在北陸而藏冰，」註：「謂夏十二月，日在虛危。」「西陸朝覿而出之。」註：「謂奎婁昴畢乃西方之星。奎星朝見東方，夏三月，周五月。日在昴畢，出冰而用之。」張氏呂寧曰：「夏三月，周五月，周正也。」

傳紀晉事，與經文前後多差兩月者，此類是也。若以爲從赴，則晉之至魯，路程不須兩月。魯史所書，當從使人所稱見獲之日書之，決不以赴到之日書也。晉侯至魯，豈有不告實期而遲其月日至兩月之久乎？況傳文明有「十一月，晉侯歸。丁丑，殺慶鄭而後入」，則十一月已是復國之期，無緣反以獲告也。杜註「丁丑，是月二十九日」。愚考之，當是月

杜註：「所稱正月謂夏正月也。三分六甲之一，謂自甲子、甲戌至癸未，凡二十日。」張氏吕寧曰：「按老人所歷七十三年，二萬六千六百六旬之數，正當是年夏正正月之癸未。今傳書在『三月』，則周之三月夏之正月也。」案：絳人所稱正月是夏正月，亦晉行夏正之一驗。又案：正義云：「應當七十四年而云七十三年者，案文十一年正

昭十七年夏六月甲戌朔，日有	三十日。蓋此十一月即是明年周正月。以經文十六年「春正月戊申朔隕石于宋」推之，自戊申至丁丑恰好是三十日。蓋傳紀晉事即用晉之月數耳。晉行夏正，此傳尤彰明可見。又據此，則傳所云「九月壬戌」竟是夏之九月，無用謂夏之七月孟秋也。況夏之七月亦尚非落實取材之時，尤易明曉。
昭十七年冬，有星孛於大辰，西	
昭十八年夏五月壬午，宋、衞、	月甲子朔爲夏之正月，是其年三月也。此年之二月癸未是夏之十二月，年尚未終，故云七十三年。」据此，則古本俱作「二月癸未」，張氏未及考正耳。
昭十八年六月，鄅人入鄅。	
昭二十年春王二月己丑，日南	

食之。祝史請所用幣，平子禦之：「唯正月朔，於是乎有伐鼓用幣。」太史曰：「在此月也。日過分而未至，日過春分而未夏至。當夏四月，是謂孟夏。」

杜註：「正月謂建巳正陽之月，于周爲六月，于夏爲四月。平子以爲六月非正月，故太史答言在此月也。言

及漢。梓慎曰：「火出，於夏爲三月，註：「建辰月。」於商爲四月，亦建辰月。於周爲五月。亦建辰月。夏數得天。若火作，其四月、五月之交，〔三〕其宋、衛、陳、鄭乎！」

杜註：「夏之八月，辰星見，在天漢西。今孛星在辰西，光芒東及天漢。」

陳、鄭災。傳曰：夏五月，火始昏見。註：「大火，心星，建辰之月始昏見。」丙子，風云云。戊寅，風甚。壬午，太甚。宋、衛、陳、鄭皆火。

張氏邑寧曰：「大火昏見，夏之三月也。今經書五月，周五月，夏三月也，周正也。」

傳：鄅藉稻，邾人襲鄅。

杜註：「鄅君自出藉稻，蓋履行之。」正義曰：「周之六月，夏之四月。種稻之時，其君自出觀行之。藉，猶藉蹈，履行之義。」

至。

杜註：「是歲朔旦冬至之歲也，當言『正月己丑朔日南至』。時史失閏，閏更在二月後，傳特具于此，以正曆之失。」正義曰：「曆法十九年爲一章，章首之歲必周之正月朔旦冬至。僖五年『正月辛亥朔日南至』，是章首之歲，自此至往年合一百三十三年，是爲七章。今年復爲章首，故云『是歲朔旦冬至之歲也』。曆之正法，往年十二月後宜置

此六月當春分、夏至之中，爲夏家之四月，是謂孟夏之月。」	昭二十四年夏五月乙未朔，日有食之。梓慎曰：「將水。」昭子曰：「旱也。日過分，註：「五月建
張氏呂寧曰：「傳稱『八月』而經書『冬』，周之冬，夏之秋；周之十月，夏之八月也。梓慎之言改月明矣。」	昭三十一年十有二月辛亥朔，日有食之。史墨曰：「吳其入郢乎？入郢必以庚辰，日月在
	昭三十二年冬十一月，晉魏舒、韓不信合諸侯之大夫于狄泉，尋盟，且令城成周。魏子南
	哀十七年夏六月。傳：楚白公之亂，陳人恃其聚而侵楚。楚既寧，將取陳麥。卜帥，武城尹
閏。而傳于八月之下乃云『閏月戊辰殺宣姜』，是史官誤置閏于二月之後，故致以正月爲二月也。」案：周若不改時月，豈有春正月冬至之理乎？合之僖五年，春秋之用周正益信。	

辰，故曰已過春分之節。」而陽猶不克，克必甚，能無旱乎？」按：經書「夏五月」，而傳云「日過分」，僅過春分之節，則周之五月爲夏之春三月，亦周正也。

辰尾。庚午之日，日始有謫。」

杜註：「辰尾，龍尾也。周十二月，今之十月。日月合朔于辰尾而食。」張氏旨寧曰：「按此亦周正也。」

面，衞彪傒曰：「魏子必有大咎，非其任也。」己丑，士彌牟營成周，計丈數，揣高卑云云。書以效諸劉子。韓簡子臨之，以爲成命。定元年春王正月辛巳，晉魏舒合諸侯之大夫于狄泉，將以城成周。魏子涖政，衞彪傒

吉，子西子，公孫朝。使帥師取陳麥。遂圍陳。秋七月己卯，滅陳。

案：周六月，夏之四月，故尚有麥。秋七月，夏之五月也。

曰：「將建天子，而易位以令，非義也。必有大咎。」是行也，魏獻子屬役于韓簡子，而田于大陸，還，卒于甯。庚寅，栽。宋仲幾不受功云云。城三旬而畢。

案：此兩年傳文啖氏助以爲重出，信然。愚謂此晉行夏正之確然可據者。蓋昭三十二年之冬十一月，即是

定元年之春正月。冬十一月之己丑，與春正月之庚寅本是相連，但晉史用夏正而謂之十一月，魯史自用周正而謂之春正月。左氏因兩載之，中閒失于删定，故致有此重出耳。蓋魏舒以正月辛巳日爲會南面以令諸侯之大夫，次日卽以役事交付韓簡子，而自往田于大陸，火田，并見燒。還，卒于甯。中閒不過一兩日事。晉去周不遠，聞魏舒卒，卽馳范鞅

往代。己丑士彌牟書役，庚寅即栽設板榦，俱是范鞅既到後事。故宋、薛争役，而士彌牟曰：「晉之從政者新也。」以十日内事而左傳劃作兩年，中閒日數參差布置，而實脗合。則晉行夏正，與周正前後恆差兩月。左傳兩載之。此尤大彰明較著者。正義曰：「長曆辛巳是正月七日，庚寅栽是正月十六日，宋仲幾不受功當即于栽時，不肯則執宋仲幾亦當

于此時。而經書于三月者，當是既執以後執以歸晉。後知以歸爲非義，至三月乃歸于京師，故諱其歸晉不告，而以三月初執告也。」傳稱「正月庚寅栽，三旬而畢」，是定元年始城。而經書于去年冬者，晉本以城事召集諸侯，故因其集而遂書城。蓋周史應書其起役與成功之日，而各國自宜書其召集之日，云爲某事某事，故先于傳兩月也。但傳所云冬非

經之冬，傳之冬十一月即周正之春正月。合之定元年傳，較然可見。經、傳俱書冬，讀者最易混看。今合兩年傳文考之，則晉之行夏正確有明據。而周之改冬爲春，亦不辨自明矣。

又案：經文此條下書「十有二月己未公薨于乾侯」，杜註以己未爲十二月十五日。據今傳隔斷處推之，則日月俱誤。若牽合二傳爲一篇，則自十二月十五日己未隔二十

		三日爲辛巳，是正月七日；又八日爲己丑，是正月十五日；庚寅爲正月十六日，日數俱合，但晉史用夏正而謂之十一月耳。益知左傳此篇錯簡之説可信，而晉之用夏正亦可互見。		

春秋時令表後旁通諸經計七種

毛詩

唐風蟋蟀篇：蟋蟀在堂，歲聿其	豳風七月篇：一之日觱發，二之	十月蟋蟀入我牀下，至日爲改	九月築場圃，至其始播百穀。	二之日鑿冰沖沖，至獻羔祭韭。

莫。今我不樂，日月其除。

毛傳曰：「蟋蟀九月在堂。聿，遂也。」

孔疏正義曰：「戶內戶外總名爲堂。七月篇言蟋蟀九月在戶，此言在堂，謂在室戶之外。九月，可知小明云『歲聿云暮，采蕭穫菽』，采穫亦是九月之事。九月，歲未爲暮，而云聿暮者，言過此則歲將暮耳，謂十月以後爲歲暮也。」

張氏㠯寧曰：「周以十一月爲歲首，故此言

日栗烈，至三之日于耜，四之日舉趾。

毛傳曰：「一之日，周正月也。二之日，殷正月也。三之日，夏正月。四之日，夏二月，周四月也。」

案：據此，則公劉當夏之時已自以子月起數，以夏之十一月爲正月，以夏之正月爲三月矣。一之日、二之日，猶言一月之日、二月之日。不曰「正」而曰「一」者，避時王之正朔也。後武王伐

歲，入此室處。

正義曰：「『曰爲改歲』者，以仲冬十一月陽氣始萌，可以爲年之始，故改正朔，以建子爲正。『歲亦莫止』，謂十月爲歲莫。是過十月則改歲，乃大寒，故言改歲之後觱發、栗烈。大寒之時，方始入此室而居之也。」

案：豳風凡言月者皆夏正，言日者皆周正。此于十月之下即云「穹窒熏鼠」「曰爲改歲」，是明言公劉當夏時已自以十一月爲歲

正義曰：「上『塞向墐戶』，是治都邑之屋，此治野廬之屋。」朱註云：「所以于茅索綯，治屋之急如此者，蓋以來春將復始播百穀，不暇爲此也。」據此書于十月之下，則此時已是以十一月爲來春矣。可見三正原自通行，夏時原不禁豳之用子正也。

案：一之日，夏十一月也。三之日，夏正月。四之日，夏二月也。以是爲鑿冰、藏冰、啟冰之節。月令仲春之月，天子獻羔開冰，先薦寢廟。是豳風以夏之二月爲四月矣。周之改正，不待有天下時爲然也。

九月以後爲歲暮，周正也。」愚又案：「日月其除」，除者，除舊布新。今人以臘月三十日爲除夕。是詩明言九月爲歲將莫，十月爲歲除，是以十一月爲歲首之明證也。	商猶曰：「惟一月壬辰旁死魄。」蓋此時未革殷命，猶從舊號，實昉于此。張氏曰寧以豳風皆從夏時，不引爲周家建子之證，蓋亦未悉此義。	首，不待註疏而本文已是顯然。		
十月滌場，至萬壽無疆。 朱註云：「十月農功已畢，歲晚務閒。豳風相與盡其忠愛，躋公堂，稱兕觥，而申來年萬壽之祝。」是亦十一月爲歲首之一證也。	小雅采薇篇：采薇采薇，薇亦作止。曰歸曰歸，歲亦莫止。采薇采薇，薇亦剛止。曰歸曰歸，歲亦陽止。	出車篇：春日遲遲，卉木萋萋。倉庚喈喈，采蘩祁祁。 張氏曰寧曰：「諸詩皆屬周正無異詞，獨此一章有不合。蓋周正	杕杜篇：日月陽止，女心傷止，征夫遑止。 鄭箋云：「十月爲陽。遑，暇也。陽月而婦人思望其夫者，以初時云『歲亦莫止』。」	六月篇：六月棲棲，戎車既飭。維此六月，既成我服。 張氏曰寧曰：「周六月，夏四月也。盛暑非玁狁入寇時也。」

正月篇：正月繁霜，我心憂傷。毛傳：「正月，夏之四月。」鄭箋云：「建巳純陽之月，而霜多，恆寒若之異，傷害萬物，故心爲	
十月篇：十月之交，朔日辛卯，日有食之，亦孔之醜。鄭箋曰：「周之十月，夏之八月也。八月朔日，日月交會而日食，	鄭箋云：「十月爲陽，時純坤用事，嫌于無陽，故名此月爲陽月。」張氏吕寧曰：「首章曰『莫止』，而三章曰『陽止』，則周十二月夏之十月也。周以夏之十月爲歲莫，以十一月爲歲首也。」
四月篇：四月維夏，六月徂暑。秋日淒淒，百卉具腓。冬日烈烈，飄風發發。毛傳：「徂，往也。季夏六月，火星中，暑盛	雖改，而夏正之迭用已久，故民間之話言猶不能忘而稱道之。」吕氏云：「見三正之通于民俗。此皆述民俗之話言，非史官之紀事也。」
小明篇：我征徂西，至于艽野。二月初吉，載離寒暑。二章昔我往矣，日月方除。曷云其還，歲聿	案：此篇亦以十月爲歲莫，征夫可以歸而不歸，故婦人思之也，亦周正也。
周頌臣工篇：嗟嗟保介，維莫之春。至命我衆人，庤乃錢鎛，奄觀銍艾。鄭箋云：「周之莫春于夏爲孟春，諸侯春朝	案：此係張氏新説，非毛、鄭舊説也，然極有理。六月盛暑，北蕃弓矢俱脱，故歷代書防秋，則此云夏之四月者較是。

之憂傷。」

案：此正月，夏之四月，周之六月也。

爲陰侵陽，臣侵君之象。又日辰之義，日爲君，辰爲臣，辛金也，卯木也。又以卯侵辛，故甚惡也。」孔疏曰：「一食而有二象。」

張氏𠯁寧曰：「下文云『爗爗震電』，蓋八月雷乃收聲之時，而震電見焉，亦爲變異。此詩亦周正也。」

而往矣。」

此篇毛、鄭及孔疏皆主夏正說，而張氏𠯁寧必欲强從周月、周時，甚覺費力。蓋周正，只王者之發號施令、史官之編年紀事不得不用之。至撫時道景，則恆從夏正。蓋此爲切近，便于人情而易曉。如詩之咏春，只云「春日遲遲，卉木萋萋」，不得以爲周之春，爲夏之十一月也。此曰「秋日淒淒，百卉具腓」，若周之孟秋，爲夏之五月；曰「冬

云莫。三章昔我往矣，日月方奥。曷云其還，政事愈蹙。歲聿云莫，采蕭穫菽。

張氏𠯁寧曰：「周二月，夏十二月也。言自我之徂西至于艽野之地，其時十二月朔旦，今則已離歷冬寒夏暑，尚未得歸。此心之所以憂而且苦也。曰『至』者，據已至彼地而言；曰『往』者，據在家始發而言，二章、三章乃追敍其始發之

用孟月，故于周之晚春遣之。勑其車右保介以時事，當歸勸農趣時也。」

孔疏云：「知非夏之季春者，以夏之季春非復朝王之月，故知此爲夏之正月也。夏之孟春，耕期已逼，故勑其車右以時事，歸卽耕田是也。」

張氏𠯁寧曰：「蔡氏書傳引此以爲麰麥將熟，其爲夏之莫春三月可知。今考之全篇，止曰『將受厥明』，不曰『來牟將熟』。『將』

日烈烈，飄風發發」，若周之孟冬，爲夏之八月，豈有此景象乎？張氏所云民俗之話言時有雜出者，于出車篇既言之，何于此篇而必欲强從周正，致爲此牽强費力之説也。

時也。『日月方除』，除者，除舊布新之謂。『日月方奥』，奥與『厥民隩』之義同。周以十一月爲歲首，民寒而聚居于隩。我之始往，亦自謂其時即歸，何至今歲將莫而尚未得歸。至九月，『采蕭穫菽』，以爲卒歲之用也。蓋小明大夫以夏十一月始發徂西，以十二月至于艽野，至明年之九月尚未得歸，經歷踰年之久，所以憂也。此詩首尾相應，次序甚明，與周正

之云者，未至而預期之辭，見於經、傳甚多。況其曰『如何新畬』，『命我衆人，庤乃錢鎛』，即七月之詩言『于耜』、『舉趾』，周官遂大夫正歲簡稼器、脩稼政之事。『嗟嗟保介』，即月令孟春祈穀，天子載耒耜，措之于保介之御閒。皆夏正孟春事也。若待建辰之三月始治新畬，始庤錢鎛，不亦晚乎？『將受厥明』，乃期之之辭，非即時賦物之比，不可以文害

合。若以夏正二月而說，則仲春非歲首，不得以爲除舊而布新。自二月至九月，則二月氣已暖，至九月肅霜而肇寒，亦不得以爲離歷寒暑也。」案：張氏此章發明周正之旨十分精當。若毛傳以「方奥」爲二月之初，訓奥爲煖，則二月尚未可云煖。鄭又據爾雅文四月爲除，尤無當。上甫言二月，此忽言四月；且自四月至九月皆煖日無寒時，又何言一載離寒

辭也。則此莫春爲夏之正月信矣。」按：張氏此條發明鄭、孔周正之説亦極精。

暑」乎？孔疏于蟋蟀篇引此「采蕭穫菽」爲歲莫九月之事，正明以此爲周正。則此二月爲周二月，夏之十二月，信矣。

尚書

虞書舜典篇：正月上日，受終于文祖。

案：唐、虞、夏皆建寅，此正月謂建寅之月也。

月正元日，舜格于文祖。

正月同上。前以攝位告，此以即政告也。

大禹謨篇：正月朔旦，受命于神宗。

正月同上。建寅，夏正也。

商書伊訓篇：惟元祀十有二月乙丑，伊尹祠于先王，奉嗣王祗見厥祖。

孔傳曰：「此湯崩踰

太甲中篇：惟三祀十有二月朔，伊尹以冕服奉嗣王歸于亳。

孔傳曰：「湯以元年十一月崩，至此二十五月，三年服闋。」

月，太甲卽位奠殯而告。」

孔疏曰：「殷家猶質，踰月卽改元年，以明世次不待正月以爲首也。周法始以踰年卽位。」

案：商家建丑，此十二月乃商之十二月，夏之十一月也。

蔡氏書傳以元祀爲太甲踰年卽位改元之元年。十二月者，商以建丑爲正。據此以爲商、周改正朔不改月數，此十二月卽夏之十二月。張氏呂寧曰：

孔疏曰：「周制，君薨之年屬前君，明年始爲新君之元年。此殷法，君薨而新君卽位，卽以其年爲元年。湯以元年十一月崩，至此年十一月爲再期，至十二月服闋。三年之喪，二十五月而畢也。」

張氏呂寧曰：「若以元祀爲踰年卽位改元之年，則方其改元既已踰年矣。又加以元祀至三祀之二十五月，則爲四年，而非三祀。孟子明言『三年復歸

「改正即是改月，商改夏正，以十二月爲正月；周改商正，以十一月爲正月。子正以夜半爲朔，丑正以雞鳴爲朔，寅正以平明爲朔。爲有改正朔而不改月數之理乎？」可謂片言破的矣。又曰：「虞、夏受禪，皆以正月行事。至商、周革命，皆改正朔，以歲首之一月爲正月。人君重居正也。月必書正，猶年必書元。今于歲首但書冬十二月而不書正，則是商一代皆

于亳』，非四年也。而況營桐之舉，乃人臣之大變，不得已之事。伊尹固幸其君之終喪而急迎以歸，故不待歲首正月也。由是以觀，伊訓之元祀非踰年改元之年，而十二月爲商之十二月、夏之十一月，信矣。」

			無正矣。何以號令天下，整齊萬國乎？」	
周書泰誓篇：惟十有三年春，大會于孟津。 孔傳：「此周之孟春。」 孔疏：「知是周之孟春，建子之月者，案劉歆三統曆以殷之十二月武王發師，至明年二月甲子咸劉商王紂。彼十二月卽周之正月，夏之十一月也。」 張氏目寧曰：「案後世改用周正，如唐武后天授元年十一月朔日	惟戊午，王次于河朔。 孔疏：「是周之正月二十八日。」 漢書律曆志：「周師初發，以殷十一月戊子（亥月），後三日，得周正辛卯朔（子月），明日壬辰，又明日癸巳，始發。戊午渡孟津。孟津去周九百里，師行日三十里，故三十一日而渡。」 正義曰：「周去孟津千	牧誓篇：惟甲子昧爽，王朝至于商郊牧野。 孔疏：「周之二月四日。」 案：此爲周之二月四日，夏之十二月四日也。	武成篇：惟一月壬辰旁死魄，越翼日癸巳，王朝步自周，于征伐商。戊午，師渡孟津。癸亥，陳于商郊。 孔傳曰：「孟津至朝歌四百里，五日而至，赴敵宜速。」 孔疏曰：「戊午之明日猶誓于河朔，癸亥已陳于商郊，凡經五日，	厥四月哉生明，王來自商，至于豐，乃偃武脩文，至越三日庚戌，柴，望，大告武成。 孔疏：「伐紂之年是周正辛卯朔，二日是壬辰，三日是癸巳，發鎬京始東行，二十八日戊午渡河。二月辛酉朔，甲子殺紂，爲二月四日。其年閏二月庚寅朔，三月庚申朔，四

南至，以十一月爲正月，十二月爲臘月，夏正月爲一月。至肅宗又以子月爲歲首，以斗建紀月，行之僅一年而止。俱不改時月，亦未嘗書十一月爲歲首也。則此春爲建子之月，周改子月爲春正月必矣。漢、唐諸儒俱無異辭。蔡氏以爲孟春建寅，殆未及聞朱子晚年之定論，故有是云也。」	里，以正月三日行自周，二十八日渡孟津。凡日三十里，蓋特言師行之大法耳。」案：書明言「癸巳王朝步自周」，是正月三日初發無疑也。漢書律曆志泥于師行日三十里之言，以爲殷十一月戊子日初發，自戊子至戊午凡三十一日，而行九百里，明與本文癸巳日背謬，當以孔氏之言爲正。		日行八十里。」案：此「一月」即泰誓「十有三年春」之周正月，夏之十一月也。不曰「正」而曰「一」者，此時武王初伐商，未革殷命，未改正朔，故但曰「一月」。	月己丑朔。哉生明謂四月三日，其日當是辛卯。丁未祀于周廟，是四月十九日。越三日庚戌柴、望，是四月二十二日。以正月始往伐，四月告成功，連閏凡歷五月。」案：此爲周之四月，夏之二月也。
金縢篇：秋，大熟未穫，天大雷	召誥篇：惟二月既望，越六日乙	三月惟丙午朏，越三日戊申，太	越三日丁巳，用牲于郊。越翼日	洛誥篇：惟三月哉生魄，周公初

雹以風，禾盡偃。

張氏邑寧曰：「案豳風夏正，云『八月其穫』，則此云秋者爲七月，于夏爲孟秋，于周爲季秋也。又八月雷乃收聲，『雷電以風』亦爲七月也。後言『歲則大熟』，指十月也。豳風言『十月納禾稼』，春秋書『冬大無麥禾』，亦謂十月。蓋周以十一月爲歲首，十月爲歲終，會計歲事，皆于十月。此篇書秋不書月，以七月

未，王朝步自周，則至于豐。

孔傳：「周公攝政七年二月望後六日乙未，爲二十一日。」

張氏邑寧曰：「此『二月既望』爲夏之十二月，與小明詩『二月初吉』同義。二月不繫之時者，二月于周非春也。」

保朝至于洛，卜宅。至越三日庚戌，太保乃以庶殷攻位于洛汭。越五日甲寅，位成。若翼日乙卯，周公朝至于洛，則達觀于新邑營。

案：此卽洛誥所云「予惟乙卯朝至于洛師」也。丙午朏是三月三日，戊申是三月五日，甲寅是三月十一日，乙卯是三月十二日。

戊午，乃社于新邑。越七日甲子，周公乃朝，用書命庶殷侯、甸、男、邦伯。

孔疏曰：「周公以乙卯至洛，是三月十二日。丁巳用牲于郊，是十四日。戊午是十五日。甲子是三月二十一日。用書，謂賦功屬役之書。」

基作新大邑于東國洛。

孔傳：「周公攝政七年，三月始生魄，月十六日。」

案：此三月卽召誥之三月，夏之正月也。召誥言周公以乙卯至洛，丁巳用牲于郊，戊午社于新邑爲三月十五日。此云「始生魄月十六日」者，郊社禮已畢，規模大定，然後四方民大和，會侯甸男邦采衛，次序正是相應。此十六日當是己未四方大會之時。

于夏、周皆秋，無俟乎書月也。春秋書冬不書月，以十月于夏、周皆冬，亦無俟乎書月也。然則此篇所稱亦周時也。」	予惟乙卯朝至于洛師云云。 孔傳云：「致政在冬，追本其春來至洛。」案：此乙卯即召誥之乙卯，三月十二日也。致政在冬，以下文總
	戊辰，王在新邑烝祭歲云云 至 在十有二月。 孔傳：「成王既受周公誥，遂就居洛邑，以十二月戊辰晦到。周公攝政盡此十二月。」
孔疏曰：「凡土功水昏正而栽。此以周之三月農時役衆者，遷都事大，不可拘以常制。」 張氏㠯寧曰：「孔氏以周之三月爲農時，是夏之正月也。」	多士篇：惟三月，周公初于新邑洛，用告商王士。 孔傳：「周公致政明年之三月。」 正義云：「王以周公攝
	多方篇：惟五月丁亥，王來自奄，至于宗周。 孔傳：「周公歸政之明年，奄與淮夷又叛。魯征淮夷，作費誓。王親征奄，滅其國，五月
再隔六日即是甲子，即用書命邦伯賦功屬役。互文參錯以見義，當合二篇日月參觀之。 孔疏曰：「始生魄月十六日是戊午，社于新邑之明日，其爲己未無疑。」	顧命篇：惟四月哉生魄，王不懌。 孔傳：「成王崩年之四月始生魄，月十六日。」 案：漢書律曆志成王

結周公攝政之事在十有二月。十二月，夏之十月也。追本其春來至洛，三月而謂之春，明是夏之正月。若夏正三月，于周已名仲夏，不名春矣。

孔疏云：「自此以下周公歸政成王之事也。周公攝政七年之冬，王受周公誥，卽東行赴洛，以十二月晦戊辰日到新邑。明月是夏之仲冬，爲冬節烝祭。其月是周之歲首，特異常祭，故加文王、武王騂、牛各一也。後又總述之，言周公盡此十二月，大安文、武受命之事，攝政凡七年矣。」又曰：「周十二月是建亥之月，戊辰是其晦日。明月卽是夏之仲冬，建子之月。

政七年十二月來至新邑，明年卽政。此篇繼王居洛之後，故知是致政明年之三月也。鄭云成王元年三月，周公自王城初往成周之邑，周王命告殷多士，是也。」張氏㠯寧曰：「此係周三月，夏之正月也。」

還至鎬京。」張氏㠯寧曰：「此亦周正也。五月不繫之夏者，五月于周非夏也。」

卽位三十年四月庚戌朔十五日哉生魄，卽引此顧命之文。此劉歆說也。孔以爲十六日，不與歆同。又下文云「病日臻，既彌留」，則成王遇病已多日，至甲子乃發命耳。孔以爲十六日卽是甲子者，亦未是。經文無越幾日之文，則篇中日數皆不可臆斷。張氏㠯寧曰：「四月，夏二月也。金縢書時不書月，召誥、洛誥、多士、多方、顧命書月日不書時，蓋周以子

言明月者，此烝祭非朔日，故言月也。」案：此烝祭在歲首，則周改冬爲春，改子月爲正月信矣。

月爲正，于夏正有兩月之不同，而夏正前代行于民間已久，而正月、正歲又自有參差之不齊，故于時月日之書皆不相繫，以一臣民之視聽，使之不惑。此周一代之書法也。」

易經

臨卦彖曰：至于八月有凶。

王弼註：「八月陽衰而陰長，故曰有凶。」

説卦曰：兑，正秋也，萬物之所説也。

正義曰：「兑位是西方

案：八月何氏以爲從周正，建子陽生，至建未爲八月。朱子本義前説從之。而褚氏又以夏正建寅數起，至建酉爲八月。朱子後説亦兼用。竊意前説用周正爲是。易之教見微知著。未月一陰初生，正所謂履霜之始。于此曰「有凶」，示人當抑陰于方萌。若待夏正建酉之月，則陰已盛長，無俟聖人之垂戒矣。至張氏旦寧，謂文王商之臣子，當用商正，以建申之卦，斗柄指西，是正秋八月也。」

張氏旦寧曰：「兑正秋，夏時也。夏時百王所同。不曰『兑正秋』，而曰『兑孟冬』，于理不可也。此與魯史奉周正朔而書之以紀事者自不同。」

爲八月，同孔氏說，以用周正爲僭號稱王。此恐太拘泥。三正原通行不禁，公劉當夏之時，已自以子月起數，又何有于文王時而必用商正也。

周禮

太宰：正月之吉，始和，布治于邦國都鄙，乃縣治象之法于象魏，使萬民觀

宰夫：歲終，則令羣吏正歲會。

鄭注：「歲終，謂周季冬。」

賈疏：「知是周之季冬

大司徒：正月之吉，始和，布教于邦國都鄙。

鄭注：「周正月朔日。」

賈疏：「周禮凡言正歲

大司馬：正月之吉，始和，布政于邦國都鄙。

大司寇：正月之吉，始和，布刑于邦國都鄙。

治象。

鄭注：「正月，周之正月。以周正布治，至正歲建寅之月，又書而縣于象魏也。」賈疏：「知正月是周正者，以下縣治象之法于象魏是正歲建寅，故知此是建子之月。」

者，以正月始和布教是周正月。至今歲終考之，是盡一歲十二月之事，故知非夏之歲終也。」後凡言歲終倣此。

者，則夏之建寅正月。直言正月者，則周之建子正月也。」

已上周禮正月是用周正，夏十一月也。

大司徒：正歲，令于教官曰：「各共爾職，脩乃事，以聽王命。」

凌人：掌冰，正歲十有二月，令斬冰，三其凌。

鄭註：「正歲，季冬大寒，冰方盛之時。凌，

遂大夫：正歲，簡稼器，脩稼政。

鄭註：「稼政，月令之孟春所云『脩封疆，審

太史：正歲年，以序事，頒之于官府及都鄙，頒告朔于邦國。

鄭註：「中數曰歲，朔

訓方氏：掌道四方之政事，與其上下之志，誦四方之傳道。正歲，則布而訓四

歲，則布而訓四

鄭註：「正歲，夏正月朔日。」
張氏㫒寧曰：「朱子所謂周禮有正歲、正月，則周實是元改作春正月是已。」

冰室也。三之者，備消釋。」
賈疏：「周雖以建子爲正，行事則皆用夏之正歲。若據殷、周，則十二月冰猶未堅也。」

端徑術』之屬也。」

數曰年。中朔大小不齊，正之以閏，若今作曆也。」

方，而觀新物。
鄭註：「四時于新物出則觀之，以知民志所好惡。若志淫行辟，則以政教化正之。」

眂祲：掌十煇之法，以觀妖祥，辨吉凶。正歲則行事，歲終則弊其事。
鄭註：「占夢，以季冬贈惡夢。此正月而行安宅之事，以順民心。弊，斷也。歲終則計其吉凶然否多少而

小司寇：歲終，則令羣士計獄弊訟，登中于天府。正歲，率其屬而觀刑象。
鄭註：「上其所斷獄訟之數，書于祖廟天府者，重其斷刑，使神監之。」

士師：歲終，則令正要會。正歲，帥其屬而憲禁令于國及郊野。
張氏㫒寧曰：「淩人『正歲十有二月』，夏季冬也。遂大夫、訓方氏『正歲』，夏正月也。小司寇、士師先

行賞罰。」

『歲終』而後『正歲』，眂祲先『正歲』而後『歲終』，考之皆夏正月、夏季冬也。所謂猶自夏焉者也。」

已上周禮正歲是用夏正，夏之正月也。

禮記

明堂位篇：魯君孟春乘大輅，建弧韣，祀帝于郊。季夏六月，以禘禮祀周公于太廟。

雜記篇：孟獻子曰：「正月日至，可以有事于上帝。七月日至，可以有事于祖。」七月而禘，

郊特牲篇：伊耆氏始爲蜡。蜡也者，索也。歲十二月，合聚萬物而索饗之也。

鄭註：「歲十二月，謂

鄭註：「孟春，建子之月，魯之始郊日以至。季夏，建巳之月。」張氏㠯寧曰：「建子是十一月而謂之孟春，建巳是四月而謂之季夏六月，則春秋建子之爲春明矣。」

獻子爲之也。

鄭註：「周正月，建子之月。七月日至，夏至日也。獻子欲以兩至相對，建子冬至既祭上帝，則建午夏至亦可禘祖，非也。魯之祭祀宗廟，亦猶用夏家之法。大祭宜用首時，應禘于孟月，于夏是四月，于周爲六月。傳記禮之所由失。」張氏㠯寧曰：「建子之月冬至而曰『正月日至』，不曰『冬至』，以周十一月不爲冬也。

周正建亥之月，夏之十月也。」孔疏：「知是周十二月者，以下云『既蜡而收，民息已』。收，謂收斂，則詩所云『十月納禾稼』，月令孟冬『祈來年于天宗』是也。此經文據周正，故爲十二月。」

建午之月夏至而曰『七月日至』，不曰『夏至』，以周五月不爲夏也。然則，春秋建子之月不以爲冬而以爲春亦明矣。」

案：此篇言「七月而禘，獻子爲之」爲禮禘之所由失，則禘宜在季夏六月明矣。周之六月，夏之孟夏四月也。祭宗廟宜用首時，禘應于孟月，所謂祭享猶自夏焉也。二篇相爲表裏，而此篇之言證周改時改月尤明白。

論語

曾點曰：「莫春者，春服既成，……至詠而歸。」

何晏註：「包曰：『莫春者，季春三月也。』」案：此莫春則明是夏正。何註亦謂季春之三月。而張氏呂寧必欲强從周時：「據項氏安世說，引漢志祈穀之祭，舞以七十二人，冠者五六人，五六三十也；童子六七人，

顏淵問爲邦，子曰：「行夏之時。」

張氏呂寧曰：「夫子明言『行夏之時』，有夏之時，則有商、周之時。朱子謂周實是改時。冬爲春，改十一月爲正月。夫子只是爲他不順，故欲改從建寅。若周元不改時月，則夫子亦不須告顏淵以行夏之時矣。」

六七四十二也。祭而歌舞，有詠歎淫泆之辭，故曰詠而歸。蓋點欲以農事爲國，故指孟春祈穀之事言之，亦用世之事。」牽强特甚。夫夏正通于民俗，撫時道景，非夏時不能切近人情。如詩咏「春日遲遲」，不可謂是周之正月；秋日曰「淒淒」，不可謂是周之七月；冬日曰「烈烈」、「發發」，不可謂是周之十月。此莫春若以周時言之，則是夏之正月也，豈有

風浴之理乎？此不必强同者也。

孟子

梁惠王上：七、八月之閒旱。

趙岐註：「周七、八月，夏之五、六月也。」朱子集註同。

滕文公上：秋陽以暴之。

趙岐註：「秋陽，周之秋，夏之五、六月，盛陽也。」

離婁下：歲十一月，徒杠成。十二月，輿梁成。

趙岐註：「周十一月，夏九月；周十二月，夏十月也。」朱註：「夏令曰十月成梁，蓋農功已畢，可用民力，又時將寒冱。」

七、八月之閒雨集。

趙岐註：「周七、八月，夏五、六月也。」朱子集註同。

告子篇：公都子曰：「冬日則飲湯，夏日則飲水。」

趙岐及朱子俱無註。愚案：此冬日、夏日，當指夏正言。若周之夏日，是夏之二、三、四月，豈宜飲水乎？

案：春秋周正、夏正紛如聚訟。宋儒既有冬不可爲春之疑，而主周正者又於經典一二偶不合之處，必欲强以同之，是自尋破綻。是以後人益增惶惑，靡所適從。愚謂改正朔即是改時月。周斷無稱冬十一月爲歲首之理。王者之發號施令，與史臣之編年紀事，自宜畫一，斷無不用周正而反從夏正之理。惟民俗話言習于夏正已久，偶有雜出者，在三代原所不禁。如毛詩用周正，而「春日遲遲」與「秋日淒淒」、「冬日烈烈」，則不可以周正言，以撫時道景，于夏時爲切也。論語「行夏之時」，明言周家改時，而莫春曰「春服既成」。孟子通篇用周正，而公都子曰「冬日則飲湯，夏日則飲水」，俱不可以周正言，以飲食日用于夏時爲宜也。惟不必一一强求其同，而正無害其爲同。因得張翠屏先生定本，附列于時令表之後。其未備者，增入之；其强合者，駁正之。而後學者于諸經通達無礙，無齟齬不合，亦無勉强求合之病。而春秋「王正月」之爲周正，益瞭然無疑矣。其于經學未必無小補云。

附録

余纂春秋時令表，集春秋經、傳，證明周家改時改月，以駁文定夏時冠周月之誤，已經七年。乾隆辛酉於鄧悔廬年丈處，得覩元儒史文璣先生管窺外篇。其論周家正朔月數，與愚見脗合，不禁先得我心。且其所引陳定宇、張敷言二家之説，詳明確當，真足薈萃諸經，疏通隔礙，而史先生之折衷尤核。讀此，則凡尚書、毛詩、周易、周禮、禮記、論語、孟子所言時月，參錯不齊，悉與春秋相通，不煩牽就扭合。不似蔡氏解書，主不改時月之説，遂置春秋于不問也。謹備録其説於左。

九月之數，是自寅月起數，夏正也。觀於『流火』、『授衣』之言可見矣。凡『一之日』、『二之日』之類，是自子月起數，蓋周之先公已用此以紀候。故周有天下，遂定爲一代之正朔。以『觱發』、『栗烈』之氣候驗之可見矣。夏正、周正同見一詩之中，可見月數之未嘗不改，則蔡氏恐不如朱子之的當。近代惟陳定宇、張敷言之論最爲分曉。」

史氏伯璿曰：「月數之説，朱子孟子註以爲改，蔡氏書傳以爲不改。然以詩七月篇攷之，則凡七月、

陳定宇曰：「蔡氏主不改月之説，遂謂併不改時。殊不知月數于周而改，春隨正而易，證以春秋、孟子、左傳、後漢書陳寵傳，極爲明著。成公十年六月丙午，晉侯使甸人獻麥。六月，乃夏四月也。僖公五年十二月丙子朔，晉侯滅虢。先是卜偃言克虢之期『其九月、十月之交乎』，丙子朔，必是時也。偃以夏正言，而春秋以周正書，可見十二月丙子爲夏十月也。僖五年春王正月辛亥朔日南至。王正月冬至，豈非夏十一月乎！經有只書時者：僖公十年『冬大雨雪』，蓋以酉、戌月爲冬也，使夏時之冬而大雨雪，何足以爲異而紀之。襄公二十八年『春無冰』，蓋以子、丑月爲春也，使夏時之春而無冰，何足以爲異而紀之。惟夏時八、九月而大雪，不當嚴寒而嚴寒；夏時十一月、十二月而無冰，當嚴寒而不嚴寒，故異而書之耳。桓公四年『春正月公狩于郎』，杜氏註曰：『冬獵曰狩。』周之春，夏之冬也。魯猶按夏時之冬，而于子月行冬田之狩。夫子只書曰『春狩于郎』，此所謂春，非周之春而何？哀公十四年『春西狩獲麟』亦然。定公十三年『夏大蒐于比蒲』，魯雖按夏時之春，于卯、辰之月行春田之蒐，夫子只書曰『夏蒐于比蒲』，此所謂夏，非周之夏而何？次年又書『五月

大蒐于比蒲』亦然也。陳寵傳說尤明白，曰『天以爲正，周以爲春』，註云『今十一月也』。『地以爲正，殷以爲春』，註云『今十二月也』。『人以爲正，夏以爲春』，今正月也。是三代之正，子、丑、寅三陽月皆可以言春也。胡氏春秋傳不敢謂『王正月』爲非子月，而于『春王正月』之『春』字謂以夏時冠周月，皆攷之不審。安得有隔兩月而以夏時冠周月之理？但得四時之正，適冬寒夏熱之宜，則惟夏時爲然。夫子欲行夏時，蓋答顏淵使得爲邦則宜如此耳。豈可但知有夏時之春而不知有商正、周正之春乎！一陽、二陽、三陽之月皆可爲春，故三代迭用之以爲歲首。以一日論，子時既可爲次日，子月豈不可爲次年？觀此，則三代皆不改月數，與冬不可爲春之說陷于一偏明矣。」史氏伯璿曰：「陳氏此說援引的當，已無可議。但商書再言十有二月，正蔡氏主意之張本，陳氏既不於彼處辨之，及至此處辨論又無一言及彼，惟張敷言之說可以補陳說之缺。今存於後。」

張敷言曰：「或謂三代改正朔無異議，月數之改，諸儒議論不一，學者病焉。閒者伏讀春秋，至『王正月』而竊得其說。夫正月固王之正月，如後世史書書正月即時王之正月也，何假稱『王』？竊意必其別有所謂正月者，故稱王以別之。及讀僖公五年晉獻公伐虢，以克敵之期問于卜偃，答以九月、十月之交。考之童謡星象之驗，皆是夏正十月，而其傳乃書在十二月，其改月明矣。襄公三十年絳縣老人自實其年，稱『臣生之歲正月甲子朔，于今四百四十五甲子矣，其季三之一』。所稱正月亦是夏正寅月，考之老人所歷七十三年，二萬六千六百六十日，當盡丑月癸未，其傳乃書在二月，其改月又明矣。然卜偃、老人俱是周人，一則對君，一則執事大夫，其歲月又二事中之切用，非

若他事泛言日月，何故舍時王之正月月數而言夏正哉？聽之者何故都不致詰，卽知爲寅月起數哉？因是而知周之正朔月數皆必改。其朝覲聘問、頒朔授時，凡筆之于史册者，卽用時王月數；其民俗之歲時、相與之話言，則皆以寅月起數，如後世者自若也。而春秋書『王正月』，以別民俗爲無疑。周人之詩、孟子之書，亦各有所取也。不然，諸儒之論各執所見，主改者遇不改之文，則没而不書；主不改者遇改月之義，則諱而不録，終不能曉然相通，以袪學者之惑。曰：『周以子月爲正，爲一月信矣，以爲春乎？』曰：『然。』『寒暑反易可乎？』曰：『先王之制，易姓受命，必改正朔、易服色，新民之耳目，以權一時之宜。非謂冬必爲春，子之月便可祈穀上帝，便可犧牲毋用牝也。』曰：『未有安乎？』曰：『固也。不然，夫子不曰「行夏之時」矣。周公作禮，正月之後不復曰正歲矣。』淩人『正歲十有二月令斬冰』，最可考以寅月爲正歲，則子月爲權宜得矣。曰：『子謂必其筆之史册者則用時王正月月數，伊訓之「元祀十有二月」，蔡氏以爲殷正月者，果何月乎？』曰：『建子月也。』『殷正固在丑月，然則「嗣王祗見」及太甲篇之「嗣王奉歸」不在正月乎？』曰：『後世嗣王服喪，攷之顧命，固有常儀，何待正月？而放桐之事，又人臣之大變。周公之聖猶被流言，阿衡之心爲何如哉？朝而自怨，夕而復辟，尤不須於正月也。況正月但書十二月，以虞書「正月上日」、「正月朔旦」及秦、漢而下例之，殷不其獨無正乎？』曰：『秦以亥正，猶稱十月，不亦同乎？』曰：『秦正之謬，何足取法？蓋秦以寅月書正，歲首十月，其制又異，不若殷之全無正也。』曰：『或者謂晉用夏正，故卜偃、老人之言如此，則又何説也？』曰：『是又不然。老人之言在晉文伯後，容或有之。卜偃之言及獻公之世。是時簒國日淺，二

單始備，晉文未興，齊桓尚在，雖嘗滅耿、滅霍，小小得志，方朝周納貢之不暇，亦何暇毁冠裂冕、更姓易物而用夏正哉！』然則愚之所見爲有據。而春秋『王正月』之一辭，今古諸儒不敢輕議者，固著明矣。」

史氏伯璿曰：「張氏之說與陳定宇之說互相發明，甚善。至於商書再言十二月之辨，尤可以補陳說之缺，故備録之於此云。」

或謂改正朔而不改月數，夏、商、西周之時皆然。故商以建丑之月爲歲首，而書言「元祀十有二月乙丑」，又言「惟十有二月朔」，是商雖以丑月爲正，而寅月起數，未嘗改也。以蔡傳推之，固是如此。然張敷言之說極有理，所礙者即位之年不當稱元祀耳。或正以此破張氏，故及此。蘇氏謂崩年改元，亂世之事，不宜在伊尹而有之。此是據周禮以律商耳。三代之禮，至周大備。踰年改元，至周始定。此制夏、殷時未嘗有也。二孔傳疏云：殷家尚質，踰月即改元，以明世次。周法始以踰年改元。已于伊訓明言之。蘇氏推周制律商，亦猶顧命中推春秋之禮以議召公。召公親與周公同僚，爲周公所敬信，豈知禮反不及蘇氏邪？是皆未得爲至當。蔡傳引秦正爲不改月數之證，張敷言已辨之。或又謂因正朔之改而并改月數，周東遷以後則然。意者平王于遷洛，稍欲示有所革，以新天下耳目，故因先王正朔之改，而併改月數以合之。愚竊以爲蔡氏主不改月數之說而爲春秋所礙，故其援引皆不及春秋。或爲此說，蓋欲爲蔡氏剔撥此礙，會諸經而定爲不刊之論。但此事須得先秦古書爲據，方可取信來世。今但以臆度傅會，未得爲定論也。平王不能自振，事事因循，何以見其獨有意於此邪？

書伊訓「惟元祀十有二月」蔡氏傳云云，秦建亥矣。且秦史制書改年，始朝賀皆以十月朔。夫秦繼周者也，若改月數，則周之十月爲建酉矣，安在其爲建亥乎？此一段係蔡氏之言。史氏伯璿曰：「周亡於秦昭襄王五十一年乙巳，秦改正朔於始皇二十六年庚辰，當是時周亡已三十六年矣。周在時，禮樂已不自天子出，號令已不行於天下，民間私稱已皆是寅月起數者矣。周既亡矣，則建子之正已不得爲時王之制，天下又安有所謂周正者乎？然則秦所謂冬十月者，是因民間私稱夏正而書之，無足疑者。此於周改月數之説自不相礙，不足以爲據也。」

書泰誓上「惟十有三年春」，蔡氏傳云云，又按漢孔氏以春爲建子之月，蓋謂三代改正朔，必改月數，必以其正爲四時之首。序言「一月戊午」既以一月爲建子之月，而經又係之以春，故遂以建子之月爲春。夫改正朔不改月數，於太甲辨之詳矣。而四時改易，尤爲無義，冬不可以爲春，寒不可以爲暖，固不待辨而明矣。或曰：「鄭氏箋詩『維莫之春』，亦言周之季春，於夏爲孟春。」曰：「此漢儒承襲之誤耳。且臣工詩言『維莫之春，亦又何求。如何新畬，於皇來牟，將受厥明』，蓋言莫春之時，牟麥將熟，可以受上帝之明賜。夫牟麥將熟，則是建辰之月，夏正之莫春審矣。鄭氏于詩且不得其意，則其攷之固不審。不然，則商以季冬爲春，周以仲冬爲春，四時反逆，皆不得其正，豈三代奉天之政乎？」此一段俱蔡氏之言。史氏伯璿曰：「四時改易，冬不可爲春之疑，但以夫子『行夏之時』一言證之足矣。既有所謂夏之時，則必有所謂商之時、周之時。顏子問爲邦，夫子欲其行夏之時，則是當時所行未是夏時也。未是夏時，

非周之時而何？夏之時以建寅之月爲春，則周之時必以建子之月爲春矣。若周之時春亦建寅，無以異於夏時之春，則夫子何必曰『行夏之時』哉？至於鄭氏箋詩，蓋亦不知民閒私稱只是夏時，而例以時王之制律之，故致此誤耳。蔡氏非之誠是也。若以張敷言史册所用民俗所言二説例之，則不待多辨而自解析矣。蓋詩爲歌詠之辭，所言多是以寅月起數者，不特臣工一篇爲然，正所謂民俗歲時、相與話言者也。鄭氏必欲拗以從子固誤，〔三〕蔡氏又欲援以爲不改月數之證，要亦知其一而不知其二也。」

書武成篇「惟一月壬辰」，蔡氏傳曰：「一月，建寅之月。不曰正而曰一者，商建丑，以十二月爲正朔，故曰一月也。」

史氏伯璿曰：「二孔、林氏皆以一月爲子月，蔡氏不從其説。竊意一月便是子月，無可疑者。其所以不曰正而曰一者，以時方舉事，商命未改耳。時王正月在周家，雖因國俗紀候而未得定正月之名，史官追書前事，亦不容因後改前，失傳信之意也。與七月詩『一之日』者正同，推彼可以明此矣。又按夏書明有三正之文，而天正、地正、人正之名見者，亦非一處。若『皆以寅月起數』與『商正建丑以十二月爲正朔，故建寅之月不曰正而曰一』之言，則是惟夏爲有正，殷、周雖改正朔，而皆無正月之名，烏在其爲天正、地正、建子爲正、建丑爲正也？」

陳定宇又曰：「愚按蔡氏於泰誓上及武成，皆以孟春一月爲建寅之月，與二孔之説不合。必證以前漢律曆志始尤明白。志曰：『周師初發以殷十一月 亥月。戊子。後三日得周正辛卯朔。子月。明日壬辰，至戊午渡孟津。明日己未冬至。正月二十九日。二月朔，四日癸亥，至牧野。閏二月庚寅

朔。三月二日庚申驚蟄。古以驚蟄爲寅月中氣，今云雨水。四月己丑朔死霸。死霸，朔也。生霸，望也。是月甲辰望，乙巳旁之。故武成曰：「惟四月旁生霸，越六日庚戌，武王燎於周廟。」』以節氣證之，則武成以周正紀月數，而非夏正，不辨而明矣。」

史氏伯璿曰：「漢志雖非先秦古書，然終是近古可信，較之陳寵傳，則此尤爲近古，皆非唐、宋以來諸儒臆度附會、無所證據之比。讀者宜有取焉。竊嘗又按易臨卦彖辭有曰『至于八月有凶』。此八月，程、朱二夫子皆以爲自子月數起，當是六月遯卦。雖本義兼存或說『是今八月觀卦』之言於後，終不如主前說之力，況前說勝後說，又朱子平日解經之通例乎？兼語録答學者之問，又只主周正可見。愚竊以爲臨彖『元亨利貞』與『有凶』皆主陽言，以二陽上進，淩逼四陰，故其亨在陽將來。諸爻盡則變，則二陰長而漸盛，故其凶在陽。況臨、觀與遯三卦皆就陽爻取義名卦，陽浸長則爲臨，陽避退則爲遯，陽在上示下則爲觀。然則避退可以言有凶，在上示下不可以有凶言明矣。觀雖亦是陰長陽消之卦，然聖人扶陽抑陰，固已別取義明卦矣，不應於此又指爲凶也。然則八月指遯而無凶明甚。卦辭又文王所繫，文王在商而自子月起數者，亦猶周公『一之日』、『二之日』紀數也。」

「右正朔月數改與不改之說，自孟子以來千五、六百年，諸儒無有定論。近代陳定宇、張敷言之說，議論援據，似覺平正確實。愚深信之，而同志辨詰紛然。暇日裒集諸說一處，仍疏己見於後，以俟有道而就正焉。」已上俱節録管窺外篇。

愚按：史先生及張、陳二家之説可謂精心考究，然尚有一二未盡者，愚請得而折衷之。張謂晉獻公

時未敢遽用夏正，卜偃對君只沿民俗之通稱，此猶是以常見拘泥。晉實是行夏正，看僖十五年韓之戰及昭三十二年城成周，與經所書先後俱差兩月，經用周正，傳因晉俗而用夏正，此便瞭然。杜預載汲冢書，記曲沃莊伯之十一年十一月爲魯隱之元年正月，其紀年篇皆用夏正。先儒謂晉封太原，沿唐堯之故俗，理或有之。然看來成周盛時，原所不禁。不特周也，亦通三代之所不禁。看豳風稱「一之日」、「二之日」，公劉當夏之時，便已自以子月起數。周有天下，遂定爲正朔，但不曰「正」而曰「一」，以避時王之尊號。至武王伐商之年，商命未改，猶曰「惟一月壬辰」，不敢遽用「正」字。詩、書所稱，同一揆也。文王於殷時象易，於臨卦曰「至于八月有凶」，亦用子月起數，八月爲夏之六月。夏、殷時不禁豳周之用子正，周時獨禁晉之用寅正乎？若三代果有此禁，則啓之罪狀有扈氏，只當云「怠棄三正」，不當云「怠棄夏正」矣。孔子大聖人，爲周之臣子，不當教顔淵以行夏之時矣。當日答顔淵，只是現在侯國有用顔子爲政者，便當行此數事，非必謂代周而有天下更姓改物，然後行夏之時也。孔子時不比孟子時，以扶起衰周爲念。若謂百年之後代周而王者當如此，則孔子教顔淵，乃是懸空説話，不是現在可行之事，豈聖賢商略治道之旨乎？可見當時原是通用，在聖人亦看得平常，又何疑于晉之用夏正也？吕氏大圭以爲「孔子答顔淵行夏之時，謂顔子得志行道，改革天命，當如是爾。如使顔子未能改革天命，則亦將從時王之制，不得擅用夏時」。其説太荒唐。顔子當日是布衣，豈有改革天命之理？彼蓋未知夏、殷、周三正原通行故耳。其謂秦以寅月書正，第以十月爲歲首，亦未然。彼第見吕不韋作月令用夏正，故云然。不知秦亦改時改月，亥月竟稱春正月，至寅月已稱夏四月矣。沿至漢高、惠、文、景之世猶然。至武帝太初定曆，改用夏正。史官因追改前年月，獨漢元

年冬十月失於追改，猶仍秦舊，故有五星聚東井，致高允之疑。其實秦之冬十月，乃夏正之七月。七月初，未交中氣，猶未離六月躔度，日在鶉火與東井，秦分鶉首，猶是隔宮相望。金、水二星附日而行，故俱得會於此。漢初司星者原不錯，因後來史官失於追改，後人疑爲夏正之十月，則日躔析木之次，與鶉首秦分隔離七宮，金、水無會聚之理。秦之改時改月無所見，此一條其大彰明較著者也。詳見唐顏師古漢書高帝紀注及宋劉攽貢父説中。顏、劉俱在史前，而史援引張説未及辨正，可見考核精細之難也。

又案：秦時置閏俱稱後九月，蓋是時曆法不講，不知隨時置閏之法，都堆積在歲終。春秋末年已有此病。此亦秦改時改月之一證也。秦史只稱爲閏十二月，漢太初以後追改爲後九月耳。

校勘記

〔一〕之一日冬至也〕 據春秋左傳集解，杜注原作「冬至之日，日南極」。

〔二〕其四月五月之交〕 據春秋左傳昭公十七年，此七字爲訛文，當作「其四國當之」。

〔三〕鄭氏必欲拗以從子固誤〕 「拗」原作「抝」，據史文璣管窺外篇卷上改。

春秋朔閏表卷二之一

錫山　顧棟高復初　輯
金匱受業華文緯有條　參

敍

余讀春秋，每苦日食置閏不得其解。據先儒舊説，春秋不應置閏而置閏者凡二，見莊二十五年「六月辛未朔日有食之」及文元年「閏三月」。應置閏而失不置者凡三，見昭二十年「二月己丑日南至」、襄二十七年「冬十月乙亥朔日有食之」、哀十二年「冬十二月螽」。至日食之乖繆尤多。穀梁曰：「言日不言朔，食晦日也。言朔不言日，食既朔也。」及襄二十一年九月十月頻食、二十四年七月八月頻食，諸儒皆以爲日無頻食法，日月無頻交之理，不交，無從有食。歷千年罔有折衷。又經、傳中日月多有互異。孔穎達曰：「凡異者，多是傳實而經虛。」以余攷之，亦有經不誤而傳誤者，有經、傳俱不誤而杜以駁正經、傳反致誤者。孔氏僅能發明杜氏之義，而無能救正杜氏之失。至宋儒益務以義理爲穿鑿，不攷本末，憑空臆斷，至使千年經義沈霾晦蝕于附會之儒生、鹵莽之老宿，重可歎也。歲癸亥，華生綱從余遊，年二十三歲，性敏而有沈思，余教以推求春秋朔閏之法。以方幅之紙，一年横書十二月，每月繫朔晦于首尾，細求經、傳中之干支，日數不合，則爲置閏。始猶覺其牴牾，十年以後迎刃而解。其合者凡十九，不合者前後率不過差一、兩日。因經、傳之日數以求晦朔，因晦朔之前後以定閏餘，與杜氏長曆不差累黍，其違異者則爲著論駁正之。乃知春

秋二百四十二年之事迹，指掌可數，粲若列眉。而後儒之憑空臆造，都成寱語。試約舉三、四事言之。桓五年「正月甲戌、己丑，陳侯鮑卒」。傳曰：「再赴也。」杜謂甲戌前年十二月廿一日，己丑此年正月六日。今考桓四年冬當有閏十二月，甲戌實是正月廿一日，而己丑則二月七日也。是經書「正月甲戌」不誤，第「甲戌」之下當有闕文，「己丑」之上倂脱「二月」兩字耳。傳不知而誤以爲再赴。杜倂不知而誤以今年之日屬之前年，由失不置閏故也。昭元年「十二月，晉既烝。趙孟適南陽。甲辰朔，烝于溫」。杜以甲辰爲十二月朔，謂晉烝當在甲辰之前，傳言十二月誤。不知是年當閏十月，不可依長曆作閏十二月。經、傳皆有十一月己酉，己酉先甲辰五十五日，則甲辰非十二月朔可知。服虔云：「甲辰，夏十一月朔也。」蓋夏之十二月，於周爲正月。晉烝以孟冬，而趙氏以仲冬烝于家廟。傳以烝本冬祭，不可繫之來年，而甲辰實正月朔，故特變其文，先言十二月晉烝，而後言甲辰朔，此明係兩月事。趙氏之烝自在明年正月。傳紀晉事自用晉之夏正耳。杜不知傳文書法之變，誤以來歲之日屬之今年，由置閏失所故也。更有經、傳俱不誤而杜、孔誤者。莊二十五年「六月辛未，日食，鼓，用牲于社」。左傳曰：「非常也。」左氏之意，蓋謂正陽之月，日食爲非常之變異爾，是解所以鼓、用牲之故。而杜釋爲非常鼓之月，由置閏失所，誤使七月爲六月。夫不應伐鼓而伐鼓，不過失于謹慎，未足重煩聖筆。而正陽之月受陰氣虧損，乃災異之大者。杜不舉其大而舉其細，何爲乎？今推算辛未確是六月朔日。自莊元年閏十月至二十四年閏七月，凡九置閏，正合五歲再閏，十有九歲七閏之數。而孔氏曲從杜説，反謂二十四年八月以前誤置一閏，所以使七月爲六月。此經、傳俱不誤而杜、孔自誤也。又有杜、孔俱不誤而後儒以意推求而誤

者。襄二十八年「十二月甲寅，天王崩。乙未，楚子昭卒」。相去凡四十二日。杜、孔俱云日誤。而胡文定指爲閏月。經不書，謂是喪服不數閏之證。呂氏本中至反駁杜、孔爲非。殊不知置閏須通計兩年上下。若此年十二月置閏，則來年二月安得有癸卯？五月安得有庚午乎？今推算閏當在來年之八月。此宋儒不考經、傳前後，橫空臆度，並不信杜、孔而失之者也。此卷獨多，約有一百八十餘頁。就一卷中釐爲四卷。學者執是求之以上下數千年諸儒議論，如堂上人判堂下人曲直；又如執規矩以量物，毫髮不容少錯。余于此用心良苦。而位置閏月、排列朔晦，則華生經始，華子師道改正之力爲多。嗚呼，綦難哉！余往懷此志六、七年而苦無端緒，聞泰興曙峰陳先生有書六卷，屢郵書求其令嗣而不獲。而臨川師有春秋年譜一書，亦未見示。亡兒炳從旁贊曰：「是不難，從經、傳日數求之足矣。此事兒請任之。」余呵之曰：「爾何知！」炳不敢言而退。今幸是編成，喜二華之能成吾志，而又恨亡兒之不得與成其事也，爲泫然者久之。輯春秋朔閏表第二。

春秋朔閏表

隱公名息姑。

己未

元年　平王宜臼四十九　齊僖公祿父九　晉鄂侯郄二　曲沃莊伯鮮十一　衛桓公完十三　蔡宣公考

正月大	辛巳朔	按趙東山厲辭引杜氏長曆正月辛巳朔，大衍曆正月辛亥朔，以傳文五月辛丑、十月庚申考
二月小	辛亥朔	
三月大	庚辰朔	
四月小	庚戌朔	
五月大	己卯朔	傳「辛丑，太叔出奔共」，是月之二十三日。
六月小	己酉朔	
七月大	戊寅朔	
八月小	戊申朔	
九月大	丁丑朔	
十月小	丁未朔	傳「庚申，改葬惠公」，是月之十四日。
十一月大	丙子朔	
十二月小	丙午朔	

父二十八
鄭莊公寤生二十二
曹桓公終生三十五
陳桓公鮑二十三
杞武公二十九
宋穆公和七
秦文公四十四
楚武王熊通十九

之，則辛巳爲是。大衍曆所推與經、傳每先後一月。蓋古法疎，不得以今曆爲準。

庚戌晦

己卯晦

己酉晦

戊寅晦

戊申晦

丁丑晦

丁未晦

丙子晦

丙午晦

乙亥晦

乙巳晦

甲戌晦

庚申

二年		
平王五十 齊僖十 晉鄂三 衛桓十四 蔡宣三十九 鄭莊二十三 曹桓三十六 陳桓二十四 杞武三十 宋穆八 秦文四十五 楚武二十		
正月大	乙亥朔	
二月小	乙巳朔	
三月大	甲戌朔	
四月小	甲辰朔	
五月大	癸酉朔	
六月小	癸卯朔	
七月大	壬申朔	
八月小	壬寅朔	「庚辰，公及戎盟于唐。」杜註：「八月無庚辰。庚辰，七月九日也。日月必有誤。」正義曰：「杜長曆八月壬寅朔，其月無庚辰。七月壬申朔，則九
九月大	辛未朔	
十月小	辛丑朔	
十一月大	庚午朔	
十二月小	庚子朔	「乙卯，夫人子氏薨。」是月之十六日。

	甲辰晦		
	癸酉晦		
	癸卯晦		
	壬申晦		
	壬寅晦		
	辛未晦		
	辛丑晦		
	庚午晦	日有庚辰。」	
	庚子晦		
	己巳晦		
	己亥晦		
	戊辰晦	閏十二月大	己巳朔　戊戌晦

辛酉

三年	平王五十　齊僖十一　晉鄂四　衞桓十五　蔡宣三十　鄭莊二十四	
正月大	己亥朔	
二月小	己巳朔	「己巳，日有食之。」杜註：「二月朔也。不書朔，史失之。」按：穀梁
三月大	戊戌朔	「庚戌，天王崩。」傳：「壬戌，平王崩。赴以庚戌，故書之。」
四月小	戊辰朔	「辛卯，君氏卒。」是月之二十四日。
五月大	丁酉朔	
六月小	丁卯朔	
七月大	丙申朔	
八月小	丙寅朔	「庚辰，宋公和卒。」是月之十五日。
九月大	乙未朔	
十月小	乙丑朔	
十一月大	甲午朔	
十二月小	甲子朔	「癸未，葬宋穆公。」是月之二十日。傳：「庚戌，鄭伯之車僨于

曹桓三十七
陳桓二十五
杞武三十一
宋穆九
秦文四十六
楚武二十一

云「言日按：庚戌，不言朔，月之十三食晦日日；壬也。」杜以戌，月之春秋日食二十五皆在朔，日。故于去年十二月置閏。若移此閏于今年二月，而以己巳爲二月晦，則于穀梁之説合矣。蓋今法日食必于合朔，而古

濟。」杜註：「十二月不得有庚戌，日誤。」正義曰：「庚戌無月而云十二月者，以經盟于石門在十二月，知此亦十二月也。經書十二月下有『癸未葬宋穆公』，計庚戌在癸未

				法疎，或有食晦日者。漢、晉時猶然。今姑從長曆。

壬戌

年／月	朔	紀事	晦	考證
四年	桓王林元	齊僖十二　晉鄂五		
正月大	癸巳朔		戊辰晦	
二月小	癸亥朔	「戊申，衛州吁弑其	丁酉晦	
三月大	壬辰朔		丁卯晦	
四月小	壬戌朔		丙申晦	
五月大	辛卯朔		丙寅晦	
六月小	辛酉朔		乙未晦	
七月大	庚寅朔		乙丑晦	
八月小	庚申朔		甲午晦	
九月大	己丑朔		甲子晦	
十月小	己未朔		癸巳晦	
十一月大	戊子朔		癸亥晦	
十二月小	戊午朔		壬辰晦	之前三十三日，不得共在一月。長曆推十二月甲子朔，月有癸未，則月不容誤，知日誤也。」

衛桓十六
蔡宣三十一
鄭莊二十五
曹桓三十八
陳桓二十六
杞武三十二
宋殤公與夷元
秦文四十七
楚武二十二

君完。」杜註：「戊申，三月十七日。有日而無月。」正義曰：「經文三年十二月『癸未葬宋穆公』，戊申在癸未之後二十五日，更一周則八十五日，故此年二月不得有戊申。三月

癸亥

月	朔	晦	
五年	桓王二		
正月大	丁亥朔	壬戌晦	
二月小	丁巳朔	辛卯晦	壬辰朔，則十七日有戊申也。此經上有二月，下有夏，得在三月之內，不是字誤，故云『有日而無月。』
三月大	丙戌朔	辛酉晦	
四月小	丙辰朔	庚寅晦	
五月大	乙酉朔	庚申晦	
六月小	乙卯朔	己丑晦	
七月大	甲申朔	己未晦	
八月小	甲寅朔	戊子晦	
九月大	癸未朔	戊午晦	
十月小	癸丑朔	丁亥晦	
十一月大	壬午朔	丁巳晦	
十二月大	壬子朔	丙戌晦	

齊僖十三
晉鄂六
衛宣公晉元
蔡宣三十二
鄭莊二十六
曹桓三十九
陳桓二十七
杞武三十三
宋殤二
秦文四十八
楚武二十三

丙辰晦	
乙酉晦	
乙卯晦	
甲申晦	
甲寅晦	
癸未晦	
癸丑晦	
壬午晦	
壬子晦	
辛巳晦	
辛亥晦	
辛巳晦	「辛巳，公子彄卒。」是月之三十日。

閏十二月小	壬午朔	庚戌晦

甲子

六年	
桓王三 齊僖十四 晉哀侯光元 衛宣三 蔡宣三十三 鄭莊二十七 曹桓四十 陳桓二十	
正月大	辛亥朔
二月大	辛巳朔
三月小	辛亥朔
四月大	庚辰朔
五月小	庚戌朔 「辛酉，公會齊侯，盟于艾。」是月之十二日。 傳：「庚申，鄭伯侵陳。」是月之十一日。
六月大	己卯朔
七月小	己酉朔
八月大	戊寅朔
九月小	戊申朔
十月大	丁丑朔
十一月小	丁未朔
十二月大	丙子朔

八　杞武三十　四　宋殤三　秦文四十　九　楚武二十　四		
庚辰晦		
庚戌晦		
己卯晦		
己酉晦		
戊寅晦		
戊申晦		
丁丑晦		
丁未晦		
丙子晦		
丙午晦		
乙亥晦		
乙巳晦		

乙丑

七年	桓王四　齊僖十五　晉哀二曲沃武公稱元　衛宣三　蔡宣三十四	
正月大	丙午朔	
二月小	丙子朔	
三月大	乙巳朔	
四月小	乙亥朔	
五月大	甲辰朔	
六月小	甲戌朔	
七月大	癸卯朔	傳「宋及鄭平。庚申，盟于宿。」是月之十八日。
八月小	癸酉朔	
九月大	壬寅朔	
十月小	壬申朔	
十一月大	辛丑朔	
十二月小	辛未朔	傳「陳五父如鄭涖盟。壬申，及鄭伯盟。鄭良佐如陳涖盟。辛巳，

鄭莊二十八

曹桓四十一

陳桓二十九

杞武三十五

宋殤四

秦文五十

楚武二十五

乙亥晦

甲辰晦

甲戌晦

癸卯晦

癸酉晦

壬寅晦

壬申晦

辛丑晦

辛未晦

庚子晦

庚午晦

及陳侯盟。」壬申，是月之二日。辛巳，是月之十一日。

己亥晦

閏十二月大

庚子朔

己巳晦

丙寅

八年	桓王五	齊僖十六　晉哀三　衛宣四　蔡宣三十五　鄭莊二十九　曹桓四十二　陳桓三十　杞武三十六　宋殤五　秦寧公元　楚武二十六	
正月大	庚午朔		己亥晦
二月小	庚子朔		戊辰晦
三月大	己巳朔	「庚寅，我入祊。」是月之二十二日。	戊戌晦
四月小	己亥朔	傳：「甲辰，鄭公子忽如陳逆婦嬀。辛亥，以嬀氏歸。甲寅，入于鄭。」甲辰，是月之六日。辛亥，是月之十三日。甲寅，是月之十六日。	丁卯晦
五月大	戊辰朔		丁酉晦
六月小	戊戌朔	「己亥，蔡侯考父卒。」是月之二日。「辛亥，宿男卒。」是月之十四日。	丙寅晦
七月大	丁卯朔	「庚午，宋公、齊侯、衛侯盟于瓦屋。」是月之四日。	丙申晦
八月小	丁酉朔	傳：「丙戌，鄭伯以齊人朝王。」杜註：「上有七月庚午，下有九月辛卯，則八月不得有丙戌。」	乙丑晦
九月大	丙寅朔	「辛卯，公及莒人盟于浮來。」是月之二十六日。	乙未晦
十月小	丙申朔		甲子晦
十一月大	乙丑朔		甲午晦
十二月小	乙未朔		癸亥晦

九年	桓王六　齊僖十七　晉哀四　衛宣五　蔡桓侯封人元　鄭莊三十　曹桓四十三　陳桓三十一　杞武三十七　宋殤六　秦寧二　楚武二十七		
正月大	甲子朔		癸巳晦
二月小	甲午朔		壬戌晦
三月大	癸亥朔	「癸酉，大雨震電。庚辰，大雨雪。」癸酉，是月之十一日。庚辰，是月之十八日。	壬辰晦
四月小	癸巳朔		辛酉晦
五月大	壬戌朔		辛卯晦
六月小	壬辰朔		庚申晦
七月大	辛酉朔		庚寅晦
八月小	辛卯朔		己未晦
九月大	庚申朔		己丑晦
十月小	庚寅朔		戊午晦
十一月大	己丑朔	傳：「甲寅，鄭人大敗戎師。」是月之二十六日。	戊午晦
十二月小	己未朔		丁亥晦

閏十月大	己未朔 戊子晦	

戊辰

十年		桓王七 齊僖十八 晉哀五 衛宣六 蔡桓二 鄭莊三十一 曹桓四十四 陳桓三十二
正月大	戊子朔	傳：「公會齊侯、鄭伯于中丘。癸丑，盟于鄧。」杜註：「癸丑，是正月二十六日，知經二月誤。」
二月小	戊午朔	
三月大	丁亥朔	
四月小	丁巳朔	
五月大	丙戌朔	
六月大	丙辰朔	「壬戌，公敗宋師于菅。辛未，取郜。辛巳，取防。」杜註：「壬戌，月七日。辛未，十六日。」
七月小	丙戌朔	傳：「庚寅，鄭師入郊。」是月之五日。
八月大	乙卯朔	傳：「壬戌，鄭伯圍戴。癸亥，克之。」壬戌，是月之八日。癸亥，是月之九日。
九月小	乙酉朔	傳：「戊寅，鄭伯入宋。」杜註：「九月無戊寅。戊寅，八月二十四日。」正義曰：「經有『十
十月大	甲寅朔	「壬午，齊人、鄭人入郕。」是月之二十九日。
十一月小	甲申朔	
十二月大	癸丑朔	

杞武三十八
宋殤七
秦寧三
楚武二十八

辛巳，二十六日。」傳：「戊申，公會齊侯、鄭伯于老桃。」杜註：「六月無戊申。戊申，五月二十三日。」「庚午，鄭師入郜。」是月之十五日。「庚辰，鄭師入防。」是月之二

月壬午」，長曆推是十月二十九日，戊寅在壬午之前四日，故九月不得有戊寅。上有八月，下有冬，則誤在日也。」

丁巳晦	
丙戌晦	
丙辰晦	
乙酉晦	
乙卯晦	
乙酉晦	十五日。
甲寅晦	
甲申晦	
癸丑晦	
癸未晦	
壬子晦	
壬午晦	

己巳 十一年	桓王八 齊僖十九 晉哀六 衞宣七 蔡桓三 鄭莊三十 二 曹桓四十 五 陳桓三十 三	
正月大	癸未朔	
二月小	癸丑朔	
三月大	壬午朔	
四月小	壬子朔	
五月大	辛巳朔	傳「鄭伯將伐許。甲辰，授兵于大宫。」是月之二十四日。
六月小	辛亥朔	
七月大	庚辰朔	「壬午，公及齊侯、鄭伯入許。」是月之三日。傳「庚辰，傅于許。」是月之朔日。
八月小	庚戌朔	
九月大	己卯朔	
十月小	己酉朔	傳「鄭伯以虢師伐宋。壬戌，大敗宋師。」是月之十四日。
十一月大	戊寅朔	「壬辰，公薨。」是月之十五日。
十二月小	戊申朔	

杞武三十九 宋殤八 秦寧四 楚武二十九	
壬子晦	
辛巳晦	
辛亥晦	
庚辰晦	
庚戌晦	
己卯晦	
己酉晦	
戊寅晦	
戊申晦	
丁丑晦	
丁未晦	
丙子晦	

桓公名允。

庚午

元年	桓王九 齊僖二十 晉哀七 衛宣八 蔡桓四 鄭莊三十三	
正月大	丁丑朔	
二月小	丁未朔	
三月大	丙子朔	
四月小	丙午朔	「丁未，公及鄭伯盟于越。」是月之二日。
五月大	乙亥朔	
六月小	乙巳朔	
七月大	甲戌朔	
八月小	甲辰朔	
九月大	癸酉朔	
十月小	癸卯朔	
十一月大	壬申朔	
十二月小	壬寅朔	

曹桓四十六 陳桓四十三 杞武四十 宋殤九 秦寧五 楚武三十	
丙午晦	
乙亥晦	
乙巳晦	
甲戌晦	
甲辰晦	
癸酉晦	
癸卯晦	
壬申晦	
壬寅晦	
辛未晦	
辛丑晦	
庚午晦	閏十二月大　辛未朔　庚子晦

辛未

二年	桓王十	齊僖二十一
正月大	辛丑朔	「戊申，宋督弑其君
二月小	辛未朔	
三月大	庚子朔	
四月小	庚午朔	「取郜大鼎于宋。」
五月大	己亥朔	正義曰：「長曆此
六月小	己巳朔	
七月大	戊戌朔	
八月小	戊辰朔	
九月大	丁酉朔	
十月小	丁卯朔	
十一月大	丙申朔	
十二月小	丙寅朔	

壬申

三年	正月大	二月小	三月大	四月小	五月大	六月小	七月大	八月小	九月大	十月小	十一月大	十二月大
桓王十一	乙未朔	乙丑朔	甲午朔	甲子朔	癸巳朔	癸亥朔	壬辰朔	壬戌朔	辛卯朔	辛酉朔	庚寅朔	庚申朔
晉哀八　衛宣九　蔡桓五　鄭莊三十四　曹桓四十七　陳桓三十五　杞武四十一　宋殤十　秦寧六　楚武三十一	與夷及其大夫孔父。」是月之八日。			戊申，納于太廟。」杜註：「戊申，五月十日。」	年四月庚午朔，其月無戊申。五月己亥朔，十日得戊申。是有日而無月也。」							
	庚午晦	己亥晦	己巳晦	戊戌晦	戊辰晦	丁酉晦	丁卯晦	丙申晦	丙寅晦	乙未晦	乙丑晦	甲午晦

齊僖二十
二
晉哀九
衛宣十
蔡桓六
鄭莊三十
五
曹桓四十
八
陳桓三十
六
杞武四十
二
宋莊公馮
元
秦寧七
楚武三十
二

甲子晦

癸巳晦

癸亥晦

壬辰晦

壬戌晦

辛卯晦

「壬辰朔，日有食之既。」
辛酉晦

庚寅晦

庚申晦

己丑晦

己未晦

己丑晦

癸酉

四年

桓王十二

齊僖二十

三

晉小子侯

元

衛宣十一

蔡桓七

鄭莊三十

六

曹桓四十

九

陳桓三十

七

杞武四十

三

宋莊二

秦寧八

正月小	庚寅朔
二月大	己未朔
三月小	己丑朔
四月大	戊午朔
五月小	戊子朔
六月大	丁巳朔
七月小	丁亥朔
八月大	丙辰朔
九月小	丙戌朔
十月大	乙卯朔
十一月小	乙酉朔
十二月大	甲寅朔

楚武三十三	
	戊午晦
	戊子晦
	丁巳晦
	丁亥晦
	丙辰晦
	丙戌晦
	乙卯晦
	乙酉晦
	甲寅晦
	甲申晦
	癸丑晦
	癸未晦
閏十二月大	甲申朔 癸丑晦

甲戌

五年	桓王十三 齊僖二十四 晉小子二 衛宣十一 蔡桓八 鄭莊三十七 曹桓五十
正月小	甲寅朔 「甲戌、己丑，陳侯鮑卒。」按：杜註：「甲戌，前年十二月二十一日。己丑，
二月大	癸未朔
三月小	癸丑朔
四月大	壬午朔
五月小	壬子朔
六月大	辛巳朔
七月小	辛亥朔
八月大	庚辰朔
九月小	庚戌朔
十月大	己卯朔
十一月小	己酉朔
十二月大	戊寅朔

陳桓三十八

杞武四十四

宋莊三

秦寧九

楚武三十四

此年正月六日。」考長曆，于桓元年閏十二月，至七年始復閏十二月，相去凡七十三月，中間應更有一閏。今于去年置閏十二月，則甲戌爲今年正月二十一日，己丑乃二月七

日。當從有日無月之例。蓋甲戌之下經有闕文，并二月之文亦脱也。若以爲再赴，則史于去年十二月之下便應先書「陳侯鮑卒」，寧有併書于今年正月者乎？

壬午晦
壬子晦
辛巳晦
辛亥晦
庚辰晦
庚戌晦
己卯晦
己酉晦
戊寅晦
戊申晦
丁丑晦
丁未晦

乙亥

六年

桓王十四　齊僖二十五　晉小子三　衛宣十三　蔡桓九　鄭莊三十八　曹桓五十一　陳厲公躍元　杞武四十五　宋莊四　秦寧十　楚武三十五

月	朔	注	晦
正月大	戊申朔		丁丑晦
二月小	戊寅朔		丙午晦
三月大	丁未朔		丙子晦
四月小	丁丑朔		乙巳晦
五月大	丙午朔		乙亥晦
六月小	丙子朔		甲辰晦
七月大	乙巳朔		甲戌晦
八月小	乙亥朔	「壬午，大閱。」是月之八日。	癸卯晦
九月大	甲辰朔	「丁卯，子同生。」是月之二十四日。	癸酉晦
十月小	甲戌朔		壬寅晦
十一月大	癸卯朔		壬申晦
十二月小	癸酉朔		辛丑晦

丙子

七年

桓王十五
齊僖二十
六
晉小子四
衛宣十四
蔡桓十
鄭莊三十
九
曹桓五十
二
陳厲二
杞武四十
六
宋莊五
秦寧十一
楚武三十
六

月	朔		晦
正月大	壬寅朔		辛未晦
二月小	壬申朔	「己亥，焚咸丘。」是月之二十八日。	庚子晦
三月大	辛丑朔		庚午晦
四月小	辛未朔		己亥晦
五月大	庚子朔		己巳晦
六月小	庚午朔		戊戌晦
七月大	己亥朔		戊辰晦
八月小	己巳朔		丁酉晦
九月大	戊戌朔		丁卯晦
十月小	戊辰朔		丙申晦
十一月大	丁酉朔		丙寅晦
十二月大	丁卯朔		丙申晦

閏十二月小	丁酉朔 乙丑晦

丁丑

八年	桓王十六 齊僖二十 七 晉侯緡元 衛宣十五 蔡桓十一 鄭莊四十 曹桓五十 三 陳厲三 杞武四十
正月大	丙寅朔 「己卯， 烝。」是月 之十四 日。
二月小	丙申朔
三月大	乙丑朔
四月小	乙未朔
五月大	甲子朔 「丁丑， 烝。」是月 之十四 日。
六月小	甲午朔
七月大	癸亥朔
八月小	癸巳朔
九月大	壬戌朔
十月小	壬辰朔
十一月大	辛酉朔
十二月小	辛卯朔

七	宋莊六	秦寧十二	楚武三十	七
				乙未晦
				甲子晦
				甲午晦
				癸亥晦
				癸巳晦
				壬戌晦
				壬辰晦
				辛酉晦
				辛卯晦
				庚申晦
				庚寅晦
				己未晦

戊寅

九年	桓王十七	齊僖二十	八	晉緡二	衛宣十六	蔡桓十二	鄭莊四十	一	曹桓五十	四
正月大	庚申朔									
二月小	庚寅朔									
三月大	己未朔									
四月小	己丑朔									
五月大	戊午朔									
六月小	戊子朔									
七月大	丁巳朔									
八月小	丁亥朔									
九月大	丙辰朔									
十月小	丙戌朔									
十一月大	乙卯朔									
十二月大	乙酉朔									

陳厲四 杞靖公元 宋莊七 秦出子元 楚武三十 八	
	己丑晦
	戊午晦
	戊子晦
	丁巳晦
	丁亥晦
	丙辰晦
	丙戌晦
	乙卯晦
	乙酉晦
	甲寅晦
	甲申晦
	甲寅晦

己卯

十年 桓王十八 齊僖二十 九 晉緡三 衛宣十七 蔡桓十三 鄭莊四十 二 曹桓五十 五		
正月小	乙卯朔	「庚申，曹伯終生卒。」是月之六日。
二月大	甲申朔	
三月小	甲寅朔	
四月大	癸未朔	
五月小	癸丑朔	
六月大	壬午朔	
七月小	壬子朔	
八月大	辛巳朔	
九月小	辛亥朔	
十月大	庚辰朔	
十一月小	庚戌朔	
十二月大	己卯朔	「丙午，齊侯、衛侯、鄭伯來戰于郎。」是月之二十八日。

陳厲五 杞靖二 宋莊八 秦出子二 楚武三十 九	
	癸未晦
	癸丑晦
	壬午晦
	壬子晦
	辛巳晦
	辛亥晦
	庚辰晦
	庚戌晦
	己卯晦
	己酉晦
	戊寅晦
	戊申晦

庚辰

十二年	桓王十九	齊僖三十 晉緡四 衛宣十八 蔡桓十四 鄭莊四十 三 曹莊公射姑元
正月大	己酉朔	
二月大	戊申朔	
三月小	戊寅朔	
四月大	丁未朔	
五月小	丁丑朔	「癸未，鄭伯寤生卒。」是月之七日。
六月大	丙午朔	
七月小	丙子朔	
八月大	乙巳朔	
九月小	乙亥朔	傳「丁亥，昭公奔衛。己亥，厲公立。」丁亥，是月之十三日。己亥，是月之二
十月大	甲辰朔	
十一月小	甲戌朔	
十二月大	癸卯朔	

陳厲六 杞靖三 宋莊九 秦出子三 楚武四十			
戊寅晦	閏正月小	己卯朔	丁未晦
丁丑晦			
丙午晦			
丙子晦			
乙巳晦			
乙亥晦			
甲辰晦			
甲戌晦			
癸卯晦	十五日。		
癸酉晦			
壬寅晦			
壬申晦			

辛巳

十二年	桓王二十 齊僖三十一 晉緡五 衛宣十九	
正月小	癸酉朔	
二月大	壬寅朔	
三月小	壬申朔	
四月大	辛丑朔	
五月小	辛未朔	
六月大	庚子朔	「壬寅，公會杞侯、莒子，盟于曲池。」
七月小	庚午朔	「丁亥，公會宋公、燕人，盟于穀丘。」
八月大	己亥朔	「壬辰，陳侯躍卒。」杜註：「壬辰，是七
九月小	己巳朔	
十月大	戊戌朔	
十一月小	戊辰朔	「丙戌，公會鄭伯，盟于武父。」是月
十二月大	丁酉朔	「及鄭師伐宋。丁未，戰于宋。」是月

蔡桓十五 鄭厲公突元 曹莊二 陳厲七 杞靖四 宋莊十 秦出子四 楚武四十	一
	辛丑晦
	辛未晦
	庚子晦
	庚午晦
	己亥晦
是月之三日。	己巳晦
是月之十八日。	戊戌晦
月二十三日。書于八月，從赴。」	戊辰晦
	丁酉晦
	丁卯晦
之十九日。「丙戌，衛侯晉卒。」杜註：「再書丙戌，因史成文。」	丙申晦
之十一日。	丙寅晦

壬午

十三年	桓王二十	一 齊僖三十 二 晉緡六
正月大	丁卯朔	
二月大	丙寅朔	「公會紀侯、鄭伯。己巳，及齊侯、宋
三月小	丙申朔	
四月大	乙丑朔	
五月小	乙未朔	
六月大	甲子朔	
七月小	甲午朔	
八月大	癸亥朔	
九月小	癸巳朔	
十月大	壬戌朔	
十一月小	壬辰朔	
十二月大	辛酉朔	

衛惠公朔元
蔡桓十六
鄭厲二
曹莊三
陳莊公林元
杞靖五
宋莊十一
秦出子五
楚武四十
二

丙申晦
閏正月小
丁酉朔
乙丑晦

乙未晦
公、衛侯、燕人戰。齊師、宋師、衛師、燕師敗績。」是月之四日。

甲子晦

甲午晦

癸亥晦

癸巳晦

壬戌晦

壬辰晦

辛酉晦

辛卯晦

庚申晦

庚寅晦

癸未

十四年
桓王二十
三
齊僖三十
三
晉緡七
衛惠二
蔡桓十七
鄭厲三
曹莊四
陳莊二
杞靖六
宋莊十二
秦出子六
楚武四十
三

正月大	辛卯朔		庚申晦
二月小	辛酉朔		己丑晦
三月大	庚寅朔		己未晦
四月小	庚申朔		戊子晦
五月大	己丑朔		戊午晦
六月小	己未朔		丁亥晦
七月大	戊子朔		丁巳晦
八月小	戊午朔	「壬申，御廩災。」是月之十五日。「乙亥，嘗。」是月之十八日。	丙戌晦
九月大	丁亥朔		丙辰晦
十月小	丁巳朔		乙酉晦
十一月大	丙戌朔		乙卯晦
十二月大	丙辰朔	「丁巳，齊侯禄父卒。」是月之二日。	乙酉晦

十五年	桓王二十三 齊襄公諸兒元 晉緡八 衛惠三 蔡桓十八 鄭厲四 曹莊五 陳莊三 杞靖七 宋莊十三 秦武公元 楚武四十四	
正月小	丙戌朔	甲寅晦
二月大	乙卯朔	甲申晦
三月小	乙酉朔 「乙未，天王崩。」是月之十一日。	癸丑晦
四月大	甲寅朔 「己巳，葬齊僖公。」是月之十六日。	癸未晦
五月小	甲申朔	壬子晦
六月大	癸丑朔 傳：「乙亥，昭公入。」是月之二十三日。	壬午晦
七月小	癸未朔	辛亥晦
八月大	壬子朔	辛巳晦
九月小	壬午朔	庚戌晦
十月大	辛亥朔	庚辰晦
十一月小	辛巳朔	己酉晦
十二月大	庚戌朔	己卯晦

乙酉

十六年　莊王佗元　齊襄二　晉緡九　衛惠四　蔡桓十九　鄭厲五　昭公忽元　曹莊六　陳莊四　杞靖八　宋莊十四　秦武二　楚武四十　五

月	朔	晦
正月大	庚辰朔	己酉晦
二月小	庚戌朔	戊寅晦
三月大	己卯朔	戊申晦
四月小	己酉朔	丁丑晦
五月大	戊寅朔	丁未晦
六月小	戊申朔	丙子晦
閏六月大	丁丑朔	
七月小	丁未朔	乙亥晦
八月大	丙子朔	乙巳晦
九月小	丙午朔	甲戌晦
十月大	乙亥朔	甲辰晦
十一月小	乙巳朔	癸酉晦
十二月大	甲戌朔	癸卯晦

是年冬城向。杜註云：「傳曰：『書，時也。』而下有十一月，舊說因謂傳誤。不知此城向亦俱是十一月之事。又推校此年閏在六月，則月月御而節移前，水星可在十一月而正。」

按：經書「城向」在十一月前，明是十月事。杜曲從傳文，爲桓公掩其失，自屬附會。		
丙午晦		

丙戌

十七年	莊王二	齊襄三 晉緡十
正月大	甲辰朔	「丙辰，公會齊侯、
二月小	甲戌朔	「丙午，公會邾儀
三月大	癸卯朔	
四月小	癸酉朔	
五月大	壬寅朔	「丙午，及齊師戰于
六月小	壬申朔	「丁丑，蔡侯封人
七月大	辛丑朔	
八月小	辛未朔	「癸巳，葬蔡桓侯。」
九月大	庚子朔	
十月小	庚午朔	「冬十月朔，日有
十一月大	己亥朔	
十二月大	己巳朔	

	衛惠五 黔牟元 蔡桓二十 鄭厲六 昭二 曹莊七 陳莊五 杞靖九 宋莊十五 秦武三 楚武四十 六
癸酉晦	紀侯，盟 于黃。」是 月之十三 日。
壬寅晦	父，盟于 趡。」杜 註：「二月 無丙午。 丙午，三 月四日 也。日月 必有誤。」
壬申晦	
辛丑晦	
辛未晦	奚。」是月 之五日。
庚子晦	卒。」是月 之六日。
庚午晦	
己亥晦	是月之二 十三日。
己巳晦	
戊戌晦	食之。」左 傳不書， 日官失 之。今考 趙東山屬 辭引長曆 十月庚午 朔日食。 傳：「辛 卯，弑昭 公而立公 子亹。」是 月之二十 二日。
戊辰晦	
戊戌晦	

丁亥

十六年 莊王三 齊襄四 晉緡十一 衛惠六 黔牟二 蔡哀侯獻舞元 鄭厲七 子亹元 曹莊八 陳莊六 杞靖十 宋莊十六 秦武四 楚武四十七

月	朔	事	晦
正月小	己亥朔		丁卯晦
二月大	戊辰朔		丁酉晦
三月小	戊戌朔		丙寅晦
四月大	丁卯朔	「丙子，公薨于齊。」是月之十日。「丁酉，公之喪至自齊。」杜註：「丁酉，五月一日。有日而無月。」	丙申晦
五月小	丁酉朔		乙丑晦
六月大	丙寅朔		乙未晦
七月小	丙申朔	傳：「戊戌，齊人殺子亹。」是月之三日。	甲子晦
八月大	乙丑朔		甲午晦
九月小	乙亥朔		癸亥晦
十月大	甲子朔		癸巳晦
十一月小	甲午朔		壬戌晦
十二月大	癸亥朔	「己丑，葬我君桓公。」是月之二十七日。	壬辰晦

莊公名同。

戊子

元年
莊王四
齊襄五
晉緡十二
衛惠七
黔牟三
蔡哀二
鄭厲八
子儀元
曹莊九
陳莊七
杞靖十一
宋莊十七
秦武五
楚武四十八

月	朔	注	晦
正月小	癸巳朔		辛酉晦
二月大	壬戌朔		辛卯晦
三月小	壬辰朔		庚申晦
四月大	辛酉朔		庚寅晦
五月小	辛卯朔		己未晦
六月大	庚申朔		己丑晦
七月小	庚寅朔		戊午晦
八月大	己未朔		戊子晦
九月小	己丑朔		丁巳晦
十月大	戊午朔	「乙亥，陳侯林卒。」是月之十八日。	丁亥晦
十一月小	戊午朔		丙戌晦
十二月大	丁亥朔		丙辰晦

月	朔	晦
閏十月大	戊子朔	丁巳晦

己丑

月	朔	附記
二年	莊王五 齊襄六 晉緡十三 衛惠八 黔牟四 蔡哀三 鄭厲九 子儀二 曹莊十 陳宣公杵臼元	
正月大	丁巳朔	
二月小	丁亥朔	
三月大	丙辰朔	
四月小	丙戌朔	
五月大	乙卯朔	
六月小	乙酉朔	
七月大	甲寅朔	
八月小	甲申朔	
九月大	癸丑朔	
十月小	癸未朔	
十一月大	壬子朔	
十二月小	壬午朔	「乙酉，宋公馮卒。」是月之四日。

杞靖十二 宋莊十八 秦武六 楚武四十 九	
丙戌晦	
乙卯晦	
乙酉晦	
甲寅晦	
甲申晦	
癸丑晦	
癸未晦	
壬子晦	
壬午晦	
辛亥晦	
辛巳晦	
庚戌晦	

庚寅

三年	莊王六 齊襄七 晉緡十四 衛惠九 黔牟五 蔡哀四 鄭厲十 子儀三 曹莊十一 陳宣二
正月大	辛亥朔
二月小	辛巳朔
三月大	庚戌朔
四月小	庚辰朔
五月大	己酉朔
六月小	己卯朔
七月大	戊申朔
八月小	戊寅朔
九月大	丁未朔
十月小	丁丑朔
十一月大	丙午朔
十二月小	丙子朔

杞靖十三 宋閔公捷元 秦武七 楚武五十	
	庚辰晦
	己酉晦
	己卯晦
	戊申晦
	戊寅晦
	丁未晦
	丁丑晦
	丙午晦
	丙子晦
	乙巳晦
	乙亥晦
	甲辰晦

辛卯

四年	莊王七 齊襄八 晉緡十五 衞惠十 黔牟六 蔡哀五 鄭厲十一 子儀四 曹莊十二 陳宣三		
正月大	乙巳朔		
二月小	乙亥朔		
三月大	甲辰朔		
四月小	甲戌朔		
五月大	癸酉朔		
六月小	癸卯朔	「乙丑，齊侯葬紀伯姬。」是月之二十三日。	
七月大	壬申朔		
八月小	壬寅朔		
九月大	辛未朔		
十月小	辛丑朔		
十一月大	庚午朔		
十二月小	庚子朔		

杞靖十四 宋閔二 秦武八 楚武五十一	
甲戌晦	
癸卯晦	
癸酉晦	
壬寅晦	閏四月大 癸卯朔 壬申晦
壬寅晦	
辛未晦	
辛丑晦	
庚午晦	
庚子晦	
己巳晦	
己亥晦	
戊辰晦	

壬辰

五年	莊王八 齊襄九 晉緡十六 衞惠十一 黔牟七
正月大	己巳朔
二月小	己亥朔
三月大	戊辰朔
四月小	戊戌朔
五月大	丁卯朔
六月小	丁酉朔
七月大	丙寅朔
八月小	丙申朔
九月大	乙丑朔
十月小	乙未朔
十一月大	甲子朔
十二月大	甲午朔

蔡哀六 鄭厲十二 子儀五 曹莊十三 陳宣四 杞靖十五 宋閔三 秦武九 楚文王熊貲元
戊戌晦
丁卯晦
丁酉晦
丙寅晦
丙申晦
乙丑晦
乙未晦
甲子晦
甲午晦
癸亥晦
癸巳晦
癸亥晦

癸巳

六年 莊王九 齊襄十 晉緡十七 衛惠十二 黔牟八	
正月小	甲子朔
二月大	癸巳朔
三月小	癸亥朔
四月大	壬辰朔
五月小	壬戌朔
六月大	辛卯朔
七月小	辛酉朔
八月大	庚寅朔
九月小	庚申朔
十月大	己丑朔
十一月小	己未朔
十二月大	戊子朔

蔡哀七 鄭厲十三 子儀六 曹莊十四 陳宣五 杞靖十六 宋閔四 秦武十 楚文二
壬辰晦
壬戌晦
辛卯晦
辛酉晦
庚寅晦
庚申晦
己丑晦
己未晦
戊子晦
戊午晦
丁亥晦
丁巳晦

甲午

七年	莊王十 齊襄十一 晉緡十八 衛惠十三 蔡哀八 鄭厲十四
正月大	戊午朔
二月小	戊子朔
三月大	丁巳朔
四月小	丁亥朔　「辛卯，夜恒星不見。」杜註：「辛卯，四月
五月大	丙戌朔
六月小	丙辰朔
七月大	乙酉朔
八月小	乙卯朔
九月大	甲申朔
十月小	甲寅朔
十一月大	癸未朔
十二月大	癸丑朔

子儀七	曹莊十五	陳宣六	杞靖十七	宋閔五	秦武十一	楚文三

丁亥晦		
丙辰晦		
丙戌晦		
乙卯晦	五日。」	
閏四月大	丙辰朔	乙酉晦
乙卯晦		
甲申晦		
甲寅晦		
癸未晦		
癸丑晦		
壬午晦		
壬子晦		
壬午晦		

乙未

八年

莊王十一 齊襄十二 晉緡十九 衛惠十四

正月小	癸未朔	「甲午，治兵。」是月之十二
二月大	壬子朔	
三月小	壬午朔	
四月大	辛亥朔	
五月小	辛巳朔	
六月大	庚戌朔	
七月小	庚辰朔	
八月大	己酉朔	
九月小	己卯朔	
十月大	戊申朔	
十一月小	戊寅朔	「癸未，齊無知弑其君諸兒。」
十二月大	丁未朔	

蔡哀九 鄭厲十五 子儀八 曹莊十六 陳宣七 杞靖十八 宋閔六 秦武十二 楚文四	
辛亥晦	日。
辛巳晦	
庚戌晦	
庚辰晦	
己酉晦	
己卯晦	
戊申晦	
戊寅晦	
丁未晦	
丁丑晦	
丙午晦	杜註：「經書十一月癸未，長曆推之月六日也。傳云十二月。傳誤。」
丙子晦	

丙申

九年		莊王十二 齊桓公小白元 晉緡二十 衛惠十五 蔡哀十
正月大	丁丑朔	
二月小	丁未朔	
三月大	丙子朔	
四月小	丙午朔	
五月大	乙亥朔	
六月小	乙巳朔	
七月大	甲戌朔	「丁酉，葬齊襄公。」是月之二十四日。
八月小	甲辰朔	「庚申，及齊師戰于乾時。」是月之十七日。
九月大	癸卯朔	
十月小	癸酉朔	
十一月大	壬寅朔	
十二月小	壬申朔	

鄭厲十六 子儀九 曹莊十七 陳宣八 杞靖十九 宋閔七 秦武十三 楚文五	
丙午晦	
乙亥晦	
乙巳晦	
甲戌晦	
甲辰晦	
癸酉晦	
癸卯晦	
壬申晦	閏八月大 癸酉朔 壬寅晦
壬申晦	
辛丑晦	
辛未晦	
庚子晦	

丁酉

十年	莊王十三 齊桓二 晉緡二十
正月大	辛丑朔
二月小	辛未朔
三月大	庚子朔
四月小	庚午朔
五月大	己亥朔
六月小	己巳朔
七月大	戊戌朔
八月小	戊辰朔
九月大	丁酉朔
十月小	丁卯朔
十一月大	丙申朔
十二月小	丙寅朔

一 衛惠十六 蔡哀十一 鄭厲十七 子儀十 曹莊十八 陳宣九 杞靖二十 宋閔八 秦武十四 楚文六
庚午晦
己亥晦
己巳晦
戊戌晦
戊辰晦
丁酉晦
丁卯晦
丙申晦
丙寅晦
乙未晦
乙丑晦
甲午晦

戊戌

十二年	莊王十四 齊桓三 晉緡二十 二
正月大	乙未朔
二月小	乙丑朔
三月大	甲午朔
四月小	甲午朔
五月大	癸亥朔 「戊寅，公敗宋師于鄑。」是月
六月小	癸巳朔
七月大	壬戌朔
八月小	壬辰朔
九月大	辛酉朔
十月小	辛卯朔
十一月大	庚申朔
十二月小	庚寅朔

衛惠十七 蔡哀十二 鄭厲十八 子儀十一 曹莊十九 陳宣十 杞靖二十 一 宋閔九 秦武十五 楚文七		
	甲子晦	
	癸巳晦	
	癸亥晦	閏三月大 甲子朔 癸巳晦
	壬戌晦	
之十六日。	壬辰晦	
	辛酉晦	
	辛卯晦	
	庚申晦	
	庚寅晦	
	己未晦	
	己丑晦	
	戊午晦	

己亥

十二年
莊王十五
齊桓四
晉緡二十三
衛惠十八
蔡哀十三
鄭厲十九
子儀十二
曹莊二十
陳宣十一
杞靖二十二
宋閔十
秦武十六
楚文八

月	朔	事	晦
正月大	己未朔		戊子晦
二月小	己丑朔		丁巳晦
三月大	戊午朔		丁亥晦
四月小	戊子朔		丙辰晦
五月大	丁巳朔		丙戌晦
六月小	丁亥朔		乙卯晦
七月大	丙辰朔		乙酉晦
八月小	丙戌朔	「甲午，宋萬弑其君捷及其大夫仇牧。」是月之九日。	甲寅晦
九月大	乙卯朔		甲申晦
十月小	乙酉朔		癸丑晦
十一月大	甲寅朔		癸未晦
十二月小	甲申朔		壬子晦

庚子

十三年 僖王胡齊元 齊桓五 晉緡二十四 衛惠十九 蔡哀十四 鄭厲二十 子儀十三 曹莊二十一 陳宣十二 杞靖二十三 宋桓公御說元 秦武十七	正月大 癸丑朔	二月小 癸未朔	三月大 壬子朔	四月小 壬午朔	五月大 辛亥朔	六月小 辛巳朔	七月大 庚戌朔	八月小 庚辰朔	九月大 己酉朔	十月小 己卯朔	十一月大 戊申朔	十二月小 戊寅朔

辛丑

十四年	月	朔	備註	楚文九
僖王二 齊桓六 晉緡二十五 衛惠二十 蔡哀十五 鄭厲二十一 子儀十四 曹莊二十二 陳宣十三 杞共公元 宋桓二	正月大	丁未朔		壬午晦
	二月小	丁丑朔		辛亥晦
	三月大	丙午朔		辛巳晦
	四月小	丙子朔		庚戌晦
	五月大	乙巳朔		庚辰晦
	六月小	乙巳朔	傳「甲子，傅瑕殺鄭子及其二子，而納厲公。」是月之二十日。	己酉晦
	七月大	甲戌朔		己卯晦
	八月小	甲辰朔		戊申晦
	九月大	癸酉朔		戊寅晦
	十月小	癸卯朔		丁未晦
	十一月大	壬申朔		丁丑晦
	十二月小	壬寅朔		丙午晦

秦武十八		
楚文十		
丙子晦		
乙巳晦		
乙亥晦		
甲辰晦		
甲戌晦	閏五月大　乙亥朔	甲辰晦
癸酉晦		
癸卯晦		
壬申晦		
壬寅晦		
辛未晦		
辛丑晦		
庚午晦		

壬寅

十五年	僖王三 齊桓七 晉緡二十六 衛惠二十一 蔡哀十六 鄭厲二十二
正月大	辛未朔
二月小	辛丑朔
三月大	庚午朔
四月小	庚子朔
五月大	己巳朔
六月小	己亥朔
七月大	戊辰朔
八月小	戊戌朔
九月大	丁卯朔
十月小	丁酉朔
十一月大	丙寅朔
十二月小	丙申朔

曹莊二十 三 陳宣十四 杞共二 宋桓三 秦武十九 楚文十一	
庚子晦	
己巳晦	
己亥晦	
戊辰晦	
戊戌晦	
丁卯晦	
丁酉晦	
丙寅晦	
丙申晦	
乙丑晦	
乙未晦	
甲子晦	

癸卯

十六年 僖王四 齊桓八 晉緡二十 七 武三十八 衞惠二十 二 蔡哀十七	
正月大 乙丑朔	
二月小 乙未朔	
三月大 甲子朔	
四月小 甲午朔	
五月大 癸亥朔	
六月小 癸巳朔	
七月大 壬戌朔	
八月小 壬辰朔	
九月大 辛酉朔	
十月小 辛卯朔	
十一月大 庚申朔	
十二月大 庚寅朔	

鄭厲二十 三 曹莊二十 四 陳宣十五 杞共三 宋桓四 秦武二十 楚文十二
甲午晦
癸亥晦
癸巳晦
壬戌晦
壬辰晦
辛酉晦
辛卯晦
庚申晦
庚寅晦
己未晦
己丑晦
己未晦

甲辰

十七年	僖王五 齊桓九 晉武三十 九 衛惠二十 三
正月小	庚申朔
二月大	己丑朔
三月小	己未朔
四月大	戊子朔
五月小	戊午朔
六月大	丁亥朔
七月小	丁亥朔
八月大	丙辰朔
九月小	丙戌朔
十月大	乙卯朔
十一月小	乙酉朔
十二月大	甲寅朔

乙巳

十六年 惠王閬元	蔡哀十八 鄭厲二十 四 曹莊二十 五 陳宣十六 杞共四 宋桓五 秦德公元 楚文十三	
正月小 甲申朔	戊子晦	
二月大 癸丑朔	戊午晦	
三月小 癸未朔	丁亥晦	
四月大 壬子朔	丁巳晦	
五月小 壬午朔	丙戌晦	
六月大 辛亥朔	丙辰晦	閏六月大 丁巳朔 丙戌晦
七月小 辛巳朔	乙卯晦	
八月大 庚戌朔	乙酉晦	
九月小 庚辰朔	甲寅晦	
十月大 己酉朔	甲申晦	
十一月小 己卯朔	癸丑晦	
十二月大 戊申朔	癸未晦	

丙午

十九年 惠王二	齊桓十 晉獻公詭諸元 衛惠二十四 蔡哀十九 鄭厲二十五 曹莊二十六 陳宣十七 杞共五 宋桓六 秦德二 楚文十四	
正月大 戊寅朔	壬子晦	
二月小 戊申朔	壬午晦	
三月大 丁丑朔	辛亥晦	「春王三月，日有食之。」按：趙東山所引長曆三月係癸未朔。
四月小 丁未朔	辛巳晦	
五月大 丙子朔	庚戌晦	
六月小 丙午朔	庚辰晦	
七月大 乙亥朔	己酉晦	
八月小 乙巳朔	己卯晦	
九月大 甲戌朔	戊申晦	
十月小 甲辰朔	戊寅晦	
十一月大 癸酉朔	丁未晦	
十二月小 癸卯朔	丁丑晦	

丁未

二十年	惠王三	齊桓十一 晉獻二 衞惠二十 五 蔡哀二十 鄭厲二十 六 曹莊二十 七 陳宣十八 杞共六 宋桓七 秦宣公元 楚文十五	
正月大	壬申朔	丁未晦	
二月小	壬寅朔	丙子晦	
三月大	辛未朔	丙午晦	
四月小	辛丑朔	乙亥晦	
五月大	庚午朔	乙巳晦	
六月小	庚子朔	甲戌晦	傳：「庚申，楚子卒。」是月之十五日。
七月大	己巳朔	甲辰晦	
八月小	己亥朔	癸酉晦	
九月大	戊辰朔	癸卯晦	
十月小	戊戌朔	壬申晦	
十一月大	丁卯朔	壬寅晦	
十二月大	丁酉朔	辛未晦	

齊桓十二
晉獻三
衛惠二十六
蔡穆侯肸元
鄭厲二十七
曹莊二十八
陳宣十九
杞共七
宋桓八
秦宣二
楚堵敖熊囏元

辛丑晦

庚午晦

庚子晦

己巳晦

己亥晦

戊辰晦

戊戌晦

丁卯晦

丁酉晦

丙寅晦

丙申晦

丙寅晦

閏十二月小

丁卯朔

按：長曆是年無閏月。今自十七年閏六月，推至二十四年閏七月，凡歷八十六月，應更有一閏。

乙未晦

戊申

二十一年	惠王四	齊桓十三
正月大	丙申朔	
二月小	丙寅朔	
三月大	乙未朔	
四月小	乙丑朔	
五月大	甲午朔	「辛酉，鄭
六月小	甲子朔	
七月大	癸巳朔	「戊戌，夫
八月小	癸亥朔	
九月大	壬辰朔	
十月小	壬戌朔	
十一月大	辛卯朔	
十二月大	辛酉朔	

晉獻四 衛惠二十 七 蔡穆二 鄭厲二十 八 曹莊二十 九 陳宣二十 杞共八 宋桓九 秦宣三 楚堵敖二	
乙丑晦	
甲午晦	
甲子晦	
癸巳晦	
癸亥晦	伯突卒。」是月之二十八日。
壬辰晦	
壬戌晦	人姜氏薨。」是月之六日。
辛卯晦	
辛酉晦	
庚寅晦	
庚申晦	
庚寅晦	

己酉

二十二年	惠王五	齊桓十四
正月小	辛卯朔	「癸丑，葬
二月大	庚申朔	
三月小	庚寅朔	
四月大	己未朔	
五月小	己丑朔	
六月大	戊午朔	
七月小	戊子朔	「丙申，及
八月大	丁巳朔	
九月小	丁亥朔	
十月大	丙辰朔	
十一月小	丙戌朔	
十二月大	乙卯朔	

晉獻五	衛惠二十八	蔡穆三	鄭文公捷元	曹莊三十一	陳宣二十一	杞惠公元	宋桓十	秦宣四	楚堵敖三
我小君文姜。」是月之二十三日。									己未晦
									己丑晦
									戊午晦
									戊子晦
									丁巳晦
									丁亥晦
齊高傒盟于防。」是月之九日。									丙辰晦
									丙戌晦
									乙卯晦
									乙酉晦
									甲寅晦
									甲申晦

庚戌

二十三年	惠王六	齊桓十五
正月大	乙酉朔	
二月小	乙卯朔	
三月大	甲申朔	
四月小	甲寅朔	
五月大	癸未朔	
六月小	癸丑朔	文十七年
七月大	壬午朔	
八月小	壬子朔	
九月大	辛巳朔	
十月小	辛亥朔	
十一月大	庚辰朔	
十二月大	庚戌朔	「甲寅，公

辛亥

	晉獻六 衛惠二十九 蔡穆四 鄭文二 曹莊三十一 陳宣二十二 杞惠二 宋桓十一 秦宣五 楚成王頵元
甲寅晦	
癸未晦	
癸丑晦	
壬午晦	
壬子晦	
辛巳晦	傳：鄭子家曰：「文公二年六月壬申，朝于齊。」杜注：「鄭文二年六月壬申，魯莊二十三年六月二十四日。」今按：當是六月二十日。
辛亥晦	
庚辰晦	
庚戌晦	
己卯晦	
己酉晦	
己卯晦	會齊侯，盟于扈。」是月之五日。

二十四年	惠王七　齊桓十六　晉獻七　衛惠三十　蔡穆五　鄭文三　曹僖公赤元　陳宣二十三　杞惠三　宋桓十二　秦宣六　楚成二		
正月小	庚辰朔		戊申晦
二月大	己酉朔		戊寅晦
三月小	己卯朔		丁未晦
四月大	戊申朔		丁丑晦
五月小	戊寅朔		丙午晦
六月大	丁未朔		丙子晦
七月小	丁丑朔		乙巳晦
閏七月大	丙午朔		乙亥晦
八月大	丙子朔	「丁丑，夫人姜氏入。」是月之二日。「戊寅，大夫宗婦覿用幣。」是月之三日。	乙巳晦
九月小	丙午朔		甲戌晦
十月大	乙亥朔		甲辰晦
十一月小	乙巳朔		癸酉晦
十二月大	甲戌朔		癸卯晦

壬子

二十五年	惠王八　齊桓十七　晉獻八　衛惠三十一　蔡穆六　鄭文四　曹僖二　陳宣二十四　杞惠四　宋桓十三　秦宣七　楚成三	
正月小	甲辰朔	
二月大	癸酉朔	
三月小	癸卯朔	文十七年傳：鄭子家曰：「四年二月壬戌，爲齊侵蔡。」按：鄭文四年，魯莊二十五年。杜註：「二月無壬戌。壬戌，三月二十日。」
四月大	壬申朔	
五月小	壬寅朔	「癸丑，衛侯朔卒。」日是月之十二日。
六月大	辛未朔	「辛未朔，日有食之，鼓，用牲于社。」按：左傳曰：「非常也。」杜註云：「非常鼓之月。辛未，實七月朔，置閏失所，故致月錯。」正義曰：
七月小	辛丑朔	
八月大	庚午朔	
九月小	庚子朔	
十月大	己巳朔	
十一月小	己亥朔	
十二月大	戊辰朔	

「以前不應置閏而置閏，誤使七月爲六月，不當伐鼓用幣，故云非常鼓之月。」此說非也。《左》曰「非常」者，以六月爲夏之四月，正陽之月，災異尤大，不比尋常之月日食，故

須伐鼓用幣以救之。所云餘月則否者，餘月即常月也。經于文十五年及昭十七年皆書「六月朔日食」，而此爲首見，故須發例。此義極明顯，極有關係。且自莊元年

壬申晦	
壬寅晦	
辛未晦	
辛丑晦	
庚午晦	
庚子晦	至二十四年凡九置閏，正合五歲再閏，十有九歲七閏之數，何云置閏失所乎？
己巳晦	
己亥晦	
戊辰晦	
戊戌晦	
丁卯晦	
丁酉晦	

癸丑

二十六年 惠王九 齊桓十八 晉獻九 衛懿公赤元		
正月大	戊戌朔	
二月小	戊辰朔	
三月大	丁酉朔	
四月小	丁卯朔	
五月大	丙申朔	
六月小	丙寅朔	
七月大	乙未朔	
八月小	乙丑朔	
九月大	甲午朔	
十月小	甲子朔	
十一月大	癸巳朔	
十二月小	癸亥朔	「癸亥朔，日有食之。」

蔡穆七 鄭文五 曹僖三 陳宣二十 五 杞惠五 宋桓十四 秦宣八 楚成四	
1	丁卯晦
2	丙申晦
3	丙寅晦
4	乙未晦
5	乙丑晦
6	甲午晦
7	甲子晦
8	癸巳晦
9	癸亥晦
10	壬辰晦
11	壬戌晦
12	辛卯晦

甲寅

二十七年 惠王十 齊桓十九 晉獻十 衛懿二 蔡穆八 鄭文六	
正月大	壬辰朔
二月小	壬戌朔
三月大	辛卯朔
四月小	辛酉朔
五月大	庚寅朔
六月小	庚申朔
七月大	己丑朔
八月小	己未朔
九月大	戊子朔
十月小	戊午朔
十一月大	丁亥朔
十二月小	丁巳朔

曹僖四 陳宣二十 六 杞惠六 宋桓十五 秦宣九 楚成五	
辛酉晦	
庚寅晦	
庚申晦	
己丑晦	
己未晦	
戊子晦	
戊午晦	
丁亥晦	
丁巳晦	
丙戌晦	
丙辰晦	
乙酉晦	

乙卯

二十六年	惠王十一 齊桓二十 晉獻十一 衛懿三 蔡穆九 鄭文七 曹僖五 陳宣二十 七	
正月大	丙戌朔	
二月小	丙辰朔	
三月大	乙酉朔	「甲寅，齊人伐衛。衛人敗績。」是月之三十日。
四月小	乙酉朔	「丁未，邾子瑣卒。」是月之二十三日。
五月大	甲寅朔	
六月小	甲申朔	
七月大	癸丑朔	
八月小	癸未朔	
九月大	壬子朔	
十月小	壬午朔	
十一月大	辛亥朔	
十二月小	辛巳朔	

杞惠七 宋桓十六 秦宣十 楚成六	
	乙卯晦
	甲申晦
	甲寅晦
閏三月大	乙卯朔
	甲申晦
	癸丑晦
	癸未晦
	壬子晦
	壬午晦
	辛亥晦
	辛巳晦
	庚戌晦
	庚辰晦
	己酉晦

丙辰

二十九年	惠王十二	齊桓二十一 晉獻十二 衛懿四 蔡穆十 鄭文八
正月大	庚戌朔	
二月小	庚辰朔	長曆是年閏二月。今自二十六年十二月癸亥朔，推至
三月大	己酉朔	
四月小	己卯朔	
五月大	戊申朔	
六月小	戊寅朔	
七月大	丁未朔	
八月小	丁丑朔	
九月大	丙午朔	
十月小	丙子朔	
十一月大	乙巳朔	
十二月小	乙亥朔	

曹僖六 陳宣二十八 杞惠八 宋桓十七 秦宣十一 楚成七	
己卯晦	
戊申晦	來年九月庚午朔，中間止容兩閏，不得有三閏。上年閏三月，則今年無閏可知。
戊寅晦	
丁未晦	
丁丑晦	
丙午晦	
丙子晦	
乙巳晦	
乙亥晦	
甲辰晦	
甲戌晦	
癸卯晦	

丁巳

三十年 惠王十三 齊桓二十二 晉獻十三 衛懿五		
正月大	甲辰朔	
二月小	甲戌朔	
三月大	癸酉朔	
四月小	癸卯朔	傳：「丙辰，虢公入樊。」是月之十四
五月大	壬申朔	
六月小	壬寅朔	
七月大	辛未朔	
八月小	辛丑朔	「癸亥，葬紀叔姬。」是月之二十三日。
九月大	庚午朔、	「庚午朔，日有食之。」
十月小	庚子朔	
十一月大	己巳朔	
十二月小	己亥朔	

蔡穆十一	鄭文九	曹僖七	陳宣二十九	杞惠九	宋桓十八	秦宣十二	楚成八	
							癸酉晦	
							壬寅晦	閏二月大 癸卯朔 壬申晦
							壬寅晦	
日。							辛未晦	
							辛丑晦	
							庚午晦	
							庚子晦	
							己巳晦	
							己亥晦	
							戊辰晦	
							戊戌晦	
							丁卯晦	

戊午

三十一年	惠王十四
正月大	戊辰朔
二月小	戊戌朔
三月大	丁卯朔
四月小	丁酉朔
五月大	丙寅朔
六月小	丙申朔
七月大	乙丑朔
八月小	乙未朔
九月大	甲子朔
十月小	甲午朔
十一月大	癸亥朔
十二月小	癸巳朔

齊桓二十三 晉獻十四 衛懿六 蔡穆十二 鄭文十 曹僖八 陳宣三十 杞惠十 宋桓十九 秦成公元 楚成九	
丁酉晦	
丙寅晦	
丙申晦	
乙丑晦	
乙未晦	
甲子晦	
甲午晦	
癸亥晦	
癸巳晦	
壬戌晦	
壬辰朔	
辛酉晦	

己未

三十二年 惠王十五 齊桓二十四		
正月大	壬戌朔	
二月小	壬辰朔	
三月大	辛酉朔	
四月小	辛酉朔	
五月大	庚寅朔	
六月小	庚申朔	
七月大	己丑朔	「癸巳，公子牙卒。」
八月小	己未朔	「癸亥，公薨于路
九月大	戊子朔	
十月小	戊午朔	「己未，子般卒。」是
十一月大	丁亥朔	
十二月小	丁巳朔	

晉獻十五 衛懿七 蔡穆十三 鄭文十一 曹僖九 陳宣三十一 杞惠十一 宋桓二十 秦成二	楚成十	
	辛卯晦	
	庚申晦	
	庚寅晦	閏三月大 辛卯朔 庚申晦
	己丑晦	
	己未晦	
	戊子晦	
是月之五 日。	戊午晦	
寢。」是月 之五日。	丁亥晦	
	丁巳晦	
月之二 日。	丙戌晦	
	丙辰晦	
	乙酉晦	

春秋朔閏表卷二之二

錫山　顧棟高復初輯
金匱受業華文緯有條參

閔公名開。

庚申

元年	月	朔	事
惠王十六 齊桓二十五 晉獻十六 衛懿八 蔡穆十四 鄭文十二 曹昭公班元	正月大	丙戌朔	
	二月小	丙辰朔	
	三月大	乙酉朔	
	四月小	乙卯朔	
	五月大	甲申朔	
	六月小	甲寅朔	「辛酉，葬我君莊公。」是月之八日。
	七月大	癸未朔	
	八月小	癸丑朔	
	九月大	壬午朔	
	十月小	壬子朔	
	十一月大	辛巳朔	
	十二月小	辛亥朔	

陳宣三十二 杞惠十二 宋桓二十一 秦成三 楚成十一	
	乙卯晦
	甲申晦
	甲寅晦
	癸未晦
	癸丑晦
	壬午晦
	壬子晦
	辛巳晦
	辛亥晦
	庚辰晦
	庚戌晦
	己卯晦

辛酉

二年 惠王十七 齊桓二十六 晉獻十七 衛懿九 蔡穆十五		
正月大	庚辰朔	
二月小	庚戌朔	
三月大	己卯朔	
四月小	己酉朔	
五月大	戊寅朔	「乙酉，吉禘于莊公。」是月之八日。
六月小	戊寅朔	
七月大	丁未朔	
八月小	丁丑朔	「辛丑，公薨。」是月之二十五日。
九月大	丙午朔	
十月小	丙子朔	
十一月大	乙巳朔	
十二月小	乙亥朔	

鄭文十三
曹昭二
陳宣三十
三
杞惠十三
宋桓二十
二
秦成四
楚成十二

己酉晦	
戊寅晦	
戊申晦	
丁丑晦	
丁未晦	閏五月大 戊申朔 丁丑晦
丙午晦	
丙子晦	
乙巳晦	
乙亥晦	
甲辰晦	
甲戌晦	
癸卯晦	

僖公名申。

壬戌

元年　惠王十八　齊桓二十七　晉獻十八　衛文公燬元　蔡穆十六　鄭文十四　曹昭三　陳宣三十四　杞惠十四　宋桓二十

正月大	甲辰朔	
二月小	甲戌朔	
三月大	癸卯朔	
四月小	癸酉朔	
五月大	壬寅朔	
六月小	壬申朔	
七月大	辛丑朔	「戊辰，夫人姜氏薨于夷。」是月之二十八日。
八月小	辛未朔	
九月大	庚子朔	
十月小	庚午朔	「壬午，公子友帥師敗莒師于酈。」是月之十三日。
十一月大	己亥朔	
十二月小	己亥朔	「丁巳，夫人氏之喪至自齊。」是月之十九日。

三

秦穆公任好元

楚成十三

癸酉晦

壬寅晦

壬申晦

辛丑晦

辛未晦

庚子晦

庚午晦

己亥晦

己巳晦

戊戌晦

戊辰晦

閏十一月大

己巳朔

案：此閏距閏二年閏五月止十九月。然以經文十二月丁巳推之，則是年有閏。

戊戌晦

丁卯晦

癸亥

二年			惠王十九 齊桓二十 八 晉獻十九 衛文二 蔡穆十七 鄭文十五 曹昭四 陳宣三十 五 杞惠十五 宋桓二十 四 秦穆二 楚成十四
正月大	戊辰朔		丁酉晦
二月小	戊戌朔		丙寅晦
三月大	丁卯朔		丙申晦
四月小	丁酉朔		乙丑晦
五月大	丙寅朔	「辛巳，葬我小君哀姜。」是月之十六日。	乙未晦
六月小	丙申朔		甲子晦
七月大	乙丑朔		甲午晦
八月小	乙未朔		癸亥晦
九月大	甲子朔		癸巳晦
十月小	甲午朔		壬戌晦
十一月大	癸亥朔		壬辰晦
十二月小	癸巳朔		辛酉晦

甲子

三年　惠王二十　齊桓二十九　晉獻二十　衛文三　蔡穆十八　鄭文十六　曹昭五　陳宣三十六　杞惠十六　宋桓二十五　秦穆三　楚成十五

月	朔	晦
正月大	壬戌朔	辛卯晦
二月小	壬辰朔	庚申晦
三月大	辛酉朔	庚寅晦
四月小	辛卯朔	己未晦
五月大	庚申朔	己丑晦
六月小	庚寅朔	戊午晦
七月大	己未朔	戊子晦
八月小	己丑朔	丁巳晦
九月大	戊午朔	丁亥晦
十月小	戊子朔	丙辰晦
十一月大	丁巳朔	丙戌晦
十二月大	丁亥朔	丙辰晦

乙丑

四年

惠王二十

一

齊桓三十

晉獻二十

一

衞文四

蔡穆十九

鄭文十七

曹昭六

陳宣三十

七

杞惠十七

宋桓二十

六

秦穆四

楚成十六

月	朔	晦	附注
正月小	丁巳朔	乙酉晦	
二月大	丙戌朔	乙卯晦	
三月小	丙辰朔	甲申晦	
四月大	乙酉朔	甲寅晦	
五月小	乙卯朔	癸未晦	
六月大	甲申朔	癸丑晦	
七月小	甲寅朔	壬午晦	
八月大	癸未朔	壬子晦	
九月小	癸丑朔	辛巳晦	
十月大	壬午朔	辛亥晦	
十一月小	壬子朔	庚辰晦	
十二月大	辛巳朔	庚戌晦	傳：「戊申，晉太子申生縊于新城。」是月之二十八日。

五年		
惠王二十 二 齊桓三十 一 晉獻二十 二 衛文五 蔡穆二十 鄭文十八 曹昭七 陳宣三十 八 杞惠十八 宋桓二十 七 秦穆五		
正月大	辛亥朔	傳：「辛亥朔，日南至。」
二月小	辛巳朔	
三月大	庚戌朔	
四月小	庚辰朔	
五月大	己酉朔	
六月小	己卯朔	
七月大	戊申朔	
八月大	戊寅朔	傳：「甲午，晉侯圍上陽。」是月之十七日。
九月小	戊申朔	「戊申朔，日有食之。」
十月大	丁丑朔	
十一月小	丁未朔	
十二月大	丙子朔	傳：「丙子朔，晉滅虢。」

楚成十七

庚辰晦

己酉晦

己卯晦

戊申晦

戊寅晦

丁未晦

丁丑晦

丁未晦

丙子晦

丙午晦

乙亥晦

乙巳晦

閏十二月小

丙午朔

正義曰：「杜長曆僖元年閏十一月，五年閏十二月。凡閏之相去，曆家大率三十三月耳。杜于此閏相去凡五十月，不與曆數同者，杜推勘春秋日

月置閏，或稀或概，自準春秋時法，故不與常曆同也。」

甲戌晦

丁卯

六年
惠王二十
三
齊桓三十
二
晉獻二十

正月大	乙亥朔
二月小	乙巳朔
三月大	甲戌朔
四月小	甲辰朔
五月大	癸酉朔
六月小	癸卯朔
七月大	壬申朔
八月小	壬寅朔
九月大	辛未朔
十月小	辛丑朔
十一月大	庚午朔
十二月小	庚子朔

三 衛文六 蔡穆二十 一 鄭文十九 曹昭八 陳宣三十 九 杞成公元 宋桓二十 八 秦穆六 楚成十六	
甲辰晦	
癸酉晦	
癸卯晦	
壬申晦	
壬寅晦	
辛未晦	
辛丑晦	
庚午晦	
庚子晦	
己巳晦	
己亥晦	
戊辰晦	

戊辰

七年	惠王二十 四 齊桓三十
正月大	己巳朔
二月小	己亥朔
三月大	戊辰朔
四月小	戊戌朔
五月大	丁卯朔
六月小	丁酉朔
七月大	丙寅朔
八月小	丙申朔
九月大	乙丑朔
十月小	乙未朔
十一月大	甲子朔
十二月小	甲子朔

三
晉獻二十
四
衛文七
蔡穆二十
二
鄭文二十
曹昭九
陳宣四十
杞成二
宋桓二十
九
秦穆七
楚成十九

戊戌晦

丁卯晦

丁酉晦

丙寅晦

丙申晦

乙丑晦

乙未晦

甲子晦

甲午晦

癸亥晦

癸巳晦
閏十一月大
甲午朔
傳：「閏月，惠王

壬辰晦

崩。」
癸亥晦

己巳

八年	
惠王二十五 齊桓三十四 晉獻二十五 衛文八 蔡穆二十三 鄭文二十一	
正月大	癸巳朔
二月小	癸亥朔
三月大	壬辰朔
四月小	壬戌朔
五月大	辛卯朔
六月小	辛酉朔
七月大	庚寅朔
八月小	庚申朔
九月大	己丑朔
十月小	己未朔
十一月大	戊子朔
十二月小	戊午朔　「丁未，天王崩。」是月無丁未。按：天王實以上年閏月崩。其告也必以崩日告，此丁未必是

曹共公襄元
陳宣四十一
杞成三
宋桓三十
秦穆八
楚成二十

上年閏月日子，魯史因其赴而書之。觀明年九月甲子晉侯卒，書在戊辰盟後可見。凡經文日子先後差一月者，多係天王及列國之君崩卒之日。疑皆前月之日書于後月者，非必

壬戌晦	
辛卯晦	
辛酉晦	
庚寅晦	
庚申晦	
己丑晦	
己未晦	
戊子晦	
戊午晦	
丁亥晦	
丁巳晦	
丁亥晦	皆由月日有誤。

庚午

九年	襄王鄭元 齊桓三十五 晉獻二十六 衛文九 蔡穆二十四 鄭文二十二 曹共二 陳宣四十	
正月小	戊子朔	
二月大	丁巳朔	
三月小	丁亥朔	「丁丑，宋公御説卒。」是月無丁丑。丁丑，二月二十一日。説見上年十二月。
四月大	丙辰朔	
五月小	丙戌朔	
六月大	乙卯朔	
七月小	乙酉朔	「乙酉，伯姬卒。」是月之朔日。
八月大	甲申朔	
九月小	甲寅朔	「戊辰，諸侯盟于葵丘。甲子，晉侯佹諸卒。」杜註：「甲子，九月十一日。戊辰，十五日也。
十月大	癸未朔	
十一月小	癸丑朔	
十二月大	壬午朔	

二
杞成四
宋桓三十
一
秦穆九
一
楚成二十
一

丙辰晦

丙戌晦

乙卯晦

乙酉晦

甲寅晦

甲申晦

癸丑晦
閏七月
大
甲寅朔
按：長曆于八年十二月置閏，則是年七月無乙酉。以經文十二月丁未、三月丁丑推之，合

癸丑晦

書在盟後，從赴。」
壬午晦

壬子晦

辛巳晦

辛亥晦

矣。然此閏上距七年冬「閏月」惠王崩」僅十二月，下至十二年閏二月凡歷四十月，今移閏于是年七月，則踈密適均。而乙酉，乃七月一日也。

癸未晦

辛未

十年
襄王二
齊桓三十
六
晉惠公夷
吾元
衛文十
蔡穆二十
五
鄭文二十
三
曹共三
陳宣四十
三
杞成五
宋襄公兹
父元

正月小	壬子朔
二月大	辛巳朔
三月小	辛亥朔
四月大	庚辰朔
五月小	庚戌朔
六月大	己卯朔
七月小	己酉朔
八月大	戊寅朔
九月小	戊申朔
十月大	丁丑朔
十一月小	丁未朔
十二月大	丙子朔

秦穆十 楚成二十 二	
庚辰晦	
庚戌晦	
己卯晦	
己酉晦	
戊寅晦	
戊申晦	
丁丑晦	
丁未晦	
丙子晦	
丙午晦	
乙亥晦	
乙巳晦	

壬申

十一年	襄王三 齊桓三十 七 晉惠二 衛文十一 蔡穆二十 六 鄭文二十 四 曹共四 陳宣四十 四
正月大	丙午朔
二月小	丙子朔
三月大	乙巳朔
四月小	乙亥朔
五月大	甲辰朔
六月小	甲戌朔
七月大	癸卯朔
八月小	癸酉朔
九月大	壬寅朔
十月小	壬申朔
十一月大	辛丑朔
十二月大	辛未朔

杞成六 宋襄二 秦穆十一 楚成二十 三
乙亥晦
甲辰晦
甲戌晦
癸卯晦
癸酉晦
壬寅晦
壬申晦
辛丑晦
辛未晦
庚子晦
庚午晦
庚子晦

癸酉

十三年 襄王四 齊桓三十 八 晉惠三 衛文十二 蔡穆二十 七 鄭文二十 五 曹共五
正月小 辛丑朔
二月大 庚午朔
三月小 庚午朔 「庚午，日有食之。」杜註：「不書朔，官失之。」
四月大 己亥朔
五月小 己巳朔
六月大 戊戌朔
七月小 戊辰朔
八月大 丁酉朔
九月小 丁卯朔
十月大 丙申朔
十一月小 丙寅朔
十二月大 乙未朔 「丁丑，陳侯杵臼卒。」趙東山引長曆十二月乙未朔。丁丑，十一月十二日。

陳宣四十五 杞成七 宋襄三 秦穆十二 楚成二十四	
	己巳晦
	己亥晦
閏二月大	庚子朔 己巳晦
	戊戌晦
	戊辰晦
	丁酉晦
	丁卯晦
	丙申晦
	丙寅晦
	乙未晦
	乙丑晦
	甲午晦
	甲子晦

甲戌

十三年	襄王五 齊桓三十九
正月大	乙丑朔
二月小	乙未朔
三月大	甲子朔
四月小	甲午朔
五月大	癸亥朔
六月小	癸巳朔
七月大	壬戌朔
八月小	壬辰朔
九月大	辛酉朔
十月小	辛卯朔
十一月大	庚申朔
十二月小	庚寅朔

晉惠四 衛文十三 蔡穆二十八 鄭文二十六 曹共六 陳穆公款元 杞成八 宋襄四 秦穆十三 楚成二十五	
正月	甲午晦
二月	癸亥晦
三月	癸巳晦
四月	壬戌晦
五月	壬辰晦
六月	辛酉晦
七月	辛卯晦
八月	庚申晦
九月	庚寅晦
十月	己未晦
十一月	己丑晦
十二月	戊午晦

乙亥

十四年	襄王六	齊桓四十
正月大	己未朔	
二月小	己丑朔	
三月大	戊午朔	
四月小	戊子朔	
五月大	丁巳朔	
六月小	丁亥朔	
七月大	丙辰朔	
八月小	丙戌朔	「辛卯，沙
九月大	乙卯朔	
十月小	乙酉朔	
十一月大	甲寅朔	
十二月大	甲申朔	

晉惠五 衛文十四 蔡穆二十 九 鄭文二十 七 曹共七 陳穆二 杞成九 宋襄五 秦穆十四 楚成二十 六	
戊子晦	
丁巳晦	
丁亥晦	
丙辰晦	
丙戌晦	
乙卯晦	
乙酉晦	
甲寅晦	鹿崩。」是月之六日。
甲申晦	
癸丑晦	
癸未晦	
癸丑晦	

丙子

十五年	襄王七	齊桓四十
正月小	甲寅朔	
二月大	癸未朔	
三月小	癸丑朔	
四月大	壬午朔	
五月小	壬子朔	「夏五月,
六月大	辛巳朔	
七月小	辛亥朔	
八月大	庚辰朔	
九月大	庚戌朔	「己卯晦,
十月小	庚辰朔	
十一月大	己酉朔	「壬戌,晉
十二月小	己卯朔	

一
晉惠六
衛文十五
蔡莊公甲
午元
鄭文二十
八
曹共八
陳穆三
杞成十
宋襄六
秦穆十五
楚成二十
七

日有食之。」左傳：「不書朔與日，官失之也。」按：趙東山引長曆，五月壬子朔。

震夷伯之廟。」正義曰：「公羊、穀梁皆以晦爲冥。杜以長曆推，己卯九月三十日。」傳：「壬戌，秦、晉戰于韓原。」杜註：「九月十三日。經書十一月，從赴。」

侯及秦伯戰于韓。獲晉侯。」杜註：「壬戌，月十四日。」傳：「丁丑，殺慶鄭而後入。」杜註：「月二十九日。」按：晉用夏正，傳與經多差兩月。此丁丑當是十六年正月晦日。

壬午晦	
壬子晦	
辛巳晦	
辛亥晦	
庚辰晦	
庚戌晦	
己卯晦	
己酉晦	
己卯晦	
戊申晦	
戊寅晦	互見時令及長曆拾遺表。
丁未晦	

丁丑

十六年	襄王八	齊桓四十二　晉惠七　衛文十六　蔡莊二　鄭文二十九　曹共九　陳穆四
正月大	戊申朔	「戊申朔，隕石于宋五。」
二月小	戊寅朔	
三月大	丁未朔	「壬申，公子季友卒。」是月之二十六日。
四月小	丁丑朔	「丙申，鄫季姬卒。」是月之二十日。
五月大	丙午朔	
六月小	丙子朔	
七月大	乙巳朔	「甲子，公孫茲卒。」是月之二十日。
八月小	乙亥朔	
九月大	甲辰朔	
十月小	甲戌朔	
十一月大	癸卯朔	傳：「乙卯，鄭殺子華。」是月之十三日。
十二月大	癸酉朔	

杞成十一 宋襄七 秦穆十六 楚成二十 八	
丁丑晦	
丙午晦	
丙子晦	
乙巳晦	
乙亥晦	
甲辰晦	
甲戌晦	
癸卯晦	
癸酉晦	
壬寅晦	
壬申晦	
壬寅晦	

戊寅

十七年		襄王九 齊桓四十三 晉惠八 衛文十七 蔡莊三 鄭文三十 曹共十 陳穆五 杞成十二 宋襄八
正月小	癸卯朔	
二月大	壬申朔	
三月小	壬寅朔	
四月大	辛未朔	
五月小	辛丑朔	
六月大	庚午朔	
七月小	庚子朔	
八月大	己巳朔	
九月小	己亥朔	
十月大	戊辰朔	傳：「乙亥，齊桓公卒。」杜註：「乙亥，十月八日。」[一]案：經書十二月，從赴。
十一月小	戊戌朔	
十二月大	丁卯朔	「乙亥，齊侯小白卒。」傳：「十月，齊桓公卒。十二月乙亥赴，辛巳夜殯。」乙亥，是月之九

秦穆十七	
楚成二十九	
	辛未晦
	辛丑晦
	庚午晦
	庚子晦
	己巳晦
	己亥晦
	戊辰晦
	戊戌晦
	丁卯晦
	丁酉晦
	丙寅晦
日。辛巳，是月之十五日。	丙申晦
閏十二月大	丁酉朔　丙寅晦

己卯

十六年	朔	事
襄王十 齊孝公昭元 晉惠九 衛文十八 蔡莊四		
正月小	丁卯朔	
二月大	丙申朔	
三月小	丙寅朔	
四月大	乙未朔	
五月小	乙丑朔	「戊寅，宋師及齊師戰于甗。」是月之十四日。
六月大	甲午朔	
七月小	甲子朔	
八月大	癸巳朔	「丁亥，葬齊桓公。」杜註：「八月無丁亥，日誤。」
九月小	癸亥朔	
十月大	壬辰朔	
十一月小	壬戌朔	
十二月大	辛卯朔	

十九年 襄王十一	庚辰	鄭文三十一 曹共十一 陳穆六 杞成十三 宋襄九 秦穆十八 楚成三十
正月大 辛酉朔		乙未晦
二月小 辛卯朔		乙丑晦
三月大 庚申朔		甲午晦
四月小 庚寅朔		甲子晦
五月大 己未朔		癸巳晦
六月小 己丑朔		癸亥晦
七月大 戊午朔		壬辰晦
八月小 戊子朔		壬戌晦 誤。」按：趙東山引長曆，八月癸巳朔，丁亥在七月二十四日、九月二十五日。則七月當甲子朔，九月當癸亥朔。
九月大 丁巳朔		辛卯晦
十月小 丁亥朔		辛酉晦
十一月大 丙辰朔		庚寅晦
十二月小 丙戌朔		庚申晦

齊孝二 晉惠十 衛文十九 蔡莊五 鄭文三十二 曹共十二 陳穆七 杞成十四 宋襄十 秦穆十九 楚成三十一		
庚寅晦		
己未晦		
己丑晦		
戊午晦		
戊子晦		
丁巳晦		「己酉，邾人執鄫子用之。」是月之二十一日。
丁亥晦		
丙辰晦		
丙戌晦		
乙卯晦		
乙酉晦		
甲寅晦		

辛巳

二十年	襄王十二	齊孝三
正月大	乙卯朔	
二月小	乙酉朔	
三月大	甲申朔	
四月小	甲寅朔	
五月大	癸未朔	「乙巳，西
六月小	癸丑朔	
七月大	壬午朔	
八月小	壬子朔	
九月大	辛巳朔	
十月小	辛亥朔	
十一月大	庚辰朔	
十二月小	庚戌朔	

晉惠十一
衛文二十
蔡莊六
鄭文三十
三
曹共十三
陳穆八
杞成十五
宋襄十一
秦穆二十
楚成三十
二

甲申晦

癸丑晦

閏三月
大
甲寅朔
癸未晦

癸丑晦

壬午晦

宮災。」是月之二十三日。

壬子晦

辛巳晦

辛亥晦

庚辰晦

庚戌晦

己卯晦

己酉晦

戊寅晦

壬午

二十一年
襄王十三
齊孝四
晉惠十二
衞文二十一
蔡莊七
鄭文三十四
曹共十四
陳穆九
杞成十六
宋襄十二
秦穆二十一
楚成三十三

正月大	己卯朔		戊申晦
二月小	己酉朔		丁丑晦
三月大	戊寅朔		丁未晦
四月小	戊申朔		丙子晦
五月大	丁丑朔		丙午晦
六月小	丁未朔		乙亥晦
七月大	丙子朔		乙巳晦
八月小	丙午朔		甲戌晦
九月大	乙亥朔		甲辰晦
十月小	乙巳朔		癸酉晦
十一月大	甲戌朔		癸卯晦
十二月大	甲辰朔	「癸丑，公會諸侯，盟于薄。」是月之十日。	癸酉晦

癸未

二十三年
襄王十四
齊孝五
晉惠十三
衛文二十
二
蔡莊八
鄭文三十
五
曹共十五
陳穆十
杞成十七
宋襄十三
秦穆二十
二
楚成三十
四

正月小	甲戌朔		壬寅晦
二月大	癸卯朔		壬申晦
三月小	癸酉朔		辛丑晦
四月大	壬寅朔		辛未晦
五月小	壬申朔		庚子晦
六月大	辛丑朔		庚午晦
七月小	辛未朔		己亥晦
八月大	庚子朔	「丁未，及邾人戰于升陘。」是月之八日。	己巳晦
九月小	庚午朔		戊戌晦
十月大	己亥朔		戊辰晦
十一月小	己巳朔	「己巳朔，宋公及楚人戰于泓。」傳：「丙子，鄭文夫人勞楚子於柯澤。」是月之八日。「丁丑，楚子入饗于鄭。」是月之九日。	丁酉晦
十二月大	戊戌朔		丁卯晦

甲申

二十三年

襄王十五
齊孝六
晉惠十四
衛文二十三
蔡莊九
鄭文三十六
曹共十六
陳穆十一
杞成十八
宋襄十四
秦穆二十三
楚成三十五

正月小	戊辰朔		丙申晦
二月大	丁酉朔		丙寅晦
三月小	丁卯朔		乙未晦
四月大	丙申朔		乙丑晦
五月小	丙寅朔	「庚寅，宋公茲父卒。」是月之二十五日。	甲午晦
六月大	乙未朔		甲子晦
七月小	乙丑朔		癸巳晦
八月大	甲午朔		癸亥晦
九月小	甲子朔		壬辰晦
十月大	癸巳朔		壬戌晦
十一月小	癸亥朔		辛卯晦
十二月大	壬辰朔		辛酉晦

乙酉

二十四年	襄王十六 齊孝七 晉惠十五 衛文二十四 蔡莊十 鄭文三十七 曹共十七 陳穆十二 杞桓公姑容元 宋成公王臣元 秦穆二十四
正月小	壬戌朔
二月大	辛卯朔 傳：「甲午，晉師軍于廬柳。」是月之四日。「辛丑，狐偃及秦、晉之大夫盟于郇。」是月之十一日。「壬寅，公子入于晉師。」是月之十二
三月小	辛酉朔 傳：「己丑晦，公宮火。」
四月大	庚寅朔
五月小	庚寅朔
六月大	己未朔
七月小	己丑朔
八月大	戊午朔
九月小	戊子朔
十月大	丁巳朔
十一月小	丁亥朔
十二月大	丙辰朔

楚成三十六

日。「丙午，入于曲沃。」是月之十六日。「丁未，朝于武宫。」是月之十七日。「戊申，殺懷公于高梁。」是月之十八日。

庚寅晦

庚申晦

己丑晦

己未晦

閏四月大

庚申朔

己丑晦

戊午晦

戊子晦

丁巳晦

丁亥晦

丙辰晦

丙戌晦

乙卯晦

乙酉晦

丙戌

二十五年		襄王十七　齊孝八　晉文公重耳元　衛文二十五　蔡莊十一　鄭文三十八　曹共十八　陳穆十三　杞桓三　宋成二　秦穆二十五　楚成三十
正月小	丙戌朔	「丙午，衛侯燬滅邢。」是月之二十一日。
二月大	乙卯朔	
三月小	乙酉朔	傳：「甲辰，次于陽樊。」是月之二十日。
四月大	甲寅朔	「癸酉，衛侯燬卒。」是月之二十日。傳：「丁巳，王入于王城。」是月之四日。「戊午，晉侯朝王。」是月之五日。
五月小	甲申朔	
六月大	癸丑朔	
七月小	癸未朔	
八月大	壬子朔	
九月小	壬午朔	
十月大	辛亥朔	
十一月小	辛巳朔	
十二月大	庚戌朔	「癸亥，公會衛子、莒慶，盟于洮。」是月之十四日。

七	
	甲寅晦
	甲申晦
	癸丑晦
	癸未晦
	壬子晦
	壬午晦
	辛亥晦
	辛巳晦
	庚戌晦
	庚辰晦
	己酉晦
	己卯晦
閏十二月大	庚辰朔 己酉晦

丁亥

二十六年	襄王十八 齊孝九 晉文二 衛成公鄭元 蔡莊十二 鄭文三十 九 曹共十九 陳穆十四	
正月小	庚戌朔	「己未，公會莒子、衛甯速，盟于向。」是月之十日。
二月大	己卯朔	
三月小	己酉朔	
四月大	戊寅朔	
五月小	戊申朔	
六月大	丁丑朔	
七月小	丁未朔	
八月大	丙子朔	
九月小	丙午朔	
十月大	乙亥朔	
十一月小	乙巳朔	
十二月大	甲戌朔	

杞桓三 宋成三 秦穆二十 六 楚成三十 八	
戊寅晦	
戊申晦	
丁丑晦	
丁未晦	
丙子晦	
丙午晦	
乙亥晦	
乙巳晦	
甲戌晦	
甲辰晦	
癸酉晦	
癸卯晦	

戊子

二十七年	襄王十九 齊孝十 晉文三 衛成二 蔡莊十三 鄭文四十 曹共二十 陳穆十五 杞桓四 宋成四	
正月小	甲辰朔	
二月大	癸酉朔	
三月小	癸卯朔	
四月大	壬申朔	
五月小	壬寅朔	
六月大	辛未朔	「庚寅，齊侯昭卒。」是月之二十日。
七月小	辛丑朔	
八月大	庚午朔	「乙未，葬齊孝公。」是月之二十六日。「乙巳，公子遂帥師入杞。」杜註：「八月無乙巳。」
九月小	庚子朔	
十月大	己巳朔	
十一月小	己亥朔	
十二月大	戊辰朔	「甲戌，公會諸侯，盟于宋。」是月之七日。

秦穆二十七 楚成三十九	
壬申晦	
壬寅晦	
辛未晦	
辛丑晦	
庚午晦	
庚子晦	
己巳晦	
己亥晦	乙巳。九月六日。」
戊辰晦	
戊戌晦	
丁卯晦	
丁酉晦	

己丑

二十八年 襄王二十 齊昭公潘元 晉文四 衛成三 蔡莊十四 鄭文四十一 曹共二十一 陳穆十六 杞桓五		
正月小	戊戌朔	傳：「晉侯伐衛。戊申，取五鹿。」是月之十一日。
二月大	丁卯朔	
三月小	丁酉朔	「丙午，晉侯入曹。」是月之十日。
四月大	丙寅朔	「己巳，晉侯、齊師、宋師、秦師及楚人戰于城濮。」是月之四日。傳：「戊辰，晉侯及諸侯之師次于城
五月小	丙申朔	「癸丑，公會諸侯，盟于踐土。」杜註：「經書癸丑，月十八日也。傳書癸亥，是月二十八日。經、
六月大	乙丑朔	傳：「晉師還。壬午，濟河。」是月之十八日。
七月小	乙未朔	傳：「丙申，振旅，愷以入于晉。」是月之二日。
八月大	甲子朔	
月小	甲午朔	
十月大	癸亥朔	「天王狩于河陽。壬申，公朝于王所。」杜註：「壬申，十月十日。有日而無月，史闕文。」
十一月小	癸巳朔	
十二月大	壬戌朔	

宋成五
秦穆二十八
楚成四十

濮。」是月之三日。「己巳，晉師陳于莘北。」是月之四日。「及癸酉而還。」是月之八日。「甲午，至于衡雍。」是月之二十九日。

傳必有誤。」傳：「丙午，晉侯及鄭伯盟于衡雍。」是月之十一日。「丁未，獻楚俘于王。」是月之十二日。「己酉，王享醴，命晉侯宥。」是月之十四日。「癸亥，王子虎盟諸

傳：「丁丑，諸侯圍許。」杜註：「十月十五日。」

丙寅晦	
丙申晦	
乙丑晦	
乙未晦	
甲子晦	侯于王庭。」是月之二十八日。
甲午晦	
癸亥晦	
癸巳晦	
壬戌晦	
壬辰晦	
辛酉晦	
辛卯晦	

庚寅	
二十九年	襄王二十一 齊昭二 晉文五 衛成四 蔡莊十五 鄭文四十二 曹共二十二
正月大	壬辰朔
二月小	壬戌朔
三月大	辛卯朔
四月小	辛酉朔
五月大	庚寅朔
六月小	庚申朔
七月大	己丑朔
八月小	己未朔
九月大	戊子朔
十月小	戊午朔
十一月大	丁亥朔
十二月小	丁巳朔

辛卯

三十年

襄王二十二　齊昭三　晉文六　衛成五　蔡莊十六　鄭文四十三

陳共公朔元　杞桓六　宋成六　秦穆二十九　楚成四十一

月	朔	晦	附注
正月大	丙戌朔	辛酉晦	
二月小	丙辰朔	庚寅晦	
三月大	乙酉朔	庚申晦	
四月小	乙卯朔	己丑晦	
五月大	甲申朔	己未晦	
六月小	甲寅朔	戊子晦	
七月大	癸未朔	戊午晦	
八月小	癸丑朔	丁亥晦	
九月大	壬午朔	丁巳晦	傳：「甲午，晉侯、秦伯圍鄭。」是月之十三日。
十月小	壬午朔	丙戌晦	
十一月大	辛亥朔	丙辰晦	
十二月小	辛巳朔	乙酉晦	

曹共二十 三 陳共二 杞桓七 宋成七 秦穆三十 楚成四十 二			
乙卯晦			
甲申晦			
甲寅晦			
癸未晦			
癸丑晦			
壬午晦			
壬子晦			
辛巳晦			
辛亥晦	閏九月大	壬子朔	辛巳晦
庚戌晦			
庚辰晦			
己酉晦			

壬辰

三十一年	襄王二十 三
正月大	庚戌朔
二月小	庚辰朔
三月大	己酉朔
四月小	己卯朔
五月大	戊申朔
六月小	戊寅朔
七月大	丁未朔
八月小	丁丑朔
九月大	丙午朔
十月小	丙子朔
十一月大	乙巳朔
十二月大	乙亥朔

齊昭四
晉文七
衛成六
蔡莊十七
鄭文四十
四
曹共二十
四
陳共三
杞桓八
宋成八
秦穆三十
一
楚成四十
三

癸巳

三十二年
襄王二十

月	朔	晦
正月小	乙巳朔	己卯晦
二月大	甲戌朔	戊申晦
三月小	甲辰朔	戊寅晦
四月大	癸酉朔	丁未晦
五月小	癸卯朔	丁丑晦
六月大	壬申朔	丙午晦
七月小	壬寅朔	丙子晦
八月大	辛未朔	乙巳晦
九月小	辛丑朔	乙亥晦
十月大	庚午朔	甲辰晦
十一月小	庚子朔	甲戌晦
十二月大	己巳朔	甲辰晦

四 齊昭五 晉文八 衛成七 蔡莊十八 鄭文四十 五 曹共二十 五 陳共四 杞桓九 宋成九 秦穆三十 二 楚成四十 四	
癸酉晦	
癸卯晦	
壬申晦	
壬寅晦	「己丑，鄭伯捷卒。」是月之十七日。
辛未晦	
辛丑晦	
庚午晦	
庚子晦	
己巳晦	
己亥晦	
戊辰晦	
戊戌晦	「己卯，晉侯重耳卒。」是月之十一日。傳：「庚辰，將殯于曲沃。」是月之十二日。

甲午

二十三年	正月大	二月小	三月大	四月小	五月大	六月小	七月大	八月小	九月大	十月小	十一月大	十二月小
襄王二十五 齊昭六 晉襄公驩元 衛成八 蔡莊十九 鄭穆公蘭元 曹共二十六 陳共五 杞桓十 宋成十 秦穆三十三 楚成四十	己亥朔	己巳朔	戊戌朔	戊辰朔 「辛巳，晉人及姜戎敗秦師于殽。」是月之十四日。「癸巳，葬晉文公。」是月之二十六日。	丁酉朔	丁卯朔	丙申朔	丙寅朔 傳：「戊子，晉侯敗狄于箕。」是月之二十三日。	乙未朔	乙丑朔	甲午朔	甲子朔 「乙巳，公薨于小寢。」杜註：「乙巳，十一月十二日。經書十二月，誤。」

五
戊辰晦
丁酉晦
丁卯晦
丙申晦
丙寅晦
乙未晦
乙丑晦
甲午晦
甲子晦
癸巳晦
癸亥晦
壬辰晦

文公名興。

乙未

元年	襄王二十六　齊昭七　晉襄二　衛成九　蔡莊二十　鄭穆二　曹共二十七　陳共六　杞桓十一　宋成十一
正月大	癸巳朔
二月小	癸亥朔　「癸亥，日有食之。」杜註：「癸亥，月一日。不書朔，官失之。」
三月大	壬辰朔
四月小	壬辰朔　「丁巳，葬我君僖公。」是月之二十六日。
五月大	辛酉朔　傳：「辛酉朔，晉師圍戚。」
六月小	辛卯朔　傳：「戊戌，取之。」是月之八日。
七月大	庚申朔
八月小	庚寅朔
九月大	己未朔
十月小	己丑朔　「丁未，楚世子商臣弑其君頵。」是月之十九日。
十一月大	戊午朔
十二月小	戊子朔

秦穆三十
四
楚成四十
六

壬戌晦

辛卯晦

辛酉晦
閏三月
大
壬戌朔
傳「於是閏三月，非禮也。」杜註「于曆法閏當在僖公末年，誤于今年置閏。」詳長曆拾遺表。
辛卯晦

庚申晦

庚寅晦

己未晦

己丑晦

戊午晦

戊子晦

丁巳晦

丁亥晦

丙辰晦

丙申

二年	襄王二十七　齊昭八　晉襄三　衞成十　蔡莊二十一　鄭穆三　曹共二十八　陳共七　杞桓十二　宋成十二　秦穆三十五　楚穆王商臣元
正月大	丁巳朔　丙戌晦
二月小	丁巳朔　「甲子，晉侯及秦師戰于彭衙。」是月之八日。「丁丑，作僖公主。」是月之二十一日。　乙酉晦
三月大	丙戌朔　「乙巳，及晉處父盟。」是月之二十日。傳云：「四月己巳。」杜註：「經、傳必有誤。」按：己巳是四月十四日。　乙卯晦
四月小	丙辰朔　甲申晦
五月大	乙酉朔　甲寅晦
六月小	乙卯朔　癸未晦
七月大	甲申朔　癸丑晦
八月小	甲寅朔　「丁卯，大事于太廟，躋僖公。」是月之十四日。　壬午晦
九月大	癸未朔　壬子晦
十月小	癸丑朔　辛巳晦
十一月大	壬午朔　辛亥晦
十二月小	壬子朔　庚辰晦

閏正月大	丁亥朔 丙辰晦

丁酉		
三年	襄王二十 八 齊昭九 晉襄四 衛成十一 蔡莊二十 二 鄭穆四 曹共二十 九 陳共八	
正月大	辛巳朔	
二月小	辛亥朔	
三月大	庚辰朔	
四月小	庚戌朔	傳：「乙亥，王叔文公卒。」是月之二十六日。
五月大	己卯朔	
六月小	己酉朔	
七月大	戊寅朔	
八月小	戊申朔	
九月大	丁丑朔	
十月小	丁未朔	
十一月大	丙子朔	
十二月大	丙午朔	「己巳，公及晉侯盟。」是月之二十四日。

列國	正月	二月	三月	四月	五月	六月	七月	八月	九月	十月	十一月	十二月
杞桓十三 宋成十三 秦穆三十六 楚穆二	庚戌晦	己卯晦	己酉晦	戊寅晦	戊申晦	丁丑晦	丁未晦	丙子晦	丙午晦	乙亥晦	乙巳晦	乙亥晦

戊戌

四年	正月小	二月大	三月小	四月大	五月小	六月大	七月小	八月大	九月小	十月大	十一月小	十二月大
襄王二十九 齊昭十 晉襄五 衛成十二 蔡莊二十三 鄭穆五 曹共三十 陳共九	丙子朔	乙巳朔	乙亥朔	甲戌朔	甲辰朔	癸酉朔	癸卯朔	壬申朔	壬寅朔	辛未朔	辛丑朔 「壬寅，夫人風氏薨。」是月之二日。	庚午朔

杞桓十四 宋成十四 秦穆三十 七 楚穆三		
甲辰晦		
甲戌晦		
癸卯晦	閏三月大	甲辰朔 癸酉晦
癸卯晦		
壬申晦		
壬寅晦		
辛未晦		
辛丑晦		
庚午晦		
庚子晦		
己巳晦		
己亥晦		

己亥

五年	襄王三十 齊昭十一 晉襄六 衞成十三 蔡莊二十 四	
正月小	庚子朔	
二月大	己巳朔	
三月小	己亥朔	「辛亥，葬我小君成風。」是月之十三日。
四月大	戊辰朔	
五月小	戊戌朔	
六月大	丁卯朔	
七月小	丁酉朔	
八月大	丙寅朔	
九月小	丙申朔	
十月大	乙丑朔	「甲申，許男業卒。」是月之二十日。
十一月小	乙未朔	
十二月大	甲子朔	

鄭穆六 曹共三十 一 陳共十 杞桓十五 宋成十五 秦穆三十 八 楚穆四	
	戊辰晦
	戊戌晦
	丁卯晦
	丁酉晦
	丙寅晦
	丙申晦
	乙丑晦
	乙未晦
	甲子晦
	甲午晦
	癸亥晦
	癸巳晦

庚子

六年 襄王三十 一 齊昭十二 晉襄七 衛成十四 蔡莊二十 五		
正月大	甲午朔	
二月小	甲子朔	
三月大	癸巳朔	
四月小	癸亥朔	
五月大	壬辰朔	
六月小	壬戌朔	
七月大	辛卯朔	
八月小	辛酉朔	「乙亥，晉侯驩卒。」是月之十五日。
九月大	庚寅朔	
十月小	庚申朔	
十一月大	己丑朔	傳：「丙寅，晉殺續簡伯。」杜註：「十一月無丙寅。丙寅，
十二月小	己未朔	

鄭穆七
曹共三十
二
陳共十一
杞桓十六
宋成十六
秦穆三十
九
楚穆五

癸亥晦

壬辰晦

壬戌晦

辛卯晦

辛酉晦

庚寅晦

庚申晦

己丑晦

己未晦

戊子晦

十二月八日也。日、月必有誤。」

戊午晦

丁亥晦

閏十二月大

戊子朔

「閏月，不告月，猶朝于廟。」

左傳曰：「閏月不告朔，非禮。」

丁巳晦

辛丑

七年	正月大	二月小	三月大	四月小	五月大	六月小	七月大	八月小	九月大	十月小	十一月大	十二月大
襄王三十二 齊昭十三 晉靈公夷皐元 衛成十五 蔡莊二十六 鄭穆八 曹共三十三 陳共十二 杞桓十七 宋成十七 秦康公罃元	戊午朔	戊子朔	丁巳朔 「甲戌，取須句。」是月之十八日。	丁亥朔 「戊子，晉人及秦人戰于令狐。」是月之二日。 傳：「己丑，先蔑奔秦。」是月之三日。	丙辰朔	丙戌朔	乙卯朔	乙酉朔	甲寅朔	甲申朔	癸丑朔	癸未朔

楚穆六	
	丁亥晦
	丙辰晦
	丙戌晦
	乙卯晦
	乙酉晦
	甲寅晦
	甲申晦
	癸丑晦
	癸未晦
	壬子晦
	壬午晦
	壬子晦

壬寅

八年	襄王三十 三 齊昭十四 晉靈二 衛成十六 蔡莊二十 七 鄭穆九 曹共三十 四 陳共十三 杞桓十八 宋昭公杵臼元	
正月小	癸丑朔	
二月大	壬午朔	
三月小	壬子朔	
四月大	辛巳朔	
五月小	辛亥朔	
六月大	庚辰朔	
七月小	庚戌朔	趙東山引長曆，是年閏七月。今以經、傳日月推之，是年不得有閏，閏當在九年。
八月大	己卯朔	「戊申，天王崩。」是月之三十日。
九月小	己酉朔	
十月大	戊寅朔	「壬午，公子遂會晉趙盾，盟于衡雍。」杜註「月五日。」「乙酉，公子遂會雒戎，盟于暴。」杜註「月八日也。」「公孫敖
十一月小	戊申朔	
十二月大	丁丑朔	

秦康二 楚穆七	
辛巳晦	
辛亥晦	
庚辰晦	
庚戌晦	
己卯晦	
己酉晦	
戊寅晦	
戊申晦	
丁丑晦	
丁未晦	如京師不至而復。丙戌，奔莒。」是月之九日。
丙子晦	
丙午晦	

癸卯

九年 頃王壬臣元 齊昭十五 晉靈三 衛成十七 蔡莊二十八 鄭穆十		
正月小	丁未朔	傳：「己酉，晉使賊殺先克。」是月之三日。「乙丑，晉人殺先
二月大	丙子朔	「辛丑，葬襄王。」是月之二十六日。
三月小	丙午朔	傳「甲戌晉人殺箕鄭父、士縠、蒯得。」是月之二十九日，即晦日也。
四月大	乙亥朔	
五月小	乙巳朔	
六月大	甲戌朔	
七月小	甲辰朔	
八月小	癸卯朔	
九月大	壬申朔	「癸酉，地震。」是月之二日。
十月小	壬寅朔	
十一月大	辛未朔	
十二月大	辛丑朔	

曹共三十五 陳共十四 杞桓十九 宋昭二 秦康三 楚穆八	
都、梁益耳。」杜註：「乙丑，正月十九日。」經書二月，從告。」	乙亥晦
	乙巳晦
	甲戌晦
	甲辰晦
	癸酉晦
	癸卯晦
	壬申晦
閏七月大　癸酉朔　壬寅晦	
	辛未晦
	辛丑晦
	庚午晦
	庚子晦
	庚午晦

甲辰

十年 頃王二 齊昭十六		
正月小	辛未朔	
二月大	庚子朔	
三月小	庚午朔	「辛卯，臧
四月大	己亥朔	
五月小	己巳朔	
六月大	戊戌朔	
七月小	戊辰朔	
八月大	丁酉朔	
九月小	丁卯朔	
十月大	丙申朔	
十一月小	丙寅朔	
十二月大	乙未朔	

晉靈四 衛成十八 蔡莊二十九 鄭穆十一 曹文公壽元 陳共十五 杞桓二十 宋昭三 秦康四 楚穆九		
	己亥晦	
	己巳晦	
	戊戌晦	孫辰卒。」是月之二十二日。
	戊辰晦	
	丁酉晦	
	丁卯晦	
	丙申晦	
	丙寅晦	
	乙未晦	
	乙丑晦	
	甲午晦	
	甲子晦	

乙巳

十一年	頃王三 齊昭十七	晉靈五
正月大	乙丑朔	
二月小	乙未朔	
三月大	甲子朔	襄三十年 傳：晉絳
四月小	甲午朔	
五月大	癸亥朔	
六月小	癸巳朔	
七月大	壬戌朔	
八月小	壬辰朔	
九月大	辛酉朔	
十月小	辛卯朔	「甲午，叔孫得臣敗
十一月大	庚申朔	
十二月大	庚寅朔	

衛成十九
蔡莊三十
鄭穆十二
曹文二
陳共十六
杞桓二十一
宋昭四
秦康五
楚穆十

甲午晦	
癸亥晦	
癸巳晦	縣人曰：「臣生之歲正月甲子朔。」杜註：「所稱正月，謂夏正月也。」正義曰：「文十一年甲子朔，爲夏之正月，是其年三月也。」按：此亦晉用夏正之一驗。
壬戌晦	
壬辰晦	
辛酉晦	
辛卯晦	
庚申晦	
庚寅晦	
己未晦	狄于鹹。」是月之四日。
己丑晦	
己未晦	

丙午

十三年
頃王四
齊昭十八
晉靈六
衛成二十
蔡莊三十一
鄭穆十三
曹文三
陳共十七
杞桓二十二
宋昭五
秦康六
楚穆十一

月	朔	事	晦	閏
正月小	庚申朔		戊子晦	
二月大	己丑朔	「庚子，子叔姬卒。」是月之十二日。	戊午晦	
三月小	己未朔		丁亥晦	
四月大	戊子朔		丁巳晦	
五月小	戊午朔		丙戌晦	
六月大	丁亥朔		丙辰晦	
七月小	丁巳朔		乙酉晦	
八月大	丙戌朔		乙卯晦	
九月小	丙辰朔		甲申晦	
十月大	乙酉朔		甲寅晦	
十一月小	乙卯朔		癸未晦	閏十一月大
十二月大	甲寅朔	「戊午，晉人、秦人戰于河曲。」是月之五日。	癸未晦	

甲申朔 癸丑晦	

丁未

十三年	頃王五　齊昭十九　晉靈七　衛成二十一　蔡莊三十二　鄭穆十四　曹文四　陳共十八　杞桓二十三
正月小	甲申朔
二月大	癸丑朔
三月小	癸未朔
四月大	壬子朔
五月小	壬午朔　「壬午，陳侯朔卒。」是月之朔日。
六月大	辛亥朔
七月小	辛巳朔
八月大	庚戌朔
九月小	庚辰朔
十月大	己酉朔
十一月小	己卯朔
十二月大	戊申朔　「己丑，公及晉侯盟。」杜註：「十二月無己丑。己丑，十一月十一日。」

宋昭六 秦康七 楚穆十二	壬子晦	壬午晦	辛亥晦	辛巳晦	庚戌晦	庚辰晦	己酉晦	己卯晦	戊申晦	戊寅晦	丁未晦	丁丑晦

戊申

十四年	正月大	二月小	三月大	四月小	五月大	六月小	七月大	八月小	九月大	十月小	十一月大	十二月大
頃王六	戊寅朔	戊申朔	丁丑朔	丁未朔	丙子朔	丙午朔	乙亥朔	乙巳朔	甲戌朔	甲辰朔	癸酉朔	癸卯朔
齊昭二十					「乙亥，齊侯潘卒。」杜註「乙亥，四月二十九日。書五月，從赴。」	「癸酉，同盟于新城。」是月之二十八日。	傳：「乙卯，夜齊商人弑舍。」杜註「七月無乙卯，日誤。」		「甲申，公孫敖卒于齊。」是月之十一日。			
晉靈八												
衛成二十二												
蔡莊三十三												
鄭穆十五												
曹文五												
陳靈公平國元												
杞桓二十												

四 宋昭七 秦康八 楚莊王旅元	
丁未晦	
丙子晦	
丙午晦	
乙亥晦	
乙巳晦	
甲戌晦	
甲辰晦	
癸酉晦	
癸卯晦	
壬申晦	
壬寅晦	
壬申晦	

己酉

十五年 匡王班元 齊懿公商人元 晉靈九 衛成二十 三 蔡莊三十 四 鄭穆十六 曹文六	
正月小 癸酉朔	
二月大 壬寅朔	
三月小 壬申朔	
四月大 辛丑朔	
五月大 辛未朔	
六月小 辛丑朔	「辛丑朔，日有食之，鼓，用牲于社。」「晉郤缺帥師伐蔡。戊申，入蔡。」是月之八
七月大 庚午朔	
八月小 庚子朔	
九月大 己巳朔	
十月小 己亥朔	
十一月大 戊辰朔	
十二月小 戊戌朔	

陳靈二 杞桓二十五 宋昭八 秦康九 楚莊二	
辛丑晦	
辛未晦	
庚子晦	
庚午晦	
庚子晦	
己巳晦	日。
己亥晦	
戊辰晦	
戊戌晦	
丁卯晦	
丁酉晦	
丙寅晦	

庚戌

十六年 匡王二 齊懿二 晉靈十 衛成二十四 蔡文公申元 鄭穆十七 曹文七		
正月大	丁卯朔	
二月小	丁酉朔	
三月大	丙寅朔	
四月小	丙申朔	
五月大	乙丑朔	
六月大	甲子朔	「戊辰，公子遂及齊侯盟于郪丘。」是月之五日。
七月小	甲午朔	
八月大	癸亥朔	「辛未，夫人姜氏薨。」是月之九日。
九月小	癸巳朔	
十月大	壬戌朔	
十一月小	壬辰朔	傳：「甲寅，宋昭公將田孟諸。」是月之二十三日。
十二月大	辛酉朔	

陳靈三 杞桓二十 六 宋昭九 秦康十 楚莊三	
正月	丙申晦
二月	乙丑晦
三月	乙未晦
四月	甲子晦
五月	甲午晦
閏五月小	乙未朔 癸亥晦
六月	癸巳晦
七月	壬戌晦
八月	壬辰晦
九月	辛酉晦
十月	辛卯晦
十一月	庚申晦
十二月	庚寅晦

辛亥

十七年 匡王三 齊懿三 晉靈十一 衛成二十		
正月大	辛卯朔	
二月小	辛酉朔	
三月大	庚寅朔	
四月小	庚申朔	「癸亥，葬我小君聲姜。」是月
五月大	己丑朔	
六月小	己未朔	「癸未，公及齊侯盟于穀。」是
七月大	戊子朔	
八月小	戊午朔	
九月大	丁亥朔	
十月小	丁巳朔	
十一月大	丙戌朔	
十二月小	丙辰朔	

五 蔡文二 鄭穆十八 曹文八 陳靈四 杞桓二十 七 宋文公鮑元 秦康十一 楚莊四	庚申晦	己丑晦	己未晦	戊子晦 之四日。	戊午晦	丁亥晦 月之二十五日。	丁巳晦	丙戌晦	丙辰晦	乙酉晦	乙卯晦	甲申晦

壬子

十八年 匡王四 齊懿四 晉靈十二 衛成二十		
正月大	乙酉朔	
二月小	乙卯朔	「丁丑，公薨于臺下。」是月
三月大	甲申朔	
四月小	甲寅朔	
五月大	癸未朔	「戊戌，齊人弒其君商人。」是月
六月小	癸丑朔	「癸酉，葬我君文公。」是月
七月大	壬午朔	
八月小	壬子朔	
九月大	辛巳朔	
十月小	辛亥朔	
十一月大	庚辰朔	
十二月小	庚戌朔	

六
蔡文三
鄭穆十九
曹文九
陳靈五
杞桓二十
八
宋文二
秦康十二
楚莊五

甲寅晦	
癸未晦	之二十三日。
癸丑晦	
壬午晦	
壬子晦	月之十六日。
辛巳晦	之二十一日。
辛亥晦	
庚辰晦	
庚戌晦	
己卯晦	
己酉晦	
戊寅晦	

校勘记

〔一〕「十月八日」「八日」原作「分」，據春秋左傳集解改。

春秋朔閏表卷二之三

錫山　顧棟高復初輯
金匱受業華文緯有條參

宣公名倭。

癸丑

元年 匡王五 齊惠公元 元 晉靈十三 衛成二十 七 蔡文四 鄭穆二十	
正月大	己卯朔
二月小	己酉朔
三月大	戊寅朔
四月小	戊申朔
五月大	丁丑朔
六月小	丁未朔
七月大	丙子朔
八月小	丙午朔
九月大	乙亥朔
十月小	乙巳朔
十一月大	甲戌朔
十二月小	甲辰朔

曹文十 陳靈六 杞桓二十九 宋文三 秦共公稻元 楚莊六	
	戊申晦
	丁丑晦
	丁未晦
	丙子晦
	丙午晦
	乙亥晦
	乙巳晦
	甲戌晦
	甲辰晦
	癸酉晦
	癸卯晦
	壬申晦

甲寅

二年	匡王六 齊惠二 晉靈十四 衛成二十八 蔡文五 鄭穆二十一	
正月大	癸酉朔	
二月小	癸卯朔	「壬子，宋華元帥師及鄭公子歸生帥師，戰于大棘。」是
三月大	壬申朔	
四月小	壬寅朔	
五月大	辛未朔	
六月大	庚午朔	
七月小	庚子朔	
八月大	己巳朔	
九月小	己亥朔	「乙丑，晉趙盾弑其君夷皋。」杜註：「乙丑，九月二十七
十月大	戊辰朔	「乙亥，天王崩。」是月之八日。傳：「趙穿逆公子黑臀
十一月小	戊戌朔	
十二月大	丁卯朔	

乙卯

三年	定王瑜元			曹文十一 陳靈七 杞桓三十 宋文四 秦共二 楚莊七
正月大	丁酉朔	壬寅晦		
二月小	丁卯朔	辛未晦		月之十日。
三月大	丙申朔	辛丑晦		
四月小	丙寅朔	庚午晦		
五月大	乙未朔	庚子晦	閏五月小 辛丑朔 己巳晦	
六月小	乙丑朔	己亥晦		
七月大	甲午朔	戊辰晦		
八月小	甲子朔	戊戌晦		
九月大	癸巳朔	丁卯晦		日。」
十月小	癸亥朔	丁酉晦		于周而立之。壬申，朝于武宮。」杜註：「壬申，十月五日。有日無月。」
十一月大	壬辰朔	丙寅晦		
十二月小	壬戌朔	丙申晦		

齊惠三　晉成公黑臀元　衛成二十九　蔡文六　鄭穆二十二　曹文十二　陳靈八　杞桓三十一　宋文五　秦共三　楚莊八	
丙寅晦	
乙未晦	
乙丑晦	
甲午晦	
甲子晦	
癸巳晦	
癸亥晦	
壬辰晦	
壬戌晦	
辛卯晦	「丙戌，鄭伯蘭卒。」是月之二十四日。
辛酉晦	
庚寅晦	

丙辰

四年

定王二　齊惠四　晉成二　衛成三十　蔡文七　鄭靈公夷元　曹文十三　陳靈九　杞桓三十二　宋文六　秦共四　楚莊九

正月大	辛卯朔		庚申晦
二月小	辛酉朔		己丑晦
三月大	庚寅朔		己未晦
四月小	庚申朔		戊子晦
五月大	己丑朔		戊午晦
六月小	己未朔	「乙酉，鄭公子歸生弒其君夷。」是月之二十七日。	丁亥晦
七月大	戊子朔	傳：「戊戌，楚子與若敖氏戰于皋滸。」是月之十一日。	丁巳晦
八月小	戊午朔		丙戌晦
九月大	丁亥朔		丙辰晦
十月小	丁巳朔		乙酉晦
十一月大	丙戌朔		乙卯晦
十二月大	丙辰朔		乙酉晦

丁巳

五年	正月小	二月大	三月小	四月大	五月小	六月大	七月小	八月大	九月小	十月大	十一月小	十二月大
定王三	丙戌朔	乙卯朔	乙酉朔	甲寅朔	甲申朔	癸丑朔	癸未朔	壬子朔	壬午朔	辛亥朔	辛巳朔	庚戌朔
齊惠五												
晉成三												
衛成三十一												
蔡文八												
鄭襄公堅元												
曹文十四												
陳靈十												
杞桓三十三												
宋文七												
秦桓公榮元												
楚莊十	甲寅晦	甲申晦	癸丑晦	癸未晦	壬子晦	壬午晦	辛亥晦	辛巳晦	庚戌晦	庚辰晦	己酉晦	己卯晦

戊午

六年
定王四
齊惠六
晉成四
衛成三十
二
蔡文九
鄭襄二
曹文十五
陳靈十一
杞桓三十
四
宋文八
秦桓二
楚莊十一

月	朔	晦	
正月小	庚辰朔	戊申晦	
二月大	己酉朔	戊寅晦	
三月小	己卯朔	丁未晦	
四月大	戊申朔	丁丑晦	
五月小	戊寅朔	丙午晦	閏五月大
六月小	丁丑朔	乙巳晦	
七月大	丙午朔	乙亥晦	
八月小	丙子朔	甲辰晦	
九月大	乙巳朔	甲戌晦	
十月小	乙亥朔	癸卯晦	
十一月大	甲辰朔	癸酉晦	
十二月大	甲戌朔	癸卯晦	

丁未朔
丙子晦

己未

七年
定王五
齊惠七
晉成五
衞成三十
三
蔡文十
鄭襄三
曹文十六
陳靈十二
杞桓三十
五
宋文九

正月小 甲辰朔
二月大 癸酉朔
三月小 癸卯朔
四月大 壬申朔
五月小 壬寅朔
六月大 辛未朔
七月小 辛丑朔
八月大 庚午朔
九月小 庚子朔
十月大 己巳朔
十一月小 己亥朔
十二月大 戊辰朔

秦桓三 楚莊十二
壬申晦
壬寅晦
辛未晦
辛丑晦
庚午晦
庚子晦
己巳晦
己亥晦
戊辰晦
戊戌晦
丁卯晦
丁酉晦

庚申

八年	定王六 齊惠八 晉成六 衛成三十四 蔡文十一 鄭襄四 曹文十七 陳靈十三 杞桓三十六 宋文十 秦桓四
正月大	戊戌朔
二月小	戊辰朔
三月大	丁酉朔
四月小	丁卯朔
五月大	丙申朔
六月小	丙寅朔 「辛巳，有事于太廟，仲遂卒于垂。」是月之十六日。「壬午，猶繹。萬入去籥。」是月之十七日。「戊子，夫人
七月大	乙未朔 「甲子，日有食之，既。」杜註「月三十日食。」
八月小	乙丑朔
九月大	甲午朔
十月小	甲子朔 「己丑，葬我小君敬嬴。雨，不克葬。庚寅，日中而克葬。」己丑，是月之二十六日。庚寅，是月之二十七日。
十一月大	癸巳朔
十二月大	癸亥朔

楚莊十三	
丁卯晦	
丙申晦	
丙寅晦	
乙未晦	
乙丑晦	
甲午晦	嬴氏薨。」是月之二十三日。
甲子晦	
癸巳晦	
癸亥晦	
壬辰晦	
壬戌晦	
壬辰晦	

辛酉

九年	定王七 齊惠九 晉成七 衛成三十五 蔡文十二 鄭襄五 曹文十八 陳靈十四 杞桓三十七	
正月小	癸巳朔	
二月大	壬戌朔	
三月小	壬辰朔	
四月大	辛酉朔	
五月小	辛卯朔	
六月大	庚申朔	
七月小	庚寅朔	
八月大	己未朔	
九月小	己丑朔	「辛酉，晉侯黑臀卒于扈。」杜註：「九月無辛酉，日誤。」正義曰：「下有十月癸酉，長曆推癸酉十
十月大	戊午朔	「癸酉，衛侯鄭卒。」是月之十六日。
十一月小	戊子朔	
十二月大	丁巳朔	

宋文十一 秦桓五 楚莊十四		
	辛酉晦	
	辛卯晦	
	庚申晦	
	庚寅晦	
	己未晦	
	己丑晦	
	戊午晦	
	戊子晦	
	丁巳晦	月十六日，辛酉在前十二日，故云九月無辛酉。上有八月，下有十月，知非月誤。」
	丁亥晦	
	丙辰晦	
	丙戌晦	

壬戌

十年	定王八 齊惠十 晉景公獳元	
正月大	丁亥朔	
二月小	丁巳朔	
三月大	丙戌朔	
四月小	丙辰朔	「丙辰，日有食之。」杜註：「不
五月大	乙酉朔	「癸巳，陳夏徵舒弑其君平
六月大	甲申朔	
七月小	甲寅朔	
八月大	癸未朔	
九月小	癸丑朔	
十月大	壬午朔	
十一月小	壬子朔	
十二月大	辛巳朔	

衛穆公遬元　蔡文十三　鄭襄六　曹文十九　陳靈十五　杞桓三十八　宋文十二　秦桓六　楚莊十五		
丙辰晦		
乙酉晦		
乙卯晦		
甲申晦	書朔，官失之。」「己巳，齊侯元卒。」是月之十四日。	
甲寅晦	國。」是月之九日。	閏五月小　乙卯朔　癸未晦
癸丑晦		
壬午晦		
壬子晦		
辛巳晦		
辛亥晦		
庚辰晦		
庚戌晦		

癸亥

十一年

定王九
齊頃公無野元
晉景二
衛穆二
蔡文十四
鄭襄七
曹文二十
陳成公午元
杞桓三十九
宋文十三
秦桓七
楚莊十六

月	朔	記事	晦
正月大	辛亥朔		庚辰晦
二月小	辛巳朔		己酉晦
三月大	庚戌朔		己卯晦
四月小	庚辰朔		戊申晦
五月大	己酉朔		戊寅晦
六月小	己卯朔		丁未晦
七月大	戊申朔		丁丑晦
八月小	戊寅朔		丙午晦
九月大	丁未朔		丙子晦
十月小	丁丑朔	「丁亥，楚子入陳。」是月之十一日。	乙巳晦
十一月大	丙午朔		乙亥晦
十二月小	丙子朔		甲辰晦

甲子

十二年	定王十　齊頃二　晉景三　衛穆三　蔡文十五　鄭襄八　曹文二十一　陳成二　杞桓四十　宋文十四　秦桓八　楚莊十七	
正月大	乙巳朔	
二月小	乙亥朔	
三月大	甲辰朔	
四月小	甲戌朔	
五月大	癸卯朔	
六月大	壬寅朔	「乙卯，晉荀林父帥師及楚子戰于邲。」是月之十四日。傳：「丙辰，楚重至于邲。」是月之十五日。「辛未，鄭殺僕叔及子服。」是月之三十
七月小	壬申朔	
八月大	辛丑朔	
九月小	辛未朔	
十月大	庚子朔	
十一月小	庚午朔	
十二月大	己亥朔	「戊寅，楚子滅蕭。」杜註：「十二月無戊寅。戊寅，十一月九日。」

甲戌晦		
癸卯晦		
癸酉晦		
壬寅晦		
壬申晦	閏五月小 癸酉朔	辛丑晦
辛未晦	日。	
庚子晦		
庚午晦		
己亥晦		
己巳晦		
戊戌晦		
戊辰晦		

乙丑

十三年	定王十一 齊頃三 晉景四 衛穆四 蔡文十六 鄭襄九 曹文二十 二
正月大	己巳朔
二月小	己亥朔
三月大	戊辰朔
四月小	戊戌朔
五月大	丁卯朔
六月小	丁酉朔
七月大	丙寅朔
八月小	丙申朔
九月大	乙丑朔
十月小	乙未朔
十一月大	甲子朔
十二月小	甲午朔

陳成三 杞桓四十 一 宋文十五 秦桓九 楚莊十八	
	戊戌晦
	丁卯晦
	丁酉晦
	丙寅晦
	丙申晦
	乙丑晦
	乙未晦
	甲子晦
	甲午晦
	癸亥晦
	癸巳晦
	壬戌晦

丙寅

十四年 定王十二 齊頃四 晉景五 衛穆五 蔡文十七 鄭襄十 曹文二十 三 陳成四		
正月大	癸亥朔	
二月小	癸巳朔	
三月大	壬戌朔	
四月小	壬辰朔	
五月大	辛酉朔	「壬申，曹伯壽卒。」是月之十二日。
六月小	辛卯朔	
七月大	庚申朔	
八月小	庚寅朔	
九月大	己未朔	
十月小	己丑朔	
十一月大	戊午朔	
十二月小	戊子朔	

杞桓四十二 宋文十六 秦桓十 楚莊十九	
壬辰晦	
辛酉晦	
辛卯晦	
庚申晦	
庚寅晦	
己未晦	
己丑晦	
戊午晦	
戊子晦	
丁巳晦	
丁亥晦	
丙辰晦	

丁卯

十五年		
	定王十三 齊頃五 晉景六 衛穆六 蔡文十八 鄭襄十一 曹宣公廬元 陳成五	
正月大	丁巳朔	
二月小	丁亥朔	
三月大	丙辰朔	
四月小	丙戌朔	
五月大	乙卯朔	
六月小	乙酉朔	「癸卯，晉師滅赤狄潞氏。」是月之十九日。傳：「辛亥，滅潞。」是月之二十七日。
七月大	甲寅朔	傳：「壬午，晉侯治兵于稷，以略狄土。」杜註：「七月二十九日。」
八月小	甲申朔	
九月大	癸丑朔	
十月小	癸未朔	
十一月大	壬子朔	
十二月小	壬子朔	

杞桓四十 三 宋文十七 秦桓十一 楚莊二十	
丙戌晦	
乙卯晦	
乙酉晦	
甲寅晦	
甲申晦	
癸丑晦	日。
癸未晦	
壬子晦	
壬午晦	
辛亥晦	
辛巳晦	閏十一月大　壬午朔　辛亥晦
庚辰晦	

戊辰

十六年	定王十四	齊頃六 晉景七 衛穆七 蔡文十九
正月大	辛巳朔	
二月小	辛亥朔	
三月大	庚辰朔	傳：「晉侯請于王。戊申，以黻冕命士
四月小	庚戌朔	
五月大	己卯朔	
六月小	己酉朔	
七月大	戊寅朔	
八月小	戊申朔	
九月大	丁丑朔	
十月小	丁未朔	
十一月大	丙子朔	
十二月大	丙午朔	

鄭襄十二 曹宣二 陳成六 杞桓四十四 宋文十八 秦桓十二 楚莊二十一		
		庚戌晦
		己卯晦
	會將中軍，且爲太傅。」是月之二十九日。	己酉晦
		戊寅晦
		戊申晦
		丁丑晦
		丁未晦
		丙子晦
		丙午晦
		乙亥晦
		乙巳晦
		乙亥晦

己巳

十七年	定王十五 齊頃七 晉景八 衞穆八 蔡文二十 鄭襄十三 曹宣三	
正月小	丙子朔	「庚子，許男錫我卒。」是月之二十五日。「丁未，蔡侯
二月大	乙巳朔	
三月小	乙亥朔	
四月大	甲辰朔	
五月小	甲戌朔	
六月大	癸卯朔	「癸卯，日有食之。」杜註：「不書朔，官失之。」「己未，公
七月小	癸酉朔	
八月大	壬寅朔	
九月小	壬申朔	
十月大	辛丑朔	
十一月小	辛未朔	「壬午，公弟叔肹卒。」是月之十二日。
十二月大	庚子朔	

陳成七 杞桓四十五 宋文十九 秦桓十三 楚莊二十二	
甲辰晦	申卒。」杜註：「丁未，二月四日。」今按：當是二月三日。
甲戌晦	
癸卯晦	
癸酉晦	
壬寅晦	
壬申晦	會諸侯，盟于斷道。」是月之十七日。
辛丑晦	
辛未晦	
庚子晦	
庚午晦	
己亥晦	
己巳晦	

庚午

十六年	定王十六 齊頃八 晉景九 衛穆九 蔡景公固元 鄭襄十四	
正月大	庚午朔	
二月小	庚子朔	
三月大	己巳朔	
四月小	己亥朔	
五月大	戊辰朔	
六月小	戊戌朔	
七月大	丁卯朔	「甲戌，楚子旅卒。」是月之八日。
八月小	丁酉朔	
九月大	丙寅朔	
十月小	丙申朔	「壬戌，公薨于路寢。」是月之二十七日。
十一月大	乙丑朔	
十二月小	乙未朔	

曹宣四 陳成八 杞桓四十 六 宋文二十 秦桓十四 楚莊二十 三	己亥晦	戊辰晦	戊戌晦	丁卯晦	丁酉晦	丙寅晦	丙申晦	乙丑晦	乙未晦	甲子晦	甲午晦	癸亥晦

成公名黑肱。

辛未

元年	正月大	二月小	三月大	四月小	五月大	六月小	七月大	八月小	九月大	十月小	十一月大	十二月小
定王十七 齊頃九 晉景十 衛穆十 蔡景二	甲子朔	甲午朔 「辛酉，葬我君宣公。」是月之二十八。	癸亥朔 傳：「癸未，王師敗績于徐吾氏。」是	癸亥朔	壬辰朔	壬戌朔	辛卯朔	辛酉朔	庚寅朔	庚申朔	己丑朔	己未朔

壬申

二年	定王十八	鄭襄十五　曹宣五　陳成九　杞桓四十七　宋文二十一　秦桓十五　楚共王審元		
正月大	戊子朔	癸巳晦		
二月小	戊午朔	壬戌晦		日。
三月大	丁亥朔	壬辰晦	閏三月大　癸巳朔　壬戌晦	月之二十一日。
四月大	丁巳朔	辛卯晦		
五月小	丁亥朔	辛酉晦		
六月大	丙辰朔	庚寅晦		
七月小	丙戌朔	庚申晦		
八月大	乙卯朔	己丑晦		
九月小	乙酉朔	己未晦		
十月大	甲寅朔	戊子晦		
十一月小	甲申朔	戊午晦		
十二月大	癸丑朔	丁亥晦		

齊頃十 晉景十一 衛穆十一 蔡景三 鄭襄十六 曹宣六 陳成十 杞桓四十八 宋文二十二 秦桓十六 楚共二	
丁巳晦	
丙戌晦	
丙辰晦	
丙戌晦	「丙戌，衛師及齊師戰于新築。」杜註：「四月無丙戌。丙戌，五月一日。」今按：丙戌，正四月三十日。
乙卯晦	
乙酉晦	「癸酉，及齊侯戰于鞌。」是月之十八日。傳：「壬申，師至于靡笄之下。」是月之十七日。
甲寅晦	「己酉，及國佐盟于袁婁。」是月之二十四日。
甲申晦	「壬午，宋公鮑卒。」是月之二十八日。「庚寅，衛侯速卒。」杜註：「庚寅，九月七日。」今按：是九月六日。
癸丑晦	
癸未晦	
壬子晦	「丙申，公及楚人、秦人、宋人、陳人、衛人、鄭人、齊人、曹人、邾人、薛人、鄫人盟于蜀。」是月之十三日。
壬午晦	

癸酉

三年	定王十九	齊頃十一
正月小	癸未朔	「辛亥，葬
二月大	壬子朔	「甲子，新
三月小	壬午朔	
四月大	辛亥朔	
五月小	辛巳朔	
六月大	庚戌朔	
七月小	庚辰朔	
八月大	己酉朔	
九月小	己卯朔	
十月大	戊申朔	
十一月大	戊寅朔	「丙午，及
十二月小	戊申朔	傳：「甲

晉景十二 衛定公臧元 蔡景四 鄭襄十七 曹宣七 陳成十一 杞桓四十九 宋共公固元 秦桓十七 楚共三	
辛亥晦	衛穆公。」是月之二十九日。
辛巳晦	宮災。」是月之十三日。「乙亥，葬宋文公。」是月之二十四日。
庚戌晦	
庚辰晦	
己酉晦	
己卯晦	
戊申晦	
戊寅晦	
丁未晦	
丁丑晦	
丁未晦	荀庚盟。」是月之二十九日。「丁未，及孫良夫盟。」是月之三十日。
丙子晦	戊，晉作六軍。」是月之二十七日。

甲戌

四年	定王二十 齊頃十二	
正月大	丁丑朔	
二月小	丁未朔	
三月大	丙子朔	「壬申，鄭
四月小	丙午朔	「甲寅，臧
五月大	乙亥朔	
六月小	乙巳朔	
七月大	甲戌朔	
八月小	甲辰朔	
九月大	癸卯朔	
十月小	癸酉朔	
十一月大	壬寅朔	
十二月小	壬申朔	

晉景十三 衛定二 蔡景五 鄭襄十八 曹宣八 陳成十二 杞桓五十 宋共二 秦桓十八 楚共四	
	丙午晦
	乙亥晦
伯堅卒。」杜註：「壬申，二月二十八日。」今按：當爲二月二十六日，以上年十一月有丙午、丁未推之可見。	乙巳晦
孫許卒。」是月之九日。	甲戌晦
	甲辰晦
	癸酉晦
	癸卯晦　閏七月大　甲辰朔　癸酉晦
	壬寅晦
	壬申晦
	辛丑晦
	辛未晦
	庚子晦

乙亥 五年	定王二十一　齊頃十三　晉景十四　衛定三　蔡景六　鄭悼公費元　曹宣九　陳成十三　杞桓五十一　宋共三　秦桓十九　楚共五		
正月大	辛丑朔		庚午晦
二月小	辛未朔		己亥晦
三月大	庚子朔		己巳晦
四月小	庚午朔		戊戌晦
五月大	己亥朔		戊辰晦
六月小	己巳朔		丁酉晦
七月大	戊戌朔		丁卯晦
八月小	戊辰朔		丙申晦
九月大	丁酉朔		丙寅晦
十月小	丁卯朔		乙未晦
十一月大	丙申朔	「己酉，天王崩。」是月之十四日。	乙丑晦
十二月小	丙寅朔	「己丑，公會諸侯，同盟于蟲牢。」是月之二十四日。	乙未晦

丙子

六年			
簡王夷元 齊頃十四 晉景十五 衛定四 蔡景七 鄭悼二 曹宣十 陳成十四 杞桓五十二 宋共四 秦桓二十 楚共六 吳壽夢元			
正月小	丙申朔		甲子晦
二月大	乙丑朔	「辛巳，立武宮。」是月之十七日。	甲午晦
三月小	乙未朔		癸亥晦
四月大	甲子朔	傳：「丁丑，晉遷于新田。」是月之十四日。	癸巳晦
五月小	甲午朔		壬戌晦
六月大	癸亥朔	「壬申，鄭伯費卒。」是月之十日。	壬辰晦
七月小	癸巳朔		辛酉晦
八月大	壬戌朔		辛卯晦
九月小	壬辰朔		庚申晦
十月大	辛酉朔		庚寅晦
十一月小	辛卯朔		己未晦
十二月大	庚申朔		己丑晦

丁丑

七年	
簡王二	
正月小	庚寅朔
二月大	己未朔
三月小	己丑朔
四月大	戊午朔
五月小	戊子朔
六月大	丁巳朔
七月小	丁亥朔
八月大	丙辰朔
九月小	丙辰朔
十月大	乙酉朔
十一月小	乙卯朔
十二月大	甲申朔

齊頃十五
晉景十六
衛定五
蔡景八
鄭成公睔元
曹宣十一
陳成十五
杞桓五十三
宋共五
秦桓二十一
楚共七
吳壽夢二

戊午晦

戊子晦

丁巳晦

丁亥晦

丙辰晦

丙戌晦

乙卯晦

「戊辰，同盟于馬陵。」是月之十三日。

乙酉晦

閏八月大

丙戌朔

乙卯晦

甲申晦

甲寅晦

癸未晦

癸丑晦

戊寅

八年	朔	事	晦
簡王三 齊頃十六 晉景十七 衞定六 蔡景九 鄭成二 曹宣十二 陳成十六 杞桓五十四 宋共六 秦桓二十二 楚共八 吳壽夢三			
正月小	甲寅朔		壬午晦
二月大	癸未朔		壬子晦
三月小	癸丑朔		辛巳晦
四月大	壬午朔		辛亥晦
五月小	壬子朔		庚辰晦
六月大	辛巳朔		庚戌晦
七月小	辛亥朔		己卯晦
八月大	庚辰朔		己酉晦
九月小	庚戌朔		戊寅晦
十月大	己卯朔	「癸卯，杞叔姬卒。」是月之二十五日。	戊申晦
十一月小	己酉朔		丁丑晦
十二月大	戊寅朔		丁未晦

己卯

月	朔	事	晦
九年		簡王四 齊頃十七 晉景十八 衞定七 蔡景十 鄭成三 曹宣十三 陳成十七 杞桓五十 五 宋共七 秦桓二十 三 楚共九 吳壽夢四	
正月大	戊申朔		丁丑晦
二月小	戊寅朔		丙午晦
三月大	丁未朔		丙子晦
四月小	丁丑朔		乙巳晦
五月大	丙午朔		乙亥晦
六月小	丙子朔		甲辰晦
七月大	乙巳朔	「丙子，齊侯無野卒。」杜註：「丙子，六月一日。書七月，從赴。」	甲戌晦
八月小	乙亥朔		癸卯晦
九月大	甲辰朔		癸酉晦
十月小	甲戌朔		壬寅晦
十一月大	癸卯朔	「庚申，莒潰。」杜註：「月十八日。」傳：「戊申，楚人入渠丘。」杜註：「月六日。」	壬申晦　閏十一月大
十二月小	癸卯朔		辛未晦

庚辰 十年 簡王五 齊靈公環		
正月大	壬申朔	
二月小	壬寅朔	
三月大	辛未朔	
四月小	辛丑朔	
五月大	庚午朔 「丙午，晉	
六月小	庚子朔 傳：「鄭伯	
七月大	己巳朔	
八月小	己亥朔	
九月大	戊辰朔	
十月小	戊戌朔	
十一月大	丁卯朔	癸酉朔 「城中城。」杜註：「此閏月。城在十一月之後，十二月之前，故傳曰『書，時』。」 壬寅晦
十二月大	丁酉朔	

元 晉景十九 衛定八 蔡景十一 鄭成四 曹宣十四 陳成十八 杞桓五十 六 宋共八 秦桓二十 四 楚共十 吳壽夢五	
辛丑晦	
庚午晦	
庚子晦	
己巳晦	
己亥晦	侯獳卒。」杜註：「據傳，丙午六月七日。有日無月。」傳：「辛巳，鄭伯歸。」是月之十二日。
戊辰晦	討立君者。戊申，殺叔申、叔禽。」是月之九日。
戊戌晦	
丁卯晦	
丁酉晦	
丙寅晦	
丙申晦	
丙寅晦	

辛巳

十二年	簡王六
正月小	丁卯朔
二月大	丙申朔
三月小	丙寅朔
四月大	乙未朔
五月小	乙丑朔
六月大	甲午朔
七月小	甲子朔
八月大	癸巳朔
九月小	癸亥朔
十月大	壬辰朔
十一月小	壬戌朔
十二月大	辛卯朔

壬午

十二年	簡王七	齊靈二 晉厲公州蒲元 衛定九 蔡景十二 鄭成五 曹宣十五 陳成十九 杞桓五十 七 宋共九 秦桓二十 五 楚共十一 吳壽夢六	
正月大	辛酉朔	乙未晦	
二月小	辛卯朔	乙丑晦	
三月大	庚申朔	甲午晦	「己丑，及郤犨盟。」是月之二十四日。
四月小	庚寅朔	甲子晦	
五月大	己未朔	癸巳晦	
六月大	戊午朔	癸亥晦	
七月小	戊子朔	壬辰晦	
八月大	丁巳朔	壬戌晦	
九月小	丁亥朔	辛卯晦	
十月大	丙辰朔	辛酉晦	
十一月小	丙戌朔	庚寅晦	
十二月大	乙卯朔	庚申晦	

齊靈三
晉厲二
衛定十
蔡景十三
鄭成六
曹宣十六
陳成二十
杞桓五十八
宋共十
秦桓二十六
楚共十二
吳壽夢七

庚寅晦

己未晦

己丑晦

戊午晦

傳：「癸亥，晉、楚盟于宋西門之外。」是月之五日。

戊子晦

閏五月小
己丑朔
按：長曆是年無閏

丁亥晦

丙辰晦

丙戌晦

乙卯晦

乙酉晦

甲寅晦

甲申晦

癸未

十三年	簡王八 齊靈四 晉厲三 衛定十一		
正月大	乙酉朔		
二月小	乙卯朔		
三月大	甲申朔		
四月小	甲寅朔	傳：「戊午，晉侯使呂相絕	
五月大	癸未朔	傳：「丁亥，晉師及秦師戰	月。今以傳文五月癸亥推至來年四月戊午，凡三百五十六日，中間應有一閏。 丁巳晦
六月小	癸丑朔	傳：「丁卯夜，鄭公子班自訾	
七月大	壬午朔		
八月小	壬子朔		
九月大	辛巳朔		
十月小	辛亥朔		
十一月大	庚辰朔		
十二月大	庚戌朔		

蔡景十四 鄭成七 曹宣十七 陳成二十一 杞桓五十九 宋共十一 秦桓二十七 楚共十三 吳壽夢八	
甲寅晦	
癸未晦	
癸丑晦	
壬午晦	秦。」是月之五日。
壬子晦	于麻隧。」是月之五日。
辛巳晦	求入于大宮。」是月之十五日。「己巳，子駟帥國人盟于大宮。」是月之十七日。
辛亥晦	
庚辰晦	
庚戌晦	
己卯晦	
己酉晦	
己卯晦	

甲申

十四年 簡王九 齊靈五 晉厲四	
正月小 庚辰朔	
二月大 己酉朔	
三月小 己卯朔	
四月大 戊申朔	
五月小 戊寅朔	
六月大 丁未朔	
七月小 丁丑朔	
八月小 丙子朔	傳：「戊戌，鄭伯
九月大 乙巳朔	
十月小 乙亥朔	「庚寅，衛侯臧卒。」
十一月大 甲辰朔	
十二月大 甲戌朔	

衛定十二
蔡景十五
鄭成八
曹成公負芻元
陳成二十二
杞桓六十
宋共十二
秦桓二十八
楚共十四
吳壽夢九

戊申晦

戊寅晦

丁未晦

丁丑晦

丙午晦

丙子晦

乙巳晦

閏七月大
丙午朔
乙亥晦

復伐許。」是月之二十三日。「庚子，入其郛。」是月之二十五日。

甲辰晦

甲戌晦

是月之十六日。

癸卯晦

癸酉晦

癸卯晦

乙酉

十五年	簡王十　齊靈六　晉厲五　衛獻公衎元　蔡景十六　鄭成九　曹成二　陳成二十三　杞桓六十一　宋共十三　秦景公元　楚共十五　吳壽夢十		
正月小	甲辰朔		壬申晦
二月大	癸酉朔		壬寅晦
三月小	癸卯朔	「乙巳，仲嬰齊卒。」是月之三日。「癸丑，公會諸侯，同盟于戚。」是月之十一日。	辛未晦
四月大	壬申朔		辛丑晦
五月小	壬寅朔		庚午晦
六月大	辛未朔		庚子晦
七月小	辛丑朔		己巳晦
八月大	庚午朔	「庚辰，葬宋共公。」是月之十一日。	己亥晦
九月小	庚子朔		戊辰晦
十月大	己巳朔		戊戌晦
十一月小	己亥朔	傳：「辛丑，楚公子申遷許于葉。」是月之三日。	丁卯晦
十二月大	戊辰朔		丁酉晦

丙戌

十六年			
簡王十一 齊靈七 晉厲六 衛獻二 蔡景十七 鄭成十 曹成三 陳成二十四 杞桓六十二 宋平公成元 秦景二 楚共十六 吳壽夢十一			
正月大	戊戌朔		丁卯晦
二月小	戊辰朔		丙申晦
三月大	丁酉朔		丙寅晦
四月小	丁卯朔	「辛未，滕子卒。」是月之五日。傳：「戊寅，晉師起。」是月之十二日。	乙未晦
五月大	丙申朔		乙丑晦
六月小	丙寅朔	「丙寅朔，日有食之。」「甲午晦，晉侯及楚子、鄭伯戰于鄢陵。」傳：「癸巳，潘尫之黨與養由基蹲甲而射之。」是月之二十八日。	甲午晦
七月大	乙未朔	傳：「戊午，鄭子罕宵軍之。」是月之二十四日。	甲子晦
八月小	乙丑朔		癸巳晦
九月大	甲午朔		癸亥晦
十月小	甲子朔	「乙亥，叔孫僑如出奔齊。」是月之十二日。	壬辰晦
十一月大	癸巳朔		壬戌晦
十二月小	癸亥朔	「乙丑，季孫行父及晉郤犨盟于扈。」是月之三日。「乙酉，刺公子偃。」是月之二十三日。	辛卯晦

丁亥

十七年 簡王十二 齊靈八 晉厲七 衛獻三 蔡景十八 鄭成十一 曹成四 陳成二十 杞桓六十 五 三 宋平二 秦景三 楚共十七 吳壽夢十 二			
正月大	壬辰朔		
二月小	壬戌朔		
三月大	辛卯朔		
四月小	辛酉朔		
五月大	庚寅朔		
六月小	庚申朔	「乙酉，同盟于柯陵。」是月之二十六日。傳：「戊辰，士燮卒。」是月之九日。	
七月大	己丑朔	傳：「壬寅，齊刖鮑牽而逐高無咎。」是月之十四日。	
八月小	己未朔		
九月大	戊子朔	「辛丑，用郊。」是月之十四日。	
十月小	戊午朔	傳：「庚午，圍鄭。」是月之十三日。	
十一月大	丁亥朔	「壬申，公孫嬰齊卒于貍脈。」杜註：「十一月無壬申，日誤也。」正義曰：「公、穀及諸儒皆以壬申爲十月十五日。今據傳曰十一月諸侯還自鄭，壬申至于	
十二月小	丁巳朔	「丁巳朔，日有食之。」傳：「壬午，胥童、夷羊五攻郤氏。」是月之二十六日。	

辛酉晦

庚寅晦

庚申晦

己丑晦

己未晦

戊子晦

戊午晦

丁亥晦

丁巳晦

丙戌晦

綖脤而卒，是非十月，分明誤在日也。」詳見長曆拾遺表。

丙辰晦

乙酉晦

閏十二月

大

丙戌朔

傳：「閏月乙卯晦，欒書、中行偃殺胥童。」

乙卯晦

戊子

十六年

簡王十三
齊靈九
晉厲八
衞獻四
蔡景十九
鄭成十二
曹成五
陳成二十六
杞桓六十四
宋平三
秦景四
楚共十八
吴壽夢十三

月	朔	紀事
正月小	丙辰朔	「庚申，晉弒其君州蒲。」是月之五日。傳：「庚午，盟而入。」是月之十五日。「辛巳，朝于武宮。」是月之二十六日。「甲申晦，齊侯使士華免以戈
二月大	乙酉朔	傳：「乙酉朔，晉悼公卽位于朝。」
三月小	乙卯朔	
四月大	甲申朔	
五月小	甲寅朔	
六月大	癸未朔	
七月小	癸丑朔	
八月大	壬午朔	「己丑，公薨于路寢。」是月之八日。
九月小	壬子朔	
十月大	辛巳朔	
十一月小	辛亥朔	
十二月大	庚辰朔	「丁未，葬我君成公。」是月之二十八日。

	殺國佐于內宮之朝。」											
	甲申晦	甲寅晦	癸未晦	癸丑晦	壬午晦	壬子晦	辛巳晦	辛亥晦	庚辰晦	庚戌晦	己卯晦	己酉晦

襄公名午。

己丑

元年	正月大	二月小	三月大	四月小	五月大	六月小	七月大	八月大	九月小	十月大	十一月小	十二月大
簡王十四 齊靈十 晉悼公周元 衛獻五 蔡景二十 鄭成十三 曹成六	庚戌朔 傳：「己亥，圍宋彭城。」杜註：「正月無己亥，日誤。」	庚辰朔	己酉朔	己卯朔	戊申朔	戊寅朔	丁未朔	丁丑朔	丁未朔 「辛酉，天王崩。」杜註：「九月十五日。」	丙子朔	丙午朔	乙亥朔

陳成二十七 杞桓六十五 宋平四 秦景五 楚共十九 吳壽夢十四	
	己卯晦
	戊申晦
	戊寅晦
	丁未晦
	丁丑晦
	丙午晦
	丙子晦
	丙午晦
	乙亥晦
	乙巳晦
	甲戌晦
	甲辰晦

庚寅

二年	靈王泄心元 晉悼二 齊靈十一 衛獻六	
正月小	乙巳朔	
二月大	甲戌朔	
三月小	甲辰朔	
四月大	癸酉朔	
五月小	癸酉朔	「庚寅，夫人姜氏薨。」是月之十八
六月大	壬寅朔	「庚辰，鄭伯睔卒。」杜註：「庚辰，七月
七月小	壬申朔	「己丑，葬我小君齊姜。」是月之十八
八月大	辛丑朔	
九月小	辛未朔	
十月大	庚子朔	
十一月小	庚午朔	
十二月大	己亥朔	

蔡景二十
一
鄭成十四
曹成七
陳成二十
八
杞桓六十
六
宋平五
秦景六
楚共二十
吳壽夢十
五

癸酉晦

癸卯晦

壬申晦

壬寅晦
閏四月大
癸卯朔
壬申晦

日。
辛丑晦

九日。書日。
六月，經
誤。」
辛未晦

庚子晦

庚午晦

己亥晦

己巳晦

戊戌晦

戊辰晦

辛卯

三年	靈王二　齊靈十二　晉悼三　衛獻七　蔡景二十　二　鄭僖公髡頑元　曹成八　陳成二十　九　杞桓六十　七　宋平六　秦景七　楚共二十　一
正月小	己巳朔
二月大	戊戌朔
三月小	戊辰朔
四月大	丁酉朔　「壬戌，公及晉侯盟于長樗。」是月之二十六日。
五月大	丁卯朔
六月小	丁酉朔　「己未，公會諸侯，同盟于雞澤。」是月之二十三日。「戊寅，叔孫豹及諸侯之大夫及陳袁僑盟。」杜注：「戊寅，七月十三日。」經誤。
七月大	丙寅朔
八月小	丙申朔
九月大	乙丑朔
十月小	乙未朔
十一月大	甲子朔
十二月小	甲午朔

吳壽夢十六	
	丁酉晦
	丁卯晦
	丙申晦
	丙寅晦
	丙申晦
	乙丑晦
	乙未晦
	甲子晦
	甲午晦
	癸亥晦
	癸巳晦
	壬戌晦

壬辰

四年		
靈王三 齊靈十三 晉悼四 衛獻八 蔡景二十三 鄭僖二 曹成九 陳成三十 杞桓六十八 宋平七 秦景八		
正月大	癸亥朔	
二月小	癸巳朔	
三月大	壬戌朔	「己酉，陳侯午卒。」杜註：「三月無己酉，日誤。」
四月小	壬辰朔	
五月大	辛酉朔	
六月小	辛卯朔	
七月大	庚申朔	「戊子，夫人姒氏薨。」是月之二十九日。
八月小	庚寅朔	「辛亥，葬我小君定姒。」是月之二十二日。
九月大	己未朔	
十月小	己丑朔	
十一月大	戊午朔	
十二月大	戊子朔	

楚共二十二　吳壽夢十七	壬辰晦	辛酉晦	辛卯晦	庚申晦	庚寅晦	己未晦	己丑晦	戊午晦	戊子晦	丁巳晦	丁亥晦	丁巳晦

癸巳

五年	正月小	二月大	三月小	四月大	五月大	六月小	七月大	八月小	九月大	十月小	十一月大	十二月大
靈王四　齊靈十四　晉悼五　衞獻九　蔡景二十四　鄭僖三　曹成十　陳哀公溺元　杞桓六十九	戊午朔	丁亥朔	丁巳朔	丙戌朔　六年傳：「于鄭子國之來聘也，四月，晏弱城東陽，而遂圍萊。甲寅，堙之。」甲寅爲是月之二十九	乙酉朔	乙卯朔	甲申朔	甲寅朔	癸未朔　傳：「丙午，盟于戚。」是月之二十四日。	癸丑朔	壬午朔　傳：「子囊伐陳。甲午，會于城棣以救之。」是月之十三日。	壬子朔　「辛未，季孫行父卒。」是月之二十日。

宋平八 秦景九 楚共二十三 吳壽夢十八		日。
丙戌晦		
丙辰晦		
乙酉晦		
乙卯晦	閏四月小　丙辰朔	甲申晦
甲寅晦		
癸未晦		
癸丑晦		
壬午晦		
壬子晦		
辛巳晦		
辛亥晦		
辛巳晦		

甲午

六年	靈王五 齊靈十五 晉悼六 衛獻十	
正月小	壬午朔	
二月大	辛亥朔	
三月小	辛巳朔	「壬午，杞伯姑容卒。」是月
四月大	庚戌朔	
五月小	庚辰朔	
六月大	己酉朔	
七月小	己卯朔	
八月大	戊申朔	
九月小	戊寅朔	
十月大	丁未朔	
十一月小	丁丑朔	傳「晏弱圍棠。十一月丙
十二月大	丙午朔	

乙未

蔡景二十五
鄭僖四
曹成十一
陳哀二
杞桓七十
宋平九
秦景十
楚共二十四
吳壽夢十九

庚戌晦	
庚辰晦	
己酉晦	之二日。傳：「乙未，王湫帥師及正輿子、棠人軍齊師，齊師大敗之。丁未，入萊。」乙未，是月之十五日。丁未，是月之二十七日。
己卯晦	
戊申晦	
戊寅晦	
丁未晦	
丁丑晦	
丙午晦	
丙子晦	
乙巳晦	辰，而滅之。」案：是月無丙辰，傳既兩言十一月，則丙辰日誤也。
乙亥晦	

七年			
靈王六　齊靈十六　晉悼七　衛獻十一　蔡景二十六　鄭僖五　曹成十二　陳哀三　杞孝公匄元　宋平十　秦景十一　楚共二十五　吳壽夢二十			
正月大	丙子朔		乙巳晦
二月小	丙午朔		甲戌晦
三月大	乙亥朔		甲辰晦
四月小	乙巳朔		癸酉晦
五月大	甲戌朔		癸卯晦
六月小	甲辰朔		壬申晦
七月大	癸酉朔		壬寅晦
八月小	癸卯朔		辛未晦
九月大	壬申朔		辛丑晦
十月小	壬寅朔	「壬戌，及孫林父盟。」是月之二十一日。傳：「庚戌，韓獻子使其子宣子朝，遂老。」是月之九日。	庚午晦　閏十月大
十一月小	辛丑朔		己巳晦
十二月大	庚午朔	「鄭伯髡頑如會，未見諸侯。丙戌，卒于鄵。」是月之十七日。	己亥晦

辛未朔
庚子晦

丙申 八年	靈王七　齊靈十七　晉悼八　衛獻十二　蔡景二十七　鄭簡公嘉元　曹成十三　陳哀四　杞孝二　宋平十一
正月大	庚子朔
二月小	庚午朔
三月大	己亥朔
四月小	己巳朔　傳：「庚辰，鄭子駟殺子狐、子熙、子侯、子丁。」是月之十二日。「庚寅，鄭子國、子耳侵蔡。」是
五月大	戊戌朔　傳：「甲辰，會于邢丘。」是月之七日。
六月小	戊辰朔
七月大	丁酉朔
八月小	丁卯朔
九月大	丙申朔
十月小	丙寅朔
十一月大	乙未朔
十二月大	乙丑朔

秦景十二 楚共二十六 吳壽夢二十一		
	己巳晦	
	戊戌晦	
	戊辰晦	
	丁酉晦	月之二十二日。
	丁卯晦	
	丙申晦	
	丙寅晦	
	乙未晦	
	乙丑晦	
	甲午晦	
	甲子晦	
	甲午晦	

丁酉

九年 靈王八 齊靈十八 晉悼九 衛獻十三 蔡景二十八 鄭簡三 曹成十四 陳哀五 杞孝三		
正月小	乙未朔	
二月大	甲子朔	
三月小	甲午朔	
四月大	癸亥朔	
五月小	癸巳朔	「辛酉，夫人姜氏薨。」是月之二十九日，即晦日也。
六月大	壬戌朔	
七月小	壬辰朔	
八月大	辛酉朔	「癸未，葬我小君穆姜。」是月之二十三日。
九月小	辛卯朔	
十月大	庚申朔	傳：「庚午，諸侯從晉伐鄭。」是月之十一日。「甲戌，師于汜。」是月之十五
十一月小	庚寅朔	
十二月大	己未朔	「己亥，同盟于戲。」杜註：「傳言十有一月己亥，以長曆推之，十二月無己亥，經

宋平十二
秦景十三
楚共二十七
吳壽夢二十二

日。

誤。」按：己亥，十一月十日。傳：「癸亥，晉復伐鄭，門其三門。」是月之五日。「閏月戊寅，濟于陰阪，侵鄭。」杜註：「此年不得有閏月戊寅。戊寅，是十二月二十日。」

癸亥晦
癸巳晦
壬戌晦
壬辰晦
辛酉晦
辛卯晦
庚申晦
庚寅晦
己未晦
己丑晦
戊午晦
戊子晦

戊戌

十年	靈王九 齊靈十九 晉悼十 衛獻十四 蔡景二十九 鄭簡三 曹成十五 陳哀六 杞孝四 宋平十三 秦景十四 楚共二十八	
正月大	己丑朔	
二月小	己未朔	
三月大	戊子朔	傳：「癸丑，齊高厚相大子光以先會諸侯于鍾離。」杜註：「癸丑，月二十六日。」
四月小	戊午朔	傳：「戊午，會于柤。」杜註：「戊午月一日。」「丙寅，晉圍偪陽。」杜註：「月九日。」
五月大	丁亥朔	「甲午，遂滅偪陽。」杜註：「月八日。」傳：「庚寅，荀偃、士匄帥卒攻偪陽。」杜註：「月四日。」
六月小	丁巳朔	傳：「楚伐宋。庚午，圍宋。」是月之十四日。
七月大	丙戌朔	
八月小	丙辰朔	傳：「楚圍蕭。丙寅，克之。」是月之十一日。
九月大	乙酉朔	傳：「諸侯伐鄭。己酉，師于牛首。」是月之二十五日。
十月小	乙卯朔	傳：「戊辰，盜殺鄭公子騑、公子發、公孫輒。」是月之十四日。
十一月大	甲申朔	傳：「己亥，與楚師夾潁而軍。」是月之十六日。「丁未，諸侯之師還。」是月之二十四日。
十二月小	甲寅朔	

吳壽夢二十三	
正月	戊午晦
二月	丁亥晦
三月	丁巳晦
四月	丙戌晦
五月	丙辰晦
六月	乙酉晦
七月	乙卯晦
八月	甲申晦
九月	甲寅晦
十月	癸未晦
十一月	癸丑晦
十二月	壬午晦
閏十二月大	癸未朔 壬子晦

己亥

十一年		
靈王十 齊靈二十 晉悼十一 衛獻十五 蔡景三十 鄭簡四 曹成十六 陳哀七		
正月小	癸丑朔	
二月大	壬午朔	
三月小	壬子朔	
四月大	辛巳朔	傳：「諸侯伐鄭。己亥，齊大子光、宋向戌先至于鄭。」是月之十九
五月小	辛亥朔	
六月大	庚辰朔	
七月小	庚戌朔	「己未，同盟于亳城北。」是月之十日。傳：「丙子，伐宋。」是月
八月大	己卯朔	
九月小	己酉朔	傳：「甲戌，晉趙武入盟鄭伯。」是月之二十六日。
十月大	戊寅朔	傳：「丁亥，鄭子展出盟晉侯。」是月之十日。
十一月小	戊申朔	
十二月大	丁丑朔	傳：「戊寅，會于蕭魚。」是月之二日。「庚辰，赦鄭囚。」是月之四

杞孝五 宋平十四 秦景十五 楚共二十九 吳壽夢二十四		
	辛巳晦	
	辛亥晦	
	庚辰晦	
	庚戌晦	日。
	己卯晦	
	己酉晦	
	戊寅晦	之二十七日。
	戊申晦	
	丁丑晦	
	丁未晦	
	丙子晦	
	丙午晦	日。「壬午，秦庶長武濟自輔氏。」是月之六日。「己丑，秦、晉戰于櫟。」是月之十三日。

庚子

十二年 靈王十一 齊靈二十一 晉悼十二	
正月大	丁未朔
二月小	丁丑朔
三月大	丙午朔
四月小	丙子朔
五月大	乙巳朔
六月小	乙亥朔
七月大	甲辰朔
八月小	甲戌朔
九月大	癸卯朔
十月小	癸酉朔
十一月大	壬寅朔
十二月小	壬申朔

衛獻十六	蔡景三十一	鄭簡五	曹成十七	陳哀八	杞孝六	宋平十五	秦景十六	楚共三十	吳壽夢二十五

正月	二月	三月	四月	五月	六月	七月	八月	九月	十月	十一月	十二月
丙子晦	乙巳晦	乙亥晦	甲辰晦	甲戌晦	癸卯晦	癸酉晦	壬寅晦	壬申晦	辛丑晦	辛未晦	庚子晦

辛丑

十三年	正月大	二月小	三月大	四月小	五月大	六月小	七月大	八月小	九月小	十月大	十一月小	十二月大
靈王十二	辛丑朔	辛未朔	庚子朔	庚午朔	己亥朔	己巳朔	戊戌朔	戊辰朔	丁卯朔	丙申朔	丙寅朔	乙未朔
齊靈二十二									「庚辰，楚子審卒。」			

晉悼十三
衛獻十七
蔡景三十
二
鄭簡六
曹成十八
陳哀九
杞孝七
宋平十六
秦景十七
楚共三十
一
吳諸樊元

庚午晦		
己亥晦		
己巳晦		
戊戌晦		
戊辰晦		
丁酉晦		
丁卯晦		
丙申晦		閏八月大 丁酉朔 丙寅晦
乙未晦	是月之十四日。	
乙丑晦		
甲午晦		
甲子晦		

十四年

靈王十三
齊靈三十三
晉悼十四
衛獻十八
蔡景三十三
鄭簡七
曹成十九
陳哀十
杞孝八
宋平十七
秦景十八
楚康王昭元
吳諸樊二

月	朔	事	晦
正月大	乙丑朔		甲午晦
二月小	乙未朔	「乙未朔，日有食之。」	癸亥晦
三月大	甲子朔		癸巳晦
四月小	甲午朔	「己未，衛侯出奔齊。」是月之二十六日。傳：「己未，子展奔齊。」同上。	壬戌晦
五月大	癸亥朔		壬辰晦
六月小	癸巳朔		辛酉晦
七月大	壬戌朔		辛卯晦
八月小	壬辰朔		庚申晦
九月大	辛酉朔		庚寅晦
十月小	辛卯朔		己未晦
十一月大	庚申朔		己丑晦
十二月大	庚寅朔		己未晦

癸卯

十五年	正月小	二月大	三月小	四月大	五月小	六月大	七月小	八月大	九月小	十月大	十一月小	十二月大
靈王十四 齊靈二十四 晉悼十五 衛獻十九 殤公剽元 蔡景三十四 鄭簡八 曹成二十 陳哀十一 杞孝九 宋平十八 秦景十九 楚康二 吳諸樊三	庚申朔	己丑朔 「己亥，及向戌盟于劉。」是月之十一日。	己未朔	戊子朔	戊午朔	丁亥朔	丁巳朔	丙戌朔 「丁巳，日有食之」。杜註：「八月無丁巳。丁巳，七月一日也。日、月必有誤。」	丙辰朔	乙酉朔	乙卯朔 「癸亥，晉侯周卒。」是月之九日。	甲申朔
	戊子晦	戊午晦	丁亥晦	丁巳晦	丙戌晦	丙辰晦	乙酉晦	乙卯晦	甲申晦	甲寅晦	癸未晦	癸丑晦

甲辰

十六年	靈王十五　齊靈二十五　晉平公彪元　衛獻二十　殤二　蔡景三十五　鄭簡九　曹成二十一　陳哀十二　杞孝十　宋平十九　秦景二十　楚康三	
正月小	甲寅朔	
二月大	癸未朔	
三月小	癸丑朔	「公會諸侯于溴梁。戊寅，大夫盟。」是月之二十六日。
四月大	壬午朔	
五月小	壬子朔	「甲子，地震。」是月之十三日。
六月大	辛巳朔	傳：「庚寅，伐許，次于函氏。」是月之十日。
七月小	辛亥朔	
八月大	庚辰朔	
九月小	庚戌朔	
十月大	己卯朔	
十一月小	己卯朔	
十二月大	戊申朔	

吴諸樊四	
壬午晦	
壬子晦	
辛巳晦	
辛亥晦	
庚辰晦	
庚戌朔	
己卯晦	
己酉晦	
戊寅晦	
戊申晦	閏十月大 己酉朔 戊寅晦
丁未晦	
丁丑晦	

乙巳

十七年	靈王十六 齊靈二十六 晉平二 衛獻二十一 殤三 蔡景三十六
正月小	戊寅朔
二月大	丁未朔 「庚午，邾子牼卒。」是月之二十四日。
三月小	丁丑朔
四月大	丙午朔
五月小	丙子朔
六月大	乙巳朔
七月小	乙亥朔
八月大	甲辰朔
九月小	甲戌朔
十月大	癸卯朔
十一月小	癸酉朔 傳：「甲午，國人逐瘈狗。」是月之二十二日。
十二月大	壬寅朔

鄭簡十 曹成二十 二 陳哀十三 杞孝十一 宋平二十 秦景二十 一 楚康四 吳諸樊五	
丙午晦	
丙子晦	
乙巳晦	
乙亥晦	
甲辰晦	
甲戌晦	
癸卯晦	
癸酉晦	
壬寅晦	
壬申晦	
辛丑晦	
辛未晦	

丙午

十六年 靈王十七 齊靈二十 七 晉平三 衛獻廿二		
正月小	壬申朔	
二月大	辛丑朔	
三月小	辛未朔	
四月大	庚子朔	
五月小	庚午朔	
六月大	己亥朔	
七月小	己巳朔	
八月大	戊戌朔	
九月小	戊辰朔	
十月大	丁酉朔	傳「丙寅晦，齊師夜遁。」
十一月小	丁卯朔	傳「丁卯朔，入平陰。遂從齊師。」
十二月大	丙申朔	傳：「戊戌，及秦周，伐雍門之萩。」

	殤四 蔡景三十 七 鄭簡十一 曹成二十 三 陳哀十四 杞孝十二 宋平二十 一 秦景二十 二 楚康五 吳諸樊六
庚子晦	
庚午晦	
己亥晦	
己巳晦	
戊戌晦	
戊辰晦	
丁酉晦	
丁卯晦	
丙申晦	
丙寅晦	
乙未晦	「己卯，晉中軍克京茲。」是月之十三日。「乙酉，晉下軍克邿。」是月之十九日。
乙丑晦	是月之三日。「己亥，焚雍門及西郭、南郭。」是月之四日。「壬寅，焚東郭、北郭。」是月之七日。「甲辰，東侵及濰，南及沂。」是月之九日。

十九年		靈王十八　齊靈二十八　晉平四　衛獻廿三　殤五　蔡景三十八　鄭簡十二　曹武公滕元　陳哀十五　杞孝十三　宋平二十二　秦景二十三
正月小	丙寅朔	
二月大	乙未朔	傳：「甲寅，晉荀偃卒。」是月之二十日。
三月小	乙丑朔	
四月大	甲午朔	傳：「丁未，鄭公孫蠆卒。」是月之十四日。
五月小	甲子朔	傳：「壬辰晦，齊靈公卒。」是月之二十九日。杜註：「經書七月辛卯，光定位而後赴。」
六月大	癸巳朔	
七月小	癸亥朔	「辛卯，齊侯環卒。」是月之二十九日。互見五月傳。
八月大	壬辰朔	「丙辰，仲孫蔑卒。」是月之二十五日。傳：「甲辰，鄭子展、子西殺子孔而分其室。」是月之十三日。
九月小	壬戌朔	
十月大	辛酉朔	
十一月小	辛卯朔	
十二月大	庚申朔	

楚康六 吳諸樊七	
甲午晦	
甲子晦	
癸巳晦	
癸亥晦	
壬辰晦	
壬戌晦	
辛卯晦	
辛酉晦	
庚寅晦	閏九月大 辛卯朔 庚申晦
庚寅晦	
己未晦	
己丑晦	

戊申

二十年	靈王十九 齊莊公光元 晉平五 衛獻廿四 殤六 蔡景三十九	
正月小	庚寅朔	「辛亥，仲孫速會莒人，盟于向。」是月之二十二日。
二月大	己未朔	
三月小	己丑朔	
四月大	戊午朔	
五月小	戊子朔	
六月大	丁巳朔	「庚申，公會諸侯，盟于澶淵。」是月之四日。
七月小	丁亥朔	
八月大	丙辰朔	
九月大	丙戌朔	
十月小	丙辰朔	「丙辰朔，日有食之。」
十一月大	乙酉朔	
十二月小	乙卯朔	

鄭簡十三 曹武二 陳哀十六 杞孝十四 宋平二十 三 秦景二十 四 楚康七 吳諸樊八
戊午晦
戊子晦
丁巳晦
丁亥晦
丙辰晦
丙戌晦
乙卯晦
乙酉晦
乙卯晦
甲申晦
甲寅晦
癸未晦

己酉

二十一年	靈王二十 齊莊二 晉平六 衛獻廿五 殤七		
正月大	甲申朔		
二月小	甲寅朔		
三月大	癸未朔		
四月小	癸丑朔		
五月大	壬午朔		
六月小	壬子朔		
七月大	辛巳朔		
八月小	辛亥朔		
九月大	庚戌朔	「庚戌朔，日有食之。」	
十月小	庚辰朔	「庚辰朔，日有食之。」	
十一月大	己酉朔		
十二月小	己卯朔		

蔡景四十 鄭簡十四 曹武三 陳哀十七 杞孝十五 宋平二十 四 秦景二十 五 楚康八 吳諸樊九	
癸丑晦	
壬午晦	
壬子晦	
辛巳晦	
辛亥晦	
庚辰晦	
庚戌晦	
己卯晦	閏八月大 庚辰朔 己酉晦
己卯晦	
戊申晦	
戊寅晦	
丁未晦	

庚戌

年	月	朔	事
二十二年 靈王二十一 齊莊三 晉平七 衛獻廿六 殤八 蔡景四十一 鄭簡十五 曹武四 陳哀十八 杞孝十六 宋平二十五 秦景二十六 楚康九	正月大	戊申朔	
	二月小	戊寅朔	
	三月大	丁未朔	
	四月小	丁丑朔	
	五月大	丙午朔	
	六月小	丙子朔	
	七月大	乙巳朔	「辛酉，叔老卒。」是月之十七日。
	八月小	乙亥朔	
	九月大	甲辰朔	傳：「己巳，鄭伯張卒。」是月之二十六日。
	十月大	甲戌朔	
	十一月小	甲辰朔	
	十二月大	癸酉朔	傳：「鄭游販遭逆妻者，奪之。丁巳，其夫攻子明，殺之，以其妻行。」杜註：「十二月無丁巳。丁巳，十一月十四日也。」

辛亥

吳諸樊十

二十三年
靈王二十
二
齊莊四
晉平八
衛獻廿七
殤九
蔡景四十
二
鄭簡十六
曹武五
陳哀十九
杞孝十七
宋平二十
六
秦景二十

月	朔	晦	記事
正月大	癸卯朔	丁丑晦	
二月小	癸酉朔	丙午晦	「癸酉朔，日有食之。」
三月大	壬寅朔	丙子晦	「己巳，杞伯匄卒。」是月之二十八日。
四月小	壬申朔	乙巳晦	
五月大	辛丑朔	乙亥晦	
六月小	辛未朔	甲辰晦	
七月大	庚子朔	甲戌晦	
八月小	庚午朔	癸卯晦	「己卯，仲孫速卒。」是月之十日。
九月大	己亥朔	癸酉晦	
十月小	己巳朔	癸卯晦	「乙亥，臧孫紇奔邾。」是月之七日。
十一月大	戊戌朔	壬申晦	
十二月小	戊辰朔	壬寅晦	

七	楚康十	吳諸樊十一
		壬申晦
		辛丑晦
		辛未晦
		庚子晦
		庚午晦
		己亥晦
		己巳晦
		戊戌晦
		戊辰晦
		丁酉晦
		丁卯晦
		丙申晦

壬子

二十四年	靈王二十三	齊莊五	晉平九	衛獻廿八　殤十	蔡景四十三	鄭簡十七	曹武六	陳哀二十
正月大	丁酉朔							
二月小	丁卯朔							
三月大	丙申朔							
四月大	乙未朔							
五月小	乙丑朔							
六月大	甲午朔							
七月小	甲子朔　「甲子朔，日有食之，既。」							
八月大	癸巳朔　「癸巳朔，日有食之。」							
九月小	癸亥朔							
十月大	壬辰朔							
十一月小	壬戌朔							
十二月大	辛卯朔							

杞文公益姑元 宋平二十七 秦景二十八 楚康十一 吳諸樊十二	
正月	丙寅晦
二月	乙未晦
三月	乙丑晦
閏三月小	丙寅朔 甲午晦
四月	甲子晦
五月	癸巳晦
六月	癸亥晦
七月	壬辰晦
八月	壬戌晦
九月	辛卯晦
十月	辛酉晦
十一月	庚寅晦
十二月	庚申晦

癸丑

二十五年	靈王二十四	
正月大	辛酉朔	
二月小	辛卯朔	
三月大	庚申朔	
四月小	庚寅朔	
五月大	己未朔	「乙亥，齊
六月小	己丑朔	「壬子，鄭
七月大	戊午朔	
八月小	戊子朔	「己巳，諸
九月大	丁巳朔	
十月小	丁亥朔	傳：「甲
十一月大	丙辰朔	
十二月小	丙戌朔	

齊莊六　晉平十　衛獻廿九　殤十一　蔡景四十四　鄭簡十八　曹武七　陳哀二十一　杞文二　宋平二十八　秦景二十九　楚康十二　吳諸樊十三
崔杼弒其君光。」是月之十七日。傳「莒子朝于齊。甲戌，饗諸北郭。」是月之十六日。「丁丑，崔杼立景公。」是月之十九日。「辛巳，公與大夫及莒子盟。」是月之二
公孫舍之帥師入陳。」是月之二十四日。
侯同盟于重丘。」正義曰：「傳言七月，經言八月。杜以長曆校之，己巳是七月十二日。知是經誤也。」
午，蔿掩書土田。」是月之八日。

庚寅晦	
己未晦	
己丑晦	
戊午晦	
戊子晦	十三日。「丁亥，葬齊莊公。」是月之二十九日。
丁巳晦	
丁亥晦	
丙辰晦	
丙戌晦	
乙卯晦	
乙酉晦	
甲寅晦	

甲寅

二十六年		靈王二十五 齊景公杵臼元 晉平十一 衛獻三十 殤十二
正月大	乙卯朔	
二月小	乙酉朔	「辛卯，衛甯喜弒其君剽。」是月之七日。「甲午，衛
三月大	甲寅朔	傳：「甲寅朔，鄭伯賞入陳之功。」
四月小	甲申朔	
五月大	癸丑朔	
六月小	癸未朔	
七月大	壬子朔	
八月小	壬午朔	「壬午，許男甯卒于楚。」是月朔日。
九月大	辛亥朔	
十月小	辛巳朔	
十一月大	庚戌朔	
十二月小	庚辰朔	傳：「乙酉，楚師入鄭南里。」是月之六日。

乙卯

蔡景四十五
鄭簡十九
曹武八
陳哀二十二
杞文三
宋平二十九
秦景三十
楚康十三
吳餘祭元

甲申晦

侯衎復歸于衛。」是月之十日。傳：「庚寅，甯喜、右宰穀伐孫氏。」是月之六日。

癸丑晦

癸未晦

壬子晦

壬午晦

辛亥晦

辛巳晦

庚戌晦

庚辰晦

己酉晦

己卯晦

戊申晦

閏十二月大

己酉朔

戊寅晦

二十七年	靈王二十六　齊景二　晉平十二　衛獻三十一　蔡景四十六　鄭簡二十　曹武九　陳哀二十三　杞文四　宋平三十　秦景三十一　楚康十四　吳餘祭二	
正月大	己卯朔	
二月小	己酉朔	
三月大	戊寅朔	
四月小	戊申朔	
五月大	丁丑朔	傳：「甲辰，晉趙武至于宋。」是月之二十八日。「丙午，鄭良霄至。」是月之晦日。
六月小	丁未朔	傳：「丁未朔，宋人享趙文子。」「戊申，叔孫豹、齊慶封、陳須無、衛石惡至。」是月之二日。「甲寅，晉荀盈從趙武至。」是月之八日。「丙辰，邾
七月大	丙子朔	「辛巳，豹及諸侯之大夫盟于宋。」是月之六日。傳：「戊寅，左師至。」是月之三日。「庚辰，子木至自陳。」是月之五日。「壬午，宋公兼享晉、楚之大夫。」是
八月小	丙午朔	
九月大	乙亥朔	傳：「庚辰，齊崔成、崔彊殺東郭偃、棠無咎。」是月之六日。「辛巳，崔明來奔。」是月之七日。
十月大	乙巳朔	
十一月小	乙亥朔	傳：「乙亥朔，日有食之。辰在申，司曆過也，再失閏矣。」正義曰：「經言十二月而傳言十一月，杜以長曆推之，乙亥是十一月朔，非十二月也。若是十二
十二月小	甲辰朔	

悼公至。」是月之十日。「壬戌，楚公子黑肱先至。」是月之十六日。「丁卯，宋向戌如陳。」是月之二十一日。「戊辰，滕成公至。」是月之二十二日。「庚午，向戌復于趙

月之七日。「己酉，宋公及諸侯之大夫盟。」是月之十日。

月，當爲辰在亥，以申爲亥，則是三失閏，非再失也。知傳是而經誤。」

戊申晦

丁丑晦

丁未晦

丙子晦

丙午晦

「孟。」是月之二十四日。「壬申，左師復言于子木。」是月之二十六日。

乙亥晦

乙巳晦

甲戌晦

甲辰晦

甲戌晦

癸卯晦

閏十一月大 甲辰朔 癸酉晦

閏十一月大 甲戌朔 按：正義

壬申晦

曰：「魯之司曆漸失其閏。至此年日食之月，以儀望審知斗建在申，乃周家九月，而其時曆稱十一月，故知再失閏。于是始覺其謬，遂頓置兩閏，以應天正。前閏月爲建

酉，後閏月爲建戌，十二月爲建亥，而歲終焉。」詳長曆拾遺表。

癸卯晦

丙辰

二十八年	靈王二十七	齊景三 晉平十三
正月大	癸酉朔	
二月小	癸卯朔	
三月大	壬申朔	
四月小	壬寅朔	
五月大	辛未朔	
六月小	辛丑朔	
七月大	庚午朔	
八月小	庚子朔	
九月大	己巳朔	
十月小	己亥朔	傳：「慶封田于萊，陳無宇
十一月大	戊辰朔	傳：「乙亥，齊嘗于太公之
十二月小	戊戌朔	「甲寅，天王崩。」傳：「王人

衛獻三十二 蔡景四十七 鄭簡二十一 曹武十 陳哀二十四 杞文五 宋平三十一 秦景三十二 楚康十五 吳餘祭三
從。丙辰，文子使召之。」是月之十八日。
廟。」是月之八日。「丁亥，伐西門。」是月之二十日。「癸巳，天王崩。未來赴，亦未書，禮也。」按：癸巳，是月之二十六日。
來告喪。問崩日，以甲寅告。故書之。」正義曰：「甲寅是十七日。」「乙未，楚子昭卒。」杜註：「十二月無乙未，日誤。」傳：「乙亥朔，齊人遷莊公殯于大寢。」杜註：「十二

壬寅晦
辛未晦
辛丑晦
庚午晦
庚子晦
己巳晦
己亥晦
戊辰晦
戊戌晦
丁卯晦
丁酉晦
丙寅晦

月戊戌朔，乙亥誤。」

丁巳

二十九年		景王貴元 齊景四 晉平十四 衛獻三十三 蔡景四十八 鄭簡二十二 曹武十一
正月大	丁卯朔	
二月小	丁酉朔	傳：「癸卯，齊人葬莊公于北郭。」是月之七日。
三月大	丙寅朔	
四月小	丙申朔	
五月大	乙丑朔	「庚午，衛侯衎卒」。是月之六日。
六月小	乙未朔	
七月大	甲子朔	
八月小	甲午朔	
九月大	癸巳朔	傳：「齊放其大夫高止于北燕。乙未，出。」是月之三日。
十月小	癸亥朔	傳：「庚寅，閭丘嬰帥師圍盧。」是月之二十八日。
十一月大	壬辰朔	傳：「乙卯，高豎致盧而出奔晉。」是月之二十四日。
十二月小	壬戌朔	傳：「己巳，鄭大夫盟于伯有氏。」是月之八日。

陳哀二十
五
杞文六
宋平三十
二
秦景三十
三
楚郟敖麇
元
吳餘祭四

丙申晦

乙丑晦

乙未晦

甲子晦

甲午晦

癸亥晦

癸巳晦

壬戌晦
閏八月大
癸亥朔
案：二十八年十二月甲寅天王崩，至乙未楚子昭卒，相

壬戌晦

辛卯晦

辛酉晦

庚寅晦

距四十有二日。胡文定以爲此閏月之驗。呂氏本中亦云：「不書閏者，承前月而受其餘日，此史册定例。杜預以十二月無乙未日，孔穎達以爲甲寅、乙未不得同月，皆不

知閏月之日係前月之下耳。」愚按胡、呂之說非也。杜、孔推校經、傳上下日數極精細。若二十八年十二月置閏，則此年二月不得有癸卯，五月不得有庚午矣。宋儒未嘗推

校通經，得一日誤，遂謂其中有閏，反駁杜、孔爲誤。此皆讀書疏略之病也。經、傳內日誤甚多，安得盡以爲閏月耶？故當移閏于此，則前後無牴牾。益知宋儒之疎矣。互見

正月	
二月	
三月	
四月	
五月	
六月	
七月	
八月	長曆拾遺表。　壬辰晦
九月	
十月	
十一月	
十二月	

戊午

三十年	景王二　齊景五　晉平十五　衞襄公惡元　蔡景四十九　鄭簡二十三　曹武十二
正月大	辛卯朔
二月小	辛酉朔　傳：「癸未，晉悼夫人食輿人之城杞者。」是月之二十三日。
三月大	庚寅朔
四月小	庚申朔　傳：「己亥，鄭伯及其大夫盟。」是月無己亥，日誤。「戊子，儋括圍蔿，逐成愆。」
五月大	己丑朔　「甲午，宋災。」是月之六日。傳：「癸巳，殺佞夫。」是月之五日。
六月小	己未朔
七月大	戊子朔　傳：「庚子，子皙以駟氏之甲伐而焚之。」是月之十三日。「辛丑，子產斂伯有
八月小	戊午朔　傳：「甲子，游吉奔晉。」是月之七日。「己巳，復歸。」是月之十二日。
九月大	丁亥朔
十月小	丁巳朔
十一月大	丙戌朔
十二月大	丙辰朔

陳哀二十
六
杞文七
宋平三十
三
秦景三十
四
楚郟敖二
吳夷末元

是月之二十九日，即晦日也。

氏之死者而殯之。」是月之十四日。「壬寅，子產入。」是月之十五日。「癸卯，子石入。」是月之十六日。「乙巳，鄭伯及其大夫盟于大宮。」是月之十八日。「癸丑，伯

庚申晦		
己丑晦		
己未晦		
戊子晦		
戊午晦		
丁亥晦		
丁巳晦		有自墓門之瀆入。」是月之二十六日。
丙戌晦		
丙辰晦		
乙酉晦		
乙卯晦		
乙酉晦		

己未

三十一年	景王三 齊景六 晉平十六 衛襄二 蔡靈公般元 鄭簡二十四 曹武十三	
正月小	丙戌朔	
二月大	乙卯朔	
三月小	乙酉朔	
四月大	甲寅朔	
五月小	甲申朔	
六月大	癸丑朔	「辛巳，公薨于楚宮。」是月之二十九日。
七月小	癸未朔	
八月大	壬子朔	
九月小	壬午朔	「癸巳，子野卒。」是月之十二日。「己亥，仲孫羯卒。」是月之十八日。
十月大	辛亥朔	「癸酉，葬我君襄公。」是月之二十三日。
十一月小	辛巳朔	
十二月大	庚戌朔	

陳哀二十
七
杞文八
宋平三十
四
秦景三十
五
楚郟敖三
吳夷末二

甲寅晦

甲申晦

癸丑晦

癸未晦

壬子晦

壬午晦

辛亥晦

辛巳晦

庚戌晦

庚辰晦

己酉晦

己卯晦

春秋朔閏表卷二之四

錫山　顧棟高復初輯
金匱受業華廷相雲題參

昭公名稠。

庚申

年	月	朔	事
元年 景王四 齊景七 晉平十七 衛襄三 蔡靈二 鄭簡二十 五 曹武十四	正月小	庚辰朔	傳：「乙未，入，逆而出。」是月之十六日。
	二月大	己酉朔	
	三月小	己卯朔	傳：「甲辰，盟于虢。」是月之二十六日。
	四月大	戊申朔	
	五月小	戊寅朔	傳：「庚辰，鄭放游楚于吳。」是月之三日。「癸卯，秦鍼適晉。」
	六月大	丁未朔	「丁巳，邾子華卒。」是月之十一日。傳：「丁巳，鄭伯及其大夫
	七月小	丁丑朔	
	八月大	丙午朔	
	九月小	丙子朔	
	十月大	乙巳朔	
	十一月小	乙巳朔	「己酉，楚子麇卒。」杜註：「長曆推己酉十二月六日，經、傳皆言十
	十二月大	甲戌朔	傳：「晉既烝，趙孟適南陽。甲辰朔，烝于溫。庚戌，卒。」杜

陳哀二十
八
杞文九
宋平三十
五
秦景三十
六
楚郟敖四
吳夷末三

是月之二盟。」同
十六日。上。

一月，月誤。」按：長曆是年閏十二月，今移閏于十月，則已酉乃月之五日也。

註：「甲辰，十二月朔。晉既烝，趙孟乃烝其家廟，則晉烝當在甲辰前，傳言十二月誤。」按：此年傳十一月、十二月皆具。先言十二月晉烝，而後言甲辰朔，則甲辰爲來

年正月朔。晉用夏正，猶是十一月事。傳以烝本冬祭，故繫之今年。服虔說亦如此，今從之。詳見長曆拾遺表。杜註：「庚戌，十二月七日。」今按：當是二年正月七

	戊申晦	
	戊寅晦	
	丁未晦	
	丁丑晦	
	丙午晦	
	丙子晦	
	乙巳晦	
	乙亥晦	
	甲辰晦	
	甲戌晦	閏十月大 乙亥朔 甲辰晦
	癸酉晦	
日。	癸卯晦	

辛酉

二年	景王五 齊景八 晉平十八 衛襄四 蔡靈三 鄭簡二十 六	
正月小	甲辰朔	
二月大	癸酉朔	
三月小	癸卯朔	
四月大	壬申朔	
五月小	壬寅朔	
六月大	辛未朔	
七月小	辛丑朔	傳：「壬寅，鄭公孫黑縊。」是月之二日。
八月大	庚午朔	
九月小	庚子朔	
十月大	己巳朔	
十一月小	己亥朔	
十二月大	戊辰朔	

曹武十五 陳哀二十 九 杞文十 宋平三十 六 秦景三十 七 楚靈王虔 元 吳夷末四	
	壬申晦
	壬寅晦
	辛未晦
	辛丑晦
	庚午晦
	庚子晦
	己巳晦
	己亥晦
	戊辰晦
	戊戌晦
	丁卯晦
	丁酉晦

壬戌

三年	景王六 齊景九 晉平十九 衛襄五	
正月大	戊戌朔	「丁未，滕子原卒」。是月之十
二月小	戊辰朔	
三月大	丁酉朔	
四月小	丁卯朔	
五月大	丙申朔	
六月小	丙寅朔	
七月大	乙未朔	
八月小	乙丑朔	
九月大	甲午朔	
十月小	甲子朔	
十一月大	癸巳朔	
十二月小	癸亥朔	

日。

蔡靈四 鄭簡二十 七 曹武十六 陳哀三十 杞文十一 宋平三十 七 秦景三十 八 楚靈二 吳夷末五
丁卯晦
丙申晦
丙寅晦
乙未晦
乙丑晦
甲午晦
甲子晦
癸巳晦
癸亥晦
壬辰晦
壬戌晦
辛卯晦

癸亥

四年	景王七	齊景十 晉平二十
正月大	壬辰朔	
二月小	壬戌朔	
三月大	辛卯朔	
四月小	辛酉朔	
五月大	庚申朔	
六月小	庚寅朔	傳：「丙午，楚子
七月大	己未朔	
八月小	己丑朔	傳：「楚子使屈申圍
九月大	戊午朔	
十月小	戊子朔	
十一月大	丁巳朔	
十二月小	丁亥朔	「乙卯，叔孫豹卒。」

衛襄六
蔡靈五
鄭簡二十
八
曹武十七
陳哀三十
一
杞文十二
宋平三十
八
秦景三十
九
楚靈三
吳夷末六

辛酉晦

庚寅晦

庚申晦

己丑晦

閏四月大
庚寅朔
己未晦

己丑晦

戊午晦
合諸侯于申。」是月之十七日。

戊子晦

丁巳晦
朱方。八月甲申，克之。」杜註：「八月無甲申，日誤。」

丁亥晦

丙辰晦

丙戌晦

乙卯晦
是月之二十九日，即晦日。傳：「癸丑，叔孫不食。」是月之二十七日。

甲子

五年	景王八 齊景十一 晉平二十一 衛襄七 蔡靈六 鄭簡二十九 曹武十八 陳哀三十二 杞文十三 宋平三十九 秦景四十 楚靈四	
正月大	丙辰朔	
二月小	丙戌朔	
三月大	乙卯朔	
四月小	乙酉朔	
五月大	甲寅朔	
六月小	甲申朔	
七月大	癸丑朔	「戊辰，叔弓帥師敗莒師于蚡泉。」是月之十六日。
八月小	癸未朔	
九月大	壬子朔	
十月小	壬午朔	
十一月大	辛亥朔	
十二月大	辛巳朔	

乙丑

六年

景王九
齊景十二
晉平二十
衛襄八
蔡靈七
鄭簡三十
曹武十九
陳哀三十
杞文十四
宋平四十
秦哀公元
楚靈五
吳夷末七

月	朔	注	晦
正月小	辛亥朔		乙酉晦
二月大	庚辰朔		甲寅晦
三月小	庚戌朔	七年傳：「壬子，佘將殺帶也。」杜註：「壬子，六年三月三日。」	甲申晦
四月大	己卯朔		癸丑晦
五月小	己酉朔		癸未晦
六月大	戊寅朔	傳：「丙戌，鄭災。」是月之九日。	壬子晦
七月小	戊申朔		壬午晦
八月大	丁未朔		辛亥晦
九月小	丁丑朔		辛巳晦
十月大	丙午朔		庚戌晦
十一月小	丙子朔		庚辰晦
十二月大	乙巳朔		庚戌晦

吳夷末八			
己卯晦			
己酉晦			
戊寅晦			
戊申晦			
丁丑晦			
丁未晦			
丙子晦	閏七月大	丁丑朔	丙午晦
丙子晦			
乙巳晦			
乙亥晦			
甲辰晦			
甲戌晦			

丙寅

七年	景王十	齊景十三　晉平二十三　衞襄九　蔡靈八　鄭簡三十一　曹武二十
正月大	乙亥朔	傳：「癸巳，齊侯次于虢。」是月之十九日。「壬寅，公孫段卒。」杜註：「正月
二月小	乙巳朔	傳：「戊午，盟于濡上。」是月之十四日。
三月大	甲戌朔	
四月小	甲辰朔	「甲辰朔，日有食之。」
五月大	癸酉朔	
六月小	癸卯朔	
七月大	壬申朔	
八月小	壬寅朔	「戊辰，衞侯惡卒。」是月之二十七日。
九月大	辛未朔	
十月小	辛丑朔	傳：「辛酉，襄、頊之族殺獻公而立成公。」是月之二十一日。
十一月大	庚午朔	「癸未，季孫宿卒。」是月之十四日。
十二月小	庚子朔	「癸亥，葬衞襄公。」是月之二十四日。

陳哀三十四 杞平公郁釐元 宋平四十一 秦哀二 楚靈六 吳夷末九	
甲辰晦	二十八日。」
癸酉晦	
癸卯晦	
壬申晦	
壬寅晦	
辛未晦	
辛丑晦	
庚午晦	
庚子晦	
己巳晦	
己亥晦	
戊辰晦	

丁卯

八年		景王十一 齊景十四 晉平二十四 衛靈公元元
正月大	己巳朔	
二月小	己亥朔	
三月大	戊辰朔	傳：「甲申，陳公子招殺悼太子偃師。」是月
四月小	戊戌朔	「辛丑，陳侯溺卒。」是月之四日。傳：「辛
五月大	丁卯朔	
六月小	丁酉朔	
七月大	丙寅朔	傳：「甲戌，齊子尾卒。」是月之九日。
八月小	丙申朔	傳：「庚戌，逐子成、子工、子車。」是月之十五
九月大	乙丑朔	
十月小	乙未朔	「壬午，楚師滅陳。」杜註：「壬午，月十八日。傳
十一月大	甲子朔	
十二月大	甲午朔	

蔡靈九　鄭簡三十二　曹武二十一　陳哀三十五　杞平二　宋平四十二　秦哀三　楚靈七　吳夷末十
之十七日。
亥，哀公縊。」是月之十四日。杜註「經書辛丑，從赴。」
「丁丑，殺日。梁嬰。」是月之十二日。
言十一月，誤。」按：九年四月陳災，傳，火出而火陳。杜長曆以爲八年不應閏而誤置閏八月，故四月得火見。今考上下傳文，八年實無閏，壬午實十一月十九日。定爲

戊戌晦	
丁卯晦	
丁酉晦	
丙寅晦	
丙申晦	
乙丑晦	
乙未晦	
甲子晦	
甲午晦	
癸亥晦	傳是而經誤。互見長曆拾遺表。
癸巳晦	
癸亥晦	

戊辰

九年	景王十二 齊景十五 晉平二十 五 衛靈二 蔡靈十 鄭簡三十 三 曹武二十 二
正月小	甲子朔
二月大	癸巳朔 傳：「庚申，楚公子棄疾遷許于夷。」按：庚申，是月之二十八日。若從杜氏于去年八
三月小	癸亥朔
四月大	壬辰朔
五月小	壬戌朔
六月大	辛卯朔
七月小	辛酉朔
八月大	庚寅朔
九月小	庚申朔
十月大	己丑朔
十一月小	己未朔
十二月大	戊子朔

陳 杞平三 宋平四十三 秦哀四 楚靈八 吳夷末十一		
	壬辰晦	
	壬戌晦	月置閏，則是月無庚申。
	辛卯晦	
	辛酉晦	
	庚寅晦	
	庚申晦	
	己丑晦	
	己未晦	
	戊子晦	
	戊午晦	
	丁亥晦	
	丁巳晦	

己巳

十年	景王十三 齊景十六 晉平二十六 衛靈三 蔡靈十一 鄭簡三十	
正月小	戊午朔	
二月大	丁亥朔	
三月小	丁巳朔	
四月大	丙戌朔	
五月小	丙辰朔	傳：「庚辰，戰于稷。」按：庚辰，是月之二十五日。若
六月大	乙卯朔	
七月小	乙酉朔	「戊子，晉侯彪卒。」是月之四日。
八月大	甲寅朔	
九月小	甲申朔	
十月大	癸丑朔	
十一月小	癸未朔	
十二月大	壬子朔	「甲子，宋公成卒。」是月之十三日。

四
曹武二十
三
陳
杞平四
宋平四十
四
秦哀五
楚靈九
吳夷末十
二

丙戌晦

丙辰晦

乙酉晦

乙卯晦

從杜氏于八年八月置閏，則是月無庚辰。
甲申晦
閏五月大
乙酉朔
甲寅晦

甲申晦

癸丑晦

癸未晦

壬子晦

壬午晦

辛亥晦

辛巳晦

庚午

十一年

景王十四
齊景十七
晉昭公夷元
衞靈四
蔡靈十二
鄭簡三十五
曹武二十四
陳
杞平五
宋元公佐元
秦哀六
楚靈十

月	朔	事
正月大	壬午朔	
二月小	壬子朔	
三月大	辛巳朔	傳：「丙申，楚子伏甲而饗蔡侯于申。」是月之十六日。
四月小	辛亥朔	「丁巳，楚子虔誘蔡侯般殺之于申。」是月之七日。
五月大	庚辰朔	「甲申，夫人歸氏薨。」是月之五日。
六月小	庚戌朔	
七月大	己卯朔	
八月小	己酉朔	
九月大	戊寅朔	「己亥，葬我小君齊歸。」是月之二十二日。
十月小	戊申朔	
十一月大	丁丑朔	「丁酉，楚師滅蔡。」是月之二十一日。
十二月小	丁未朔	

辛未

十三年	景王十五 齊景十八 晉昭二 衛靈五 蔡 鄭簡三十六 曹武二十五 陳 杞平六 宋元二 秦哀七	吴夷末十三
正月大	丙子朔	辛亥晦
二月小	丙子朔	庚辰晦
三月大	乙巳朔 「壬申，鄭伯嘉卒。」是月之二十八日。	庚戌晦
四月小	乙亥朔	己卯晦
五月大	甲辰朔	己酉晦
六月小	甲戌朔	戊寅晦
七月大	癸卯朔	戊申晦
八月小	癸酉朔 傳：「壬午，晉荀吴滅肥。」是月之十日。	丁丑晦
九月大	壬寅朔	丁未晦
十月小	壬申朔 傳：「壬申朔，原輿人逐原伯絞。」「丙申，殺甘悼公。」是月之二十五日。「丁酉，殺獻太子之傅。」是月之二十六日	丙子晦
十一月大	辛丑朔	丙午晦
十二月小	辛未朔	乙亥晦

楚靈十一	吳夷末十四	
	乙巳晦	閏正月大　丙午朔　乙亥晦
	甲辰晦	
	甲戌晦	
	癸卯晦	
	癸酉晦	
	壬寅晦	
	壬申晦	
	辛丑晦	
	辛未晦	
日。	庚子晦	
	庚午晦	
	己亥晦	

壬申

十三年	景王十六	齊景十九　晉昭三　衛靈六　蔡平公廬元　鄭定公寧
正月大	庚子朔	
二月小	庚午朔	
三月大	己亥朔	
四月小	己巳朔	
五月大	戊戌朔	傳：「癸亥，王縊于芋尹申亥氏。」杜註：「癸亥，五月
六月小	戊辰朔	
七月大	丁酉朔	傳：「丙寅，治兵于郲南。」是月之三十日。
八月小	丁卯朔	「甲戌，同盟于平丘。」是月之八日。傳：「辛未，治兵，
九月大	丙申朔	
十月小	丙寅朔	
十一月大	乙未朔	
十二月大	乙丑朔	

十四年	景王十七	癸酉	元 曹武二十六 陳惠公吳元 杞平七 宋元三 秦哀八 楚靈十二 吳夷末十五
正月小	乙未朔	己巳晦	
二月大	甲子朔	戊戌晦	
三月小	甲午朔	戊辰晦	
四月大	癸亥朔	丁酉晦	
五月小	癸巳朔	丁卯晦	二十六日。在乙卯、丙辰後。傳終言之。」「乙卯，子干、子晳自殺。」是月之十八日。「丙辰，棄疾即位。」是月之十九日。
六月大	壬戌朔	丙申晦	
七月小	壬辰朔	丙寅晦	
八月大	辛酉朔	乙未晦	建而不旆。壬申，復旆之。」辛未，是月之五日。壬申，是月之六日。「癸酉，退朝。」是月之七日。
九月小	辛卯朔	乙丑晦	
十月大	庚申朔	甲午晦	
十一月小	庚寅朔	甲子晦	
十二月大	己未朔	甲午晦	

十五年 景王十八	甲戌	齊景二十 晉昭四 衛靈七 蔡平二 鄭定二 曹武二十七 陳惠二 杞平八 宋元四 秦哀九 楚平王居元 吳夷末十六	
正月大	己丑朔	癸亥晦	
二月小	己未朔	癸巳晦	
三月大	戊子朔	壬戌晦	
四月小	戊午朔	壬辰晦	
五月大	丁亥朔	辛酉晦	
六月小	丁巳朔	辛卯晦	
七月大	丙戌朔	庚申晦	
八月小	丙辰朔	庚寅晦	
九月大	乙酉朔	己未晦	傳：「甲午，楚子殺鬭成然。」是月之四日。
十月大	甲申朔	己丑晦	
十一月小	甲寅朔	戊午晦	
十二月大	癸未朔	戊子晦	

齊景二十一
晉昭五
衛靈八
蔡平三
鄭定三
曹平公須元
陳惠三
杞平九
宋元五
秦哀十
楚平二
吳夷末十七

戊午晦

丁亥晦
「癸酉，有事于武宮。」是月之十五日。

丁巳晦

丙戌晦

丙辰晦

乙酉晦
「丁巳朔，日有食之。」傳：「乙丑，王太子壽卒。」是月之九日。

乙卯晦

甲申晦
傳：「戊寅，王穆后崩。」是月之二十三日。

甲寅晦
閏九月小
乙卯朔
癸未晦

癸丑晦

壬午晦

壬子晦

乙亥

十六年
景王十九
齊景二十二
晉昭六
衛靈九
蔡平四
鄭定四
曹平二
陳惠四
杞平十
宋元六
秦哀十一
楚平三
吳僚元

正月小	癸丑朔		辛巳晦
二月大	壬午朔	傳："丙申，齊師至于蒲隧。"是月之十五日。	辛亥晦
三月小	壬子朔		庚辰晦
四月大	辛巳朔		庚戌晦
五月小	辛亥朔		己卯晦
六月大	庚辰朔		己酉晦
七月小	庚戌朔		戊寅晦
八月大	己卯朔	"己亥，晉侯夷卒。"是月之二十一日。	戊申晦
九月小	己酉朔		丁丑晦
十月大	戊寅朔		丁未晦
十一月小	戊申朔		丙子晦
十二月大	丁丑朔		丙午晦

十七年

景王二十

齊景二十三

晉頃公去疾元

衛靈十

蔡平五

鄭定五

曹平三

陳惠五

杞平十一

宋元七

秦哀十二

楚平四

吳僚二

正月小	丁未朔		乙亥晦
二月大	丙子朔		乙巳晦
三月小	丙午朔		甲戌晦
四月大	乙亥朔		甲辰晦
五月小	乙巳朔		癸酉晦
六月大	甲戌朔	「甲戌朔，日有食之」。	癸卯晦
七月大	甲辰朔		癸酉晦
八月小	甲戌朔		壬寅晦
九月大	癸卯朔	傳：「丁卯，晉荀吳帥師涉自棘津。」是月之二十五日。「庚午，遂滅陸渾。」是月之二十八日。	壬申晦
十月小	癸酉朔		辛丑晦
十一月大	壬寅朔		辛未晦
十二月小	壬申朔		庚子晦

丁丑

十六年	景王二十一　齊景二十四　晉頃二　衛靈十一　蔡平六　鄭定六　曹平四　陳惠六　杞平十二　宋元八　秦哀十三　楚平五　吳僚三		
正月大	辛丑朔		庚午晦
二月小	辛丑朔	傳：「乙卯，周毛得殺毛伯過。」是月之十五日。	己巳晦
三月大	庚午朔		己亥晦
四月小	庚子朔		戊辰晦
五月大	己巳朔	「壬午，宋、衛、陳、鄭災。」是月之十四日。傳：「丙子，風。」是月之八日。「戊寅，風甚。」是月之十日。	戊戌晦
六月小	己亥朔		丁卯晦
七月大	戊辰朔		丁酉晦
八月小	戊戌朔		丙寅晦
九月大	丁卯朔		丙申晦
十月小	丁酉朔		乙丑晦
十一月大	丙寅朔		乙未晦
十二月小	丙申朔		甲子晦

閏正月大	辛未朔　庚子晦

戊寅

十九年	景王二十二　齊景二十五　晉頃三　衛靈十二　蔡平七　鄭定七　曹悼公午元	
正月大	乙丑朔	
二月大	乙未朔	
三月小	乙丑朔	
四月大	甲午朔	
五月小	甲子朔	「戊辰，許世子止弑其君買。」是月之五日。「己卯，地震。」是月之十六日。
六月大	癸巳朔	
七月小	癸亥朔	傳：「丙子，齊師入紀。」是月之十四日。
八月大	壬辰朔	
九月小	壬戌朔	
十月大	辛卯朔	
十一月小	辛酉朔	
十二月大	庚寅朔	

陳惠七 杞平十三 宋元九 秦哀十四 楚平六 吳僚四	
甲午晦	
甲子晦	
癸巳晦	
癸亥晦	
壬辰晦	傳：「邾人、郳人、徐人會宋公。乙亥，同盟于蟲。」是月之十二日。
壬戌晦	
辛卯晦	
辛酉晦	
庚寅晦	
庚申晦	
己丑晦	
己未晦	

己卯

二十年	景王二十三 齊景二十六 晉頃四 衛靈十三 蔡平八	
正月小	庚申朔	
二月大	己丑朔	傳：「己丑，日南至。」杜註：「是歲朔旦冬至之歲也。」
三月大	己未朔	
四月小	己丑朔	
五月大	戊午朔	
六月大	戊子朔	傳：「丙申，宋華亥誘殺羣公子。」是月之九日。
七月小	戊午朔	傳：「戊午朔，遂盟國人。」
八月大	丁亥朔	傳：「辛亥，公子朝出奔晉。」是月之二十五日。
九月大	丙戌朔	
十月小	丙辰朔	傳：「戊辰，華向奔陳。」是月之十三日。
十一月大	乙酉朔	「辛卯，蔡侯廬卒。」是月之七日。
十二月小	乙卯朔	

	鄭定八 曹悼二 陳惠八 杞平十四 宋元十 秦哀十五 楚平七 吳僚五
戊子晦	
戊午晦	當言正月己丑朔日南至。時史失閏，閏更在二月後。」詳長曆拾遺表。
戊子晦	
丁巳晦	
丁亥晦	
丁巳晦	「癸卯，取太子欒與母弟辰、公子地以爲質。」是月之十六日。「丙辰，衞侯在平壽。」是月之二十九日。「丁巳晦，公入，與北宮喜盟。」是月之三十日。
丙戌晦	
丙辰晦	
乙卯晦	
甲申晦	
甲寅晦	
癸未晦	

閏八月小 丁巳朔 傳：「閏月戊辰，殺宣姜。」是月之十二日。 乙酉晦

庚辰

二十一年 景王二十四 齊景二十七 晉頃五 衛靈十四

正月大	甲申朔	
二月小	甲寅朔	
三月大	癸未朔	
四月小	癸丑朔	
五月大	壬午朔	傳：「丙申，宋城舊鄘及桑林之門而守之。」是月之十五日。
六月大	壬子朔	傳：「庚午，宋華亥、向寧、華定將見司馬而行。」
七月小	壬午朔	「壬午朔，日有食之。」
八月大	辛亥朔	「乙亥，叔輒卒。」是月之二十五日。
九月小	辛巳朔	
十月大	庚戌朔	傳：「丙寅，齊師、宋師敗吳師于鴻口。」是月之四日。
十一月小	庚辰朔	傳：「癸未，公子城以晉師至。」是月
十二月大	己酉朔	

蔡悼公東國元 鄭定九 曹悼三 陳惠九 杞平十五 宋元十一 秦哀十六 楚平八 吳僚六	
癸丑晦	
壬午晦	
壬子晦	
辛巳晦	
辛亥晦	日。「壬寅，華向入。」是月之二十一日。
辛巳晦	月之十九日。
庚戌晦	
庚辰晦	
己酉晦	
己卯晦	之十七日。
戊申晦	「丙戌，與華氏戰于赭丘。」是月之七日。
戊寅晦	

辛巳

二十二年 景王二十五 齊景二十八 晉頃六		
正月小	己卯朔	
二月大	戊申朔	傳：「甲子，齊北郭啟帥師伐莒。」是
三月小	戊寅朔	
四月大	丁未朔	「乙丑，天王崩。」杜註：「月之十九日。」
五月小	丁丑朔	傳：「庚辰，劉蚠見王。」是月之四
六月大	丙午朔	傳：「丁巳，葬景王。」是月之十二
七月小	丙子朔	傳：「戊寅，以王如平時，遂如圃
八月大	乙巳朔	傳：「辛酉，司徒醜以王師敗績于前
九月小	乙亥朔	
十月大	甲辰朔	傳：「丁巳，晉籍談、荀躒納王于王
十一月小	甲戌朔	傳：「乙酉，王子猛卒。」杜註：「乙
十二月大	癸卯朔	「癸酉朔，日有食之。」杜註「此月有

衛靈十五
蔡悼二
鄭定十
曹悼四
陳惠十
杞平十六
宋元十二
秦哀十七
楚平九
吳僚七

月之十七
日
「己巳，宋
華亥、向
寧、華定
出奔楚。」
是月之二
十二日。

傳：「戊
辰，劉子
摯卒。」杜
註：「月之
二十二
日。」

日。

日。
「壬戌，劉
子奔揚。」
是月之十
七日。
「癸亥，單
子出。」是
月之十八
日。
「乙丑，奔
于平時。」
是月之二
十日。
「子朝奔
京。丙寅，
伐之。」
是月之二
十一日。
「辛未，鞏

車，次于
皇。」
杜註：「戊
寅，七月
三日。經
書六月，
誤。」
「辛卯，鄩
肸伐皇。」
是月之十
六日。
「壬辰，焚
諸王城之
市。」是月
之十七
日。

城。」是月
之十七
日。
「己巳，伐
單氏之
宮。」是月
之二十五
日。
「庚午，反
伐之。」是
月之二十
六日。
「辛未，伐
東圉。」是
月之二十
七日。

城。」是月
之十四
日。
「庚申，單
子、劉蚠
以王師敗
績于郊。」
是月之十
七日。

酉，在十
一月。經
書十月，
誤。」正義
曰：「乙
酉，是十
一月十二
日。」
「己丑，敬
王卽位。」
是月之十
六日。

庚戌，又
以長曆推
校前後，
當爲癸卯
朔，書癸
酉誤。」按
是年杜
註經誤者
三。是時
孔子年已
三十二，
事皆耳聞
目見，不
應連書三
事皆誤。
疑當時置
閏本在四
月，後傳
誤置閏于

簡公敗績于京。」是月之二十六日。「乙亥，甘平公亦敗焉。」是月之三十日。

歲終，遂與經異。大衍曆、元史俱云十二月癸酉朔入食限，明是傳誤。但此年傳書月日最詳，杜據此作長曆，反謂經誤耳。今亦姑從傳。傳：「庚戌，晉師軍于陰，

丁未晦

丁丑晦

丙午晦

丙子晦

乙巳晦

乙亥晦

甲辰晦

甲戌晦

癸卯晦

癸酉晦

壬寅晦

王師軍于氾。」是月之八日。

壬申晦

閏十二月小

癸酉朔

傳：「閏月，取前城。」「辛丑，伐京，毀其西南。」是月之二十九日，即晦日也。

辛丑晦

壬午

二十三年		敬王丐元　齊景二十九　晉頃七　衛靈十六　蔡悼三　鄭定十一　曹悼五　陳惠十一　杞平十七　宋元十三　秦哀十八　楚平十　吳僚八
正月大	壬寅朔	「癸丑，叔鞅卒。」是月之十二日。傳：「壬寅朔，二師圍郊。」是月之一日。「癸卯，郊、鄩潰。」是月之二日。「丁未，晉師在平
二月小	壬申朔	
三月大	辛丑朔	
四月小	辛未朔	傳：「乙酉，單子取訾，劉子取牆人、直人。」是月之十五日。
五月大	庚子朔	
六月大	庚午朔	傳：「壬午，王子朝入于尹。」是月之十三日。「癸未，尹圉誘劉佗殺之。」是月之十四日。「丙戌，單子、劉子伐尹。」是月之十七
七月小	庚子朔	「戊辰，吳敗頓、胡、沈、蔡、陳、許之師于雞父。」杜註：「七月二十九日。」正義曰：「經不書晦，明經不以晦示褒貶。」傳：「戊
八月大	己巳朔	「乙未，地震。」是月之二十七日。傳：「丁酉，南宮極震。」是月之二十九日。
九月小	己亥朔	
十月大	戊辰朔	傳：「甲申，吳太子諸樊入郥。」是月之十七日。
十一月小	戊戌朔	
十二月大	丁卯朔	

陰，王師在澤邑。」是月之六日。「庚戌，還。」是月之九日。

日。「己丑，召伯奂、南宮極以成周人戍尹。」是月之二十日。「庚寅，單子、劉子、樊齊以王如劉。」是月之二十一日。「甲午，王子朝入于王城。」是月之二十五日。

申，鄩羅納諸莊宮。尹辛敗劉師于唐。」是月之九日。「丙辰，又敗諸鄩。」是月之十七日。「甲子，尹辛取西闈。」是月之二十五日。「丙寅，攻蒯，蒯潰。」是月之二十七

	辛未晦	
	庚子晦	
	庚午晦	
	己亥晦	
	己巳晦	
	己亥晦	
	戊辰晦	日。
	戊戌晦	
	丁卯晦	
	丁酉晦	
	丙寅晦	
	丙申晦	

癸未

二十四年		
敬王二 齊景三十 晉頃八 衛靈十七 蔡昭公申元 鄭定十二 曹悼六 陳惠十二 杞平十八 宋元十四 秦哀十九		
正月小	丁酉朔	傳：「辛丑，召簡公以甘桓公見王子朝。」是月之五日。「戊午，王子朝入于鄔。」是月之二十二日。
二月大	丙寅朔	「丙戌，仲孫貜卒。」是月之二十一日。
三月小	丙申朔	傳：「庚戌，晉侯使士景伯涖問周故。」是月之十五日。
四月大	乙丑朔	
五月小	乙未朔	「乙未朔，日有食之。」
六月大	甲子朔	傳：「壬申，王子朝之師攻瑕及杏。」是月之九日。
七月小	甲午朔	
八月大	癸亥朔	「丁酉，杞伯郁釐卒。」杜註：「丁酉，九月五日。有日無月。」
九月小	癸巳朔	
十月大	壬戌朔	傳：「癸酉，王子朝用成周之寶珪于河。」是月之十二日。「甲戌，津人得諸河上。」是月之十三
十一月小	壬辰朔	
十二月大	辛酉朔	

楚平十一	吳僚九
	乙丑晦
	乙未晦
	甲子晦
	甲午晦
	癸亥晦
	癸巳晦
	壬戌晦
	壬辰晦
	辛酉晦
日。	辛卯晦
	庚申晦
	庚寅晦

甲申

二十五年	敬王三	齊景三十一　晉頃九　衛靈十八　蔡昭二　鄭定十三　曹悼七　陳惠十三　杞悼公成元　宋元十五　秦哀二十　楚平十二
正月大	辛卯朔	
二月小	辛酉朔	
三月大	庚寅朔	
四月小	庚申朔	
五月大	己丑朔	
六月大	己未朔	
七月小	己丑朔	「上辛，大雩。」是月之三日爲辛卯。「季辛，又雩。」是月之二十三日爲辛亥。
八月大	戊午朔	
九月小	戊子朔	「己亥，公孫于齊。」是月之十二日。傳：「戊戌，伐季氏。」是月之十一日。
十月大	丁巳朔	「戊辰，叔孫婼卒。」是月之十二日。傳：「辛酉，昭子齊于其寢，使祝宗祈死。」是月之五日。「壬申，尹
十一月小	丁亥朔	「己亥，宋公佐卒于曲棘。」是月之十三日。
十二月大	丙辰朔	傳：「庚辰，齊侯圍鄆。」是月之二十五日。

吳僚十		
	庚申晦	
	己丑晦	
	己未晦	
	戊子晦	
	戊午晦	
	戊子晦	
	丁巳晦	
	丁亥晦	
	丙辰晦	
	丙戌晦	文公涉于鞏，焚東訾。」是月之十六日。
	乙卯晦	
	乙酉晦	
閏十二月小	丙戌朔 甲寅晦	

乙酉

二十六年	敬王四 齊景三十二 晉頃十	
正月大	乙卯朔	傳：「庚申，齊侯取鄆。」是
二月小	乙酉朔	
三月大	甲寅朔	
四月小	甲申朔	
五月大	癸丑朔	傳：「戊午，劉人敗王城之
六月小	癸未朔	
七月大	壬子朔	傳：「己巳，劉子以王出。」
八月小	壬午朔	
九月大	辛亥朔	「庚申，楚子居卒。」是月之十
十月小	辛巳朔	傳：「丙申，王起師于滑。」
十一月大	庚戌朔	傳：「辛酉，晉師克鞏。」是
十二月大	庚辰朔	傳：「癸未，王入于莊宮。」

衛靈十九
蔡昭三
鄭定十四
曹悼八
陳惠十四
杞悼二
宋景欒元
秦哀二十一
楚平十三
吳僚十一

月之六日。

師于尸氏。」是月之六日。「戊辰，王城人、劉人戰于施谷。」是月之十六日。

是月之十八日。「庚午，次于渠。」是月之十九日。「丙子，王宿于褚氏。」是月之二十五日。「丁丑，王次于萑谷。」是月之二十六日。「庚辰，王入于胥靡。」是月之二十九

日。

是月之十六日。「辛丑，在郊。」是月之二十一日。

月之十二日。「癸酉，王入于成周。」是月之二十四日。「甲戌，盟于襄宮。」是月之二十五日

是月之四日。

甲申晦	
癸丑晦	
癸未晦	
壬子晦	
壬午晦	
辛亥晦	
辛巳晦	日。「辛巳，王次于滑。」是月之三十日。
庚戌晦	
庚辰晦	
己酉晦	
己卯晦	
己酉晦	

丙戌

二十七年	敬王五 齊景三十三 晉頃十一 衛靈二十 蔡昭四 鄭定十五 曹悼九
正月小	庚戌朔
二月大	己卯朔
三月小	己酉朔
四月大	戊寅朔
五月小	戊申朔
六月大	丁丑朔
七月小	丁未朔
八月大	丙子朔
九月小	丙午朔 傳：「己未，子常殺費無極與鄢將師。」是月之十四日。
十月大	乙亥朔
十一月小	乙巳朔
十二月大	甲戌朔

陳惠十五 杞悼三 宋景二 秦哀二十二 楚昭王軫元 吳僚十二	
	戊寅晦
	戊申晦
	丁丑晦
	丁未晦
	丙子晦
	丙午晦
	乙亥晦
	乙巳晦
	甲戌晦
	甲辰晦
	癸酉晦
	癸卯晦

丁亥

二十六年	敬王六	齊景三十四 晉頃十二 衛靈二十一 蔡昭五
正月大	甲辰朔	
二月小	甲戌朔	
三月大	癸卯朔	
四月小	癸酉朔	「丙戌，鄭伯寧卒。」是月之十四日。
五月大	壬寅朔	
六月大	辛丑朔	
七月小	辛未朔	「癸巳，滕子寧卒。」是月之二十三日。
八月大	庚子朔	
九月小	庚午朔	
十月大	己亥朔	
十一月小	己巳朔	
十二月大	戊戌朔	

鄭定十六
曹聲公野元
陳惠十六
杞悼四
宋景三
秦哀二十三
楚昭二
吳闔廬元

癸酉晦

壬寅晦

壬申晦

辛丑晦

辛未晦　閏五月小　壬申朔　庚子晦

庚午晦

己亥晦

己巳晦

戊戌晦

戊辰晦

丁酉晦

丁卯晦

戊子

二十九年			
敬王七			
齊景三十五			
晉頃十三			
衛靈二十二			
蔡昭六			
鄭獻公蠆元			
曹聲二			
陳惠十七			
杞悼五			
宋景四			
秦哀二十四			
楚昭三			
吳闔廬二			

月	朔	事	晦
正月大	戊辰朔		丁酉晦
二月小	戊戌朔		丙寅晦
三月大	丁卯朔	傳：「己卯，京師殺召伯盈、尹氏固及原伯魯之子。」是月之十三日。	丙申晦
四月小	丁酉朔	「庚子，叔詣卒。」是月之四日。	乙丑晦
五月大	丙寅朔	傳：「庚寅，王子趙車入於鄻以叛。」是月之二十五日。	乙未晦
六月小	丙申朔		甲子晦
七月大	乙丑朔		甲午晦
八月小	乙未朔		癸亥晦
九月大	甲子朔		癸巳晦
十月小	甲午朔		壬戌晦
十一月大	癸亥朔		壬辰晦
十二月小	癸巳朔		辛酉晦

己丑

月	朔	記事	晦
三十年	敬王八　齊景三十　六　晉頃十四　衛靈二十　三　蔡昭七　鄭獻二　曹聲三　陳惠十八　杞悼六　宋景五　秦哀二十　五　楚昭四　吳闔廬三		
正月大	壬戌朔		辛卯晦
二月小	壬辰朔		庚申晦
三月大	辛酉朔		庚寅晦
四月小	辛卯朔		己未晦
五月大	庚申朔		己丑晦
六月小	庚申朔	「庚辰，晉侯去疾卒。」是月之二十一日。	戊子晦
七月大	己丑朔		戊午晦
八月小	己未朔		丁亥晦
九月大	戊子朔		丁巳晦
十月小	戊午朔		丙戌晦
十一月大	丁亥朔		丙辰晦
十二月小	丁巳朔	傳：「己卯，吳滅徐。」是月之二十三日。	乙酉晦

閏五月大	庚寅朔　己未晦

庚寅

三十一年	敬王九　齊景三十七　晉定公午元　衛靈二十四　蔡昭八　鄭獻三　曹聲四	
正月大	丙戌朔	
二月小	丙辰朔	
三月大	乙酉朔	
四月小	乙卯朔	「丁巳，薛伯穀卒。」是月之三日。
五月大	甲申朔	
六月小	甲寅朔	
七月大	癸未朔	
八月小	癸丑朔	
九月大	壬午朔	
十月小	壬子朔	
十一月大	辛巳朔	
十二月小	辛亥朔	「辛亥朔，日有食之。」

陳惠十九　杞悼七　宋景六　秦哀二十六　楚昭五　吳闔廬四	
	乙卯晦
	甲申晦
	甲寅晦
	癸未晦
	癸丑晦
	壬午晦
	壬子晦
	辛巳晦
	辛亥晦
	庚辰晦
	庚戌晦
	己卯晦

辛卯

三十二年　敬王十　齊景三十八　晉定二　衛靈二十五　蔡昭九　鄭獻四		
正月大	庚辰朔	
二月小	庚戌朔	
三月大	己卯朔	
四月小	己酉朔	
五月大	戊寅朔	
六月小	戊申朔	
七月大	丁丑朔	
八月小	丁未朔	
九月大	丙子朔	
十月小	丙午朔	
十一月大	乙亥朔	傳：「己丑，士彌牟營成周。」己丑，是月之十五日。
十二月大	乙巳朔	「己未，公薨于乾侯。」杜註：「十五日。」

曹聲五
陳惠二十
杞悼八
宋景七
秦哀二十七
楚昭六
吳闔廬五

按：此傳與定元年正月城成周是一事。顧寧人曰：左氏兩收而失删其一。周之正月，晉十一月也。彼云「庚寅栽」，庚寅即己丑之明日。而傳分爲兩年，豈有遲之兩月而始

己酉晦	
戊寅晦	
戊申晦	
丁丑晦	
丁未晦	
丙子晦	
丙午晦	
乙亥晦	
乙巳晦	
甲戌晦	
甲辰晦	裁，宋仲幾乃不受功者乎？
甲戌晦	

定公名宋。

壬辰

元年	敬王十一 齊景三十九 晉定三 衞靈二十六 蔡昭十 鄭獻五	
正月小	乙亥朔	傳：「辛巳，晉魏舒合諸侯之大夫于狄泉，將以城成周。」
二月大	甲辰朔	
三月小	甲戌朔	
四月大	癸卯朔	
五月小	癸酉朔	
六月大	壬寅朔	「癸亥，公之喪至自乾侯。」是月之二十二日。「戊辰，公卽位。」是
七月小	壬申朔	「癸巳，葬我君昭公。」是月之二十二日。
八月大	辛丑朔	
九月小	辛未朔	
十月大	庚子朔	
十一月小	庚午朔	
十二月大	己亥朔	

曹隱公通元　陳惠二十一　杞悼九　宋景八　秦哀二十八　楚昭七　吳闔廬六	
癸卯晦	正義曰：「長曆辛巳是正月七日。」「庚寅，栽。」正義曰：「庚寅，是正月十六日。」
癸酉晦	
壬寅晦	
壬申晦	
辛丑晦	
辛未晦	月之二十七日。
庚子晦	
庚午晦	
己亥晦	
己巳晦	
戊戌晦	
戊辰晦	

癸巳

二年	敬王十二　齊景四十　晉定四　衛靈二十	
正月小	己巳朔	
二月大	戊戌朔	
三月小	戊辰朔	
四月大	丁酉朔	傳：「辛酉，鞏氏之羣子弟
五月小	丁卯朔	「壬辰，雉門及兩觀災。」是月
六月大	丙寅朔	
七月小	丙申朔	
八月大	乙丑朔	
九月小	乙未朔	
十月大	甲子朔	
十一月小	甲午朔	
十二月大	癸亥朔	

七
蔡昭十一
鄭獻六
曹隱二
陳惠二十
二
杞悼十
宋景九
秦哀二十
九
楚昭八
吳闔廬七

丁酉晦

丁卯晦

丙申晦

賊簡公。」之二十六
是月之二日。
十五日。
丙寅晦

乙未晦
閏五月大
丙申朔
乙丑晦

乙未晦

甲子晦

甲午晦

癸亥晦

癸巳晦

壬戌晦

壬辰晦

甲午

三年　敬王十三　齊景四十一　晉定五　衛靈二十八　蔡昭十二　鄭獻七　曹隱三　陳惠二十三　杞悼十一　宋景十　秦哀三十　楚昭九　吳闔廬八

月	朔	事	晦
正月小	癸巳朔		辛酉晦
二月大	壬戌朔	「辛卯，邾子穿卒。」是月之三十日。	辛卯晦
三月小	壬辰朔		庚申晦
四月大	辛酉朔		庚寅晦
五月小	辛卯朔		己未晦
六月大	庚申朔		己丑晦
七月小	庚寅朔		戊午晦
八月大	己未朔		戊子晦
九月小	己丑朔		丁巳晦
十月大	戊午朔		丁亥晦
十一月小	戊子朔		丙辰晦
十二月大	丁巳朔		丙戌晦

乙未

四年	月	朔	事
敬王十四 齊景四十二 晉定六 衛靈二十九 蔡昭十三 鄭獻八 曹隱四 陳惠二十四 杞悼十二 宋景十一 秦哀三十一 楚昭十	正月大	丁亥朔	
	二月小	丁巳朔	「癸巳，陳侯吳卒。」杜註：「癸巳，正月七日。書二月，從赴。」
	三月大	丙戌朔	
	四月小	丙辰朔	「庚辰，蔡公孫姓帥師滅沈。」是月之二十五日。
	五月大	乙酉朔	
	六月小	乙卯朔	
	七月大	甲申朔	
	八月小	甲寅朔	
	九月大	癸未朔	
	十月小	癸丑朔	
	十一月大	壬子朔	「庚午，蔡侯以吳子及楚人戰于柏舉。」是月之十九日。「庚辰，吳入郢。」是月之二十九日。傳：「己卯，楚子取其妹季芈畀我以出。」是月
	十二月大	壬午朔	

	吳闔廬九	
	丙辰晦	
	乙酉晦	
	乙卯晦	
	甲申晦	
	甲寅晦	
	癸未晦	
	癸丑晦	
	壬午晦	
	壬子晦	
	壬午晦	閏十月小　癸未朔　杜註：「昭三十一年傳曰『六年十二月庚辰吳入郢』，今以十一月者，并閏月數之。」正義曰：「長曆推此年閏十
之二十八日。	辛巳晦	
	辛亥晦	

丙申

五年	敬王十五	齊景四十	
正月小	壬子朔		
二月大	辛巳朔		
三月小	辛亥朔	「辛亥朔，	
四月大	庚辰朔		
五月小	庚戌朔		
六月大	己卯朔	「丙申，季	
七月小	己酉朔	「壬子，叔	
八月大	戊寅朔		
九月小	戊申朔	傳：「乙	
十月大	丁丑朔	傳：「丁	月，庚辰又是十一月二十九日，其月垂盡，并數閏得爲十二月也。」詳長曆拾遺表。 辛亥晦
十一月小	丁未朔		
十二月大	丙子朔		

三 晉定七 衛靈三十 蔡昭十四 鄭獻九 曹靖公露元 陳懷公柳元 杞僖公過元 宋景十一 秦哀三十二 楚昭十一 吳闔廬十	
庚辰晦	
庚戌晦	
己卯晦	日有食之。」
己酉晦	
戊寅晦	
戊申晦	孫意如卒。」是月之十八日。
丁丑晦	孫不敢卒。」是月之四日。
丁未晦	
丙子晦	亥，陽虎囚季桓子。」是月之二十八日。
丙午晦	亥，殺公何藐。」是月之十一日。「己丑，盟桓子于稷門之內。」是月之十三日。「庚寅，大詛，逐公父歜。」是月之十四日。
乙亥晦	
乙巳晦	

丁酉

六年

敬王十六

齊景四十四

晉定八

衞靈三十一

蔡昭十五

鄭獻十

曹靖二

陳懷二

杞僖二

宋景十三

秦哀三十三

楚昭十二

吳闔廬十一

月	朔	晦	注
正月小	丙午朔	甲戌晦	「癸亥，鄭游速帥師滅許。」是月之十八日。
二月大	乙亥朔	甲辰晦	
三月小	乙巳朔	癸酉晦	
四月大	甲戌朔	癸卯晦	傳：「己丑，吳太子終纍敗楚舟師。」是月之十六日。
五月小	甲辰朔	壬申晦	
六月大	癸酉朔	壬寅晦	
七月小	癸卯朔	辛未晦	
八月大	壬申朔	辛丑晦	
九月小	壬寅朔	庚午晦	
十月大	辛未朔	庚子晦	
十一月小	辛丑朔	己巳晦	
十二月大	庚午朔	己亥晦	

戊戌

七年	正月大	二月小	三月大	四月小	五月大	六月小	七月大	八月小	九月大	十月小	十一月大	十二月小
敬王十七 齊景四十 五 晉定九 衞靈三十 二 蔡昭十六 鄭獻十一 曹靖三 陳懷三 杞僖三 宋景十四 秦哀三十 四 楚昭十三 吳闔廬十 二	庚子朔	庚午朔	己亥朔	己巳朔	戊戌朔	戊辰朔	丁酉朔	丁卯朔	丙申朔	丙寅朔	乙未朔	乙丑朔
											傳：「戊午，單子、劉子逆王于慶氏。」是月之二十四日。	傳：「己巳，王入于王城。」杜註：「己巳，十二月五日。有日無月。」
	己巳晦	戊戌晦	戊辰晦	丁酉晦	丁卯晦	丙申晦	丙寅晦	乙未晦	乙丑晦	甲午晦	甲子晦	癸巳晦

己亥

八年	月	朔	記事
敬王十八 一 齊景四十 六 晉定十 衛靈三十 三 蔡昭十七 鄭獻十二 曹靖四 陳懷四 杞僖四 宋景十五 秦哀三十 五 楚昭十四 吳闔廬十	正月大	甲午朔	
	二月小	甲子朔	傳：「己丑，單子伐穀城，劉子伐儀栗。」是月之二十六日。「辛卯，單子伐簡城，劉子伐盂。」是月之二十八日。
	三月大	癸亥朔	
	四月小	癸巳朔	
	五月大	壬戌朔	
	六月小	壬辰朔	
	七月大	辛酉朔	「戊辰，陳侯柳卒。」是月之八日。
	八月小	辛卯朔	
	九月大	庚申朔	
	十月小	庚寅朔	傳：「辛卯，禘于僖公。」杜註：「十月二日。」「壬辰，將享季氏于蒲圃而殺之。」是月之三日。「戒都車曰癸巳至。」是月之四日。
	十一月大	己未朔	
	十二月小	己丑朔	

三	
癸亥晦	
壬辰晦	閏三月大 癸巳朔 壬戌晦
壬辰晦	
辛酉晦	
辛卯晦	
庚申晦	
庚寅晦	
己未晦	
己丑晦	
戊午晦	
戊子晦	
丁巳晦	

庚子 九年	敬王十九 齊景四十七 晉定十一 衛靈三十四 蔡昭十八 鄭獻十三 曹伯陽元 陳閔公越
正月大	戊午朔
二月小	戊子朔
三月大	丁巳朔
四月小	丁亥朔 「戊申，鄭伯蠆卒。」是月之二十二日。
五月大	丙辰朔
六月小	丙戌朔
七月大	乙卯朔
八月小	乙酉朔
九月大	甲寅朔
十月小	甲申朔
十一月大	癸丑朔
十二月小	癸未朔

元 杞僖五 宋景十六 秦哀三十 六 楚昭十五 吳闔廬十 四
丁亥晦
丙辰晦
丙戌晦
乙卯晦
乙酉晦
甲寅晦
甲申晦
癸丑晦
癸未晦
壬子晦
壬午晦
辛亥晦

辛丑

十年	敬王二十 齊景四十 八 晉定十二 衞靈三十 五 蔡昭十九
正月大	壬子朔
二月小	壬午朔
三月大	辛亥朔
四月小	辛巳朔
五月大	庚戌朔
六月小	庚辰朔
七月大	己卯朔
八月小	己酉朔
九月大	戊寅朔
十月小	戊申朔
十一月大	丁丑朔
十二月小	丁未朔

鄭聲公勝元
曹陽二
陳閔二
杞僖六
宋景十七
秦惠公元
楚昭十六
吳闔廬十
五

壬寅

十一年
敬王二十

月	朔	晦	
正月大	丙子朔	辛巳晦	
二月小	丙午朔	庚戌晦	
三月大	乙亥朔	庚辰晦	
四月小	乙巳朔	己酉晦	
五月大	甲戌朔	己卯晦	
六月小	甲辰朔	戊申晦	閏六月大 己酉朔 戊寅晦
七月大	癸酉朔	戊申晦	
八月小	癸卯朔	丁丑晦	
九月大	壬申朔	丁未晦	
十月小	壬寅朔	丙子晦	
十一月大	辛未朔	丙午晦	
十二月大	辛丑朔	乙亥晦	

一

齊景四十

九

晉定十三

衛靈三十

六

蔡昭二十

鄭聲二

曹陽三

陳閔三

杞僖七

宋景十八

秦惠二

楚昭十七

吳闔廬十

六

乙巳晦

甲戌晦

甲辰晦

癸酉晦

癸卯晦

壬申晦

壬寅晦

辛未晦

辛丑晦

庚午晦

庚子晦

庚午晦

癸卯

十三年　敬王二十二　齊景五十　晉定十四　衛靈三十七　蔡昭二十一　鄭聲三　曹陽四　陳閔四　杞僖八　宋景十九　秦惠三　楚昭十八　吳闔廬十七

月	朔	事	晦
正月小	辛未朔		己亥晦
二月大	庚子朔		己巳晦
三月小	庚午朔		戊戌晦
四月大	己亥朔		戊辰晦
五月小	己巳朔		丁酉晦
六月大	戊戌朔		丁卯晦
七月小	戊辰朔		丙申晦
八月大	丁酉朔		丙寅晦
九月小	丁卯朔		乙未晦
十月大	丙申朔	「癸亥，公會齊侯盟于黃。」是月之二十八日。	乙丑晦
十一月小	丙寅朔	「丙寅朔，日有食之。」	甲午晦
十二月大	乙丑朔		甲午晦

甲辰

十三年	敬王二十 三 齊景五十 一 晉定十五 衛靈三十 八 蔡昭二十 二 鄭聲四 曹湯五	
正月小	乙未朔	
二月大	甲子朔	
三月小	甲午朔	
四月大	癸亥朔	
五月小	癸巳朔	
六月大	壬戌朔	
七月小	壬辰朔	
八月大	辛酉朔	
九月小	辛卯朔	
十月大	庚申朔	
十一月小	庚寅朔	傳：「丁未，荀寅、士吉射奔朝歌。」是月之十八日。
十二月大	己未朔	傳：「辛未，趙鞅入于絳。」是月之十三日。

閏十一月大	乙未朔	甲子晦

陳閔五 杞僖九 宋景二十 秦惠四 楚昭十九 吳闔廬十 八	
癸亥晦	
癸巳晦	
壬戌晦	
壬辰晦	
辛酉晦	
辛卯晦	
庚申晦	
庚寅晦	
己未晦	
己丑晦	
戊午晦	
戊子晦	

乙巳

十四年 敬王二十四 齊景五十二 晉定十六 衛靈三十九 蔡昭二十		
正月大	己丑朔	
二月小	己未朔	「辛巳，楚滅頓。」是月之二十三日。
三月大	戊子朔	
四月小	戊午朔	
五月大	丁亥朔	
六月小	丁巳朔	
七月大	丙戌朔	
八月小	丙辰朔	
九月大	乙酉朔	
十月小	乙卯朔	
十一月大	甲申朔	
十二月小	甲寅朔	

三
鄭聲五
曹陽六
陳閔六
杞僖十
宋景二十
一
秦惠五
楚昭二十
吳闔廬十
九

戊午晦

丁亥晦

丁巳晦

丙戌晦

丙辰晦

乙酉晦

乙卯晦

甲申晦

甲寅晦

癸未晦

癸丑晦

壬午晦
閏十二月大
癸未朔
壬子晦

丙午

十五年
敬王二十
五
齊景五十
三
晉定十七
衛靈四十
蔡昭二十
四
鄭聲六
曹陽七
陳閔七
杞僖十一
宋景二十
二
秦惠六
一
楚昭二十

月	朔	事
正月大	癸丑朔	
二月小	癸未朔	「辛丑，楚子滅胡。」是月之十九日。
三月大	壬子朔	
四月小	壬午朔	
五月大	辛亥朔	「辛亥，郊。」是月之朔日。「壬申，公薨于高寢。」是月之二十二日。
六月小	辛巳朔	
七月大	庚戌朔	「壬申，姒氏卒。」是月二十三日。
八月小	庚辰朔	「庚辰朔，日有食之。」
九月大	己酉朔	「丁巳，葬我君定公，雨，不克葬。」是月之九日。「戊午，日下昃，乃克葬。」是月之十日。「辛巳，葬定姒。」杜註：「辛巳，十月三日。」經
十月小	己卯朔	
十一月大	戊申朔	
十二月小	戊寅朔	

	吴夫差元
壬午晦	
辛亥晦	
辛巳晦	
庚戌晦	
庚辰晦	
己酉晦	
己卯晦	
戊申晦	
戊寅晦	有日無月。」正義曰：「此年八月庚辰朔，二日則辛巳，更盈一周則十月己卯朔，三日得辛巳。」
丁未晦	
丁丑晦	
丙午晦	

哀公名蔣。

丁未

元年	敬王二十
正月大	丁未朔
二月小	丁丑朔
三月大	丙午朔
四月小	丙子朔
五月大	乙巳朔
六月小	乙亥朔
七月大	甲辰朔
八月小	甲戌朔
九月大	癸卯朔
十月小	癸酉朔
十一月大	壬寅朔
十二月小	壬申朔

六 齊景五十 四 晉定十八 衛靈四十 一 蔡昭二十 五 鄭聲七 曹陽八 陳閔八 杞僖十二 宋景二十 三 秦惠七 楚昭二十 二 吳夫差二	
丙子晦	
乙巳晦	
乙亥晦	
甲辰晦	「辛巳，郊。」是月之六日。
甲戌晦	
癸卯晦	
癸酉晦	
壬寅晦	
壬申晦	
辛丑晦	
辛未晦	
庚子晦	

戊申

二年

敬王二十

七

齊景五十

五

晉定十九

衛靈四十

二

蔡昭二十

六

鄭聲八

曹陽九

陳閔九

杞僖十三

宋景二十

四

秦惠八

楚昭二十

正月大	辛丑朔	
二月小	辛未朔	「癸巳，叔孫州仇、仲孫何忌及邾子盟于句繹。」是月之二十三日。
三月大	庚子朔	
四月小	庚午朔	「丙子，衛侯元卒。」是月之七日。
五月大	己亥朔	
六月小	己巳朔	傳：「乙酉，晉趙鞅納衛太子于戚。」是月之十七日。
七月大	戊戌朔	
八月小	戊辰朔	「甲戌，晉、鄭戰于鐵。」是月之七日。
九月大	丁酉朔	
十月小	丁卯朔	
十一月大	丙申朔	
十二月小	丙申朔	

三
吳夫差三
庚午晦
己亥晦
己巳晦
戊戌晦
戊辰晦
丁酉晦
丁卯晦
丙申晦
丙寅晦
乙未晦
乙丑晦
閏十二月大　丙寅朔　乙未晦
甲子晦

己酉

三年
敬王二十八
齊景五十六
晉定二十
衛出公輒元
蔡昭二十七

正月大　乙丑朔
二月小　乙未朔
三月大　甲子朔
四月小　甲午朔　「甲午，地震。」是月之朔日。
五月大　癸亥朔　「辛卯，桓宮、僖宮災。」是月之二十九日。
六月小　癸巳朔　傳：「癸卯，周人殺萇弘。」是月之十一日。
七月大　壬戌朔　「丙子，季孫斯卒。」是月之十五日。
八月小　壬辰朔
九月大　辛酉朔
十月小　辛卯朔　「癸卯，秦伯卒。」是月之十三日。傳：「癸丑，荀寅奔邯鄲。」是月之二
十一月大　庚申朔
十二月大　庚寅朔

鄭聲九 曹陽十 陳閔十 杞僖十四 宋景二十 五 秦惠九 楚昭二十 四 吳夫差四	
甲午晦	
癸亥晦	
癸巳晦	
壬戌晦	
壬辰晦	
辛酉晦	
辛卯晦	
庚申晦	
庚寅晦	
己未晦	十三日。
己丑晦	
己未晦	

庚戌

四年	敬王二十 九 齊景五十 七 晉定二十 一	
正月小	庚申朔	
二月大	己丑朔	「庚戌，盜殺蔡侯申。」是月之二十二日。
三月小	己未朔	
四月大	戊子朔	
五月小	戊午朔	
六月大	丁亥朔	「辛丑，亳社災。」是月之十五日。
七月小	丁巳朔	傳「齊、衛救范氏。庚午，圍五鹿。」是月之十
八月大	丙戌朔	「甲寅，滕子結卒。」是月之二十九日。
九月小	丙辰朔	
十月大	乙酉朔	
十一月小	乙卯朔	
十二月大	甲申朔	

衞出二
蔡昭二十
八
鄭聲十
曹陽十一
陳閔十一
杞僖十五
宋景二十
六
秦悼公元
楚昭二十
五
吳夫差五

戊子晦
戊午晦
丁亥晦
丁巳晦
丙戌晦
丙辰晦
乙酉晦 四日。
乙卯晦
甲申晦
甲寅晦
癸未晦
癸丑晦

辛亥

五年
敬王三十
齊景五十

正月大	甲寅朔	
二月小	甲申朔	
三月大	癸丑朔	
四月小	癸未朔	
五月大	壬子朔	
六月小	壬午朔	
七月大	辛亥朔	
八月小	辛巳朔	
九月大	庚戌朔	「癸酉，齊
十月小	庚辰朔	
十一月大	己酉朔	
十二月小	己卯朔	

八
晉定二十
二
衛出三
蔡成公朔
元
鄭聲十一
曹陽十二
陳閔十二
杞僖十六
宋景二十
七
秦悼二
楚昭二十
六
吳夫差六

癸未晦

壬子晦

壬午晦

辛亥晦

辛巳晦

庚戌晦

庚辰晦

己酉晦

侯杵臼卒。」是月之二十四日。
己卯晦

戊申晦

戊寅晦

閏十二月大
戊申朔
丁未晦

壬子

年／月	朔	
六年	敬王三十	
正月大	戊寅朔	
二月小	戊申朔	
三月大	丁丑朔	
四月小	丁未朔	
五月大	丙子朔	
六月小	丙午朔	
七月大	乙亥朔	
八月小	乙巳朔	
九月大	甲戌朔	
十月小	甲辰朔	
十一月大	癸酉朔	
十二月大	癸卯朔	「閏月，葬齊景公。」趙東山引長曆是年閏十月。今按：齊景公卒于九月，諸侯五月而葬，則閏當在十二月。丁丑晦

一
齊安孺子
荼元
晉定二十
三
衞出四
蔡成二
鄭聲十二
曹陽十三
陳閔十三
杞僖十七
宋景二十
八
秦悼三
楚昭二十
七
吳夫差七

丁未晦	
丙子晦	
丙午晦	
乙亥晦	
乙巳晦	
甲戌晦	傳：「戊辰，陳乞、鮑牧及諸大夫以甲入于公宮。」是月之二十三日。
甲辰晦	「庚寅，楚子軫卒。」是月之十六日。
癸酉晦	
癸卯晦	
壬申晦	傳：「丁卯，齊陳乞立陽生。」是月之二十四日。
壬寅晦	
壬申晦	

癸丑

七年	敬王三十二　齊悼公陽生元　晉定二十四　衛出五　蔡成三　鄭聲十三　曹陽十四　陳閔十四　杞僖十八　宋景二十九　秦悼四　楚惠王章
正月小	癸酉朔
二月大	壬寅朔
三月小	壬申朔
四月大	辛丑朔
五月小	辛未朔
六月大	庚子朔
七月小	庚午朔
八月大	己亥朔　「己酉，入邾，以邾子益來。」是月之十一日。
九月小	己巳朔
十月大	戊戌朔
十一月小	戊辰朔
十二月大	丁酉朔

元 吳夫差八			
辛丑晦			
辛未晦			
庚子晦			
庚午晦			
己亥晦			
己巳晦			
戊戌晦			
戊辰晦			
丁酉晦			
丁卯晦			
丙申晦			
丙寅晦	閏十二月大	丁卯朔	丙申晦

甲寅

六年	敬王三十 三 齊悼二 晉定二十 五 衛出六 蔡成四 鄭聲十四	
正月小	丁酉朔	
二月大	丙寅朔	
三月小	丙申朔	
四月大	乙丑朔	
五月小	乙未朔	
六月大	甲子朔	
七月小	甲午朔	
八月大	癸亥朔	
九月小	癸巳朔	
十月大	壬戌朔	
十一月小	壬辰朔	
十二月大	辛酉朔	「癸亥，杞伯過卒。」是月之三日。

曹陽十五 陳閔十五 杞僖十九 宋景三十 秦悼五 楚惠二 吳夫差九	
乙丑晦	
乙未晦	
甲子晦	
甲午晦	
癸亥晦	
癸巳晦	
壬戌晦	
壬辰晦	
辛酉晦	
辛卯晦	
庚申晦	
庚寅晦	

乙卯

九年	敬王三十四 齊悼三 晉定二十六 衛出七 蔡成五 鄭聲十五	
正月大	辛卯朔	
二月小	辛酉朔	傳：「甲戌，宋取鄭師于雍丘。」是月之十四日。
三月大	庚寅朔	
四月小	庚申朔	
五月大	己丑朔	
六月小	己未朔	
七月大	戊子朔	
八月小	戊午朔	
九月大	丁亥朔	
十月小	丁巳朔	
十一月大	丙戌朔	
十二月小	丙辰朔	

陳閔十六 杞閔公維元 宋景三十一 秦悼六 楚惠三 吳夫差十	
	庚申晦
	己丑晦
	己未晦
	戊子晦
	戊午晦
	丁亥晦
	丁巳晦
	丙戌晦
	丙辰晦
	乙酉晦
	乙卯晦
	甲申晦

丙辰

十年	敬王三十五 齊悼四 晉定二十七 衛出八 蔡成六	
正月大	乙酉朔	
二月小	乙卯朔	
三月大	甲申朔	「戊戌，齊侯陽生卒。」是月之十五日。
四月小	甲寅朔	
五月大	癸未朔	
六月小	癸未朔	
七月大	壬子朔	
八月小	壬午朔	
九月大	辛亥朔	
十月小	辛巳朔	
十一月大	庚戌朔	
十二月小	庚辰朔	

丁巳

十一年	敬王三十	鄭聲十六　陳閔十七　杞閔二　宋景三十　二　秦悼七　楚惠四　吳夫差十　一	
正月大	己酉朔	甲寅晦	
二月小	己卯朔	癸未晦	
三月大	戊申朔	癸丑晦	
四月小	戊寅朔	壬午晦	
五月大	丁未朔	壬子晦	閏五月大　癸丑朔　壬午晦
六月小	丁丑朔	辛亥晦	
七月大	丙午朔	辛巳晦	
八月小	丙子朔	庚戌晦	
九月大	乙巳朔	庚辰晦	
十月小	乙亥朔	己酉晦	
十一月大	甲辰朔	己卯晦	
十二月小	甲戌朔	戊申晦	

六

齊簡公壬元　晉定二十八　衛出九　蔡成七　鄭聲十七　陳閔十八　杞閔三　宋景三十三　秦悼八　楚惠五　吳夫差十二

戊寅晦	
丁未晦	
丁丑晦	
丙午晦	
丙子晦	「甲戌，齊國書帥師及吳戰于艾陵。」是月之二十八日。傳：「公會吳子伐齊。壬申，至于嬴。」是月之二十六日。
乙巳晦	
乙亥晦	「辛酉，滕子虞母卒。」是月之十六日。
甲辰晦	
甲戌晦	
癸卯晦	
癸酉晦	
壬寅晦	

戊午

十三年　敬王三十　七　齊簡二　晉定二十　九　衛出十　蔡成八　鄭聲十八　陳閔十九　杞閔四　宋景三十　四　秦悼九　楚惠六　吳夫差十　三

月	朔	事	晦
正月大	癸卯朔		壬申晦
二月小	癸酉朔		辛丑晦
三月大	壬寅朔		辛未晦
四月小	壬申朔		庚子晦
五月大	辛丑朔	「甲辰，孟子卒。」是月之四日	庚午晦
六月小	辛未朔		己亥晦
七月大	庚子朔		己巳晦
八月小	庚午朔		戊戌晦
九月大	己亥朔		戊辰晦
十月小	己巳朔		丁酉晦
十一月大	戊戌朔		丁卯晦
十二月大	戊辰朔	傳：「鄭罕達救嵒。丙申，圍宋師。」是月之二十九日。	丁酉晦

己未

十三年	敬王三十 八 齊簡三 晉定三十 衛出十一 蔡成九 鄭聲十九 陳閔二十 杞閔五 宋景三十 五 秦悼十 楚惠七 吳夫差十 四
正月小	戊戌朔
二月大	丁卯朔
三月小	丁酉朔
四月大	丙寅朔
五月小	丙申朔
六月大	乙丑朔 傳：「丙子，越子伐吳。」是月之十二日。「乙酉，戰。」是月之二十一日。「丙戌，復戰，大敗吳師。」是月之二十二日。「丁亥，入
七月小	乙未朔 傳：「辛丑，盟，吳、晉爭先。」是月之七日。
八月大	甲子朔
九月小	甲午朔
十月大	癸亥朔
十一月小	癸巳朔
十二月大	壬戌朔

丙寅晦	
丙申晦	
乙丑晦	
乙未晦	
甲子晦	
甲午晦	吴。」是月之二十三日。
癸亥晦	
癸巳晦	
壬戌晦	
壬辰晦	
辛酉晦	
辛卯晦	

庚申

十四年	敬王三十九 齊簡四 晉定三十一 衛出十二 蔡成十 鄭聲二十 陳閔二十一	
正月小	壬辰朔	
二月大	辛酉朔	
三月小	辛酉朔	
四月大	庚寅朔	「庚戌，叔還卒。」是月之二十一日。
五月小	庚申朔	「庚申朔，日有食之。」傳：「壬申，成子兄弟四乘如公。」是月之十三日。「庚辰，陳
六月大	己丑朔	傳：「甲午，齊陳恆弒其君壬于舒州。」是月之六日。
七月小	己未朔	
八月大	戊子朔	「辛丑，仲孫何忌卒。」是月之十四日。
九月小	戊午朔	
十月大	丁亥朔	
十一月小	丁巳朔	
十二月大	丙戌朔	

杞閔六
宋景三十
六
秦悼十一
楚惠八
吳夫差十
五

庚申晦

庚寅晦
閏三月
大
辛卯朔
十二年「冬十二月，螽。」「仲尼曰：『火猶西流，司曆過也。』」杜註：「是歲應置閏

己丑晦

己未晦

恆執公于舒州。」是月之二十一日。
戊子晦

戊午晦

丁亥晦

丁巳晦

丙戌晦

丙辰晦

乙酉晦

乙卯晦

而失不置，經雖書十二月，實今九月，故致有螽。正義曰：「是時季孫雖聞仲尼此言，猶不卽改。至明年十二月復螽，于是始悟。至十四年春乃置閏，欲以補正時曆。傳于

十五年書閏月，蓋置閏正之，欲以明十四年之閏于法當在十二年也。」案：孔氏云置閏正之者，蓋閏無連歲置之理。十四年有閏，則十五年不應有閏。傳特書于十五年者，

表明十四年之閏于法當在十二年，從十二至十五爲稀密適均也。

庚申晦

辛酉

十五年	敬王四十	齊平公驁元　晉定三十二　衛出十三
正月小	丙辰朔	
二月大	乙酉朔	
三月小	乙卯朔	
四月大	甲申朔	
五月小	甲寅朔	
六月大	癸未朔	
七月小	癸丑朔	
八月大	壬午朔	
九月小	壬子朔	
十月大	辛巳朔	
十一月小	辛亥朔	
十二月大	庚辰朔	

莊公蒯聵元 蔡成十一 鄭聲二十一 陳閔二十二 杞閔七 宋景三十七 秦悼十二 楚惠九 吳夫差十六
甲申晦
甲寅晦
癸未晦
癸丑晦
壬午晦
壬子晦
辛巳晦
辛亥晦
庚辰晦
庚戌晦
己卯晦
己酉晦 閏十二月小 庚戌朔 傳：「閏月，良夫

與太子入。」	戊寅晦

壬戌 十六年	
敬王四十一 齊平二 晉定三十三 衛莊二 蔡成十二 鄭聲二十二 陳閔二十三 杞閔八	
正月大 己卯朔	「己卯，衛世子蒯聵自戚入于衛。」是月之朔日。
二月大 己酉朔	
三月小 己卯朔	
四月大 戊申朔	「己丑，孔丘卒。」杜註：「四月十八日乙丑，無己丑，己丑乃五月十二日也。」互見長曆拾遺表。
五月小 戊寅朔	
六月大 丁未朔	
七月小 丁丑朔	
八月大 丙午朔	
九月小 丙子朔	
十月大 乙巳朔	
十一月小 乙亥朔	
十二月大 甲辰朔	

宋景三十八 秦悼十三 楚惠十 吳夫差十七
戊申晦
戊寅晦
丁未晦
丁丑晦
丙午晦
丙子晦
乙巳晦
乙亥晦
甲辰晦
甲戌晦
癸卯晦
癸酉晦

附春秋通經閏數

哀十五年閏十二月，逆數至十四年閏二月，相去凡二十三月。見續經左傳十五年「閏月，衛渾良夫與太子入，舍于孔氏之外圃」上有「冬及齊平」，知爲閏十二月。

哀十四年閏二月，逆數至十年閏五月，相去凡四十六月。

哀十年閏五月，逆數至七年閏十二月，相去凡三十月。

哀七年閏十二月，逆數至五年閏十二月，相去凡二十五月。見經「冬閏月葬齊景公」。

哀五年閏十二月，逆數至二年閏十一月，相去凡三十八月。

哀二年閏十一月，逆數至定十四年閏十二月，相去凡三十六月。

定十四年閏十二月，逆數至十二年閏十一月，相去凡二十六月。

定十二年閏十一月，逆數至十年閏六月，相去凡三十月。

定十年閏六月，逆數至八年閏二月，相去凡二十九月。

定八年閏二月，逆數至四年閏十月，相去凡四十一月。

定四年閏十月，逆數至二年閏五月，相去凡三十月。

定二年閏五月，逆數至昭三十年閏五月，相去凡四十九月。

昭三十年閏五月，逆數至二十八年閏五月，相去凡二十五月。

昭二十八年閏五月，逆數至二十五年閏十二月，相去凡三十月。

昭二十五年閏十二月，逆數至二十二年閏十二月，相去凡三十七月。見傳「閏月取前城」上有「十二月」，則知閏在十二月也。

昭二十二年閏十二月，逆數至二十年閏八月，相去凡二十九月。見傳「閏月戊辰殺宣姜」上有「八月」，則知閏在八月也。

昭二十年閏八月，逆數至十八年閏正月，相去凡三十二月。

昭十八年閏正月，逆數至十五年閏九月，相去凡二十九月。

昭十五年閏九月，逆數至十二年閏正月，相去凡四十五月。

昭十二年閏正月，逆數至十年閏五月，相去凡二十一月。

昭十年閏五月，逆數至六年閏七月，相去凡四十七月。

昭六年閏七月，逆數至四年閏四月，相去凡二十八月。

昭四年閏四月，逆數至元年閏十月，相去凡三十一月。

昭元年閏十月，逆數至襄二十九年閏八月，相去凡三十九月。

襄二十九年閏八月，逆數至二十七年兩閏。杜因左傳「辰在申」、「再失閏」之文，頓置兩閏十一月。

二十九年閏八月距二十七年之後閏十一月，相去凡二十二月。

襄二十七年之前閏十一月，距二十六年閏十二月，相去凡十二月。

襄二十六年閏十二月，逆數至二十四年閏三月，相去凡三十四月。

襄二十四年閏三月，逆數至二十一年閏八月，相去凡三十二月。

襄二十一年閏八月，逆數至十九年閏九月，相去凡二十四月。

襄十九年閏九月，逆數至十六年閏十月，相去凡三十六月。

襄十六年閏十月，逆數至十三年閏八月，相去凡三十九月。

襄十三年閏八月，逆數至十年閏十二月，相去凡三十三月。

襄十年閏十二月，逆數至七年閏十月，相去凡三十九月。

襄七年閏十月，逆數至五年閏四月，相去凡三十一月。

襄五年閏四月，逆數至二年閏四月，相去凡三十七月。

襄二年閏四月，逆數至成十七年閏十二月，相去凡二十九月。見傳「閏月乙卯晦欒書、中行偃殺胥童」上有

「十二月」，則知閏在十二月也。

成十七年閏十二月，逆數至十四年閏七月，相去凡四十二月。

成十四年閏七月，逆數至十二年閏五月，相去凡二十七月。

成十二年閏五月，逆數至九年閏十一月，相去凡三十一月。見傳「冬十一月城中城」。長曆推此年閏十一月，杜以爲此閏月城之。

成九年閏十一月，逆數至七年閏八月，相去凡二十八月。

成七年閏八月，逆數至四年閏七月，相去凡三十八月。

成四年閏七月，逆數至元年閏三月，相去凡四十一月。

成元年閏三月，逆數至宣十五年閏十一月，相去凡四十一月。

宣十五年閏十一月，逆數至十二年閏五月，相去凡四十三月。

宣十二年閏五月，逆數至十年閏五月，相去凡二十五月。

宣十年閏五月，逆數至六年閏五月，相去凡四十九月。

宣六年閏五月，逆數至二年閏五月，相去凡四十九月。

宣二年閏五月，逆數至文十六年閏五月，相去凡四十九月。

文十六年閏五月，逆數至十二年閏十一月，相去凡四十三月。

文十二年閏十一月，逆數至九年閏七月，相去凡四十一月。

文九年閏七月，逆數至六年閏十二月，相去凡三十二月。見經「閏月不告朔猶朝於廟」。

文六年閏十二月，逆數至四年閏三月，相去凡三十四月。

文四年閏三月，逆數至二年閏正月，相去凡二十七月。

文二年閏正月，逆數至元年閏三月，相去凡十一月。見傳「於是閏三月非禮也」。

文元年閏三月，逆數至僖三十年閏九月，相去凡四十三月。

僖三十年閏九月，逆數至二十五年閏十二月，相去凡五十八月。

僖二十五年閏十二月，逆數至二十四年閏四月，相去凡二十月。

僖二十四年閏四月，逆數至二十年閏二月，相去凡五十一月。

僖二十年閏二月，逆數至十七年閏十二月，相去凡二十七月。

僖十七年閏十二月，逆數至十二年閏二月，相去凡七十一月。

僖十二年閏二月，逆數至九年閏七月，相去凡三十二月。

僖九年閏七月，逆數至七年閏十一月，相去凡二十一月。見傳「閏月惠王崩」。

僖七年閏十一月，逆數至五年閏十二月，相去凡二十四月。

僖五年閏十二月，逆數至元年閏十一月，相去凡五十月。

僖元年閏十一月，逆數至閔二年閏五月，相去凡十九月。

閔二年閏五月，逆數至莊三十二年閏三月，相去凡二十七月。

莊三十二年閏三月，逆數至三十年閏二月，相去凡二十六月。
莊三十年閏二月，逆數至二十八年閏三月，相去凡二十四月。
莊二十八年閏三月，逆數至二十四年閏七月，相去凡四十五月。
莊二十四年閏七月，逆數至二十年閏十二月，相去凡四十四月。
莊二十年閏十二月，逆數至十七年閏六月，相去凡四十三月。
莊十七年閏六月，逆數至十四年閏五月，相去凡三十八月。
莊十四年閏五月，逆數至十一年閏三月，相去凡三十九月。
莊十一年閏三月，逆數至九年閏八月，相去凡二十月。
莊九年閏八月，逆數至七年閏四月，相去凡二十九月。
莊七年閏四月，逆數至四年閏四月，相去凡三十七月。
莊四年閏四月，逆數至元年閏十月，相去凡三十一月。
莊元年閏十月，逆數至桓十六年閏六月，相去凡四十一月。
桓十六年閏六月，逆數至十三年閏正月，相去凡四十二月。
桓十三年閏正月，逆數至十一年閏正月，相去凡二十五月。
桓十一年閏正月，逆數至七年閏十二月，相去凡三十八月。
桓七年閏十二月，逆數至四年閏十二月，相去凡三十七月。

桓四年閏十二月，逆數至元年閏十二月，相去凡三十七月。
桓元年閏十二月，逆數至隱九年閏十月，相去凡三十九月。
隱九年閏十月，逆數至七年閏十二月，相去凡二十三月。
隱七年閏十二月，逆數至五年閏十二月，相去凡二十五月。
隱五年閏十二月，逆數至二年閏十二月，相去凡三十七月。

案：自隱元年至哀十六年孔子卒止，通計二百四十四年，論常曆法當有九十閏。今據經、傳月日推校得八十七閏，杜註于襄二十七年頓置兩閏十一月，以應天正，合來凡八十九閏，通計少一閏。

又左傳襄九年十二月下有「閏月戊寅濟于陰阪侵鄭」，杜註謂此年不得有閏月，當是「門五日」之譌。除此不算外，通計表内閏月見經者二，見傳者七。

凡長曆失不置閏今增置者三：桓四年閏十二月，莊二十年閏十二月，成十二年閏五月。長曆錯置閏今削去者一：莊二十九年閏二月。其置閏稍有後先，今改正者五：僖八年閏十一月今改九年閏七月，文八年閏七月今移在九年，昭元年閏十二月今改閏十月，八年閏八月今改十年閏五月，哀五年閏十月今作閏十二月。皆據經、傳上下月日參校，不敢曲爲遷就。餘悉同長曆。

附春秋經、傳朔數晦數

隱三年「春王二月己巳，日有食之」。不書朔，史失之。

桓三年「秋七月壬辰朔，日有食之」。

桓十七年「冬十月朔，日有食之」。不書日，官失之。長曆庚午朔。

莊十八年「春王三月，日有食之」。不書日與朔，官失之。長曆癸未朔。

莊二十五年「六月辛未朔，日有食之」。

莊二十六年「冬十有二月癸亥朔，日有食之」。

莊三十年「九月庚午朔，日有食之」。

僖五年「九月戊申朔，日有食之」。

僖十二年「春王三月庚午，日有食之」。不書朔，官失之。

僖十五年「夏五月，日有食之」。不書日與朔，官失之。長曆壬子朔。

文元年「二月癸亥，日有食之」。不書朔，官失之。

文十五年「六月辛丑朔，日有食之，既」。

宣八年「秋七月甲子，日有食之」。不書朔，官失之。

宣十年「夏四月丙辰，日有食之」。不書朔，官失之。

宣十七年「六月癸卯，日有食之」。不書朔，官失之。
成十六年「六月丙寅朔，日有食之」。
成十七年「十有二月丁巳朔，日有食之」。
襄十四年「二月乙未朔，日有食之」。
襄十五年「秋八月丁巳，日有食之」。不書朔，官失之。
襄二十年「冬十月丙辰朔，日有食之」。
襄二十一年「九月庚戌朔，日有食之」。
「冬十月庚辰朔，日有食之」。
襄二十三年「春王二月癸酉朔，日有食之」。
襄二十四年「秋七月甲子朔，日有食之，既」。
「八月癸巳朔，日有食之」。
襄二十七年「冬十有二月乙亥朔，日有食之」。
昭七年「夏四月甲辰朔，日有食之」。
昭十五年「六月丁巳朔，日有食之」。
昭十七年「夏六月甲戌朔，日有食之」。
昭二十一年「秋七月壬午朔，日有食之」。

昭二十二年「十有二月癸酉朔，日有食之」。

昭二十四年「夏五月乙未朔，日有食之」。

昭三十一年「十有二月辛亥朔，日有食之」。

定五年「春王二月辛亥朔，日有食之」。

定十二年「十有一月丙寅朔，日有食之」。

定十五年「八月庚辰朔，日有食之」。

哀十四年「五月庚申朔，日有食之」。續經。

已上春秋所書日食三十七。惟宣八年七月甲子杜以爲月三十日，餘皆朔日，無論經書不書。

僖五年「春正月辛亥朔，日南至」。傳。

「冬十二月丙子朔，晉滅虢」。傳。

僖十五年「九月己卯晦，震夷伯之廟」。經。是月之三十日。

僖十六年「夏五月戊申朔，隕石于宋五」。經。

僖二十二年「己巳朔，宋、楚戰于泓」。經。

僖二十四年「三月己丑晦，公宫火」。傳。是月之二十九日。

文元年「五月辛酉朔，晉師圍戚」。傳。

成十六年「六月甲午晦，晉、楚戰于鄢陵」。經。是月之二十九日。

成十七年「閏十二月乙卯晦，欒書、中行偃殺胥童」。傳。是月之三十日。

成十八年「正月甲申晦，齊侯使士華免殺國佐于内宫之朝」。傳。是月之二十九日。

成十八年「二月乙酉朔，晉悼公卽位于朝」。傳。

襄十八年「冬十月丙寅晦，齊師夜遁」。傳。是月之三十日。

「十一月丁卯朔，入平陰」。傳。

襄十九年「夏五月壬辰晦，齊靈公卒」。傳。是月之二十九日。

襄二十六年「三月甲寅朔，鄭伯賞入陳之功」。傳。

襄二十七年「六月丁未朔，宋人享趙孟」。傳。

昭元年「十二月甲辰朔，趙孟烝于温」。傳。

昭十二年「冬十月壬申朔，周原輿人逐原伯絞」。傳。

昭二十年「六月丁巳晦，衞侯與北宫喜盟」。傳。是月之三十日。

「秋七月戊午朔，遂盟國人」。傳。

昭二十三年「春正月壬寅朔，二師圍郊」。傳。

昭二十三年「秋七月戊辰晦，吴、楚戰于雞父」。傳。是月之二十九日。

已上除日食外，其餘經、傳書朔者凡十三：經二，傳十一。書晦者凡九：經二，傳七。

案：公、穀二傳説晦朔多難信。公羊于僖十六年春正「是月六鷁退飛過宋都」，云：「何以不日？晦

也。」是非晦而謂之晦。又云：「朔有事則書，晦雖有事不書。」因于僖十五年九月「己卯晦震夷伯之廟」、成十六年六月「甲午晦晉、楚戰于鄢陵」，俱云：「晦，冥也。」是實晦而謂之非晦。何休又云：「非卓佹之事，無取乎言晦朔。若趡盟、奚戰是也。」謂桓十七年二月丙午「及邾婁儀父盟于趡」，春秋説以丙午爲二月晦；「五月丙午及齊師戰于奚」，春秋説以丙午爲五月朔。今案：二月無丙午，丙午是三月初四日；五月丙午是月之初五日。公羊、何氏言朔晦者俱謬。穀梁于僖十五年「己卯晦震夷伯之廟」亦云：「晦，冥。」同公羊。于成十六年甲午晦鄢城之戰，又云：「遇晦曰晦。」同左氏。俱無憑準。故朔閏表不録二傳。

趙氏匡曰：「公、穀于僖十五年『己卯晦震夷伯之廟』並云：『晦，冥也。』據十六年『戊申朔隕石于宋五』，成十六年『甲午晦晉、楚戰于鄢陵』，並書晦朔，則知此言晦者，亦晦朔之晦爾。古史之體應合書日，而遇晦朔必書之，以爲曆數之證。穀、梁于成十六年傳云『事遇晦書晦』，何得于此獨名晦冥乎？」

春秋長曆拾遺表卷三

錫山 顧棟高復初輯
歙縣 程 鍾葭應參

敍

余既輯春秋朔閏表，懼後人不之信，因命施生龍淵就註、疏中采出杜氏長曆凡百餘條，都爲一卷。嗚呼！長曆一書，意當唐初孔氏穎達世猶存，今已不可得見。獨其吉光片羽，流傳於斷楮殘墨之閒，學者得因是以攷見當時之日月，誠不可不寶愛而珍惜之也。余嘗觀其前後，歎杜氏用心精細，千年來未有及者。顧余嘗疑之。僖九年「九月戊辰，諸侯盟于葵丘。甲子，晉侯佹諸卒」，杜云：「甲子，九月十一日。戊辰，十五日也。」如此，則九月當爲甲寅朔。經有「七月乙酉伯姬卒」，乙酉先甲寅二十九日，其年有閏七月無疑。杜長曆于八年十一月置閏，則是年七月安得有乙酉乎？據傳七年冬「閏月惠王崩」，既七年有閏，足知八年無閏。此杜置閏之一失也。昭元年「十一月己酉楚子麇卒」，杜云：「己酉，十二月六日。經、傳皆言十一月，月誤。」是年傳「十二月晉既烝。趙孟適南陽，甲辰朔，烝于溫」，杜云：「甲辰，十二月朔。晉烝當在甲辰之前。傳言十二月，月誤。」不知是年當閏十月，而長曆誤作閏十二月，故反疑經、傳爲誤。己酉實十一月五日，而甲辰爲來年正月朔，由晉用夏正，本十一月事，故傳繫之今年耳。此杜置閏

之再失也。昭九年四月陳災，傳曰「火出而火陳」，杜長曆以爲八年不應有閏而誤置閏八月，故四月得火見。今考上下傳文，八年實無閏。如八年有閏，則九年二月安得有庚申？十年五月安得有庚辰？是閏在十年五月以後明矣。周之四月，夏正二月，昏弧中，旦建星中，則夜半時大火得見東南，不必前有閏月。此杜置閏之三失也。僖十五年「十一月壬戌晉侯及秦伯戰于韓」，傳在九月。明是晉用夏正，故經、傳互異。而杜以爲從赴，以傳之壬戌爲九月十三日，以經之壬戌爲十一月十四日。傳紀晉事往往與經先後兩月，凡經書春者，傳皆在前年之冬，豈得盡以爲從赴？此由不知經從周正，傳從夏正，誤混爲一，致令時日違錯。此又杜之四失也。夫日月之差譌，其小小者耳；而聖人之書法，其宏綱大指，未必不係于是，是可不爲鄭重而推究之歟！以杜氏之精細，猶不免差繆若此，恨不能起先生于九原而爲之指正其闕失也。雖然，杜氏迄今二千年，其長曆之存于今者千百之十一耳。然卽此十一求之，以考見當時之日月，先生有知，應引爲繼起之有人，則余小子曷敢多讓。謹就此百餘條內，其標明日月者，推明是月爲某朔，以余所推合之。其不同者，既具論如右；其同者，識明一「同」字。與朔閏表相表裏，俾學者知今日之推求非無根據。而先生之長曆幾如碎鼎之復完，晉、唐以來不獲睹之書，至此復燦然大明于世。好古之士，有不歎爲千年法物一旦復出矣乎！輯春秋長曆拾遺表第三。

春秋長曆拾遺表

隱二年：「秋八月庚辰，公及戎盟于唐。」

杜註：「八月無庚辰。庚辰，七月九日也。日、月必有誤。」正義曰：「杜勘檢經、傳上下月日，制爲長曆。此年八月壬寅朔，其月三日甲辰，十五日丙辰，二十七日戊辰，其月無庚辰也。七月壬申朔，則九日有庚

隱三年：「春王二月己巳，日有食之。」

杜註：「以長曆推經、傳，明此食是二月朔也。不書朔，史失之。」正義曰：「經無朔字，長曆推此己巳實是朔日，而不書朔，史失之也。」

案：杜註以己巳實是二月初一日。今朔閏表同。

左傳：「冬庚戌，鄭伯之車僨于濟。」

杜註：「十二月無庚戌，日誤。」正義曰：「庚戌無月而云十二月者，以經『盟于石門』在十二月，知此亦十二月也。經書十二月下云『癸未葬宋穆公』，計庚戌在癸未之前三十三日，不得共在一月，故長曆推此

隱四年：「春王二月，莒人伐杞，取牟婁。戊申，衛州吁弒其君完。」

杜註：「戊申，是三月十七日。有日而無月。」正義曰：「經文三年『十二月癸未葬宋穆公』，戊申在癸未之後二十五日，更盈一周則八十五日，不

隱八年傳：「八月丙戌，鄭伯以齊人朝王。」

杜註：「上有七月庚午，下有九月辛卯，則八月不得有丙戌。」正義曰：「庚午之後十六日而有丙戌，二十一日而有辛卯。七月有庚午，九月有辛卯，其閒不容一月，是八月不得有丙戌也。更歷一周，則丙戌去庚

辰。杜觀上下，若月不容誤，則指言日誤；若日不容誤，則指言月誤。此則上有秋，下有九月，日、月俱得有誤。」按：據此則七月壬申朔，八月壬寅朔。今朔閏表同。

年十二月甲子朔，十一日有甲戌，二十三日有丙戌，不得有庚戌。而月有癸未，則月不容誤，知日誤。」按：據此則癸未當是十二月二十日。今朔閏表同。

得共在一月之內，故此年二月不得有戊申。雖承二月之下，未必是一月之日也。長曆推此年二月癸亥朔，十日是壬申，二十二日是甲申，不得有戊申也。三月壬辰朔，則十七日有戊申也。此經上有二月，下有夏，得在三月之內，不是字誤，故云有日而無月。觀僖二十八年冬下無月而經有『壬申公朝于王所』，有日而無月。經有此類，故知此亦同之。

午七十七日，八月亦不得有丙戌，足明丙戌爲日誤。長曆推此年七月丁卯朔，四日爲庚午，至二十日爲丙戌；九月丙寅朔，二十六日爲辛卯，其月二十一日爲丙戌；八月小丁酉朔，十日爲丙午，二十日爲丙辰，二日爲戊戌，十四日爲庚戌，二十六日爲壬戌。未知丙戌二字孰爲誤也？」案：七月丁卯朔，八月丁酉朔，九月丙寅朔。今朔閏表並同。

	隱十年：「春王二月，公會齊侯、鄭伯于中丘。」傳：「正月，公會齊侯、鄭伯于中丘。癸丑，盟于鄧。」杜註：「推經、傳日月，癸丑是正月二十六
	「六月壬戌，公敗宋師于菅。辛未，取郜。辛巳，取防。」傳：「壬戌，公敗宋師于菅。庚午，鄭師入郜。辛未，歸于我。庚辰，鄭師入防。辛巳，
	公傳：「六月戊申，公會齊侯、鄭伯于老桃。」杜註：「六月無戊申。戊申，五月二十三日。日誤。」正義曰：「知然者，以下有『辛巳取防』，亦在六月之內。戊申在辛巳之前三十三日，不得在一月。
凡若此者，有十四事。」案：二月癸亥朔，三月壬辰朔，戊申是三月十七日。今朔閏表並同。	「九月戊寅，鄭伯入宋。」杜註：「九月無戊寅。戊寅，八月二十四日。」正義曰：「知然者，經有十月壬午。長曆推壬午是十月二十九日，戊寅在壬午之前四日，故九月不得有戊寅。上有八
	桓二年：「夏四月，取郜大鼎于宋。戊申，納于太廟。」杜註：「戊申，五月十日。」正義曰：「長曆此年四月庚午朔，其月無戊申；五月己亥朔，十日得戊申。」今朔閏表同。

日，知經二月誤。」按：據此則正月戊子朔。今朔閏表同。	桓五年：「春正月甲戌、己丑，陳侯鮑卒。」杜註：「甲戌，前年十二月二十一日。己丑，此年正月六日。陳亂，故再赴。」正
歸于我。」杜註：「壬戌，六月七日。庚午，十五日。辛未，十六日。庚辰，二十五日。辛巳，二十六日。」今朔閏表並同。	桓十二年：「八月壬辰，陳侯躍卒。」杜註：「壬辰，七月二十三日。書于八月，從赴。」正義曰：「上有七月，書于八月下，
上有五月，今別言六月，知日誤月不誤。長曆推六月丙辰朔，三日是戊午，五日是庚申。未知上下二字孰誤。」按：據此則五月丙戌朔，六月丙辰朔。今朔閏表並同。	桓十六年：「冬，城向。」杜註：「傳曰『書時也』，而下有十一月，舊說因謂傳誤。不知此城向亦俱是十一月之事，但本事異，各隨
月，下有冬，則誤在日也。」案：據此則八月乙卯朔，十月甲寅朔。今朔閏表並同。	桓十七年：「二月丙午，公會邾儀父，盟于趡。」杜註：「二月無丙午。丙午，三月四日也。日、月必有誤。」按：據此則三月癸卯
	桓十八年：「夏四月丙子，公薨于齊。丁酉，公之喪至自齊。」杜註：「丁酉，五月一日。有日而無月。」按：據此則五月丁酉

義曰：「以長曆推之，知甲戌、己丑別月而赴者。並言正月，故兩書其日而共言正月。設令各以月赴，則當于四年云『十二月甲戌陳侯鮑卒』，五年云『正月己丑陳侯鮑卒』。」

按：桓四年應有閏十二月。甲戌爲今年正月二十一日，己丑爲二月七日。蓋甲戌之下經有闕文，己丑之上脱「二月」二字。詳朔閏表。

如此類者，註皆謂之日誤，今云從赴者，以其終不可通。蓋欲兩解故也。」

按：據此則七月庚午朔。今朔閏表同。

本而書之耳。又推校此年閏在六月，則月御而節移前，水星可在十一月而正。」

按：此年有閏六月。今朔閏表同。

朔。今朔閏表同。

朔。今朔閏表同。

莊七年：「夏四月辛卯，夜，恆星不見。」

杜註：「辛卯是四月五日，月光尚微，蓋時無雲，日光不以昏沒。」

正義曰：「杜以長曆校之，知辛卯是四月五日。五日月光尚微，不能掩星使不見。若以爲有雲蔽，當時復無雲。蓋日光不以昏沒，故以爲異也。」

按：據此則四月丁亥朔。今朔閏表同。

莊八年：「冬十有一月癸未，齊無知弒其君諸兒。」

左傳「冬十二月齊侯游于姑棼」云云，杜註：「經書十一月癸未。長曆推之，月六日也。傳云十二月，傳誤。」

按：據此則十一月戊寅朔。今朔閏表同。

莊二十五年：「六月辛未朔，日有食之。鼓，用牲于社。」傳曰：「非常也。」

杜註：「非常鼓之月。長曆推之辛未實七月朔，置閏失所，故致月錯。」正義曰：「經雖書六月，實非六月，故云非常鼓之月。長曆推此辛未爲七月之朔，由置閏失所，故致月錯。不應置閏而置閏，誤使七月爲六月也。若文十五年及昭

僖五年傳：「春王正月辛亥朔，日南至。」

杜註：「周正月，今十一月。冬至之日，日南極。」正義曰：「冬至者，十一月之中氣。中氣者，月半之氣也。月朔已得中氣，是必前月閏。閏前之月，中氣在晦；閏後之月，中氣在朔。閏者，聚殘餘分之月，其月無中氣，半屬前月，半屬後月。是去年閏十二月，十六日已

僖九年：「九月戊辰，諸侯盟于葵丘。甲子，晉侯佹諸卒。」

杜註：「甲子，九月十一日。戊辰，十五日。書在盟後，從赴。」正義曰：「甲子，晉侯卒，蓋赴以日而不以月。魯史不復審問，書其來告之日，惟稱甲子而已。不知甲子是何月之日，故在戊辰後也。若赴以九月告魯，魯史當推其日之先後，不得甲子在戊辰

十七年皆書『六月朔，日有食之』，彼言六月，真是六月。故昭十七年傳祝史請所用幣，季平子止之曰：『惟正月朔，日有食之，于是乎有伐鼓用幣，其餘則否。』而太史曰：『在此月也。』爲此六月是夏四月，正陽之月，宜當伐鼓用幣，正是常鼓之月。與此異矣。按二十四年『八月丁丑夫人姜氏入』，從彼推之，則六月辛未朔非有差錯。杜云置閏失所者，以

得此年正月朔，大雪節。故此正月朔得冬至也。而杜長曆僖元年閏十一月，此年閏十二月。又閏之相去，曆家大率三十三月耳。杜于此閏相去凡五十月，不與曆數同者。杜推勘春秋日月上下置閏，或稀或概，自準春秋時法，故不與常曆同。」

後矣。」

按：據此則九月甲寅朔。今朔閏表同。

僖十五年：「九月己卯晦，震夷伯之廟。」 正義曰：「公羊、穀梁傳皆以晦爲冥，謂晝日晦冥也。杜以長曆推之，知己卯晦正九月三十日。春秋值朔書朔，值晦書晦，無義例也。」	
「十有一月壬戌，晉侯及秦伯戰于韓，獲晉侯。」傳：「九月壬戌，戰于韓原。」 杜註：「壬戌，九月十三日。經書『十一月壬戌』，十四日，從	
僖十七年：「冬十有二月，齊侯小白卒。」傳：「十月乙亥，齊桓公卒。十二月乙亥，赴。辛巳，夜殯。」 杜註：「乙亥，十月八日。經書十二月，從	二十四年八月以前誤置一閏，非自八月以來始錯也。」 案：辛未實六月朔，杜、孔説非是。詳朔閏表。
僖十八年：「秋八月丁亥，葬齊桓公。」 杜註：「十一月而葬，亂故。八月無丁亥，日誤。」 按：趙東山引長曆八月癸巳朔，丁亥在七月二十四日、九月二十五日，故云八月無	
僖二十七年：「秋八月乙巳，公子遂帥師入杞。」 杜註：「八月無乙巳。乙巳，九月六日。」 案：據此則九月庚子朔。今朔閏表同。	

按：據此則九月庚戌朔。今朔閏表同。	僖二十八年：「五月癸丑，盟于踐土。」傳：「癸亥，王子虎盟諸侯于王庭。」杜註：「經書癸丑，月十八日也。傳書癸
赴。」案：晉用夏正，傳紀晉事往往與經先後兩月，此尤其顯著者。杜以爲從赴，誤也。據此則九月庚戌朔，十一月己酉朔。今朔閏表同。	「冬，會于温。天王狩于河陽。壬申，公朝于王所。」杜註：「壬申，十月十日。有日而無月，史闕文。」又左傳「丁丑諸侯圍許」，杜註：「丁
赴。」案：據此則十月戊辰朔。今朔閏表同。	僖三十三年：「十有二月乙巳，公薨于小寢。」杜註：「乙巳，十一月十二日，經書十二月，誤。」案：據此則十一月甲
丁亥。據此則七月甲子朔，八月癸巳朔，九月癸亥朔。今朔閏表並同。	文元年傳：「于是閏三月，非禮也。杜註：「于曆法，閏當在僖公末年，誤于今年置閏。蓋時達曆者所譏。」先王之正時也，履端于始，舉正
	夏四月丁巳，葬僖公，緩。杜註：「僖公實以去年十一月薨，并閏計之，歷七月乃葬。故傳云緩。」正義曰：「經于三十三年十二月下云乙巳公薨，杜以長曆

亥，是月二十八日。經、傳必有誤。」
案：據此則五月丙申朔。今朔閏表同。

丑，十月十五日，有日無月。」
案：據此則十月癸亥朔。今朔閏表同。

午朔。今朔閏表同。

于中，歸餘于終。履端于始，序則不愆。舉正于中，民則不惑。歸餘于終，事則不悖。」
正義曰：「閏有進退，以中氣定之。無中氣，則閏月也。古曆十九年爲一章，章有七閏，入章三年閏九月，六年閏六月，九年閏三月，十一年閏十一月，十四年閏八月，十七年閏四月，十九年閏十二月。此據元

推之，知乙巳非十二月，蓋十一月十二日也。又此年有閏三月，至四月乃葬，幷閏計之，爲七月，諸侯禮當五月而葬，故傳云緩也。」
按：此傳錯編于僖三十三年之末，今改正。

首初章。若于後，漸積餘分，大率三十二月則置閏，不必恆同初章閏月。僖五年『正月辛亥朔日南至』，治曆者皆以彼爲章首之歲。漢書律曆志云文公元年距僖五年辛亥二十九歲，是歲閏餘十三，閏當在十一月後，而在三月，故傳曰非禮也。志之所言，閏當在此年十一月後，今三月已即置閏，是嫌閏月太近前也。杜以爲僖三十年閏九月，文二年閏

正月，故言曆法閏當在僖公末年，誤于今年置閏，是嫌置閏太近後也。杜爲長曆，置閏疏數，無復定準。凡爲曆者，閏前之月中氣在晦，閏後之月中氣在朔。僖五年『正月朔旦冬至』，則四年當閏十二月也。杜長曆僖元年閏十一月，五年閏十二月，與常曆不同者，杜以襄二十七年再失閏，司曆過。昭二十年『二月己丑日南至』，哀十二年『十二月螽』云

『火猶西流司曆過』。則春秋之世，曆法錯失，所置閏月，或先或後，不與常同。杜推勘經、傳上下日月以爲長曆。若日月同者，數年不置閏月；若日月不同，須置閏乃同者，則未滿三十二月頻置閏，所以異于常曆。故釋例云春秋日有頻月而食者，有曠年不食者，理不得一一如算以守恆數，故曆無有不失也。始失于毫毛，尚未可覺，積而成多，以失弦

文二年：「三月乙巳，及晉處父盟。」傳：「四月己巳，晉人使陽處父盟公。」杜註：「經書三月。經、傳必有誤。」今按：乙巳，是三月	
「冬，公子遂如齊納幣。」杜註：「傳曰『禮也』，僖公喪終此年十一月，則納幣在十二月也。」正義曰：「左氏謂之禮，必是喪服已終。杜以長曆推之，知僖公以三十三年十	
文六年傳：「十一月丙寅，晉殺續簡伯。」杜註：「十一月無丙寅。丙寅，十二月八日也。日、月必有誤。」按：據此則十二月己未朔。今朔閏表同。	
文八年：「冬十月壬午，公子遂會晉趙盾，盟于衡雍。乙酉，公子遂會雒戎，盟于暴。」杜註：「壬午，月五日。乙酉，月八日也。」	望朔晦，則不得不改憲以順之。又云據經、傳微旨考日辰晦朔，以相發明，爲經傳長曆，未必得天，蓋春秋當時之曆也。是杜自言不與常曆同。」
文九年傳：「春正月己酉，晉使賊殺先克。乙丑，晉人殺先都、梁益耳。」杜註：「乙丑，正月十九日。經書二月，從告。」	

文十三年：「冬十有二月己丑，公及晉侯盟。」 杜註：「十二月無己丑。己丑，十一月十一日。」 案：據此則十一月己卯朔。今朔閏表同。	二十日。己巳，是四月十四日。
文十四年：「夏五月乙亥，齊侯潘卒。」 杜註：「乙亥，四月二十九日。書五月，從赴。」正義曰：「杜以長曆校之，知乙亥是四月二十九日。書五月從赴者，蓋赴以五月到。惟言卒日不言其月，即書其所至之	一月薨，至此年十一月爲二十五月，喪已畢矣。納幣雖則無月，以傳言禮則知納在十二月也。」
傳：「秋七月乙卯，齊商人弒其君舍。」 杜註：「經書九月，從告。齊人不服，故三月而後定。七月無乙卯，日誤。」	
文十七年傳：鄭子家與晉趙盾書云「文公二年六月壬申，朝于齊。四年二月壬戌，爲齊侵蔡。」 杜註：「鄭文二年六月壬申，爲魯莊二十三年六月二十四日。四	案：據此則十月戊寅朔。今朔閏表同。
宣二年：「秋九月乙丑，晉趙盾弒其君夷皋。」 傳：「趙穿逆公子黑臀于周而立之。壬申，朝于武宮。」 杜註：「乙丑，九月二十七日。壬申，十月五日。有日無月。」	案：據此則正月丁未朔。今朔閏表同。

	宣八年：「秋七月甲子，日有食之，既。」杜註：「月三十日食。」案：此則食在晦也。
月也。」案：據此則四月丁未朔。今朔閏表同。	宣九年：「九月辛酉，晉侯黑臀卒于扈。」杜註：「九月無辛酉，日誤。」正義曰：「知
	宣十二年：「冬十有二月戊寅，楚子滅蕭。」杜註：「十二月無戊寅。戊寅，十一月九
年二月壬戌，爲魯莊二十五年，二月無壬戌，壬戌三月二十日。」按：據此則莊公二十三年六月當爲己酉朔。今朔閏表推得癸丑朔，壬申是六月二十日。二十五年三月當爲癸卯朔。今朔閏表同。	宣十五年傳：「秋七月壬午，晉侯治兵于稷，以略狄土。」杜註：「壬午，七月二
按：據此則九月己亥朔，十月戊辰朔。今朔閏表並同。	宣十七年：「正月丁未，蔡侯申卒。」杜註：「丁未，二月四日。」

是月當爲乙未朔。今朔閏表同。	成二年：「夏四月丙戌，衛孫良夫帥師及齊師戰于新築。衛師敗績。」杜註：「四月無丙戌。」
然者，以下有十月癸酉。杜以長曆推之，癸酉是十月十六日，辛酉在前十二日，是月之四日，故曰九月無辛酉。上有八月，下有十月，知非月誤也。」按：據此則十月戊午朔。今朔閏表同。	「八月壬午，宋公鮑卒。庚寅，衛侯速卒。」杜註：「據傳，庚寅九月七日。」按：據此則九月甲申
日。」正義曰：「杜以長曆校之，十二月無戊寅，乃是十一月九日。然不言月誤者，以傳稱師人多寒，若是十一月則爲今之九月，未是寒時。當月是而日誤也。」案：據此則十一月庚午朔。今朔閏表同。	成四年：「三月壬申，鄭伯堅卒。」杜註：「三月無壬申。壬申，是二月二十八日。」
十九日。」案：據此則七月甲寅朔。今朔閏表同。	成九年：「秋七月丙子，齊侯無野卒。」杜註：「丙子，六月一日。書七月，從赴。」案：六月丙子朔。今
按：據此則二月甲辰朔。今朔閏表推得乙巳朔，丁未爲二月三日。	「冬十一月，城中城。」傳曰：「書時也。」杜註：「此閏月城之，在十一月之後，十二月之前，故曰書時。」

丙戌，五月一日。」今按：丙戌，四月三十日。五月丁亥朔。	傳：「十一月戊申，楚人渠丘。庚申，莒潰。」杜註：「戊申，月六日。庚申，月十八日。」按：據此則十一月癸卯朔。今朔閏表同。
朔。今朔閏表推得乙酉朔，庚寅九月六日。	成十年：「丙午，晉侯獳卒。」傳：「六月丙午，晉侯使甸人獻麥。將食，張，如厠陷而卒。」杜註：「丙午，六月七
案：據此則二月乙巳朔。今朔閏表推得丁未朔，壬申二月二十六日。	成十七年：「十有一月壬申，公孫嬰齊卒于貍脤。」杜註：「十一月無壬申，日誤也。」正義曰：「杜長曆推十一月
朔閏表同。	襄元年：「九月辛酉，天王崩。邾子來朝。冬，衛侯使公孫剽來聘。晉侯使荀罃來聘。」杜註：「辛酉，九月十
正義曰：「長曆推此年閏十一月。傳『城中城』文在十二月上，而云書時也，明即是閏月城之。蓋閏月半後即是十二月節氣，故水昏已正而城之，是得時也。」今朔閏表同。	傳：「春己亥，圍宋彭城。」杜註：「下有二月，則此己亥爲正月。正月無己亥，日誤。」正義曰：「長曆推此年正月庚戌朔，其月無己

日。經有日無月。」
按：據此則六月庚子朔。今朔閏表同。

丁亥朔，六日壬辰，十六日壬寅，二十六日壬子，十日丙申，二十二日戊申。不知壬申二字何者爲誤。長曆云公、穀二傳及諸儒皆以爲十月十五日。十月庚午圍鄭，十三日也。推至壬申，真在十五日。然據此曰十一月諸侯還自鄭，壬申至于貍脤而卒，是非十月，分明誤在日也。公、穀兩傳以爲待公至然後卒大夫，故十月之日書在十一月之下。于左傳

五日。冬者，十月初。王崩赴未至，皆未聞喪，故各得行朝聘之禮。」正義曰：「杜顯言此日者，欲明下冬聘是十月之初，爲王崩日近，赴人未至，故各得行吉禮。」
按：據此則九月丁未朔。今朔閏表同。

亥。圍宋彭城，經在正月之下，傳文下有二月，則己亥必是正月。月不容誤，知是日誤。」
按：正月庚戌朔。今朔閏表同。

則不通，故杜以爲日誤。」

按：據此則十月戊午朔，十一月丁亥朔。今朔閏表並同。

襄二年：「夏六月庚辰，鄭伯睔卒。」傳：「秋七月庚辰，鄭伯睔卒。」

杜註：「庚辰，七月九日。書六月，經誤。」

正義曰：「經云六月庚辰鄭伯睔卒，傳云七月異者，杜以長曆校之，此年六月壬寅朔，

襄三年：「六月戊寅，叔孫豹及諸侯之大夫及陳袁僑盟。」

杜註：「據傳盟在秋，長曆推戊寅七月十三日，經誤。」

按：據此則七月丙寅朔。今朔閏表同。

襄四年：「春王三月己酉，陳侯午卒。」

杜註：「三月無己酉，日誤。」

襄九年：「冬十有二月己亥，同盟于戲。」

杜註：「傳言十一月己亥，以長曆推之，十二月無己亥，經誤。」

正義曰：「經書十二月己亥而傳言十一月。經、傳必有一誤。而傳于戲盟之下更言十二月癸亥門其三門，

傳：「十二月癸亥，門其三門。閏月戊寅，濟于陰阪，侵鄭。」

杜註：「以長曆參校上下，此年不得有閏月戊寅，戊寅是十二月二十日。疑『閏月』當爲『門五日』。『五』字上與『門』合爲『閏』，則後學者自然轉日爲

其月無庚辰；七月壬申朔，九日得庚辰，則傳與曆合，知傳是而經誤也。此經六月、七月其文皆具所言誤書，非徒字誤而已，乃是七月之事錯書以爲六月。故長曆云書于六月經誤，言原本之誤，非字誤也。」按：六月壬寅朔，七月壬申朔。今朔閏表並同。

己亥在癸亥之前二十四日。以長曆推之，十一月庚寅朔，十日得己亥；十二月己未朔，五日得癸亥。故長曆參校上下，己亥在十一月十日。又十二月五日有癸亥，則其月不得有己亥，知經書十二月誤也。此誤惟以『一』字誤爲『二』。」按：十一月庚寅朔，十二月己未朔。今朔閏表並同。

月。晉人三番四軍，更攻鄭門，門各五日。癸亥去戊寅十六日，以癸亥始攻，攻輒五日，凡十五日。鄭不服，故明日濟于陰阪復侵鄭外邑也。」正義曰：「衛氏難云：按昭二十年朔旦冬至，其年云閏月戊辰殺宣姜；又二十二年云閏月取前城，並不應有閏而傳稱閏，是史之失錯，不必在應閏之限。杜豈得云此年不得有閏而改爲門五日也。秦氏釋云：傳

既言三分四軍，三番攻門，每番五日，計癸亥至戊寅共十六日，三五十五日，明日戊寅濟于陰阪，上下符合，故杜爲此解也。蘇氏又云：按長曆襄十年十一月丁未是二十四日，十一年四月己亥是十九日。據丁未至己亥一百七十三日，計十年十一月之後十一年四月之前，除兩箇殘月，惟存四箇整月，用日不盡尚餘二十九日，故杜爲長曆于十年十二月後

襄十年傳：「三月癸丑，會諸侯于鍾離。」 杜註：「癸丑，月二十六日。」正義曰：「杜明言癸丑是三月二十六日。下四月戊午云月一日，五月庚寅云月四日，甲午云月八日。所以明言日者，欲證前九年『閏月』爲『門	
「夏四月戊午，會于柤。丙寅，荀偃、士匄圍偪陽，弗克。五月庚寅，荀偃、士匄帥卒攻偪陽。甲午，滅之。」 杜註：「戊午，四月一日。丙寅，月九日。庚寅，五月四日。甲	
襄十一年：「秋，公會諸侯伐鄭，會于蕭魚。」傳：「十二月戊寅，會于蕭魚。」 杜註：「經書秋，史失之。」正義曰：「會于蕭魚經雖無月，但會下有冬，故以爲會在秋也。傳言日月次第分明，知是經誤。」	
襄十五年：「秋八月丁巳，日有食之。」 杜註：「八月無丁巳。丁巳，七月一日也。日、月必有誤。」 按：七月丁巳朔。今朔閏表同。	
襄十九年：「秋七月辛卯，齊侯環卒。」傳：「夏五月壬辰晦，齊靈公卒。莊公即位。」 杜註：「太子光定位而後赴，經從赴。壬辰是五月二十九日。辛卯是七月二十九日。」 按：據此則五月甲子	置閏。既十年有閏，明九年不得有閏也。」案：據此則襄十年有閏十二月。今朔閏表同。

五日』，于上下日月相 當，故杜備言其日 也。」 按：據此則三月戊子 朔，四月戊午朔，五月 丁亥朔。今朔閏表並 同。	午，月八日。」今朔閏 表並同。			朔，七月癸亥朔。今 朔閏表並同。
襄二十二年傳： 「十二月，鄭游 眅將如晉，未出 竟，遭逆妻者， 奪之以館于邑。 丁巳，其夫攻子 明，殺之，以其 妻行。」	襄二十五年： 「秋八月己巳， 諸侯同盟于重 丘。」 杜註：「己巳，七月十 二日。經誤。」正義 曰：「傳言七月，經言 八月。杜以長曆校之， 七月十二日有己巳，	襄二十七年： 「冬十有二月乙 亥朔，日有食 之。」 杜註：「今長曆推十一 月朔非十二月。傳曰 『辰在申再失閏』，若 是十二月，則爲三失 閏，故知經誤。」正	傳：「十一月乙 亥朔，日有食 之。辰在申，司 曆過也，再失閏 矣。」 杜註：「文十一年三月 甲子至今年七十一 歲，應有二十六閏。 今長曆推得二十四	襄二十八年： 「春無冰。」 杜註：「前年知其再失 閏，頓置兩閏以應天 正，故此年正月建子， 得以無冰爲災而書。」

杜註：「十二月無丁巳。丁巳，十一月十四日也。」
按：據此則十一月甲辰朔。今朔閏表同。

知是經誤也。」
按：據此則七月戊午朔。今朔閏表同。

義曰：「此經言十二月而傳言十一月，今杜以長曆推之，乙亥是十一月朔，非十二月也。傳曰『辰在申再失閏』矣，若是十二月，當爲辰在亥，以申爲亥，則是三失閏，非再失閏也。推曆與傳合，知傳是而經誤也。」
今朔閏表十一月乙亥朔，與長曆同。

閏，通計少再閏。」
正義曰：「斗建從甲至癸十干謂之日，從子至亥十二支謂之辰。傳言辰在申者，謂昏時斗柄所指，于十二辰爲在申也。九月當建戌而建申，故謂再失閏也。閏月無中氣，斗建斜指兩辰之閒。魯之司曆漸失其法，至此年日食之月，以儀審望，知斗建之在申。斗建在申，乃是周家九月，而其時曆稱十一月，故知再失閏。于是始覺其

「十有二月甲	
傳：「十有二月	
三十年傳：「二	
昭元年：「冬十	繆，遂頓置兩閏以應天正，敘事期。前閏月爲建酉，後閏月爲建戌，十二月爲建亥而歲終焉。故明年經書『春無冰』，傳以爲時災。若不復頓置二閏，則明年春乃是今之九月、十月、十一月，無冰非天時之異，無緣總書春也。必遠取文十一年三月甲子者，但據前閏以來計之，不得有再失之理，必遠從文十一年以來通計乃得知也。」
傳：「十二月、晉	

寅，天王崩。乙未，楚子昭卒。」

杜註：「十二月無乙未，日誤。」正義曰：「甲寅之後四十二日始得乙未，則甲寅、乙未不得同月。長曆推此年十二月戊戌朔，甲寅是十七日，其月無乙未也。經有十一月、十二月，月不容誤，知日誤也。」按：十二月戊戌朔。今朔閏表同。

乙亥朔，齊人遷莊公殯于大寢。」

杜註：「十二月戊戌朔，乙亥誤。」

今朔閏表同。

月癸未，晉悼夫人食輿人之城杞者。」

正義曰：「長曆推此月辛酉朔，二十三日得癸未。來月庚寅朔。」

今朔閏表同。

有一月己酉，楚子麇卒。」傳：「十一月己酉，公子圍入問王疾，縊而弒之。」

杜註：「長曆推己酉十二月六日，經、傳皆言十一月，月誤也。」正義曰：「下有十二月甲辰朔，甲辰後五日得己酉，故杜以長曆推己酉是十二月六日。而經、傳皆云十一月己酉，杜謂十一月誤者，止謂十一月不得有己酉，以己酉爲誤，

既烝，趙孟適南陽。甲辰朔，烝于溫。庚戌，趙孟卒。」

杜註：「甲辰，十二月朔。晉既烝，趙孟乃烝其家廟，則晉烝當在甲辰之前。傳言十二月，月誤。庚戌是十二月七日。」正義曰：「杜以十二月晉既烝，趙孟始適南陽，則趙孟初行已是十二月。乃云甲辰朔烝于溫，則是來年正月朔矣。服虔云甲辰朔，

十一月非誤也。若以爲十二月己酉，則六日己酉子干奔晉，至晉猶見趙孟，七日庚戌趙孟卒，便是日相切迫，無相見之理。故知十一月爲是，己酉爲誤也。」

按：是年當閏十月，己酉實十一月五日。詳見朔閏表。

夏十一月朔也。若是夏十一月朔，當于明年言之，無緣説于此年。杜以晉烝當在甲辰之前，當言十一月，傳言十二月，故以爲月誤也。」

按：服虔以甲辰朔爲夏正十一月，此最有理。傳曰：「閉蟄而烝。」杜註謂建亥之月。蓋晉烝以孟冬，而趙氏以仲冬烝于家廟，禮也。晉之十一月，于周爲正月。傳以烝本冬祭，不可繫之來年，而甲辰實正

月朔，故特變其文，先言十二月晉烝，而後言甲辰朔，明是兩月事，令後人循其讀而自知之。如杜、孔之說，直言十二月甲辰朔趙孟烝于温可矣，何必先言晉既烝乎？且甲辰之前，于晉爲秋九月，不得行烝祭。歷考傳文，如晉侯殺世子申生，里克弑其君卓子及丕鄭、胥童之殺，經皆在春，傳皆在前年之冬，明是晉用夏正，非由月誤。今朔閏表十二月甲戌朔。

昭四年傳：「楚子會諸侯伐吴，使屈申圍朱方。八月甲申，克之。」杜註：「八月無甲申，日誤。」正義曰：「長曆推此年七月己未朔，二十六日得甲申。八月己丑朔，其月無甲申。而傳上有七月，下有九月，月不容誤，知日誤也。」今朔閏表並同。

昭七年傳：「鄭人夢伯有介而行，曰：『壬子，余將殺帶也。明年壬寅，余又將殺段也。』」杜註：「壬子，六年三月三日。壬寅，七年正月二十八日。」按：據此則六年三月庚戌朔，七年正月乙亥朔。今朔閏表並同。

昭八年：「夏四月辛丑，陳侯溺卒。」傳：「夏四月辛亥，哀公縊。」杜註：「經書辛丑，從赴。」正義曰：「經書辛丑，傳言辛亥，經、傳異者，多是傳實經虛，故言從赴。長曆四月戊戌朔，四日爲辛丑，十四日爲辛亥，一月之内有此二日，故不云日誤。」今朔閏表同。

「冬十月壬午，楚師滅陳。」傳：「十一月壬午，滅陳。」杜註：「壬午，月十八日。傳言十一月，誤。」按：據此則十月乙丑朔。今推得乙未朔，壬午是十一月十九日，傳是而經誤。詳朔閏表。

昭九年：「夏四月，陳災。」傳：「火出而火陳。」杜註：「火，心星也。火出，于周爲五月，而以四月出者，以長曆推，前年誤置閏。」正義曰：「昭十七年傳曰火出，〔一〕于周爲五月，今得以四月出者，長曆云閏當在此年五月後，而在前年，故火以四月出也。長曆以爲前年閏八月，則此年四月五日已得中氣，二十日已得五月

	昭十三年：「夏四月，楚公子比自晉歸于楚。弒其君虔于乾谿。」傳：「夏五月癸亥，王縊于芋尹申亥氏。」
	昭二十年傳：「春王二月己丑，日南至。」杜註：「是歲朔旦冬至之歲也，當言『正月己丑朔日南至』。時史失閏，閏更在二月後，故經因史而書正月，
	昭二十二年：「夏四月乙丑，天王崩。」傳：「王有心疾。乙丑，崩。戊辰，劉子摯卒。」杜註：「乙丑，四月十
	「六月，劉子、單子以王猛居于皇。」傳：「秋七月戊寅，以王如平時，遂如圃車，次于皇。」杜註：「戊寅，七月三
節，故四月得火見。」案：九年傳二月有庚申，十年五月有庚辰，則八年實無閏。今朔閏表移閏于十年五月後。蓋四月之末，大火以夜半見于東南，不必初昏也。	「秋，劉子、單子以王猛入于王城。」傳：「冬十月丁巳，晉籍談、荀躒納王于王城。」杜註：「丁巳在十月，

杜註：「癸亥，五月二十六日，皆在乙卯、丙辰後，傳終言之，經書四月誤。」　正義曰：「癸亥，實在乙卯、丙辰之後，傳先言之者，因申亥求王，遂言王謚，傳終言之也。蓋楚人生失靈王，不知其死在五月，遂以四月始禍言靈王之死，故致錯誤。」

按：靈王之謚實在五月癸亥，而經書四月者，蓋本其始禍以赴之耳。王是時才身逃竄，沿夏入鄢，逗留時

傳更具于二月，記南至日，以正曆也。」正義曰：「曆法，十九年爲一章，章首之歲必周之正月朔旦冬至。僖五年『正月辛亥朔日南至』，是章首之歲也。計僖五年至往年合一百三十三年，是爲七章。今年復爲章首，復當正月朔旦冬至，而傳乃云二月者，是時曆法錯亂，誤名正月爲二月也。曆家正法，往年十二月後卽宜置閏，此年正月當是往年閏十二月，

九日。戊辰，二十二日。」　正義曰：「乙丑、戊辰俱顯言日者，此年之傳，其日最多，經之與傳又時日多錯，故特顯言二日，欲令自此以下依次推之易驗耳。」

按：據此則四月丁未朔。今朔閏表同。

日。經書六月，誤。」　正義曰：「杜以長曆校，戊寅是七月三日，明傳是也。經書王猛居皇乃在六月下，誤矣。」

按：據此則七月丙子朔。今朔閏表同。

經書秋誤。」正義曰：「杜以長曆推之，丁巳是十月十四日，經書此事在秋，其下乃有冬，知經誤。」

按：據此則十月甲辰朔。今朔閏表同。

日。楚人未知王存亡，故每每夜駭曰王至。追踰月乙卯，棄疾卽用以駭殺二子。丙辰卽位，猶未知王之眞實，故葬死囚爲王，以絕楚望。其實王尚未死也。至申亥，以王柩告，始知其眞死狀。左氏敘癸亥在乙卯、丙辰之前，特參錯互見其實。棄疾丙辰卽位，後八日爲癸亥，靈王始縊。據此則五月戊戌朔，十八日乙卯，十九日丙辰，二十六日癸亥，次第秩然。

此年二月乃是正月，故朔日日南至。時史官錯不置閏，閏更在二月後，傳于八月下乃云『閏月戊辰殺宣姜』，是閏在八月，置閏錯繆之證也。當時以閏十二月爲正月，經從其誤而書之；傳知其誤，故于二月記日南至，以正其失。冬至爲周正月之中氣。曆法閏月無中氣，中氣必在前月內。時史官誤以閏十二月爲正月，而置冬至于二月之朔，是閏月與

今朔閏表並同。

「冬十月，王子猛卒。」傳：「十一月乙酉，王子猛卒。」杜註：「乙酉在十一月，經書十月，誤。」正義曰：「杜以長曆推之，乙酉是十一月十二日，知經書十月誤也。」按：據此則十一月甲戌朔。今朔閏表同。

冬至悉皆錯也。」今朔閏表二月己丑朔同，置閏在八月同。

「十有二月癸酉朔，日有食之。」杜註：「此月有庚戌，又以長曆推校前後，當爲癸卯朔，書癸酉誤。」正義曰：「案傳有十二月庚戌，庚戌上去癸酉三十七日，若此月癸酉朔，不得有庚戌也。又傳十二月下有閏月，又云『辛丑伐京』，辛丑是壬寅前日。二十三年傳曰

昭二十三年：「春王正月，叔孫婼如晉。癸丑，叔鞅卒。晉人執我行人叔孫婼。晉人圍郊。」杜註：「圍郊在叔鞅卒前，經書在後，從赴。」正義曰：「往年傳閏月『辛丑伐京，毁其西南』，註云：『京，子朝

「秋七月戊辰，吴敗頓、胡、沈、蔡、陳、許之師于雞父。」傳：「戊辰晦，戰于雞父。」杜註：「戊辰，七月二十九日。違兵忌晦戰，擊楚所不意。」正義曰：「楚以兵之忌日，不意吴來擊之，必不設備。吴人故違

昭二十四年：秋八月「丁酉，杞伯郁釐卒」。杜註：「丁酉，九月五日。有日無月。」正義曰：「此年五月乙未朔，一大一小，七月甲午朔，九月癸巳朔，五日得丁酉，文在八月之下，是有日而無月也。」今朔閏表並同。

『正月壬寅朔二師圍郊』，則辛丑是閏月之晦日也。又計明年正月之朔與今年十二月之朔，中閒有一閏，相去當爲五十九日。此年十二月當爲癸卯朔，經書癸酉，明是誤也。長曆推校十一月小甲戌朔，傳有乙酉，十二日也；又有己丑，十六日也。十二月大癸卯朔，傳有庚戌，八日也。閏十二月小癸酉朔，傳有辛丑，二十九日也。明年正月壬寅朔，則上

所在。』此年『正月壬寅朔二師圍郊』，計辛丑、壬寅二日相連，蓋京城既毀，郊是子朝之邑，故二師追而圍之。傳稱朔日圍郊，至癸丑叔鞅乃卒。癸丑，正月十二日。是圍郊在叔鞅卒前。晉人來告圍郊在叔鞅卒後，故經書在後，從赴也。圍郊在朔，或亦在叔孫婼如晉之前，但行無日，未必不以朔行，據鞅卒有日而言之。」

兵忌以晦出兵而戰，擊楚所不意也。」案：據此則七月庚子朔，戊辰是月之晦。今朔閏表並同。

昭二十五年：「秋七月上辛，大雩。季辛，又雩。」

正義曰：「月有三辛，上辛，上旬之辛；下辛，下旬之辛也。長曆推校此年七月己丑朔，上辛月三日，季辛二十三日。」今朔閏表並同。

下符合矣。」今朔閏表日數、朔數並同。

昭三十一年：「十有二月辛亥朔，日有食之。」傳：「史墨曰：『六年及此月也，吳其入郢乎，終亦弗克。入郢必以庚辰。庚午之日，日始有謫。火勝金，故弗克。』」

昭三十二年：「冬，城成周。」十有二月己未，公薨于乾侯。」

杜註：「己未，十二月十五日。」正義曰：「傳言十一月令城成周，雖無其日，明年乃始城之，當在月之將末。杜顯言此十五日者，言盟去公薨日近，以明未及告意也。」按：據此則十二月乙

定元年傳：「春正月辛巳，晉魏舒合諸侯之大夫于狄泉，以城成周。庚寅，栽。」

正義曰：「長曆辛巳是正月七日，庚寅是正月十六日。」按：據此則正月乙亥朔。今朔閏表同。

定四年：「二月癸巳，陳侯吳卒。」

杜註：「癸巳，正月七日。書二月，從赴。」按：據此則正月丁亥朔。今朔閏表同。

杜註「定四年十一月庚辰吳入郢。又庚午十月十九日，去辛亥朔四十一日，雖食在辛亥，更以始變爲占也。午，南方，楚之位。午，火；庚，金也。日以庚午有變，故災在楚。楚之仇敵唯吳，故知入郢必吳。」正義曰：「長曆此年十月壬子朔，故庚午是十月十九日。從庚午下去十二月辛亥朔爲四十一日，雖食在辛亥，而更以庚午爲占，舍近取遠，是

巳朔。今朔閏表同。

「冬十有一月庚午，吳、楚戰于柏舉，楚師敗	
定七年傳：「冬十一月戊午，單子、劉子逆王于	史墨所見，其意不可得而知也。」又云：「此十二月日食，彼十一月入郢，則是未復其月。而云及此月者，長曆定四年閏十月庚辰吳入郢，是十一月二十九日，并閏月數之，又其月垂盡，故得爲及此月也。」按：據此則是年十月壬子朔。今朔閏表同。
定八年傳：「冬十月辛卯，禘于僖公。」	
定十五年：「九月丁巳，葬我君定公，雨，不克	
哀十二年：「冬十有二月，螽。」杜註：「周十二月，今	

續。庚辰，吳入郢。」 杜注：「昭三十一年傳曰六年十二月庚辰吳入郢，今以十一月者，并閏月數之。」　正義曰：「長曆推定四年有閏十月，且庚辰又是十一月二十九日，其月垂盡，并閏數之，故得爲十二月也。」 按：據此則十一月壬子朔，又前有閏十月。 今朔閏表並同。	慶氏。己巳，王入于王城。」 杜注：「己巳是十二月五日，有日無月。」 正義曰：「此年經、傳日少，上下無可考驗，杜自以長曆校之，己巳爲十二月五日。」 按：據此則十二月乙丑朔。　今朔閏表同。	日。」 杜注：「辛卯，十月二日。」 按：據此則十月庚寅朔。　今朔閏表同。	葬。戊午，日下昃，乃克葬。辛巳，葬定姒。」 杜注：「辛巳，十月三日。有日無月。」　正義曰：「此年八月庚辰朔，二日則辛巳，九月不得有辛巳也。更盈一周，則六十二日，月有一大一小，十月己卯朔，三日得辛巳，是有日無月也。」 今朔閏表並同。	十月。是歲應置閏而失不置，雖書十二月，實今之九月，司曆誤一月。九月之初尚溫，故得有螽。」
傳：「冬十二月，螽。季孫問諸	哀十三年：「十有二月，螽。」	哀十六年：「夏四月己丑，孔丘		

仲尼，仲尼曰：『火伏而後蟄者畢。今火猶西流，司曆過也。』

杜註：「猶西流，言未盡没，知是夏之九月，曆官失一閏。」正義曰：「火未盡没是夏九月，周之十一月也。經乃云十二月，則是曆官失一閏，故致以夏九月爲十月，以周之十一月爲十二月爾。十二月不應螽。

杜註：「前年季孫雖聞仲尼之言，而不正曆，失閏至此年，故復十二月螽，實周之十一月。」

卒。」

杜註：「四月十八日乙丑，無己丑。己丑，五月十二日。日、月必有誤。」正義曰：「杜自以長曆校之，知四月十八日有乙丑無己丑，己丑乃五月十二日也。」

按：據此則四月戊申朔，五月戊寅朔。今朔閏表並同。

而仲尼言火猶西流，明夏之九月尚可有螽。季孫雖聞此言，猶不即改。明年十二月復螽，于是始悟。至十四年春乃置閏，欲以補正時曆。傳于十五年書閏月，蓋置閏正之，欲明十四年之閏于法當在十二年也。」

案：據此則十四年春宜有閏。今朔閏表十四年閏二月，至十五年冬復有閏十二月，相去凡二十三月。

附録

長曆及大衍曆置閏同異趙東山先生原本

長曆置閏	大衍曆置閏
隱二年閏十二月。 五年閏十二月。 七年閏十二月。 九年閏十月。 按：經文是年三月有癸酉、庚辰，傳有十一月甲寅，去庚辰凡二百七十五日，中間應有一閏，故長曆特置閏十月。彙纂作十二月甲寅，則中間不得有閏，閏當在十二月以後矣。彙纂偶誤「一」字爲「二」也。	隱二年閏十一月。 五年閏八月。 八年閏四月。 十一年閏正月。

桓元年閏十二月。 按：自桓元年閏十二月至七年閏十二月，首尾歷七十三月，中閒應更有一閏。今朔閏表于四年置閏十二月。 七年閏十二月。 十一年閏正月。 十三年閏正月。 按：自此至莊元年閏十月，首尾歷七年，共八十餘月。杜註于桓十六年「冬城向」傳明言是年閏六月，不知東山本何以失載？	莊元年閏十月。 四年閏四月。 七年閏四月。 九年閏八月。
桓二年閏九月。 五年閏六月。 八年閏三月。 十年閏十一月。 十三年閏七月。 十六年閏四月。	莊元年閏正月。 三年閏九月。 六年閏五月。 九年閏三月。

十一年閏三月。
十四年閏五月。
十七年閏六月。
按：自莊十七年閏六月至二十四年閏七月，首尾歷八十六月，中閒應更有一閏。今朔閏表于二十年置閏十二月。
二十四年閏七月。
二十八年閏三月。
二十九年閏二月。
按：自莊二十六年十二月癸亥朔推至三十年九月庚午朔，中閒止容兩閏，不得有三閏。杜頻年置閏非也。今朔閏表去二十九年一閏。
三十年閏二月。
三十二年閏三月。

十一年閏十一月
十四年閏八月
十七年閏四月
按：此年閏四月至二十二年閏十月，首尾積共六十七月，中閒應更有一閏，而東山本不載。
二十二年閏十月。
二十五年閏六月。
二十八年閏二月。
三十年閏十一月。

閔二年閏五月。

按：自此至僖元年閏十一月，首尾僅十九月，唐書律曆志所謂近者十餘月而一閏也。文元年閏三月至二年閏正月，相去僅十一月，則傳已明言其非矣。

僖元年閏十一月。

五年閏十二月。

七年閏十一月。

八年閏十一月。

按：此閏當在九年七月。詳朔閏表。

十二年閏二月。

按：自此至十七年閏十二月，首尾歷六年，共七十一月，唐書律曆志所謂遠或七十餘月而閏也。

閔元年閏八月。

僖二年閏五月。

五年閏正月。

七年閏九月。

十年閏六月。

十三年閏二月。

十五年閏十月。

十八年閏七月。

二十一年閏四月。

二十四年閏正月。

二十六年閏九月。

十七年閏十二月。 二十年閏二月。 二十四年閏四月。 此閏距上二十年閏二月，凡隔五十一月；下至二十五年閏十二月，僅二十月。按晉語「十月惠公卒」，韋昭註：「內傳『魯僖二十三年九月惠公卒』，而此云十月。賈侍中以爲閏餘十八，閏在十二月後，魯失閏，以閏月爲正月。晉以九月爲十月而置閏也。」此則春秋置閏不依常法、列國互異之明證。 二十五年閏十二月。 三十年閏九月。	二十九年閏六月。 三十二年閏二月。
文元年閏三月。 左傳「于是閏三月，非禮也」，杜註：「于曆法閏當	文元年閏十二月。 四年閏八月。

在僖公末年，誤于今年置閏。」 二年閏正月。 四年閏三月。 六年閏十二月。 經文「閏月不告月」，程公說曰：「按曆法是年未應閏而經書閏月，則周閏有所移也。」 八年閏七月。 今以經、傳月日推之，閏當在九年七月。」 十二年閏十二月。 十六年閏五月。	宣二年閏五月。 六年閏五月。 十年閏五月。
七年閏四月。 按：此年閏四月至十二年閏十月，積共六十七月，中間應更有一閏，而東山本不載。 十二年閏十月。 十五年閏六月。 十八年閏二月。	宣二年閏十一月。 五年閏八月。 八年閏五月。

十二年閏五月。
十五年閏十二月。

程公説曰：「長曆自僖十二年至文元年，五年一閏者二，四年一閏者三，凡失二閏焉。又自文十六年至宣十年，四年一閏者三，又失一閏焉。」

按：三失閏，則是以春爲夏也。長曆自文元年至宣十二年，頻年置閏者一，兩年置閏者四，雖疎密不均，而于四時之序無改。

十一年閏正月。
十三年閏九月。
十六年閏六月。

成元年閏三月。
四年閏七月。
七年閏八月。
九年閏十一月。

案：自成九年閏十一月至十四年閏七月，首尾歷五十七月，中閒應更有一閏。今朔閏表于十二年置閏五月。

成元年閏三月。
三年閏十一月。
六年閏七月。
九年閏四月。
十二年閏正月。
十四年閏十月。
十七年閏六月。

十四年閏七月。
十七年閏十二月。

襄二年閏四月。
五年閏四月。
七年閏十月。
十年閏十二月。

左傳九年：「諸侯伐鄭。十二月癸亥，門其三門。閏月戊寅，濟于陰阪。」杜註：「以長曆參校上下，此年不得有閏月戊寅，戊寅是十二月二十日。」孔氏正義曰：「杜爲長曆于十年十二月後置閏。既十年有閏，明九年不得有閏也。」

十三年閏八月。
十六年閏十月。
十九年閏九月。

襄二年閏三月。
四年閏十二月。
七年閏八月。
十年閏四月。
十三年閏正月。
十五年閏十月。
十八年閏六月。
二十一年閏二月。
二十三年閏十二月。
二十六年閏八月。
二十九年閏五月。

二十一年閏八月。 二十四年閏三月。 二十六年閏十二月。 二十九年閏八月。 左傳二十七年：「十一月乙亥朔，日有食之。辰在申，司曆過也，再失閏矣。」杜註：「文十一年三月甲子至今年七十一歲，應有二十六閏。今長曆推得二十四閏，通計少再閏。」按孔氏正義曰：「魯之司曆于是始覺其繆，頓置兩閏月以應天正，前閏月爲建酉，後閏月爲建戌，十二月爲建亥而歲終焉。」東山以頓置兩閏爲非，故不載。	昭元年閏十二月。 案：此閏當在十月。詳朔閏及長曆拾遺二表。 四年閏四月。
	昭元年閏正月。 三年閏九月。 六年閏六月。 九年閏三月。

六年閏七月。
八年閏八月。
今歷攷傳文八年不應有閏，閏當在十年五月。詳朔閏及長曆拾遺二表。
十二年閏正月。
十五年閏九月。
十八年閏正月。
二十年閏八月。
左傳：「二月己丑，日南至。」杜註：「是歲朔旦冬至之歲也，當言『正月己丑朔，日南至』，時史失閏，閏更在二月後。」正義曰：「曆家正法，往年十二月後即宜置閏。此年正月，當是往年閏十二月。此年二月，乃是正月，故當日南至時。史官錯不置閏，閏更在二月後，故致以正月爲二月爾。傳于八月下乃云『閏月戊辰殺宣姜』，是閏在八月，置閏錯繆之證也。」按：大衍曆是年正月辛酉小，

十一年閏十二月。
十四年閏七月。
十七年閏五月。
二十年閏二月。
二十一年閏十月。
按：大衍曆無頻年置閏之理，此當在二十二年下，誤重在此。
二十二年閏十月。
按：此年閏十月至二十八年閏三月，積共六十六月，中間應更有一閏，而東山本不載。
二十八年閏三月。
三十年閏十二月。

己丑冬至；閏二月庚申小，則與傳文閏月殺宣姜不合。

二十二年閏十二月。

左傳：「閏月王師軍于京楚。辛丑，伐京。」二十三年：「正月壬寅朔，二師圍郊。」辛丑是壬寅之前日，知是閏十二月之晦也。

二十五年閏十二月。

二十八年閏五月。

三十年閏五月。

定二年閏五月。

四年閏七月。

按：正義云長曆推是年閏十月，此「七」字當是「十」字之譌。

定元年閏八月。

四年閏四月。

七年閏正月。

九年閏十月。

八年閏二月。
十年閏六月。
十二年閏十一月。
十四年閏十二月。

哀二年閏十一月。
五年閏十月。
按：經「閏月葬齊景公」，景公以九月卒，不應三月便葬。今朔閏表作閏十二月。
七年閏十二月。
十年閏五月。
十四年閏二月。
以上通計八十三閏，又脱載桓十六年閏六月，幷襄二十七年頓置兩閏十一月，凡八十六閏。

十二年閏七月。
十五年閏三月。

哀二年閏十一月。
五年閏八月。
八年閏五月。
十一年閏正月。
十三年閏九月。
以上通計八十六閏，疑中閒脱載三閏，應有八十九閏。

長曆及大衍曆合朔同異與經文日月差繆

隱元年王正月。 長曆正月辛巳朔。 大衍曆正月辛亥朔大，庚申冬至。 程氏公說曰：「自三統至欽天曆，正月朔或辛亥、或庚戌。壬子視大衍曆，先後只差一日。以傳文五月辛丑、十月庚申考之，則正月朔非辛亥，故杜
二年八月庚辰。 長曆八月壬寅朔，無庚辰。庚辰，七月九日。
三年王二月己巳，日有食之。三月庚戌。四月辛卯。八月庚辰。十二月癸未。 長曆己巳，二月朔，日食。 大衍曆二月己亥大；三月己巳小，日食；庚戌在四月，辛卯
四年王二月戊申。 長曆戊申，三月十七日。 趙東山曰：「前年十二月有癸未，則此年二月不得有戊申。明是史文差繆。」
六年五月辛酉。 大衍曆五月庚辰大，辛酉在六月。

預遷就以辛巳爲朔。若從辛巳，則冬至不在正月。意者差閏只在今年，而杜氏考之不詳爾。」	八年六月己亥、辛亥。七月庚午。九月辛卯。大衍曆五月己
	九年三月癸酉、庚辰。大衍曆三月甲午小，癸酉、庚
在五月。八月丙申大，庚辰在九月。十二月甲午大，癸未在明年正月。趙東山氏曰：「按二曆所考，春秋日食多不入食限者，由曆法有疎密。入食限而日月復不合者，置閏不同故也。」	十一年七月壬午。十一月壬辰。大衍曆七月庚
	桓元年四月丁未。大衍曆四月丙子大，丁未在五
	二年壬正月戊申。四月戊申。長曆戊申五月十日。

亥小，己亥、辛亥俱在此月。六月戊辰大，庚午在此月。八月丁卯大，辛卯在此月。

辰在四月。

戊大，壬午在八月。十一月戊申大，壬辰在十二月。

正義曰：「長曆此年四月庚午朔，其月無戊申。五月己亥朔，十日得戊申。」大衍曆四月庚午大，戊申在五月。趙東山曰：「正月有戊申，則四月不得有戊申。」按：此年四月朔長曆與大衍曆同，但云五月己亥朔，十日得戊申，則四月係月小。大衍曆四月庚午大，則五月當庚子朔，戊申

	三年七月壬辰朔，日有食之，既。大衍曆七月癸亥小。八月壬辰大，朔，日食。	十年王正月庚申。大衍曆正月乙
	五年正月甲戌、己丑。長曆正月甲申朔，月內無甲戌。大衍曆正月乙卯小，己卯冬至，己丑在二月。	十二年六月壬寅。七月丁亥。八月壬辰。十
	六年八月壬午。九月丁卯。大衍曆八月乙巳大，壬午在九月。九月乙亥小，丁卯在十月。	十三年二月己巳。長曆閏正月，二
	七年二月己亥。大衍曆二月壬寅大，己亥在三月。	十四年八月壬申、乙亥。十二月丁巳。
爲五月初九日。今朔閏表四月小。	八年五月丁丑。大衍曆五月乙未小，丁丑在六月。	十五年三月乙未。四月己巳。大衍曆三月乙

西大，乙巳冬至，庚申在二月。

一月丙戌。十二月丁未。長曆八月無壬辰，壬辰是七月二十三日。大衍曆六月辛未大，壬寅在七月。七月辛丑小，丁亥在八月。十月己巳大，丙戌在此月。十一月己亥小，丁未在此月。

月無己巳。

按：此年二月公會紀侯、鄭伯，己巳及齊侯、宋公、衛侯、燕人戰。註、疏並無長曆云云。此條所引必有脱誤。杜正以己巳在二月，故于正月置閏耳。二月無己巳，必是大衍曆文。

大衍曆八月戊子大，壬申、乙亥在九月。十二月丙戌大，丁巳在十一月朔及明年正月二日。

卯大，乙未在四月。四月乙酉小，己巳在五月。

十七年正月丙辰。二月丙午。五月丙午。六月丁丑。八月癸巳。十月朔，日有食之。

大衍曆正月乙亥小，壬午冬至，丙辰在二月。

長曆二月無丙午，丙午三月四日。

趙東山曰："五月有丙午，六月有丁丑，則二

十八年四月丙子、丁酉。十二月己丑。

長曆四月丁卯朔，丙子十日，丁酉五月朔。

按：是年四月丙子公薨于齊，丁酉公之喪至自齊。杜註但云丁酉五月一日，無四月丁卯朔、丙子十日之文。不知東山據何本。今朔閏表推得正同。

大衍曆四月丁酉大，丙子在五

莊二年十二月乙酉。

大衍曆十二月壬子大，月内無乙酉。

四年六月乙丑。

大衍曆六月癸酉大，乙丑在七月。

八年王正月甲午。十一月癸未。

大衍曆正月壬子大，己巳冬至，甲午在二月。十一月戊申小，癸未在十二月。

月不得有丙午。」

大衍曆五月癸酉小，六月壬寅大，丙午在六月，丁丑在七月。八月辛丑大，癸巳在九月。

長曆十月庚午朔，日食。

註、疏無此文。今朔閏表推得正同。

大衍曆十月庚子大。十一月庚午小，朔，日

月，丁酉在六月。十二月癸巳大，己丑十一月二十六日。

食。

十二年八月甲午。

大衍曆八月丙辰小，甲午在九月。

十八年王三月，日有食之。

長曆三月癸未朔，不入食限。

大衍曆三月癸丑大。四月癸未小。五月壬子大，日食。

宋劉孝孫同。沈氏括曰：「春秋日食三十六，後世曆家推驗精者，不過得二十六。本朝衞樸得三十五。獨莊十八年三月，古今算不入食法。」

二十二年七月丙申。

大衍曆七月戊午大，丙申在八月。

二十四年八月丁丑、戊寅。

大衍曆八月丙午大，丁丑、戊寅在九月。

二十五年五月癸丑。六月辛未朔，日有食之。

大衍曆五月壬申大。六月壬寅小，癸丑在六月。閏六月辛未大，日食。

二十八年王三月甲寅。大衍曆二月丙辰大。閏二月丙戌小，甲寅二十九日。長曆是年閏三月，甲寅三月晦日。按：是年三月甲寅齊人伐衛，杜註無「是年閏三月」及「甲寅三月晦日」之文，不知東山據何本。今朔閏表推得正同。
三十年八月癸亥。九月庚午朔，日有食之。大衍曆八月辛未大。九月辛丑小，癸亥在此月。十月庚午大，日食。
三十二年七月癸巳。八月癸亥。十月己未。大衍曆七月庚申大。八月庚寅小。十月己丑小。癸巳在八月，癸亥在九月，己未在十一月。
閔元年六月辛酉。大衍曆六月乙酉大，辛酉在七月。
二年八月辛丑。大衍曆八月戊申大，辛丑在九月。

僖元年七月戊辰。十月壬午。

大衍曆七月癸酉小，戊辰在八月。十月辛丑大，壬午在十一月。

五年傳王正月辛亥朔，日南至。

大衍曆正月癸未小，辛亥冬至，二十九日。閏正月壬子大。

九年七月乙酉。

長曆七月無乙酉。八月甲申朔，乙酉二日。

按：是年「秋七月乙酉伯姬卒」，杜註並無長曆云云，不知東山據何本。但據下文「甲子晉侯詭諸卒」杜註「甲子九月十一日」，從甲申至甲子恰好四十日。今朔閏表同。

十二年王三月庚午，日有食之。十二月丁丑。

大衍曆三月辛未小。五月庚午小，日食。

長曆十二月乙未朔，丁丑十一月十二日。

大衍曆十二月丙申大，丁丑十一月十一日。

按：是年「十二月丁丑陳侯杵臼卒」杜註並

十四年八月辛卯。

大衍曆八月丁巳小，辛卯在九月。

	十五年五月日有食之。九月己卯晦。長曆五月壬子朔，不入食限。大衍曆四月癸丑大，日食。五月癸未小。九月辛巳小，己卯晦在十月。閏十月庚辰小。
	十八年五月戊寅。八月丁亥。大衍曆五月乙未大，戊寅在六月。長曆八月癸巳朔，丁亥在七月二十四日、九月二十五日。大衍曆閏七月甲子小，丁亥在
	二十年五月乙巳。大衍曆五月癸丑大，乙巳在六月。
無長曆云云，不知東山據何本。今朔閏表同。	二十六年王正月己未。大衍曆正月辛巳小，壬寅冬至，己未在二月。
	二十七年八月乙巳。長曆八月無乙巳，乙巳九月六日。大衍曆八月辛未大，乙巳九月五日。

三十二年四月己丑。十二月己卯。 大衍曆閏二月乙巳小，己丑在三月。十二月庚子大，己卯在十一月。	按：十五年日食傳云「不書朔與日，官失之也」，杜註並無長曆云云，不知東山據何本。今朔閏表同。
三十三年四月辛巳、癸巳。 大衍曆三月己巳小，辛巳、癸巳皆在此月。	此月二十四日。 按：是年秋「八月丁亥葬齊桓公」，杜註並無長曆云云，不知東山何所見。今朔閏表並同。
文元年二月癸亥，日有食之。 大衍曆二月甲午小。三月癸亥大，日食。	
二年王二月甲子、丁丑。 大衍曆正月戊子大，己丑冬至，甲子、丁丑皆在二月。	
七年三月甲戌。四月戊子。 大衍曆二月己未小，甲戌在此月。四月戊午大。閏四月戊子小。	

八年八月戊申。九月癸酉。長曆閏七月。八月戊申晦。癸酉九月朔。大衍曆九月甲辰小，癸酉十月朔。

按：是年「八月戊申天王崩」下即爲「冬十月壬午公子遂會晉趙盾盟于衡雍」。徧考經、傳，從無九月癸酉之文。且云八月戊申晦、九月癸酉朔，戊

十三年五月壬午。十二月己丑。大衍曆五月壬午朔大。十一月庚辰小，己丑在此月。長曆五月壬午朔，己丑十一月十日。

按：是年「五月壬午陳侯朔卒」，「十二月己丑公及晉侯盟」，杜註「己丑十一月十一日」，與此先後差一

十四年五月乙亥。大衍曆四月丁酉大，乙亥在此月。

按：丁酉朔，則月內無乙亥，疑酉當作未。

十八年五月戊戌。六月癸酉。大衍曆四月甲申小，戊戌在此月。五月癸丑大，癸酉在此月。

宣二年王二月壬子。大衍曆正月甲辰小，癸亥冬至，壬子在此月。

申、癸酉二日不相連，如何云晦、朔。攷九年「九月癸酉地震」，此必九月上脱九年二字也。又案：是年不得有閏，閏亦當在九年。	宣三年十月丙戌。大衍曆九月甲子小，丙戌在此月。
日，御無「五月壬午朔」之文。不知東山又何所見。今朔閏表五月壬午朔，己丑十一月十一日。	四年六月乙酉。大衍曆五月庚申大，乙酉在此月。
	八年七月甲子，日有食之，既。長曆七月乙未朔，甲子，月之三十日，不入食限。大衍曆十月甲子朔，日食。
	九年九月辛酉。長曆辛酉在八月。大衍曆八月庚申小，辛酉在此月。按：是年九月「辛酉晉侯黑臀卒于扈」，杜註：「九月無辛酉，日誤。」正義曰：「以下有
	十年四月丙辰，日有食之。長曆四月丙辰朔。大衍曆四月丙辰大，日食。

十二年六月乙卯。十二月戊寅。大衍曆六月癸	
十七年王正月丁未。六月癸卯，日有食之。長曆丁未在二	
成二年四月丙戌。八月庚寅。長曆丙戌在五月朔。九月甲	
四年三月壬申。長曆壬申在二月。是歲閏七月。	十月癸酉，杜以長曆推之，癸酉是十月十六日，辛酉在前十二日，是十月初四日。」此云辛酉在八月，意亦相同。但一推之前，一推之後，爲小别耳。豈東山所見之長曆又别有本耶。
七年八月戊辰。大衍曆八月丁亥小，戊辰在九月。	

酉大，乙卯在七月。
長曆十二月己亥朔，戊寅在十一月。
按：是年十二月「戊寅楚子滅蕭」，杜註：「十二月無戊寅。戊寅，十一月九日。」據此則十一月當爲庚午朔，御無長曆云云。今云十二月己亥朔，則十一月當是月小，參互觀之可見。今朔閏表並同

月初四。
大衍曆正月丁丑小，丁未二月二日。
長曆六月癸卯朔。
大衍曆五月乙亥朔，日食。六月甲辰大。

申朔，庚寅是九月七日。
大衍曆八月丙辰小。九月乙酉大，庚寅是九月六日。

成九年七月丙子。十一月庚申。

長曆七月乙巳朔，丙子在八月。

大衍曆十一月甲戌小，庚申在十月。

按：是年「七月丙子齊侯無野卒」，杜註：「丙子是六月一日。」今云在八月，蓋一推之前，一推之後。又云「七月乙巳朔」，蓋六月係

十年五月丙午。

長曆六月庚子朔，丙午七日。

大衍曆五月辛未小，丙午六月七日。

十四年十月庚寅。

大衍曆十月乙巳大。閏十月乙亥大，庚寅在此月。

十七年九月辛丑。十一月壬申。十二月丁巳朔，日有食之。

大衍曆九月戊午大，辛丑在八月。

長曆壬申在十月五日。

大衍曆十一月丁巳朔，日食。

按：是年十一月「壬申公孫嬰齊卒」，杜註：「十一月無壬申，日

襄二年六月庚辰。

長曆六月無庚辰，庚辰七月九日。

大衍曆六月壬寅大，庚辰在七月。

按：是年「六月庚辰鄭伯睔卒」，正義云：「經言六月，傳言七月異者，杜以長曆校之，此年六月壬寅朔，其月無庚辰；七月壬申朔，九日得庚辰，則傳與曆合。傳是而經誤

小月，從丙子至甲辰得二十九日也。	三年六月戊寅。長曆六月丁酉朔。七月丙寅朔，戊寅十三日。大衍曆同。
	四年王三月己酉。長曆三月無己酉。大衍曆三月壬戌大，己酉在二月。
	七年十月壬戌。大衍曆九月壬寅小，壬戌在此月。
誤。」正義：「長曆云公、穀二傳及諸儒皆以爲十月十五日，十月『庚午圍鄭』是十三日。推至壬申，誠在十五日。」此云「十月五日」，意當脫落一「十」字耳。	九年十二月己亥。長曆十一月庚寅朔，己亥十日。大衍曆十一月己丑朔，己亥十一日。
也。」大衍曆所推與長曆同。	十年五月甲午。大衍曆閏四月丁亥小，甲午在閏月。

十五年八月丁巳，日有食之。十一月癸亥。長曆七月丁巳朔，日食。大衍曆同。閏十月乙卯，癸亥在閏月。
十六年三月戊寅。五月甲子。大衍曆二月癸丑小，戊寅在此月。四月壬子大，甲子在此月。
十九年七月辛卯。八月丙辰。大衍曆七月癸巳大。八月癸亥小。辛卯在六月，丙辰在七月。
二十一年十月庚辰朔，日有食之。大衍曆九月庚戌朔，日食。十月庚辰朔，日在黄道角四度弱，非食限。
二十四年八月癸巳朔，日有食之。大衍曆七月甲子朔，日食。八月癸巳朔，日在黄道星二度弱，非食限。
二十五年八月己巳。長曆八月戊子朔，無己巳。大衍曆同。趙東山曰：「六月有壬
二十七年冬十二月乙亥朔，日有食之。長曆十一月乙亥朔，日食。大衍曆同。
二十八年十二月乙未。長曆十二月戊戌朔，無乙未，二十二日己未，恐「己」誤作
昭元年六月丁巳。十一月己酉。大衍曆五月戊申大，丁巳在此月。
八年十月壬午。大衍曆十月丙申小，壬午在十一月。

子，則八月不得有己巳。」

杜註：「今長曆推是十一月朔，非十二月。傳曰『辰在申再失閏』，若是十二月，則爲三失閏。故知經誤。」

「乙」。

大衍曆十二月己亥小，二十一日己未。

趙東山曰：「是月有甲寅，則不得有乙未，故劉氏以爲當是閏月。」

長曆十一月乙亥朔，己酉是十二月六日。

十年七月戊子。

長曆七月庚寅朔，無戊子。

按：是年七月「戊子晉侯彪卒」，攷經、傳杜註皆無七月庚寅云云。不知東山據何本。今朔閏表戊子是

十二年三月壬申。

長曆三月無壬申。

按：是年「三月壬申鄭伯嘉卒」，考經、傳杜註皆無長曆云云。不知東山據何本。今朔

十五年六月丁巳朔，日有食之。

大衍曆五月丁巳大，朔日食。

十七年六月甲戌朔，日有食之。

大衍曆五月丙午朔大，日食黃道婁四度。閏月丙子小。六

二十年

傳王二月日南至。三統曆正月己丑朔旦冬至。杜氏曰：「是歲，朔旦冬至之歲也。時史失閏，閏更在二月後。故傳于二月記南至日，以正曆也。」

大衍曆正月辛

七月四日。	二十一年七月壬午朔，日有食之。大衍曆七月丙子小。閏十月甲戌大。十二月癸酉大，朔日食黃道箕四度半强。按：「閏十月甲戌」以下云云，當在二十二年，脱誤在此。
閏表壬申是三月二十八日。	二十二年十二月癸酉朔，日有食之。長曆十一月小，甲戌朔，傳乙酉是十二日，己丑是十六日。十二月大，癸卯朔。傳庚戌是八日。閏月小，癸酉朔。傳辛
	二十四年八月丁酉。大衍曆八月甲子小，丁酉在九月。趙東山曰：「五月乙未朔，則八月不得有丁酉。」長曆丁酉九月五日。正義曰：「此年五月乙未朔，一大一小，七月
月乙巳大，非食限。甲戌是九月朔。	二十五年九月己亥。十月戊辰。十一月己亥。大衍曆六月己丑小。八月戊子小。九月丁巳大。十月丁亥小。十一月丙辰大。己亥在八月。戊辰
酉小，己丑冬至。閏二月庚申小。	二十八年四月丙戌。大衍曆閏三月癸酉小，丙戌在閏月。

	三十年六月庚辰。大衍曆五月庚申大，庚辰在此月。
丑二十九日。明年正月壬寅朔。推校前後，十二月當爲癸卯朔，經書「癸酉」誤。	定二年五月壬辰。大衍曆四月丁卯大，壬辰在此月。
甲午朔，九月癸巳朔，五日得丁酉。」	七年 三統曆正月己巳朔冬至。殷曆庚午朔。大衍曆正月庚子大，己巳冬至。
在九月。又己亥在十月。	十二年十月癸亥。十一月丙寅朔，日有食之。大衍曆九月丁酉小，癸亥在此月。十月丙寅大，日食。
	十五年二月辛丑。五月辛亥。九月辛巳。大衍曆正月甲申小，辛亥冬至，辛丑在此月。長曆五月辛亥朔。大衍曆同。

長曆九月己酉朔，無辛巳，辛巳，十月三日。大衍曆同。

趙東山曰：「八月朔庚辰，則九月不得有辛巳。」

哀五年九月癸酉。大衍曆閏八月辛巳小，癸酉在閏月。

合朔議曰：大衍曆視長曆，朔每差一月，亦有差二月者。其日月得失，本非所以釋經也。

趙東山氏曰：「以長曆考春秋日月失三十六，日朔三，晦二，日食不入限者四，頻月食者二。大衍曆

失一百二十六，日朔三，日食不入限十七，先一月者六，先二月者二，先三月者一，先五月者一，後一月者六，閏月一，頻月食者二。蓋杜氏據左傳屢譏周曆失閏，所以長曆前卻閏月，求與春秋相符，故所失少。大衍曆自以三十二月閏率追算，不計與經文合否，故所失多。」又曰：「長曆視大衍曆少六閏：自隱二年至宣十年三失閏，自宣末年至春秋之終復三失閏。果若是，則四時寒暑皆當反易，不止以申爲戌而已。恐周曆雖差，未必如是之繆。案經、傳有曠數年不書日者，前後屢見之。長曆于此既無所據，豈能無失？至言頓置兩閏以應天正，則臆決尤甚。併及大衍曆者，所以見周曆置閏無準，致日月不與天合也。」

今案：隱二年至宣十年，長曆比大衍曆止少二閏；宣末年至春秋之終，止少一閏，通計少三閏。又言頓置兩閏之謬。案：襄二十七年「十一月乙亥朔日有食之」，左傳曰：「辰在申，司曆過也，再失閏矣。」明年春經文即書「無冰」，若不頓置兩閏，則明年春正月乃是戌月，係夏之九月，安得以無冰爲災而書乎？欲以左傳求合經文，不得不如此。不得以杜爲臆決也。

梅定九氏曰：「閏月之説，大旨不出兩端。其一，謂無中氣爲閏月。此據左氏『舉正于中』爲説，乃曆家之法也。其一，謂古閏月俱在歲終。此據左氏『歸餘于終』爲説，乃經學家之詁也。蓋古今曆法，原自不同，推步之理，踵事加密，故自今日言曆，則以無中氣置閏爲安；而論春秋閏月，則以歸餘之説爲長。何則？治春秋者當主經文。今考本經，書閏月俱在年終，此其據矣。」

案：此但據文六年「閏月不告朔」及哀五年「閏月葬齊景公」俱在歲終十二月而爲言耳。昭二十

年「閏八月戊辰殺宣姜」，文元年「閏三月」，其餘傳文閏在中間者甚多，不得謂春秋閏月都是歸餘于終也。

定九氏又曰：「交食之説有宜知者二端。其一，古者只用平朔。平朔者，一大月一小月相間，故漢、晉史志往往有日食不在朔，而在朔之二日、或晦日者。唐李淳風麟德曆始用定朔。至一行大衍曆又發明之，始有四大三小之月，而食必在朔。此是一層道理。其一，自北齊張子信積候合食加時，立入氣加減，唐宣明曆本之。立氣刻時三差，至今遵用，卽授時曆之時差及東西南北差也。前二説其根在天，蓋以日躔有盈縮，月離有遲疾，天上行度應有之差，天下所同也。後一説其根在地，蓋以日高月卑，正相掩時，中間尚有空隙。人所居地面不同，而所見虧復之時刻與食分之淺深，隨處各異，謂之視差。非天上行度有殊，而生于人之目一方所獨也。古疎今密，大概可見。」

新唐書律曆志大衍合朔議曰：「春秋日食有甲乙者三十四。殷曆、魯曆先一日者十三，後一日者三，周曆先一日者二十二，先二日者九。其僞可知矣。莊公三十年九月庚午朔，襄公二十一年九月庚戌朔，定公五年三月辛亥朔，當以盈縮、遲疾爲定朔。殷曆雖合，適然耳，非正也。僖公五年正月辛亥朔，十二月丙子朔，十四年三月己丑朔；文公元年五月辛酉朔，十一年三月甲申晦；襄公十九年五月壬辰晦；昭公元年十二月甲辰朔，二十年二月己丑朔，二十三年正月壬寅朔、七月戊辰晦，皆與周曆合。其所記多周、齊、晉事，蓋周王所頒，齊、晉用之。僖公十五年九月己卯晦，十六年正月戊申朔；成公十六年六月甲午晦；襄公十八年十月丙寅晦、十一月丁卯朔，二十六年三月甲寅朔，二十七年六月丁未朔，

與殷曆、魯曆合。此非合食，故仲尼因循時史，而所記多宋、魯事，與齊、晉不同可知矣。昭公十二年十月壬申朔，原輿人逐原伯絞，與魯曆、周曆皆差一日，此丘明即其所聞書之也。僖公二十二年十一月己巳朔，宋、楚戰于泓，周、殷、魯曆皆先一日，楚人所赴也。昭公二十年六月丁巳晦，衞侯與北宮喜盟；七月戊午朔，遂盟國人，三曆皆先二日，衞人所赴也。此則列國之曆不可以一術齊矣。而長曆日子不在其月，則改易閏餘，欲以求合，故閏月相距近則十餘月，遠或七十餘月。此杜預所甚謬也。夫合朔先天，則經書『日食』以糾之；中氣後天，則傳書『南至』以明之；其在晦、二日，則原乎定朔以得之；列國之曆或殊，則稽于六家之術以知之。此四者，皆治曆之大端，而預所未曉故也。」

附元史曆志所推春秋日食三十七事

隱公三年辛酉歲，春王二月己巳，日有食之。

杜預云：「不書朔，〔三〕史官失之。」公羊云：「日食或言朔或不言朔，或日或不日，或失之前或失之後，失之前者朔在前也，失之後者朔在後也。」穀梁云：「言日不言朔，食晦日也。」姜岌校春秋日食云：「是歲二月己亥朔，無己巳，似失一閏。三月己巳朔，去交分入食限。」大衍與姜岌合。今授時曆推之，是歲三月己巳朔，加時在晝，去交分二十六日六千六百三十一入食限。

桓公三年壬申歲，七月壬辰朔，日有食之，既。

姜岌以爲是歲七月癸亥朔，無壬辰，亦失閏。其八月壬辰朔，去交分入食限。大衍與姜岌合。以今

曆推之，是歲八月壬辰朔，加時在晝，食六分一十四秒。

桓公十七年丙戌歲，冬十月朔，日有食之。

左氏云：「不書日，史官失之。」大衍推得在十一月交分入食限，失閏也。以今曆推之，是歲十一月加時在晝，交分二十六日八千五百六十入食限。

莊公十八年乙巳歲，春王三月，日有食之。

穀梁云：「不言日，不言朔，夜食也。」大衍推是歲五月朔，交分入食限，三月不應食。以今曆推之，是歲三月朔，不入食限。五月壬子朔，加時在晝，交分入食限。蓋誤「五」爲「三」。

莊公二十五年壬子歲，六月辛未朔，日有食之。

大衍推之，七月辛未朔，交分入食限。以今曆推之，是歲七月辛未朔，加時在晝，交分二十七日四百八十九入食限，失閏也。

莊公二十六年癸丑歲，冬十有二月癸亥朔，日有食之。

今曆推之，是歲十二月癸亥朔，加時在晝，交分十四日三千五百五十一入食限。

莊公三十年丁巳歲，九月庚午朔，日有食之。

今曆推之，是歲十月庚午朔，加時在晝，去交分十四日四千六百九十六入食限，失閏也。大衍同。

僖公五年丙寅歲，九月戊申朔，日有食之。元史缺此一年。

僖公十二年癸酉歲，春王三月庚午朔，日有食之。

姜氏云：「三月朔，交不應食，在誤條；其五月庚午朔，去交分入食限。」大衍同。今曆推之，是歲五月庚午朔，加時在晝，去交分二十六日五千一百九十二入食限。蓋誤「五」爲「三」。

僖公十五年丙子歲，夏五月，日有食之。

左氏云：「不書朔與日，史官失之也。」大衍推四月癸丑朔，去交分入食限，差一閏。今曆推之，是歲四月癸丑朔，交分一日一千三百一十六入食限。

文公元年乙未歲，二月癸亥，日有食之。

姜氏云：「二月甲午朔，無癸亥。三月癸亥朔，入食限。」大衍亦以爲然。今曆推之，是歲三月癸亥朔，加時在晝，去交分三十六日五千九百十七分入食限，失閏也。

文公十五年己酉歲，六月辛丑朔，日有食之。

今曆推之，是歲六月辛丑朔，加時在晝，交分二十六日四千四百七十三分入食限。

宣公八年庚申歲，秋七月甲子，日有食之，既。

杜預以七月甲子晦食。姜氏云：「十月甲子朔，食。」大衍同。今曆推之，是歲十月甲子朔，加時在晝，食九分八十一秒。蓋「十」誤爲「七」。

宣公十年壬戌歲，夏四月丙辰，日有食之。

今曆推之，是月丙辰朔，加時在晝，交分十四日九百六十八分入食限。

宣公十七年己巳歲，六月癸卯，日有食之。

姜氏云：「六月甲辰朔，不應食。」大衍云：「是年五月在交限，六月甲辰朔，交分已過食限，蓋誤。」今曆推之，是歲五月乙亥朔，入食限。六月甲辰朔，泛交二日已過食限。大衍爲是。

成公十六年丙辰歲，六月丙寅朔，日有食之。

今曆推之，是歲六月丙寅朔，加時在晝，去交分二十六日九千八百三十五分入食限。

成公十七年丁亥歲，十有二月丁巳朔，日有食之。

姜氏云：「十二月戊子朔，無丁巳，似失閏。」大衍推十一月丁巳朔，〔三〕交分入食限。今曆推之，是歲十一月丁巳朔，加時在晝，交分十四日二千八百九十七分入食限。與大衍同。

襄公十四年壬寅歲，二月乙未朔，日有食之。

今曆推之，是歲二月乙未朔，加時在晝，交分十四日一千三百九十三入食限也。

襄公十五年癸卯歲，秋八月丁巳，日有食之。

姜氏云：「七月丁巳朔，食失閏也。」大衍同。今曆推之，是歲七月丁巳朔，加時在晝，去交分二十六日三千三百九十四分入食限。

襄公二十年戊申歲，冬十月丙辰朔，日有食之。

今曆推之，是歲十月丙辰朔，加時在晝，交分十三日七千六百分入食限。

襄公二十一年己酉歲，九月庚戌朔，日有食之。

今曆推之，是月庚戌朔，加時在晝，交分十四日三千六百八十二分入食限。

冬十月庚辰朔，日有食之。

姜氏云：「比月而食，宜在誤條。」大衍亦以爲然。今曆推之，十月已過交限，不應頻食。姜說爲是。

襄公二十三年辛亥歲，春王二月癸酉朔，日有食之。

今曆推之，是月癸酉朔，加時在晝，交分二十六日五千七百三分入食限。

襄公二十四年壬子歲，秋七月甲子朔，日有食之，既。

今曆推之，是月甲子朔，加時在晝，日食九分六秒。

八月癸巳朔，日有食之。

漢志：「董仲舒以爲比食又既。」大衍云：「不應頻食，在誤條。」今曆推之，交分不叶，不應食。大衍說是。

襄公二十七年乙卯歲，冬十有二月乙亥朔，日有食之。

姜氏云：「十一月乙亥朔，交分入限，應食。」大衍同。今曆推之，是歲十一月乙亥朔，加時在晝，交分初日八百二十五分入食限。

昭公七年丙寅歲，夏四月甲辰朔，日有食之。

今曆推之，是月甲辰朔，加時在晝，交分二十七日二百九十八分入食限。

昭公十五年甲戌歲，六月丁巳朔，日有食之。

大衍推五月丁巳朔，食，失一閏。今曆推之，是歲五月丁巳朔，加時在晝，交分十三日九千五百六十七分入食限。

昭公十七年丙子歲，夏六月甲戌朔，日有食之。

姜氏云：「六月乙巳朔，交分不叶，不應食，當誤。」大衍云：「當在九月朔，六月不應食。姜氏是也。」今曆推之，是歲九月甲戌朔，加時在晝，交分二十六日七千六百五十分入食限。

昭公二十一年庚辰歲，七月壬午朔，日有食之。

今曆推之，是月壬午朔，加時在晝，交分二十六日八千七百九十四分入食限。

昭公二十二年辛巳歲，十有二月癸酉朔，日有食之。

今曆推之，是月癸酉朔，交分十四日一千八百入食限。杜預以長曆推之，當爲癸卯，非是。

昭公二十四年癸未歲，夏五月乙未朔，日有食之。

今曆推之，是月乙未朔，加時在晝，交分二十六日三千八百三十九分入食限。

昭公三十一年庚寅歲，十有二月辛亥朔，日有食之。

今曆推之，是月辛亥朔，加時在晝，交分二十六日六千一百二十八分入食限。

定公五年丙申歲，春三月辛亥朔，日有食之。

今曆推之，三月辛亥朔，加時在晝，交分十四日三百三十四分入食限。

定公十二年癸卯歲，十有一月丙寅朔，日有食之。

今曆推之，是歲十月丙寅朔，加時在晝，交分十四日二千六百二十二分入食限，蓋失一閏。

定公十五年丙午歲，八月庚辰朔，日有食之。

今曆推之，是月庚辰朔，加時在晝，交分十三日七千六百八十五分入食限。

哀公十四年庚申歲，五月庚申朔，日有食之。

今曆推之，是月庚申朔，加時在晝，交分二十六日九千二百一分入食限。

右春秋所載三十有七事，以授時曆推之，惟襄公二十一年十月庚辰朔及二十四年八月癸巳朔不入食限，蓋自有曆以來，無比月而食之理。其三十五食，食皆在朔，經或不書日、不書朔，公羊、穀梁以爲食晦，二者非；左氏以爲史官失之者，得之。其閒或差一日二日者，蓋古曆疏闊，置閏失當之弊，姜岌、一行已有定說。孔子作書，但因時曆以書，非大義所關，故不必致詳也。

校勘記

〔一〕〔昭十七年傳曰火出〕「昭」原作「襄」，據春秋左傳正義昭公九年改。

〔二〕〔不書朔〕「朔」原作「日」，據春秋左傳集解隱公三年改。

〔三〕〔大衍推十一月丁巳朔〕「推」原作「于」，據元史卷五二曆志二改。

春秋列國疆域表卷四

錫山　顧棟高復初輯
同邑受業華西植燕麓參

敍

昔武王大封列侯，各有分地，至春秋時猶存百二十四國。稅安禮爲作春秋指掌圖以明之。余謂是不可圖也。若從其始封，則與春秋時之疆境不合；若從春秋當日，則二百四十年中强兼弱削，月異而歲不同，當以何年爲準而圖之？卽以周與晉、楚論。晉之始封太原，百里之地耳。其後獻公滅耿、滅霍、滅魏，拓地漸廣。而最得便利者，莫如伐虢之役，自澠池迄靈寶以東崤、函四百餘里，盡虢略之地。晉之得以西向制秦，秦人抑首而不敢出者，以先得虢扼其咽喉也。至文公啓南陽，奄有覃、懷，後經營中原，追逐戎狄。凡衞河以北殷墟之境之没于狄、及邢之滅于衞、滑之滅于秦者，晉盡取之。于是東及朝歌，北盡邯鄲，自河南之彰德、衞輝，至直隸之大名、廣平、順德，悉爲晉有，而謂晉猶昔日之晉乎？楚封丹陽，蓋在今歸州東南七里。至文王滅鄧，縣申、息，封畛于汝，此時已涉河南南、汝之境。以後蠶食諸夏，鄧及唐、葉皆南陽府地也；江、黄、道、柏、蓼、胡、沈，皆汝寧府地也。最後城州來、居巢、鍾離，則更侵入鳳陽、廬、壽之境，而謂楚猶昔日之楚乎？至周之東都，鄭氏詩譜云封域在禹貢豫州太華、外方之閒，北得河陽，漸冀州之南，畿内方六百里。逮後南陽入于晉，祭地入于鄭，伊川入于陸渾，日朘月削。

故襄王以前猶能興師伐鄭、伐翼，襄王以後如病痿蹷不能起，王畿已非復東遷之舊，況在小國乎！夫弱小之日就微滅，與大國之漸肆吞併，非一朝一夕之故也。故曰是不可圖也。夫不原其始封，則不明先王星羅棊置、犬牙相錯之至意；而不極吞併所至，則又無以識春秋當日之大勢。故自王畿以下，凡晉、楚諸大國，先區明其本境，以漸及其拓地之疆域，終春秋之世而止。而小國亦還其始封，末云後入某國爲某邑。庶前後之疆索瞭如，而廢興之故亦從可概睹矣。輯春秋列國疆域表第四。

春秋列國疆域表

周

平王東遷，洛邑爲王城，畿內方六百里之地。	鄭詩譜云：「封域在禹貢豫州，太華、外方之間。」正義曰：「太華卽華山，外方卽嵩高。地理志華山在華陰縣南，外方在嵩高。」是從河南河南府嵩縣，直接陝西西安府華陰
北得河陽，漸冀州之南。	正義曰：「周襄王賜晉文公陽樊、温、原之田，晉于是始啟南陽，杜云在晉山南河北。是未賜晉時，爲周之畿內，故知北得河陽也。」今爲河南懷慶一府之地。
又汝州伊陽縣爲周邥垂地。	左傳文十七年甘歜敗戎于邥垂。戎卽伊洛之戎，與伊陽接境。
申、吕爲南門。	申國在南陽府治南陽縣，吕國在府治西三十里。國語史伯曰當成周者南有申、吕。自楚滅申營方城，因裕州方城山爲固，起南陽葉縣至唐縣，連接數百里。封畛于汝，直至汝水之南，與汝州伊陽縣接界，與王城逼近，自是遂覦兵
虞、虢爲北户。	虞國在今山西解州之平陸縣，虢國在今河南河南府陝州東南。虢舊封爲今陝西鳳翔府寶雞縣東六十里，東遷後，棄爲秦之雍地，爲西虢。虢叔之子孫從平王東遷，更封以弘農陝縣東南虢城，則今地也。是虢亦從周畿內析封矣。

縣，皆周之封域。虢國桃林之地，皆其境內矣。又莊二十一年王與虢公酒泉，杜註：「酒泉，周邑。」在今陝西同州府登城縣，直跨大河以西。漢書地理志云：「初洛邑與宗周通封畿，東西長，南北短，短長相覆爲千里。」二封之地本相通。是時周東遷未遠，西畿之地猶未爲秦、晉所侵奪也。自晉滅虢，而畿內始迫狹，東、西都隔絕矣。

隱十一年：桓王

桓七年：〔二〕盟、

莊二十一年：惠

周疆矣。

僖二十二年：

僖二十五年：襄

與鄭蘇忿生之田：温、原、絺、樊、隰郕、攢茅、向、盟、州、陘、隤、懷。

按：此十二邑俱在今懷慶府。温在今温縣西南三十里；原，今濟源縣西北有原鄉，僖二十五年襄王更以二邑賜晉。絺在今河内縣西三十二里。樊一名陽樊，在今濟源縣東南三十里，後賜晉。隰郕在今河内縣城西三十里。攢茅在

向背鄭。鄭伐盟、向。王遷盟、向之民于郟。

杜註：「郟，王城也。今河南府洛陽縣西有郟鄏陌。」

此十二邑鄭不能有而復歸之周也，傳獨言盟、向耳。觀僖二十五年王以陽樊、温、原、攢茅之田賜晉；州屬晉爲郤稱、欒豹邑；陘屬晉，爲太行陘；懷又屬晉，宣六年赤狄伐晉圍懷，即

王與鄭以虎牢以東，與虢以酒泉。

杜註：「虎牢，河南成皋縣。」今河南開封府氾水縣西有虎牢城。「酒泉，周邑。」今陝西同州府有甘泉出匱谷中，造酒尤美，名酒泉。

秦、晉遷陸渾之戎于伊川。

伊川即今河南府嵩縣。

王與晉陽樊、温、原、攢茅之田。晉於是始啟南陽。

俱見上。

今脩武縣西北二十里。向在今濟源縣西南。盟卽古孟津，今孟縣西南三十里有古河陽城，後歸晉。州，今懷慶府東南五十里，後屬晉。陘卽太行陘，在今懷慶府西北三十里。隤在今脩武縣北。懷在今武陟縣西南十一里，後屬晉。詳都邑表。

昭十七年：晉荀吳帥師滅陸渾之戎。

三塗，山名，在今河南

此。使非歸之周，何緣更以賜晉乎？

府嵩縣南，伊水逕其東。自是河南嵩縣之地屬于晉，王畿益迫狹矣。

案：東遷後，王畿疆域尚有今河南、懷慶二府之地，兼得汝州，跨河南北。有虢國桃林之隘，以呼吸西京；有申、呂、南陽之地，以控扼南服。又名山大澤不以封，虎牢、崤、函俱在王略。襟山帶河，晉、鄭夾輔，光武創業之規模不是過也。平、桓、莊、惠相繼百年，號令不行，諸侯攘竊，王不能張皇六師。更復披析其地以爲賞功，酒泉賜虢，虎牢賜鄭。至允姓之戎入居伊川，異類逼處，莫可誰何。晉滅虢而鎬京之消息中斷，楚滅申而南國之窺伺方張。至温、原蘇忿生之田與鄭，復以賜晉，則舉大河以北委而棄之。由是懷慶所屬七縣，原武屬鄭，濟源、脩武、孟縣、温縣屬晉。王所有者河内、武陟二縣，及河南府之洛陽、偃師、鞏縣、嵩、登封、新安、宜陽、孟津八縣，汝州之伊陽、魯山，許州府之臨潁縣，與鄭接壤而已。

周疆域論

論曰：嘗讀詩至召旻之卒章，曰：「昔先王受命，有如召公，日闢國百里。今也日蹙國百里。」喟然歎曰：此其故，春秋盡之矣。周自平王東遷，尚有太華、外方之閒方六百里之地。其時西有虢，據桃林之險，通西京之道；南有申、呂，扼天下之膂，屏東南之固；而南陽肩背澤潞，富甲天下；轘轅、伊闕，披山帶

河，地方雖小，亦足王也。故桓王之世猶能興師以號召諸侯，虎牢屬鄭，仍復收之，至惠王始與鄭。以武公之略，張弛自如，皇綱未盡絶于天下也。而孱弱不振，日朘月削，楚滅申而東南之蔽失，晉滅虢而西歸之道斷。至襄王以温、原畀晉，而東都之事去矣。然論者謂襄王之失計，此又非也。在桓王時已嘗以十二邑易鄔邘之田于鄭，鄭不能有，而復歸諸周，周復不能有而强以與晉。如豪奴悍僕，主人微弱不能制，而擇巨室之能者使治之。至襄王時已視爲棄地，固不甚愛惜也。晉得之而日以强，周日以削。至祭入于鄭，晉遷陸渾之戎于伊川，楚伐陸渾而遂觀兵周疆矣。然則詩人所歎息痛恨于「日蹙國百里」者，其此之謂歟！謹志其疆域而歷敍其朘削之所由，使後之論周事者有考焉。

魯

伯禽初封曲阜。

漢書地理志云：成王「以少皞之墟曲阜封周公子伯禽爲魯侯」。今爲山東兗州府曲阜縣。

後益封奄。

高江村云：「後漢志謂魯國即奄國。而杜預不主是說，其意以奄另爲一國，與四國流言，或迸散在魯，皆令

隱二年：入極。

杜註「附庸小國」，今兗州府魚臺縣西有極亭。案公羊以爲疾始滅，穀梁以爲滅同姓，則是以入爲滅矣。而

隱十年：敗宋師于菅。辛未，取郜。

在今兗州城武縣東南。

辛巳，取防。

此魯取宋邑，在今兗州府金鄉縣西北，亦謂之西防。以魯舊有防爲臧氏食邑，在沂州府費縣東北，所謂

應劭曰：「曲阜在魯城中，委曲長七八里。」

僖十七年：滅項。

項，國名，今河南陳州府項城縣東北六十里有故項城。

卽屬魯爲柔之。書大序云成王東伐淮夷遂踐奄，因以封周公。夫周公已封于武王時，成王乃以奄地益之，其非一地明矣。孔穎達亦云奄東方之國，近魯之地。或言奄城在曲阜縣東二里。」

僖三十三年：伐邾，取訾婁。

彙纂：「訾婁，邾邑。」當在今濟寧州界。

先儒以入與滅不同，極蓋未滅也。案：極自此後不見經。而魚臺縣近魯棠地，則極爲魯有可知。且莒人入向，而宣四年魯伐向，則是入向之後向爲莒邑。秦人入滑，秦雖不能有，而滑則已滅，地歸于晉。安得謂入非滅乎？

文七年：〔三〕伐邾，取須句。

今兗州府東平州東南有須句故城。案：須句本風姓國，成風之

案：此爲北鄟，本宋邑，今鄭取之以歸于我也。城武有南鄟城、北鄟城。僖二十年郜子來朝，此南郜耳。

宣四年：伐莒取向。

寰宇志：「莒州南七十里有向城。」案：向本小國，隱二年莒人入

東防也。

宣九年：取根牟。

杜註「東夷國」，在今沂州府沂水縣東南。昭八年蒐于紅，自根

宣十年：伐邾取繹。

杜註「邾邑」，在今鄒縣東南。

彙纂曰：「繹是邾之國都。文十三年邾遷于繹，距今僅十數年，未

成六年：取鄟。

杜註：「附庸國。」

毋家。僖二十一年邾人滅須句，成風爲之請于公，興師伐邾，取之而反其君。後復滅于邾。邾文公子叛邾奔魯，公再取須句，使文公子爲守須句大夫。絶太皞之祀以與鄰國叛臣，實欲私之爲己邑也。

襄十三年：取邿。

杜註：「任城亢父縣有邿亭。」今亢父城在濟寧州南五十里，邿城在州東南。

向，蓋莒滅之爲邑，而今復取之耳。

襄二十一年：邾庶其以漆、閭丘來奔。

杜註：「邾二邑，在高平南平陽縣，東北有漆鄉，西北有顯閭亭。」俱在今兗州府鄒

牟至于商、衛，即所取根牟地。

昭元年：伐莒取鄆。

案：此爲東鄆，莒、魯所爭者。今沂州府沂水縣北有古鄆城。文十二年季孫行父城諸及鄆。此時鄆蓋屬

必更遷，取繹是滅邾矣。孔疏謂別有繹邑，亦因繹山爲名。」

昭四年：取鄫。

案：鄫本小國，在今兗州府嶧縣東八十里。襄六年見滅于莒爲莒邑。至是魯乘莒亂而取之。

昭五年：莒牟夷以牟婁及防、兹來奔。

案：此莒三邑也。牟婁本杞邑，隱三年莒人伐杞取之，地屬莒，在今青州府諸城縣東北，與安丘縣接境。

昭十年：伐莒取郠。

杜註：「莒邑。」在今沂州府沂水縣界。

縣。

昭三十一年：邾黑肱以濫來奔。

杜註：「東海昌慮縣。」在今兗州府滕縣東南。

魯，後入莒爲莒邑。成九年楚子重圍莒遂入鄆，即此鄆也。至此年季孫宿伐莒取鄆，自是鄆常爲魯有。晉趙文子請于楚曰「莒、魯争鄆爲日久矣」，蓋謂此也。

哀二年：伐邾取漷東田及沂西田。

案：此爲邾之沂，俗呼小沂水，非沂水縣之沂也，出兗州府費縣。漷水在今滕縣南十五里。詳見山川。

哀三年：城啟陽。

杜註：「瑯琊開陽縣。」今沂州府治北十五里有開陽故城，本鄅國地。

季氏本曰：「昭十八年邾人襲鄅，鄅子從帑于邾，遂爲邾地，近季氏費邑。魯既取漷東、沂西田，則邾不得不以啟陽讓魯矣。」

防在今安丘縣西南六十里。茲在今諸城縣西。

西平陽。

本邾邑，不知何年屬魯。

案：哀二十七，〔三〕越使后庸來言邾田，封于駘上，二月盟于平陽。平陽在兗州府鄒縣西南，本邾邑，爲魯所取。

案：魯在春秋，實兼有九國之地，極、項、鄟、邿、根牟，魯所取也；向、須句、鄫、鄅，則邾、莒滅之而魯從而有之者也。其疆域全有兖州府之曲阜、寧陽、泗水、金鄉、魚臺、汶上、濟寧州、嘉祥八州、縣之地。後兼涉滕縣、鄒縣、嶧縣，與邾接境；又泰安府之泰安縣，與齊接境；兼有新泰縣、萊蕪縣、沂州府治及費縣、沂水縣；曹州府之鄆城縣爲魯西鄆；鉅野縣爲獲麟處；城父縣、單縣爲高魚邑，涉范縣界；又兼涉青州府之安丘、諸城二縣，與莒接境；又河南陳州府項城縣爲魯所滅項國地，又涉江南之海州，跨三省共二十六州縣。

魯疆域論

論曰：余讀春秋至隱五年「公矢魚于棠」，傳曰：「非禮也，且言遠地也。」哀十四年「西狩獲麟」，歐陽子曰：「西狩言遠也。」嗚呼，魯之東西境盡之矣。余嘗往來京師，親至兖州魚臺縣，訪隱公觀魚處，詢之土人，云距曲阜不二百里。又北至汶上，爲齊、魯接界，俱計日可到。其地平衍，無高山大川爲之限隔，無魚鹽之利爲之饒沃，故終春秋之世，常畏齊而附晉。又其西南則宋、鄭、衛及邾、莒、杞、鄫諸國地，犬牙相錯，時吞滅弱小以自附益，祊易之鄭，防取之宋，須句取之邾，向、鄫取之莒，而邾則空其國都致邾衆退保嶧山，與莒争鄆無寧日。逮晉文分曹地，則有東昌府濮州西南；而越既滅吴，與魯泗東方百里地，界稍稍擴矣，然終不能抗衡齊、晉。豈特其君臣之孱弱，亦其地當走集，以守則不足以固，以攻則不足以取勝也。徒以周公之後世爲望國，爲晉、楚所重，故楚靈爲章華之臺，而薳啓疆特致魯侯以落之，

好以大屈。至戰國時猶存，于諸姬最爲後亡。豈非周公之明德遠哉！

齊

太公始封營丘。

漢書地理志：齊郡「臨淄縣，師尚父所封」。今爲山東青州府之臨淄縣。以丘臨淄水，故謂之臨淄。

後益封薄姑。

成王廣大邦國之境，時薄姑與四國作亂，成王滅之，以益封太公，方五百里。後胡公徙都于此。今爲青州府之博興縣，亦曰姑棼。莊八年齊侯游于姑棼即此。

莊元年遷紀郱、鄑、郚。

案：此紀三邑也。郱一作駢，後爲齊大夫伯氏邑。管仲奪伯氏駢邑三百即此。在今青州府臨朐縣東南。鄑在今萊州府昌邑縣西北三十里。郚在今青州府安丘縣西南六十里。詳見都邑。

莊二年紀季以酅入于齊。

在今青州府臨淄縣。案：國語齊桓公初立，正封域，東至于紀酅，蓋特存之。齊都臨淄，而酅即在臨淄之境，則知桓公初年齊之東向地甚狹也。

莊四年紀侯大去其國。

紀在今青州府之壽光縣。

莊八年降郕。

杜註：「郕，國名。」東

莊十年滅譚。

杜註：「譚國在濟南平

莊十三年滅遂。

杜註：「遂國在濟北蛇

莊三十年降鄣。

杜註：「紀附庸國，東

閔二年遷陽。

杜註：「國名。」今沂州

平剛父縣西南有郕鄉。高江村曰：「武王之母弟郕叔武封于郕。今兖州府寧陽縣東北三十里有堽城壩，卽漢剛縣故地。而郕在其西南，蓋益近寧陽矣。魯成邑在寧陽東北九十里，蓋亦以近郕而得名。」

襄六年滅萊。

杜註：「萊國，東萊黄縣。」今登州府黄縣東南二十里有萊子城。

陵縣西南。」今濟南府歷城縣東南七十里有譚城。

襄六年滅棠。

杜註：「萊邑也。」今萊州府卽墨縣南八十里有甘棠社。襄十八年齊侯將走郵棠卽此。

丘縣東北。」今兖州府寧陽縣西北三十里有遂鄉。

襄二十四年伐莒取介根。

杜註：「莒邑。」

案：周初莒茲輿期始封于此。春秋時不知

平無鹽縣東北有鄣城。」今東平州東六十里有鄣城集。

介不知何年滅于齊。

案：僖二十九年「介葛盧來朝」，杜註：「東夷國，在城陽黔陬縣。」

府沂水縣南有陽都城。

牟不知何年滅于齊。

案：桓十五年「邾人、牟人、葛人來朝」，牟國自此後絶不見經，

何年徙都沂州府莒州。此爲莒別邑。漢置計斤縣，即介根也，在今萊州府高密縣東南四十里。

後入于齊。今萊州府膠州南七十里有介亭。

蓋入于齊也。通典「登州治蓬萊縣，爲春秋牟子國，亦曰東牟郡。」今爲登州府治蓬萊縣。

東至于海。

案：齊桓公時東至于紀酅，未至于海，管仲特夸言耳。至襄公滅萊棠，則盡登、萊二府之境，東至于海矣。

西至于河。

案：桓公塞八流以自廣，蓋九河故道在今德、景之閒，今猶曰古鬲津。是齊之西界當至山東德州平原而止。

南至于穆陵。

案：穆陵關在今青州府臨朐縣東南一百五里，亦曰大峴關。劉裕征慕容超，過大峴關喜形于色，即此。

北至于無棣。

案：今直隸天津府之慶雲縣、山東武定府之海豐縣，皆春秋時無棣之地，元時所分也。

案：齊在春秋，兼併十國之地，紀、郕、譚、遂、鄣、陽、萊七國之滅見於經，如莒之故封介根及牟、介二國俱不詳其滅之何年。其疆域全有青州、濟南、武定、登州、萊州五府之地。獨青州府之安丘、諸城二縣闌入莒地，後入魯。又東昌府之聊城爲聊聶，堂邑縣爲棠邑，在平縣爲重丘。泰安府治與魯接境，

又兼有東阿、肥城、平陰及東平州。斗入兗州府之陽穀一縣、沂州府之蒙陰一縣，與魯、衛錯壤。又曹州府之范縣爲齊廪丘及顧地，則齊、晉、宋、魯、衛五國交錯處也。直隸天津府之慶雲縣爲齊無棣地。

齊疆域論

論曰：齊於春秋號爲大國，然以山東全省計之，兗州强半屬魯，泰安與魯參半，東昌晉、衛錯處，他如青州、濟南魯地犬牙其閒，齊所全有者武定、登、萊三府及曹、沂所屬數縣而已。其形勢要害不如晉，幅員廣遠不如吳、楚。徒以東至海，饒魚鹽之利；西至河，憑襟帶之固；南至穆陵，有大峴之險；北至無棣，收廣莫之地。用管子之計，官山府海，遂成富强，爲五伯首。豈惟地利，抑亦人謀之善也。然管子以圖伯者，陳氏亦用以竊國，山木如市弗加于山，魚鹽蜃蛤弗加于海，以國爲餌，卒成篡奪。器一也，而操之者則異。豈非得其人則用以興，失其人則遂以亡者歟。

晉

叔虞始封太原。	今爲山西太原府之太原縣。
春秋前晉文侯滅韓。	今爲陝西同州府之韓
閔元年滅耿。	今山西平陽府河津縣東南十二里有古耿
閔元年滅霍。	今平陽府霍州西十六里有霍城，後爲先且
閔元年滅魏。	今解州芮城縣北五里，爲春秋時魏國。

閔二年伐東山皋落氏。今絳州垣曲縣西北六十里有皋落鎮，爲東山皋落氏國。	城縣，後爲桓叔子韓萬食邑，左傳所謂韓原是也。
僖五年滅虢。在今河南府陝州東南。	城。
僖五年滅虞。今解州平陸縣東北四十里有古虞城，在大河之北。	
蒲爲狄地，不知何年屬于晉。今爲山西隰州州治。北四十五里有蒲陽故城，入晉爲蒲邑，卽重耳所居之蒲也。	居封邑，爲霍伯。
屈爲狄地，不知何年屬于晉。今爲山西吉州州治。東北二十一里有北屈廢縣，爲晉北屈邑，卽夷吾所居之屈也。案：傳二五言于公曰「狄之廣莫，于晉爲都」，則知蒲、屈向日皆狄地矣。	晉滅之以賜畢萬，爲魏氏。其地逼河，與秦以河爲界。詩譜云「南枕河曲，北涉汾水。」

荀不知何年滅于晉。

今蒲州府臨晉縣東北十五里有郇城，舊爲郇國，文王子所封，詩所謂郇伯勞之者也。亦曰荀，桓九年荀侯、賈伯伐曲沃。以後無所見。汲郡古文云：「晉武公滅荀，以賜大夫原氏黯，是爲荀叔。」

僖二十五年衛滅邢，後入于晉。

今爲直隸順德府之邢

賈不知何年滅于晉。

今絳州界有賈鄉，爲春秋賈國地。桓九年與荀侯伐曲沃。又晉獻公娶于賈。不知何年滅之。後以賜狐偃子狐射姑爲邑，號賈季。

僖二十八年伐衛，取五鹿。

在今直隸大名府治元城縣東。

楊不知何年滅于晉。

今平陽府洪洞縣東南十八里有古楊城，爲春秋時楊侯國。襄二十九年傳女叔齊謂虞、虢、焦、滑、霍、楊、韓、魏皆姬姓而晉滅之。後以賜羊舌赤爲楊氏邑。

僖三十三年秦滅滑，後入于晉。

今河南府偃師縣南二

焦不知何年滅于晉。

今河南府陝州南二里有焦城，爲晉河外五城之二邑。僖三十年傳所謂許君焦、瑕，朝濟而夕設版焉。是在大河之南，蓋卽所滅之焦國也。宣二年秦圍焦卽此。

文二年伐秦，取汪及彭衙。

今陝西同州府白水縣東北六十里，與郃陽

僖二十五年周襄王賜晉陽樊、温、原、攢茅之田，晉于是始啟南陽。

今爲河南懷慶府濟源、脩武、孟縣、温縣四縣之地。晉之境于是逾河而南矣。

文十年伐秦，取少梁。

今陝西同州府韓城縣南二十里有少梁城。

臺縣。後以賜申公巫臣，爲邢大夫。

宣十五年滅赤狄潞氏。

今潞安府潞城縣東北四十里有古潞城，爲赤狄潞氏國。案：潞氏封域極廣，國都在潞安，而其邊邑則在今直隸廣平府之曲梁縣，直接山東之界，延袤二省。傳云荀林父敗赤狄於曲梁，遂滅潞，蓋師反出其東而

案：五鹿爲衞邑，晉文取之而仍屬衞。至哀四年齊、衞救范氏圍五鹿，則終爲晉邑矣。

宣十六年滅甲氏、留吁、鐸辰。

杜註：「赤狄餘黨。」

今潞安府屯留縣東南十里有純留城，卽留吁地。晉滅之爲純留邑。鐸辰亦在潞安府境。甲氏在今直隸廣平府之雞澤縣。案：士會舊封隨，此後卽封于范，稱范武子。其地在山東濮州范縣，

十里有緱氏城，爲滑國地。爲秦所滅，尋屬晉。成十七年鄭子駟侵晉虛、滑，卽此。

成三年伐廧咎如。

左傳「討赤狄之餘焉，廧咎如潰」。

杜註：「赤狄別種。」

接界，有彭衙故城。汪亦在白水縣界。

昭十二年滅肥。

杜註「白狄別種」。鉅鹿下曲陽縣有肥累城，在今直隸真定府藁城西南七里。

本梁國地，僖十九年秦穆公滅之，爲少梁邑，後入于晉。

昭十七年滅陸渾。

在今河南府嵩縣。

轉攻之，以絕其奔逸也。

昭二十二年滅鼓。

今直隸真定府晉州治，爲鼓國，州東南爲昔陽，鼓子之都也。鼓亦白狄別種。

衛之百泉不知何年屬于晉。

蓋以爲賞功之邑也。

晉地自是亘直隸而東接于山東齊境矣。

鄭之虎牢不知何年屬于晉。

襄十年傳「諸侯戍鄭虎牢。」杜註：「虎牢此時屬晉。」案：虎牢在今河南開封府汜水縣南二里。本鄭地，後入晉。

哀十年伐齊取犂及轅。

衛之朝歌不知何年屬於晉。

襄二十三年傳「齊侯伐晉取朝歌。」案：朝歌爲今河南衛輝府淇縣，衛始封都此，後入于晉。孔疏：「衛爲狄所滅，渡河遷楚丘，河內殷虛更屬于晉。」

哀十五年齊伐晉取冠氏。

衛之河內不知何年屬于晉。

定十三年傳齊邴意茲曰「銳師伐河內。」杜註：「汲郡。」故爲衛之邶邑，遷楚丘後屬晉。今爲河南衛輝府治汲縣。

又沈、姒、蓐、黃四國，春秋前已

衛之邯鄲不知何年屬于晉。

定十三年，〔四〕傳「趙鞅殺邯鄲午」，杜註：「邯鄲，廣平縣。」故衛邑，後屬晉。今直隸廣平府邯鄲縣西南三十里有邯鄲故城。

定十四年傳「晉人敗范氏之師于百泉」，杜註：「故衞地，後屬晉。」今河南衞輝府輝縣西北七里有蘇門山，一名百泉。

案：犂在今山東濟南府臨邑縣西十里。轅在今濟南府禹城縣西北。

杜註：「晉邑。」案：今山東東昌府冠縣北有冠氏故城。

屬晉。

左傳昭元年子產曰：「昔金天氏有裔子曰昧，生允格、臺駘。臺駘能業其官，宣汾、洮，障大澤，以處太原。帝用嘉之，封諸汾川。沈、姒、蓐、黃實守其祀。今晉主汾而滅之矣。」杜註：「四國，臺駘之後。」案：四國之地無所考。然據傳所云，則俱在太原近汾水之地，與晉之初封錯壤。其滅于晉當在春秋以前，不待武、獻也。觀

女叔齊謂武、獻之時兼國多矣而不及四國，則知其滅當在前。

案：晉所滅十八國。又衛滅之邢、秦滅之滑皆歸于晉。景公時翦滅衆狄，盡收其前日蹂躪中國之地。又東得衛之殷墟、鄭之虎牢。自西及東，延袤二千餘里。有山西全省。又有直隸大名府之元城縣爲沙鹿山，晉所取之五鹿地；廣平府之邯鄲、成安、清河、永年四縣；順德府治與邢臺、任、唐山三縣，俱與衛接境。真定府之晉州、趙州、冀州及藁城、欒城、柏鄉、臨城四縣，山東東昌府之恩縣、冠縣，曹州府之范縣，與齊、魯二國接境。又河南懷慶府之濟源、脩武、孟、温四縣；衛輝府之汲縣、淇縣、輝縣、濬縣、新鄉縣；南自解州平陸縣，渡河有河南府之陝州閿鄉、靈寶，桃林之塞在焉；永寧、澠池、偃師三縣；後又得嵩縣陸渾地，與周接境。其西自蒲州永濟縣，渡河有陝西同州府之朝邑、韓城、澄城、白水四縣及華州華陰縣；又延安府爲晉河西、上郡，西安府之臨潼縣爲所滅驪戎地，商州爲晉上雒及菟和、倉野之地，俱與秦接境。後驪戎地入秦，爲侯麗。地跨五省，共二十二府五州。

晉疆域論

論曰：晉當春秋之初，翼侯中衰，曲沃內亂，不與東諸侯之會盟，疑于荒遠之地。然其地實近王畿，

是時周新東遷，列侯未甚兼併，沈、姒、蓐、黄處在太原，虞、虢、焦、滑、霍、楊、韓、魏列于四境，晉于其中，特彈丸黑子之地，勢微甚。而桓、莊之時，猶能命諸侯以討有罪。曲沃之叛也，王命虢公伐曲沃；至翼侯滅矣，而虢仲、芮伯、荀侯、賈伯同日興師，庶幾方伯連帥之義，安在江漢、常武不可再睹哉！而釐王貪其寶賂，列爲諸侯，肆其狂猘，吞滅小國。自武、獻之世，兼國多矣，以不赴告，故經不書，不復可考見。蓋天下之無王，自晉始。及勢既强大，乃復勤王以求諸侯，周室之不亡復于晉重有賴焉。自滅虢據崤、函之固，啓南陽扼孟門、太行之險，南據虎牢，北據邯鄲，擅河内之殷墟，連肥、鼓之勁地，西入秦域，東軼齊境，天下扼塞鞏固之區，無不爲晉有。然後以守則固，以攻則勝，擁衛天子，鞭笞列國，周室藉以綿延者二百年。是猶倒持太阿之柄以與人，而復假之以自衛也。然使晉不兼併諸國，周亦無能聯絡形勢以自强。何則？周行封建，其勢散；而晉併列國爲郡邑，其勢聚。封建之不如郡縣，自春秋之世不已較然哉！

楚

熊繹始封丹陽。今湖廣宜昌府歸州東南七里有丹陽故城，

熊渠封中子紅爲鄂王，後爲楚別都。

權不知何年滅于楚。今安陸府之當陽縣東

鄀不知何年滅于楚。鄀一名那處。文王子

鄧不知何年滅于楚。今襄陽府治襄陽縣東

北枕大江。

穀不知何年滅于楚。

今襄陽府穀城縣西十里有穀城山，爲穀國地。桓七年穀伯綏來朝，後不見經，入于楚。

今武昌府治之武昌縣，即楚之鄂都也。

鄢不知何年滅于楚。

今襄陽府宜城縣西南有古鄢國，後入楚爲鄢縣。昭十三年楚靈王沿夏將欲入鄢，杜註：「順漢水入鄢也。」

南有古權城，爲春秋時權國。莊十八年傳楚武王克權，鬭緡尹之，即此。案：莊十八年爲楚文王之十四年，左傳特追敘其事耳。其滅權之年則不可考矣。

羅不知何年滅于楚。

今襄陽府宜城縣西二十里有古羅川城，爲羅國地。桓十年楚伐羅即此。後入楚。

𨚗季載所封。或作那，皆讀爲然。莊十八年鬭緡以權叛，圍而殺之，遷權于那處，使閻敖尹之，則那之滅更在權前矣，其年月則不可考。今安陸府荊門州東南有那口城，爲春秋時那處地。

廬戎不知何年滅于楚。

今襄陽府南漳縣東五十里有中廬鎮，爲廬戎國。一作盧，「盧」與「廬」通，皆近鄢水。桓十三年，〔三〕楚屈

北十二里有鄾城，爲鄾國地。桓九年楚子使道朔將巴客以聘于鄧，鄧南鄙鄾人攻而奪之，後入楚爲鄾邑。

鄀不知何年入楚。

今襄陽府宜城縣西南九十里有鄀城。鄀本在秦、楚界上。爲今河南南陽府淅川縣。僖二十五年，秦、晉伐

鄖不知何年滅于楚。

今德安府治安陸縣爲鄖國地。桓十一年楚屈瑕將盟貳、軫，鄖人軍于蒲騷，將與隨、絞、州、蓼伐楚師。「鄖」、「䢵」、「溳」三字

是時鄢已爲楚別都，與郢相近，故通謂之鄢郢。

貳、軫二國不知何年滅于楚。

今德安府應山縣境爲貳國，應城縣爲軫國。

絞不知何年滅于楚。

今鄖陽府鄖縣西北爲絞國地。桓十二年楚伐絞，大敗之，爲城下之盟而還。後人于楚。

瑕伐羅及鄢，亂次以濟，及羅，羅與盧戎兩軍之，大敗之，即此。後人楚爲邑。文十六年盧戢黎即其大夫也。

州不知何年滅于楚。

今荆州府監利縣東三十里有州陵城，爲州國地。哀十七年傳子穀謂武王克州、蓼，即此。

案：隨、絞、州、蓼伐楚

鄀，楚人戍，以争之不克，遂徙之南郡鄀縣，爲附庸，即今地也。縣入楚爲邑。定六年後避吳北去，徙都于此，仍名郢，謂之鄢郢。傳所謂遷郢于鄀是也。

蓼不知何年滅于楚。

杜註：「蓼國，義陽棘陽縣東南湖陽城。」在今河南南陽府唐縣南八十里。

案：此蓼與文五年楚所滅六與蓼之蓼不

通用。若敖娶于䢵，卽此。後楚滅之，以封鬬辛爲鄖公。

莊十四年滅息。今河南汝寧府光州息縣西南七里有息城，爲息國地。

僖十二年滅黃。今河南汝寧府光州西十二里有黃城，爲黃國地。

莊十六年滅鄧。今襄陽府治襄陽縣東北二十里有鄧城鎮，爲鄧國地。

僖二十六年滅夔。今湖廣宜昌府歸州治東二十里有夔子城，

申不知何年滅于楚。今河南南陽府治南陽縣有故申城，爲申國地。

文四年滅江。在今河南汝寧府真陽縣東。

師在桓十一年，爲楚武四十年。楚武凡五十一年，以莊四年卒，則州、蓼之滅卽在此十數年之內矣。

呂不知何年滅于楚。今南陽府治南陽縣城西三十里爲呂國地。

文五年滅六，滅蓼。六國，杜註：「廬江六縣。」在今江南廬州府

同，另爲一國。此蓼讀爲飂，音溜。非皋陶庭堅之後也。

僖五年滅弦。今湖廣黃州府蘄水縣東三十里有軑縣故城，爲弦地。又河南光州光山縣西南有弦城，蓋光、黃本接壤也。

文十一年滅麇。今湖廣鄖陽府治鄖縣爲麇國地。按傳楚子伐麇，敗麇師于防

文十二年滅宗，滅巢。

杜註：「吳、楚閒小國。廬江六縣有居巢城。」今江南廬州府巢縣東北五里有古巢城，爲巢國地。宗國在今廬州府廬江、舒城二縣境。

沈不知何年并于楚。

案：春秋有二沈。宣

爲楚所分之夔國，熊摯之後。熊摯有疾，弗得立，而遜居國都之側者也。

文十六年滅庸。

今湖廣鄖陽府竹山縣東四十里有上庸故城，爲庸國地。當四川、陝西、湖廣三省之交界。庸之魚邑爲今四川夔州府治奉節縣。

蔣不知何年并于楚。

今河南開封府尉氏縣

道不知何年并于楚。

今河南汝寧府確山縣北二十里有道城，爲道國地。

宣八年滅舒蓼。

案：舒蓼、舒庸、舒鳩及宗四國皆偃姓，皋

六安州北。蓼國，杜註：「安豐蓼縣。」今河南汝寧府固始縣東北卽其地。

柏不知何年并于楚。

今河南汝寧府西平縣西有柏亭，爲柏國地。

成十七年滅舒庸。

見上。

渚；潘崇復伐麇，至于錫穴，爲麇之國都，則麇遂滅矣。防渚爲今鄖陽府房縣。

房不知何年并于楚。

今河南汝寧府遂平縣爲房國地。昭十三年楚靈王遷許、胡、沈、道、房、申于荆。定六年昭王更以封吳夫槪王，謂之吳房。

襄二十五年滅舒鳩。

見上。

十二年傳沈尹將中軍，此蓋沈之別邑，楚取之以爲重鎮。時爲沈尹者，莊王之子公子貞也。亦名寢。莊王後更以封孫叔敖爲食邑，所謂寢丘是也。今爲河南光州固始縣。沈，本國，世屬于楚，則定四年爲蔡所滅，後入楚爲平輿邑。杜註「汝南平輿縣有沈亭」，今河南汝寧府治沈陽縣東南六十里有平輿故城。

昭四年滅賴。

今河南光州息縣東北

西六十里有蔣城，爲蔣國地。

定五年滅唐。

今湖廣德安府隨州東

陶之後，所謂羣舒也。杜註皆不能明其地，但云廬江南有舒城及龍舒城，約畧四國所居在此兩城之閒。今江南廬州舒城縣爲古舒城，廬江縣爲古龍舒城，是當在此二縣之境。

定十四年滅頓。

今河南陳州府商水縣

定十五年滅胡。

今江南潁州府治新設

哀四年滅蠻氏。

今河南汝州西南有蠻

爲賴國地。	南八十五里有唐城鎮，爲唐國地。楚武王服隨，免楚昭于難，故楚滅唐而隨復列于諸侯。	爲頓國地。商水舊名南頓縣。	阜陽縣，爲胡國地。	城，爲春秋時蠻子國。傳云晉執戎蠻子以畀楚師于三户。案：三户，今河南南陽府淅川縣西南有三户城，蓋在南陽與汝州之閒矣。
哀十七年滅陳。今河南陳州府爲陳國。府治淮寧縣即陳宛丘也。				

案：楚在春秋吞并諸國凡四十有二。其西北至武關，在今陝西商州東少習山下，文十年傳子西爲商公，即商州之雒南縣也，與秦分界。其東南至昭關，在今江南和州含山縣北二十里，昭十七年吳、楚戰于長岸，即和州南七十里之東梁山，與太平府夾江相對是也，與吳分界。其北至河南之汝寧府、南陽府汝州，與周分界。其南不越洞庭湖，全有今湖北十府八州六十縣之地。惟隨州爲隨國，僅存。又全

有河南之汝寧、南陽二府，光州一州，又闌入汝州之郟縣、魯山縣，河南府之嵩縣，開封府之尉氏縣，許州府之偃城縣及禹州，與鄭接境。四川夔州府之奉節縣與巴接境。江西之南昌、南康、九江、饒州與吳、越錯壤。又全有江南之廬州、鳳陽、潁州三府及壽州、和州之地。江寧府之六合、太平府之蕪湖、徐州府之碭山，則與吳日交兵處也。後廬、壽之地多入于吳。

楚疆域論

論曰：余讀春秋至莊六年楚文王滅申，未嘗不廢書而歎也。曰：「天下之勢盡在楚矣。」申爲南陽，天下之脊，光武所發迹處。是時齊桓未興，楚横行南服，由丹陽遷郢，取荆州以立根基。武王旋取羅、鄀，爲鄢郢之地，定襄陽以爲門户。至滅申，遂北向以抗衡中夏。然其始要，非一朝一夕之故也。平王東遷，即切切焉。戍申與甫、許，豈獨内德申侯爲之遣戍，亦防維固圉之計，有不獲已。逮桓王、莊王六、七十年之久，楚之侵擾日甚，卒爲所滅。自後滅吕、滅息、滅鄧，南陽、汝寧之地悉爲楚有。如河決魚爛，不可底止，遂平步以窺周疆矣。故楚出師則申、息爲之先驅，守禦則申、吕爲之藩蔽。城濮之敗，而子玉羞見申、息之老。楚莊初立，而申、息之北門不啓。子重欲取申、吕以爲賞田，而巫臣謂晉、鄭必至于漢。申之係于楚，豈細故哉！故論當日楚之形勢，東拒齊，則召陵之陘爲咽喉之塞；西拒晉，則少習、武關通往來之道；南面扞吳，則鍾離、居巢、州來屹爲重鎮，迨州來失而入郢之禍始兆。楚之植基固而形勢便，使周曆猶緜延四百年不遂併于楚者，桓、文之力也。

案：王風揚之水，先儒謂譏平王忘父仇內德申侯爲之遣戍者，非也。蓋申侯可仇，申之地自不可棄。戍申自不容已，但不當使畿內之民戍耳。平王若能發憤興師，命方伯連帥南向討楚侵擾之罪，申自不煩戍。即云戍，亦當使方伯連帥當其役，何至使畿內之民反爲侯國遠戍。是足顧居上，首顧居下，詩所以致怨于平王之微弱也。言激揚之水至不能流一束薪，喻以天子之威令不能役使羣侯也。「彼其之子」，指方伯應戍申者而言；「不與我戍申」，言當時方伯不能爲王家効命，而使我獨當此苦，所以懷思而欲歸也。如此纔與興意浹洽有味。朱傳以「之子」指其室家，則與「束薪」意一毫無涉，上下文不聯貫矣。至謂內德申侯，尤非。詩明言三國，戍申、戍甫、戍許。甫即呂也。後申、呂俱爲楚滅，而許役屬于楚。此時楚之侵擾，三國已被其禍，戍自時勢不得不然。平王豈有德于呂、許二國者哉！且詩稱「彼其之子」，俱係賤惡之辭、外之之辭，如「彼其之子，三百赤芾」、「彼其之子，不稱其服」，猶言乃如之人、夫己氏云耳。若詩人謂其室家，豈宜作此等語！余因春秋而備論揚水之義如此。

宋

微子封于商丘。	今爲河南歸德府之商丘縣。
杞不知何年屬于宋。	杞本封雍丘，爲今開
戴不知何年屬于宋。	杜註：「陳留外黃縣東
彭城不知何年屬于宋。	舊爲大彭氏國，春秋
蕭本爲宋所分，後仍入于宋。	杜註：「沛國蕭縣。」今

莊十年遷宿。

杜註：「東平無鹽縣。」在今山東泰安府東平州東二十里。

封府之杞縣。然終春秋之世，雍丘常屬于宋，蓋杞遷淳于，其地爲宋有也。但不知何年宋以何道取之。詳見都邑表。

襄十年晉滅偪陽，以與宋。

杜註：「彭城傅陽縣。」在今江南徐州府沛縣北，山東兖州府嶧縣南五十里。吳、晉往來之要道也。汪氏克寬曰：「偪陽國及柤地，皆在沛縣，乃吳入北方之要衝。」

南有戴城。」在今歸德府考城縣東南五里。案：隱十年宋人、蔡人、衛人伐戴，自後不見經。地入于宋，但不知何年。

哀八年滅曹。

山東曹州府治菏澤縣。曹縣、定陶縣皆曹國之地。案：宋滅曹而經文書入，先儒以爲入與滅不同。然哀十四年經書宋向魋入于曹以叛，則曹爲宋邑明矣。且春秋書入者多矣，莒人入向而向爲莒

時爲宋邑。今爲江南徐州府治銅山縣。

江南徐州府蕭縣北十里有蕭城。莊十二年蕭叔大心殺南宮牛，立桓公有功，封爲附庸。宣十二年楚滅之，後仍入爲宋邑。

邑，秦人入滑而滑爲晉邑，秦人入鄀而鄀爲楚邑，至哀十三年於越入吳，豈得謂其非滅耶！而宣十二年書楚子滅蕭，而蕭反未滅，仍屬于宋。然則謂入與滅之判然不同者，殆未可爲定例也。益知隱二年無駭入極，公、穀以爲滅者，其説近是矣。

案：宋在春秋兼有六國之地，宿、偪陽、曹三國其見于經者也，杞、戴及彭城則經、傳俱不詳其入宋之年，而地實兼併于宋。其封域全有河南歸德府一州八縣之地、開封府之杞縣。封丘縣有宋之長丘，蘭陽縣有宋之户牖，衛輝府之滑縣有宋之城鉏，陳州府治之睢寧縣有宋檉地，西華縣有宋鬼閻地。又江南徐州府之銅山縣、沛縣、蕭縣，潁州府之太和縣，山東兗州府之金鄉縣、嶧縣，泰安府之東平州。後

滅曹，又得曹州府之曹縣、菏澤縣、定陶縣。共跨三省九府二州二十三縣之地。

宋疆域論

論曰：余嘗適汴梁，取道鳳陽，由歸德以西，歷春秋吳、楚戰爭地及杞、宋、衛之郊，慨然思曰：周室棊布列侯，各有分地，豈無意哉！蓋自三監作孽，武庚反叛，周公誅武庚而封微子于宋。豈非懲創當日武庚國于紂都，有孟門、太行之險，其民易煽，其地易震，而商丘爲四望平坦之地，又近東都，日後雖子孫自作不靖，無能據險爲患哉。故殷之遺民屬之懿親康叔，而杞、宋接壤，俱在開、歸，匪特制馭，亦善全先代之後宜爾也。入春秋時，宋乃有彭城。彭城俗勁悍，又當南北之衝，故終春秋之世，宋最喜事。齊興則首附齊，晉興則首附晉。悼公之再伯也，用吳以犄楚，先用宋以通吳，實于彭城取道。楚之拔彭城以封魚石也，非以助亂，實欲塞夷庚，使吳、晉隔不得通也。晉之滅偪陽以畀宋也，非以德宋，欲宋爲地主，通吳、晉往來之道也。蓋彭城爲宋有，而柤爲楚地，偪陽爲楚與國，皆在今沛縣境，如喉嗌中之有物。宋有偪陽，而吳、晉相援如左右手矣。故當日楚最仇宋，常合鄭以齮宋亦最力。迨悼公已服鄭，不復恃吳；吳闔閭之世力足以制楚，不復專賴晉，而宋于是晏然無事。是彭城之係于南北之故者非小。而宋常爲天下輕重者，以其有彭城也。自後吳日强横，齊、魯俱被其毒害，而宋始終不受兵，亦以前日爲東道主之故。而黄池之役，吳歸，道自商、魯，王欲伐宋，太宰嚭曰：「可勝也，而弗能居。」蓋杞、宋舊封，其非險阨之地久矣。

衛

康叔始封朝歌。

今爲河南衛輝府之淇縣，殷紂之舊都，遷楚丘後地屬晉。

兼有邶、鄘之地。

邶城在府治汲縣。鄘城在新鄉縣西南三十二里。

僖二年遷楚丘。

今爲衛輝府之滑縣。案：閔二年衛爲狄所滅，遺民渡河，立戴公以廬于漕，至僖二年齊桓公封衛于楚丘，此爲北楚丘。

僖三十一年又遷帝丘。

今爲直隸大名府之開州。案：元和郡縣志，淇縣東渡河一百十五里至滑縣，滑縣東北五里爲漕，又東北五十五里爲楚丘，又東北一百三十里至開州。自始封朝歌至此，凡三百零五里。黃河更在開州北十五里。衛之再遷，皆在河之南矣。

僖二十五年滅邢。

今爲直隸順德府之邢臺縣，後入晉。

南陽爲衛邊地，在衛之西境，與晉接界。

案：文元年晉使告于諸侯而伐衛及南陽，卽晉所啟之南陽。杜註：「今河內也。」應劭曰：「河內，殷國也。周謂之南陽，後又爲晉、鄭、衛三國之地。」徐廣曰：「河內郡脩武縣古名南陽。」今屬河南懷慶府。蓋在衛西近晉之地。

莘爲衛邊地，在衛之東境，與齊接界。

今山東東昌府莘縣北莘亭爲衛之莘地。桓十六年衛宣公使伋子于齊，使盜待諸莘將殺之。成二年鞌之戰，晉師及衛地，從齊師于莘。蓋在衛東近齊之地。

羊角爲衛邊邑，在衛之東北境，與齊、晉、宋、魯錯壤。

在今山東曹州府范縣東南。襄二十六年齊烏餘以廩丘奔晉，襲衛羊角，又取地于宋。是在衛之東北與四國犬牙相錯處。

南楚丘爲衛邊邑，在衛之南境，與曹、宋錯壤。

今曹州府曹縣東南四十里，爲衛之南楚丘。本戎州己氏之邑。隱七年戎伐凡伯于楚丘以歸，又襄十年宋公享晉侯于楚丘，卽此。蓋宋、衛二國相錯處。

案：衛之始封，兼三監之地，封域本大。後再遷至帝丘，而其舊封多入于晉，稍迫狹矣。春秋之初，霸令未興，諸侯多務兼併以自益，而衛以介在齊、晉、宋、魯，四面皆大國，無所朘削，又屢經狄難，崎嶇

遷徙。其地有今之直隸大名府開州及府治元城縣、魏縣、長垣縣。廣平府之邯鄲縣爲邯鄲邑，旋入晉。河南衛輝府之淇縣爲始封之朝歌，汲縣爲河内，輝縣爲百泉，後俱入晉。僅有滑縣之楚丘及漕地耳。又兼涉懷慶府脩武縣界。有彰德府之安陽縣、内黄縣、林縣。歸德府之睢州爲襄牛地。又錯入開封府之封丘縣。山東曹州府之濮州爲城濮地，曹縣爲南楚丘地。又錯入兖州府之陽穀縣、泰安府之東阿縣。其地多奇零，與諸國交錯，共跨三省十府三州十二縣之地。其入晉之地不在内。

衛疆域論

論曰：衛地西鄰晉，東接齊，北走燕，南拒鄭、宋。楚之與晉爭伯也，爭鄭、宋而衛不受兵，以鄭、宋南面爲之蔽也。晉文城濮之戰，楚始得曹而新昏于衛，蓋欲爲遠交近攻之計，結衛以折晉之左臂，使晉不得東向爭鄭也。故晉文當日汲汲焉首事曹、衛，豈惟報怨之私，亦事勢有不得不爾。晉欲救宋，則不得不先伐衛；晉欲服鄭，則不得不先服衛，衛服而鄭、魯諸國從風而靡矣。蓋衛踞大河南北，當齊、晉、鄭、楚之孔道，晉不欲東則已，晉欲東則衛首當其衝。曹、衛以北方諸侯而爲楚之役，天下幾不復知有中夏，此晉之用兵所以不獲已也。自是以後，衛幾同晉之鄙邑。其曹、濮之地，與齊犬牙錯互。宣、成之世，衛屢受齊師。每有齊師，則乞援于晉。至春秋之季年，晉、鄭之大夫擅權，孫林父以戚如晉，晉取衛懿氏六十與孫氏。戚近帝丘，衛都肘腋之地，世爲孫氏邑。自是衛非復衛有，并不爲晉有，而爲晉、鄭大夫所營狡兔之三窟也。失其地利，首受强鄰之見侵，繼受叛臣之桀驁，衛之爲衛，亦可哀

矣哉！

鄭

武公初定虢、檜之地爲新鄭。

案：此爲東虢，文王弟虢叔所封。杜註：「滎陽縣。」在今河南開封府汜水縣東十里，并滎陽、滎澤皆其地。檜卽管叔鮮之故封。管除屬檜。左傳有檜城，有管城。檜城在今許州府密縣東北五十里。管城，在開封府鄭州北二里。

隱十一年入許。

今爲河南許州府治新設石梁縣。時鄭莊使許叔居許西偏，猶未全并許地也。

櫟爲鄭別都。

案：桓十五年鄭伯突入于櫟，杜註：「鄭別都。」今爲許州府禹州。後入楚。

莊二十一年莊王與鄭以武公之略，自虎牢以東。

案：虎牢在今開封府汜水縣西。武公初年滅東虢卽有其地，今復與鄭者。孔氏穎達以爲鄭當桓王之世，失之。

成十五年許遷于葉。

案：成十五年許畏鄭，請遷于楚，楚遷許于葉。而許之舊都盡歸于鄭，鄭人謂之舊許，襄十一年諸侯伐鄭東侵舊許是也。

成十六年楚以汝陰之田求成于鄭。杜注：「汝水之南，近鄭地。」楚境止于汝之南，田蓋在汝州郟縣及裕州葉縣間。

定六年滅許。案：此所滅之許，非許

襄十年諸侯戍鄭虎牢。杜註：「虎牢此時屬晉。」

襄十年晉師城梧及制。杜註：「鄭舊地。」虎牢之旁邑也。案：梧在今滎陽縣。制卽北制，在今成臯縣。鄭州之北俱屬開封府。

襄十八年楚公子格侵鄭費滑。案：滑爲古滑國，在今河南府偃師縣南二十里。秦滅之而不能有，爲晉所得。然其地近鄭，在所必爭。成十七年鄭子駟侵晉虛、滑。至此時屬鄭。後又屬周。定六年鄭伐周馮、滑、胥靡。鄭之始終與周、晉爭滑如此。

昭元年楚城犨、櫟、郟。案：犨，今汝州魯山縣東南有犨縣故城。郟爲汝州郟縣，卽所謂汝陰之田也。櫟卽禹州，鄭別都。昭元年楚靈王爲令尹，始城之。至平王初立，使子躬致鄭犨、櫟之田，事畢弗致。昭十九年令尹子瑕復城郟。自是三邑終爲楚地矣。

本國也。成十五年許遷于葉，其地已悉歸于鄭，爲舊許矣。至定四年楚遷許于容城，則在今南陽府葉縣西。至此年鄭復滅之，則係容城，楚所遷之地也。傳云因楚敗，蓋以四年入郢之難而滅其與國耳。

案：鄭桓公、武公當幽、平之世，以詐取虢、檜之地。其地當中國要害，四面皆强國，故雖以鄭莊之奸雄，無能爲狡焉。啓疆之計，終春秋二百四十年，僅再滅許肆其吞噬而已。而虎牢入晉，犨、櫟、郟入楚，鄭之封疆亦蝕于晉、楚焉。其地有開封府之祥符、蘭陽、中牟、陽武、鄢陵、洧川、尉氏、鄭州、河陰、汜水、滎陽、滎澤，凡一州十一縣。亦兼涉杞縣，與楚接界。陳留與陳接界。封丘與衛接界。許州府爲所奪許國之地。禹州爲櫟都。汝州之魯山、郟縣本楚以餌鄭，旋復爲楚奪。又闌入衛輝府之延津縣，河南府之登封縣、鞏縣、偃師縣，陳州府之扶溝縣，懷慶府之武陟縣，歸德府之睢州，其地俱在今河南一

省。其闌入直隸大名府之長垣縣者，爲祭仲邑。東明縣有武父地，僅彈丸黑子而已。

鄭疆域論

論曰：鄭當幽王之世，王室未遷，遽興寄帑之謀，攘取虢、檜之國而有其地，首亂天朝之疆索，鄭誠周室之罪人矣。入春秋後，莊公以狙詐之資，倔强東諸侯間。是時楚僻處南服，而晉方內亂，莊公與齊、魯共執牛耳。其子昭公、厲公，俱梟雄絕人。使其兄弟輯睦，三世相繼，鄭之圖伯未可知也。乃三公子爭立，卒歸厲公，與虢弭定王室，庶幾桓、文勤王之義。然自是而楚患興矣，齊、晉迭伯，與楚爭鄭者二百餘年。是時鄭西有虎牢之險，北有延津之固，南據汝、潁之地，恃其險阻，左支右吾。蓋滎陽、成皋自古戰爭地，南北有事，鄭先被兵，地勢然也。至子產之世，而虎牢已先屬晉，犨、櫟、郟已先屬楚，鄭之地險盡失，徒善其區區之辭命，以大義折服晉、楚。雖以楚靈王之暴橫，莫敢陵侮，蓋亦人謀之臧，匪關地勢矣。然自後三家分晉，而韓得成皋，卒以滅鄭。則鄭之虎牢，豈非得之以興，失之以亡者哉。

秦

秦襄公逐戎。文公收周餘民，有	隱九年遷平陽。	桓十五年伐彭戲氏，至于華	莊六年縣冀戎。	莊六年縣邽戎。
	案：史記年表秦寧公		案：史記秦武公初縣	案：史記秦武公初縣

之地至岐。案：史記秦文公收地至岐，岐以東獻之周。岐爲今陝西鳳翔府岐山縣，則豐、鎬故京在岐之東，秦未嘗有也。可見平、桓之世，晉未滅虢，東、西周猶通，封畿號令猶令于西土；虢、鄭遺地之在畿內者，尚無恙。黍離詩人過故宗廟宮室，盡爲禾黍，破瓦頹垣，依然故物。使秦有其地，當更營建，無復此景象矣。所以莊二十一年莊王與虢酒泉，

二年遷平陽，在今鳳翔府郿縣西四十六里。時春秋隱公之九年也。

山。案：史記秦武公元年伐彭戲氏，正義云即彭衙也。在今同州府白水縣東北六十里。後入于晉。武公元年實春秋魯桓之十五年。

冀戎，在今鞏昌府之伏羌縣。時當春秋莊公之六年。

邽戎，今秦州西六十里有上邽城，爲古邽戎邑。時當莊公之六年。

猶在同州府澄城縣；而虢公敗犬戎于渭汭，猶在西周之封内也。自晉滅虢，斷桃林之隘；而秦穆亦東竟至河築壘，爲王城以塞其路，而故京遂判若異域。僖十五年獲晉侯舍諸靈臺。靈臺在西安府鄠縣，豐、鎬之側。自是周之遺地盡入于秦。西歸之好音絶矣，自晉獻、秦穆始也。乃知鄭詩譜謂秦襄公逐戎横有西都八百里之地者，其説誠疎謬，當以史

記爲正。

莊七年滅小虢。

案：西虢君隨平王東遷，王別封之河南郟縣。其支庶之留于雍者，謂之小虢，在今鳳翔府寶雞縣東五十里。秦武公十一年滅之，時當莊公之七年。

莊七年縣杜、鄭。

鄭之舊封爲西周畿内咸林地，在今同州府之華州。後鄭東徙，秦因有之，亦曰舊鄭。史記秦武公十一年初縣杜、鄭，即此鄭也。杜爲古杜伯國，亦在華州界。時當莊公之七年。餘詳都邑。

莊十七年都雍。

在今鳳翔府治鳳翔縣南。史記秦德公元年卜居雍，後子孫飲馬于河。時當莊公之十七年。

莊二十二年晉滅驪戎，後入秦。

國語云晉滅驪戎，不詳何年。史記稱在獻公之五年，實魯莊公之二十二年也。後入秦，爲侯麗地，在今西安府臨潼縣東二十四里。

僖二年滅芮。

今同州府朝邑縣西二里有故臨晉城，爲芮國地。竹書紀年秦穆公二年滅芮，築壘以臨晉地，故曰臨晉，爲秦之王城。其地濱河，與晉以河爲界。成十一年秦、晉爲令狐之會，秦伯不肯涉河，次于王城，使史顆盟晉侯于河東；晉郤犨盟秦伯于河西。蓋秦自是始東地至河矣。秦穆之二年，魯僖之二年也。

僖十九年滅梁。	今同州府韓城縣南二十里爲梁國地。秦滅之爲少梁邑，與晉之韓原錯壤，後入于晉。
僖三十三年滅滑。	滑地見前。秦滅之而不能有，後入晉。
文五年滅鄀。	今河南南陽府淅川縣西有丹水故城，爲舊鄀國地，居秦、楚之界。秦滅之而不能有，後入楚。詳犬牙相錯表。

案：秦以西陲小國，乘衰周之亂，逐戎有岐山之地。是時兵力未盛，西周故物未敢覬覦也。值平、桓懦弱，延及寧公、武公、德公以次蠶食，盡收虢、鄭遺地之在西畿者。垂及百年至穆公，遂滅芮築壘爲王城，以塞西來之路。而晉亦滅虢，東西京隔絕。由是據豐、鎬故都，判然爲敵國，與中夏抗衡矣。然滅滑而滑爲晉有，不能越崤、函以東一步；滅鄀而鄀爲楚有，不能越武關以南一步。其地有鳳翔府、延安府、平凉府秦州、西安府商州、同州府乾州，不越陝西一省。其同州府與商州之地，猶與晉、楚錯壤。

秦疆域論

論曰：秦與晉以河爲界，河以東爲晉，河以西爲秦。然秦當春秋時，疆域褊小，非特隔于函關之外，

爲晉所限閡而不得出也。攷史記，繆公立五年而晉獻滅虞、虢。是時新立，初起岐、雍，基業未固，而晉武、獻已絕盛，滅虢而桃林已舉，秦之門户在晉肘腋中矣。後晉文公初伯，攘白翟，開西河，魏得之爲西河、上郡。白翟之地，爲今陝西延安府，東去山西黄河界四百五十里。至戰國惠王六年，魏始納陰晉，八年納河西地，十年納上郡十五縣。陰晉，今華陰縣。河西，孔氏曰同、丹二州，丹州今延安府宜川縣。上郡爲延安以北。又惠公之世韓之戰，曰「寇深矣，若之何」，可見晉之幅員廣遠，斗入陝西内地，不始于文公時。此亦可爲秦、晉疆域之一證也。故終穆公之世，未嘗一日忘東向。其援立惠公也，實貪河外列城之賂，蓋欲圖虢之故地以爲東出之謀。既而韓之戰，秦始征晉河東，未幾復屬于晉，秦之不得志于晉可知也。迨初立文公，秦欲納王而晉辭秦師獨下，文公梟雄，賴秦之力而實陰忌之，必不使勤王之舉得分其功，晉之抑秦又可知也。至其季年，日暮途遠，背晉與鄭盟，已復襲鄭，懸師深入，年老智昏，而穆公之始終不忘東向，其情蓋汲汲矣。其後絕晉，日尋干戈，少梁、北徵、彭衙、刳首迭有勝負，然終不能越河以東一步。蓋有桃林以塞秦之門户，而河西之地復犬牙于秦之境内，秦之聲息，晉無不知。二百年來秦人屏息而不敢出氣者，以此故也。至孝公發憤，東地渡洛，魏人納地恐後，而河西始悉爲秦有。吴起去西河而泣，豈無故哉！

吳

泰伯始居勾吳。

今江南常州府無錫縣東南三十里有泰伯城。

遷于姑蘇。

今爲蘇州府治長洲縣。闔閭始遷都于此。

襄五年會于善道。

在今泗州之盱眙縣。

昭四年伐楚，取棘、櫟、麻。

今徐州府碭山縣。

昭二十三年滅州來。

今爲鳳陽府之壽州。吳爭七十年而後得之，入郢之禍兆于此。定四年舍舟淮汭，自豫章與楚夾漢。淮汭即州來也。

昭二十四年滅鍾離及巢。

鍾離爲今鳳陽府之臨淮縣，巢爲今廬州府之巢縣，與州來皆楚之沿淮重鎮。昭四年

昭三十年滅徐。

今泗州北八十里有古城，相傳爲徐偃王築，即古徐國也。

昭三十年滅鍾吾。

今徐州宿遷縣西南有司吾城，爲鍾吾國地。

定六年伐楚，取番。

今爲江西饒州府治之鄱陽縣，鄱陽湖之東。史記闔閭十一年伐楚取番，實當定公之六

楚始患吴，築此三城以斷其北來之路。吴爭七十年而後得之。三城滅而楚淮右之籓籬盡撤，吴遂由陸道，從光、黄經義陽三關之險以瞰郢都，置大江于不問矣。

年也，在入郢之後二年。

案：武王定天下，此時泰伯之子孫已自立于勾吴，武王因而封之。時大江以南，尚屬蠻夷之地，分茅胙土之所不及，非若中原齊、魯星羅碁置也，故其地最廣遠。春秋初尚服屬于楚，自後寖强，遂爲勍敵。而其所并吞之國亦歷歷可紀焉，大抵北出則擾廬、壽，東出則向番陽。其地略有江南全省，而徐州屬宋，廬、鳳屬楚，安慶屬羣舒。最後廬、鳳亦入于吴，而入郢之禍自此始。太平府則與楚之和州爲昭關。對岸，江寧府則與楚之六合爲棠邑。接境。其自浙之嘉興以及湖州、杭州，則與越日相角逐之區也。其自浙之嚴州以及江南之徽州、江西之饒州，則與楚日相窺伺之地也。方輿家以江西全省亦俱爲吴地，然于經、傳無所見，第存其説如此云。

吴疆域論

論曰：余考春秋吴疆域，而竊有感于明祖之事也。當明祖與張、陳相持，而劉誠意謂陳氏勢居上游，宜先定陳。當日之分界，與春秋時吴、楚略相似。而明祖之地較吴尤迫狹，日汲汲于池州、太平、徽、寧、廬、鳳之地。逮得南昌而守之，一戰遂覆陳氏。嗚呼，此春秋闔閭入郢之勢也。夫長江之險，吴、楚所共，而楚居上游，故長岸之戰，司馬子魚曰：「我得上游，何故不吉！」卒得其乘舟餘皇。故吴、楚交兵數百戰，從水則楚常勝，而從陸則吴常勝。楚以水師臨吴，而吴常從東北以出楚之不意。當其始叛楚也，即伐巢、伐徐、伐州來，争闘于廬州、鳳陽之間，蓋欲自上而瞰下。子重之克鳩茲也，爲今太平之蕪湖，此用水也。而吴報之伐楚取駕，則在廬之無爲矣。楚靈之克朱方也，爲今鎮江之丹徒，此用水也。而吴報之取棘、櫟、麻，則出碭山與汝寧矣。至昭二十三年，州來入吴，州來爲今之壽春，以淮爲固，撤楚之籓籬而據其要害，而入郢之禍兆矣。當日舍舟于淮汭，自豫章與楚夾漢。淮汭即州來，豫章今南昌，舍舟爲沈船破釜之舉，陸路出南昌，爲出奇擣險之謀，欲避所短而用所長。懸師深入，千里襲人，蓋亦逆知楚瓦不仁，而後敢出此。使當日但斂兵持重，勿與交鋒，絶其餉道，吴人輕鋭，師老欲歸，正不必爲毁舟與塞城口之計，正欲徐行驅之，吴人遇險，則必争舟以濟，争則必亂，半渡擊之，可使隻輪不返。故當日楚之失計在速戰，而吴亦第僥倖而一得也。使第固守鍾離、居巢、州來三城屹然不動，而多方以撓吴，隳其亟肄之算，吴既不得志于東北，必不能由水道以窺楚，而吴且坐困矣。故明方事

廬、鳳，而旋得南昌，則爲折其左臂。吳先有豫章而兼得州來，則爲扼其喉吭。申公、子胥之謀略，與明祖君臣，前後一揆矣。夫地勢何常，人能用之則勝。厥後越兼吳之地，而卒覆于楚，豈非楚常得地勢之便哉。

案：此論猶仍舊說，以豫章卽南昌。其實豫章非南昌也，另有論見後。

越

少康封庶子無餘于會稽。今浙江紹興府治山陰縣南十二里有無餘故城。

西至于姑蔑。今衢州府龍游縣有姑蔑城。

允常都諸暨。今紹興府諸暨縣。

後又增封，西至于檇李。今嘉興府治嘉興縣南四十五里有醉李城，

南至于勾無。今寧波府定海縣東北有舟山，故海中洲有越勾章地，卽勾無也，亦名甬東。

北至于平原。越絕書作武原，卽今嘉興府之海鹽縣。

北至于禦兒。今嘉興府石門縣東二十里石門鎮爲禦兒地。

又餘汗爲越地。今爲江西饒州府之餘干縣。通典曰：「越之西界。」所謂于越，越

東至于鄞。今爲寧波府治鄞縣。

勾踐敗闔閭處。此時屬吴。吴越春秋以勾踐歸吴，後夫差增封其地至此。

之餘也。又廣信一府皆餘汗地，弋陽、貴溪二縣即餘干之所分。然則國語所云西至于姑蔑，殆未盡矣。由衢州府龍游縣至江西廣信府，由廣信府至饒州之餘干縣，與鄱陽縣分列鄱陽湖東西，蓋越之西境與楚相接。即昭二十四年越大夫胥犴帥師從王，及歸王乘舟處也。

案：越自少康初封，歷商至周初千有餘歲，武王因其舊而不改。延及春秋之季，又五、六百年。至允常始與吴相戰伐，見于經、傳。然封域極隘。國語與越絶書所載不同。其北向所至曰禦兒、曰平原，皆在今嘉興一府之地。其西南至于姑蔑，越絶書作姑末。則在今衢州府龍游縣。然昔人稱餘汗爲越地，淮

南王安謂越人欲爲變必先田餘汗界中，通典亦謂爲越之餘。則自江西廣信至饒州皆越之西界。國語所云姑蔑蓋未盡矣。余嘗歷淮、揚至餘杭，盡吴之境。又親至左蠡，而知越大夫胥犴勞王于豫章之汭，實在今鄱陽湖。蓋鄱陽爲楚，餘干爲越，分峙湖之兩岸。楚、越相結，歸王乘舟，應在于此。若北出則千餘里皆吴地，越方仇吴，豈能以孤軍徑行其地而與楚會耶？其地全有浙之紹興、寧波、金華、衢、温、台、處七府之地。其嘉、杭、湖三府則與吴分界。由衢歷江西廣信府至饒之餘干縣，與楚分界。

越疆域論

論曰：越自允常始見春秋。再世至勾踐，遂成伯業，天子致胙。五傳而至無疆，而卒爲楚所滅。竊怪勾踐以廣運百里之地而能覆二千里之吴，其後世地兼吴、越而楚滅之如反掌之易。其故何也？曰：其故仍勾踐自貽之也。當其滅吴，而不能正江、淮以北，使楚東侵，廣地至泗上，是爲畫江自守之計。棄其地利以與人，其得延至五世幸矣。昔人有言，守江不如守淮，守淮必宿重兵于廬、鳳、徐、泗，而後進可以戰，退可以守。當吴之與楚角也，争鍾離、州來、居巢三邑，七十餘年而後取之。迨既得州來，而入郢之勢已兆。故孫氏之保江東也，守濡須，與魏争合肥。東晉之有江左也，覆苻堅之兵八十萬于淝水。蕭梁之都建業也，敗拓跋之衆二十萬于鍾離。至汴宋稍稍不振矣，而劉、楊諸將猶力争于壽春、藕塘間，而後劉豫不敢南渡。夫非昔日吴、楚之已事乎！越既有吴，不能守吴故轍，北扼州來，西阻豫章，而戀戀于三江、五湖之利，志意驕滿，號稱伯王。此猶項氏之棄關中而都彭城，同一沐猴之見耳。

楚人既得上游，而復兼有廣陵、徐、泗之地，長江帶水，策馬可渡。勾踐當日豈爲子孫計長久者哉！曰：勾踐本爲報怨，値吳之荒怠而幸勝之。以范蠡之謀略而不爲一言，何也？曰：吳壽夢之爭州來也，是申公教之也；闔閭之舍舟淮汭自豫章與楚夾漢也，是子胥教之也，皆當創業之始，志意明鋭，故其言易入。至諫夫差與越行成，子胥且以屬鏤死耳，使少伯復進説于志得意滿之餘，夫安知不從文種之誅乎！宜其卷舌高蹈以去也。曰：項氏棄關中及身而亡，而越延至五世，何也？曰：項氏實有雄據天下之志，故漢高并力而取之。而楚既得廣陵、徐、泗，知越無爭雄之心，視爲掌中物而不之忌，而越兵力尚强，故且相與遷延，待其自發兵端而後取之也。噫！古來披堅執鋭如項氏、臥薪嘗膽如勾踐，而皆坐失天下之大計，人皆知爲項氏惜，而不知爲勾踐惜也，其猶有目睫之見也夫。

案：此論猶仍史記舊説，謂越滅吳後棄江、淮以北，此説非也。當從吳越春秋、越絶諸書，越徙都瑯琊爲是。另有論見後。

春秋列國疆域表後敍

或曰：周室封建在德不在險，信乎？曰：此爲後王守成者言之也。武王既勝殷，有天下，大封功臣宗室。凡山川糾紛形勢禁格之地，悉周懿親及親子弟，以鎮撫不靖，翼戴王室。自三監監殷而外，封東虢于滎陽，據虎牢之險；西虢于弘農陝縣，阻崤、函之固；太公于齊；召公于燕；成王又封叔虞于晉，四面環峙。而王畿則東西長，南北短，短長相覆方千里。無事則都洛陽，宅土中以號令天下；有事則居關

內，阻四塞以守，曷嘗不據形勝以臨制天下哉！褒姒煽虐，禍由內作，播遷東周。而西虢實爲東西都出入往來之地，周有西歸之志，不得不問途于虢，故平之末年卽欲以虢公爲卿士。迨乎惠王，鄭、虢卒定王室。當晉之圖虢也，王曷不赫然震怒，命方伯以討罪于晉，晉必不敢動，乃談笑置之。虢入晉而晉日强，周日削矣。洎惠公之入，賂秦以虢略，秦若得之，則可東向以抗衡于晉，雖有文公不能以圖伯，而晉之諸臣固不與也。雖戰韓見獲，秦于此時幾可分晉之半，而卒征繕以輔孺子，閉關謝秦。秦知空名爲質之無用，卒歸惠公。呂、郤諸人可謂智勇絶人者矣。秦立文公以後，知文公梟雄，決不能覬覦桃林以東一步，乃偕晉師滅鄀。鄀近武關，穆公之意以爲不得于東，猶可經營商、雒，圖武關以爲南出之門户，而亦終不能有。由是二百餘年，秦屏伏西陲不敢出，以秦地形四塞，而函關、武關之門户俱爲他人有也。至三晉瓜分，秦得其地置關。函關入秦，而三晉之亡自此始矣。嗚呼，晉自獻公滅虢以後，固守桃林之塞，主伯天下者二百年，迨三晉之分而後失之。而周室東遷，不三世而虢已爲晉有。捐國之利器以與人而不悟，豈非恃德不恃險之説有以悞之也哉。

春秋時晉中牟論

河南今日之中牟縣，卽鄭之圃田。春秋定、哀時屬晉，三卿分晉時屬魏。前漢地理志謂趙獻侯自耿徙此，非也。志既言河南之開封、中牟、陽武、酸棗、卷皆魏分地，既係魏地，趙安得而都之？自相矛盾矣。至春秋定九年齊侯伐晉夷儀，晉車千乘在中牟，則與今日之中牟絶不相涉。據本註云，救夷儀

也。夷儀前本邢地。傳云邢遷于夷儀，在今順德府邢臺縣西，去河南之中牟六百餘里，道里遠不相及，一也。衛侯如晉過中牟，衛本在河北，適晉安用更過河南之中牟，非途次所經，二也。孔子適趙，聞趙簡子殺竇鳴犢、舜華，臨河而返，此時趙界明在大河以北，中牟不得更在河南境，三也。國語晉侯問趙武曰：「中牟，邯鄲之肩髀，吾欲其令良，誰可？」武曰：「邢伯可。」是中牟與邯鄲接近。日後獻侯自耿徙中牟，敬侯又自中牟徙邯鄲，相去本不甚遠。今河南中牟距邯鄲里數，與所云肩髀者不合，四也。趙鞅與范、中行相攻，哀四年九月圍邯鄲，荀寅奔鮮虞，鮮虞納荀寅于柏人；五年春克柏人，遂圍中牟。史記亦云趙簡子攻范、中行，伐中牟，佛肸叛。是中牟爲范、中行氏邑，與柏人俱當在直隸順德府界，去大河之南絶遠，五也。蓋河南之中牟，在春秋止稱圃田，無中牟之名。至漢初始置中牟縣，屬河南郡。而左傳、史記所載之中牟，在杜元凱時已不復知其處，第云當在河北。後人但當存疑，不必强爲之説。臣瓚謂此中牟當在温水之上；張守節史記正義又以相州湯陰縣西有牟山，謂中牟當在其側，俱係臆説，無明據。且春秋傳衛師過中牟，中牟人欲伐之，褚師圃曰：「衛未可勝。齊師克城而驕，不如從齊。」遂伐齊師，敗之。克城謂克夷儀，則中牟與夷儀當朝發夕至，疑當在邢臺、邯鄲之間。温水、湯陰二處離此尚遠，亦非也。

雍正八年春，余應河東田制臺聘修河南省志，作爲此論，力辨今日之中牟非論語、左傳、史記所載之中牟。而舊志竟於縣内載入佛肸墓，可發一笑。然攷杜氏通典已先誤，千慮一失，往往有此。後閲宛溪氏方輿紀要，謂在彰德府湯陰縣牟山之側，此亦承張守節史記正義之譌，非確然也。

因思春秋時晉之中牟、楚之豫章，雖使杜元凱復生，亦不能確知其處，況更在元凱千五百年後乎！因檢點舊稿，入于卷內，漫識于此。乾隆五年三月上浣識。

春秋時楚豫章論

先王建國，其小者不能五十里，若邾、滕、郳、薛近在一縣之地。故其時爲邑絶小，論語稱「十室之邑」；周官、司馬法九夫爲井，四井爲邑，至十室乃大矣。若荆、舒、吴、越，地處荒遠，井牧之所不及，如後世新復之苗疆，動輒千百里，不可以方域計。故今日而欲求春秋之地，亦不可概以一州一府當之也。嘗讀春秋至吴、楚、越之傳，其稱豫章者凡六見。昭六年，楚使薳洩伐徐，吴人救之。令尹子蕩帥師伐吴師于豫章，而次于乾谿。吴人敗其師于房鍾。昭十三年，楚師還自徐，吴人敗諸豫章，獲其五帥。案：徐在泗州北八十里，乾谿在今潁州府之亳州，房鍾在今潁州府蒙城縣。昭三十一年，吴人圍弦，左司馬戌、右司馬稽帥師救弦，及豫章。弦爲今河南光州之光山縣。又定二年，桐叛楚，吴使舒鳩誘楚人曰：「以師臨我，我伐桐。爲我使之無忌。」秋，楚伐吴師于豫章。吴人見舟于豫章，而潛師于巢。冬十月，吴敗楚師于豫章，遂圍巢，克之。桐爲今安慶府之桐城縣，巢爲今廬州府之巢縣，舒鳩在廬州府之舒城。定四年，柏舉之役吴人舍舟淮汭，自豫章與楚夾漢。淮汭即今壽州。案數傳皆爲吴、楚鬭争，杜註于前則曰江北淮水南，於柏舉之傳則曰漢東，兩歧其說。又云自江北徙于江南，不知何所據。又昭二十四年，楚子爲舟師以略吴疆，越大夫胥犴勞王于豫章之汭，歸王乘舟，且帥師從王。此爲楚、越交

接，豫章當又在楚、越之境。諸儒求其説而不得。或以爲兩地，或以爲三地，迄無一定。然愚嘗考之，豫章係寬大之語。自江西之九江、饒州二府，隔江爲江南之安慶府境，北接潁、亳、廬、壽，西接光、黄，皆爲楚之豫章地。蓋鳳陽以西壽、霍、光、固之境，皆近淮壖，爲吴、楚日交兵處。柏舉在湖廣黄州府之麻城縣，從壽州循淮而西，歷河南光山縣、信陽州三關之塞，至麻城六百里，至漢口九百里。杜氏所云豫章在江北淮水南者，正當卽指淮汭而言。蓋是地之總名，舍舟于此，遵陸亦卽在此耳。至豫章之汭，則爲今日之鄱陽湖無疑。何則？饒之餘干縣，爲越之西境，鄱陽縣爲楚之東境，俱濱鄱陽湖。楚以舟師略吴疆，而越歸王乘舟，俱在水際，舍此更無別處交接。總之，吴、楚、越接境之豫章非一地，而實非有二名。如秦之會稽、九江兩郡，統隸俱一二千里，豈可以一州一縣當之哉！漢分秦九江郡置豫章郡，蓋亦以春秋之豫章得名，然實非當日之豫章地。至以南昌爲豫章，尤非。左傳舍舟淮汭，自豫章與楚夾漢，壽州至漢口，中歷光州、信陽州、黄州，至武昌、漢陽夾峙之漢口，循淮至漢，路徑甚明。南昌在其南千餘里，無迂道至南昌之事。且南昌始終爲楚地，于吴無與也。史記闔閭十一年吴伐楚取番，番今鄱陽縣，爲饒州府治。而闔閭十一年係定公六年，在柏舉之後。則當柏舉戰時，吴尚未有饒州之地，又安得越南康、九江二府而遽至南昌也哉。愚嘗推廣其説，凡列國之邊境地，俱極廣遠，不止一豫章也。楚北境之方城，自裕州東北至葉縣、唐縣，連接數百里。齊之無棣，今直隸天津府之慶雲、山東武定府之海豐皆是。晉合温、原、攢茅之地，俱謂之南陽，幾盡懷慶一府之境。其所謂東陽者，則爲太行山東地，非有城邑，至楚漢之間始置東陽郡。而秦之河西在今同、華二州，總謂大河以西。則楚西境之豫

章，由淮水之南，盡大江南北，連屬彭蠡，與吳、越俱接境，乃其常理，非日後始遷于江南也。至漢東無豫章地，高氏辨之甚明。近志乃謂春秋之豫章去江陵甚近，引宋武帝討劉毅，遣王鎮惡先襲至豫章口，去江陵城二十里爲證，尤謬。後世地名沿譌襲舛甚多，卽同時亦有相襲者。如戰國時韓之南陽，豈可以晉之南陽當之也哉。

余作此論，實當乾隆之四年。時假館九江大孤山堂，旅中乏書，未能博稽載籍，第反覆就左氏傳臆斷，頗矜獨得，然亦未敢自信。踰年歸里，索宛溪氏方輿紀要讀之，于南昌府豫章城云：「酈道元謂昭六年楚令尹子蕩伐吳師于豫章卽此地，非也。夫江湖沮洳，春秋時舟楫便利未逮今日，吳、楚所爭實在淮、漢之閒，酈氏之言應非篤論。」因歷舉余所引左氏傳六處并杜氏前後兩註，謂自昔由江、漢之閒以達于淮，豫章實爲要害，而其地今不可考。又稱乾谿在今江南亳州，徐在泗州，弦在光州，則豫章當在近淮之地，光州、壽州之閒，與漢所置之豫章全不相蒙也。與余論脗合，先得我心，不覺大快。因知讀書到著實處，自然所見略同。但未及豫章之汭爲鄱陽湖，第存疑云在江、漢之北，則越地固不能踰大江而北也。餘干爲越，鄱陽爲楚，後爲吳奪，俱今饒州府屬，則鄱陽正爲三國結轄之地。且此時吳、越既已興兵，而楚、吳又方搆鬬。楚與越通，吳人必忌，越必不敢出境一步公然與楚交接，以犯吳之深怒也。若概云江、漢之北，越且離境千里，顯張從楚，以掎吳之幟，獨不畏吳人壓境問罪近在肘腋耶！固知歸王乘舟，乃二國于其接境處陰相聯絡，又在水際，則舍鄱陽左右，更誰屬哉？余所謂豫章之名，廣遠雖不能確知爲何地，而可約舉數處以概之，但于今

日之南昌決無涉耳。因閲宛溪氏之説，借爲余證，而又廣其所未及如此。乾隆五年八月上浣三日復初氏又識。

晉公子重耳適諸國論

左氏敍事，其藏鍼不露處，要使人統前後傳而得之。向嘗疑重耳遊歷遍天下，而其返國也卒由秦。則當其處狄十二年而行也，何不徑之秦以求入，而必過衞適齊。及其之鄭也，又何不入秦而必迂道之楚，楚爲蠻夷之國，重耳豈不知其不可倚仗。而當日之所以爲此者，蓋其事勢實有所萬不得已也。夫重耳有賢名，且多得士，夷吾以弟越次而代立，其君臣之欲甘心于重耳非一日矣。此時爲重耳者，藏形匿影，側足無所，幸有齊、狄、秦、楚諸大國，其力足與晉相抗，得庇護公子。餘如鄭、衞諸小邦，則晉令朝下，而夕且縶公子而獻于晉耳。故其如齊也，時當秦歸惠公之明年。秦、晉新協，和未有釁，而齊桓方下士，故且之齊以求庇。逮桓公卒，而孝公内亂，兄弟相争，諸侯之兵數至，不得不更適他國。其歷曹、歷宋、歷鄭，特爲過客耳。宋方新敗，而曹與鄭皆小國。由鄭入秦，路必由周而道晉殽、函之境，晉如寺人披者以百騎邀之有餘耳。趙衰、狐偃輩慮之密矣。是時楚成方强，恢廓大度，力足以容公子，啟口即云「公子若返晉國則何以報不穀」，蓋送重耳入國之事，楚子已身任之。會子玉有言，而秦穆公來迎公子，乃送公子之秦。秦、楚别有間道，而楚又設兵防衞以備不測，則重耳之返國，雖藉秦力，而楚子實成之。故日後猶曰「楚君之惠未之敢忘」，又曰「微楚之惠不及此」，此豈爲當日一饗與不殺之恩而已

哉！左氏平平敍次八國，若公子無故遍游天下，而不知當日之事勢實如此，左氏特未嘗明言其故耳。逮觀寺人披爲惠公求殺重耳，與懷公以狐毛、狐偃故而殺狐突，而當日之故始瞭然矣。謹備列之，以告世之善讀左氏者。

春秋時楚地不到湖南論

考春秋之世，楚之經營中國，先北向而後東圖。其始封在丹陽，在今歸州東南七里，爲最南境。武、文遷都于郢，爲荊州府治江陵縣。昭王徙郢于鄀，爲襄陽府宜城縣。頃襄王二十八年秦白起拔郢，楚東北保郢陳，今河南陳州府治。明年又遷壽春，爲江南壽州。歷世自南而北，其所吞滅諸國，未嘗越洞庭湖以南一步。蓋其時湖南與閩、廣均爲荒遠之地，如今交阯、日南相似，計惟羣蠻、百濮居之，無係于中國之利害，故楚亦有所不爭也。竊嘗偏考詩、書及春秋三傳與職方、爾雅之文，無有及「洞庭」兩字者。至屈原放廢江濱，彷徨山澤，作爲九歌，抒其憤懣，乃始曰「嫋嫋兮秋風，洞庭波兮木葉下」。蓋楚俗好歌舞淫祠，原爲作迎享送神之曲，爲湘君、湘夫人以實之，道之使歸于正，以寄其忠君愛國之意。至始皇侈心浮江至湘山，問湘君何神，博士所對，蓋即祖屈原之辭。而漢儒爲戴記，遂有舜崩于蒼梧之說。其因襲傅會，蓋有自來。其實唐、虞、三代之世，湘山、洞庭，何嘗入職方。況舜既禪禹，而必親歷荒遠之地，舜崩而二妃以天子之后，離其宮闕，遠歷萬里，藁葬絶域之野，此皆必無之事，儒者可以理斷者也。用是而知尚書蔡傳謂九江卽洞庭之誤。而臨川師謂九江卽彭蠡之源，而以彭蠡爲九江，漢爲北

江，并岷江爲中江，合爲三江者，其説爲斷斷不可易也。蔡傳之説祖朱子，而實出于晁氏説之。蓋以經文「過九江，至于東陵」，曾氏以爲湖廣岳州府之巴陵縣，在洞庭湖之東，不知程氏大昌已駁之，謂其絶無根據。而「過九江，至于敷淺原」，則爲今德安之敷揚山。而朱子以廬阜當之，廬阜在今江西九江府之德化縣，與彭蠡尤近。況水經注又云刊水出廬江郡之東林鄉，西南注江水，尚書過九江至于東陵者是也。東陵在廬江，則九江爲尋陽之九江益可信不誣。且劉歆、班固、應劭皆謂江至尋陽分爲九派。晉郭璞江賦亦曰「源二分于崌、崍，流九派于尋陽」，隨取之以名郡。至張僧監尋陽地記，復列其名爲九。唐孔穎達引之以釋禹貢，賈公逵以釋周禮職方。宋樂史寰宇記、李宗諤九江圖並宗其説。今舍漢、晉、隋、唐、宋數千年博雅之説不用，而獨取一晁氏説之，其立論可謂偏枯矣。愚更嘗尋繹經文曰「九江孔殷」，殷者，歸往趨向之辭。周禮諸侯見于天子曰「殷見」，與「朝宗」二字略同。是川之取象。若洞庭爲大澤，不宜立此名義。禹貢于大野、彭蠡、滎波、雷夏，俱云「既瀦」、「既澤」，可證也。明是九江爲彭蠡之上源，彭蠡爲九江之下委。殷者，歸往之得其正。瀦者，容蓄之得所歸。荆、揚二州，正是首尾相應。則荆州之川爲江、漢，爲九江，其澤爲雲夢；揚州之川爲三江，其澤爲彭蠡、震澤，不既直截了當矣乎。況江、漢、九江合之恰爲揚州之三江，尤自一綫不爽也。或謂：江至揚州，更何從分而爲三？曰：五湖只一大湖也，三江只一大江也。九河分爲九，至入海之處合爲一矣，而仍曰「九河既道」。三江其源歧爲三，至入海之處合爲一，而仍曰「三江既入」，有何不可乎！往嘗取歸氏有光之論，以三江爲揚子江、錢塘江、吴淞江，而取證于國語「三江環之」，自以爲得之矣。今乃知其猶未也。越在錢塘江之外，三江只可

云環吴，不可云環越。孰若大江横截南匯，吴、越俱在襟帶之内，如兩鼠鬭于穴中。所云民無所移者益信。況吴淞與錢塘，禹貢並無其水，尤不可取以爲據。若如尚書蔡傳之説，則洞庭至春秋之世當益灼然顯著矣。乃嘗反覆左傳，而知楚之疆域斷斷無此。何也？楚靈王淫侈，周行無所不至，嘗召諸侯以田于江南之夢矣，不聞其田洞庭也，證一也。入郢之役，吴兵東北自光、黄來，楚宜南走洞庭之野，反更西北涉睢以奔隨國，證二也。昭王論命祀，而曰「江、漢、睢、漳，楚之望」，不聞其及洞庭、湘水之神，證三也。意其時非特不隸版圖，且洞庭亦尚微渺。如屈原所云「洞庭波兮木葉下」，亦是微波淺瀨，可供愛玩，無今日浩渺之觀。蓋當時雲夢方八、九百里，跨江南北，故文人學士多侈言之。至雲夢涸而水悉歸入洞庭湖，乃始包山絡澤。而洞庭山浸其内，因以山得名。古今來盈虚之數，如濟水絶而爲大清河，鉅野涸而爲南旺湖之類，川澤之改易多矣，豈特疆域之變遷無常所哉。

史記越句踐世家與吴越春秋越絶書竹書紀年所書越事各不同論

史記：越滅吴而不能正江、淮以北，故楚得東侵，廣地至泗上；與魯泗東之地方百里。張守節正義曰泗上謂廣陵、徐、泗等州。則今揚、淮以及徐州、泗州之地，皆棄與楚。余嘗著論謂越棄地利不守，得延至五世爲楚所滅，幸矣。後閲吴越春秋，有云：越既平吴，北渡淮，會齊、晉諸侯，徙都于琅琊。竹書紀年云：晉出公七年，越徙都琅琊。水經注亦云：琅琊，越句踐之故都也。越絶書：句踐平吴，霸關東，從琅琊起觀臺，周七里，以望東海。諸書所載，較若畫一。案：春秋時琅琊爲今山東沂州府，其所屬日

照縣，向係海曲，爲沿海要地，疑所謂觀臺望東海卽于此。又吳越春秋：句踐聽范蠡謀，築會稽小城，城成而怪山自生，本琅琊東武海中山也，一夕自來，後因徙都琅琊。余考越徙都琅琊事，不見于左傳，國語亦無之。吳越春秋與越絶所書，皆怪誕不足信。然史記云越滅吳棄江、淮以北，徵之左傳，他事多不合。據傳文哀公二十二年越滅吳。二十七年越使后庸來正邾、魯之界，公與之盟于平陽。後哀公嘗欲以越伐魯而去季氏，公又嘗如越。曾子居武城有越寇，見于孟子。武城在今沂州府費縣西南九十里。季氏之私邑亦在費，與琅琊之説相合。夫越既滅吳，與齊、晉諸侯會于徐州，徐州本薛地，今爲兗州府滕縣，非江南之徐州也。天子致胙。方欲正邾、魯山東諸侯之侵界，豈其棄江、淮不事，且既棄之以予楚矣。如后庸使命之往來，及出兵侵魯，豈反假道于楚耶？又范蠡既雪會稽之恥，變姓名寓于陶，陶爲今曹州府曹縣。蓋先時吳屢伐齊、魯，沂、曹之邊地，吳蓋略而有之。哀八年吳嘗伐魯入武城，武城人或有田于吳竟，拘鄫人之漚菅者，曰「何故使吾水滋」，及吳師至，拘者遂道之以伐武城。觀此，則沂州之地久已爲吳之錯壤。越滅吳，因有其地。則其遷都琅琊，蓋盡吳之境，與北方諸侯爭衡，豈有反棄江、淮之地以資勍敵之楚耶？且卽如史記所云，越自句踐以後五世至無彊，中間嘗欲伐齊。齊舊與吳接境，與越之故土遠隔江、淮。若句踐棄江、淮以北，則其後世必不能復拓有吳境，與齊遠不相及，無緣有伐齊之事，則史記之自相矛盾更較然矣。蘇子由謂史遷淺陋而不學，疎略而輕信，而于地里尤疎舛。余既據其説作越封疆論，復附識他書所見于此，以俟後之博學者攷焉。

校勘記

〔一〕〔桓七年〕「七」原作「八」，據左傳桓公七年改。

〔二〕〔文七年〕「七」原作「十」，據左傳文公七年改。

〔三〕〔哀二十七年〕「二」原脱，據左傳哀公二十七年補。

〔四〕〔定十三年〕「三」原作「四」，據左傳定公十三年改。

〔五〕〔桓十三年〕「三」原脱，據左傳桓公十三年補。

春秋列國爵姓及存滅表卷五

錫山顧棟高復初輯
婁縣姚培謙平山參

敍

余既輯春秋疆域，自成周以迄齊、楚、秦、晉，凡十一國。而當日之形勢，如鱗次櫛比、犬牙相錯，凡行軍用師、出入往來之迂直遠近，及築城戍守之輕重疎密，莫不瞭然具見。繼爲原其封爵之所由，及其姓氏，與小國之入于某國爲某邑。而春秋之列侯，始而星羅棊布，繼而彊兼弱削，究其源流，指掌可數。作而歎曰："封建之裂爲郡縣，蓋不自秦始也。自莊公之世，而楚文王已縣申、息，封畛于汝。逮後而晉哀二年趙鞅爲鐵之師，誓曰「克敵者上大夫受縣，下大夫受郡」。終春秋之世，而國之滅爲縣邑者强半天下，而諸國卒以强盛。則當日之勢，較之周初已稍稍異矣。雖聖王復起，不得不變其制也。且入春秋以來，周室得以綿延數百年者，賴齊與晉耳，而齊、晉之兼國爲不少也。假令齊、晉謹守侯度，猶然臨淄、太原百里之封，而周天子能統虞、虢、譚、遂諸國，以鞭箠荆楚、披攘戎狄乎？不能也。其不能者何也？其勢散。且有土之諸侯未必皆賢，即使因其不賢而易置之，而其政令不能盡出于王朝，其民之視聽不能盡屬于天子，故常散而不能聚，弱而不能强。其易而縣邑也則不然，度才而使之，程能而任之，朝不道則夕斥之矣，夕不道則朝罷之矣。晉文難守原之大夫而得趙衰，鄭子皮欲使尹何

爲邑而子產曰少未知可否，其操縱由一己，其呼吸若一氣，其簡練教訓如親父兄之于子弟也，故能抗方張之敵，而成翼戴之勢。嗚呼，世變之所趨，如天地之化，陰陽積而成寒暑，豈一朝一夕之故哉！雖聖人復起，無如之何也。西漢之興，侯國與郡縣參半，未幾而反者四起，其存者皆淫侈不軌。逮國除爲郡，而黎民乂安，垂數百年。漢之國除爲郡而地入于天子，春秋之國滅爲邑而地歸于强侯；漢以淫侈不軌而除，春秋以弱小不能自立而滅，其事不同，而世變之所趨則一也。天下之勢，合則治而分則亂，自三代以來莫之有易矣。輯春秋列國爵姓及存滅表第五。

春秋列國爵姓及存滅表

國	爵	姓	始封	都	存滅
魯	侯	姬	周公子伯禽	國于曲阜，今山東兗州府曲阜縣。	獲麟後二百三十二年，頃公二十四年滅于楚。
蔡	侯	姬	文王子叔度	國于蔡，今河南汝寧府上蔡縣。平侯遷新蔡，今汝寧府新蔡縣。昭侯遷州來，今江南鳳陽府壽州北三十里下蔡城是。	宣公二十八年入春秋。靈公十二年爲楚所滅。昭十一。後二年平公復興。昭十三。成公十年，獲麟。後三十四年，蔡侯齊四年滅于楚。
曹	伯	姬	文王子叔振鐸	國于陶丘，今山東曹州府定陶縣。	桓公三十五年入春秋。曹伯陽十五年滅于宋。

					哀八。○孟子時有曹交，趙註云曹君之弟。疑曹地既入于宋，宋以封其大夫，如齊封田文爲薛公之類。
衛	侯	姬	文王子康叔封	國于朝歌，今河南衛輝府淇縣東北有朝歌城。戴公廬曹，今衛輝府滑縣。文公遷楚丘，今滑縣東六十里廢衛南縣是。成公遷帝丘，今直隸大名府開州。	桓公十三年入春秋。出公十二年獲麟。後二百七十二年，衛君角二十一年爲秦二世所滅。
滕	侯後書子。	姬	文王子叔繡	今山東兖州府滕縣西南十四里有古滕城。	入春秋七年始見經。終春秋世猶存。○世族譜

晉	侯	姬	武王子叔虞	
國于大夏,今山西太原府太原縣北有古唐城。燮父改國號曰晉。穆侯徙絳,孝侯改絳曰翼,亦曰故絳,今山西平陽府翼城縣東南十五里有故翼城。景公遷新田,仍稱絳,今平陽府曲沃縣西南二里有絳城。	鄂侯二年入春秋。定公三十一年獲麟。後一百五年,靜公二年爲魏、韓、趙所滅。			春秋後六世齊滅之。今按:戰國策宋康王滅滕,疑宋亦尋滅,地入于齊,故譜云然。

鄭	伯	姬	厲王子友	舊都咸林，今陝西同州府華州。武公遷于溱洧，今河南許州府新鄭縣。	莊公二十二年入春秋。聲公二十年獲麟。後一百六年，康公二十一年滅于韓。
吳	子按國語本伯爵。	姬	太王子太伯	國于梅里，今江南常州府無錫縣東南三十里有太伯城。諸樊南徙吳，闔廬築大城都之，今蘇州府治是。	入春秋一百二十二年始見傳。宣八。又十七年，壽夢二年始見經。成七。夫差十五年獲麟。後八年滅于越。
北燕	伯史記作侯。	姬	召公奭	國于薊，今直隸順天府治大興縣是。	穆侯七年入春秋。獻公十二年獲麟。後二百五十九年，燕王喜三十三年滅于秦。

齊	侯	姜	太公尚父	國于營丘，今山東青州府臨淄縣。	僖公九年入春秋。簡公四年獲麟。後九十五年田氏篡齊，遷康公于海上。又七年，康公二十六年亡。
秦	伯	嬴	伯益後非子	國于秦，今陝西秦州清水縣。莊公徙故西犬丘，秦州西南百二十里西縣故城是。寧公遷平陽，在今陝西鳳翔府郿縣西四十六里。德公遷雍，今鳳翔府治是。	文公四十四年入春秋。悼公十一年獲麟。後二百六十年始皇初并天下。
楚	子	芈	顓頊後熊繹	國于丹陽，在今湖廣宜昌府歸州東南七里。武	武王十九年入春秋。惠王八年獲麟。後二百五

				王遷郢，今荊州府城北十里紀南城是。昭王遷鄀，旋還郢。	十八年，楚王負芻五年，滅于秦。
宋	公	子	殷後微子啟	國于商丘，今河南歸德府治商丘縣。	穆公七年入春秋。景公三十六年獲麟。後一百九十五年，宋王偃四十三年，滅于齊。
杞	侯後書伯或書子。○按正義本公爵。	姒	禹後東樓公	國于雍丘，今河南開封府杞縣。成公遷緣陵，在今山東青州府昌樂縣東南五十里。文公遷淳于，在今青州府安丘縣東北三十里。其雍丘之地，不知何年入于宋。	武公二十九年入春秋。閔公六年獲麟。後三十六年，簡公元年，滅于楚。

陳	侯	嬀	舜後胡公	國于宛丘，今河南陳州府治淮寧縣。	桓公二十三年入春秋。哀公三十五年爲楚所滅。昭八。後五年惠公復興。昭十三。閔公二十一年獲麟。後三年，滅于楚，史記先一年。
薛	侯後書伯。	任	黄帝後奚仲	今山東兗州府滕縣南四十里有薛城。	入春秋十一年始見經。終春秋世猶存。後不知爲誰所滅，或曰齊滅之。
郳	子本附庸，進爵。	曹	顓頊苗裔挾	今山東兗州府鄒縣。文公遷繹，今鄒縣東南二十六里有古郳城。	儀父始入春秋。隱元。終春秋世猶存。後改國號曰鄒。○杜譜春秋後八世楚滅之。

莒	子	己	茲輿期	舊都介根，今山東萊州府膠州西南五里有計斤城。春秋初徙于莒，今山東沂州府莒州。	入春秋二年始見經。莒子狂其廷反。卒之年獲麟。後五十年，滅于楚。
小邾	子本附庸，進爵。	曹	郳公子友	國于郳，今山東兖州府滕縣東六里有郳城。	入春秋三十四年始見經。莊五。終春秋世猶存。○杜譜春秋後六世楚滅之。
許	男	姜	伯夷後文叔	今河南許州府治東三十里故許昌城是。靈公遷于葉，今河南南陽府葉縣。悼公遷夷實城父，今江南潁州府亳州東南七十里有城父城。旋還	入春秋十一年始見經。是年莊公奔衛。後十五年穆公復立于許。桓十五。許男斯十九年爲鄭所滅。定六。後十年復見經。哀元。或云楚復封

				葉。又遷于析實白羽，今南陽府內鄉縣。斯遷容城，或曰在葉縣西。	之。許男結元年獲麟。許男戰國時滅于楚。
宿	男	風	太皞後	今山東泰安府東平州東二十里無鹽城是。	隱元年見。莊十年宋人遷宿。後入齊爲邑。
祭	伯	姬	周公子	今河南開封府鄭州東北十五里有祭亭。	隱元年見。
申	侯	姜	伯夷後	國于謝，今河南南陽府北二十里申城是。	隱元年見。莊六年傳楚文王伐申，後遂入楚爲申邑。
東虢		姬	文王弟虢仲	今河南開封府汜水縣是。	春秋前爲鄭所滅，爲制邑。隱元年見傳。

共	伯			今河南衛輝府輝縣是。	隱元年見。後地入于衛。
紀	侯	姜		今山東青州府壽光縣東南有紀城。	隱元年見。莊四年滅于齊。
夷		妘		今山東萊州府即墨縣西六十里有壯武故城，即其地。	隱元年見。
西虢	公	姬	文王弟虢叔	舊都在今陝西鳳翔府寶雞縣東五十里。後隨平王東遷，更封于上陽，今河南陝州東南有上陽城。其支庶留于故都者爲小虢。	隱元年見。僖五年滅于晉。其小虢于莊七年爲秦所滅。

向		姜		今江南鳳陽府懷遠縣東北四十五里有古向城。隱二年見。
極	附庸	姬		今山東兖州府魚臺縣西有極亭。隱二年見。
邢	侯	姬	周公子	今直隸順德府治邢臺縣。後遷夷儀，今山東東昌府西南十二里有夷儀城。隱四年見。僖二十五年滅于衛。
郕	伯	姬	文王子叔武	今山東兖州府汶上縣北二十里有郕城。隱五年見。文十二年郕伯來奔，傳云郕人立君，則郕尚存也。戰國時有城陽君，括地志云古郕國。

南燕	伯	姞	黃帝後	今河南衛輝府東南三十五里廢胙城縣是。	隱五年見。
凡	伯	姬	周公子	今衛輝府輝縣西南二十里有凡城。	隱七年見。
戴		子		今河南歸德府考城縣東南五里考城故城是。	隱十年見。不知何年滅于宋。
息	侯	姬		今河南光州息縣。	隱十一年見。莊十四年傳爲楚所滅，爲息邑。
郜	子	姬	文王子	今山東曹州府城武縣東南二十里有郜城。	桓二年見。
芮	伯	姬		在今陝西同州府城南。	桓三年見。僖二十年滅于秦。竹書作二年。今從史記。

魏		姬		今山西解州芮城縣東北七里有古魏城。	桓三年見。閔元年爲晉所滅，以賜畢萬爲邑。
州	公	姜		國于淳于，在今山東青州府安丘縣東北三十里。	桓五年州公如曹，傳云「度其國危，遂不復」。後地入于杞，爲杞都。
隨	侯	姬		今湖廣德安府隨州。	桓六年見。終春秋世猶存。
穀	伯	嬴		今湖廣襄陽府穀城縣西北七里故穀城是。	桓七年見。後地入于楚。
鄧	侯	曼		今河南南陽府鄧州。	桓七年見。莊十六年滅于楚。
黃		嬴		今河南光州西十二里有黃城。	桓八年見。僖十二年滅于楚。

巴	子	姬		今四川重慶府治巴縣。	桓九年見。至戰國時滅于秦。
鄾	子			今湖廣襄陽府城東北十二里有鄾城。	桓九年見。不知何年滅于楚。
梁	伯	嬴		今陝西同州府韓城縣南二十二里有少梁城。	桓九年見。僖十九年滅于秦，以其地爲少梁邑。文十年晉人取少梁，地遂入晉。
荀 或云即郇國。	侯	姬		在今山西絳州界。	桓九年見。後爲晉所滅，以賜大夫原氏黯，是爲荀叔。
賈	伯	姬		今陝西同州府蒲城縣西南十八里有賈城。	桓九年見。不知何年滅于晉，後以賜狐射姑爲邑。

虞	公	姬	仲雍後虞仲	國于夏墟，今山西解州平陸縣東北四十五里有虞城。	桓十年見。僖五年滅于晉。
貳				在今湖廣德安府應山縣境。	桓十一年見。不知何年滅于楚。下同。
軫				在今德安府應城縣西。	
鄖卽邧國。	子			今德安府治安陸縣，卽古鄖城。	
絞				在今湖廣鄖陽府西北。	
州				今湖廣荊州府監利縣東三十里有州陵城。	
蓼顏師古曰力救反。				今河南南陽府唐縣南九十里湖陽故城是。	

羅		熊		今湖廣襄陽府宜城縣西二十里有羅川城。又荆州府枝江縣、岳州府平江縣皆其所遷處。	桓十二年見。不知何年滅于楚。
賴	子			今河南光州商城縣南有賴亭。	桓十三年見。昭四年滅于楚。公、穀俱作滅厲。蓋古「厲」「賴」二字同音，故有此誤。
牟	附庸			今山東泰安府萊蕪縣東二十里有牟城。	桓十五年見。
葛	伯	嬴		今河南歸德府寧陵縣北十五里有葛城。	桓十五年見。
於餘丘				未詳其地。或曰在沂州境。	莊二年見。

譚	子	子		今山東濟南府治東南七十里有譚城。	莊十年見。爲齊所滅。
蕭	附庸	子	蕭叔大心	今江南徐州府蕭縣西北十里有蕭城。	莊十二年見。宣十二年滅于楚，後仍入宋爲邑。
遂		嬀		今山東兗州府寧陽縣北有遂鄉。	莊十三年見。爲齊所滅。
滑	伯	姬		國于費，今河南河南府偃師縣南二十里緱氏故城是。	莊十六年見。僖三十三年滅于秦，旋入晉，後又屬周。
原	伯	姬	文王子	今河南懷慶府濟源縣西北十五里有原鄉。	莊十八年見。僖二十五年王以其地賜晉，晉遷原伯貫于冀。此後原伯見于傳者甚多。或曰遷

					邑于河南。至隱十一年傳蘇忿生之田亦有原邑，當是兩地。正義合爲一，誤。
權		子		今湖廣安陸府當陽縣東南有權城。	莊十八年見。不知何年滅于楚。
郭				今山東東昌府東北有郭城。	莊二十四年經書郭公胡，傳郭亡也。
徐	子	嬴	伯益後	今江南泗州北八十里有古徐城。	莊二十六年見。昭三十年滅于吳，徐子奔楚，楚城夷以處之。後仍爲楚所滅。
樊	侯		仲山甫	國于陽，今河南懷慶府	莊二十九年見。僖二十

				濟源縣西南十五里有陽城。	五年王以其地賜晉。晉語倉葛曰「陽有樊仲之官守」，知尚未絕封。蓋遷于河南。昭二十二年傳有樊頃子。
鄣	附庸	姜		今山東泰安府東平州東六十里有鄣城集。	莊三十年齊人降鄣。
郰		姬		今山西絳州河津縣南十二里有郰城。	閔元年見。爲晉所滅，以賜趙夙爲邑。
霍	侯	姬	文王子叔處	今山西霍州西十六里有古霍城。	閔元年見。爲晉所滅，後以賜先且居爲邑。
陽	侯	姬		今山東沂州府沂水縣南有陽都城。或曰陽國本	閔二年齊人遷陽。

				在今益都縣東南，齊逼遷之于此。	
江		嬴		今河南汝寧府正陽縣東南有故江城。	僖二年見。文四年滅于楚。
冀				今山西絳州河津縣東有冀亭。	僖二年見。後地入于晉，爲郤氏食邑。
舒	子	偃		今江南廬州府舒城縣。	僖三年徐人取舒，後復見。至文十二年楚子孔執舒子平，疑自後遂滅于楚。
弦	子	隗		今湖廣黃州府蘄水縣西北四十里有軑縣古城，爲弦國地。又河南光州	僖五年見。爲楚所滅。○宛溪氏曰昭三十一年傳吳圍弦，蓋楚復其國

				西南有弦城，蓋因光山縣西有僑置軑縣故城而誤。或曰弦子奔黃時所居也。	
道				今河南汝寧府確山縣北二十里有道城。或云在息縣西南。	僖五年見。昭十一年楚靈王遷之于荊，十三年平王即位而復之。知此時尚存。杜註謂楚已滅之爲邑，未詳何據。
柏				今河南汝寧府西平縣有柏亭。	僖五年見。
温	子	己	司寇蘇公。	今河南懷慶府温縣西南三十里有古温城。	春秋初，蘇氏已絕封。隱十一年王與鄭人蘇忿生之田十二，温居一焉。

					不知何時地復歸王。蘇氏續封而仍居温。僖十年爲狄所滅。二十五年王以其地賜晉，至文十年女栗之盟復見蘇子，杜註「蓋王復之」，或云自是遷于河南。
鄟	子	妘	禹後	今山東兗州府嶧縣東八十里有鄟城。	僖十四年見。襄六年滅于莒。昭四年地入于魯。
厲		姜	厲山氏後	今湖廣德安府隨州北四十里有厲山，山下有厲鄉。	僖十五年見。
英氏		偃	皋陶後	今江南六安州西有英氏城。	僖十七年見。後滅于楚。

項				今河南陳州府項城縣。	僖十七年滅項，後爲楚地。
密		姬		今河南許州府密縣。	僖十七年見。
任		風	太皞後	今山東兗州府濟寧州是。	僖二十一年見。至孟子時猶有任國。
須句	子	風	太皞後	今山東泰安府東平州是。	僖二十一年見。爲邾所滅。二十二年公伐邾，復其封。後復滅于邾。文七年魯再取之，卒爲魯地。
顓臾	附庸	風	太皞後	今山東沂州府費縣西北八十里有顓臾城。	僖二十一年見。
頓	子	姬		今河南陳州府商水縣即	僖二十三年見。定十四

				故南頓城。在今縣北三十里，頓子迫于陳而奔楚，自頓南徙，故曰南頓。	或曰頓國本年滅于楚。
管		姬	文王子叔鮮	今河南開封府鄭州即故管城。	春秋前已絕封，其地屬檜。檜滅，屬鄭。宣十二年傳晉師救鄭，楚子次于管以待之是也。戰國時屬韓。○以下十三國俱僖二十四年見。
毛	伯	姬	文王子叔鄭	未詳。或曰在今河南府宜陽縣境。	昭二十六年毛伯奔楚。
聃		姬	文王子季載	國于那處，今湖廣安陸府荊門州東南有那口	不知何年滅于楚。莊十八年傳遷權于那處，則

				城。	聃之滅又在權前矣。
雍		姬	文王子	今河南懷慶府修武縣西有雍城。	
畢		姬	文王子	今陝西西安府咸陽縣北五里有畢原。	春秋前不知爲誰所滅。畢萬其後也。
酆	侯	姬	文王子	今陝西西安府鄠縣東五里有酆城。	酆本商崇侯虎地。文王滅崇作豐邑。武王封其弟爲酆侯。竹書成王十九年黜酆侯，自是絕封。後其地復爲崇國。
郇	侯	姬	文王子	今山西蒲州府臨晉縣東北十五里有古郇城。	不知何年滅于晉。
邘		姬	武王子	今河南懷慶府城西北三	地名考略：「隱十一年傳

				十里有邘臺村。	王取鄔、劉、蔿、邘之田于鄭，邘即武王子所封。據此則春秋初邘已并于鄭矣。」然註疏無明文，當別是一邑。邘國不知爲誰所滅。高氏誤。
應	侯	姬	武王子	今河南汝州魯山縣東三十里有應城。	不知何年絶封。地入周，後入秦。史記赧王四十五年客謂周最以應爲秦太后養地是也。
韓	侯	姬	武王子	今陝西同州府韓城縣南十八里有古韓城。	春秋前爲晉所滅，後以封大夫韓萬，爲邑。
蔣		姬	周公子	今河南光州固始縣西北七十里期思城是。	不知何年滅于楚，爲期思邑。

茅		姬	周公子	今山東兗州府金鄉縣西北有茅鄉。	後爲邾邑。哀七年傳茅成子以茅叛是也。
胙		姬	周公子	在今河南衛輝府廢胙城縣西南。	
鄀				國于商密，今河南南陽府內鄉縣西南百二十里丹水故城是。後遷於鄀，今湖廣襄陽府宜城縣東南九十里有鄀縣故城。	僖二十五年見。文五年秦人入鄀，蓋自是南徙，爲楚附庸。定六年傳遷郢于鄀，則楚已滅之爲邑矣。
夔	子	羋	熊摯	今湖廣宜昌府歸州東二十里有夔子城。	僖二十六年見。爲楚所滅。
檜		妘	祝融後	今河南許州府密縣東北五十里有古檜城。	春秋前爲鄭所滅。僖三十三年見傳。

沈	子	姬		今河南汝寧府東南有平興城，其北有沈亭。	文三年見。定四年爲蔡所滅。後屬楚，爲平輿邑。
六		偃	皋陶後	今江南六安州。	文五年見。爲楚所滅。下同。
蓼音了		偃	皋陶後	今江南潁州府霍丘縣西北有蓼縣故城。	
偪		姞			文六年見。
麇	子			國于錫穴，今陝西興安州白河縣是。	文十年見。不知何年滅于楚。
巢	伯見尚書序。			今江南廬州府巢縣東北五里有居巢城。	文十二年見。昭二十四年滅于吳。
宗	子			見下註。	文十二年見。

舒蓼		偃	皋陶後	今江南廬州府舒城縣爲古舒城。廬江縣東百二十里有古龍舒城。舒蓼、舒庸、舒鳩及宗四國約略在此兩城間。	文十四年見。宣八年滅于楚。
庸				今湖廣鄖陽府竹山縣東四十里有上庸故城。	文十六年見。爲楚所滅。
崇				見前酆國註。蓋秦之與國，復居酆而襲崇之舊號者。	宣元年見。
郯	子	己	少昊後	今山東沂州府郯城縣西南百里有古郯城。	宣四年見。終春秋世猶存。○紀年云于越子朱勾三十五年滅郯。今按史記楚世家頃襄王十八

					年猶有鄅國，相去一百三十五年，紀年誤。
萊	子	姜		今山東登州府黃縣東南二十里有萊子城。	宣七年見。襄六年滅于齊。
越	子	姒	夏后少康子	國于會稽，今浙江紹興府治山陰縣。	宣八年見。獲麟後一百四十七年大爲楚所破，遂微弱濱于海上，服朝于楚。又一百十二年滅于秦。
劉	子	姬	匡王子	今河南河南府偃師縣南三十五里有劉聚。	宣十年見。至貞定王時絶封。
唐	侯	祁	堯後	今湖廣德安府隨州西北八十五里有唐城鎮。	宣十二年見。定五年滅于楚。

黎	侯			今山西潞安府黎城縣東北十八里有黎侯城。	宣十五年見，嘗爲狄所滅，是年晉復立之。詩旄丘序狄人迫逐黎侯。詩譜次于周桓王之世，誤也。酆舒奪黎氏地，即當日罪案，豈有失國百年而後復之乎！
鄅	附庸			未詳。或曰在今山東兗州府郯城縣東北。	成六年見。爲魯所滅。
州來				在今江南鳳陽府壽州北三十里。	成七年見。昭十三年滅于吳。
呂	侯	姜		今河南南陽府城西三十里有呂城。	不知何年并于楚爲邑。成七年傳子重請取于申、呂以爲賞田，即此。

檀	伯			蓋在今河南懷慶府濟源縣境。	成十一年見。
鍾離	子			今鳳陽府臨淮縣東四里有鍾離城。	成十五年見。昭二十四年滅于吳。
舒庸		偃		見舒蓼註。	成十七年見。爲楚所滅。
偪陽	子	妘		今山東兗州府嶧縣南五十里有偪陽城。	襄十年見。晉滅之，以予宋。使周内史選其族嗣，納諸霍人以奉妘姓之祀。
邿				今山東兗州府濟寧州東南有邿城。	襄十三年見。爲魯所滅。
鑄		祁	堯後	今山東兗州府寧陽縣西	襄二十三年見。

				北有鑄城。	
杜	伯	祁	堯後	今陝西西安府治東南十五里有杜陵故城。	春秋前已絶封。襄二十四年見傳。
舒鳩	子	偃		見舒蓼註。	襄二十四年見。二十五年滅于楚。定二年復見傳，蓋楚復之。
胡	子	歸		今江南潁州府西北二里有胡城。	襄二十八年見。定十五年滅于楚。
焦		姬		今河南陝州南二里有焦城。	襄二十九年見。不知何年滅于晉。
楊	侯	姬		今山西平陽府洪洞縣東南十八里有楊城。	襄二十九年見。不知何年滅于晉。以賜羊舌肹爲楊氏邑。

邶				今河南衛輝府東北有邶城。	襄二十九年見。不知何年并于衛。下同。
鄘				今河南衛輝府新鄉縣西南三十二里有鄘城。	
沈			金天氏苗裔臺駘之後	封于汾川。	昭元年見。不知何年滅于晉。
姒			同上		
蓐			同上		
黄			同上		
不羹				今河南許州府襄城縣東南有西不羹城，南陽府舞陽縣西北有東不羹城。按：舊説如此，疑有	昭十一年見。不知何年滅于楚。

				誤。	
房				今河南汝寧府遂平縣是。	昭十三年見。前二年楚靈王遷之于荆，至是平王復之。不知何年并于楚。漢志吴房縣孟康註：楚封吴夫概于此，故曰吴房。
鄅	子	妘		國于啟陽，今山東沂州府治北十五里有開陽城。	昭十八年邾人入鄅。十九年宋公伐邾，盡歸鄅俘，知鄅復存。不知何年地入于魯。哀三年城啟陽即此。
鍾吾	子			今江南徐州府宿遷縣西北有司吾鄉。	昭二十七年見。三十年吴子執鍾吾子，疑遂亡。

桐		偃		今江南安慶府桐城縣。	定二年見。
戎				今山東曹州府曹縣東南四十里楚丘城是。	隱二年見。後地入于衛，所謂戎州也。○以下四裔。
北戎				在今直隸永平府境。	隱九年見。莊三十年齊人伐山戎即此。
盧戎	子		南蠻	今湖廣襄陽府南漳縣東北五十里有中盧鎮。	桓十三年見。後滅于楚，爲盧邑。文十六年傳自盧以往振廩同食，是也。
大戎		姬	唐叔後	在今陝西延安府境。	莊二十八年見。下同。
小戎		允	四岳後	今陝西肅州西八百六里敦煌廢縣是。後遷伊川。	
驪戎	男	姬		今陝西西安府臨潼縣東二十四里有驪戎城。	莊二十二年爲晉所滅。二十八年見傳。後入秦

					爲侯麗地。
山戎			即北戎		
狄			有白狄、赤狄二種。		莊三十二年見。
犬戎			西戎之別在中國者。	在今陝西鳳翔府境。其本國則今陝西西寧府西北樹敦城是也。	閔二年見。
東山皋落氏			赤狄別種	今山西絳州垣曲縣西北六十里有皋落鎮。又山西平定州樂平縣東七十里有皋落山。未詳孰是。	閔二年見。後滅于晉。
揚、拒、泉、皋、				在今河南府境。	僖十一年揚、拒、泉、皋、伊、雒之戎同伐王城。

伊、雒之戎					按文八年公子遂及雒戎盟于暴。國語北有洛、泉、徐、蒲，知其類不一。
淮夷				在今江南徐州府邳州境。	僖十三年見。
陸渾之戎又名陰戎	子	允	卽小戎之徙于中國者	陸渾卽瓜州地名。後遷伊川，今河南府嵩縣北三十里有古陸渾城。	僖二十二年秦、晉遷之伊川，仍以陸渾爲名。昭十七年爲晉所滅，陸渾子奔楚，其餘服屬于晉，曰九州戎。
廧咎如		隗	赤狄別種		僖二十三年見。
介			東夷國	今山東萊州府膠州南有介亭。	僖二十九年見。

姜戎	子	姜	四岳後，陸渾之別部		僖三十三年見。襄十四年晉執戎子駒支即此。
白狄				傳云白狄及君同州，當與秦相近。在今陝西延安府境。	僖三十三年見。
鄋瞞		漆	防風氏後	古防風氏國于封禺之山，在今浙江湖州府武康縣。春秋時爲長狄，在今山東濟南府北境。	文十一年見。宣十五年滅于晉。
羣蠻				在今湖廣辰州、沅州二府之境。	文十六年見。戰國時滅于楚。
百濮			西南夷	在今雲南曲靖府境。或曰湖廣常德、辰州二府境。	文十六年見。

赤狄				赤狄種類至多。	宣三年見。
根牟			東夷國	今山東沂州府沂水縣東南有牟鄉。	宣九年見。爲魯所滅。
潞氏	子		赤狄别種	今山西潞安府潞城縣。	宣十五年見。爲晉所滅。
甲氏			赤狄别種	在今直隸廣平府雞澤縣境。	宣十六年見。爲晉所滅。下同。
留吁			赤狄别種	今潞安府屯留縣東南十里純留城是。	
鐸辰			赤狄别種	在潞安府境。	
茅戎			戎别種	今山西解州平陸縣東南有茅城。	成元年見。

戎蠻即蠻氏	子		戎別種	今河南汝州西南有蠻城。	成六年見。哀四年滅于楚。
無終	子		山戎國	今直隸永平府玉田縣西有無終城。	襄四年見。
肅愼			東北夷	今興京所屬地。	昭九年見。
亳			西夷史記索隱蓋成湯之胤。	在今陝西北境。	隱十年爲秦所滅。昭九年見傳。
鮮虞一名中山		姬	白狄別種	今直隸眞定府西北四十里有鮮虞亭。	昭十二年見。獲麟後一百八十六年滅于趙。
肥	子		白狄別種	今直隸眞定府藁城縣西南七里有肥纍城。	昭十二年見。爲晉所滅。
鼓	子	祁	白狄別種	今直隸眞定府晉州是。	昭十五年見。二十二年滅于晉。

有莘			夏、商時國		僖二十八年見。○以下古國。
有窮			夏時國下同		襄四年見。下同。
寒				今山東萊州府濰縣東北三十里有寒亭。	
有鬲		偃		今山東濟南府德平縣東十里有故鬲城。	
斟灌		姒		今山東青州府壽光縣東北四十里有斟灌城，又有灌亭。	
斟鄩		姒		今山東萊州府濰縣西南五十里有斟城。	
過				今山東萊州府掖縣北有	

				過鄉。	
戈				地在宋、鄭之間。	
豕韋		彭	夏、商時國	今河南衛輝府滑縣東南有韋城鎮。	襄二十四年見。按昭二十九年傳云夏后孔甲嘉劉累，賜氏曰御龍，以更豕韋之後。杜註：「以劉累代彭姓之豕韋。累尋遷魯縣。豕韋復國，至商而滅。累之後世，復承其國爲豕韋氏。」
觀		姒	夏時國	今山東曹州府觀城縣。	昭元年見。下同。
扈		姒	同上	在今陝西西安府鄠縣北。	

姺			商時國下同		
邳				今江南徐州府邳州。	
奄		嬴		今山東兗州府曲阜縣東二里有奄城。	
仍			夏時國下同		昭四年見。下同。
有緡					
駘				今陝西乾州武功縣西南二十二里有斄城。	后稷封于郃即此。○以下俱昭九年見。
岐				今陝西鳳翔府岐山縣。	太王遷于岐即此。
蒲姑			商時國	今山東青州府博興縣東北十五里有薄姑城。	成王滅之，以其地益封齊。
逢		姜	商時國		昭十年見。其地後爲齊

					國。
昆吾		己	夏時國	在今河南許州府。又直隸大名府開州東二十五里有昆吾城。按：正義曰蓋昆吾居此二處，未知孰爲先後。	昭十二年見。春秋時其地屬許、衞二國。
密須		姞	商時國	今陝西平涼府靈臺縣西五十里有陰密城。	文王伐密卽此。○昭十五年見。下同。
闕鞏			古國		
甲父			同上	今山東兗州府金鄉縣有甲父亭。	昭十六年見。
鄝			古國		昭二十九年見。其地後爲州、蓼之蓼。

鄅夷		董	虞、夏時國	封于鄅川。	昭二十九年見。其地後爲曹國。
封父			古國	今河南開封府封丘縣。	定四年見。
有虞		姚	夏、商時國	今河南歸德府虞城縣。	哀元年見。○武王封其後于陳。

春秋列國地形犬牙相錯表卷六之上

錫山顧棟高復初輯
安東程　易聖則參

敍

先王建國，各有分地，紛若列碁，界如分畛。其後列侯争相侵奪，務據勢勝，而春秋列國之疆域繁然亂矣。如山東濮州范縣爲晉士會邑；楚之子西爲商公，爲今陝西商州之雒南縣，學者多所不曉。以此讀傳，譬若矮人觀場。余竊病之。今詳考輿圖，各據今之州府而列春秋當日之地形犬牙錯互處，以左氏經、傳附註其下。其在大國者，無論即如鄭、衛、魯、宋，以一國而錯列幾府；郲、滕、郳、薛以四國而並處一縣；今兗州府滕縣。他如吴、楚、徐、越，界在蠻夷，未收版籍。今日而欲知其交兵苦戰者在何地，使命通接者在何方。晉之通吴以制楚也，滅偪陽以與宋，通吴、晉往來之道，而今之沛縣實當南北之衝。偪陽在今沛縣。楚之通越以制吴也，越大夫胥犴勞王于豫章之汭，歸王乘舟，且帥師從王，而今之饒州實居楚、越之界。饒之鄱陽爲楚，饒之餘干爲越。以至山東不當有晉地，觀隨武子之稱范，在宣十五年滅潞之後，而知其皆赤狄遺疆，另有攷。晉之封域彌大于景公之世。陝西不當有楚地，觀子西之爲商公，在文十年商臣之世，而知少習、武關早爲楚有，商城在武關西北百二十里。楚之問鼎幾成于踐土之前。楚之順大江而直下也，吴不能勝楚，而盛兵以瞰東北，多在廬、壽、潁、亳之閒。晉之據桃林以西拒也，秦不敢抗晉，而竊出

以窺東南，多出上雒、析城之界。觀笠澤爲吳、越接戰之區，則知苕、霅爲兩國莫居之地。觀黃池爲吳、晉會盟之地，則知運河早已合江、淮、沂、濟之流。黃池在今河南封丘縣。吳既溝通江、淮，復闕爲深溝于商、魯之間，北屬之沂，西屬之濟，以會晉于黃池。沂水入泗，濟在封丘縣南，蓋其水道自江入淮，自淮入泗，自泗入沂，復穿魯、宋之境，連屬水道，有不通者鑿而通之，以達于封丘之濟。起揚州至封丘，千有餘里，即今日運河之故迹。庶茫茫千載，歷歷可見，如審星以識度，撫掌而指螺。而凡行師道里之迂直遠近，盟會徵調之疎數繁簡，靡不曉然，確知其故。斯亦學春秋者之所必講也。輯春秋列國地形犬牙相錯表第六。

春秋列國地形犬牙相錯表

河南

河南府本東周王畿地，後有陸渾及晉地，兼有鄭地。

陝州及靈寶、閿鄉二縣，本虢國，後入晉。

開封府爲鄭地，兼有衛、魯、宋、陳四國錯壤，又斗入楚地。鄭之虎牢屬晉，由

陳州府以陳得名。中有項、頓二國。後項入魯，頓入楚。又斗入宋、鄭二國

許州府以許得名。後入于鄭，鄭人謂之舊許。又斗入楚召陵地。後鄭之櫟邑入

歸德府本宋地，中有陳、衛、鄭三國，亦斗入楚地。又夏邑縣爲曹黍丘邑地。

汝州本周王畿地。後爲晉、鄭、楚三國接界。

懷慶府本周王畿地。桓王以與鄭，襄王復以賜晉，由是與晉、鄭二國錯壤。

衛輝府本衛地。後半入于晉，晉人謂之舊衛。亦兼有鄭地。爲晉、衛、鄭三國接

彰德府爲晉、衛二國地。

汝寧府爲江、道、柏、房、沈、蔡諸國地。蔡南遷，諸國并于楚，全境皆楚地。

光州爲黃、息、賴、蔣、蓼諸國地，皆滅于楚，全境皆楚地。

南陽府爲申、呂、蓼諸國地，皆滅于楚，全境皆楚地。又楚遷許容城，在葉縣

是兼有地。晉地。

楚，由是禹州爲楚地。

壤。

西。定六年鄭滅許，更兼有鄭地。

河南府

今府城西偏故河南縣，爲周王城，即周公所營洛邑，平王東遷居此。府城東二十里洛陽故城，爲成周，即周公所營下都，敬王遷都于此。狄泉本在下都城北。定元年城成周，繞狄泉于城内。

鞏縣西南七十里有轘轅山。又洛水于鞏縣入河，亦名什谷，隋于此置洛口倉，春秋謂之洛汭。襄二十一年使侯出諸轘轅，昭元年趙孟館于雒汭，蓋周、晉往來必由之道。昭二十五年尹文公涉于鞏，杜註「于鞏縣涉洛水也」。

府城南三十里有闕塞山。昭二十六年晉師納王，使女寬守闕塞，即此。

偃師縣南二十里有緱氏城，爲滑國，僖公三十三年爲秦所滅。後屬晉。成十七年鄭子駟侵晉虛、滑。後又屬周。定六年鄭伐周馮、滑、胥靡，皆此滑國也。周人又謂之侯氏，昭二十二年子朝之亂晉師軍于侯氏，即此。

又偃師縣西二十里尸鄉亭爲西亳，春秋時係鄭地。襄十一年同盟于亳城北，卽此。

澠池縣界有玤，爲虢邑。莊二十一年王巡虢守，虢公爲王宫于玤，卽此。

永寧縣北六十里有崤山，春秋時謂之二殽。東北入澠池縣界，本虢地，後屬晉。僖三十三年晉人敗秦師于殽，卽此。詳見險要。

嵩縣本周之伊川地。僖二十二年秦、晉遷陸渾之戎于此。昭十七年陸渾滅于晉。

陝州

州南二里有焦城，卽焦國，後并于晉爲邑。

州西南三十二里有曲沃城，爲晉之瑕邑。文十三年晉使詹嘉處瑕以守桃林之塞，卽此。

州硤石鎮西十五里有莘原，爲虢之莘地。莊三十二年有神降于莘，卽此。

閿鄉縣東三十里有稠桑驛，爲虢桑田地。僖二年虢公敗戎于桑田。後入晉。成十年傳晉景公召桑田巫，卽此。

靈寶縣爲晉之桃林塞，晉守之以拒秦處，後爲秦函谷關。詳見險要。

盧氏縣有陰地城，爲晉之陰地。宣二年趙盾自陰地率諸侯之師以侵鄭，哀四年蠻子赤奔晉陰地，杜俱註「晉河南山北，自上洛以東至陸渾」。上洛，今陝西商州雒南縣；陸渾，今河南府嵩縣。其地南阻終南，北臨大河，所謂河南山北也，而盧氏縣乃命大夫屯戍之所。猶南陽爲河南之總名，而别有南陽城則在脩武也。

開封府

今儀封、封丘二縣爲衞地。祥符、蘭陽、中牟、陽武、鄢陵、洧川、尉氏、鄭州、河陰、汜水、滎陽、滎澤一州十一縣皆鄭地。陳留爲陳地。杞縣爲宋雍丘地。又鄭之圃地在杞縣南五十里，與楚接界。修干戈以虞患，故曰圃。昭五年韓起自楚至鄭，鄭伯勞諸圃，蓋以此地爲楚、鄭接壤也。又杞縣北四十里有鳴鴈亭，爲鄭鳴鴈地。成十六年晉侯伐鄭至于鳴鴈，卽此。又蘭陽縣東北二十里爲宋户牖地。哀十三年會于黃池，吳人囚子服景伯而還，及户牖歸之，卽此。城東四十里有鄭時來地。隱十一年公會鄭伯于時來，卽此。

又尉氏縣西南四十里有向城，爲鄭向地。襄十一年諸侯師于向，杜註「鄭地」，卽此。又縣西北四十里菟氏城係鄭地。昭五年鄭伯勞屈生于菟氏，卽此。又爲鄭大夫尉氏邑，縣因以得名。

封丘縣爲魯、衞、宋、鄭四國錯壤，在衞者曰平丘，在魯者曰黃池，在宋者曰長丘，在鄭者曰蟲牢。昭十三年會于平丘，係衞地，在封丘縣東四十里。哀十三年會于黃池，係魯地，在封丘縣西南。黃池爲魯地，從趙匡說。胡文定謂爲衞地者，非。文十一年傳鄭瞞伐宋，宋敗之于長丘，係宋地，在封丘縣南八里，卽白溝也。孟康曰長丘今翟溝，是白音轉爲翟。又縣北三里有桐牢，一名蟲牢，係鄭地。成五年同盟于蟲牢，襄八年楚侵鄭至于蟲牢，卽此。

滎陽縣東二十里有隴城，春秋時謂之垂隴，係鄭地。文二年盟于垂隴，襄二十年鄭伯享趙孟于垂隴，卽此。

滎澤縣西北十五里有王宫城，城内東北隅有踐土臺，係鄭地。僖二十八年盟于踐土，卽此。去衡雍三十餘里。括地志云原武縣西北七里有卷縣故城，卽衡雍城也。

虎牢在汜水縣南二里。莊二十一年惠王與鄭以武公之略自虎牢以東，後入晉。襄十年諸侯戍鄭虎牢，卽此。

敖山在河陰縣西二十里。宣十二年晉師在敖、鄗之閒，卽此。敖，山也。秦于其地沿河置倉，名曰敖倉，北臨汴水。酈生説漢高據敖倉之粟，卽此。

宣十二年晉、楚戰于邲，邲城在鄭州東六里。成十六年晉、楚戰于鄢陵，鄢陵城在今鄢陵縣西南四十里，皆鄭地，亦曰鄢。隱元年鄭伯克段于鄢，卽此。蓋鄢本古國，武公滅之，初仍故名，後乃改爲鄢陵。

洧川縣南有鄭曲洧地。成十七年諸侯伐鄭，自戲童至于曲洧，杜註「新汲縣治曲洧城臨洧水」，在今縣南。又縣西有鄭陰口地。襄九年諸侯濟于陰阪，次于陰口而還，杜註：「陰阪，洧津。陰口，鄭地名。」

陽武縣北十里有鄭城棣地。襄五年諸侯會于城棣以救陳，杜註「鄭地」。寰宇記有南棣城、北棣城，在縣北十里。二棣城之閒有博浪沙亭，卽子房擊始皇處。

陳留縣東北四十里有老丘城，爲宋老丘地。定十五年鄭敗宋師于老丘，卽此。

陳州府

今府治淮寧縣，卽陳宛丘地。

商水縣舊名南頓縣，爲古頓國。定十四年爲楚所滅。光武父欽爲南頓令。

項城縣爲古項國。僖十七年魯滅項。後亦并于楚。項氏世爲楚將，封于項，卽此。

又府治西北有犨城，爲宋地。僖元年會于檉，左傳一作犨，卽此。

西華縣西南有閻倉城，爲宋鬼閻地。昭二十年八公子之徒與華氏戰于鬼閻，杜註「潁川長平縣西北有閻亭」，是也。

沈丘縣東有養城，爲楚養邑。昭三十年，〔一〕吴公子掩餘、燭庸奔楚，楚子大封而定其徙，逆吴公子使居養，是也。

扶溝縣爲鄭桐丘地。莊二十八年鄭人將奔桐丘。今縣西二十里有桐丘亭。

許州府

故許城在府治東三十里，今爲新設石梁縣，故許國也。成十五年許靈公畏鄭遷于葉，鄭有其地，仍謂之舊許。襄十一年諸侯伐鄭，東侵舊許，卽此地。臨潁、襄城、長葛三縣皆鄭地。臨潁卽鄭莊公置母姜氏處。長葛卽繻葛，隱五年宋人伐鄭圍長葛，桓五年戰于繻葛，皆其地也。襄城爲鄭南氾，以周襄王出居于此，故名。

又府治西北爲鄭陽陵地，當鄭國之南。襄十年諸侯伐鄭至于陽陵，卽此。

郾城縣東四十五里爲楚召陵地。僖四年齊伐楚盟召陵，昭十四年楚屈罷簡東國之兵于召陵，卽此。

禹州爲鄭櫟地。桓十五年鄭伯突入于櫟，杜註「櫟爲鄭別都」，今禹州治。後入楚。昭元年楚靈王爲令尹始城之。至平王初立，使子躬致鄭犨、櫟之田，事畢弗致，禹州終爲楚地。

密縣、新鄭皆鄭地。密縣爲鄭新密，亦曰新城，僖六年齊桓公伐鄭圍新城，即此。新鄭爲鄭滅檜國地，以別于初封之鄭，故號曰新鄭。縣北十三里有函陵。僖三十年晉、秦圍鄭，晉軍函陵，即此。又縣東北有制城。成十六年伐鄭，諸侯遷于制田，是也。

歸德府

宋全有商丘、寧陵、鹿邑、夏邑、永城、虞城、睢州、考城、柘城一州八縣之地。

今鹿邑縣西十三里爲陳鳴鹿地。成十六年諸侯之師侵陳至于鳴鹿，即此。

睢州接寧陵縣境，爲衞首止地。僖五年會王世子于首止，即此。

又寧陵縣西南七十里有大棘城，爲春秋時宋、鄭戰處，後爲楚莊所并。今大棘城有楚太子建墳及伍員釣臺。

睢州境內有衞襄牛地。僖二十八年衞侯出居于襄牛，杜註云「衞地」，即此。又州東南有鄭鄤地。襄元年諸侯之師次于鄤，杜註：「鄭地，在陳留襄邑縣東南。」

考城縣東有葵丘，係宋地。僖九年會于葵丘，即此。縣西三十六里有黃溝，爲宋黃地。隱元年傳惠公之季年敗宋師于黃，即此。

僖二十二年宋、楚戰于泓。泓，水名，在今柘城縣北三十里。

夏邑縣西南有曹黍丘地。哀七年宋人伐曹，築五邑于其郊，曰黍丘、揖丘、大城、鍾、邘，杜註：「梁國下邑縣西南有黍丘亭。」案：下邑漢縣，金改曰夏邑，今仍之。

汝州

楚文王封畛于汝，楚地止于汝水之南。成十六年楚以汝陰之田求成于鄭。高氏曰：「汝水出汝州魯山縣，至穎州入淮，其在汝州郟縣及裕州葉縣閒者，汝陰田也。」郟自是入鄭。後復入楚。昭元年楚靈王爲令尹城郟，十九年令尹子瑕復城之郟，復爲楚地。

魯山縣有鄭繞角地。成六年晉欒書救鄭，與楚師遇于繞角，卽此。杜佑通典汝州魯山縣東南繞角城。

伊陽縣爲周郕垂地。文十七年甘歜敗戎于郕垂。蓋卽伊洛之戎，與伊陽接境。昭二十九年晉趙鞅、荀寅帥師城汝濱，杜註「卽晉所取陸渾地」。陸渾在河南府嵩縣，地相接。

又州東南五十里有鄭魚齒山。襄十八年楚師伐鄭，涉于魚齒之下，杜註：「魚齒山下有湛水，故言涉。」又州西南有蠻城，爲春秋時戎蠻子國。昭十六年楚誘戎蠻子嘉殺之，哀四年晉執戎蠻子赤歸于楚，自是地滅于楚矣。

懷慶府

鄭氏詩譜曰：「周東都畿内方六百里，北得河陽。」河陽，在河之北，卽懷慶府也。隱十一年桓王與鄭蘇忿生之田十二邑，鄭不能有，復歸周。桓七年王遷盟、向之民于郟。僖二十五年襄王賜晉文公

以陽樊、温、原、攢茅之田，晉始啟南陽。由是懷慶所屬七縣，原武屬鄭，濟源、脩武、孟縣、温縣屬晉，王所有者河內、武陟二縣而已。

僖二十五年殺大叔于隰城，卽隰郕，在懷慶府河內縣。成十一年郤至與周爭鄇田，鄇卽鄇人亭，在懷慶府武陟縣。

案：僖二十八年晉敗楚師于城濮，城濮爲衛地，在今山東曹州府濮州南七十里。甲午至于衡雍，作王宮于踐土，踐土在今開封府滎澤縣西北十五里，衡雍在原武縣西北七里，皆鄭地。天王狩于河陽，河陽城在孟縣西南三十里；會于温，温城在今温縣西南三十里，皆晉地。蓋文公伐衛致楚，因而勝之，還師，由衛歷鄭及周，渡河而北返于河陽，道里歷歷可見。

衛輝府

今淇縣爲衛朝歌，康叔始封都此。汲縣爲衛河內，輝縣爲衛百泉，後俱屬晉。

延津縣爲鄭廩延邑，亦曰酸棗。隱元年傳大叔收貳以爲己邑，至于廩延。襄三十年游吉奔晉，駟帶追之及酸棗。廩延、酸棗同一地。

滑縣爲衛漕邑，戴公廬曹卽此。縣東六十里有衛南故城，爲衛楚丘，文公遷都于此。

濬縣爲晉雍榆及牽地。襄二十三年叔孫豹救晉次于雍榆，定十四年會于牽，皆在濬縣境。

新鄉縣爲晉厥慭。昭十一年晉會諸侯于厥慭謀救蔡，卽此。

彰德府

今安陽縣有衛商任地。襄二十一年會于商任以錮欒氏，即此。內黄縣北有衛戲陽城。昭九年晉荀盈如齊逆女，還卒于戲陽，即此。林縣西北林慮山，洹水所出，經臨漳、安陽、內黄而入衛水，亦曰安陽河。成十七年聲伯夢涉洹，即此水也。

汝寧府

江國在汝寧府真陽縣東。道國在確山縣北二十里，有道城。柏國在西平縣西，有柏亭。房國在今遂平縣西北百里，楚後以封吴夫概王，謂之吴房。沈國在今汝寧府治東南。皆滅于楚。蔡始封上蔡縣。昭十三年平侯徙新蔡。至哀二年冬吴更遷蔡于州來。由是汝寧一府全境皆楚地。信陽州爲楚大隧、直轅、冥阨三關之地，吴兵陸行入楚之隘道。冥阨一名平靖關，在州東南九十里。大隧一名武陽關，在州東南一百五十里。直轅一名黄峴關，在州南九十里。俱與湖廣德安府應山縣接界，所謂義陽三關之塞也。詳見險要。

光州

今光州西十二里有黄城。息縣西南七里有息城。賴在息縣東北，商城縣南有賴城。固始縣西北七十里有期思城，爲蔣國。又蓼國在今固始縣東北蓼城岡，即文五年楚所滅之蓼國也。五國皆滅于楚，全境皆楚地。

息縣東有白城，楚白公封邑。哀十六年傳子西召太子建之子勝于吴，使處吴境，爲白公。杜註：「白，

楚邑。」今汝陰褒信縣西南有白亭是也，在今息縣東北七十里。

南陽府

故申城在府治南陽縣。故吕城在府城西三十里。蓼國在唐縣南八十里，此蓼爲楚武王克州、蓼之蓼，桓十一年傳所謂隨、絞、州、蓼伐楚師者也，與文五年所滅之蓼不同。三國皆滅于楚。南陽唯犨邑屬鄭，後仍屬楚。昭元年楚靈王爲令尹城犨，即此。由是南陽一府皆爲楚地矣。

又南陽縣北爲楚武城地。僖六年許僖公見楚子于武城。襄九年秦人侵晉，楚子師于武城爲秦援。楚有事于中國，恆出兵于此。

又淅川縣境有豐鄉城地，與鄖陽之上津接，爲楚豐邑。哀四年司馬起豐、析與狄戎以臨上雒，杜註：「析縣屬南鄉郡，析南有豐鄉，皆楚邑。」

又內鄉縣西南有三户亭。哀四年晉執蠻子與其五大夫，以畀楚師于三户，杜註「今丹水縣北三户亭」，是也。

裕州爲楚方城，築連城以拒中國處。齊、晉伐楚，必及此地。方城山在今裕州東北四十里，北連葉縣。楚人因山爲固，起葉縣至唐縣，築城連接數百里。國語齊桓公伐楚濟汝踰方城，左傳文三年晉陽處父伐楚以救江門于方城，襄十六年荀偃伐楚侵方城之外，爲楚之重鎮受兵處。

山東

府	
兗州府	本魯始封地。中有齊、宋、衞三國地，并滕、薛、邾、郳、鄫、任諸小國。
濟南府	全境皆齊地。
武定府	爲齊地。
泰安府	爲齊、魯中分之地，中亦錯入宋、衞二國地。
沂州府	爲齊、魯、莒、郯四國地。
曹州府	以曹得名，中兼魯、宋、鄭、衞、齊、晉，爲七國交錯之地。
東昌府	爲齊、晉、衞三國交錯之地。
青州府	全境皆齊地，中有杞國，又錯入魯、莒二國地。
登州府	舊有萊、牟二國，後滅于齊，全境皆齊地。
萊州府	舊有介、莒二國地，後并于齊，全境皆齊地。

兗州府

魯有曲阜、滋陽、寧陽、泗水、金鄉、魚臺、汶上及濟寧州、嘉祥縣，凡一州八縣之地。後兼涉滕、鄒、嶧

三縣境。

嘉祥縣西二十五里有獲麟堆。哀十四年傳西狩于大野獲麟，杜註：「大野在高平鉅野縣東北大澤是也。」案：今嘉祥縣卽鉅野縣之所分，金皇統中析置。

金鄉縣東北二十里爲宋緡邑。僖二十三年齊侯伐宋圍緡，二十六年楚人伐宋圍緡，卽此。爲宋邊境，數被齊、楚侵伐。

鄒縣東南二十六里爲邾國地。文十三年邾文公遷于繹。繹卽鄒山，後改國號曰鄒以此。

滕縣爲滕、薛、郳三國。滕城在縣西南十四里，薛城在縣南四十里，郳城在縣東六里。又縣北爲邾絞邑，哀二年伐邾將伐絞，卽此。

陽穀縣爲齊地。僖三年齊、宋、江、黄會于陽穀，卽此。

又縣東有阿澤，爲衞地，與東阿縣接界，爲今運道所經，有七級上下二閘，卽襄十四年孫氏敗公徒于阿澤處。

嶧縣東八十里爲鄫地。

濟寧州治爲任國。

又州東南有郜城爲郜國，襄十三年并于魯。

又滕縣南十五里有漷河爲邾田。襄十九年取邾田自漷水，哀二年季孫斯伐邾取漷東田，由是魯地兼涉滕縣之境。

濟南府

今府治歷城縣南十里爲齊之鞌地，成二年齊、晉戰處。高氏曰：「穀梁傳『鞌去齊五百里』，括地志及通典並以鞌在平陰縣，今平陰至臨淄果得五百餘里，以傳會穀梁之説，似可信。乃以本傳考之，壬申晉師至于靡笄之下，癸酉師陳于鞌，自始合以至齊敗三周華不注止，爲一日事，甚明。案華不注山在濟南城北，見于水經，無可疑者。若云鞌在平陰，則去濟南二百三十里，何由一奔遂至此近。志云『鞌卽古之歷下』，殆不易之論也。史記云戰于靡下，徐廣云靡當作歷，蓋因『靡笄之下』省文爲『靡下』，『靡』字又譌而爲『歷』耳。」案：高氏之説極精，鞌當在歷城無疑。

又今歷城縣西南有小清河，春秋時謂之濼水。桓十八年公會齊侯于濼，卽此。其源卽趵突泉，濟水伏流重發處，志云濟之南源也。又東北合大清河，卽濟瀆。水經注：「濼水出歷城縣故城西南，泉源上湧若輪。春秋桓公會齊侯于濼是也。其水北爲大明湖，引瀆入西郭，北流逕歷城，東引水爲流杯池，州僚賓燕多萃其上。又北注濼水。」今濼水並城北流，大明湖在城內，自城北水門合。濼水又東北經華不注山合華泉，又東北合大清河。

齊河縣境有大清河，自泰安府平陰縣流入長清縣，又東北入齊河縣境，春秋時謂之濟水。隱三年齊、鄭盟于石門，〔二〕鄭伯之車僨于濟，卽此。石門在長清縣西南，濟水之門也。舊有石門在岸側，去水三百步，今圮于水。

又齊河縣北有晏城，爲晏平仲采邑。縣東有齊野井。昭二十五年齊侯唁公于野井，卽此。

又長清縣西南二十五里有盧城，爲齊公子高傒采邑。成十七年齊高弱以盧叛，襄十八年晉趙武、韓起以上軍圍盧，卽此。

又歷城縣東三十里有鮑城，在鮑山下，爲鮑叔牙采邑，山因城名。

又長清縣豐齊鎭北二里有故祝柯城，襄十九年諸侯盟于祝柯，卽此。左傳謂之督揚。唐乾元二年史思明侵濟南，守將李銑于長清邊家口決大河，東至縣，縣遂淪陷，移治于遷善鎭，卽今禹城縣治。

又禹城縣北四十里有故高唐城，襄十九年夙沙衛入于高唐以叛，卽此。二十五年祝佗父祭于高唐，杜註「高唐有齊別廟」，爲齊之宗邑，猶宋之亳、晉之曲沃。齊景公母穆孟姬爲陳氏請高唐，陳氏始大。

又禹城縣西北有轅城，爲齊轅邑。哀十年晉趙鞅伐齊取犂及轅，卽此。

章丘縣西北三十里有賴亭，爲齊賴邑。哀六年胡姬以安孺子居賴，卽此。西北六十里有崔氏城，爲崔杼邑。襄二十七年崔成請老于崔，卽此。

長山縣西南二十里有於陵城，爲齊於陵邑。左傳謂之夫于。昭十年陳桓子召子周與之夫于，卽此。戰國時陳仲子所居。

臨邑縣西十里爲齊犂邑，卽哀十年晉趙鞅伐齊所取者。

武定府

今海豐縣爲齊之無棣邑。水經注：「清河入南皮縣界分爲無棣溝，流逕高城入海。」今河間府滄州之

慶雲縣及武定府之海豐縣皆有無棣溝，舊合鬲津河入海，通魚鹽之利，今淤。

泰安府

今府治泰安縣城北五里有泰山，史記貨殖傳「其陽則魯，其陰則齊」。

萊蕪縣東二十里爲牟國地。通典「牟國在登州蓬萊縣」似誤，此漢之東牟縣也。

新泰縣爲魯平陽。宣八年城平陽，卽此。

東阿縣爲齊阿邑，亦曰柯。莊十三年齊桓爲柯之盟，卽此。

又縣東北有清亭，爲衞清邑。隱四年公及宋公遇于清，卽此。縣西二十五里有桃城，爲衞桃丘邑。桓十年公會衞侯于桃丘，卽此。

肥城縣爲齊平陰地。襄十八年諸侯伐齊，齊侯禦諸平陰。今故城在縣東北三十五里。

又平陰縣東南爲齊京茲邑，縣西爲齊郜邑。荀偃、士匄以中軍克京茲，魏絳、欒盈以下軍克郜，卽其地。

東平州東二十里爲宿國。莊十年宋人遷宿，更爲宋地。

又州東六十里爲鄣國，紀附庸也。莊三十年降齊，爲齊地。

沂州府

今府治北十五里有開陽城，故鄅國，後入魯爲啟陽邑。哀三年季孫、叔孫城啟陽，卽此。

費縣爲魯費邑，僖公賜季友爲采邑。

沂水縣東南有牟縣，爲東夷根牟國，宣九年取根牟更爲魯地。昭八年蒐于紅，自根牟至于商、衛，革車千乘。商卽宋。宋、衛在魯西，蓋由魯極東以至極西，舉全境而言也。

又沂水縣治西北四十里有古鄆城，爲魯之東鄆，莒、魯所争者。文十二年季孫行父帥師城諸及鄆，此時鄆蓋屬魯。後入于莒。成九年楚子重圍莒，莒潰，楚遂入鄆，卽此鄆也。至昭元年季孫宿伐莒取鄆，自是鄆常爲魯有矣。

莒州爲莒國。戰國時入齊爲邑，齊湣王走莒卽此。

郯城縣爲郯國，與江南邳州接界。宣四年公會齊侯平莒及郯，蓋二國本隣近也。

蒙陰縣西北堂阜溪上有夷吾亭，爲管仲稅囚處，係齊地。

曹州府

定陶縣爲曹都。詩譜云在雷夏、菏澤之野，夾于魯、衛之閒。今府治菏澤縣是其地也。又濮州西南五十里有洮城，爲曹地。僖三十一年晉文公分曹地，自洮以南，東傅于濟。齊桓公嘗盟諸侯于此。

曹縣南八十里爲曹南山。僖十九年宋人、曹人、邾人盟于曹南，范氏曰：「曹南，曹之南鄙。」是也。詳見曹山川。

又曹縣境内有鄭武父地。桓十二年公會鄭伯盟于武父，杜註「武父，鄭地」，卽此。

又曹縣西十里爲宋貫地。僖二年齊侯、宋公、江人、黄人盟于貫，杜註「宋地」。又縣北三十里爲宋穀

丘地。桓十二年公會宋公、燕人，盟于穀丘，卽此。其地

曹縣東南四十里爲衞楚丘邑。隱七年戎伐凡伯于楚丘以歸，襄十年宋公享晉侯于楚丘，卽此。

蓋在曹、宋之間，是爲衞之南楚丘，與滑縣之楚丘有別。

又曹縣東北八十里爲曹重丘邑。襄十七年衞孫蒯田于曹隧，飲馬于重丘，重丘人詬之，遂伐曹取重

丘。杜註：「重丘，曹地。」高氏云案六韜周志古亡國三十，其中有重丘國，以美女遺青陽。路史曰

在曹州。寰宇記重丘在乘氏縣東北三十一里。漢乘氏縣，隋以後俱屬曹州，今故城在曹縣東北五

十里。或云在東昌府東南，跨茌平縣界，乃襄二十五年諸侯同盟之重丘，此係齊地，杜氏明註兩

國，不可混。方輿紀要混而一之，似誤。又縣北有大鄉城，爲曹鄸邑。昭二十年曹公孫會自鄸出

奔宋，杜註「鄸，曹邑」，卽此。

又曹縣東北爲宋鹿上地。僖二十一年宋人、齊人、楚人盟于鹿上，杜註「宋地」。

又縣東北三十里爲魯生竇地，爲齊、魯交界。莊九年殺子糾于生竇，卽此。

濮州南七十里有臨濮城，爲衞城濮地。僖二十七年晉敗楚師于城濮，卽此。所謂伐衞以致楚是也。

觀城縣爲衞五鹿地，與直隸大名府開州接界。晉文公還，自南河濟，侵曹伐衞取五鹿，卽此。詳見

開州。

鄆城縣爲魯西鄆。成四年城鄆，杜註：「公欲叛晉，故城之以爲備。」蓋與晉接界。昭二十六年齊取之

以居公者。

城武縣東北三十二里有梁丘城，爲魯地。莊三十二年齊侯、宋公遇于梁丘，即此。又縣東南有北郜城，爲郜國；有南郜城，爲宋邑。隱十年歸于魯。

單縣即魯單父縣，宓子賤鳴琴而治者。

范縣爲晉士會邑，今縣東三里有士會墓。後范入齊爲邑，孟子自范之齊，即此。蓋春秋之末，范氏叛晉，齊、衞助之，而范因以入齊耳。據此，則范在齊、衞之間益信。季氏私考疑濮州衞地，晉不應以封其大夫，士氏本居隨，疑范爲隨之別名者，非也。

又范縣東南七十里有廩丘故城，爲齊之廩丘邑。又有羊角城，爲衞之羊角邑。鄆城東北與范縣接界，爲魯之高魚邑。襄二十六年齊烏餘以廩丘奔晉，又襲衞羊角，襲魯高魚，又取地于宋，明年晉悉以其地還諸侯。則范縣、鄆城之境爲齊、晉、宋、魯、衞五國之交界地，最分錯。

又范縣南二里有秦亭，爲魯地。莊三十一年築臺于秦，杜註：「東平范縣西北有秦亭。」是也。

又范縣東南五十里有顧城，爲齊地。哀二十一年公及齊侯盟于顧，杜註：「顧，齊地。」詩云「韋、顧既伐，昆吾、夏桀」，即此顧也。

東昌府

今府治聊城縣爲齊聊攝，晏子所謂聊攝以東也。堂邑縣爲齊棠邑，棠公爲棠邑大夫，孟子勸齊王發棠即此，後譌爲「堂」。茌平縣爲齊重丘，襄二十五年同盟于重丘即此。又大隧在今高唐州境，襄十九年齊及晉平，盟于大隧，即此。皆齊地。又縣西南十二里有夷儀聚，爲邢國地。僖二年邢遷

于夷儀，即此。衞滅邢，地入于衞。後又入晉，定九年齊伐晉夷儀。蓋齊、晉、衞三國接壤地。

冠縣爲晉冠氏邑。哀十五年齊伐晉取冠氏，即此。丘縣爲晉乾侯邑，昭公出居于乾侯，即此，係晉地。

桓十六年傳衞使公子伋如齊，使盜待諸莘，杜註「衞地」。成二年戰于鞌，傳晉師從齊師于莘，杜註「齊地」。今案東昌府莘縣西去府治七十里，從東昌府治至濟南府治歷城縣，中經茌平、長清、齊河三縣，共二百四十里。鞌爲歷城縣，從莘至鞌約計三百一十里。高氏疑其太遠，遂疑莘非今日之莘縣。然愚嘗就傳文考之，上云及衞地韓獻子將斬人云云，下遂云師從齊師于莘，六月壬申師至于靡笄之下，則知莘與鞌中閒原隔幾日，觀其特志月日可見。蓋當日莘地，必有齊之偏師侵略衞疆而未返者，晉師適遇，遂與交戰，緣是偏師零卒望風披靡，故不言勝負。至六月壬申，遂長驅至靡笄之下，則傳所云從齊師者，乃是志前月事耳。考今日之地理，細案傳文之時日，可以瞭然無疑，莘應專屬衞地。杜兩注者，猶屬騎牆之見也。

恩縣爲晉東陽地。襄二十三年齊伐晉，趙勝帥東陽之師追之，獲晏氂。又昭二十二年晉荀吳略東陽以滅鼓。杜兩註俱云「東陽，晉之山東，廣平以北。」王氏曰：「自漢以前，東陽大抵爲晉太行山東地，非有城邑。楚、漢之閒始置東陽郡。漢置東陽縣，屬清河郡。今恩縣西北六十里東陽故城是也。」據此則東陽之地極廣，今直隸之冀州及廣平府之清河縣，皆晉東陽之境。

青州府

今臨淄縣爲太公始封之營丘。博興縣爲齊薄姑，左氏作蒲姑，本殷末薄姑氏國。成王時薄姑與四國作亂，成王滅之，以益太公之封。後胡公徙都于此。一名姑棼，莊八年齊襄公遊于姑棼即其地。

臨淄縣西五十里爲齊葵丘。莊八年齊侯使連稱、管至父戍葵丘，杜註「臨淄縣西有地名葵丘」是也。蓋二人以久戍而怨，非以遠戍而怨。若僖九年會于葵丘，此係宋地，在河南考城縣東。

又博興縣南五里有貝中聚，爲齊貝丘。京相璠曰：「博昌縣南有地名貝丘，即齊襄公田處。」

府治益都縣西南爲齊馬陘，史記作馬陵。成二年齊、晉戰于鞌，晉師追齊師，入自丘輿，擊馬陘，即此。齊乘：「淄水出益都岳陽山北，經萊蕪谷，又北經長峪道，亦曰馬陵，即郤克追齊侯處。」丘輿亦在益都界。

博山縣東有萊蕪故城，爲魯夾谷邑。定十年齊、魯會于夾谷，即此。

臨朐縣東南一百五里大峴山上有齊穆陵關。山高七十丈，周圍二十里，道徑危惡，僅容一軌，爲齊南天險。劉裕伐南燕慕容超，兵過大峴，舉手指天，喜形于色，即此。詳見險要。僖四年管仲對楚使曰齊地南至于穆陵，蓋齊之南境止此，過此爲莒、魯二國境。

又杜氏通典：「臨朐縣東有東陽城，爲齊東陽邑。」襄二年晏弱城東陽以逼萊子，即此。案：此係齊地，與晉之東陽有別。

安丘縣東北三十里有廢淳于城，爲故淳于國。春秋桓五年冬淳于公如曹，度其國危，遂不復。後入杞爲杞都。

昌樂縣東南五十里有廢營陵城，春秋謂之緣陵。僖十四年淮夷病杞，齊桓遷杞緣陵，即此。後杞復遷淳于。

又安丘縣西南有防亭，爲莒防邑。昭五年莒牟夷以牟婁及防、兹來奔，遂屬魯。案：此防本屬莒地，與魯之東防、西防有别。

諸城縣東北有婁鄉城，爲杞牟婁邑。隱四年莒人伐杞取牟婁，〔三〕自是遂屬莒，杜註「城陽諸縣東北有婁鄉」是也。昭五年莒牟夷又以奔魯，亦與安丘接境，蓋二縣本連壤。

又諸城縣西有兹亭，爲莒兹邑。昭五年莒牟夷以防、兹來奔，即此兹也。

又諸城縣治西南三十里有古諸城，爲魯諸邑。莊二十九年城諸及防，杜註「諸，今城陽諸縣」，是也。

又文十二年季孫行父城諸及鄆。

又安丘縣東北十里有渠丘亭，爲莒渠丘邑。成九年楚子重伐莒圍渠丘，渠丘城惡，衆潰奔莒。楚師圍莒，莒城亦惡，莒潰，楚遂入鄆。浹辰之閒，楚克其三城，蓋地相近也。莒爲莒州，鄆爲今沂水縣，向俱屬青州府，今改屬沂州府。

登州府

今黄縣東二十里有萊子城，即萊國。襄六年齊滅之爲邑，二十八年慶封田于萊，即此。通典：「萊州治掖縣，春秋萊子國，亦爲東萊郡，以在齊國之東，故曰東萊。」蓋萊之幅員廣遠，由萊跨登以至于海也。

萊州府

今高密縣西有黔陬城，爲介國地。膠州南七十里又有介亭，蓋高密與膠州連壤也。

即墨縣有棠鄉，爲萊之棠邑。左傳齊入萊，萊共公奔棠，晏弱圍棠滅之。按史記營丘邊萊，萊地甚廣，亙登、萊二府之境。自是齊地東盡于海矣。

又高密縣爲晏子封邑，蓋亦以晏弱滅萊棠之故。

又高密縣東四十里有計斤城，春秋時謂之介根，莒兹輿期始封邑也。春秋初徙于莒，此爲莒別邑。襄二十四年齊侯伐莒取介根，杜註：「莒邑，今城陽黔陬縣東北計基城是也。」漢置計斤縣。

校勘記

〔一〕〔昭三十年〕「十」後原有「八」，據左傳昭公三十年刪。

〔二〕〔隱三年齊鄭盟于石門〕「三」原作「二」，據左傳隱公三年改。

〔三〕〔隱四年莒人伐杞取牟婁〕「四」原作「三」，據左傳隱公四年改。

春秋列國地形犬牙相錯表卷六之中

錫山顧棟高復初輯
安東程　時與宜參

直隸

順天府	爲北燕國地。
永平府	有無終子國，古孤竹地。兼有燕地。
保定府	爲北燕、鮮虞二國地，兼有晉地。
易州爲	北燕地。
河間府	爲北燕、晉二國地。
天津府	爲北燕地，兼有齊北無棣。
真定府	爲鮮虞、肥、鼓三國地，兼有晉地。後肥、鼓滅于晉。
趙州爲	晉地。
冀州爲	晉地。
順德府	爲晉地。
廣平府	舊爲齊、衞、晉、赤狄四國交錯之地。後赤狄爲晉所滅。衞邯鄲亦屬晉。
大名府	爲晉、衞二國接境之地。中亦錯入鄭地。

由是齊、晉爲接壤。

順天府

今大興縣爲古薊丘，燕所都。史記曰「武王封帝堯之後于薊」，張守節正義曰「召公始封」。蓋在北平無終縣，以燕山爲名。後漸强盛，乃并薊徙居之。至王喜二十九年，秦攻拔我薊，燕始亡。

永平府

今玉田縣治西有古無終城，爲春秋時無終子國。

盧龍縣有舊肥如縣城，應劭曰肥子奔燕，燕封之于此。

保定府

今唐縣北八里有唐山，爲燕唐邑，亦曰陽。昭十二年齊高偃帥師納北燕伯于陽，左傳作唐，一地二名。

又唐縣東北十三里有中人城，爲鮮虞中人邑。昭十二年晉荀吴帥師侵鮮虞及中人，即此。

完縣東南三十里爲晉逆畤邑。哀四年齊國夏伐晉取逆畤，酈道元以爲卽曲逆也，張晏曰濡水于城北

曲而西流故名。漢封陳平爲曲逆侯，即此。

易州

今易州爲燕之下都。記曰：「易者，燕桓侯之别都。」又曰：「燕文公遷易。」二君皆在春秋時。是燕之有易，猶夫晉之曲沃、齊之高唐，以先君所常居而謂之下都。

又燕昭王築黄金臺，在易水東南十八里。子丹踵其迹，荆軻歌「風蕭蕭兮易水寒」，是其地也。

又寰宇記燕召公始封，即今淶水縣，後徙于薊。

河間府

任丘縣爲燕濡上地。昭七年齊侯次于虢，燕人行成，盟于濡上，杜註：「濡水出高陽縣東北，至河間鄚縣入易水。」鄚縣在今任丘縣境，則濡上當在今安州任丘間。

皇輿表以景州爲晉條邑，左傳晉穆侯以條之役生太子。案：穆侯時晉地不應到此，疑未敢信。

天津府

今滄州境有燕虢地。昭七年齊侯次于虢，杜註「虢燕竟」，即此。

慶雲縣爲春秋時齊之無棣。案：杜氏通典：「鹽山，春秋時之無棣邑也。」元分其地置兩無棣縣，一屬河間路之滄州，一屬濟南路之棣州。明改河間之無棣爲慶雲，改濟南之無棣爲海豐，蓋二縣皆與鹽山接壤也。今慶雲屬天津府，海豐屬山東武定府。

真定府

今府治西北四十里有鮮虞亭，爲春秋時鮮虞國，左傳亦曰中山。

晉州治爲鼓國。又州東南爲春秋時昔陽。昭二十二年晉荀吴略東陽，使師僞糴者負甲以息于昔陽之門外，遂襲鼓滅之。昔陽卽鼓子都。

藁城縣西南七里爲肥國。昭十二年晉滅肥，卽此。

欒城縣爲晉欒邑，欒武子所封。哀四年齊國夏伐晉取欒，卽此。

平山縣爲晉蒲邑，在真定府西九十里。

趙州

今州城中有棘蒲社，爲晉棘蒲地。哀元年師及齊師、衛孔圉、鮮虞人伐晉取棘蒲，卽此。

柏鄉縣北十二里有古鄗城，爲晉鄗邑。哀四年齊國夏伐晉取鄗，讀若「郭」。光武卽位于鄗南，更名曰高邑。北齊天保六年移治于房子縣東北，去舊城三十里，卽今高邑縣。

臨城縣治東有古臨城，爲晉之臨邑。哀四年趙鞅圍邯鄲，邯鄲降，荀寅奔鮮虞，趙稷奔臨，卽此。

冀州

今州治爲晉之東陽地，荀吴略東陽以滅鼓，卽此。

順德府

今邢臺縣西南爲邢國。後入晉爲邢邑，晉以申公巫臣爲邢大夫，哀四年齊國夏伐晉取邢，卽此。

任縣東南爲晉任邑。襄三十年鄭羽頡奔晉爲任大夫，哀四年齊國夏伐晉取任，卽此。

唐山縣西十二里有柏人故城，爲晉之柏人邑。皇甫謐曰：「柏人城，堯所都也。」哀四年齊弦施會鮮虞，納荀寅于柏人。即漢高帝過柏人心動處。

廣平府

今邯鄲縣爲晉之邯鄲邑，向屬衛，後屬晉。定十三年趙鞅殺邯鄲午，午子趙稷以邯鄲叛，即此。

又縣西爲晉五氏邑，亦曰寒氏，爲邯鄲午之食邑。

襄二十七年衛侯之弟鱄出奔晉，託于木門，杜註：「木門，晉邑。」高氏：「按穀梁傳曰『織絇邯鄲，終身不言衛』，木門當在邯鄲之境。」

成安縣東南十三里爲晉乾侯邑。昭二十八年公如晉，次于乾侯，即此。漢爲斥丘縣，闞駰曰「地多斥鹵因名」。或又以乾侯爲山東東昌府之丘縣，意當與成安接壤。或以斥丘而誤脱一「斥」字也。

清河縣治東，杜佑曰「齊地」，亦爲晉東陽之境，孔穎達曰：「東陽是寬大之語，總謂晉之太行山東地。」

永年縣東北爲晉曲梁邑，本赤狄之地。宣十五年晉荀林父敗赤狄于曲梁，遂滅潞；又晉侯之弟揚干亂行于曲梁，即此。

又襄三年諸侯同盟于雞澤，杜註「在廣平曲梁縣西南」，當亦在永年縣境。若今之雞澤縣，乃隋析廣平縣所置，非春秋時雞澤也。

大名府

今開州治西南三十里有濮陽城，爲衛帝丘，僖三十一年衛成公遷都于此。又州西北爲衛澶淵，與河

南彰德府內黃縣接界，襄二十年晉及諸侯會于澶淵，即此。又州北五里爲衞鐵丘，哀二年晉趙鞅、鄭罕達戰于鐵，即此。又二里爲衞孫氏之戚邑，文元年晉侯疆戚田，即此。又州東南爲衞斂盂，僖二十八年晉侯、齊侯盟于斂盂，即此。東南三十里爲衞清丘，宣十二年同盟于清丘，即此。東南六十里爲衞鹹地，僖十三年會于鹹，即此。又州東有衞圉城，襄二十六年孫蒯敗衞師于圉，即此。又東二十五里爲昆吾觀，哀十七年衞侯夢于北宮，見人登昆吾之觀，即此。又戚東鄙爲衞茅氏，襄二十六年晉戍茅氏，即此。俱在開州境，爲會盟要地。孫氏之難，晉助孫氏，衞之受師，亦多于此。蓋開州瀕河，東與東昌觀城縣接界，北與內黃縣接界，據中國要樞，不獨衞之重地，抑亦晉、鄭、吳、楚之孔道也。

府東四十五里有晉沙鹿山，僖十四年沙鹿崩，杜註「陽平元城縣東有沙鹿土山」，是也。又府東有沙亭，爲衞沙地，定七年齊侯、衞侯盟于沙，杜註「陽平元城縣東有沙亭」。

又府東四十五里爲衞五鹿邑，杜註「陽平元城縣東亦有五鹿」，晉文公過衞乞食野人處也。僖二十八年晉伐衞取之，後仍入衞，最後復入于晉。哀元年齊、衞救邯鄲午之子稷于邯鄲，圍五鹿；四年齊、衞救范氏圍五鹿，即此。

案：晉之沙鹿與衞之五鹿及沙三地，杜註俱云在元城縣東，且名亦相近。穀梁云「沙，山名」，「林屬于山爲鹿」，杜註云「沙鹿土山」也，豈五鹿亦沙鹿之旁地，而沙亦以山得名歟。且五鹿迭屬晉、衞，蓋爲兩國之接壤，而齊、衞伐晉首先交兵之地。定七年傳衞侯欲叛晉，諸大夫不可，乃使北宮結如

齊，而私于齊侯曰「執結以侵我」，齊侯從之，乃盟于瑣。瑣卽沙也。齊侯、結叛晉，公然于晉之近地無所忌憚，猶晉悼公會十二國諸侯于楚之相地，蓋欲張其聲勢，以觀其應敵何如耳。是時晉伯極衰，政在大夫，恬然置不爲意，而哀元年及四年齊、衞遂屢次連兵以伐五鹿矣。觀此，則沙與五鹿之爲近地益信。

又府治東南爲衞馬陵地。成七年公會諸侯同盟于馬陵，卽此。戰國時孫臏射殺龐涓處。

魏縣南二十里爲衞新築地，成二年齊、衞戰于新築，卽此。

長垣縣治爲衞甯氏之蒲邑，桓三年齊侯、衞侯胥命于蒲，卽此。

又縣東北有祭城，爲祭仲邑。 又縣西北六十里與河南衞輝府滑縣接界，爲衞訾婁地。僖十八年邢、狄伐衞，衞侯師于訾婁，卽此。

又縣西南十五里爲衞之匡邑。 僖十五年諸侯盟于牡丘，遂次于匡；文八年晉侯使解揚歸匡、戚之田于衞；論語子畏于匡，卽此。

陝西

西安府	商州爲	同州府	乾州爲	鳳翔府	興安州	延安府	平涼府	鞏昌府	秦州以
爲秦	秦、晉、	分屬	秦地。	爲秦	爲楚	舊爲白	爲秦	爲秦	秦得

地。臨潼縣爲驪戎國，晉獻公滅之，爲晉地。不知何年入于秦。	楚三國接境之地。	秦、晉，爲二國交兵之地。		地。	地。	狄地，後爲晉地。斗入秦界，尋入秦。	地。	地。	名，爲非子始封之地。

西安府

今咸陽縣北五里有畢原，係畢公高所封。竹書「穆王十四年狄人侵畢」，後不知何以亡。春秋時，裔孫畢萬仕晉。

臨潼縣東二十里爲春秋時驪戎國。國語云「晉滅驪戎」，史記年表稱在獻公之五年，實魯莊公之二十二年也。其地亦曰櫟陽。史記秦獻公二年徙都櫟陽。櫟陽城在臨潼縣北三十里。據此，則驪戎地當入于秦。又縣竟爲秦侯麗地。路史云「麗」與「驪」通，即驪戎國。成十三年晉及諸侯之師伐

秦，濟涇，及侯麗而還，則此時驪戎之地已爲秦有，距晉滅驪戎之歲凡九十五年。其由晉入秦之年則不可考矣。舊以爲晉之櫟邑，非也。襄十一年秦、晉戰于櫟，左傳庶長武濟自輔氏，與鮑交伐晉師，則櫟當爲河以東之地。櫟陽去河絶遠，不得牽混。

鄠縣爲西周豐邑，今縣東五里有酆宮。又二十五里有靈囿，囿中有靈臺，高二丈，周一百二十步，僖十五年秦獲晉侯舍諸靈臺，即此。

鄠縣東有酆國。左傳所謂「畢、原、酆、郇，文之昭也」，即文王所宅之酆邑。本崇侯虎國，文王克崇而居之，故詩云「既伐于崇，作邑于酆」。武王既遷鎬京，封其弟于此。竹書「成王十九年巡狩侯甸，正百官，黜酆侯」，蓋絶封久矣。宣元年晉趙穿帥師侵崇，杜註「秦與國」，蓋復居酆而襲崇之舊號者。

渭南縣北五十里有下邽城，秦武公所置。

又涇水自乾州永壽縣來，南歷西安府醴泉縣之谷口，又東南過涇陽，至高陵縣西南十里合于渭水。涇陽有雎城渡，即諸侯濟涇，秦人毒涇上流處。又縣西南有麻隧地，晉、秦戰于麻隧，即此。

商州

今州治爲晉之上雒邑及菟和、倉野之地。哀四年蠻子赤奔晉陰地，楚起豐、析與狄、戎，以臨上雒，左師軍于菟和，右師軍于倉野。水經注：「丹水自倉野東歷菟和山，又東至商縣。」上洛，春秋時晉地，即今商州治也。今州南百四十里有倉野聚。

雒南縣爲楚之商邑。文十年傳楚子西爲商公，杜註：「商，楚邑，今上雒商縣。」上雒廢城在今商州東九十里古商邑，本契所封，春秋時屬楚，蓋近河南南陽府界。盛弘之荆州記：「武關西北百二十里有商城。」

又哀四年楚使謂陰地之命大夫曰將通于少習以聽命，杜註「商縣武關也」。春秋時武關屬楚，在商州東少習山下，故亦名少習。

同州府

今朝邑縣西二里有故臨晉城，爲秦之王城，僖十五年晉陰飴甥會秦伯盟于王城，二十四年晉文公潛會秦伯于王城是也。本芮國地，竹書秦穆公二年滅芮，築壘以臨晉地，故曰臨晉。亦曰大荔城。史記厲共公十六年壍河旁，以兵二萬攻大荔，取其王城，蓋厲共公在春秋之末地失于戎，而秦復取之也。今新設府治大荔縣亦以此得名。

又縣西北十三里有輔氏城，爲晉之輔氏地。宣十五年秦伐晉次于輔氏，襄十一年庶長武濟自輔氏，爲晉濱河以西要地。

韓城縣舊爲韓、梁二國地。韓在春秋前爲晉文侯所滅，後爲桓叔子韓萬食邑，僖十五年晉惠公獲于韓，卽此。梁于僖十九年秦穆公滅之，爲少梁邑，後亦入于晉，文十年晉人取少梁。韓在縣東南二十里。少梁城在縣南二十里。

澄城縣南二十二里爲晉北徵邑。後入于秦，文十年秦伐晉取北徵，卽此。又縣有泉出匱谷中，造酒

極美，名曰酒泉。莊二十一年王與虢公酒泉，杜註「周邑」，由是虢地跨河東西，晉滅虢因有其地。

又縣東北二十里爲秦之新城邑，即梁國之新里，秦取之謂之新城，文四年晉侯伐秦圍邧、新城，即此。

白水縣東北六十里與郃陽接界，有彭衙古城，爲秦之彭衙邑。本戎地，史記「秦武公元年伐彭戲氏，至于華山」，正義云「彭戲即彭衙也」。後入于晉，文二年晉伐秦，取汪及彭衙而還。汪亦在白水縣界。

郃陽縣東南有刳首阬，爲秦刳首地，與山西蒲州府猗氏縣接界。文七年晉敗秦于令狐，至于刳首，杜註「從刳首去也」。闞駰曰：「令狐即猗氏，其處猶名狐村。」今猗氏縣西十五里有令狐城，係晉地，在河之東，與秦之刳首隔河相接。

華州爲秦棫林，襄十四年晉師伐秦至棫林，即此。舊爲宣王弟友采邑，爲畿內咸林地。後鄭東徙，秦因有之，亦曰舊鄭。史記秦武公十一年初縣杜、鄭，是也。時當魯莊公之七年。後嘗屬晉，蓋晉獻公取之。至僖十五年晉惠公賂秦伯以河外列城五，南至華山，即舊鄭之地。自是棫林長爲秦有矣。

又州城東北十三里爲晉之武城邑，文公八年秦伐晉取武城，即此。一名武平城。

華陰縣爲晉之陰晉邑，華山在縣南十里。高氏曰：「晉賂秦，東盡虢略，南至華山，蓋陰晉亦在五城之

中矣。」

案：春秋時晉有桃林爲函關，而陰晉更在函關西百里；楚有少習爲武關，而商邑更在武關西北百二十里，俱在今同州府及華州之境。是時秦地蹙狹，迫于晉、楚。南出滅鄀而鄀終爲楚有，東出襲鄭滅滑而滑適爲晉有，扼秦之吭幾二百年。逮孝公據殽、函之地，惠王兼武關而有之，秦遂虎視以雄列國矣。

乾州

今武功縣南有秦終南山。左傳作中南，昭四年司馬侯曰「荊山、中南，九州之險」，杜註「在始平武功縣南」。又涇水自平涼府涇州來，經州及長武、邠州、淳化、永壽之境。俱詳見秦山川。

鳳翔府

今府治鳳翔縣城南有故雍城，爲秦雍都。史記年表秦德公元年卜居雍，後子孫飲馬于河，時當春秋莊公之十七年。後世世都之。僖十三年秦輸粟于晉，自雍及絳相繼，杜註：「雍，秦國都。」是也。至戰國初，獻公始徙都櫟陽。然雍仍爲故都，昭襄王五十四年郊見上帝于雍，始皇九年上宿雍。

橐泉、蘄年、棫陽諸宮俱在故雍都。

岐山縣爲周西岐之地，幽王末陷于犬戎，秦襄公逐戎，即有其地。

寶雞縣東五十里爲古小虢。案：西虢君隨平王東遷，王别封之于河南陝縣，其支庶之留于雍者謂之小虢，亦曰桃虢城。秦武公十一年滅之，時當春秋莊公之七年。

又縣東二十里有故陳倉城，爲秦文公所築，其孫武公增搆徙都之。又有陳倉山，卽文公獲陳寶處，其地在汧水之南，渭水之北，所云汧、渭之閒。

郿縣西四十六里爲秦平陽。史記年表秦寧公二年遷平陽，春秋隱公之九年也。

興安州

皇輿表以興安州爲庸國地，文十六年楚人、秦人、巴人滅庸，卽此。自是地屬楚。蓋接湖廣鄖陽府竹山縣之境。

延安府

高氏曰：「晉文公初伯，攘白翟，開西河，魏得之爲河西、上郡。至戰國惠王六年魏始納陰晉，八年納河西地，十年納上郡十五縣。陰晉，今華陰縣。河西，孔氏曰同、丹二州，丹州今延安府宜川縣。上郡爲延安以北。」案：晉地至此，疑其太遠。然惠公于韓之戰已曰「寇深矣，若之何」。韓爲今韓城縣，濱河，爲秦、晉接界，無寇深之理。而延安府治東去山西黃河界四百五十里，晉之幅員廣遠，在惠公時早已至此，合之寇深之言，理當有之。

鞏昌府

今伏羌縣爲古冀戎地。史記秦武公初縣冀戎，卽此。時春秋莊公之六年也。

秦州

今州西六十里有上邽城，爲古邽戎邑。秦武公初縣邽戎，卽此。時春秋莊公之六年。又州西百二十

里有西縣城，爲秦之先大駱地，後莊公復都焉。

清水縣西有故秦城，爲非子始封。

江南

江寧府全境皆吳地。惟六合縣屬楚，與吳分界，爲戰争地。
太平府爲吳地。蕪湖、當塗縣爲楚所奪，與吳分界，爲戰争地。
淮安、揚州、鎮江、常州、蘇州、松江及通州全境皆吳地。
海州爲莒、魯二國地。
徐州府爲宋彭城，係宋地。中有偪陽、鍾吾二國，後偪陽入宋，鍾吾入吳。又
安慶府爲吳、楚界上蠻夷之地，舊屬楚，後屬吳。
廬州府及六安州爲羣舒地，舊屬于楚。巢縣爲楚巢邑，吳争七十年而後得此。
鳳陽府屬楚。中斗入魯地、徐地。鳳陽縣爲楚鍾離。壽州爲楚州來，吳争七十年而
泗州爲吳、徐二國。後徐滅于吳。吳與中國諸侯交接結盟抗楚多于此。
潁州府屬楚，爲吳、楚戰争地。中有胡國。又斗入宋地。
滁州屬吳。和州屬楚，與太平府隔江相對，爲吳、楚戰争地。
廣德州屬吳，爲吳、楚戰争地。
徽州、寧國、池州三府皆吳地。

錯入楚地。	後得此。

江寧府

寰宇記「六合縣爲古之棠邑」，襄十四年楚子囊師于棠以伐吴，即此。後伍奢長子棠公尚爲棠邑大夫。

太平府

襄三年子重克鳩茲，至于衡山。鳩茲城在今太平府蕪湖縣東三十里。衡山，當塗縣東北六十里有横山，「横」與「衡」通。今自長江東下，先蕪湖、當塗而後至六合，六合爲楚棠邑。觀襄十四年子囊師于棠以伐吴，則二縣之終爲楚地可知矣。

又府隔江相對爲和州，係楚地。昭十七年長岸之戰獲吴乘舟餘皇，其地在今太平府西南三十里，和州南七十里，號曰天門山，則楚地已軼入太平府界。

常州府

今無錫縣東南三十里有泰伯城地，曰梅李鄉，乃泰伯始逃荆蠻所居處，闔廬以上皆都之。詳都邑。

府治武進縣爲春秋時延陵邑，吴季札所封。詳都邑。

蘇州府

今府城爲闔閭所都，因城西三十里姑蘇山爲名。城西十里有虎丘，卽闔閭墓。府西南八十五里有西洞庭山，一名包山，春秋時所云夫椒也，哀元年吴王夫差敗越處。

通典：「蘇州理吴、長洲二縣，春秋吴國之都，其南百四十里與越分境。吴伐越，越禦之于檇李，則今嘉興縣之地。」

鎭江府

今府治丹徒縣，爲吴朱方邑。襄二十八年齊慶封奔吴，吴句餘與之朱方，卽此。詳都邑。

揚州府淮安府

哀九年吴城邗溝通江、淮，卽今之漕河。起于揚州府城東南二里，歷邵伯湖、高郵湖、寶應湖，北至黄浦接淮。

其合淮處爲末口，在淮安府城北五里，今爲新城之北水關。自江達淮，南北長三百餘里。

又哀十三年晉侯及吴子會于黄池，杜註：「封丘縣南有黄亭，近濟水。」國語云：「吴王夫差起師北征。闕爲深溝，于商、魯之閒，北屬之沂，西屬之濟，以會晉公午于黄池。」沂水入泗，濟水在封丘縣南。蓋旣溝通江、淮，遂率舟師自淮入泗，自泗入沂，復穿魯、宋之境，連屬水道，有不通者鑿而通之，以達于封丘之濟，卽杜氏所云「近濟水」也。其道極回遠，由今考城過杞縣北境，歷蘭陽而至于封丘。

案：吴城邗溝，自揚州至淮安三百里，闕深溝于宋、魯接界，自河南歸德府考城至開封府之封丘又四百里。今日之漕河，夫差時已及其半。連屬江、淮、沂、濟，卽今日治漕借山東汶、沂諸水之法。

通州

哀十二年公會衛侯、宋皇瑗于鄖。左傳衛侯會吴于鄖，公及衛侯、宋皇瑗盟，而卒辭吴盟。杜註：「鄖，發陽也。廣陵海陵縣東南有發繇口。」高氏曰：「發陽无可考。今通州如皐縣亦晉海陵地，縣南十里有會盟原，相傳爲吴、楚會盟處。考春秋吴、楚始終無會盟事，意必指此。」

海州

皇輿表以海州爲魯地。

左傳成九年城中城，杜註：「在東海厹丘縣西南。」厹丘是厚丘之譌。後漢志東海郡厚丘縣註引此傳文爲證，云「縣西南有中鄉城」，今海州之沭陽縣也。魯之南境至是止。又一説中城爲魯之内城，諸儒多從其説。

又莒紀鄣城在海州贛榆縣北七十五里。昭十九年齊高發伐莒，莒子奔紀鄣，杜註：「莒邑，東海贛榆縣東北有紀城。」是也。後漢志贛榆縣引此傳文爲證，今山東沂州府莒州與贛榆縣接界。

徐州府

今新設府治銅山縣爲宋彭城邑。成十八年楚子伐宋，宋魚石復入于彭城，西鉏吾曰「今將崇諸侯之姦，而披其地以塞夷庚」。杜註：「夷庚，晉、吴往來之要道。」蓋吴、晉往來必由彭城，故杜云然。

沛縣爲春秋時偪陽國，與山東兖州府嶧縣南接界。襄十年晉悼公滅之以與宋，通吴、晉往來之道。又楚柤地亦在沛縣境，是年會吴于柤遂滅偪陽是也。

蕭縣爲宋附庸蕭國，宋以封蕭叔大心。宣十二年楚莊滅之，後仍爲宋邑，定十一年宋公之弟辰入于蕭以叛是也。又成十八年楚子辛、鄭皇辰侵城郜取幽丘，杜註「皆宋地」，在今徐州府蕭縣界。

碭山縣爲楚之麻邑。昭四年吴伐楚取棘、櫟、麻。魏收志「碭郡安陽縣治麻城」。彙纂曰：「碭山縣有安陽城，即故麻城也。以楚之東鄙言之，近是。」

邳州北六十里有良城爲吴良地。昭十三年晉侯會吴子于良，水道不可，吴子辭。正義云：「吴地水行，故以水路不通辭。」此時吴未溝通江、淮故也。

宿遷縣西南有司吾城，應劭曰「古鍾吾國也」。昭二十七年吴公子燭庸奔鍾吾，三十年爲吴闔閭所滅。縣志以爲隱元年宋人遷宿于此，因謂之宿遷，非也。宿遷本名宿豫，晉元帝督運軍儲，于此立邸閣因名，安帝遂立宿豫縣。唐寶應初避代宗諱，改爲宿遷，與宿國無與。

安慶府

今桐城縣爲春秋時桐國，楚附庸也。定二年桐叛楚，吴子使舒鳩氏誘敗楚人。漢朱邑爲桐鄉令，謂子孫死必葬我桐鄉，即此。

案：安慶亦春秋時羣舒地。潛山縣爲古舒州，宋封王安石爲舒王，今潛山有安石讀書臺。嘗質諸桐城劉畊南。畊南云：「詩云『荆、舒是懲』，荆以東即爲舒地。蓋舒之種類甚多，今皖城連接廬州府之廬江、舒城二縣皆是，居吴、楚之界，迭爲向背。是時吴强楚弱，故桐叛楚，春秋傳所謂蠻夷屬于楚者吴盡取之是也。」

又大江東流，自湖廣黄州府之廣濟縣、黄梅縣，流入江南安慶府之宿松縣界，南岸爲江西九江府之德化縣，楚地止此。則安慶一府自宿松以東皆爲吴地矣。故江南之安慶，江西之南康、九江皆謂之吴頭楚尾。

廬州府及六安州

羣舒及宗國俱在今廬江、舒城二縣境。文十二年羣舒叛，楚子孔執舒子平及宗子，遂圍巢。蓋宗、巢二國皆羣舒之屬也。英氏在六安州西，六在六安州北，諸國皆皋陶之後，界在蠻夷。成七年傳吴始伐楚、伐巢、伐徐，蠻夷屬于楚者吴盡取之。蓋指廬州及安慶二府之境，統前後而言之也。襄十三年庸浦之戰，在今廬州府無爲州。昭五年鵲岸之戰，在今廬州舒城縣西北，杜註「廬江舒縣有鵲尾渚」是也。昭二十七年吴師圍潛，潛在今六安州霍山縣東北三十里。

案：春秋傳楚滅舒蓼、舒庸、舒鳩及宗四國，杜皆不能明其處，但云廬江南有舒城及龍舒城，約略四國所居在此兩城之間。舒城即今舒城縣。龍舒城在今廬江縣。

巢縣東北五里有故巢城，爲春秋時楚之巢邑。按巢本古國，楚滅之爲邊邑。昭四年楚滅巢，五年使沈尹射待命于巢，至二十四年平王爲舟師以略吴疆，吴人踵楚而邊人不備，遂滅巢及鍾離。

巢縣西北六十里有柘皋鎮，俗名會吴城，爲吴槖皋地。哀十二年公會吴于槖皋，杜註「在淮南逡遒縣東南」。逡遒故城在今府治合肥縣東，與巢縣相接。

又無爲州境有楚駕、𨟻二邑，廬江縣境有楚𠷎邑。成十七年吴人圍巢伐駕取𨟻、𠷎，杜註：「巢、駕、

蠻、虺，楚四邑。」

鳳陽府

壽州爲楚之州來。案：州來本小國，後屬于楚。自成七年吳始爭州來，至昭二十三年雞父之戰楚師大奔，州來遂爲吳地。以封季札，號延州來季子。哀二年遷蔡于此，更謂之下蔡。戰國時爲楚地。考烈王遷都壽春，在淮之南，下蔡城在淮之北，相距三十里。二城對據，翼蔽淮濱，宋時謂之南、北壽春。定四年吳入郢，舍舟淮汭，自豫章與楚夾漢，淮汭卽州來，蓋吳既得州來，卽屯宿重兵爲歸計，故留舟船于此。楚司馬戌曰「我悉方城外以毁其舟」，亦知吳爲必死之計，欲用大衆以爭之，以絶吳師之後也。雞父在壽州西南。

府治鳳陽縣爲楚之鍾離。按：鍾離本小國，屬于楚。昭四年楚始患吳，使箴尹宜咎城鍾離，薳啟彊城巢，然丹城州來，皆沿淮要害處。蓋楚師從大江東下，吳人仰攻不能敵楚，故其侵擾楚疆，多從淮右北道，鳳陽以西，壽、霍、光、固之間，皆近淮壖，築此三城以斷其北來之路。而吳亦置楚南道之師于不問，克鳩茲，克朱方，逼近吳都。吳之報楚則取駕取棘、櫟、麻，日爭鬭于廬之無爲及碭山、汝寧之境，蓋舍水從陸以避楚長江直下之險。至昭二十三年吳滅州來，二十四年滅鍾離及巢，淮之藩籬盡撤，而吳遂長驅以入郢矣。

懷遠縣東北四十五里有向城，爲春秋時向國，隱二年莒人入向卽此。又宣四年公伐莒取向，此在今山東兗州府嶧縣境，係兩地。

虹縣北有蒲姑陂，爲徐蒲隧地，昭十六年齊師伐徐至于蒲隧，即此。又縣東北有婁亭，爲徐婁林地，僖十五年楚人敗徐于婁林，即此。徐國在徐、僮閒，僮縣故城在今虹縣境。

泗州

今州北八十里有古城與鳳陽府虹縣接境，相傳爲徐偃王築。括地志：「徐城縣西四十里有大徐城，即古徐國也。」隋時屬泗州。昭三十年冬吴闔閭伐徐防山而水之，遂滅徐，蓋決泗水也。

盱眙縣爲吴善道地。襄五年晉悼公欲通吴，先使魯、衞會吴于此，告以會期。南兖州記：盱眙本吴善道地。秦置盱眙縣。許慎曰張目爲盱，舉目爲眙。城居山上，可以矚遠，因名。

又襄三年晉會諸侯于雞澤，使荀會逆吴子于淮上，吴子不至。淮上亦在臨淮、泗州之境。

潁州府

今蒙城縣界有吴房鍾地，昭六年楚令尹子蕩伐吴，吴敗之于房鍾，即此。縣北有楚瑕地，成十六年鄢陵之戰楚師還及瑕，即此。

潁水入淮處謂之潁尾，爲楚地。昭十二年楚子狩于州來，次于潁尾。在今潁州府潁上縣，與壽州接界。

亳州東南有乾谿，爲楚地。昭十二年楚遣兵圍徐以懼吴，楚子次于乾谿，以爲之援，明年就弑，即此。

又州東南七十里有城父城，本陳夷地，後爲楚邑。僖二十三年楚伐陳取焦、夷，杜註「夷一名城父」；

昭九年楚公子棄疾遷許于夷實城父，卽此。

霍山縣西南八里有窮水，昭二十七年楚左司馬沈尹戌與吴師遇于窮，令尹子常以舟師及沙汭而還。水經注：「淮水又東，窮水入焉，出安豐縣窮谷。春秋吴救灊，沈尹戌與吴師遇于窮谷是也。」沙亦水名，其合淮之處謂之沙汭，在今霍丘縣境。詳見山川。

又縣東有楚瑣地。昭五年楚伐吴，越大夫常壽過帥師會楚子于瑣，卽此。

又縣西南八十里有雩婁城，爲楚雩婁地。淮南子孫叔敖決期思之陂灌雩婁之野。期思陂卽芍陂，在河南光州固始縣境，與霍丘縣接壤。襄二十六年楚子、秦人侵吴及雩婁，昭五年楚使薳啟彊待命于雩婁，卽此。

新設府治阜陽縣爲春秋時胡國。昭四年楚靈王合十三國于申伐吴，胡國與焉。及吴入郢，胡子盡俘楚邑之近胡者。定十五年楚滅胡。蓋潁于此時已盡屬楚地，胡僅存，至是亦滅。

又潁上縣西北有慎城，爲楚慎邑。哀十六年吴人伐慎，白公敗之，杜註「汝陰慎縣」是也。漢置慎縣，至劉宋初改置慎縣于合肥縣境，此城遂廢。

太和縣西有原鹿城，爲宋鹿上地。僖二十一年宋襄公爲鹿上之盟以求諸侯于楚，杜註：「鹿上，宋地，汝南有原鹿縣。」是也。

和州

昭十七年吴伐楚，楚卜戰不吉，司馬子魚曰：「我得上流，何故不吉？」戰于長岸，大敗吴師，獲其乘舟

餘皇。杜註：「長岸，楚地。」今太平府西南三十里有西梁山，與和州南七十里之東梁山夾江相對，如門之闕。郡國志云楚獲乘舟餘皇處。

廣德州

今州西北二十五里有桐水匯于丹陽湖入大江。哀十五年楚伐吳，及桐汭，杜註「宣城廣德縣西南有桐水」是也。詳見山川。

寧國府

今府境有吳頯黄地。哀十六年楚白公之亂，王孫燕奔頯黄氏，杜註「吳地」，卽此。

池州府

今銅陵縣北十里有鵲頭山，高聳臨江。太平府繁昌縣西南大江中有鵲尾洲。春秋時所云鵲岸也。昭五年楚伐吳，聞吳師出，薳啟彊帥師從之，吳人敗諸鵲岸。杜註：「廬江舒縣有鵲尾渚。」高氏曰：「杜註所云蓋謂今廬州府舒城縣西北之鵲亭。然薳射自夏汭出，薳啟彊別從江道，不應在內地。杜佑曰南陵大江中有鵲尾洲，卽古鵲岸也。此説可通。」今池州府銅陵縣卽南陵縣地所分，與太平府繁昌縣相連，自古常爲戰争之地。

徽州府

皇輿表以爲吳地，然于經傳無所見。據史記年表吳闔閭十一年伐楚取番，實當魯定公之六年。番爲江西饒州府治之鄱陽縣。由吳取番，路須經浙江之嘉興府、杭州府、嚴州府，江南之徽州府，而後

至江西之饒，則嚴、徽二府之爲吳地信矣。

通典：「歙州理歙縣，春秋時屬吳。」

浙江

杭州府	舊爲吳地。自句踐行成，吳增封越，後當爲越地。
嘉興府	舊爲吳之南境、越之北境地。自夫差增封越西至于檇李，以後，全
湖州府	舊爲吳地，自吳增封越後，當爲越地。
寧波府	爲越之東境、南境地。
紹興府	爲越始封地。
台州府	爲越地。
金華府	爲越地。
衢州府	爲越之西境地。
嚴州府	舊爲吳地，自吳增封越後，當爲越地。
温州府、處州府	皆越地。

境皆越地。	

杭州府

通典「春秋越國之西境，越西北至語兒」，今嘉興府石門縣，與吴分界。然以浙江之嚴州，江南之徽州謂均屬吴地，由嘉興趨嚴、徽路必由杭，越豈能孤處孑立于吴地中耶？竊意杭在春秋時尚荒僻，爲兩國莫居之地，所以越之侵吴則徑入笠澤，吴之敗越窮追至會稽。杭在其中，曾無藩籬之限。謂杭竟爲越地者，亦非也。或當增封越地後，則杭、嚴俱當屬越耳。

近者嘉興府志云禾郡地名其見于春秋、國語、越絶諸書者曰檇李、曰禦兒、曰平原三者而已，皆在嘉興一府之地。蓋自吴、越兵争，三江播蕩，地荒而不治，民徙而失業，數百里之閒靡然榛莽。可見春秋當日嘉興實爲吴、越分界，所以戰争多在夫椒、笠澤。唐人詩所云「到江吴地盡，隔岸越山多」，謂杭州尚屬吴地者，非也。蓋不獨兩國兵争蕩爲墟莽，其實杭、湖二府春秋時尚未開闢。自越之會稽至吴之檇李三、四百里，曠無人居，不在版圖之内。杭近海，自唐以前尚不宜稼穡。李鄴侯爲刺史，開西湖，爲六井以溉田，民始樂業。況春秋當日乎！余向著論謂杭州爲吴、越兩國之甌脱，因閲嘉興府志而復附識于此。

大凡割據兵争之世，兩國俱各遠斥堠以自保，所以中閒多棄地，不止春秋時吴、越也。魏曹操與吴分

境，欲徙淮南民，而江、淮閒十餘萬衆皆驚走入吴，其地遂空。今淮安府之淮陰、射陽、鹽瀆三縣及揚州府所屬諸縣，凡四、五百里之地，三國時俱廢不立。至晉平吴混一，太康元、二兩年復置郡縣。曹、孫分境時且然，足知春秋時之吴、越矣。

富陽縣本爲富春，春秋時屬越西境。

海寧縣，春秋時地介吴、越閒，彼此分屬。

餘杭縣，春秋時屬吴、越二國。

嘉興府

今府治嘉興縣南四十五里爲吴檇李地。定十四年於越敗吴于檇李，杜註「吴郡嘉興縣南醉李城」是也。案：吴越春秋吴王夫差增越封西至于檇李，然則與闔閭戰時，越境猶未能至此，檇李當爲吴地矣。

嘉禾百詠注有東顧城、西新城、南于城、北主城四城，並吴、越争戰時所築，後俱廢。今嘉興縣西二十七里有市曰新城税務，亦曰新城，土人呼曰新市，當往來大道，卽西新城之遺蹟矣。

石門縣東二十里有石門鎮，爲越之禦兒地，國語越地北至于禦兒是也。吴人纍石爲門以距越，卽其處，蓋吴、越分界矣。

嘉禾志有管城、何城、晏城、萱城，吴王築四城以禦越。管城屬鹽官，今爲海寧縣，其三城在今石門縣境。

高氏曰：「勾踐初歸越，吴封以百里之地，東至炭瀆，西至周宗，南造于山，北薄于海，蓋不得有浙西之地也。後又增其封，東至于勾甬；西至于檇李；南至于姑末；北至于平原，越絶書作武原，卽今海鹽縣，時海鹽與海寧尚未析縣也，縱橫八百餘里。」據此，則嘉興全境吴皆棄之以予越，而杭、湖二府其爲越地可知矣。厥後吴、越戰争常在太湖近吴國都之側，豈非以杭、湖已屬越，無藩籬之限耶！

海鹽縣治爲春秋時馬嗥城，亦曰吴禦越城。越絶書吴伐越，道逢大風，匹馬啼嗥，因名。宋武原志晉咸康七年移縣治于此，唐并省，開元五年復于舊海鹽縣吴禦越城西北置縣。今不改。

湖州府

通典「春秋時屬吴」，領長城縣，「有卞山、〔一〕若溪，吴王闔閭使弟夫概居此，築城狹而長，因名」。吴越當梁時避梁諱，改爲長興縣。

寧波府

通典「勾踐平吴，遷夫差于甬東，卽勾章」，在鄮縣西，今府治鄞縣。國語越地東至于鄞，卽此。定海縣故海中洲爲越甬東地，一名勾章。哀二十二年越使吴王居甬東，杜註「勾章縣東海中洲」是也。勾章故城在今慈谿縣西南三十五里。海中洲卽舟山，爲嶴八十有三，五穀魚鹽之饒，可供數萬人。本朝康熙二十六年設定海縣，其地在故定海縣之東北。故定海縣乃錢氏所置。本朝改爲鎮海縣，亦秦勾章縣地。

紹興府

今府治山陰縣南十二里有越王城，爲無餘故城。史記「少康封庶子無餘于會稽，以守禹祀」，號于越。

杜註：「越國，今會稽郡治山陰縣也。」越世世都此。

諸暨縣，皇輿表以爲越王允常所都。

台州府

通典：「春秋時屬越，理臨海縣。」

金華府

通典：「婺州，春秋時屬越，理金華縣。」

衢州府

今龍游縣穀溪之南有姑蔑故城，爲越姑蔑地。國語越地西至于姑蔑，卽此。哀十三年越伐吳，王孫彌庸見姑蔑之旗。杜註：「姑蔑，東陽大末縣。」錢氏改爲龍游。

嚴州府

通典：「睦州，春秋時屬吳，理建德縣。」

温州府

通典：「春秋時屬越，理永嘉縣。」

處州府

通典：「春秋時屬越，理括蒼縣。」

校勘記

〔一〕有卞山　「卞」原作「木」，據通典卷一八二改。

春秋列國地形犬牙相錯表卷六之下

錫山顧棟高復初輯
安東程　春令和參

江西

南昌府	爲楚地。
饒州府	爲吳、楚、越三國分界之地。
南康府	爲吳、楚分界之地。
九江府	爲吳、楚分界之地。通志以爲楚地。
廣信府	爲楚、越分界之地。
建昌府	爲吳地。皇輿表及通志並同。
撫州府	皇輿表以爲吳地，通志以爲百越地。
臨江府	爲吳地。皇輿表及通志並同。
吉安府	皇輿表以爲吳地，通志爲百越地。
瑞州府	爲吳地。皇輿表及通志並同。
袁州府	皇輿表以爲吳地，通志以爲吳、楚地。
贛州府	皇輿表以爲吳地，通志以爲百越地。
南安府	皇輿表以爲吳地，通志闕。

南昌府

皇輿表以南昌爲吳之豫章地，非也。春秋時豫章未嘗屬吳，且南昌亦並非豫章地。按定四年吳入郢，傳「吳舍舟淮汭，自豫章與楚夾漢」，以爲吳地據此。今考闔閭之十一年爲定公之六年，在入郢

之後，吳始伐楚取番。番爲今饒州府治鄱陽縣，在鄱陽湖之東，南昌在鄱陽湖之西，相去三、四百里。入郢時吳尚未得鄱陽，豈能越饒、南、九三府而先取南昌之地耶？左傳豫章凡六見，其地極廣，均非今日之南昌。蓋秦得楚地置九江郡，漢武帝分九江郡之西置豫章郡，漫取春秋舊地以名之，而不知其道里差池貿易如此。如春秋時夔國本在湖廣歸州，「夔」即「歸」，而今四川之夔州府乃遥取夔國爲名。南昌之爲豫章亦猶此。通典斷爲楚地較是。

今寧州西一百里龍平岡有古艾城。哀二十年吳公子慶忌出居于艾，杜註：「吳邑，豫章有艾縣。」一名潰水，水經注：「潰水出豫章艾縣桓山西南，吳公子慶忌諫夫差不納，居于艾是也。」案：杜註及水經注所云豫章，俱據漢豫章郡。

饒州府

今府治鄱陽縣爲楚之東境。昭王時吳伐楚取番，爲吳地。漢置鄱陽縣，屬豫章郡。

餘干縣爲越之西境。漢置餘汗縣。寰宇記餘干縣西南有于越渡。漢淮南王安獻議曰：「越人欲爲變，必先田餘汗界中。」蓋今餘干縣以東皆越地矣。通志云：「餘水在餘干縣南，會縣之西南諸溪餘水。一名三餘水，或曰吳、楚、越之餘水也。」

廣信府

通志：「秦爲番縣地，漢爲餘汗地。」又弋陽、貴溪二縣，即餘干縣之所分。

哀十九年越人侵楚以誤吳。夏，楚公子慶、公子寬追越師至冥，不及而還。冥地，自杜註至春秋地名

考俱不詳何所。意當在饒州至廣信之境，蓋是時吴方强盛，舍此無楚、越相接之地。

南康府

今府治星子縣及都昌縣俱浸大湖，鄱陽湖實吴、楚所共。方輿勝覽：「南康軍，春秋時吴、楚之地。」

九江府

通典：「江州理尋陽縣，春秋時屬楚。」即今九江府治之德化縣也。

四川

重慶府爲春秋時巴國地。		
	夔州府舊爲春秋時庸國之魚邑。楚滅庸，因有其地。	

重慶府

今府治巴縣爲古江州，巴子所都。巴蓋古國，從周武王伐殷，善歌，前歌後舞而入，因封其宗姬于巴，爵之以子。桓九年巴人使韓服告于楚，杜註「在巴郡江州縣」。江水逕其城南，三折如「巴」字，因名。封境極遠，東至魚復，西至僰道，北至漢中，南至黔涪，地當秦、楚之交。文十六年從楚人、秦人滅庸始見經。戰國時稱王，爲秦所滅。

夔州府

今府治奉節縣爲庸國魚邑。文十六年楚侵庸，與庸遇，裨、儵人逐之，杜註：「魚，庸邑。」漢置魚復縣屬巴郡。公孫述號曰白帝城。先主改爲永安。唐改夔州。其地在湖廣歸州之西。歸州爲春秋時夔子國。夔既滅，其地爲歸鄉。宋忠曰「歸」卽「夔」，今爲夔州府，蓋遥取夔國爲名。

已上凡八省，皆列春秋各國地形相錯處。自魯、衞、鄭、宋至畸零小國，以及晉地之闌入直隸、陝西、河南、山東，楚地之闌入江南、江西、河南、陝西及四川者，棼若亂絲，錯如列宿，靡不詳考縷載。若乃山西全爲晉地，湖北全爲楚地，而以前併吞諸國，學者亦多不詳其處。又二國都屢遷而名仍相襲，如晉再遷而皆名曰絳，楚三遷而皆名曰郢。又晉有二瑕，楚丹陽在歸州，尤易蒙混。今仍以今之州府列之，詳其道里，别其異同，庶若網在綱，犂然易見云。乾隆五年庚申三月上浣復初氏又識。

山西

太原府太原縣爲叔虞始封之晉陽。祁縣爲晉祁奚邑。府治陽曲縣爲晉盂邑。楡次縣爲晉塗水邑。清源縣爲晉梗陽邑。

平定州壽陽縣爲晉馬首邑。

平陽府翼城縣爲晉故絳邑，一名翼。曲沃縣爲晉新田，景公遷都于此，亦謂之絳。霍州爲霍國地，晉滅之，爲

蒲州府臨晉縣爲荀國地，晉滅之爲荀氏邑。猗氏縣爲晉令狐。又州東南五里有河曲地，與秦以河爲界。

解州平陸縣舊爲虞國地，兼有虢之下陽邑，又爲晉茅津。河之南接陝州界。芮城縣爲魏國地，晉滅之以賜畢萬。

絳州聞喜縣爲晉曲沃。河津縣爲冀國地，入晉爲冀芮邑。縣南爲耿國地，晉滅之以賜趙夙。又州境爲賈國

吉州舊爲狄地，後入晉爲北屈邑，晉公子夷吾所居。又有采桑津，晉里克敗狄處。

隰州舊爲狄地，後入晉爲蒲邑，晉公子重耳所居。又永和縣爲晉樓邑，趙嬰齊爲樓嬰齊。

潞安府潞城縣舊爲赤狄潞氏地。屯留縣爲留吁地。黎城縣爲黎國地。後俱入晉。府治長治縣爲晉壺口邑。長

汾州府舊爲蓐、黃、沈、姒諸國地。平遙縣爲晉中都。介休縣爲晉綿上，縣東北有晉鄔邑。

澤州府沁水縣爲晉黑壤地，一名黃父。

沁州爲晉銅鞮邑。州東有晉斷道地。

文水縣爲晉平陵邑。大谷縣爲晉陽處父邑。

先且居邑。府治臨汾縣爲晉高梁，又爲晉平陽邑。洪洞縣爲楊國地，入晉爲楊氏邑。二縣皆羊舌肸采地。

爲邑。

地，入晉爲賈季邑。垣曲縣爲東山皋落氏地。

子縣爲晉長子邑。

太原府

今太原縣爲古唐國，本堯之後裔。周成王滅唐以封叔虞。分徙舊唐之子孫于許、郢之閒，春秋唐惠侯是其後，在今湖廣隨州西北八十五里。叔虞受封因仍其國號曰唐，至叔虞子燮侯始改唐號曰晉。

祁縣東南八里有古祁城，志以爲晉祁奚邑，縣以近祁藪而得名，即爾雅所謂「昭餘祁」也。

府治陽曲縣東北八十里有大盂城，爲祁氏之盂邑。昭二十八年魏獻子爲政，分祁氏之田以爲七縣，孟丙爲盂大夫。

榆次縣有涂水鄉，爲晉祁氏之塗水邑。魏獻子以知徐吾爲塗水大夫。又縣西北爲晉魏榆邑，昭八年石言于晉魏榆，即此。

清源縣爲祁氏之梗陽邑，魏獻子以魏戊爲梗陽大夫。

文水縣東北二十里有大陵城，爲祁氏之平陵邑，魏獻子以司馬烏爲平陵大夫。

大谷縣東南十五里有漢陽邑。縣爲晉陽處父邑。又縣東三十五里有箕城，僖三十三年晉人敗狄于箕，即此。

平定州

今壽陽縣東南十五里有馬首村，爲祁氏之馬首邑，魏獻子以韓固爲馬首大夫。

平陽府

今翼城縣治東南十五里有古翼城，爲晉穆侯所徙之絳。莊二十六年獻公城絳以深其宮，卽此。一名翼。詩譜云「穆侯遷都于絳，孝侯改絳爲翼，獻公又北廣其城方二里，命之曰絳」，則翼與絳爲一地。成六年景公遷新田仍謂之絳，因更名翼爲故絳。

曲沃縣治西南二里爲晉新田，成六年景公遷都于此，亦謂之絳。自此以後，傳文所書絳皆新田之絳矣。又縣西三十五里有汾水縣，南五里有澮水，所謂有汾、澮以流其惡，澮水一名少水。

又縣西三十里有汾水，爲晉汾隰地。桓三年曲沃武公伐翼，次于陘庭，逐翼侯于汾隰獲之，卽此。

府治臨汾縣東北三十七里有高梁城，爲晉高梁地。僖二十四年晉公子重耳入國，使殺懷公于高梁，卽此。

又府城西北有狐谷亭。孔氏以爲卽晉之狐廚邑。僖十六年狄侵晉取狐廚、受鐸，涉汾，及昆都。蓋府城西二里卽逼汾水，是時狄自西來薄平陽境，狐廚、受鐸在汾之西，而昆吾則在汾東，故涉汾而後及昆吾也。

又府治東爲晉平陽邑，故堯都，春秋時係羊舌氏邑。昭二十八年魏獻子分羊舌氏之田以爲三縣，謂平陽、楊氏及銅鞮也。趙朝爲平陽大夫，卽此。

洪洞縣東南十八里有古楊城，舊爲楊侯國。應劭曰：「伯僑自晉歸周封于楊，晉滅楊以賜羊舌肸爲楊氏邑。」襄二十九年傳女叔齊謂「虞、虢、焦、滑、霍、楊、韓、魏皆姬姓而晉滅之」是也。魏獻子分其地，以僚安爲楊氏大夫。

霍州西十六里有古霍城，舊爲霍叔處封國，閔元年晉獻公滅之，後爲先且居封邑。一名霍人。襄十年晉悼公滅偪陽，使周内史選其族嗣，納諸霍人。霍名霍人，猶直伯柄之後爲直人也。

又州西三里有吕鄉，州西南十里有吕城，蓋皆以吕飴甥所居得名。後以賜魏錡，故復有吕錡、吕相之稱。

蒲州府

今臨晉縣東北十五里有郇城，舊爲郇國，文王子所封，左傳所謂畢、原、酆、郇，詩所謂郇伯勞之者也，亦曰荀。桓九年荀侯、賈伯伐曲沃；汲郡古文晉武公滅荀，以賜大夫原氏黯，是爲荀叔；成六年晉人謀去故絳，諸大夫皆曰必居郇瑕氏之地，即此。

案：郇城亦曰瑕城，本一地，故左氏連屬言之。此所謂河北之瑕也。僖三十年燭之武曰：「許君焦、瑕，朝濟而夕設版焉。」則在河之南。杜註：「焦、瑕，晉河外五城之二邑。」今河南陝州南二里有焦城；陝州西南三十二里有曲沃城，曲沃即瑕也。文十三年晉人使詹嘉處瑕以守桃林之塞，崔浩以爲詹嘉處此備秦，以曲沃之官守之，故謂瑕爲曲沃，桃林爲今潼關。然則瑕非河北之瑕，曲沃亦非桓叔所封之曲沃也。戰國策每以焦、曲沃並稱，如左氏之言焦、瑕，蓋曲沃即瑕之明證。文十二年秦師夜遁，復侵晉入瑕，高江村以爲「秦已渡河而西，必不能復深入東渡，其爲河外甚明」，駁辨可謂精且審矣。

又縣東南十八里有解城，爲晉解梁邑。惠公賂秦以河外列城五，内及解梁城，即此。

又縣東南有臼衰城，東南十八里有桑泉城。僖二十四年晉公子濟河圍令狐，入桑泉，取臼衰，即此。

猗氏縣西十五里有令狐城，西北有廬柳城。僖二十四年晉師軍于廬柳，退軍于郇，郇在臨晉，蓋與猗氏接壤也。文七年晉敗秦師于令狐，至于刳首。通典陝西同州郃陽縣有刳首水，在河之西，士會于此奔秦。猗氏縣爲秦、晉通衢，與秦以河爲界。

又縣南二里有王官故城，爲晉王官邑。文三年秦伯伐晉取王官及郊，郊亦平陽、臨晉閒小邑。裴駰注史記，以王官在陝西澄城縣，非也。本傳上云濟河焚舟，下云自茅津濟，所取之地在河之東無疑，高氏辨之審矣。

又縣南二十里有鹽池，左傳謂之盬。成六年晉謀去故絳，皆曰必居郇瑕氏之地，沃饒而近盬，杜註：「盬，鹽也，猗氏縣鹽池是也。」宋志：「引池而化者，周官所謂盬鹽。煮海、煮井、煮鹻而成者，周官所謂散鹽。」

府治永濟縣東南五里有蒲坂城，爲晉河曲。文十二年晉人、秦人戰于河曲，杜註：「在河東蒲坂縣南是也。」僖二十四年子犯從重耳反國，及河以璧授公子請亡，卽其處。又是年濟河圍令狐；文三年秦伯伐晉濟河焚舟；文十三年晉魏壽餘誘士會，秦伯師于河西，魏人在東既濟，魏人譟而還，皆其地也。蓋此爲秦、晉東西往來渡河通道，故凡濟皆不言其地名。他如自茅津濟，自南河濟，則兵行詭道，故特舉以見之，左傳文法如此。其地在今華陰縣潼關以東，河水自此折而東，故謂之河曲，爲秦、晉交界之地。

又府治南三十六里有羈馬城，爲晉羈馬邑，文十二年秦伐晉取羈馬，卽此，在河之東。杜佑以爲在陝

西部陽縣，非是。

又府治東南有首山，卽首陽山，靈輒餓處。

又府治東北二十八里有涑水城，卽秦所伐之涑川。

解州

今平陸縣東北六十里有古虞城，爲春秋時虞國，武王封周章弟虞仲于此。　又縣東北五十里爲虞顛軨阪；東北二十五里爲虞鄍邑；東五十里有砥柱山，山有三門。　僖二年晉假道于虞，曰冀爲不道，入自顛軨、伐鄍、三門，卽此。

又縣東五十里有大陽城。　大陽東北三十里爲虢下陽城，其地有虞阪之險。　晉欲伐虢，虞人要而擊之；攻虞則虢又救之，蓋虞、虢之門户。　滅下陽而兩國皆失其險。

又縣西爲晉茅津，亦曰大陽津，以在大河之北也。　河之南爲陝州，乃黄河津濟處。

芮城縣北五里爲春秋時魏國，閔元年晉滅之以賜畢萬，爲魏氏。　文十三年使魏壽餘僞以魏叛者，以誘士會，秦伯師于河西，魏人在東，既濟，魏人譟而還。　蓋魏地逼河，與秦以河爲界。　詩譜云「南枕河曲，北涉汾水」是也。

又解州鹽池東有苦成故城，爲晉郤犨邑，謂之苦成叔。

安邑縣東南有中條山。　又縣北三十里有鳴條岡，爲晉條邑，桓二年傳晉穆侯以條之役生太子，當係此地。　孟子曰舜卒于鳴條，卽此。　舊以爲在直隸河間府景州，漢周亞夫所封。　晉在春秋前其地不

宜至此，當誤。

絳州

今聞喜縣東二十里爲桓叔所封之曲沃，歷莊伯、武公，國之三世凡六十七歲。滅晉後，仍爲別都。一名下國，有武公之廟在焉。凡外來公子入立，及君薨而殯，皆于曲沃武公之廟。重耳及成公、悼公即位，皆朝于武宮，文公卒殯于曲沃，是也。曲沃距翼城縣之故絳凡二百里。正義曰：「國君五日而殯。文公以己卯卒，明日庚辰柩即出絳，蓋以曲沃路遠。」詳見都邑。

又縣東北三十五里有董氏陂，産楊柳，可爲箭，即所謂董澤之蒲也。

河津縣東有冀亭，舊爲冀國地。杜註「冀國并于虞」，虞亡歸晉。晉惠公以與郤芮爲食邑，芮被誅，邑復入晉，後其子郤缺獲白狄子有功，復與之冀。

又縣南十二里有古耿城，爲春秋時耿國地。閔元年晉滅之以賜趙夙爲邑。

絳州界有賈鄉，爲春秋時賈國地。桓九年荀侯、賈伯伐曲沃，後不知何年滅之，以賜狐偃子狐射姑爲邑。

垣曲縣西北六十里有皐落鎮，爲東山皐落氏國。閔二年晉侯使太子申生伐東山皐落氏，杜註「赤狄別種」。又縣東南有陽壺城，南臨大河，爲晉瓠丘地。襄元年晉悼公以宋五大夫在彭城者置諸瓠丘，杜註「在河東垣縣東南」。又縣東有邵亭，爲晉之郫邵邑，一名郫。文六年趙孟殺公子樂于郫，襄二十三年齊侯伐晉戍郫邵，杜註「取晉邑而戍之」，蓋三名爲通稱矣。

稷山縣西北二十里爲晉清原地，一名清。僖三十一年晉蒐于清原，作五軍以禦狄；宣十三年赤狄伐晉及清，成十八年悼公入國，大夫逆于清原，皆此地。

吉州

今州治東北二十一里有北屈廢縣，爲晉北屈邑。莊二十八年晉獻公使夷吾居屈，又晉有屈産之乘。案傳二五言于公曰「狄之廣莫，于晉爲都」，知蒲、屈向日皆狄地矣。

又州西有晉采桑津，僖八年晉里克敗狄于采桑，即此。

隰州

今州治北四十五里有蒲陽故城，在蒲水之北，即重耳所居之蒲邑。又州境有晉交剛地，成十二年晉人敗狄于交剛，即此。

永和縣南十里有樓山城，爲晉趙嬰齊食邑，左傳謂之樓嬰。

潞安府

今潞城縣東北四十里有古潞城，爲赤狄潞氏國都。按潞氏國爲最大，封境極廣。國都在潞安，據晉之腹心，而其邊邑則在今直隸廣平府之曲梁，延袤二省。宣十五年傳荀林父敗赤狄于曲梁，遂滅潞。蓋師反出其東而轉攻之，所以絶其奔逸。滅潞之歲，秦師東來，晉侯别遣魏顆以偏師禦之，而身留治兵于稷，以略狄土，其用力亦勤矣。明年又遣士會滅甲氏、留吁、鐸辰，以盡其餘黨。留吁、鐸辰俱在今潞安府境，甲氏在今廣平府之雞澤縣，自此以後，晉勢益强，而六卿亦漸跋扈。

黎城縣東北十八里有黎侯城，爲春秋時黎國，後屬晉，杜註「上黨壺關縣有黎亭」，今壺關縣亦接壤。

屯留縣爲留吁地，晉滅之爲純留邑，亦曰余吾。襄十八年晉執孫蒯于純留，卽此。今縣東南十里有純留城。

長子縣爲晉長子邑，襄十八年晉執衞行人石買于長子，卽此。

府治長治縣爲晉壺口邑，哀四年齊國夏伐晉取壺口，杜註「潞縣有壺口關」。舊志：「關在府城東南十三里，延袤百餘里，山形險狹，形如壺口，因名。」

汾州府

今平遥縣西十二里西南接介休縣界，有中都古城，爲晉中都邑。昭二年晉人執陳無宇于中都，卽此。

介休縣東南二十五里有介山，以介之推得名，一名綿山。僖二十四年晉侯求之不獲，以綿上爲之田，卽此。又縣東有隨城，隱五年翼侯奔隨，又士會食邑于隨，卽此。

又縣東北二十七里爲晉祁氏之鄔邑。昭二十八年魏獻子分其地，以司馬彌牟爲鄔大夫。

石樓縣南有龍泉山，接隰州界，多産名駒，左傳所謂屈産之乘也。

澤州府

今沁水縣西北四十里有平陽府翼城縣接界，有黑壤山，宣七年會于黑壤，卽此。左傳謂之黄父，文十七年晉侯蒐于黄父，杜註「卽黑壤」，二名爲一地。後周宇文泰小字黑獺，諱之改爲烏嶺，澮水所出。

沁州

今州南十里有銅鞮故城，爲羊舌氏之食邑。昭二十八年分其地，以樂霄爲銅鞮大夫。又爲晉離宮，子産曰銅鞮之宫數里。羊舌邑在宫旁二十里。成九年鄭伯如晉，執諸銅鞮，即此。州東又有斷梁城，吳氏云即春秋晉之斷道地。宣十七年同盟于斷道，左傳謂之卷楚，杜註「卷楚即斷道」。

湖廣

武昌府	武昌縣爲楚之鄂邑，熊渠封中子紅爲鄂王，即此，後爲楚
漢陽府	全境皆楚地。大別山在府城東百步，小別山在漢川縣
安陸府	舊有權、聃二國。聃即那處，聃季載所封。楚武王遷
襄陽府	宜城縣爲鄀國。後爲楚都，定六年遷郢于鄀是也。
鄖陽府	舊爲麇、絞、庸諸國地，皆滅于楚。與巴、秦二國接
德安府	舊爲鄖、貳、軫、隨、唐諸國地，皆滅于楚。惟隨以役
黃州府	舊有弦國地。楚之柏舉在麻城縣東六十里。
荆州府	治江陵縣爲楚故郢都，謂之紀郢。監利縣舊有州國
宜昌府	歸州爲楚始封之丹陽。又有夔國，本楚熊摯之後，
長沙府	以南爲羣蠻地，服屬于楚。

別都。全境皆楚地。
南十里。大別山下即漢口，春秋時謂之夏汭。
權于那處，即此。全境皆楚地。
亦曰鄢郢。又有羅、盧戎、鄧、鄾、穀諸國地，皆滅于楚。
界。
屬于楚獨存。楚大隧、直轅、冥阨俱在今應山縣境。與河南信陽州接界。
地。枝江縣爲楚，後徙之丹陽。
別封爲夔，在歸州治東二十里，後亦滅于楚。

武昌府

今府治江夏縣爲古夏口，今名漢口，與漢陽府治漢陽縣對岸，春秋時謂之夏汭。昭四年吳伐楚，楚沈尹射奔命于夏汭，爲漢水入江之處。漢受夏水，亦通稱夏江，夏之名取此。武昌縣爲楚之鄂都，漢屬江夏郡，孫權改置武昌縣。

漢陽府

府城東南百步有大別山，江水逕其南，漢水自西北來會之，亦謂之魯山。乃漢水入江處，與武昌府治江夏縣對岸。蓋江自漢陽府城東武昌府城西而會于漢水，今日之漢口是也。

漢川縣南十里有小別山，亦名甑山，在府治漢陽縣之西北百七十里。定四年楚子常濟漢而陳，自小別至于大別，乃吳由西漸東，且戰且卻，求間道爲歸計。孔穎達謂小別當在大別之東者，誤。

安陸府

今當陽縣東南有古權城，爲春秋時權國。莊十八年楚武王克權，使鬬緡尹之。水經：「沔水逕當陽縣章山東，又東右會權口，權水在章山東南流，逕權城北，古之權國也。」

荆門州東南有那口城，爲楚鄀處地，楚武王遷權于那處，卽此。舊爲文王子鄀季載所封。「鄀」史記作「冉」，或作「那」，皆讀爲然。不知何年入楚。荆門州志亦謂之權國城，蓋權、鄀二國本相近也。

府治鍾祥縣東六十里有鹿湖，池深不可測，爲楚之沈鹿地。桓八年楚子合諸侯于沈鹿，卽此。今湮爲上腴。

又縣東三十里有臼水入漢，定四年楚昭王奔隨，將涉于成臼，卽此。

又府治爲春秋時郊郢地。桓十一年鄖人軍于蒲騷，將與隨、絞、州、蓼伐楚師，莫敖患之，鬬廉曰：「君次于郊郢以禦四邑，我以鋭師宵加于鄖。」鄖國爲今德安府治，在安陸府之東。安陸下臨漢水，地形險固。四國相去甚遠，不能一時遽集。而安陸爲居中扼要之地，故使屈瑕據之也。

又府治東一里有樠木山。莊四年楚武王侵隨，卒于樠木之下，卽此。詳見山川。

京山縣西南八十里有溠水，流通漢、江，爲春秋時之雍溠。定四年吳從楚敗諸雍溠，五戰及郢，卽此。又縣境有薳溠、漳溠、汶溠，卽禹貢之三溠。昭二十三年薳越縊于薳溠，宣四年鬭椒師于漳溠，卽此。

當陽縣北一里有沮水，一作睢。定四年楚子涉睢，孔穎達曰：「睢水在郢都之西，楚王避吳西走處。」水經注曰：「沮水東南逕當陽縣北，又南逕楚昭王冢，又南與漳水合，過枝江縣而入于江，謂之沮口。」又襄陽府南漳縣東有漳水，流入當陽縣東南五十里，合于沮。楚昭王謂江、漢、沮、漳，楚之望，卽此。詳見山川。

荆門州西北有長林城，接當陽縣東南境，爲楚之大林。文十六年戎伐楚之西南，師于大林，卽此。自當陽之北接長林之境，拱木修竹，隱天蔽日，卽曹操追先主處，所謂當陽長坂也。胡氏曰：「長坂在當陽縣東南百二十里。」

襄陽府

今宜城縣西南九十里有鄀城，與安陸府之荆門州接界，爲春秋時鄀國地。杜註：「鄀本在商密，在秦、楚界上，爲南鄉丹水縣。」今河南南陽府淅川縣西有丹水故城，此舊都也。僖二十五年秦、晉伐鄀。文五年秦人入鄀，楚人戍以争之而不克，因遂徙之南郡鄀縣爲附庸，卽今襄陽府宜城縣。後仍入楚，定六年楚避吳北去，徙都鄀，仍名郢，謂之鄢郢，左傳所謂遷郢于鄀是也。因名江陵舊都爲紀郢。

又縣東南有湫城，爲楚湫邑，伍舉食采于此，爲湫舉。莊十九年楚子伐黃，還及湫有疾，即此。

又縣西南九里有古鄀國，入楚爲鄀縣。昭十三年楚靈王沿夏將欲入鄢，杜註：「順漢水入鄢也。」是時鄢爲楚別都，與郢相近，故通謂之鄢郢。

又縣西二十里有古羅川城，爲春秋時羅國。南漳縣東五十里有中廬鎮，爲廬戎國。一作「盧」，孔疏曰「盧」與「廬」通，皆近鄢水。桓十三年楚屈瑕伐羅及鄢，亂次以濟，及羅，羅與盧戎兩軍之，大敗之，是也。鄢水至宜城縣南四十里入于漢。

府治襄陽縣東北二十里有鄧城鎮，爲春秋時鄧國，莊十六年爲楚文王所滅。

又縣東北十二里有鄾城，爲鄾國，居鄧之南鄙。桓九年楚子使道朔將巴客以聘于鄧，鄧南鄙鄾人攻而奪之幣。不知何年滅于楚。哀十八年巴人伐楚圍鄾，鄾蓋爲楚邑久矣。後漢志鄧縣有鄾聚，光武曰「宛最强，鄾次之」是也。

穀城縣西十里有穀城山，爲春秋時穀國。水經注曰「國在穀城山上」。不知何年滅于楚。

光化縣西漢水東岸有古陰縣城，爲楚下陰地。昭十九年楚工尹赤遷陰于下陰，即此。陰即陰地之戎也。

南漳縣西有荆山。昭十三年傳楚遷許、胡、沈、道、房、申于荆，杜註：「荆，荆山也。」能容六小國之衆，是荆山之爲地廣矣。山海經曰「荆山之首曰景山」，即卞和抱璞處。自宜城、南漳以至房縣，迤邐而西，與歸州相接，亦曰西山。

自襄陽府城以南至安陸府城西，凡七百里，通謂之漢汭。自安陸府城至沔陽州北漢川縣南，凡七百里，又至漢陽府城東北入江，通謂之夏汭。孔穎達曰「漢水之尾變爲夏水」是也。莊四年莫敖以王命入盟隨侯，且請爲會于漢汭而還。此漢汭乃襄陽以南至安陸之漢水。隨國爲今隨州，西至襄陽府一百五十里。漢水之東爲隨，西爲楚地，故濟漢而後發喪也。蓋楚之初未能越漢而有之，其後奄有江、漢，包絡南陽、汝寧。至吳伐楚，從淮右入，與楚夾漢而軍，入楚之腹心內地，而楚岌岌矣。

鄖陽府

今府治鄖縣爲春秋時麇國地。文十一年楚子伐麇，敗麇師于防渚、潘崇，復伐麇至于錫穴。「錫」音「陽」，卽麇之國都。防渚在今房縣，唐時謂之房州，武后遷中宗于此。

又府治西北爲絞國地。桓十二年楚伐絞，大敗之，爲城下之盟而還。又伐絞之役楚師分涉于彭。彭水在房縣境西南，流入襄陽府之穀城，蓋穀城與房縣連壤也。

又房縣南五十里有阜山，文十六年戎伐楚之西南至于阜山，卽此。

竹山縣東四十里有上庸故城，爲春秋時庸國地。文十六年楚使廬戢棃侵庸，及庸方城，又與之遇，七遇皆北，惟裨、鯈、魚人逐之，庸人遂不設備，楚及巴人、秦人滅庸。今縣東四十五里有方城山，四面險固。山南有城，周十餘里，所謂庸方城也。蓋當四川、陝西之交界。庸之魚邑爲今四川夔州府治奉節縣。

德安府

今府治安陸縣城東南有古雲夢城，今雲夢縣在其南四十六里，又南六十步爲雲夢澤。宣四年邧子之女生子文，邧夫人使棄諸夢中。又定四年楚子涉睢濟江，入于雲中。蓋雲夢跨江南北，包絡五府，今安陸府之荆門、沔陽二州及京山縣，漢陽府治漢陽縣，荆州府之監利、枝江二縣，黄州府之蘄州及黄岡、麻城二縣，及德安府治。蓋東抵蘄州，西抵枝江，在在有雲夢之名。而德安之雲夢爲尤著。

今府治爲春秋時鄖國。桓十一年楚屈瑕將盟貳、軫，鄖人軍于蒲騷，將與隨、絞、州、蓼伐楚師。「鄖」、「邧」、「溳」三字通用。若敖娶于邧卽此。楚滅之以封鬭辛爲鄖公。蒲騷，鄖邑，在今應城縣北三十里。

應山縣境爲貳國，應城縣西爲軫國，俱出近志。

又府治安陸縣西北有清水，春秋時謂之清發，定四年吴從楚師及清發，卽此。

隨州南有古隨城，爲春秋時隨國。桓六年楚武王侵隨。僖二十年鬭穀於菟伐隨，取成而還，自後爲楚私屬，不與諸侯會盟。至定四年吴入郢，楚昭王奔隨，隨人免之，楚以此德隨。哀元年使復列于諸侯侵蔡，終春秋世不滅。

又州東南三十里有光化城。志云本楚子城，左傳所謂軍于漢、淮之閒者，蓋築城于此以逼隨也。今隨州之光化廢爲鎮。淮源出河南南陽府桐柏縣，逼近隨州之北，故曰漢、淮之閒。

又隨州西北八十五里有唐城鎮，爲春秋時唐國，本堯後，舊封晉陽。周成王以其地封叔虞，而分徙其

後于許、郢之閒。春秋時服屬于楚，宣十二年唐惠侯從楚莊王敗晉于邲。定四年唐成公與蔡侯及吴子伐楚入郢，五年楚復國，爲楚所滅。

又州西南有楚軍祥地，定五年薳射子從子西敗吴師于軍祥，卽此。

應山縣東北一百三十里，河南汝寧府信陽州東南一百五十里有武陽關，卽左傳之大隧。應山縣北九十里，信陽州南亦九十里有黄峴關，卽左傳之直轅。應山縣北六十五里，信陽州西南宛溪、江邨俱云東南，疑誤。今從元和志及皇輿圖。九十里有平靖關，卽左傳之冥阸，一曰黽塞。三關勢如首尾，爲漢東之隘道。吴師從淮北陸路來，道必由此，所謂義陽三關之險也。其總名曰城口。定四年楚左司馬戌謂子常曰：「子沿漢而與之上下，我悉方城外以毁其舟，還塞大隧、直轅、冥阸。子濟漢而伐之，我自後擊之，必大敗之。」史皇曰：「若司馬毁舟于淮，塞城口而還，是獨克吴也。」卽謂此三關之險。互見險要。

黄州府

今蘄水縣東三十里有軑縣故城，爲春秋時弦國。僖五年楚人滅弦，杜註「弦國在弋陽軑縣東南」。又河南光州西南有弦城，蓋接界也。皆魏晉時弋陽郡境。

麻城縣東六十里有龜峯山，山勢嵯峨，上有白、黑二龍井，爲舉水之源。又縣東三十里有柏子山。定四年吴、楚戰于柏舉，柏舉之名蓋合柏山、舉水而得。

荆州府

今府治江陵縣北十里爲楚之故郢都，一名紀南城。定六年遷于都，爲襄陽府之宜城縣，謂之鄢郢，因名此爲紀郢。

江陵縣治爲春秋時楚之渚宮，在郢都之南十里。文十年子西爲商公，沿漢將入郢，王在渚宮下見之。水經注渚宮爲今江陵城，楚之船官地，歷代爲重鎮。晉桓温及弟沖皆保據渚宮。梁元帝都此，爲西魏所陷，遷後梁居之，爲藩國。隋并梁置荆州，後爲蕭銑所據。唐平銑復爲荆州。五代時高季興據此稱高平。

枝江縣西有楚丹陽城，蓋從歸州而移于此，亦曰丹陽。詳見宜昌府。楚又徙羅人居于此，故後漢志云枝江本羅國。水經注云：「江汜枝分，縣治洲上，故名枝江。」

又縣西三里有津鄉。莊十九年巴人伐楚，楚子禦之，大敗于津，杜註「江陵縣有津鄉」，蓋本應劭之說，以地相近而稍訛。酈道元辨之，謂枝江縣西有津鄉，蓋里名，當矣。後漢建武十一年岑彭自津鄉攻田戎，于荆門克之，即此。

監利縣東三十里有州陵城，爲春秋時州國，桓十一年鄖人將與隨、絞、州、蓼伐楚師，即此。又縣東北三十里有楚章華之臺。

又縣東南有涌水，乃夏水支流。莊十八年巴人門于楚，閻敖游涌而逸。水經注：「江水當華容縣東南涌水出焉，涌水自夏水南通于江，謂之涌口。」閻敖游涌，而逸于二水之閒也。

宜昌府

歸州東南七里北枕大江，有丹陽故城，爲楚始封之丹陽。史記楚世家周封熊繹于楚蠻，居丹陽。徐廣、宋忠以爲在南郡之枝江縣，而郭璞注山海經則曰丹陽在秭歸，爲説不同。杜佑通典曰：「楚初都丹陽，今秭歸東南故城是。後徙枝江，亦曰丹陽也。」春秋時諸侯徙都，常襲前都之名，如晉遷新田仍名絳之類。至後世猶仍兩丹陽之名。晉王濬伐吴，破丹陽，遂克西陵，此秭歸之丹陽。西魏伐江陵，曰爲蕭氏計，席捲渡江，直據丹陽，此枝江之丹陽也。

歸州治東二十里有夔子城，爲楚所分之夔國。僖二十六年楚人滅夔，杜註：「夔，楚同姓國，今建平秭歸。」案：左傳夔子對楚人曰：「我先王熊摯有疾，鬼神弗赦，而自竄于夔。」夔卽歸，其地卽楚之丹陽。蓋當時熊摯自竄，不過遜居國都之側，楚人因而封之。及其後，楚國徙于枝江，夔乃獨爲一國也。

長沙府

自府以南爲羣蠻地。後漢書南蠻傳：「槃瓠之種曰精夫，今長沙武陵蠻是也。唐、虞曰『要服』。周宣王命方叔南征，所謂『蠻荆來威』者也。平王東遷，侵暴上國。至春秋楚武王時，蠻與羅子共敗楚師，殺其將屈瑕。莊王初立，民飢兵弱，復爲所寇。楚師既振，然後乃服，自是遂屬于楚。及吴起相悼王，南并蠻、越，遂有洞庭、蒼梧。」據此，則長沙府以南洞庭、蒼梧之地，春秋時俱非楚有，楚地不到湖南信矣。蓋楚始封在歸州之丹陽，其後屢遷而益北，未嘗南移一步。洞庭、蒼梧其時尚未入版圖。禹貢蔡傳謂九江卽洞庭，可知其謬。九江爲潯陽之九江，唐張僧監潯陽地記列其名爲九。

孔穎達之釋禹貢、賈公彦之釋周禮職方皆宗之。今爲江西之九江府。不宜取晁氏説之之説，以爲即洞庭也。

湘陰縣東六十里有羅城，岳州府平江縣南三十里亦有羅城，乃接境處。後漢志：「枝江，侯國，本羅國。」後乃徙于長沙，亦謂之羅川。隋末蕭銑爲羅川令，即此地。有汨羅江，即屈原自沈處也。

附列國地名考異

列國地名，都邑表已備列今府、州、縣之某地。而左傳更有兩地、三地、四地同一名者，更有二名同一地者，後學恐致混誤。且杜註與後人之説，或合或分。今彙聚而剖析之，并略附鄙見，庶一覽瞭如指掌。乾隆戊辰正月下浣九日復初氏識。

魯有東鄆、西鄆

文十二年城諸及鄆。此東鄆也，莒、魯所争之邑，今爲山東沂州府沂水縣之鄆城。

成四年城鄆。此西鄆也，今爲濟寧州鄆城縣之舊城。

魯有三防

隱九年公會齊侯于防。此東防也，本魯地，在今沂州府之費縣。世爲臧氏食邑。襄二十三年臧紇

自郰如防，即此。

隱十年敗宋師于菅，辛巳取防。此西防也，爲魯取宋地，在今兗州府之金鄉縣。欲别于臧氏之防，故謂之西防。

僖十四年季姬及鄫子遇于防。此魯國之防山也，在曲阜縣東二十里。孔子父母合葬于防，即此。

魯有兩平陽

宣八年城平陽。本魯邑，今濟南府新泰縣西北四里有平陽故城。

哀二十七年公及越后庸盟于平陽。爲魯取邾地，在今兗州府鄒縣西南。方輿紀要及高氏地名考俱併入宣八年之平陽，誤矣。

又晉、衛二國俱有平陽

昭二十八年魏獻子以趙朝爲平陽大夫。即堯所都，今故城在山西平陽府臨汾縣西南。

哀十六年衛侯飲孔悝酒于平陽。今河南衛輝府滑縣東南有韋城，韋城南有平陽城。

齊、曹俱有重丘

襄二十五年同盟于重丘。今東昌府城東南，跨在平縣界，有古重丘，杜註云齊地。方輿紀要謂曹

北竟之邊邑。案：曹都定陶，去此尚三、四百里，小國之邊疆安能及此？

襄十七年衛孫蒯伐曹取重丘。杜註「曹地」，在今曹州府曹縣東北。杜明註兩國，不可混。

魯、齊、晉俱有東陽

哀八年吳伐我，克東陽而進。東陽爲魯邑，在今費縣西南七十里。

襄二年晏弱城東陽以逼萊子。此東陽爲齊竟上邑，今青州府臨朐縣東有東陽城。

襄二十三年齊侯伐晉，趙勝帥東陽之師以追之，獲晏氂。爲晉地，今臨清州恩縣西北六十里有東陽城。

魯、齊、楚、萊俱有棠邑

隱五年公觀魚于棠。魯濟上之邑，在今兗州府魚臺縣東北十二里。

襄二十五年傳齊棠公尚，杜註「齊棠邑大夫」。今爲東昌府之堂邑縣。

襄十四年傳楚子囊師于棠以伐吳。今爲江南江寧府之六合縣。

襄六年齊滅萊，萊共公奔棠。杜註：「棠，萊邑。」今膠州即墨縣南八十里有甘棠社。襄十八年齊靈公將走郵棠，即此。

齊、宋俱有黄地

桓十七年公會齊侯、紀侯，盟于黄。路史登州府之黄縣東南有古黄城，本紀邑，後入齊。

隱元年傳惠公之季年，敗宋師于黄。寰宇記睢州考城縣西三十六里有黄溝，西距外黄城四里，即魯惠公敗宋師處。又有黄國，汝寧府光州有黄城。

鄭、衞、楚俱有瑣地

襄十一年諸侯伐鄭，次于瑣。一云瑣澤，其地在新鄭縣北。

定七年傳齊、衞盟于瑣。〔一〕經文作沙。晉地地道記：「元城縣有瑣陽城。」

昭五年越大夫常壽過帥師會楚子于瑣。杜註「楚地」，在今壽州霍丘縣東。

晉、齊、楚、宋俱有稷地

宣十五年傳晉侯治兵于稷，以略狄土。杜註「晉地」，在今山西平陽府稷山縣南五十里。

昭十年齊陳鮑與欒高戰于稷。杜註「祀后稷之處」，在今山東青州府臨淄縣西。

定五年秦子蒲使楚人先與吴戰，而自稷會之。杜註「楚地」，在今河南南陽府桐柏縣境。

桓二年公會齊侯、陳侯、鄭伯于稷，以成宋亂。杜註「宋地」，當在今歸德府境。

衛、齊、晉俱有清地

隱四年公及宋公遇于清。杜註「衛邑，濟北東阿縣有清亭」，今東阿縣屬兗州府。

哀十一年齊師伐我及清。杜註「齊地，濟北盧縣有清亭」，盧縣今爲濟南府之長清縣。程啓生曰：「衛、齊各有清，杜氏以東阿、盧縣別之，景范氏以爲一地。今仍從杜説。」

成十七年齊侯使國勝告難于晉，待命于清。杜註「齊地，陽平樂平縣」，今東昌府堂邑縣東南有清城。

宣十三年赤狄伐晉及清。杜註「一名清原」，今山西平陽府稷山縣西北二十里有清原城。

衛、蔡、虢俱有莘地

桓十六年使盜待諸莘。杜註「衛地」，今東昌府莘縣北有莘亭故城。成二年師從齊師于莘，即此。

杜更以爲齊地者，非是。

莊十年荆敗蔡師于莘。杜註「蔡地」，在今河南汝寧府汝陽縣境。

莊三十二年有神降于莘。杜註「虢地」，高氏地名考以爲今陝州硤石鎮西十五里莘原，是也。

宋、晉、周、衛俱有盂地

僖二十一年宋公會諸侯于盂。杜註「宋地，襄邑西北有盂亭」，襄邑爲今河南之睢州。哀二十六年

宋大尹盟六子于唐盂，即此。

昭二十八年魏獻子以孟丙爲盂大夫。杜註「晉地，太原盂縣」，今山西太原府陽曲縣東北八十里有大盂城。高氏地名考以哀四年齊國夏伐晉取盂即此。案：晉爲大國，齊不應深入至此。亭林先生以爲當在順德、廣平之間。

定八年劉子伐盂。杜註「周邑」，今河南懷慶府河内縣西北有邘臺鎮。

定十四年衞太子蒯聵獻盂于齊。盂即斂盂，杜註「衞地」，今直隸大名府開州東南有斂盂聚。僖二十八年齊、晉盟于斂盂，即此。

周、魯、燕俱有唐地

隱二年公及戎盟于唐。杜註「魯地」，在今兖州府魚臺縣東十二里。

昭十二年齊高偃納北燕伯款于唐。經文作陽，杜註「燕别邑」，今直隸保定府唐縣北八里有唐山。

昭二十三年尹辛敗劉師于唐。杜註「周地」，後漢志洛陽有唐聚，在今河南府洛陽縣東。

魯有兩武城

襄十九年城武城，懼齊也。杜註「太山南武城縣」，故城在今沂州府費縣西南九十里。程啓生以爲在濟寧州嘉祥縣界

昭二十三年邾人城翼，還自離姑，武城人塞其前。哀八年吳伐我，道險從武城。程啓生以爲：「此武城乃費縣之武城也。費縣乃魯與邾、吳相接界，非所當備齊之處。襄十九年之武城宜在嘉祥。杜註併而爲一，似誤。」案：高氏地名考從杜註，以昭二十三年、哀八年之武城併子之武城、曾子居武城俱卽此地。然余嘗往來京師，至嘉祥縣有絃歌臺，此地與齊界相接，去費縣尚遠。啓生以爲費縣非所當備齊之處，此說是也。

又晉、楚俱有武城

文八年秦人伐晉取武城。在今陝西同州府華州東北十三里，一名武平城。

僖六年蔡穆侯將許僖公見楚子于武城。杜註「楚地，在南陽宛縣北」，今在河南南陽府城北。

周、晉、楚、隨俱有瑕地

昭二十四年王子朝之師攻瑕。杜註「敬王邑」，不詳何地。

僖三十年許君焦、瑕。杜註「晉邑」，高氏地名考以爲此晉河外之瑕也，卽曲沃。文十二年秦復侵晉及瑕，十三年使詹嘉處瑕以曲沃之官守之。今河南陝州西南三十二里有曲沃城，卽此瑕也。又成六年傳有郇瑕，爲古郇伯之國，在今山西蒲州府臨晉縣東北十五里。此晉河東之瑕，與此有別。

成十六年楚師還，及瑕。杜第云「楚地」。都邑表據水經注謂山桑縣有瑕城卽此，瑕在今江南潁州

府蒙城縣北。案：楚敗于鄢陵，狼狽遁歸，決無反遠道東南之理。或曰瑕即襄城縣之汾丘城，襄城縣今屬許州府，在鄢陵之西，爲楚歸道。此説近是。

桓六年楚武王侵隨，軍于瑕以待之。杜註「隨地」。

魯、齊、楚俱有棘地

成三年叔孫僑如圍棘。杜註「魯邑，在濟北蛇丘縣」，在今兗州府寧陽縣西北。

昭十年陳桓子召子山而反棘焉。杜註「齊國西安縣東有戟里亭」，在今青州府臨淄縣西北。

昭四年吴伐楚取棘。杜註「楚譙國酇縣東北有棘亭」，在今河南歸德府永城縣西南。

鄭、晉、楚俱有櫟地

桓十五年鄭伯突入于櫟。杜註「鄭别都」，今爲河南開封府之禹州。

襄十一年秦伐晉戰于櫟。杜註「櫟在河北」，在山西境，非陜西臨潼縣北之櫟陽也。

昭四年吴伐楚取櫟。杜註「汝陰新蔡縣北有櫟亭」，在今汝寧府新蔡縣北二十五里。

向爲國名，又莒、周、鄭俱有向地

隱二年莒人入向。杜註「譙國龍亢縣東南有向城」，在今江南鳳陽府懷遠縣西四十里。

隱十一年王與鄭人蘇忿生之田向。杜註「軹縣西有地名向上」，今懷慶府濟源縣西南有向城。詩皇父「作都于向」，卽此。

僖二十六年公會莒子，盟于向。杜註「莒邑」，今莒州南七十里有向城。

襄十一年諸侯伐鄭師于向。杜註「鄭地」，今開封府尉氏縣西南四十里有向城。

晉、鄭、宋、秦俱有新城

僖四年太子奔新城。杜註「卽曲沃」，今在山西絳州聞喜縣東二十里。

僖六年諸侯伐鄭圍新城。杜註「鄭新密，滎陽密縣」，今河南許州府密縣東南三十里有故密城。

文十四年同盟于新城。杜註「宋地，在梁國穀熟縣西」，今在歸德府商丘縣西南。

文四年晉侯伐秦圍邧、新城。杜註「新城，秦邑」，今陝西同州府澄城縣東北二十里有古新城。秦謂之新里，爲秦取梁地。

齊、宋俱有葵丘

莊八年齊侯使連稱、管至父戍葵丘。杜註「齊地」，在今山東青州府臨淄縣西三十里。

僖九年會于葵丘。杜註「宋地，陳留外黄縣東有葵丘」，在今河南開封府考城縣東三十里。

鄭、莒俱有鄢陵

成十六年晉、楚戰于鄢陵。杜註「鄭地，屬潁川郡」，今河南開封府鄢陵縣。

文七年公孫敖爲襄仲逆己氏，及鄢陵，登城見之美，自爲娶之。杜註「莒邑」，在今山東沂州府沂水縣界。

唐卽棠

隱二年公及戎盟于唐。杜註「高平方與縣有武唐亭」，在今魚臺縣西十二里。

隱五年公觀魚于棠。杜註「與唐同」。方輿紀要于魚臺縣武唐亭下亦並列二年、五年傳，合爲一地。

厲卽賴

桓十三年楚屈瑕伐羅，楚子使賴人追之，不及。杜註：「賴國在義陽隨縣。」〔二〕

僖十五年齊師、曹師伐厲。杜註「義陽隨縣北有厲鄉」，則知厲與賴通矣。另有論見後。

蓼飂，音溜。與蓼了。有別

桓十一年鄖人將與隨、絞、州、蓼伐楚師。杜註「蓼國」，今義陽縣東南湖陽城。師古曰：「蓼，力救

反。」楚得其地謂之湖陽，光武封姊爲湖陽公主。今湖陽故城在河南南陽府唐縣南九十里。

文五年傳楚公子燮滅蓼。杜註「今安豐蓼縣」，今河南汝寧府固始縣蓼城岡即其地。

費如字。與費秘。有別

隱元年費伯帥師城郎。高氏曰：「今魯大夫費庈父之食邑，讀如字，與季氏費邑讀曰秘者有別。」今兗州府魚臺縣西南有費亭。

僖元年公賜季友汶陽之田及費。此季氏之私邑也。今沂州府費縣西南七十里有費城。高氏地名考既以魚臺之費亭爲費庈父食邑，非季氏之費，而于費縣注云初爲懿公子費伯食邑，及僖元年賜季友遂爲季氏邑，前後自相違反。

春秋時厲賴爲一國論

春秋時有賴國。左氏桓十三年楚屈瑕伐羅傳，楚子使賴人追之不及，杜註：「賴國在義陽隨縣，蓋賴人仕于楚者。」僖十五年齊師、曹師伐厲，杜註：「厲，楚與國，義陽隨縣北有厲鄉。」傳書「賴」，經書「厲」，古通用，實則一國也。宣九年楚子爲厲之役伐鄭，十一年傳厲之役鄭伯逃歸，則傳並書「厲」。昭四年，〔三〕楚子執齊慶封殺之，遂滅賴，傳云賴子面縛銜璧，造于中軍，則經、傳並書「賴」。前漢地理志南陽郡「隨縣厲鄉，故厲國也」。師古云：「『厲』讀曰『賴』。」「厲」與「賴」之通用，徵之左傳、漢書，歷有

明據矣。公羊僖十五年齊師、曹師伐厲，何休云：「厲于葵丘之會，叛天子之命。厲如字，舊音『賴』。」昭四年楚子滅厲，註云「左氏作賴」。穀梁于僖、昭兩傳俱書厲。史記豫讓、范睢傳漆身爲厲，「厲」并音「賴」。古人之通用如此。杜佑通典乃以厲、賴並列兩國。杜精于考古，而乃有此失歟。

余在汴梁修志著此論。獨見杜氏通典分列兩國，以爲不深考之過。及作春秋大事表，遍閱方輿諸書。杜氏以下如馬氏通考、王氏地里通釋、高氏地名考略及宛溪方輿紀要，俱主分列。竊疑余説之不然，夫余所據者杜預氏、何休氏、顔師古氏之説也。且即三傳本文，同一年事而左作「賴」，公、穀作「厲」，其爲一國顯然，更無待杜、何之註釋也。諸儒特以通典從分列，更不復深考。而馬氏又以賴在光州商城縣南，以杜預在義陽隨縣者爲不知何據。賴在光州，以昭四年楚子合諸侯于申遂滅賴之文合之，申在今南陽，于光州洵屬相近。而更于厲從杜氏之説，謂厲在隨縣，賴在光州商城，則因杜氏而更爲添設，尤非矣。謹書之以俟後之知者。

齊穆陵辨

僖四年傳管仲對楚使曰南至於穆陵，杜註以爲齊封境，今山東青州府臨朐縣東南一百五里有穆陵關，在大峴山上，歷千百年無異辭。華子師茂獨據史記索隱之説以闢之，曰：此楚地也，以爲齊地者殊謬。此不過言太公征伐所至，與上「五侯九伯，女實征之」相應。楚使言汝何故至吾地，管仲言先王有命，征伐南可以至穆陵，如此纔與楚使鍼鋒相對。若只鋪張齊境，仍與楚地風馬牛不相及，烏能折楚使

之口？考元和志，穆陵關在淮南道黄州麻城縣西北八十八里穆陵山上，一名木陵關。南北朝爲戍守重鎮，梁、陳閒，夏侯夔、周炅屢出兵苦戰。唐元和中鄂岳帥李道古出木陵關討吴元濟，其地在召陵與陘之南，與當日語意尤脗合。況當日齊之疆界實不止此。莊九年傳管仲及堂阜而税之，杜註：「齊地，在東莞蒙陰縣西北。」閔二年齊人遷陽，今沂水縣南有陽都城。蒙陰、沂水二縣今俱屬沂州府，在臨朐之穆陵西南百數十里。是時齊疆已擴，而管仲反稱舊封之界何耶？索隱明言今淮南有故穆陵關，是楚之境。無棣在遼西孤竹，服虔以爲太公受封之境，不然也，蓋言其征伐所至之域耳。可見穆陵、無棣在唐時猶有可考者，特以小司馬晚出，未爲人所尊信，不能勝服、杜兩家之言。後人習以相傳，遂至譌謬千載，不可復辨。晉之受封，不過夏墟；楚之受封，不過丹陽；而齊始封在營丘。後各拓地數千里，決無始封之地終春秋世爲疆界。是杜解固失，而後人所傳併失。杜解之意，循而按之，瞭然大白矣。杜於地理最精審，其春秋地名皆核以晉之郡縣。其未確知者，則但云某地，以闕疑。杜於穆陵、無棣第云皆齊地，未嘗指實今某郡某縣。以是知杜註左之時尚未有穆陵關、無棣溝之名，乃後人設關浚溝之時，因注左之誤而命名耳。劉裕伐南燕，更在杜後百餘年。燕臣或謂宜守大峴，或謂宜出峴逆戰，裕部下亦慮燕人塞大峴之險，裕過大峴，喜形於色。可見此時尚無穆陵之稱，亦並未設關。而後人乃指爲齊之南界，引杜註爲援據，不亦誤乎。近世禹貢錐指引元和志謂穆陵關在麻城縣穆陵山上，齊之四履南至穆陵即此。定四年戰于柏舉，亦在麻城縣界，爲楚腹心要地。管仲借以懾楚使，意當在此。

師茂初作此論示余，凡千餘言。余初不以爲然，尋繹久之，實是有見。此從傳文上下語氣推

究，非故立異翻新者。況木陵關爲楚地，在今湖廣麻城縣，一見於史記索隱，再見於元和志，三見於林堯叟註，四見於禹貢錐指。諸人皆精熟地理，遞相祖述，非師茂一人創見。因爲刪其繁苭，并略參鄙見，存此論以俟後之君子。乾隆十三年三月中浣四日復初氏識。

校勘記

〔一〕〔定七年傳齊衞盟于瑣〕「衞」原作「鄭」，據左傳定公七年改。

〔二〕〔賴國在義陽隨縣〕「在」原作「有」，據春秋左傳集解改。

〔三〕〔昭四年〕「昭」後原有「十」，據左傳昭公四年刪。

春秋列國都邑表卷七之一

錫山　顧棟高復初輯
鹽城受業夏建勳介酬參

敍

世嘗謂三代行封建，至秦、漢乃爲郡縣。而宋儒竊語更謂後世不復封建、井田、肉刑三者而言治皆苟道。嗚呼，此皆讀書泥古，未嘗深觀其故而明其所以然也。夫三代之都邑，卽後世郡縣之制。而三代之封建，其國之大者，僅劣如今之縣。而春秋之中葉，强兼弱削，列國已半爲郡縣，初不始于秦也。何則？三代之世，九夫爲井，四井爲邑，四邑爲都。故孔子言邑，自十室以至千室，其大小可知。而齊、晉之初封不過百里，今之下州小縣尚可當古之大國。蓋古之疆域不及今五分之一，而執玉帛者有萬。非儉于制，其勢不得不爾也。故其勢亦弱，其力亦分，無能抗衡爲患，方伯連帥得以臂指相使。又其時風俗淳古，無有兼併之志，吞噬之患，故夏、商之世有王者，無羣雄。三代之諸侯皆以次相授，其更姓改物另爲建置者，不過百餘國耳。杞、鄫、薛、越傳國幾及二千年，其故可知也。嗚呼，封建之不可，論者謂有國之子孫不能皆賢，余謂不待其子孫也，卽其祖宗已斷斷不可。何則？三代之取天下也以德，湯曰「聿求元聖」，武曰「既得仁人」，其時伊、萊、周、召，皆有聖人之德，輔佐天子，治定功成，剖符析土，創法垂制。踰數百年，至戰國之世而有七雄矣。世益降則羣雄割據益横，非得蕭、信、韓、彭凶虓暴桀之徒，則

不得芟除羣醜，削平叛亂，其人皆出于賣漿屠狗、庸奴皂隸，間有如斛律金、王君廓之流，不識一字者，卽使之爲郡縣長，無異豺狼之牧斯人，何况世有爵土與國長久哉！此亦世變爲之也。故漢之七國，晉之八王，皆自其及身蒙禍。論者又謂此非封建之害，患不行教學齒冑之制耳。嗚呼，此又迂也。卽今之郡縣而設立師儒教授之官，尚不能施行教化，漸于禮義，而謂行封建之後能馴習膏粱紈絝之徒，使明于君國子民之道，此又如寸莛之撞巨鐘、龍肉欲以療饑耳。余觀春秋中葉，如楚之申、息，晉之荀、賈，秦之少梁，吴之州來，其初皆小國諸侯，而夷爲都邑。嗚呼，得其道則爲湯之兼弱攻昧，文王之伐密、伐崇；失其道則爲秦、晉、吴、楚之攘竊并吞、貪婪荐食。無他，仁與不仁而已矣。後之有天下者，精擇守令，用久任超遷之制，則能熟知其民之利病而施教化；愼簡督撫，授以專制一方之柄，則能習知其吏之賢否而加黜陟。用後世郡縣之制，而兼有三代封建之利而去其害，雖使聖人復生，計無易于此。必謂郡縣出于李斯之議，不如湯、武之封建，此儒者之迂論也。輯春秋列國都邑表第七。

春秋列國都邑表

周

都

洛邑王城

今河南府洛陽縣城内西偏，卽王城故址。周公營洛邑澗水東，瀍水西，南繫乎洛水，北因乎郟山。自平王東遷至景王十一世皆居此。敬王遷成周，王城廢。至赧王復居之。

郟鄏

卽郟山北邙山也，在洛陽縣

邑

鄔隱十一年王取鄔、劉、蔿、邘之田于鄭。

杜註「鄔邑，河南緱氏縣西南有鄔聚」，今在河南府偃師縣西南。

劉

杜註「劉邑，緱氏縣西北有劉亭」，後漢書周大夫劉子邑也，今在偃師縣。劉子始封爲匡王少子劉康公。

地

伊川僖二十二年辛有適伊川。

杜註周地，今爲河南府嵩縣。詳見山川。

坎欿僖二十四年王遂出，及坎欿。

杜註周地，在今河南府鞏縣東。

邥垂文十七年甘歜敗戎于邥垂。

杜註「垂亭，在新城縣北」，今爲汝州伊陽縣地。

湨梁襄十六年會于湨梁。

城北二里。亦謂之郟。桓七年遷盟、向之民于郟，杜註：「郟，王城。」知郟鄏卽王城之別名矣。

其南門曰圉門。

莊二十一年子頹之亂，鄭、虢同伐王城。鄭伯將王自圉門入，虢叔自北門入。圉門爲王城南門。

北門曰乾祭門。

昭二十四年子朝之亂，晉士景伯立于乾祭而問介衆，杜註：「乾祭，王城北門。」

遷于成周

蒍

東周大夫子國之食邑，謂之蒍國。

邘

在今懷慶府城北三十里有邘臺村地。後屬晉。

温 王與鄭人蘇忿生之田温、原、絺、樊、隰郕、欑茅、向、盟、州、陘、隤、懷。

在今懷慶府温縣西南三十里。後襄王更以賜晉，晉以狐溱爲温大夫。

原

今懷慶府濟源縣西北有原鄉。後賜晉，晉以趙衰爲原

爾雅梁莫大于湨梁。湨梁，水隄也。湨水源出懷慶府濟源縣西北，至温縣入河。見山川。

轘轅 襄二十一年使侯出諸轘轅。

杜註：「轘轅，關名。」在今河南府鞏縣西南七十里。見險要。

雒汭 昭元年趙孟館于洛汭。

水經注：「洛水入河之處，亦名什谷，張儀謂下兵三川，塞什谷之口是也。」在今河南府鞏縣三十里。見山川。

潁 昭元年景王使劉定公勞趙孟于潁。

在今河南府洛陽縣城東二十里。周公營王城，幷營下都處殷頑民，在瀍水之東，與王城相去十八里，亦謂之成周。昭二十六年子朝奔楚，其餘黨多在王城。敬王畏之，徙都成周。成周狹小，乃請諸侯城之。自是迄春秋之末，凡書京師者皆指成周。

翟泉

杜註：「城內太倉西南池水也。」鄭氏曰：「狄泉本在下都城北，城成周時乃繞翟泉于城內。」昭二十三年天王居于

大夫。

絺

今懷慶府河內縣西三十二里有故絺城。

樊

一名陽樊，今懷慶府濟源縣東南三十里有古陽城。東遷後，仲山甫子孫所封。莊二十九年樊皮叛王，即此。後賜晉，晉以予陽處父爲食邑。

隰郕

今懷慶府城西三十里有期城，即其地。一名隰城，僖二十五年殺太叔于隰城即此。

九年晉梁丙、張趯率陰戎伐潁。

杜註「潁水出陽城縣」，方輿紀要云「陽城廢縣本周之潁邑」，在今河南府登封縣東南四十里。戰國初屬鄭，謂之陽城，後入韓、秦，亦爲陽城縣。陳勝，陽城人。

甘鹿昭十七年陸渾衆奔甘鹿。

杜註「周地」，今河南府宜陽縣有鹿蹄山，甘水所出。

欒錡氏昭二十二年王崩于欒錡氏。

杜註「河南鞏縣西有欒錡澗」，方輿紀要括地志云在縣西，澗蓋在邑旁。

狄泉，二十六年始入于成周。此時狄泉與成周猶爲兩地。

宣榭

宣十六年成周宣榭火。杜註：「講武屋，別在洛陽者。」宣王會同東都，南征北伐，講武于此。

左巷

昭二十三年子朝入于王城，次于左巷，杜註：「近東城。」當是王城之東。

莊宮

昭二十二年單子逆悼王于莊宮以歸。莊宮，莊王廟，杜

攢茅

今懷慶府脩武縣西北二十里有攢城。

向

今懷慶府濟源縣西南有向城。

盟

今懷慶府孟縣西南三十里有古河陽城，武王會諸侯于孟津卽此地。後歸晉，謂之河陽，僖二十八年天王狩于河陽是也。

州

在今懷慶府東南五十里。後

皇昭二十二年王猛居于皇。

杜註「河南鞏縣西南有黃亭」，今在河南府鞏縣西北。

東圉單氏伐東圉。

路史「周地」，杜註「洛陽東南有圉鄉」。

社前城人敗陸渾于社。

杜註「周地」，黃河西自偃師界至鞏縣，洛水入之，有五社渡，又有五社津。光武幸懷，遣耿弇等軍五社津，備滎陽以東，卽此。

陰晉籍談軍于陰。

漢平陰縣地，今爲河南府孟

註：「在王城。」

平宮

昭二十二年單子盟百工于平宮，杜註「平宮，平王廟」，在王城。案：平王廟已當毁，此猶存者，以其爲東遷之祖故也。

襄宮

昭二十六年十一月癸酉，王入于成周，甲戌盟于襄宮，杜註「襄王之廟」，此又似在洛陽。

屬晉，初爲郤稱邑，後爲欒豹邑，昭三年晉人以賜鄭豐施，七年子産歸州田于韓宣子，宣子更以賜宋樂大心，後宣子自徙居之。

陘

即太行陘，在今懷慶府西北三十里。連山中斷曰陘。太行首始河内，北至幽州，中有八陘，此其一也。

隤

在懷慶府修武縣北。

懷

今懷慶府武陟縣西南十一里

津縣治。

侯氏 荀躒軍于侯氏。

杜註「周地」，即緱氏，今河南府偃師縣東南二十里有廢緱氏城。

谿泉 賈辛軍于谿泉。

杜註：「鞏縣西南有明谿泉。」

平陰 昭二十三年晉師在平陰。

即陰，漢爲平陰縣地。見前。

訾 單子取訾。

路史曰：「訾有二，西訾在洛，東訾在鞏。」此蓋西訾也。二十四年河津人得子朝用于河之寶珪，陰不佞拘之，王定而

有懷城。後屬晉，宣六年赤狄伐晉圍懷卽此。

酒泉莊二十一年王與虢公酒泉。

杜註「周邑」，今陝西同州府澄城縣有甘泉出匱谷中，造酒尤美，名曰酒泉。

甘僖二十四年甘昭公有寵于惠后。

杜註：「王子帶食邑，河南縣西南有甘水。」西二十五里有故甘城。今俱在河南府洛陽縣西南。

毛狄伐周獲毛伯。

杜註「毛伯采邑」，在今河南府宜陽縣界。

獻，與之東訾；二十七年尹文公焚東訾，始爲鞏縣之訾。杜氏混而一之，則傳文「東」字爲贅矣。

蒯尹辛攻蒯。

杜註「河南縣西南蒯鄉」，今在河南府洛陽縣西南。

尸氏昭二十六年劉人敗王城之師于尸氏。

卽尸鄉，在河南府偃師縣西三十里，田横自剄處。

渠劉子以王出次于渠。

杜註「周地」，卽陽渠也，周公所鑿，在河南鞏縣西，通洛

鄇田成十一年郤至與周爭鄇田。

杜註：「温別邑，懷縣西南有鄇人亭。」在今懷慶府武陟縣界。

要、餞昭二十二年子朝帥要、餞之甲以逐劉子。

杜註「周二邑」，水經注畛水出新安縣青要山，新唐書河南郡諸府有餞濟。

揚劉子奔揚。

杜註周邑。路史謂卽山西之揚侯國，宣王子尙父所封。今山西平陽府洪洞縣東有揚城。案：傳云壬戌劉子奔揚，

陽。

隄上遂軍圍澤，次于隄上。

杜註「周地」。漢書：「河決酸棗，東潰金隄。」寰宇記：「金隄在洛陽縣西南二十三里，時漢興未四十年河道始決。」金隄係三代時物明矣。所云隄上疑卽此。

癸亥如劉。劉爲今偃師縣劉亭，洨日卽至其地，當不出百里外。山西洪洞距偃師絕遠，且地已屬晉。決當爲僖十一年揚、拒、泉、臯之揚，〔一〕而非山西之揚侯國也。

前城王師敗績于前城。

杜註：「子朝所得邑。」服虔曰：「『前』讀爲『泉』，」卽泉戎地，在伊闕南。」京相璠曰：「在今洛陽西南五十里伊闕外。」

解王師軍于氾、于解、于任人。

杜註：「王師分在三邑。」氾卽

鄭州汜水縣，本鄭地，王時駐軍于此。解有大解、小解。後漢書大解城在今洛陽縣南，小解城在縣西南也。任人地闕。

鄩昭二十三年郊、鄩潰。

杜註：「郊、鄩二邑皆子朝所得。」括地志故鄩城在河南府鞏縣西南五十八里。史記塞什谷之口，徐廣曰卽鄩邑。

澤邑王師在澤邑。

賈逵曰卽翟泉。

牆人劉子取牆人、直人。

路史曰今河南府新安縣東北

有白牆村。
直人
杜註子朝邑，直伯柄國。
尹王入于尹。
杜註尹氏邑。今山西汾州有
尹吉甫墓，卽古尹城。
唐尹辛敗劉師于唐。
杜註周邑，後漢志有唐聚，在
今河南府洛陽縣。
鞏昭二十五年尹文公涉于鞏，杜註于
鞏縣涉洛水。
周鞏伯邑，卽今鞏縣。後西
周惠公封少子班于此，爲東
周。今縣西南三十里有鞏王

城。

萑谷昭二十六年王次于萑谷、于胥靡、于滑。

杜註皆周邑，萑谷在洛陽縣東。見山川。

胥靡

杜註本鄭邑。今河南府偃師縣東南四十里有胥靡城。

滑

杜註本鄭邑。今偃師縣南緱氏故城卽古滑地。高氏曰：「滑本國名，秦滅之而不能有，爲晉所得。然其地近鄭，在所必爭，成十七年鄭人所

以侵晉虛、滑也。是時則歸王室，逮定六年鄭伐周馮、滑、胥靡，此鄭人争滑之驗也。」

莒陰忌奔莒。

杜註周邑。案：莒國之外，又有三莒：周莒，齊莒，魯莒父。此周莒也，其地未詳。

馮定六年鄭伐馮、滑、胥靡、負黍、狐人、闕外。

杜註周邑。東觀記曰魏之别封曰華侯，華侯孫長卿食采于馮城，卽此。

負黍

杜註「周邑，陽城西南有負黍亭」，在今河南府登封縣。

狐人

杜註周邑，後漢志潁陰縣有狐宗鄉古狐人亭也，在今許州府臨潁縣。

闕外

杜註周邑，卽伊闕外之邑也，在今河南府洛陽縣南闕塞山下。

穀城定八年單子伐穀城。單子伐簡城。劉子伐盂。

杜註在河南縣西，在今河南府洛陽縣西北。水經注城西

臨穀水，故名。

簡城

杜註：周邑。周有簡師父，簡城蓋其采地。

盂

杜註：周邑，今懷慶府河内縣西北有邘臺鎮，爲古盂國。

魯

都

曲阜

今爲山東兗州府曲阜縣治。

應劭曰：「曲阜在魯城中，委

邑

郎隱元年費伯帥師城郎。

杜註：「魯邑，高平方與縣東南有郁郎亭。」在今兗州府魚

地

蔑隱元年盟于蔑。

杜註：「魯地，卽姑蔑也，魯國卞縣南有姑城。」在今兗州府

曲長七、八里。」自春秋至戰國，魯世世都之。

其正南曰稷門。亦曰南門，一名高門。

稷門，南城正門也。莊三十二年圉人犖能投蓋于稷門，定五年陽虎盟季桓子于稷門之內是也。亦謂之高門。僖二十年新作南門，傳曰本名稷門，僖公更高而大之，故名高門。定十年齊人陳女樂文駟于魯城南高門外，卽此。

南之右曰雩門

雩門，南城西門也，面臨雩水

臺縣東北九十里。桓十年齊侯、衞侯、鄭伯來戰于郎，莊十年齊師、宋師次于郎，蓋魯之邊邑，故數受兵。

費見上。

魯大夫費庈父之食邑，讀如字。與季氏費邑讀曰秘者有別。在今兖州府魚臺縣西南。

棠隱五年公觀魚于棠。

魯濟上之邑，杜註：「高平方與縣北有武唐亭，魯侯觀魚臺。」水經注：「菏水又東，經武唐亭，有高臺二丈許，下臨

泗水縣東北四十五里。定十二年費人攻公，仲尼命申句須、樂頎下伐之，費人北，國人追之，敗諸姑蔑，卽此。

潛隱二年公會戎于潛。

杜註「魯地」，潛地蓋近戎。戎在今曹州府曹縣故戎城。潛當在魯兖州府西南境。

唐隱二年公及戎盟于唐。

杜註：「魯地，高平方與縣北有武唐亭。」在今兖州府魚臺縣東十二里。

鄟隱十年盟于鄟。

杜註「魯地」，黃帝臣鄟伯溫

因名。莊十年公子偃自雩門竊出犯宋師，卽此。又沂水出尼丘山西北，經雩門外，卽曾點浴沂處。

東之左曰始明門亦曰上東門。

上東門，魯東城之北門也。定八年公斂處父帥成人自上東門入，與陽虎戰于南門之內。國語臧文仲祭爰居于魯東門之外，卽此。

東之右曰鹿門

鹿門，魯東城南門也。襄二十三年臧紇斬鹿門之關以出奔邾，卽此。

水，昔魯侯觀魚處。」在今魚臺縣東北十二里。「棠」與「唐」古通用，卽二年公與戎盟之唐也。

中丘隱七年城中丘。

公羊云內之邑也，杜註「在琅琊臨沂縣東北」，今沂州府東北三十里有中丘城。

防隱九年公會齊侯于防。

杜註：「在琅琊華縣東南。」案：魯有兩防，此所謂東防也，在今沂州府費縣東北六十里，世爲臧氏食邑。襄二十三年臧紇自邾如防，卽此。

國，與南陽子姓之鄧有別，當在今兗州府境。

讙桓三年齊侯送姜氏于讙。

杜註：「魯地，濟北蛇丘縣西有下讙亭。」在今濟南府肥城縣西南。

祝丘桓五年城祝丘。

杜註「魯地」。莊四年夫人姜氏享齊侯于祝丘，卽此。是齊、魯兩境上之邑，在今沂州府東南五十里。

咸丘桓七年焚咸丘。

杜註：「魯地，高平鉅野縣南有咸亭。」在今曹州府鉅野縣

其正西曰史門

史門，魯西門也。公羊傳：「齊桓公使高子將南陽之甲，立僖公而城魯。或曰自鹿門至于争門，或曰自争門至于吏門。」吏門卽史門矣。

正北曰圭門一曰争門。

争門，魯北門，卽公羊所云争門。一云當作淨門。淨，魯北門池也。西郭門曰子駒之門，文十一年獲長狄僑如埋其首于子駒之門，卽此。

東北郭門曰萊門

哀六年齊人召公子陽生，陽

防隱十年敗宋師于菅。辛巳取防。

此所謂西防也，杜註：「高平昌邑縣西南有西防城。」宋防既爲魯有，欲別于臧氏之防故謂之西防，在今兖州府金鄉縣西北。

菟裘隱十一年吾使營菟裘。

杜註：「魯邑，在泰山梁父縣南。」在今兖州府泗水縣西北。

許田桓元年鄭伯以璧假許田。

寰宇記「許昌城南四十里有魯城」，在今河南許州府東境，爲魯朝宿邑，鄭伯請以泰

南。

闞桓十一年公會宋公于闞。

杜註：「魯地，在東平須昌縣東南。」魯先公墓所在，自隱、桓以下皆葬此。今兖州府汶上縣西南三十五里有南旺湖，湖中有闞亭，其地高阜六、七，卽魯先公葬處。定元年季孫使役如闞，卽此。

曲池桓十二年盟于曲池。

杜註：「魯地，魯國汶陽縣北有曲水亭。」在今曲阜縣東北四十里。

趡桓十七年盟于趡。

生請于南郭且于乘，出萊門而告之故，卽此。

宮之南門曰雉門，門之旁曰兩觀

定二年雉門及兩觀災。杜註：「雉門，公宮之南門也。兩觀，闕也。」在門兩旁，中央闕然爲道也。

雉門之左有亳社

哀四年亳社災。左有亳社，又有周社。成季之繇曰「間于兩社，爲公室輔。」兩社之間，朝廷議政事之所也。

朝中有黨氏溝

山之祊易之而祀周公。公羊云：「田多邑少稱田，邑多田少稱邑。」

成桓六年公會紀侯于成。

杜註「在泰山鉅平縣東南」，在今兖州府寧陽縣東北九十里。莊三十年次于成，備齊也。襄十五年齊人圍成，公救成，于是城成郛。後爲孟氏邑。定十二年仲由爲季氏宰，將墮成，公斂處父曰：「墮成，齊人必至于北門。」是魯之北境近齊之邑。

郿莊二十八年冬築郿。

杜註「魯地」，當在今兖州府泗水、鄒縣之間。

奚桓十七年戰于奚。

杜註「魯地」，今兖州府滕縣南奚公山下有奚邑。水經注「夏車正奚仲之國也」。

蔇莊九年公及齊大夫盟于蔇。

杜註：「魯地，琅琊繒縣北有蔇亭。」在今兖州府嶧縣東八十里。

生竇莊九年殺子糾于生竇。

杜註「魯地」，在今曹州府曹縣東北三十里，濮水所逕，爲齊、魯交界。

哀十一年季孫使冉求俟于黨氏之溝，杜註「朝中地名」。城內有大庭氏之庫，昭十八年宋、衞、陳、鄭火，梓愼登大庭氏之庫以望之。杜註：「大庭氏，古國名。魯于其處作庫。高顯，故登以望氣。」又昭五年豎牛作亂，攻諸大庫之庭，杜註並同，知一地。其曰「大庫之庭」，蓋傳寫之誤耳。

又有武子之臺定十二年費人襲魯，公與三子入季氏之宮，登武子之臺。今曲阜縣東有臺，相去二百

杜註「魯下邑」，在今兗州府壽張縣東南五十里。

諸莊二十九年城諸及防。杜註「今城陽諸縣」，在今青州府諸城縣治西南三十里。

小穀莊三十二年城小穀。孫氏復謂此宜從穀梁註爲魯邑，曲阜縣西北有小穀城。左傳杜註謂爲齊邑，爲管仲城之，非也。詳正譌及三傳異同表。

費僖元年公賜季友汶陽之田及費。世爲季氏邑，在今沂州府費縣治西南七十里。賈逵、索

長勺莊十年公敗齊師于長勺。杜註「魯地」，路史曰「成王以商民六族錫魯，有長勺氏、尾勺氏」，此蓋商民所居。

乘丘莊十年公敗宋師于乘丘。杜註「魯地」。西漢泰山郡有乘丘縣，顏師古曰「卽春秋乘丘也」。括地志：「乘丘在瑕丘縣西北三十五里。」今兗州府治滋陽縣西有古瑕丘城。

郚莊十一年公敗宋師于郚。杜註「魯地」，當在兗州府境，與元年齊遷紀、郱、鄑、郚之郚在都昌縣西者爲二地。

五十步，高三丈五尺，卽武子之臺。又有襄仲臺，俱在正東建春門內。

又有棘下地

定八年公斂處父與陽虎戰于棘下，杜註：「城內地名。」

有觀臺

僖五年日南至，公登觀臺以望。杜註：「觀臺，臺上搆屋可以遠觀者也。」在今曲阜縣南故泮宮中，亦曰泮宮臺。

黨氏臺

莊三十二年傳初公築臺臨黨氏。在曲阜縣治東北八里。

隱俱以爲魯懿公子費伯之食邑者，非是。

昌衍僖二十九年介葛盧來，舍于昌衍。

杜註「魯縣東南有昌平城」，在今曲阜縣東南八十里。

郚文七年城郚。

杜註：「魯邑，卞縣南有郚城，城郚，備邾難也。」在今兗州府泗水縣東南。

鄆文十二年季孫行父帥師城諸及鄆。

杜註：「城陽姑幕縣南有員亭，員卽鄆。」在今沂州府沂水縣治東北四十里。此爲東

濟西莊十八年公追戎于濟西。

杜註：「公逐戎于濟水之西。」莊三十年公及齊侯遇于魯濟，杜註：「濟水歷齊、魯界，在齊界爲齊濟，在魯界爲魯濟，蓋魯地。」宣元年齊人取濟西田，杜註：「故曹地。」僖三十一年晉文以分魯濟西，約在今曹州府曹縣、鄆城、鉅野三縣之地。

洮莊二十七年公會杞伯姬于洮。

杜註「魯地」，在今曹州府濮州西南五十里。

薛莊三十一年築臺于薛。

故魯城内有莊公臺，稍西南又有昭公臺。

其内城曰中城

經于成九年、定六年俱書「城中城」，國都之内城也。杜註謂在東郡廩丘者，非是。定六年高氏閌曰：「時公之所有，中城而已。」汪氏克寬曰：「定公豈能役衆脩城。蓋陽虎欲去三家，將挾公以自固耳。」

城外有東郛、西郛

襄十九年城西郛，杜註：「魯西郭。」汪氏克寬曰：「郛乃外

鄆，莒、魯所争者。

平陽宣八年城平陽。

杜註「泰山有平陽縣」，在今泰安府新泰縣西北四里。案：魯有兩平陽，此係東平陽也。西平陽在兖州府鄒縣西三十里，本邾邑，爲魯所取，見哀二十七年。

龍成二年齊人伐我北鄙，圍龍。

杜註：「魯邑，在泰山博縣西南。」今在泰安府城西南。

棘成三年叔孫僑如帥師圍棘。

杜註：「汶陽田之邑，在濟北蛇丘縣。」今當爲泰安府肥城

杜註「魯地」，今兖州府滕縣東南有薛城。

秦莊三十一年築臺于秦。

杜註：「東平范縣西北有秦亭。」在今曹州府范縣南三里。

梁丘莊三十二年齊侯、宋公遇于梁丘。

杜註：「在高平昌邑縣西南。」今曹州府城武縣東北三十里有梁丘城，蓋齊、宋接界處。公羊云梁丘在曹、邾之間，去齊八百里，其地近宋，見齊桓之能執謙。

城。此云西郛，實國都外城之西郭。」而中城爲魯國都之內城可知矣。

城北曰泗上　襄十九年諸侯次于泗上疆我田。此魯城北之泗也。從征記：「洙、泗二水交于魯城東北十七里。」今在曲阜縣西北八里。詳見山川。

城南曰沂上　昭二十五年季孫請待于沂上以察罪。此魯城南之沂也。杜註「魯城南自有沂水」，即曾點浴沂之沂，今在曲阜縣

縣地。

台襄十二年莒人伐我東鄙，圍台。　杜註「瑯琊費縣南有台亭」，在今沂州府費縣東南。

桃襄十七年齊侯伐我北鄙，圍桃。　杜註：「魯邑，卞縣東南有桃墟。」在今兗州府泗水縣東南。昭七年晉人來治杞田，季孫以成與之，而遷孟氏之邑于桃，即此。

陽關襄十七年師自陽關逆臧孫。　魯邑，杜註「在泰山鉅平縣北」，後屬齊。定七年齊人歸鄆、陽關，即此。在今兗州府

密閔二年共仲歸，及密乃縊。　杜註：「魯地，瑯琊費縣北有密如亭。」在今沂州府費縣北。

汶陽僖元年公賜季友汶陽之田及費。　杜註：「汶水北地。」定十年齊人歸鄆、讙、龜陰田，三邑皆汶陽也。其地在今兗州府寧陽縣境。

甯母僖七年盟于甯母。　杜註：「魯地，高平方與縣東有泥母亭，讀如『甯』。」在今兗州府魚臺縣東二十里。

南二里。詳見山川。
東門外有蒲圃
襄四年季孫樹六檟于蒲圃東門之外，杜註「場圃名」。定八年陽虎將享季氏于蒲圃而殺之，卽此。
五父之衢
襄十一年季武子將作三軍，詛于五父之衢。白褒魯記：「在魯東南門外二里。」
其泉曰逵泉
莊三十三年公子牙歸，及逵泉卒。今曲阜縣南五里有逵泉，下流入于沂。

滋陽縣東北。
武城襄十九年城武城。
魯邑，杜註「泰山南武城縣」。子游爲武城宰卽此。在今沂州府費縣西南九十里。
高魚襄二十六年齊烏餘以廩丘奔晉，遂襲我高魚。
魯邑，杜註「廩丘東北有高魚城」。今其地在曹州府鄆城縣東北，北與范縣接界。
陽州襄三十一年齊閭丘嬰伐陽州。
齊、魯境上邑，在今泰安府東平州西北。昭二十五年公孫于齊，次于陽州。杜註云未

卞僖十七年夫人姜氏會齊侯于卞。
杜註「魯國卞縣」，在今兗州府泗水縣東五十里。
升陘僖二十二年及邾人戰于升陘。
杜註「魯地」。
重館僖三十一年臧文仲如晉，宿于重館。
杜註：「高平方與縣東北有重鄉城。」在今兗州府魚臺縣西北十一里。
鹹文十一年叔孫得臣敗狄于鹹。
杜註「魯地」。後漢志濮陽縣春秋時有鹹城，濮水之北。當在今曹州府曹縣境。

郰

襄十年郰人紇抉之以出門者，杜註：「郰邑，魯縣東南莝城。」孔子還轅息郰，卽此。今曲阜縣與鄒縣相接處。

寢有路寢

路寢，正寢也。人君終于路寢，乃爲正終。春秋十一公得正而薨者惟莊、宣、成。

小寢亦謂之西宮。僖二十年西宮災。

僖三十三年公薨于小寢。

高寢

定十五年公薨于高寢。杜

敢直前，故次于竟。定八年公侵齊，門于陽州，則此時陽州當爲齊有矣。

郈昭二十五年臧會奔郈。

叔孫氏邑，杜註「郈在東平無鹽縣東南」，在今泰安府東平州東南十里。定十二年仲由將隳三都，叔孫氏隳郈，卽此。

東野定五年季平子行東野，還卒于房。

杜註「季氏邑」。今闕里志周公後有東野氏，蓋以邑爲氏。東野及房，皆近費之邑。

龜陰田定十年齊人來歸鄆、讙、龜陰

蜀成二年公會楚公子嬰齊于蜀。

杜註：「博縣西北有蜀亭。」今兗州府汶上縣西南四十里有蜀山，其下有蜀山湖，與南旺湖東西相對，爲泰安府接境。

陽橋成三年楚侵及陽橋。

杜註「魯地」，在今泰安府泰安縣西北。

壞隤成十六年公往會晉，出于壞隤。

杜註未詳所在。第據成十六年傳云公待于壞隤，申宮儆備，設守而後行，意其地當去公宮不遠。又昭公之喪，送君者自壞隤而反，當在曲阜

註：「高寢，宮名。不于路寢，失其所。」

宮有泉宮、有泉臺

文十六年有蛇自泉宮出，〔二〕入于國，如先君之數。秋八月辛未，聲姜薨，毁泉臺。正義曰：「臺在宮內，人見蛇自宮出，而毁其臺，并毁其宮也。」以聲姜薨爲蛇妖所致，故毁之。十八年公薨于臺下，卽其地。則蛇之妖，乃不係于聲姜而係于文公矣。公羊謂卽莊公所築之郎臺者，非是。

田。杜註：「三邑皆汶陽田，泰山博縣北有龜山。」案：博縣爲今之泰安府。龜山在新泰縣之西南，泗水縣之東北，與泰安府境相接。

莒父定十四年城莒父及霄。

杜註魯邑。莒係以「父」，魯人語音，如梁父、亢父、單父是也。子夏爲莒父宰，卽此。今爲沂州府莒州地。

霄見上。

杜註魯邑，在今莒州境。

漆定十五年冬城漆。

境內。

貍脈成十七年公孫嬰齊卒于貍脈。

舊說云魯地。杜駁之曰：「傳稱庚午圍鄭，還自鄭，壬申至于貍脈，由庚午至壬申纔二日，未得及魯竟也。又大夫卒其境內，則經不書地，益明貍脈非魯地矣。」但不知是何國之地耳。

劉襄十五年及宋向戌盟于劉。

孔氏穎達曰：「釋例地闕，蓋魯城外之近地。」

庚宗昭四年穆子去叔孫氏，及庚宗。

高氏曰：「時穆子適齊。又哀

楚宮

襄三十一年公薨于楚宮。何氏休曰：「公朝楚，好其宮，歸而作之，故名。」薛氏季宣曰：「魯別宮也。小寢猶非正，況別宮乎。」

廟有太廟

僖八年禘于太廟。范氏甯曰：「太廟，周公廟。」左氏謂又有周廟爲文王之廟，非是。

有世室

文十三年世室屋壞。公羊曰：「魯公之廟也。」諸侯不毀之廟一耳，而魯不毀之廟有

杜註：「邾庶其邑，南平陽縣東北有漆鄉。」今在兖州府鄒縣北。

啟陽 哀三年叔孫、季孫城啟陽。

杜註「瑯琊開陽縣」，今沂州府治北十五里有開陽故城。本鄅國，後屬魯。

邾瑕 哀六年城邾瑕。

杜註「任城亢父縣有邾婁城」，今在兖州府濟寧州南二十里。

負瑕 哀七年公伐邾，以邾子益來，囚諸負瑕。

杜註：「魯邑，南平陽縣西北

八年吴伐我，舍于庚宗，次于泗上，當在魯北竟，此時吴師自武城而來也。今兖州府泗水縣有庚宗亭。」

塞關 昭五年豎牛奔齊，孟仲之子殺諸塞關之外。

杜註：「齊、魯界上關。」亦六關之一。

紅 昭八年大蒐于紅。

杜註：「蕭縣西有紅亭。」今爲江南徐州府蕭縣。蕭爲宋地，蕭叔所封邑。傳云自根牟至于商、衛，革車千乘，商即宋也。豈魯蒐于近宋之鄙，

二，以比文、武之世室，僭也。

又有武宮

成六年立武宮。武公乃伯禽九世孫，獻公之子，于公爲十一世祖，佐宣王有武功。季文子以鞌之功復立之，僭也。明堂位謂武公之廟武世室者，大謬。

有煬宮

定元年立煬宮。煬公係伯禽之子，考公之弟。魯之以弟繼兄，蓋始乎此。季平子逐昭公，廢太子，而立定公，于是立煬宮，以著魯一生一及

有瑕丘城。」在今兖州府嵫陽縣西二十五里。

闡 哀八年齊人取讙及闡。

杜註「在東平剛縣北」，戰國時爲齊之剛邑，故剛城在今兖州府寧陽縣東北三十五里。

東陽 哀八年吳伐我，克東陽，而進舍于五梧，明日舍于蠶室。

杜註三邑魯地，東陽在今沂州府費縣西南七十里。

五梧 見上。

在費縣西。

蠶室

而蕭縣魯亦有其地歟，當更考。

祲祥 昭十一年會邾子盟于祲祥。

杜註闕，當在今兖州府嵫陽縣境。

拔 定三年及邾子盟于拔。左傳作郯。

杜註：「郯卽拔也。」當在兖州府嵫陽縣境。

蛇淵囿 定十三年築蛇淵囿。

京相璠曰：「濟北有蛇丘城，城下有水，魯囿也。」在今濟南府肥城縣南。

丘輿 哀十四年司馬牛卒于魯郭門之外，葬諸丘輿。

所自始。煬至昭已二十世。

桓宮、僖宮

哀三年桓宮、僖宮災。胡氏曰：「季氏出于桓而立于僖，故不毁其廟。」李氏曰：「魯有世室，又立武宮、煬宮，又桓、僖之宮不毁，是五廟之外又有五廟矣。」

又有御廩

桓十四年御廩災。杜註：「御廩，公所親耕以奉粢盛之倉也。」月令亦謂之神倉。

有仲子之宮

隱五年考仲子之宮。陳氏

今兖州府滕縣東三十里有鬮母山。

杜註：「泰山南城縣西北有輿城。」在今兖州府費縣西。

曰：「爲仲子別立廟，非禮也。妾祔于妾祖姑，無妾祖姑則易牲而祔于女君。」

夷伯之廟

僖十五年震夷伯之廟。夷伯爲公子展之子，展氏當以公子展爲始祖，則夷伯廟宜毀。以大夫而過三廟，故震及之。

齊

都	邑	地
臨淄 故齊城今在山東青州府臨淄縣城北。班固曰臨淄名營丘，	盧 隱三年傳齊、鄭盟於石門，尋盧之盟也。 杜註「齊地」，後爲齊公子高	石門 隱三年齊、鄭盟于石門。 杜註：「齊地，盧縣故城西南濟水之門也。」在今濟南府長

師尚父所封。以地臨淄水而名，齊世世都此。城周五十里，有十三門。

其西曰雍門

襄十八年晉伐齊，伐雍門之萩，己亥焚雍門。杜註「雍門，齊城門」，是也。

其南曰稷門

昭二十二年莒子如齊涖盟，盟于稷門之外。又齊于此立學舍，故談説之士會于稷下。荀卿嘗爲稷下祭酒。

西南有申門，門外有申池

文十八年齊懿公遊于申池。

徯邑。成十七年高弱以盧叛，卽此。今盧城在濟南府長清縣西南二十五里。

嬴桓三年公會齊侯于嬴。

杜註：「齊邑，今泰山嬴縣。」在今泰安府東南五十里。

禚莊二年夫人姜氏會齊侯于禚。

杜註「齊地」，實邑也。定九年齊侯致禚、媚、杏於衛，杜註：「三邑，皆齊西界。」據此當爲齊、魯、衛三國分界之地。

鮑莊八年傳鮑叔牙奉公子小白奔莒。

今濟南府歷城縣東三十里有清縣西南。

艾隱六年公及齊侯盟於艾。

杜註：「泰山牟縣東南有艾山。」不言齊地，尚疑地在齊、魯之閒。在今沂州府蒙陰縣西北。又哀十一年及齊師戰于艾陵，孔氏曰「在博縣南六十里」，在今泰安府泰安縣東南，與此自别。張守節謂艾與艾陵爲一地者誤。

姑棼莊八年齊侯游于姑棼，遂田于貝丘。

杜註「齊地」，卽薄姑，一名蒲姑，樂安博昌縣北有薄姑城。

襄十八年晉伐齊焚申池之竹木。杜註：「齊南城西門名申門。齊城無池，惟此門左右有池。」門因以池名。

西北有揚門

襄十八年范鞅門于揚門，杜註「齊西門」。

其東門曰東閭

襄十八年州綽門于東閭，左驂迫還于東門中，以枚數闔，杜註：「東閭，齊東門」。

東南門曰鹿門

昭十年國人追敗欒施、高彊于鹿門，遂來奔。

鮑城。齊乘曰：「禹後有鮑叔仕齊，食采于鮑，因以爲氏。」叔牙其後。

柯莊十三年公會齊侯盟于柯。

杜註「齊之阿邑」，齊威王烹阿大夫即此。今故城在兗州府陽穀縣東北五十里，曰阿城鎮，有阿城上下二閘，爲運道所經。

周首文十一年傳齊王子成父獲長狄僑如弟榮如，埋其首于周首之北門。

杜註：「齊邑，濟北穀城東北有周首亭。」在今泰安府東阿縣東，近濟南府長清縣界。

周成王時薄姑與四國作亂，成王滅之以益太公之封。後胡公徙都于此。在今青州府博興縣東北十五里。

堂阜莊九年管仲請囚，鮑叔受之，及堂阜而稅之。

杜註：「齊地，東莞蒙陰縣西北有夷吾亭。」今在沂州府蒙陰縣西北。

北杏莊十三年會于北杏。

杜註「齊地」，當在今泰安府東阿縣境。

落姑閔元年盟于落姑。

杜註「齊地」，在今泰安府平

其郭門曰郭關

哀十四年田氏殺闞止于郭關。

其宮之外門曰虎門

昭十年陳、鮑伐虎門，晏子端委立于虎門之外。林氏曰：「寢門畫虎，故曰虎門。」

城南有淄水

見山川。

城北有澠水

見山川。

其城內之里曰莊

襄二十八年陳桓子曰得慶氏之木百車于莊，孔穎達曰「六

晏宣十四年晏桓子。

今濟南府齊河縣北有晏城。志云「晏嬰采邑。」

石窌成二年齊侯以辟司徒之妻有禮，予之石窌。

杜註：「邑名，濟北盧縣東有地名石窌。」在今濟南府長清縣城東南三十里，以清水在城南爲名。

丘輿晉師入自丘輿，擊馬陘。

杜註「齊邑」，當在今青州府治益都縣界。

馬陘

杜註「齊邑」，史記作馬陵。

陰縣界。

陽穀僖三年齊侯、宋公、江人、黃人會于陽穀。

杜註：「齊地，在東平須昌縣北。」今兖州府陽穀縣東北三十里陽穀故城是也。縣治南有會盟臺，即齊桓公會江、黃處。

穆陵僖四年管仲對楚子曰南至于穆陵。

杜註「齊境」。穆陵關在青州府臨朐縣東南一百五里。詳見險要。

無棣

達謂之莊」。又昭十年陳、鮑與欒、高戰，敗諸莊。莊在鹿門之內。

曰嶽

襄二十八年慶封伐西門弗克，還伐北門，克之，入伐內宮弗克，反陳于嶽，杜註：「嶽，里名。」是在宮門之外，北門之內。合莊與嶽，卽孟子所謂「莊、嶽之間」也。

又有魚里

前傳陳、鮑圍人爲優，慶氏之士觀優至于魚里，杜註「里名」，當近在宮門之外。

齊乘：「淄水出益都岳陽山北，徑萊蕪谷，又北徑長峪道，亦曰馬陵，卽郤克追齊侯處。所謂弇中狹道，亦卽此，在益都縣西南，近臨淄。」蓋已直逼齊都矣。

上鄍公會晉師于上鄍。

杜註地闕，當在今兗州府陽穀縣境，蓋齊、衞境上之邑。

清成十七年齊侯使國勝告難。

杜註「陽平樂平縣」，今東昌府堂邑縣東南有清城。

東陽襄二年晏弱城東陽以逼萊子。

杜註「齊境上邑」，今青州府

杜註「齊境」。杜氏通典：「鹽山，春秋之無棣邑也。」元于其地分置兩無棣縣。今北直天津府之慶雲、山東武定府之海豐，皆元所分無棣之地，皆以無棣溝得名。詳見山川。案：無棣是齊西北邊境，其地廣莫，今現跨兩省。春秋置邑安得如此之大，通典失之。

牡丘僖十五年盟于牡丘。

杜註地闕。今東昌府治聊城縣東北七十里有牡丘，或云卽春秋會盟處。

城西祀后稷之處曰稷昭十年陳、鮑伐欒、高，戰于稷，杜註：「稷，祀后稷之處。」今臨淄縣西南十三里有稷山。

其西北有地名棘前傳陳桓子召子山而反棘焉，杜註「西安縣東有棘里亭」，今在臨淄縣西北。

西南有狹道名弇中襄二十五年崔杼弒莊公，閭丘嬰與申鮮虞乘而出，及弇中，遂來奔；哀十四年子我失道于弇中，卽此。志云自

臨朐縣東有東陽城。

郲襄十四年衛獻公奔齊，齊人以郲寄衛侯。

杜註「齊東鄙邑」，哀五年齊置羣公子于萊卽此，卽齊所滅之萊國是也。今登州府之蓬萊縣、黃縣皆故萊國之地。

平陰襄十八年諸侯伐齊，齊侯禦諸平陰。

杜註：「齊邑，在濟北盧縣東北故平陰城。」在今泰安府平陰縣東北三十五里。

防門塹防門而守之廣里。

杜註：「平陰城南有防，防有

甗僖十八年宋敗齊師于甗，立孝公而還。

杜註「齊地」，在今濟南府治歷城縣界。

酅僖二十六年公追齊師至酅，弗及。

杜註：「齊地，濟北穀城縣西有地名酅下。」在今泰安府東阿縣西南。趙氏曰：「酅，齊之附庸，紀季之邑。」

鄟文十六年公子遂及齊侯盟于鄟。

杜註「齊地」，當在今泰安府東阿縣境。

平州宣元年公會齊侯于平州。

杜註：「齊地，在泰山牟縣

臨淄縣西南至萊蕪，有長峪界兩山間，長三百里，爲齊、魯往來之道。齊乘所云馬陘亦卽此。成二年晉師入自丘輿，擊馬陘，蓋晉師自魯來也。豈弇中爲峪之總名，而馬陘爲峪中之一地歟。

西五十里有地名葵丘

莊八年連稱、管至父戍葵丘，杜註：「在臨淄縣西。」京相璠曰：「齊西五十里卽雍廩之渠丘。」二人蓋以久戍而怨，非以遠戍而怨也。

臺有檀臺

門，于門外作壍，防橫行廣一里。」案：此卽齊築長城之始。戰國時七國皆有長城，齊城卽托始于此。郡縣志「故長城首起平陰縣二十九里。」

京茲荀偃、士匄以中軍克京茲。

杜註「在平陰城東南」，今在泰安府平陰縣東南。

邿魏絳、欒盈以下軍克邿。

杜註：「平陰西有邿山。」在今平陰縣西。

郵棠齊侯將走郵棠。

杜註：「齊邑，故萊邑也，北海卽墨縣有棠鄉。」今膠州府卽

西。」今泰安府萊蕪縣西有平州城。

垂宣八年仲遂卒于垂。

杜註「齊地」。非魯竟，故書地。當在今泰安府平陰縣境。

窐成二年齊、晉戰于窐。

杜註「齊地」。通典云窐在平陰縣東。今從高氏之說，取近志謂窐卽古之歷下城，卽今濟南府治之歷城縣。詳見犬牙相錯表。

袁婁成二年秋及齊國佐盟于袁婁。

杜釋例地名闕，注第引「穀梁

哀十四年公與婦人飲酒于檀臺，檀臺在臨淄縣東一里。

遄臺

昭二十年晏子侍于遄臺，臺在臨淄縣西五十里。

廟有太公之廟

襄二十八年慶舍傳嘗于太公之廟。太公爲齊始封，當即齊太廟矣。下文云慶氏以其甲環公宫，註云廟在宫内。左祖右社，豈有廟在宫内之理，杜蓋誤。

墨縣南八十里有甘棠社，即古棠鄉。

祝柯襄十九年諸侯盟于祝柯。

杜註：「祝柯縣今屬濟南郡。」今濟南府長清縣豐齊鎮北二里有故祝柯城。

高唐襄十九年夙沙衛入于高唐以叛。

杜註：「在祝柯縣西北。」案：襄二十五年祝佗父祭于高唐，杜註：「高唐有齊别廟。」蓋齊之宗邑也。穆孟姬爲陳無宇請之，陳氏始大。故城在今濟南府禹城縣北四十

曰袁婁去齊五十里」，且公、穀二傳並爲近郊之辭。張氏洽因曰「臨淄縣西有袁婁」，蓋亦約略之語耳。或曰在淄川境。

莘師從齊師于莘。

杜註「齊地」。桓十六年衛公子伋使于齊，使盜待諸莘，即此。今爲東昌府莘縣。杜註一云「衛地」，一云「齊地」。高氏以莘去鞌四百餘里，齊侯既親遇晉師境上，即當遏勿使進，何爲不戰引退，縱敵入境四百里而後戰，疑莘亦

里。

棠 襄二十五年齊棠公之妻。

杜註邑名，孟子勸齊王發棠卽此，後謁爲「堂」。今爲東昌府之堂邑縣。

廩丘 襄二十六年齊烏餘以廩丘奔晉。

杜註：「東郡廩丘故城是也。」在今曹州府范縣東南七十里，介平齊、晉、宋、魯、衛之間。

崔 襄二十七年崔成請老于崔。

杜註：「濟南東朝陽縣西北有崔氏城。」崔之宗邑也。今在

當爲近韋之地。今細按左傳本文，莘確是東昌府之莘縣，專屬衛地，與齊無預。詳見犬牙相錯表。

徐關 齊侯自徐關入。

今濟南府淄川縣有徐關。

大隧 襄十九年齊及晉平，盟于大隧。

杜註地闕。或曰在今東昌府高唐州境。

重丘 襄二十五年同盟于重丘。

杜註「齊地」。今東昌府聊城縣東北，跨茌平縣界，有古重丘，爲諸侯會盟處。彙纂云：「濟南府德州亦有重丘城，或

濟南府章丘縣西北二十五里。

邶殿襄二十八年與晏子邶殿其鄙六十。

杜註：「齊別都，以邶殿邊鄙六十邑與晏嬰。」高氏曰：「案晏子春秋景公封晏子于都昌，辭不受。都昌古城在今萊州府昌邑縣西，舊以爲卽邶殿。然古者增封，每因其原封而附益之。晏子本封于晏，在今濟南府齊河縣境，邶殿當亦在此。都昌之說不可通。」余謂高氏之言非也。皇

云會盟處。」以經文考之，公會諸侯于夷儀，同盟于重丘，夷儀爲今北直順德府地，去東昌爲近，自夷儀涉齊境，則其地當在聊城。

寧風昭五年孟、仲之子殺豎牛，投其首于寧風之棘上。

杜註「齊地」。

野井昭二十五年齊侯唁公于野井。

杜註：「濟南祝阿縣東有野井亭。」在今濟南府齊河縣東濟河北岸。

夾谷定十年公會齊侯于夾谷。

杜註「卽祝其」。舊以濟南淄

輿表以高密爲晏子封邑，高密縣屬萊州府，蓋以晏弱滅萊、棠之故。太史公亦謂晏子爲萊之濰夷人。昌邑與高密爲接壤，則其增封非無據。晏城之爲晏，或其未封高密時所食邑耳。

夫于昭十年陳桓子召子周，與之夫于。

杜註：「濟南於陵縣西北有于亭。」案：於陵，齊邑，陳仲子所居。今故城在濟南府長山縣南二十里。

莒陳桓子請老于莒。

川縣西南三十里有夾山，上有夾谷臺，爲定公會齊侯處。案：齊、魯兩君相會，不應去齊若此之近，去魯若此之遠。今泰安府萊蕪縣有夾谷峪，名勝志以爲萊兵劫魯侯處，庶幾近之。

安甫定十年會于安甫。

杜註闕。張洽傳曰「齊地」。

鄎哀十年公會吳，伐齊南鄙，師于鄎。

杜註「齊地」。

清哀十一年齊伐我及清。

杜註：「齊地，濟北盧縣東有清亭。」今爲濟南府之長清

陳私邑，在齊東境，昭三年齊侯田于莒卽此。高氏曰：「取地于莒，遂謂之莒。如鄭取許田而謂之許，楚取沈邑而謂之沈，魯有薛地而謂之薛耳。」

聊、攝昭二十年晏子曰聊、攝以東。

杜註：「齊西界，聊城縣東北有攝城。」案：聊城，齊邑，爲今東昌府治。治城自石晉、汴宋以河患再徙古聊城，在今府治十五里。

攝一作聶。水經注：「聊城縣西二十五里有古聶邑，僖元

縣。又隱四年公及宋公遇于清，杜註：「衞地，濟南東阿縣有清亭。」東阿今屬泰安府，蓋當時濟水流于二邑之間，而清地跨占其左右，故二國皆得有清也。

顧哀二十一年公及齊侯盟于顧。

杜註「齊地」。詩云「韋、顧既伐」，卽此。今曹州府范縣東南有顧城。

留舒哀二十七年齊陳成子救鄭，及留舒，違穀七里，穀人不知。

杜註「齊地」，今泰安府東阿縣西南有留舒城，與東平州

年次于聶北救邢卽此。」蓋齊接壤。
之西界近邢地也。

媚定九年齊侯致禚、媚、杏于衞。
杜註「齊西界」，當在今濟南府禹城縣。禚近魯，見前。

杏
杜註「齊西界」，當在今東昌府博平縣。

賴哀六年公子陽生入齊，使胡姬以安孺子居賴，又遷之于駘。
杜註「齊邑」。哀十年晉趙鞅伐齊，毁高唐之郭，及賴而還，卽此。今濟南府治東近章丘縣界有賴亭。

駘

杜註「齊邑」。或曰在今青州府臨朐縣界。

犂哀十年晉趙鞅伐齊取犂及轅。

杜註：「犂一名隰，濟南有隰陰縣。」大夫隰氏之采邑。在今濟南府臨邑縣西十里。

轅

杜註：「祝阿縣西有轅城。」在今濟南府禹城縣西北。

博哀十一年公會吳伐齊，及博，至于嬴。

杜註「齊邑」，故城在今泰安府泰安縣東南。嬴見桓三

年。

舒州哀十四年陳恒執公于舒州。

史記作徐州，今兖州府滕縣東南薛城是。本薛地，爲齊陳氏邑。案春秋末薛尚存，當是齊侵其近郊之地別置舒州以封陳氏耳。

蒙哀十七年公會齊侯，盟于蒙。

杜註：「東莞蒙陰西有故蒙陰城。」在今沂州府蒙陰縣東十里。

校勘記

〔一〕〔決當爲僖十一年揚拒泉皋之揚〕「一」原脱，據左傳僖公十一年補。

〔二〕〔文十六年有蛇自泉宮出〕「文」原作「成」，據左傳文公十六年改。

春秋列國都邑表卷七之二

錫山　顧棟高復初輯
清河受業吴昭焜道崇參

鄭

都

新鄭

今爲河南許州府之新鄭縣。初宣王封弟桓公友于鄭，居咸林，爲今陝西同州府之華州。幽王時，桓公寄帑于虢、檜。子武公與平王東遷，卒定其地，號曰新鄭，以別于初封之鄭，故城在今縣治西北。

邑

鄢 隱元年鄭伯克段于鄢。

杜註：「今潁川鄢陵縣。」成十六年晉楚戰于鄢陵卽此，在今河南開封府鄢陵縣西南四十里。

制 制，巖邑也。

杜註「鄭邑，今河南成皋縣。」一名虎牢。故城在今開封府

地

城潁 遂寘姜氏于城潁。

杜註「鄭地」，孔穎達曰「卽臨潁縣也」，故城在今許州府臨潁縣西北十五里。

時來 隱十一年公會鄭伯于時來。

杜註：「鄭地，滎陽縣東有釐城。」在今開封府祥符縣東四十里。

其南門曰皇門　宣十二年楚克鄭，入自皇門。吳氏曰：「諸侯國各以其所向之地爲名。皇，周邑，蓋走王畿之道。」

東門曰鄟門　襄十年晉以諸侯之師伐鄭，門于鄟門。吳氏曰：「魯嘗取鄟，衛有鄟澤。鄟門者，國之東門，走魯、衛之道。」

西門曰師之梁　襄十年門于鄟門、師之梁及北門，蓋環其東、西、北三門也。北門無別名，惟曰北門而

汜水縣西。詳見險要。

京 請京使居之。

杜註：「鄭邑，今滎陽京縣。」在今開封府滎陽縣東南二十里。

祭 祭仲

杜註：「陳留長垣縣東北有祭城。」高氏曰：「人但知長垣近衛，鄭不能有，因不取杜說。而括地志遂以管城之祭爲祭仲邑；或又疑爲周祭伯之采地，鄭并之以封仲，非也。祭伯、祭仲同見于隱元年，至莊二十三年尚有祭叔來聘，鄭

狐壤 隱十一年傳公與鄭人戰，于狐壤止焉。

杜註「鄭地」。後漢志潁陰縣有狐宗鄉，疑卽此。

武父 桓十三年公會鄭伯，盟于武父。

杜註：「鄭地，陳留濟陽縣東北有武父城。」水經注：「濟陽縣，故武父城也。」今在直隸大名府東明縣西南，與河南開封府蘭陽縣接界。

滑 莊三年公次于滑。

杜註：「鄭地，在陳留襄邑縣北。」案：後漢志襄邑有滑，此杜氏所本也。今歸德府睢州

已。

其外郭南又有純門

莊二十八年楚伐鄭，衆車入自純門，杜註「鄭外郭門」。

遠郊又有桔柣之門

莊二十八年楚伐鄭，入于桔柣之門，杜註「鄭遠郊門」。正義曰：「此已入一門矣。下又云入自純門，復言縣門不發，不發是內城門，故知純門外郭門，桔柣遠郊門也。」哀二十七年晉知伯伐鄭，入南里，門于桔柣之門，則此兩重門皆當在南，所云內城門當安得取以封仲乎？列國錯壤甚多，祭仲省留取道于宋而被執，則留亦錯入宋境矣。長垣之旁有滑，鄭、衞日争之，然則長垣固亦鄭、衞相接之地耳。」今長垣縣屬北直大名府，南至開封府蘭陽縣九十里。

廩延至于廩延。

杜註：「鄭邑，陳留酸棗縣北有延津。」一名酸棗。襄三十年游吉奔晉，駟帶追之及酸棗，卽此。故城在今衞輝府延津縣北十五里。詳見險要。

潁谷潁考叔爲潁谷封人。

有滑亭。

大陵莊十四年鄭厲公自櫟侵鄭，及大陵獲傅瑕。

杜註「鄭地」，京相璠曰：「潁川臨潁縣東北有故巨陵亭，古大陵也。」在今許州府臨潁縣北三十里。

弭莊二十一年鄭、虢胥命于弭。

杜註「鄭地」，近西鄙，在今許州府密縣境。

扈莊二十三年盟于扈。

杜註：「鄭地，在滎陽卷縣西北。」後漢志卷縣有扈城亭，今原武縣西北扈亭是也。原

係皇門矣。
純門之內有逵市
莊二十八年入自純門及逵市，杜註「逵市，郭內道上市」。
皇門之內有逵路
宣十二年入自皇門，至于逵路，杜註「途方九軌曰逵」，蓋國中之道也。
南又有時門
昭十九年鄭大水，龍鬬于時門之外洧淵，杜註：「時門，鄭城門。」洧水在鄭城南，故知是城南門。
遠郊東又有渠門

孔穎達曰「鄭邊邑」。水經注「潁水出陽城陽乾山之潁谷」。在今河南府登封縣。
長葛隱五年宋人伐鄭，圍長葛。
杜註：「潁川長社縣北有長葛城。」在今許州府長葛縣北十二里。
牛首桓十四年宋以諸侯伐鄭，伐東郊取牛首。
杜註「鄭邑」，今開封府陳留縣西南十一里有牛首城。
新城僖六年伐鄭，圍新城。
杜註：「鄭新密，滎陽密縣。」今許州府密縣東南三十里有

武向屬開封府，今改屬懷慶府。
桐丘莊二十八年鄭人將奔桐丘。
杜註：「許昌東北有桐丘。」今陳州府扶溝縣西二十里有桐丘亭，即此。
柯澤僖二十二年鄭文夫人勞楚子于柯澤。
杜註「鄭地」。襄十四年衞孫氏敗公徒于阿澤，水經注作柯澤，此在東阿，非鄭之柯澤也。
踐土僖二十八年晉文公還至衡雍，作王宮于踐土。

桓十四年宋伐鄭，焚渠門，入及大逵，伐東郊，杜註：「渠門，鄭城門。」據傳文言之，亦當爲遠郊之門。其城東門，當卽鄟門矣。

西又有墓門

襄三十年伯有自墓門之瀆入，國西門也。

又有舊北門

襄三十年伯有介于襄庫以伐舊北門。

其內宮之北門曰閨門

昭元年鄭爲游楚之亂，諸大夫私盟于閨門之外，實薰隧，

故密城。

氾水僖二十四年王適鄭，處于氾。

杜註：「鄭南氾也，在襄城縣南。」襄城今屬許州府。

鄶城 僖三十三年公子瑕葬鄶城之下。

杜註：「故鄶國，在滎陽密縣東北。」案：鄭取鄶不居其都，故別有鄶城。今在許州府密縣東北五十里。

管宣十二年晉師救鄭，楚子次于管以待之。

杜註：「滎陽京縣東北有管城。」在今開封府鄭州北二

杜註「鄭地」。括地志：「滎澤縣西北十五里有王宮城，城內東北隅有踐土臺，去衡雍三十餘里。」滎澤今屬開封府。

衡雍

杜註：「鄭地，今滎陽卷縣。」今懷慶府原武縣西北五里有衡雝城，卽衡雍也。

氾南僖三十年晉、秦圍鄭，晉軍函陵，秦軍氾南。

杜註：「此東氾也，在滎陽中牟縣南。」中牟今屬開封府。

函陵見山川。

杜註「鄭城門」。或曰：「閨門，鄭内宮北門也。」薰隧如後世複道。

其東南門曰倉門

襄十年尉止之亂，子産請焚載書于倉門之外。倉門，鄭之東南門，以面石倉城得名。石倉城在陳留西南七十里。

南郊有周氏之汪

桓十五年祭仲殺雍糾，尸諸周氏之汪，杜註：「汪，池。」吴氏曰：「鄭大夫周氏之池，在南郊，近桔柣之門。」

又有周氏之衢

里，即管叔鮮所封國。管除屬檜，檜滅屬鄭。

鄤成三年諸侯伐鄭，鄭公子偃使東鄙覆諸鄤。

路史曰：「春秋鄭邑。商武丁封季父于河北曼，曰曼侯，優鄤其出也。」

汜、祭成四年晉伐鄭，取汜、祭。

吴氏曰：「此爲二邑。汜即成皋之汜，祭即中牟之祭亭。」也，在今開封府洧川縣東南。

今俱屬開封府。

虛、滑成十七年鄭子駟侵晉虛、滑。

杜註：「晉二邑。」滑，故滑國，爲秦所滅，時屬晉。案：成十

垂隴文二年盟于垂隴。

杜註：「鄭地，滎陽縣東有隴城。」今在開封府滎澤縣東北。

匡文元年衞孔達侵鄭，取綿訾及匡。

杜註：「匡在潁川新汲縣東北。本衞地，中屬鄭。」今陳州府扶溝縣西有匡城。定六年公侵鄭取匡，此鄭國之匡也，在今開封府洧川縣東南。

中文八年晉致鄭公壻池之封，自申及虎牢之境。

杜註「鄭地」，當在今開封府汜水縣界。

昭二年子産殺公孫黑，尸諸周氏之衢，加木焉，杜註：「衢，道也。」

宮有西宮、有北宮

襄十年尉止攻執政于西宮之朝，殺子駟、子國、子耳，劫鄭伯以如北宮，杜註「公宮也」。

里有南里

襄二十六年楚伐鄭，入南里，墮其城，涉于樂氏，門於師之梁，縣門發，獲九人焉。南里在新鄭縣南五里，杜註謂爲鄭邑非也，當是城門外之里耳。哀二十七年知伯伐鄭入

三年呂相絶秦曰「殄滅我費滑」，孔疏滑卽費，春秋更無費國，蓋國、邑並舉也。自後更歷晉、歷鄭、歷周。秦滅之而不能有，爲晉得。然其地近鄭，在所必争，是年所以侵晉虛、滑也，時蓋屬晉。襄十八年楚公子格帥師侵鄭費滑、胥靡，此時滑又屬鄭。至定六年鄭伐周馮、滑、胥靡，此時滑又屬周。鄭之始終不忘情于滑可知矣。周人又謂之侯氏。〔一〕緱氏故城在今河南府偃師縣南二十里。

棐文十三年鄭伯會公于棐。

卽棐林。宣元年諸侯會晉師于棐林，杜註：「鄭地，滎陽宛陵縣東南有林鄉。」今開封府新鄭縣東二十五里林鄉城是其地也。

北林宣元年諸侯伐鄭，楚蔿賈救之，遇于北林。

杜註：「鄭地，滎陽中牟縣西南有林亭。」在鄭北，今屬開封府。

邲宣十二年晉、楚戰于邲。

杜註「鄭地」，今開封府鄭州東六里有邲城。

南里，門于桔柣之門，杜以桔柣爲遠郊門，則此更當在遠郊門之外。總之，由城而郭而郊，南道之里皆謂之南里。杜於昭二十一年華氏以南里叛亦云宋城内里名，何于此獨異，不過因「隳其城」三字耳。然鄭因邊楚，或更于郊外築城捍禦未可知，實非邑也。若已得邑，楚早已逞而歸，不須更涉樂氏，從南折轉更攻西門。蓋楚、鄭非有深怨，直因欲悦許之心，以伐鄭爲名耳。觀子產之言可見矣。論語東

梧襄十年晉師城梧及制。

杜註「鄭舊地」。嚴氏啟隆曰：「梧與制皆虎牢之旁邑，城之所以翼虎牢。」案：隋書滎陽縣有梧桐澗，疑即梧也。制即北制，杜註：「鄭邑，河南成皋縣。」在今開封府鄭州之北。

舊許襄十一年諸侯伐鄭，東侵舊許。

杜註：「許之舊國，鄭新邑。」案：成十五年許遷于葉，則許之舊地爲鄭所有，故謂之舊許。故許城在今許州府東三十里。

郔楚子北師次于郔。

杜註「鄭北地」。或云即廩延。

蟲牢成五年同盟于蟲牢。

杜註：「鄭地，陳留封丘縣北有桐牢。」今桐牢亭在開封府封丘縣北三里。

繞角成六年晉欒書救鄭，與楚師遇于繞角。

杜註「鄭地」。杜佑通典汝州魯山縣東南有繞角城。

脩澤成十年鄭子然與晉盟于脩澤。

杜註：「滎陽卷縣東有脩武亭。」今在懷慶府原武縣北。

訾成十三年鄭公子班自訾求入于大

里子産，邢疏亦曰「東里，鄭城中里名」，則南里之爲里益明矣。

有中分

襄九年鄭及楚平，楚公子罷戎入盟，同盟于中分，杜註：「中分，鄭城中里名。」

其城南曰洧上

襄元年晉伐鄭，敗其徒兵於洧上。杜註：「洧水出密縣，東南至長平入潁。」案：洧水出密縣馬嶺山，又東過新鄭縣南，鄫水自西北來會之，即晉敗鄭徒兵處。鄫一作溱，蓋

胥靡襄十八年楚蒍子馮帥師侵費滑、胥靡、獻于、雍梁。

杜註鄭邑。

獻于

杜註鄭邑。

雍梁

杜註：「鄭邑，河南陽翟縣東北有雍城。」襄三十年伯有奔雍梁，即此。在今許州府禹州東北。

宛襄二十四年晉求御于鄭，鄭人卜宛射犬吉。

水經注：「溴水自長社故城逕皇臺，又東南逕宛亭，即鄭大

宫。

杜註「鄭地」。高氏曰：「此即周之訾，在河南府鞏縣西南。」

鳴鴈成十六年晉侯伐鄭，至于鳴鴈。

杜註：「在陳留雍丘縣西北。」今開封府杞縣北四十里有白鴈亭。

督揚成十六年諸侯伐鄭，我師次于督揚，不敢過鄭。

杜註「鄭東地」。案：襄十九年諸侯自沂上盟于督揚，杜以督揚即祝柯，係齊地，在今山東濟南府長清縣北，與此

溱水在城北，洧水在城南也。

昭十九年龍鬬于時門之外洧淵，亦在此。

津曰樂氏

襄二十六年楚入南里，涉于樂氏，門于師之梁。杜註：「樂氏，津名。」洧水濟渡處。蓋楚師南來正當洧水，復涉洧而西更攻西門也。師之梁爲鄭西門。

廟有周廟

昭十八年鄭人救火，使祝史徙主祏于周廟。杜註：「周廟，厲王廟也。」案春秋宋、魯、

夫宛射犬之食邑。」

城麇 襄二十六年楚侵鄭，至于城麇。

杜註鄭邑。

犨 昭元年楚城犨、櫟、郟。

杜註犨縣屬南陽，本鄭邑，此時已入楚。史記沛公與秦南陽守莊齕戰于犨東即此。今汝州魯山縣東南有犨縣故城。

郟 見上。

杜註：「郟縣屬襄城，本鄭邑。」此時已入楚。二世元年陳勝將鄧龍居郟，章邯破之，即此。今爲汝州郟縣。

不同。

制田 諸侯遷于制田。

杜註：「滎陽宛陵縣東有制澤。」在今開封府新鄭縣東北。

戲童 成十七年諸侯伐鄭，自戲童至于曲洧。

水經注「氾水出浮戲之山」，在今開封府氾水縣南四十里，襄九年諸侯盟於戲即此。

曲洧

杜註：「今新汲縣治曲洧城臨洧水。」在今開封府洧川縣南。

柯陵 成十七年同盟于柯陵。

鄭、衛四國俱有所出王之廟。宋祖帝乙，鄭祖厲王，俱立廟。正義曰：「宋以王者之後，故得立。而周制，王子有功德出封者，得廟祀所出之王。魯以周公故得立文王之廟。襄十二年傳魯爲諸姬臨于周廟。杜註：『周廟，文王廟也。』鄭之桓、武，世有大功，故得立厲王之廟。哀二年蒯聵禱云敢昭告皇祖文王，是衛亦立文王廟也。」案：注、疏因魯、鄭俱有周廟之文而傅會之，其實左氏不足信也。或是當

彌作六邑

哀十二年宋、鄭之間有隙地焉，曰彌作、頃丘、玉暢、嵒、戈、錫，〔二〕子產與宋人爲成，曰：「勿有是。」杜註：「凡六邑。」

玉暢

今開封府杞縣東北三十里有玉帳，或云古玉暢。案：杞縣爲春秋宋地，北與陳留接壤，傳曰宋、鄭之間，或卽是也。

戈

故夏國，卽豷所封，杜云戈在宋、鄭之間，故知卽是邑矣。

杜註「鄭西地」。

汝上 楚師于汝上。

汝水出汝州魯山縣，蓋鄭、楚之界。

鄫 襄元年諸侯之師次于鄫。

杜註：「鄭地，在陳留襄邑縣東南。」襄邑今爲歸德府睢州。

城棣 襄五年諸侯會于城棣以救陳。

杜註：「鄭地，陳留酸棗縣西南有棣城。」寰宇記有南棣城、北棣城，在陽武北十里。二棣城之間有博浪沙亭，卽子房擊始皇處。陽武縣今屬

時諸侯僭禮未可知耳。

有大宮

前傳使子寬、子上巡羣屏攝，至于大宮。杜註：「大宮，鄭祖廟。」當是始封君桓公之廟耳。

逵

城内城外俱有九軌之道曰大逵。隱十一年鄭授兵大宮，子都與潁考叔争車，拔棘以逐潁考叔，及大逵，弗及。正義曰：「涂方九軌，天子之制，侯國不得皆有。惟鄭獨有之，故傳於鄭國每言逵。此大逵

錫

路史：「商末錫疇子斯其先爲御姓，國在宋、鄭之間，鄭滅之以處宋元公之孫。」卽錫邑也。餘未詳。

開封府。

鄬襄七年會于鄬以救陳。

杜註鄭地。

鄵鄭伯卒于鄵。

杜註鄭地。

陰坂襄九年諸侯濟于陰坂，次于陰口而還。

杜註：「陰坂洧水津。陰口，鄭地名。」在今開封府洧川縣北。

陽陵襄十年諸侯伐鄭，至於陽陵。

杜註「鄭地」，在今許州府西北。

瑣襄十一年諸侯次于瑣，圍鄭，觀兵

近祖廟，當在城門之内。桓十四年焚渠門，入及大逵，下云伐東郊；莊二十八年入自純門及逵市，下云縣門不發，則當在城門之外郭門之内也。杜以純門爲外郭門，逵市爲郭内道上市，是城内城外俱有逵路。劉炫以爲國國皆有逵道，以規杜氏，非也。」

櫟爲鄭别都

桓十五年鄭伯突入于櫟，杜註：「鄭别都，河南陽翟縣。」今爲許州府禹州。李氏曰：「春秋書突入櫟而不書其入于南門。

杜註：「滎陽宛陵縣西有瑣侯亭。」在今許州府新鄭縣北。

向襄十一年諸侯會于北林，師于向。

杜註「鄭地」，十四年會吴于向即此。今開封府尉氏縣西南四十里有向城。

亳城同盟于亳城北。

杜註「鄭地」，當在今河南府偃師縣西二十里。

蕭魚會于蕭魚。

杜註鄭地。

斗城襄三十年子産葬伯有于斗城。

杜註「鄭地」，今開封府陳留

鄭，所以著强都之害，如書晉滅下陽之義。」櫟後屬楚。

高氏

成十七年衛北宮括侵鄭至于高氏，杜註「在陽翟縣西南」，卽今禹州。

上棘

襄十八年楚伐鄭，右師城上棘，遂涉潁，次于旃然。杜註：「將涉潁，故于水邊權築小城，以爲進退之備。」郡縣志陽翟有上棘城，今在禹州南。

縣南三十五里有斗城。

菟氏昭五年鄭伯勞屈生于菟氏。

杜註「鄭地」。寰宇記菟氏城在開封府尉氏縣西北四十里。

索氏鄭勞韓宣子于索氏。

杜註：「河南成皋縣東有大索城。」今開封府滎陽縣東北三十里有京城，大索城在京城西二十里，其東北四十里爲小索城。楚、漢戰于京、索間，卽此。

圃韓宣子自楚反，鄭伯勞諸圃。

杜註「鄭地」。陳留風俗傳曰：

「圉，故陳地。鄭取之，苦楚之難，修干戈以虞患，故曰圉。」在今開封府杞縣南五十里。

柤昭六年鄭伯勞楚公子棄疾于柤。

杜註「鄭地」。襄十一年會吳于柤，此係楚地。蓋有二柤。

皋鼬定四年盟于皋鼬。

鄭氏曰：「鄭地，成皋也。」杜註：「繁昌縣東北有成皋亭。」今在許州府臨潁縣界。

宋

都

商丘

今爲河南歸德府之商丘縣。初成王既殺武庚，命微子啟代殷後，國號宋，亦曰商。昭八年魯蒐于紅，革車千乘自根牟至於商、衞，釋例曰商、宋一地是也。今城西南有商丘，周三百步，世稱閼臺。

其正東門曰揚門

昭二十一年華向之亂，公自揚門見公徒，下而巡之，杜

邑

黃隱元年傳惠公之季年敗宋師于黃。

杜註：「宋邑，陳留外黃縣東有黃城。」寰宇記歸德府考城縣西三十六里有黃溝，西距外黃城四里，卽魯惠公敗宋師處。

郜隱十年辛未取郜。

杜註：「濟陰成武東南有郜城。」案：郜有北郜，有南郜。北郜爲郜國，桓二年取郜大鼎于宋，杜註「郜國所造器」

地

老桃隱十年公會齊侯、鄭伯于老桃。

杜註「宋地」。戰國策高誘注曰「任城有桃聚」。今山東兗州府濟寧州城北有桃鄉城。

菅隱十年公敗宋師于菅。

杜註「宋地」，當在今山東曹州府單縣北境。

稷桓二年會于稷，以成宋亂。

杜註「宋地」，當在今歸德府境。

穀丘桓十二年公會宋公、燕人，盟于

註：「揚門，正東門名。」

東城南門曰澤門。

襄十七年皇國父爲太宰，爲平公築臺，築者謳曰「澤門之晳，實興我役」。杜註：「澤門，宋東城南門也。」孟子魯君之宋呼于垤澤之門，卽此。

其北門曰桐門

哀二十六年得夢啟北首而寢于盧門之外，己爲烏而集諸其上，〔三〕咮加于南門，尾加于桐門。杜註：「桐門，北門。」

西門無名

襄九年宋災，祝宗用馬于四

是也。又有南鄗，爲宋邑，在北鄗城南二里。今山東曹州府城武縣東南二十里有鄗城。

亳莊十二年宋萬弑閔公，羣公子奔蕭，公子御說奔亳。

杜註：「宋邑，蒙縣西北有亳城。」在今商丘縣西北。案：周書立政有「三亳阪尹」，皇甫謐曰：「蒙爲北亳，穀熟爲南亳，偃師爲西亳。」此蓋北亳也，湯始興時所居。孟子曰「湯居亳，與葛爲鄰」。亦名薄。僖二十一年公會諸侯盟

穀丘。

杜註「宋地」。左傳云句瀆之丘，杜註「卽穀丘也」。方輿紀要云在今山東曹州府曹縣北三十里。

虛公會宋公于虛。

杜註「宋地」，疑在睢州境。

龜公會宋公于龜。

杜註「宋地」，疑在睢州境。

袲桓十五年會于袲，伐鄭。

杜註：「宋地，沛國相縣西南有袲亭。」今在江南鳳陽府宿州。

幽莊十六年同盟于幽。

墉，祀盤庚于西門之外。

東南城門曰盧門

昭二十一年華氏居盧門以叛，杜註：「盧門，宋東南城門。」

又有曹門

成十八年鄭伯侵宋，及曹門，杜註「宋城門」。案：侯國各以所向之地爲名，此蓋走曹之道，曹在宋西北，則亦西北門矣。

又有蒙門

襄二十七年宋公及諸侯之大夫盟于蒙門之外，杜註「宋城

于薄，釋宋公；哀十四年桓魋請以鞌易薄，公不可，曰：「薄，宗邑也。」卽此。

穀熟之亳，湯所遷也。伊尹曰：「天誅造攻自牧宮，朕載自亳。」卽此。今商丘縣東南四十里有穀熟故城。

偃師之亳，湯伐商時所居也。書序「湯居亳，從先王居」，孔安國曰：「契父帝嚳居亳，湯自商丘遷焉。」以二亳俱在商丘境，故曰自商丘遷也，在今河南府偃師縣城西二十里。春秋時係鄭地，襄十一年同

杜註「宋地」，當在今歸德府考城縣界。

梁丘 莊三十二年齊侯、宋公遇于梁丘。

杜註：「在高平昌邑縣西南。」穀梁傳梁丘在曹、邾之間，去齊八百里。張氏曰：「齊不以伯主自居，以梁丘近宋而先之也。」今山東曹州府城武縣東北三十里有梁丘山，山南有梁丘城，與兗州府金鄉縣接界。

檉 僖元年會于檉。

杜註：「宋地，陳國陳縣西北有

門」。案：宋有蒙邑，故有蒙門。今歸德府治東北有蒙城，則亦東北門矣。

外城門曰桑林門

昭二十一年宋城舊墉及桑林之門，杜註：「舊墉，故城。桑林，城門名。」

其關門曰耏門

宋武公之世，耏班御皇父充石獲長狄緣斯，宋公以門賞耏班，使食其征，謂之耏門。杜註耏門關門是也。

里有南里

昭二十一年華氏居盧門以南

盟于亳城北，即此。

蕭見上。

杜註：「宋邑，沛國蕭縣。」今江南徐州府蕭縣北十里有蕭城。光武封蕭王，即此。案：蕭本宋邑，是年蕭叔大心殺南宮牛立桓公有功，宋封之以爲附庸，自是遂爲國。莊二十三年蕭叔朝公，穀梁云「微國之君未爵命者」。至宣十二年，楚莊王滅蕭。然楚雖滅之而不能有，還爲宋邑。襄十年楚子囊、鄭子耳伐我西鄙，還圍蕭，克之；定十一

貍城。」公羊作朾，左傳作犂。今陳州府西北有犂城，即貍也。

貫僖二年齊、宋、江、黃盟于貫。

杜註：「宋地，梁國蒙縣西北有貰城，『貰』與『貫』字相似。」在今山東曹州府曹縣西南十里。

多魚齊寺人貂始漏師于多魚。

杜註闕。高氏曰：「時爲貫澤之盟，蓋在宋境也。」當在今歸德府虞城縣界。

葵丘僖九年會于葵丘。

杜註：「宋地，陳留外黃縣東

里叛，杜註宋城内里名，近盧門地。穀梁謂宋之南鄙，誤也。

又有新里、公里

前傳敗華氏于新里，杜註云「華氏所取邑」，恐未然。意亦城内里名，如前南里之類耳。詳見正譌表。

其舊都曰舊鄘

高氏曰：「殷之先相土嘗居商丘。商丘爲宋舊都，有城。昭二十一年宋城舊鄘及桑林門以守；桑林之舞爲宋享祖廟之樂；又書傳湯禱于桑林之社；呂氏春秋立湯後于宋，

年宋公之弟辰入于蕭以叛，是仍爲宋邑之明證也。

緡僖二十三年齊侯伐宋圍緡。

杜註：「宋邑，高平昌邑縣東南有東緡城。」古緡國。昭四年椒舉曰「桀爲仍之會，有緡叛之」，卽此。今在山東兖州府金鄉縣東北三十里。

彭城成十八年楚、鄭伐宋，宋魚石復入于彭城。

杜註：「宋邑，今彭城縣。」舊爲大彭氏國，春秋時爲宋地。項羽都此，爲西楚霸王。時號江陵爲南楚，陳爲東楚，彭

有葵丘。」今在歸德府考城縣東三十里。

次睢之社僖十九年宋公使邾子用鄫子于次睢之社。

杜註：「睢水次有妖神，東夷人皆祠之，蓋殺人而用祭。」後漢志臨沂縣有叢亭。博物志縣東界次睢有大叢社，民謂之食人社。今在山東沂州府治蘭山縣境。

鹿上僖二十一年宋、齊、楚盟于鹿上。

杜註：「宋地，汝陰有原鹿縣。」今江南潁州府太和縣西

以奉桑林，桑林卽在商丘之境，廟社所在，知爲舊都明矣。」

宮曰沃宮

哀二十六年大尹奉公自空桐入如沃宮，杜註：「沃宮，宋都內宮名。」

又有少寢之庭

前傳六子盟於少寢之庭，少寢卽小寢。

又有東宮

莊十二年宋萬弒閔公，遇太宰督於東宮之西，又弒之。

有蒙澤

城爲西楚。晉立徐州，東晉時嘗爲重鎮。明亦爲徐州，直隸南京。今陞府，治銅山縣。

夷庚西鉏吾曰：今將崇諸侯之姦而披其地，以塞夷庚，毒諸侯而懼吴、晉。

杜註：「吴、晉往來之要道。」

案：吴、晉往來必由彭城。襄十年晉悼公會吴于柤，遂滅偪陽，以予宋。柤爲楚地，偪陽爲楚與國，俱在徐州府沛縣，與山東兗州府嶧縣南接界，亦所以通吴、晉往來之道也。

呂、留襄元年楚子辛救鄭侵呂、留。

有原鹿城。

孟僖二十一年宋公、楚子會于孟。

杜註「宋地」，今歸德府睢州有孟亭。

承筐文十一年叔仲彭生會晉郤缺于承筐。

杜註：「宋地，在陳留襄邑縣西。」今歸德府睢州西三十里有故承筐城。

長丘文十一年傳初宋武公之世鄋瞞伐宋，宋敗之于長丘。

杜註「宋地」，在今開封府封丘縣南八里，卽白溝也。音轉爲「翟」。孟康曰「春秋敗

前傳宋萬弑閔公于蒙澤，杜註：「宋地，梁國有蒙縣。」今商丘縣北有蒙澤。案：高氏謂蒙爲宋邑，非也。下文云遇仇牧於門批而殺之，遇太宰督於東宮之西又殺之，則蒙澤當在宮門之內。意蒙水之引入宮牆内爲遊觀，如齊桓公乘舟于囿之類耳。公羊云「婦人皆在側」，則此爲宮中燕私之地可知。

逢澤

哀十四年宋皇野語向巢「迹人來告逢澤有介麇焉」。杜

杜註：「呂、留，二縣，今屬彭城郡。」卽宋之二邑。呂縣，漢置，泗水至呂城積石爲梁，故曰呂梁。今呂梁城在徐州府治北五十里，中河分司駐焉。留縣，秦置，張良遇漢高於此，因封留侯。水經注：「濟水過沛縣東北，又東南過留縣北，卽春秋呂、留也。」今屬徐州府，爲運道所經。

犬丘 襄元年鄭子然侵宋取犬丘。

杜註：「譙國酇縣東北有太丘城。迂迴，疑。」案：太丘地不

翟于長丘，今翟溝」，是。

新城 文十四年公會諸侯及晉趙盾于新城。

杜註：「宋地，在梁國穀熟縣西。」今商丘縣西南有新城亭。

大棘 宣二年宋、鄭戰于大棘。

杜註：「在陳留襄邑縣南。」今歸德府睢州西曲棘里有棘城，又寧陵縣西南七里有大棘城，亦與睢相近。水經注云後其地爲楚莊所併，故大棘有楚太子建墳、伍員釣臺。

沙隨 成十六年會于沙隨。

註：「地里志言逢澤在滎陽開封縣東北，遠，疑非。」正義曰：「宋都睢陽，計去開封四百餘里，非輕行可到，故杜以遠疑。蓋於宋都之旁別有近地名逢澤耳。」

廟有太廟，亦曰大宮

襄三十年宋災，傳或叫于宋太廟，曰「譆譆，出出」；哀二十六年大尹殯公于大宮三日，而後國人知之。案：左傳謂宋、魯、鄭俱有所出王之廟，魯之周廟爲文王廟，鄭之周廟爲厲王廟。而魯之太廟、

近鄭，故杜以爲疑。然是時楚方侵宋取呂、留，鄭蓋爲楚取也。今歸德府永城縣西北三十里有太丘集，與夏邑接界，大河經此，東北流入碭山境。酇縣，漢屬沛郡，音嵯，非蕭何所封邑。

雍丘哀九年宋皇瑗取鄭，師于雍丘。

杜註：「雍丘縣屬陳留。」案：杞封雍丘，杞遷東國，地屬宋，今爲開封府杞縣治。

城鉏哀十一年衛太叔疾奔宋，臣向魋納美珠焉，與之城鉏。

杜註「宋邑」，今衛輝府滑縣

杜註：「宋地，梁國寧陵縣北有沙隨亭。」今沙隨城在歸德府寧陵縣西六里。

汋陵成十六年鄭子罕伐宋，敗宋師于汋陵。

杜註「宋地」，今歸德府寧陵縣南二十五里有汋陵城。

朝郟成十八年鄭會楚子伐宋，取朝郟。楚子辛、鄭皇辰侵城郜，取幽丘。

杜註「宋地」，當在今歸德府夏邑縣界。

城郜

杜註「宋地」，當在今江南徐州府蕭縣界。

鄭之大宮爲始封君伯禽、桓公之廟，則宋之太廟亦僅當爲微子之廟。宋祖帝乙，帝乙更當立商廟以祀，而傳無所見。

東十五里有鉏城。其後更屬衞。哀二十五年衞侯出奔宋適城鉏，杜註：「城鉏，衞之近宋邑。」二十六年衞悼公立，以城鉏與越人；出公在城鉏以弓問子貢，是也。

戶牖哀十三年會于黄池，吳人囚子服景伯而還，及戶牖歸之。

杜註：「戶牖，陳留外黄縣西北東昏城是。」今東昏故城在開封府蘭陽縣東北二十里。

鞌哀十四年向魋請以鞌易薄。

杜註「向魋邑」。

曹向魋入于曹以叛。

幽丘

杜註「宋地」，當在蕭縣界。

靡角之谷成十八年晉侯遇楚師于靡角之谷。

杜註「宋地」。案：彭城之役，晉、楚遇于靡角之谷，晉將遁矣。用雍子謀，楚師宵潰，晉降彭城而歸諸宋。則靡角之谷當爲近彭城地。

虛朾諸侯同盟于虛朾。

杜註闕，或云卽宋之虛也。

訾毋襄十年楚伐宋，師于訾毋。

杜註「宋地」，當在歸德府鹿邑縣境。

杜註哀八年宋滅曹以爲邑。
曹國卽今山東曹州府之曹
縣。
空澤哀二十六年宋景公遊于空澤，
卒于連中，大尹興空澤之士千甲，奉公
自空桐入。
杜註「宋邑」，在今歸德府虞
城縣東。水經注所謂「獲水
又東南逕空桐澤北」，是也。
空桐
杜註：「梁國虞縣東南有地名
空桐。」今虞城縣空桐澤有空
桐亭。
連中

楊梁襄十二年楚子囊、秦庶長無地
伐宋，師于楊梁。
杜註：「梁國睢陽縣東有地名
楊梁。」今在歸德府城東南三
十里。
合襄十七年合左師。
彭城古蹟志徐州沛縣有合
鄉，近志合鄉在嶧縣西北。
晉滅偪陽以封向戍，是就其
初封益之也。二縣本接壤。
鬼閻昭二十年宋八公子之徒與華氏
戰于鬼閻。
杜註：「潁川長平縣西北有閻
亭。」今陳州府西華縣東北閻

杜註「館名」。名勝志連中館在空澤，後遺址高二丈。

倉亭城是也。

鴻口昭二十一年齊師、宋師敗吴師于鴻口。

杜註：「梁國睢陽縣東有鴻口亭。」今在歸德府商丘、虞城二縣界。

赭丘與華氏戰于赭丘。

杜註「宋地」，後漢志陳國長平縣有赭丘城，應在今陳州府西北境。

曲棘昭二十五年宋公卒於曲棘。

杜註：「宋地，陳留外黄縣城中有曲棘里。」當在今開封府杞縣境。

老丘 定十五年鄭罕達敗宋師于老丘。杜註「宋地」，今開封府陳留縣東北四十五里有老丘城。

蕖蒢 鄭伐宋，齊侯、衛侯次于蕖蒢。杜註「宋地」，今無考。

衞

都

朝歌 在今河南衛輝府之淇縣。漢書地理志曰：「河内本殷舊都。周既滅殷，分其畿内爲三。邶，以封紂子武庚；鄘，

邑

清 隱四年公及宋公遇于清。杜註：「衛邑，濟北清河縣有清亭。」水經注：「濟水自魚山而北逕清亭東。」京相璠曰今東阿縣東北四十里有清亭，

地

牧 隱五年鄭人侵衛牧。杜註「衛地」，卽商之牧野。杜佑曰「汲郡古牧野地」，在今衛輝府治汲縣西南二十五里。

管叔尹之；衛，蔡叔尹之，以監殷民，謂之三監。武王崩，三監畔，周公誅之，盡以其地封康叔，遷邶、鄘之民于洛邑。」今淇縣東北有朝歌城。張洽集傳以爲在淇縣北關西社是也。邶城在府治汲縣東北。鄘城在新鄉縣西南三十二里。自衛遷楚丘，河内殷虚更屬于晉。

遷楚丘

今爲河南衛輝府之滑縣。閔二年衛懿公爲狄所滅，遺民渡河，立戴公以廬于曹。至

濟水通得清之目焉。」在今山東泰安府東阿縣東北。

蒲桓三年齊侯、衛侯胥命于蒲。

杜註「衛地，在陳留長垣縣西南」，後爲甯氏邑。在衛西，與晉、楚接界。衛靈公曰：「蒲，衛之所以待晉、楚也。」甯殖以蒲出獻公，甯氏誅，繼受蒲者爲公叔氏，出于獻公，復以蒲叛。是蒲爲衛之巖邑矣。今爲直隸大名府長垣縣治。宋嘉定十三年，〔四〕金主珣自黃陵岡向河北，行至蒲城東，登舟渡河，遇風。

垂隱八年宋公、衛侯遇于垂。

杜註「衛地」。左傳作犬丘，一地兩名。「濟陰句陽縣東北有垂亭」。今山東曹州府曹縣北三十里句陽店是其地。

越桓元年公及鄭伯盟于越。

杜註「近垂地名」，當在山東曹州府曹縣附近。

桃丘桓十年公會衛侯于桃丘，弗遇。

杜註：「衛地，濟北東阿縣東南有桃城。」今山東泰安府東阿縣西五十里有桃城鋪，旁有一丘，高可數仞，卽桃丘也。

僖二年齊桓公封衛于楚丘。曹近楚丘，俱在滑縣。

又遷帝丘

今爲北直大名府之開州。僖三十一年狄圍衛，衛成公遷于帝丘。杜註：「今東郡濮陽縣，故帝顓頊之虛，故曰帝丘。」又曰：「濮陽，以地在濮水北也。」故城在今開州治西南三十里。

其城門有閬門

昭二十年齊豹之亂，公聞亂，乘驅自閬門入。正義曰：「閬門，衛城門。蓋偏側之門，其

蒙古兵追至南岸，後軍皆敗。蓋當時大河尚在今縣北。

鄄莊十四年會于鄄。

杜註：「衛地，今東郡鄄城。」後爲齊豹邑。昭二十年，衛公孟彄與齊豹狎，奪之司寇與鄄，卽此。鄄讀「絹」。漢末爲兗州治，曹操創業於此。水經注：「鄄城在河南岸十八里，河上之邑最爲險固。」今山東曹州府濮州東二十里舊城集故鄄城也。

共閔二年狄滅衛，衛之遺民七百有三十人，益之以共、滕之民，立戴公以廬

莘桓十六年衛宣公使急子於齊，使盜待諸莘，將殺之。

杜註：「衛地，陽平縣西北有莘亭。」道阨險，自衛適齊之道。輿地志云陽平之莘有衛宣公二子爭死處。今山東東昌府莘縣北莘亭故城是也。成二年戰鞌傳師從齊師于莘，卽此地。左傳云至衛地，卽指下文之莘而言。

首止桓十八年齊侯師于首止。

杜註：「衛地，陳留襄邑縣東南有首鄉。」僖五年會王世子于首止，卽此。在今河南歸

路遠齊氏。」故疾驅從此入。

又有南門、東門

定六年魯侵鄭，不假道于衛。陽虎使季、孟自南門入，出自東門，舍于豚澤。

又有北門

哀二十六年越納衛侯輒，公孫彌牟請自北門出。

又有西門

定十年晉趙鞅圍衛，邯鄲午以徒七十人門於衛西門。

豚澤

蓋東門外近城之地。

其郭門曰蓋獲之門

于曹。

杜註：「共及滕，衛別邑。共國，今汲郡共縣。」案：漢志：「共縣，故國。北山，淇水所出。」孟康曰：「共伯入爲三公者。」蓋其地逼近衛都，故先爲國而後并于衛也。古共城爲今衛輝府輝縣治。

曹

杜註「衛下邑」，正義云：「當在河東，近楚丘。」今爲滑縣。

見衛都。

匡僖十五年諸侯盟于牡丘，遂次于匡。

德府睢州治東南，接寧陵縣境。

城濮莊二十七年公會齊侯于城濮。

杜註：「衛地，將討衛之立子頹。」是時王命齊桓爲侯伯。僖二十八年晉文敗楚于城濮，卽此。今山東曹州府濮州南七十里有臨濮城。

鹹僖十三年會于鹹。

杜註：「衛地，東郡濮陽縣東南有鹹城。」在今直隸大名府開州東南六十里。文十一年得臣敗狄于鹹，自爲魯地，別見。

昭二十年公孟有事于蓋獲之門外，杜註「衛郭門」。

死鳥

昭二十年公如死鳥，蓋郭門外之地。據傳云：公遂出，華寅閉郭門，踰而從公；析朱鉏宵從竇出，徒行從公。必去郭門不遠。又齊公孫青來聘，從諸死鳥，親執鐸，終夕與於燎。當是郭門外東向適齊之地也。

馬路之衢

褚師子申遇公于馬路之衢，遂從，過齊氏。此當爲城門

杜註：「匡在陳留長垣縣西南。」文八年晉侯使解揚歸匡、戚之田于衛，杜註：「匡本衛邑，中屬鄭。孔達伐不能克，今晉令鄭還衛。」論語子畏于匡卽此。史記孔子自匡至蒲，括地志蒲城在匡城縣北十五里，今俱在直隸大名府長垣縣境。

訾婁 僖十八年邢、狄伐衛，衛師於訾婁，狄師還。

杜註「衛邑」，今河南衛輝府滑縣西南六十里有訾婁城，西北與直隸大名府長垣縣接

斂盂 僖二十八年齊侯、衛侯盟于斂盂。

杜註「衛地」，今直隸大名府開州東南有斂盂聚是其地。

襄牛 衛侯出居于襄牛。

杜註「衛地」，秦置襄邑縣，明初省縣併入睢州，今屬河南歸德府。

鄬 楚師背鄬而舍。

杜註「丘陵險阻名」。正義曰：「楚所舍之處，有丘陵名鄬，其地有險阻也。」

有莘之墟 晉侯登有莘之墟以觀師。

杜註「故國名」。元和志：「汴

內之衢路。

有近關

襄十四年蘧伯玉從近關出。正義曰：「周禮司關注云關界上之門。衛都不當竟中，其界有遠有近，伯玉懼難作，欲速出竟，故從近關出也。」

城內有昆吾之觀

哀十七年衛侯夢於北宮，見人登昆吾之觀，被髮北面而譟。杜註：「衛有觀在昆吾氏之虛，今濮陽城中。」今開州東二十五里有古顓頊城，城中有昆吾臺。

界。

五鹿僖二十八年晉侯侵曹，伐衛取五鹿。

杜註：「衛縣西北有地名五鹿，陽平元城縣東亦有五鹿。」蓋兩注以存疑。晉之衛縣，今爲山東東昌府觀城縣。元城縣卽今大名府治也。案：五鹿爲衛邑，晉文取之而仍屬衛。襄二十五年衛獻公自齊還國，齊崔杼止其帑以求五鹿，此時蓋屬衛。哀十四年齊、衛救范氏，圍五鹿，杜註晉邑，則又屬晉。其迭屬晉、

州陳留縣東北三十五里有故莘城，爲古莘國地。又曹州濟陰縣今曹縣。南三十里有莘仲故城，爲伊尹所耕地。」案：城濮之戰晉侯所登有莘之墟是曹州而非汴州。

宛濮甯武子與國人盟于宛濮。

杜註：「陳留長垣縣西南有宛亭，近濮水。」今在直隸大名府長垣縣北。

清丘宣十二年同盟於清丘。

杜註：「衛地，在濮陽縣東南。」今大名府開州東南七十里有清丘，高五丈。

有北宮見上。
正義曰：「北宮，衛别宮也。於是衛侯在南宮，夢裏身在北宮，見人登昆吾之觀，被髮北面而譟。北宮在昆吾觀北，故此人北面向君而叫譟也。」

又有丘宮
襄十四年公使子蟜、子伯、子皮與孫子盟于丘宮，孫子皆殺之。杜註：「丘宮，近戚地。」

有藉圃
哀十七年衛侯爲虎幄于藉圃，杜註「藉田之圃也」。

衛，且地近邯鄲、中牟、鄴城，則元城之説爲長。今大名府有五鹿城二，屬元城縣者卽沙鹿城，屬開州者衛地五鹿是也。開州東與東昌觀城縣接界。

戚文元年公孫敖會晉侯于戚。
杜註：「衛邑，在頓丘衛縣西。」世爲孫氏邑，會盟要地。孫林父出獻公後，以戚如晉。晉人爲之疆戚田。蒯聵自戚入衛。蓋其地瀕河西，據中國之要樞，不獨衛之重地，亦晉、鄭、吴、楚之孔道也。今

新築成二年衛孫良夫及齊師戰于新築。
杜註「衛地」，今大名府魏縣南二十里有新築城。

鞫居齊師次于鞫居。
杜註「衛地」，後漢志封丘有鞫亭，卽古鞫居也。封丘縣今屬河南開封府。

馬陵成七年同盟于馬陵。
杜註：「衛地，陽平元城縣東南有地名馬陵。」戰國時孫臏射殺龐涓處。宋人河北漕運，往往於黎陽或馬陵道口裝卸，蓋津要之地。今大名府

有靈臺
哀二十五年衛侯爲靈臺于藉圃。

開州北七里有古戚城，亦曰戚田。晉衛縣爲今東昌府觀城縣，在開州東接界。

桑中成二年夫子有三軍之懼，而又有桑中之喜。

高氏曰：「桑中，衛邑之小者。」在今衛輝府淇縣。

夷儀襄二十五年衛侯入于夷儀。

杜註：「本邢地，衛滅邢而爲衛邑。晉愍衛衎失國，使衛分之一邑。」又定九年齊伐晉夷儀，爲衛討也，則又爲晉地。蓋實衛之邊邑，與齊、晉皆連壤。今直隸順德府西南

治東南十五里有馬陵道，又有馬陵城。

柯襄十九年叔孫豹會晉士匄于柯。

杜註：「魏郡内黄縣東北有柯城。」後漢志内黄有柯城。在今河南彰德府内黄縣境。莊十三年公會齊侯，盟于柯，乃齊阿邑，在今山東兖州府陽穀縣東北五十里，曰阿城鎮。本兩國地，高氏地名考混爲一，謂地相接者，非是。

商任襄二十一年會于商任。

杜註闕，或曰在今彰德府安陽縣地。

四十里有夷儀城。

懿氏襄二十六年晉取衛西鄙懿氏六十以與孫氏。

杜註：「戚城西北五十里有懿城，因姓以名城。取田六十井。」正義云：「上世有大夫姓懿氏食邑于此。」今戚城在開州北七里，戚城西北二十五里有懿城。

羊角襄二十六年齊烏餘以廩丘奔晉，襲衛羊角。

杜註：「廩丘縣所治羊角城是。」今山東曹州府范縣東南之義東保有羊角城。

茅氏襄二十六年晉戍茅氏。

杜註戚東鄙。

圉孫蒯敗衛師于圉。

杜註「衛地」，今開州東有圉城。

戲陽昭九年晉荀盈如齊逆女，還卒于戲陽。

杜註：「魏郡內黃縣北有戲陽城。」郡國志內黃有羛陽聚。

今屬河南彰德府。

厥慭昭十一年會于厥慭。

杜註闕，或曰在今衛輝府新鄉縣境。

沙定七年齊侯、衛侯盟于沙。

平丘昭十三年會于平丘。
杜註：「在陳留長垣縣西南。」寰宇記「在封丘縣東四十里」，蓋縣與封丘接境。陳留風俗傳云「衞靈公所置邑」。

平壽昭二十年齊豹之亂，衞侯在平壽。
杜註「衞下邑」。

犂哀十一年太叔疾誘其初妻之娣置于犂。
杜註「衞邑」，當在今山東曹州府濮州東南。

外州太叔疾淫于外州。
杜註衞邑。

左傳作瑣，杜註：「郇沙也。陽平元城縣東南有沙亭。」在今大名府元城縣東。

瓦定八年公會晉師于瓦。
杜註：「衞地，東郡燕縣東北有瓦亭。」今衞輝府滑縣東南瓦岡集，古瓦亭也。

垂葭定十三年齊侯、衞侯次于垂葭，實郥氏。
杜註：「高平鉅野縣西南有郥亭。」鉅野縣今屬山東曹州府。

牽定十四年會于牽。
杜註：「魏郡黎陽縣東北有牽

平陽哀十六年衛侯飲孔悝酒于平陽。
杜註：「東郡燕縣東北有平陽亭。」今衛輝府滑縣東南有韋城，韋城南有平陽城。案：下文云使貳車反祏于西圃，注云「還取廟主，西圃，孔氏廟所在」，則平陽蓋孔氏之宗邑。
泠哀二十五年衛侯出奔，將適泠。
杜註「近魯邑」。

城。」路史內黄西南三十里有故牽城。今在內黄之西南，濬縣之北。二縣本連壤。內黄今屬河南彰德府，濬縣屬衛輝府。
鐵哀二年晉趙鞅、鄭罕達戰於鐵。
杜註：「鐵，丘名，在戚城南。」今大名府開州北有戚城，其南爲王合里，卽鐵丘也。
巢哀十一年衛莊公復太叔疾，使處巢，死焉。
杜註「衛地」，寰宇記「巢亭在襄陵縣南二十里」，今歸德府睢州巢亭是也。

曹

都

陶丘今爲山東曹州府曹縣。鄭氏曰：「曹在濟陰定陶，去王城八百里，在畿外，故稱甸服。」詩譜曰：「在雷夏、菏澤之野，夾于魯、衞。」通釋云：「濟陰東北三十七里卽定陶故城，曹所都。」宋濟陰縣在今曹縣西南六十里。

邑

重丘襄十七年衞孫蒯田于曹隧，飲馬于重丘，毀其瓶，重丘人閉門而訽之。衞伐曹，取重丘。杜註「曹邑」。寰宇記：「重丘在乘氏縣東北三十一里。」漢乘氏故城在今曹州府曹縣東北五十里。又襄二十五年同盟於重丘，杜註「齊地」，在今東昌府城東南，跨茌平縣界。漢置重丘縣。杜氏明註兩國，乃方輿紀要混而一之，謂東昌府之重丘爲曹北竟之邊

地

洮僖八年齊桓公盟諸侯於洮。杜註「曹地」。僖三十一年晉文公分曹地自洮以南東傅于濟，卽此。今曹州府濮州西南五十里有洮城。

曹南僖十九年宋公、曹人、邾人盟于曹南。范氏曰：「曹南，曹之南鄙。」今曹縣東南八十里有曹南山。詳見山川。

邑，同盟于重丘卽衛所取者，似誤。

鄸昭二十年曹公孫會自鄸出奔宋。

杜註「曹邑」。寰宇記：「濟陰乘氏縣西北有大饗城，曹之鄸邑也。一作大鄉。」在今曹州府曹縣北。

郊定十一年衛公孟彄伐曹克郊。

杜註「曹邑」，在今曹州府菏澤縣界。

黍丘哀七年宋人伐曹，築五邑于其郊，曰：黍丘、揖丘、大城、鍾、邘。

杜註：「梁國下邑縣有黍丘亭」。案：下邑卽今之夏邑也，

屬河南歸德府。黍丘亭在縣西南。

揖丘 當在今曹縣界。

大城 當在今府治菏澤縣界。

鍾 當在今曹州府定陶縣界。

邗 當在今定陶縣界。

邾

都

邾

邑

訾婁 僖三十三年公伐邾取訾婁。

地

翼 隱元年公子豫及邾人、鄭人盟于

今爲山東兗州府鄒縣。後改國號曰鄒，因山爲名。鄒山周四十里，在縣東南。今縣治爲宋時所徙。古邾城在縣東南二十六里。

遷于繹

文十三年邾文公遷於繹，杜云「鄒縣北有繹山」。徙都于彼山旁，山旁當有舊邑也。邾既遷都於此，境内應別有繹邑。宣十年公孫歸父帥師伐邾取繹，必非取其國都，當是取其別邑。至哀七年魯師入邾，處其公宮，邾衆保于

胡傳及薛氏、趙氏皆以爲邾邑，在兗州府濟寧州界。

漆 襄二十一年邾庶其以漆、閭丘來奔。

杜註：「邾二邑在高平南平陽縣，東北有漆鄉，西北有顯閭亭。」定十五年城漆卽此。今鄒縣北有漆城。

閭丘

在鄒縣南。

蟲 昭十九年宋公伐邾，圍蟲。

杜註「邾邑」，當在今兗州府濟寧州境。

離姑 昭二十三年邾人城翼，還自離

翼。

杜註「邾地」，在今山東沂州府費縣西南九十里。

偃 僖元年公敗邾師于偃，虛丘之戍將歸者也。

杜註「邾地」，在費縣南。

虛丘

杜註：「邾地，邾人戍虛丘，欲以侵魯，公要而取之。」在費縣界。

狐駘 襄四年臧孫紇侵邾，敗于狐駘。

杜註：「邾地，魯國番縣東南有目駘亭。」哀二十七年越子使后庸來聘，言邾田，封於駘

繹，則棄城而栖山矣。疏稱
嶧山在鄒縣北，而今之嶧山
在縣東南二十五里，蓋古時
縣治在山南，而今則徙于山
北也。文公徙都不過稍北數
里。

其城門曰魚門
僖二十二年公及邾人戰於升
陘，我師敗績，邾人獲公冑懸
諸魚門，杜註「邾城門」。

郭門曰范門
哀七年魯伐邾，及范門，猶聞
鐘聲，杜註：「范門，邾郭門
也。」

姑，武城人塞其前。
杜註「邾邑」，孔穎達曰：「邾、
魯境界相錯，邾人從翼邑
還，〔五〕先徑魯之武城，然後
始至離姑，而後至邾。」今其
地在費縣故武城之南。

濫昭三十一年邾黑肱以濫來奔。
杜註「東海昌慮縣」，今昌慮
故城在滕縣東南六十里。

絞哀二年伐邾，將伐絞。
杜註「邾邑」，在今滕縣境。

茅哀七年邾茅成子以茅叛。
杜註：「高平西南有茅鄉亭。」
在今兗州府金鄉縣西北四十

上，卽此。今狐駘山在兗州
府滕縣東南二十里。

漷東哀二年魯伐邾，取漷東田及沂西田。
見魯地漷水。

沂西
小沂水也。見魯地沂上。

句繹及邾子盟于句繹。
杜註「邾地」，當在今鄒縣東
南境。哀十四年小邾射以句
繹來奔，卽此。高氏列諸小
邾地。

里。

莒

都

莒　今爲山東沂州府莒州，接江南界。武王初封兹輿期于計，不知何年徙都此。戰國時楚簡王滅莒。地入于齊爲莒邑，齊湣王走莒卽此。

初封介根　今爲山東萊州府高密縣，卽計也。春秋初徙於莒，而介根爲莒邑。襄二十四年齊侯

邑

密隱二年紀子帛、莒子盟于密。〔六〕　杜註：「莒邑，城陽淳于縣東北有密鄉。」今萊州府昌邑縣東南十五里有密鄉故城。疑此時之莒尚都介根。

鄢陵文七年公孫敖如莒涖盟，且爲仲逆己氏，及鄢陵，登城見之，美，自爲娶之。　杜註「莒邑」，在今沂州府沂水縣，與鄭之鄢陵有別。

地

向僖二十六年公會莒子、衛甯速，盟于向。　杜註「莒地」。寰宇記曰：「莒州南七十里有向城，與沂州府治接界。」案：向本小國，隱二年莒人入向，杜註：「龍亢縣東北有向城。」龍亢故城在今江南鳳陽府懷遠縣西北八十五里，古向城在縣東北四十五里。江南通志收入臨淮縣，二

伐莒取介根，卽此。漢置計斤縣，師古曰「計斤卽介根」，今縣東南四十里有計斤城。

渠丘成八年渠丘公立于池上。

杜註：「渠丘公，莒子朱也。渠丘，邑名，莒縣有蘧里。」漢北海安丘縣，孟康曰「古渠丘也」。伏琛齊記亦云：「渠丘亭在安丘東北十里。」但非莒縣境，與杜不合，然地自相鄰。安丘縣今屬青州府。

且于襄二十三年齊侯襲莒，門于且于。明日復戰，期于壽舒。

杜註「莒邑」，在今莒州境。

壽舒

杜註「莒邑」，亦屬莒州。

蒲侯氏杞殖華還，載甲宿于莒郊。

縣本相接。

壽餘昭二十二年莒敗齊師于壽餘。

杜註「莒地」，當在青州府安丘縣境。

明日先遇莒子于蒲侯氏。
杜註:「近莒之邑。」
大厖昭元年莒務婁、瞀胡以大厖及常儀靡奔齊。
常儀靡
杜註「莒二邑」，當在莒州北境。
防昭五年莒牟夷以牟婁及防、兹來奔。
杜註:「莒邑，城陽平昌縣西南有防亭。」今青州府安丘縣西南六十里有故平昌城，防亭亦在縣西南。
兹
杜註:「莒邑，姑幕縣東北有

杞

茲亭。」今青州府諸城縣西四十里有姑幕城，茲亭在其境。

牟婁見杞地。

紀鄣昭十九年齊人伐莒，莒子奔紀鄣。

杜註：「莒邑，東海贛榆縣東北有紀城。」案：贛榆縣今屬江南海州，縣北七十五里有古紀鄣城。

郠昭十年季孫意如伐莒，取郠。

杜註「莒邑」，當在今沂水縣界。

都	邑	地
淳于 在今山東青州府之安丘縣。 案：淳于本州國地。桓五年冬經書州公如曹，傳曰淳于公度其國危遂不復。淳于本州國之都，而杞居之，是亡州者杞也。然隱三年州未亡，莒人所取之牟婁已在東土，與淳于爲鄰。杞本弱小，不應立國雍丘，而遥屬小邑于千數百里之外。則知春秋之前，杞早居于東土矣。女叔齊曰：「杞，夏餘也而卽東夷。」	牟婁隱三年莒人伐杞取牟婁。 杜註：「杞邑，城陽諸縣東北有婁鄉。」自隱三年後地屬莒。昭五年莒牟夷以奔魯。今青州府諸城縣東北有婁鄉城，與安丘縣接境。 無婁宣十五年仲孫蔑會齊高固于無婁。 杜註「杞邑」。公羊作牟婁。蓋卽莒人所取，然此時已爲莒邑，杜註疑有誤。	

郲、莒以東皆爲東夷，特未詳其何地耳。今青州府安丘縣東北三十里有淳于故城。

遷于緣陵

在今青州府之昌樂縣，亦曰營陵，路通登、萊。僖十四年諸侯城緣陵，蓋是時淮夷病杞，齊桓遷之稍北以自近，如楚遷許于葉，吴遷蔡于州來。然杜註「杞地」，則仍爲杞地之錯入于齊者耳。至襄二十七年杞復遷淳于。案：是年晉合諸侯之大夫城杞，祁午數趙文子之功曰「城淳于」。

蓋城杞即城淳于，是杞復遷淳于之證也。今縣東南三十里有營陵故城。

紀

都	邑	地
紀在今山東青州府壽光縣。莊四年紀侯大去其國，自是紀亡于齊矣。杜註：「紀國在東莞劇縣。」今縣東南三十里有劇城。又紀城亦在縣東南。後以酅入齊	浮來隱八年公及莒人盟于浮來，成紀好也。杜註：「紀邑，東莞縣北有邳鄉，邳鄉西有公來山，號邳來閒。」今沂州府蒙陰縣西北有浮來山，與莒州接界。 郱莊元年齊師遷紀郱、鄑、郚。	

在今青州府臨淄縣。莊三年紀季以酅入于齊，〔七〕紀于是乎始判。杜註：「齊欲滅紀，故季以酅入齊爲附庸也。」國語齊桓公初立正封域，東至于紀酅，蓋特存之。案：齊都臨淄，而酅卽在臨淄之境，則知桓公初年齊之東向地甚狹。管仲云東至于海，特夸辭耳。迨滅紀、滅郕，後復稍併莒、杞之地以自益，至襄六年晏弱滅萊、棠，則盡有登、萊之地，東至于海矣。杜註：「酅，紀邑，在齊國東安平

杜註：「紀邑，在東莞臨朐縣東南。」應劭曰一作駢，後爲齊大夫伯氏邑，管仲奪伯氏駢邑三百卽此。今在青州府臨朐縣東南。

鄑

杜註：「紀邑，都昌縣西有訾城。」今在萊州府昌邑縣西北三十里。

郚

杜註：「紀邑，朱虛縣東南有郚城。」今青州府安丘縣西南六十里有郚山，四面險絕，其上寬平，約數百里，有古城遺

縣。」今臨淄縣東十九里有安平城，又酅亭亦在縣東。

址，卽郚城也。晉朱虛縣在臨朐縣東六十里。

徐

都

下邳在今江南泗州。自兩漢迄南北朝皆曰徐縣。左傳杜註：「徐國在下邳僮縣東南。」漢書志：「臨淮郡徐縣，春秋時徐國。」昭三十年徐子章禹爲吳所滅。今泗州北八十里有

邑

地

婁林僖十五年楚敗徐于婁林。杜註「徐地」，在今江南泗州境。後漢書志下邳國徐縣有樓亭，或曰古婁林。伏滔北征記曰：「縣北有大冢，徐君墓，延陵解劍之處。」

蒲隧昭十六年齊師伐徐，至于蒲隧。

古城，相傳爲徐偃王築，地與虹縣接。	杜註：「徐地，取慮縣南有蒲姑陂。」在今鳳陽府虹縣北。

校勘記

〔一〕〔周人又謂之侯氏〕 「氏」下原有「令」，據左傳刪。

〔二〕〔曰彌作頃丘玉暢喦戈錫〕 「錫」原作「錫」，據左傳哀公十二年改。

〔三〕〔己爲烏而集諸其上〕 「烏」原作「鳥」，據左傳哀公二十六年改。

〔四〕〔宋嘉定十三年〕 「嘉」原作「紹」，據續資治通鑑卷一六一、金史卷一六改。

〔五〕〔郲人從翼邑還〕 「翼」原作「翌」，據春秋左傳正義改。

〔六〕〔隱二年紀子帛莒子盟于密〕 「帛」原作「伯」，據左傳隱公二年改。

〔七〕〔莊三年紀季以酅入于齊〕 「三」原作「二」，據左傳莊公三年改。

春秋列國都邑表卷七之三

錫山　顧棟高復初輯
鹽城受業夏建謨皋言參

晉

都

絳　今爲山西平陽府之翼城縣。成王封叔虞于唐，在河、汾之東，方百里，今太原府之太原縣。四世至成侯，南徙曲沃。又五世至穆侯，復遷于絳，亦曰翼。自桓叔封曲沃，其子莊伯浸强。時謂晉侯爲翼

邑

隨　隱五年翼侯奔隨。杜註：「晉地。」後爲士會食邑，號隨武子。今山西汾州府介休縣東有隨城。

陘庭　桓二年哀侯侵陘庭之田，陘庭南鄙啟曲沃伐翼。杜註：「翼南鄙邑。」翼爲今平陽府翼城縣。縣東南七十五

地

條　桓二年傳晉穆侯以條之役生太子。杜註「晉地」。舊以直隸河間府景州有古條爲晉條地，漢周亞夫所封。皇輿表亦從其說。今案其地太遠，穆侯時疆土疑不到此。今山西解州安邑縣有中條山，縣北三十里有鳴條岡。孟子曰舜卒於

侯。桓八年武公遂滅翼，自曲沃徙都之，王命爲晉侯。至莊二十六年，武公子獻公命士蔿城絳，以深其宮。翼卽絳也。鄭氏詩譜言穆侯遷都于絳，孝侯改絳曰翼，獻公又北廣其城方二里，命之曰絳，則翼、絳之爲一地明矣。僖十三年秦輸粟于晉，自雍及絳；成六年遷新田後謂之故絳，皆指此古翼城，在今縣治東南十五里。

曲沃爲晉別都

今爲山西絳州之聞喜縣。曲

里有熒庭城，志云卽陘庭也。襄二十三年齊侯伐晉張武軍于熒庭，卽此。

欒 桓二年傳靖侯之孫欒賓。

杜註：「晉地。」晉大夫欒氏之封邑。今直隸真定府欒城縣是也。案：欒賓傅桓叔在春秋前，晉疆未得到真定，當存疑。

蒲 莊二十八年驪姬使梁五、東關五言于公曰：「蒲與二屈，君之疆也。」「二」或云當作「北」。

杜註：「今平陽蒲子縣。」今山西隰州東北有蒲子故城。

鳴條，尚書大傳湯伐桀戰於鳴條。此爲晉之條地，當近是。

千畝 其弟以千畝之戰生。

杜註：「西河介休縣南有地名千畝。」今汾州府介休縣南有千畝原。

汾隰 桓三年曲沃伐翼，逐翼侯于汾隰。

杜註「汾水邊」，史記作「汾旁」，蓋翼地之近汾者。

屈產 僖二年晉以屈產之乘與垂棘之璧假道于虞。

公羊謂屈產爲地名。今汾州

沃自穆侯徙絳後，爲晉大邑。昭侯封桓叔于曲沃，師服曰：「晉，甸侯也，而建國。」言大邑不當以封也。自桓叔初封曲沃，至武公并晉，歷三世凡六十七歲。武公既徙絳，曲沃復爲大邑。驪姬使言于公：「曲沃，君之宗也，不可以無主。」於是獻公城曲沃，使太子申生居之。亦謂之新城，亦謂之下國。新城以城曲沃而名，下國以桓叔至武公國之三世爲晉之舊國也。僖二十四年晉公子入于曲

二屈見上。杜註：「平陽北屈縣。」今山西吉州東北二十一里有北屈廢縣。

韓僖十年帝許我罰有罪矣，敝于韓。古韓國。春秋前晉文侯二十四年滅韓。後爲桓叔子韓萬封邑，亦曰韓原。在今陝西同州府韓城縣東南二十里。

陰僖十五年陰飴甥會秦伯。杜註：「呂甥食采于陰。」今山西平陽府霍州西南十里有呂城，蓋以呂甥所居得名。後以賜魏錡，故復有呂錡、呂相

府石樓縣東南四里有屈産泉，牧馬川上，多産名駒，接隰州界。

垂棘杜註地闕。

高粱僖九年齊侯以諸侯之師伐晉，及高粱。杜註：「晉地，在平陽楊縣西南。」僖二十四年晉公子使殺懷公于高粱，即此。今平陽府臨汾縣東北三十七里高粱都地名粱虛是也，與洪洞縣接界。

虢略僖十五年晉侯許賂秦伯，東盡虢略，内及解梁城。

沃，朝于武宫，蓋武公廟所在。後爲欒氏食邑，襄二十三年晉欒盈入于曲沃以叛，卽此。晉亡入魏。秦謂之左邑。水經注左邑故曲沃，詩所謂從子于鵠者也。漢武帝分置聞喜縣。今左邑故城在今聞喜縣治東。

遷于新田

今爲山西平陽府之曲沃縣。成六年晉人謀去故絳，韓獻子曰：「新田土厚水深，居之不疾，有汾、澮以流其惡。」公從之，遷于新田。自此以後之稱。

狐廚　僖十六年狄侵晉，取狐廚、受鐸，涉汾及昆都。

杜註：「晉邑，平陽臨汾縣西北有狐谷亭。」今屬平陽府襄陵縣。

受鐸

杜註：「晉邑。」

昆都

杜註：「晉邑。」今平陽府臨汾縣南有昆都聚。是時狄自西來，薄平陽境，狐廚、受鐸在汾西，而昆都在汾東，故涉汾而及昆都也。今平陽府治臨杜註：「從河南而東盡虢界。」見山川。

解梁城

杜註：「河東解縣。」今山西蒲州府臨晉縣東南十八里有解城。

令狐　僖二十四年晉公子濟河圍令狐，入桑泉取臼衰。

文七年晉敗秦師于令狐，卽此。闞駰曰「令狐卽猗氏也」。今蒲州府猗氏縣西十五里有令狐城。

桑泉

杜註：「在河東解縣西。」今蒲

命新田爲絳，而以舊都爲故絳。自襄二十三年欒盈晝入絳，至定十三年趙鞅歸晉入于絳，皆指新田之絳矣。絳故城在今縣治西南二里。

大夏爲晉陽，爲晉舊都　今爲山西太原府之太原縣。古唐國，叔虞始封時所都也。昭元年子產曰：「昔高辛氏有二子，伯曰閼伯，季曰實沈，不相能，日尋干戈。帝遷實沈于大夏，主參，唐人是因。及成王滅唐而封太叔，故參爲晉星。」杜註：「大夏，晉陽

汾縣城西二里卽逼汾水。

郇　僖二十四年咎犯與秦、晉之大夫盟于郇。　杜註：「解縣西北有郇城。」案：郇，國名，詩所謂「郇伯勞之」者。亦曰荀。汲郡古文晉武公滅荀以賜大夫原氏黯，是爲荀叔。今在蒲州府臨晉縣東北十五里。

原　僖二十四年傳文公妻趙衰，生原同、屏括、樓嬰。　杜註：「原、屏、樓，三子之邑。」原卽周襄王所賜邑，趙衰嘗爲原大夫。今河南懷慶

州府臨晉縣東十三里有桑泉城。

臼衰　杜註：「解縣東南有臼城。」今在解州西北。

廬柳　晉師軍于廬柳。　今蒲州府猗氏縣西北有廬柳城。

緜上　僖二十四年介之推隱而死，晉侯以緜上爲之田。　杜註：「西河介休縣南有地名緜上。」襄十三年晉侯蒐于緜上以治兵，卽此。今沁州沁源縣北八十里有緜上城。

也。」曰大夏、曰太原、曰大鹵、曰夏墟、曰唐、曰晉、曰鄂，左傳所稱凡七名，皆指晉陽一地。後爲趙氏食邑，定十三年趙鞅入于晉陽以叛即此。古唐國在今縣治北，古晉陽城在縣治東北。

諸浮

文十三年六卿相見于諸浮。杜註「晉地」，正義曰：「六卿在朝旦夕聚集，而特云相見于諸浮者，將欲密謀，慮其漏泄，故出就外野，屏人私議。諸浮當是城外之近地耳。」

府濟源縣西北十五里有原鄉。

屏

路史曰：「炎帝臣屏翳封屏國。」趙括采邑當在其處。

樓

今隰州永和縣南十里有樓山城。隋嘗置樓山縣。

冀僖二十五年遷原伯貫于冀。

案：冀本國名，地并于虞，虞亡歸晉，詳存滅表。惠公與郤芮爲食邑，謂之冀芮。僖二十四年芮謀殺文公被誅，邑入晉，其子缺因臼季舉命

南陽僖二十五年王與晉陽樊、温、原、欑茅之田，晉于是始啟南陽。

杜註：「晉山南河北，故曰南陽。」又文元年晉使告於諸侯而伐衞，及南陽，杜註「今河內地」。然則南陽地極寬大，兼涉衞境，不止晉有矣。蓋本周圻內地，文公始受之，故曰啟。馬融曰：「晉地自朝歌以北至中山爲東陽，朝歌以南至軹爲南陽。」應劭曰：「河內，殷國也，周謂之南陽，後又爲魏、鄭、衞三國之地。」魏即分晉地，應蓋本其後而言

長樗

襄三年公及晉侯盟于長樗，公至自晉。杜註：「晉侯出其國都，與公盟于外。」正義曰：「長樗蓋近城之地，盟訖還入于晉，故公歸書至自晉也。文三年盟于晉都。此盟出城外者，悼公謙以待人，不敢使國君就己，出盟于外，若似相就然。」

翼東門

成十八年欒書、中行偃弒厲公，以車一乘葬之于翼東門之外。案：此是故絳之東門

爲卿，復與之冀。杜註：「平陽皮氏縣東北有冀亭。」在今絳州河津縣東。又縣東十五里有如賓鄉。

河陽僖二十八年天王狩于河陽。

本周盟邑，後歸晉，謂之河陽。古河陽城在今河南懷慶府孟縣西南三十里。

焦僖三十年燭之武曰許君焦、瑕。

杜註：「焦、瑕，晉河外五城之二邑。」宣二年秦圍焦，杜註：「晉河外邑。」案：焦本國名，晉之同姓，司馬侯所謂虞、虢、焦、滑皆晉所滅者。今陝

之耳。徐廣曰：「河内郡脩武縣古名南陽。」劉原父曰：「脩武有古南陽城。」蓋南陽其統名，而脩武則魏之南陽邑也。今懷慶府脩武縣北有南陽故城。

清原僖三十一年晉蒐于清原。

杜註：「河東聞喜縣北有清原。」在今絳州稷山縣西北二十里。

王官文三年秦伯伐晉，取王官及郊。

杜註：「晉地。」今蒲州府臨晉縣東南七十里王官谷有廢壘，卽王官城也。

也。晉以成六年遷新田，以新田爲絳，故謂故絳爲翼。在平陽府翼城縣。

聚

莊二十五年晉士蔿城聚以處羣公子，冬晉侯圍聚盡殺之。明年命士蔿城絳以深其宮。此時之絳都爲翼，爲翼城縣。而聚在今絳州絳縣東南十里，有車箱城，相傳爲晉置羣公子之所。是城絳、城聚非一地，亦非一時。史記謂「城聚都之，命曰絳，始都絳」，混而一之，誤矣。

州南二里有故焦城。

瑕

文十三年晉使詹嘉處瑕，以曲沃之官守之。故瑕亦名曲沃。戰國策每以焦、曲沃並稱，如左傳之言焦、瑕，知瑕卽曲沃矣。今陝州西南三十二里有曲沃城，卽詹嘉所處瑕邑。桃林在靈寶縣，蓋相近之地也。晉地道記猗氏縣東北有瑕城，今屬蒲州府，乃郇瑕氏之瑕，在河北。此在河南，舊混而一之，誤。

箕僖三十三年晉人敗狄于箕。

郊

杜註「晉地」。史記「取王官及鄗」，正義曰：「鄗音郊。」當爲臨晉、平陽閒小邑。

董文六年改蒐于董。

杜註：「河東汾陰縣有董亭。」晉汾陰今爲蒲州府榮河縣。又聞喜縣東北四十里接絳州界有董氏陂，中産楊柳可以爲箭，卽左傳所謂董澤之蒲也。見山川。疑爲一地。

堇陰文七年趙盾禦秦師于堇陰。

杜註：「晉地。」疑亦當在蒲州府榮河縣。蓋蒲州界接潼

絳市

宣八年晉人獲秦諜，殺諸絳市，六日而蘇。案：此時未遷新田，蓋故絳之市也。

絳縣

襄三十年晉悼夫人食輿人之城杞者，絳縣老人無子而往，與於食。趙文子召而謝過，以爲絳縣師。正義曰：「絳，晉國都也。」此時晉已遷，蓋指新田之絳矣。

絳郊

昭二十九年龍見于絳郊，蓋曲沃縣之郊也。

杜註：「太原陽邑縣南有箕城。」昭二十三年叔孫婼如晉，〔二〕士伯曰「將館子于都」，乃館諸箕。杜註：「都，別都，謂箕邑。」今太原府太谷縣東南三十五里有箕城。

先茅之縣 以先茅之縣賞胥臣。

杜註：「先茅絶後，故取其縣以賞胥臣。」猶言蘇忿生之田也。

甯 文五年晉陽處父聘于衛，反過甯。

杜註：「晉邑，汲郡修武縣。」今河南衛輝府獲嘉縣西北有修武故城，古甯邑，秦置縣。

關，與秦以大河爲限。秦、晉戰爭，刳首、令狐、河曲、羈馬，俱在今永濟、臨晉、滎河、猗氏之地。

刳首 文七年晉敗秦師于令狐，至于刳首。

杜註：「令狐在河東，當與刳首相近。」案：令狐今蒲州府猗氏縣地。水經注刳首在西三十里，當在今滎河、臨晉閒也。

武城 文八年秦人伐晉，取武城。

杜註闕。史記秦厲公二十一年晉取武城。漢置武城縣，

固宮

襄二十三年晉欒盈以晝入絳，范宣子奉公以如固宮。杜註：「宮之有臺觀備守者。」正義曰：「晉語云范宣子以公入于襄公之宮，蓋襄公有別宮，牢固故謂之固宮。」下傳云范氏之徒在臺後，欒氏乘公門，則臺可守禦，若漢宮之漸臺矣。

銅鞮之宮

襄三十一年子産曰銅鞮之宮數里。杜註：「晉離宮，在上黨。」羊舌氏食邑在宮北二十

郫 文六年晉賈季使迎公子樂于陳，趙孟使殺諸郫。

襄二十三年齊侯伐晉，入孟門，登太行，張武軍于熒庭，戍郫邵。杜註：「取晉邑而戍之。」卽此郫也。蓋郫邵在太行之南界，接鄭、衛，戍之以防追襲耳。今河南懷慶府濟源縣西一百里有郫亭，與山西絳州垣曲縣接界，蓋逼近晉都之地。

陽 文六年晉殺其大夫陽處父。

陽爲處父食邑，漢陽邑縣是也。今太原府太谷縣東南十

屬左馮翊。

北徵 文十年秦伐晉取北徵。

今陝西同州府澄城縣西南二十一里有北徵古城。

河曲 文十二年晉人、秦人戰于河曲。

杜註：「在河東蒲坂縣南。」今蒲州府治永濟縣東南五里有蒲坂故城。

黃父 文十七年晉侯蒐于黃父。

杜註：「一名黑壤，晉地。」宣七年會于黑壤，傳云盟于黃父，杜註：「黃父卽黑壤。」蓋二名爲一地矣。黑壤山在今澤州府沁水縣西北四十里，

里。漢置銅鞮縣。水經曰「銅鞮水出覆釜山」，酈氏注云：「鞮水出銅鞮之山北石磴山，與專池、女諫諸水亂流以注于銅鞮。」今銅鞮故城在沁州南十里。

虒祁之宮

昭八年晉築虒祁之宮，杜註：「虒祁，地名，在絳西四十里，臨汾水。」水經注：「汾水西逕虒祁宮北，有故梁截汾水中，凡三十柱，柱逕五尺，裁與水平，蓋晉平公時物也。其宮面汾背澮，西則兩川之交

五里有陽縣。

羈馬 文十二年秦伯伐晉，取羈馬。

杜註「晉邑」，今蒲州府治南三十六里有羈馬城。

懷 宣六年赤狄伐晉，圍懷及邢丘。

即周之懷邑。今河南懷慶府武陟縣西南十一里有懷城。

邢丘

杜註：「今河內平皋縣。」今懷慶府河內縣東南七十里有平皋故城。平皋陂周圍二十五里，多產茭蒲，民賴其利，陂南即大河。

向陰 宣七年赤狄伐晉，取向陰之禾。

澮水所出。後周宇文泰小字黑獺，諱之改曰烏嶺。

陰地 宣二年趙盾自陰地率諸侯之師以侵鄭。

杜註：「晉河南山北，自上洛以東至陸渾。」哀四年蠻子赤奔晉陰地，即此。晉上洛，今陝西商州雒南縣。陸渾，今河南府嵩縣。其地南阻終南，北臨大河，所謂河南山北也。又陝州盧氏縣有陰地城，即命大夫屯戍之所。猶夫南陽爲河內之總名，而別有南陽城則在脩武也。

會。」今平陽府曲沃縣西四十九里有虒祁宮址，地連絳州之聞喜縣界。

廟有武宮

曲沃武公廟也。在曲沃，今絳州聞喜縣。案：晉以武公爲再受命有國，故特于曲沃立廟，爲不遷之祖。」凡新君自外入立及有武功，必告于武公之廟。僖二十四年文公重耳以丙午入于曲沃，丁未朝于武宮。宣二年成公黑臀以壬申朝于武宮。成十八年悼公周于辛巳朝于武宮。襄

向即周之向邑。今懷慶府濟源縣西南有向城。

瓜衍之縣宣十五年晉賞士伯以瓜衍之縣。

吳氏曰：「今汾州府孝義縣北十里有瓜城，晉滅虞、虢遷其民于此。」

苗宣十七年苗賁皇使見晏桓子。

杜註：「賁皇食邑于苗。」今河南懷慶府濟源縣西十五里有苗亭。

邢成二年楚申公巫臣奔晉，晉人使爲邢大夫。

故邢國，衛滅之。後入于晉

曲梁宣十五年荀林父敗赤狄于曲梁。

杜註：「廣平曲梁縣。」襄三年晉侯之弟揚干亂行於曲梁，即此。故城在今直隸廣平府治永年縣東北。

黎氏伯宗曰狄棄仲章而奪黎氏地。

杜註：「黎侯國，上黨壺關縣有黎亭。」〔二〕今潞安府治長治縣西三十里黎侯亭是也。又山東曹州府范縣有黎城，則黎侯失國寓衛時所居之地。

稷宣十五年晉侯治兵于稷。

十年滅偪陽，以偪陽子歸獻于武宮。而唐叔之廟無聞。不以分封開國者爲始祖，而以篡弒奪嫡者爲始祖，宜其卒致三家之篡也。又僖三十二年晉文公卒，殯于曲沃。杜註：「曲沃有舊宮。」正義云：「武公自曲沃而兼晉國，曲沃有舊時宮廟，故公卒而往殯。案：周人殯於西階之上，蓋就其室之西階。諸侯五日而殯，卽士喪禮亦應三日大斂成服。今文公以己卯卒，明日庚辰卽斂于棺而出

爲邑，哀四年齊國夏伐晉取邢卽此。今爲直隸順德府邢臺縣。

銅鞮成九年鄭伯如晉，執諸銅鞮。

杜註：「晉別縣，在上黨。」後爲羊舌赤之食邑。昭二十八年滅羊舌氏，以樂霄爲銅鞮大夫。漢置銅鞮縣，屬上黨郡。晉因之。故城在今沁州南十里。

桑田成十年晉景公召桑田巫。

杜註「晉邑」，故虢地，後入晉。僖二年虢公敗戎于桑田，卽此。今河南陝州閿鄉

杜註「晉地」。今山西絳州稷山縣南五十里有稷神山，山下有稷亭，卽晉侯治兵處也。

斷道宣十七年同盟于斷道。

杜註「晉地」。傳云卷楚，一地二名。今沁州東有斷梁城。

野王晉人執晏弱于野王。

杜註：「野王縣屬河內。」今爲河南懷慶府治河內縣。

赤棘成元年盟于赤棘。

杜註「晉地」。

交剛成十二年晉人敗狄于交剛。

杜註闕。或云在今隰州境。

絳，蓋以曲沃路遠，故早行。」是晉雖都絳，而仍如以曲沃爲家矣。

有文宮

文公之廟。昭十七年荀吴滅陸渾，獻俘于文宮。汪氏克寬曰：「成之十八年，晉悼公朝于武宮。是年當晉頃公之元年，而中行穆子獻俘于文宮。自武公至悼，文公至頃，皆已十世，而其廟猶存。則當時諸侯親盡不毁，僭禮者不獨魯之有桓宮、僖宮矣。」

縣東三十里有稠桑驛。

郜 成十三年吕相絶秦，焚我箕、郜，我是以有輔氏之聚。

高氏曰：「今太原府祁縣西七里有郜城，俗呼其地曰高城村，舊以爲即此郜。考是役秦次于輔氏，晉侯方略狄土，遺魏顆禦卻之；又襄十一年秦伐晉，濟自輔氏，其爲濱河之邑無疑。今陝西朝邑縣西北十三里有輔氏城。其地東接蒲津，理可通也。或者但見箕在太谷，遂謂郜在祁縣。夫太原與蒲津相去數百里，

保城 成十三年傳吕相絶秦，伐我保城。

杜註無之。高氏曰：「杜不言保城何地，蓋非地名，不過爲完守入保之城耳。」

苕丘 成十六年晉人執季孫行父，舍之于苕丘。

杜註「晉地」。公羊作招丘。

台谷 成十八年晉侯師于台谷以救宋。

杜註闕。或曰在今澤州府治界。

瓠丘 襄元年晉人以宋五大夫在彭城者寘諸瓠丘。

杜註：「河東東垣縣東南有壺

秦師何由至此乎？存以俟考。」

苦成十四年苦成叔。

王符曰：「郤犨食采于苦曰苦成。」路史曰：「苦成故城在今山西解州鹽池東。」

虛成十七年鄭子駟侵晉虛、滑。

杜註：「晉二邑。」滑，故滑國，爲秦所滅，時屬晉，後屬周，在河南府偃師縣東二十里。又偃師東南有虛城。

雞澤襄三年同盟于雞澤。

杜註：「在廣平曲梁縣西南。」今曲梁故城在今直隸廣平府

丘。」〔三〕在殽谷之北岸亦曰陽壺。寰宇志曰：「古陽壺城南臨大河。」今絳州垣曲縣東南陽壺城是也。

著雍襄十年晉悼公還自宋，及著雍疾。

杜註「晉地」。襄十九年晉荀偃伐齊歸，濟河，及著雍病。昭十三年會于平丘，荀吳自著雍侵鮮虞。蓋晉適齊、宋河以內之地，約當在直隸河間府境。

雍榆襄二十三年叔孫豹救晉，次于雍榆。

治永年縣東北，卽國語所謂雞丘。若今雞澤縣，乃隋析廣平縣所置，非春秋時雞澤也。

霍人 襄十年晉滅偪陽，使周內史選其族嗣，納諸霍人。

杜註：「霍，晉邑。」案：霍本周霍叔處所封，晉獻公滅之以爲邑，後以賜先且居，爲霍伯。今悼公以偪陽之罪不合絕祀，故歸之天子，使周內史選其宗族賢者，令居晉之霍邑以奉祀。言納諸霍人者，此霍邑或稱霍人，猶如晉邑

杜註：「晉地，汲郡朝歌縣東有雍城。」郡邑志黎陽縣有雍城，卽古雍榆也。故城在今河南衛輝府濬縣西南十八里。

東陽 襄二十三年齊侯伐晉取朝歌。趙勝帥東陽之師以追之，獲晏氂。

杜註：「晉之山東，魏郡廣平以北。」昭二十二年荀吴略東陽，遂襲鼓滅之，杜註東陽與此同。孔穎達曰：「鼓在鉅鹿，居山之東。山東曰朝陽，知東陽是寬大之語，總謂晉之山東，故爲魏郡廣平以

謂之柏人也。今平陽府霍州西十六里有霍城。正義又引班固漢書樊噲傳云攻霍人，此係秦、漢以來別有霍人縣，漢地理志謂之葰人縣，在今代州繁峙縣北，相去數百里，不可混。

櫟襄十一年秦、晉戰于櫟。

高氏曰：「今陝西西安府臨潼縣北三十里有櫟陽城，相傳卽晉之櫟邑。非也。傳稱是役秦庶長武濟自輔氏與鮑交伐晉師，戰于櫟，晉師敗績，則櫟爲河上之邑明矣。史記

北。」王氏曰：「自漢以前東陽大抵爲晉太行山東地，非有城邑也。楚、漢之閒始置東陽郡。漢置東陽縣。」今山東東昌府恩縣西北六十里有東陽城。猶南陽爲河內之總名，而別有南陽城則在脩武也。

雍昭元年冬晉趙武適南陽，烝于溫，卒。鄭伯如晉弔，及雍乃復。

故雍國地，入于晉。今河南懷慶府脩武縣西有雍城。

魏榆昭八年石言于晉魏榆。

杜註「晉地」。今太原府榆次

晉悼公十二年秦取我櫟，杜氏釋例云櫟在河北，此爲差近。若櫟陽則古驪戎國，秦獻公所都，且去河絶遠，必非此櫟也。」

長子 襄十八年晉執衞行人石買于長子，孫蒯于純留。

杜註：「長子、純留二縣，今皆屬上黨郡。」案：長子周初爲辛甲所封邑，後歸晉，今爲潞安府長子縣。

純留

本春秋時留吁國，赤狄之別種也。宣十六年晉滅之爲

縣西北有楡次故城，通典曰晉魏楡邑也。

汝濱 昭二十九年晉趙鞅、荀寅帥師城汝濱。

杜註：「晉所取陸渾地。」陸渾，今河南府嵩縣，汝水在縣南。

適歷 昭三十一年季孫意如會晉荀躒于適歷。

杜註「晉地」。

大陸 定元年魏獻子田于大陸，焚焉。

杜註：「禹貢大陸在鉅鹿北，疑此田在汲郡吳澤荒蕪之地。」正義曰：「鉅鹿城去成周

邑，謂之純留。亦曰屯留。史記始皇八年王弟長安君成蟜將軍擊趙，反，死屯留，即此。今潞安府屯留縣東南十里有純留城。

梗陽 襄十八年中行獻子見梗陽之巫皐。

杜註：「晉邑，在太原晉陽縣南。」昭二十八年魏戊爲梗陽大夫，即此。今太原府清源縣有梗陽故城。

祁 襄二十一年叔向曰必祁大夫。

杜註：「祁奚食邑于祁，因以爲氏。祁縣屬太原。」今太原

千餘里，魏子不應往彼田獵。吳澤在脩武縣北。還卒于甯，甯即脩武城是也。」案：吳澤陂在今河南懷慶府脩武縣北，東入衛輝府獲嘉縣界，爲太白陂，與禹貢之大陸自別。

平中 定三年鮮虞人敗晉師于平中。

杜註「晉地」。案：昭十二年晉荀吳帥師侵鮮虞，及中人。杜註：「中山望都縣西北有中人城。」在今直隸保定府唐縣西北十三里。此平中當亦相近。

中牟 定九年晉車千乘在中牟。

府祁縣東南八里有古祁城。志以爲晉祁氏之邑。又縣東七里有祁藪，即爾雅所謂昭餘祁矣。祁縣以藪得名。

范 襄二十四年范宣子曰「在周爲唐、杜氏，晉主夏盟爲范氏」。

杜註：「杜伯之子隰叔奔晉，四世及士會，食邑于范，復爲范氏。」今山東曹州府范縣東三里有士會墓。季氏私考疑濮州衛地，晉不應以封其大夫。愚嘗考狄嘗滅衛，衛之遺壤入于狄者甚多，至宣十五年晉復滅狄。而士會于宣

杜註：「榮陽有中牟縣，迴遠，疑非也。」索隱曰：「此中牟當在河北，非鄭之中牟。」正義：「蕩陰縣西有牟山，中牟蓋在其山之側。」今河南彰德府湯陰縣西有中牟城，在牟山下，正當衛走邯鄲之道。

百泉 定十四年晉人敗范氏之師于百泉。

故衛地。今河南衛輝府輝縣西北七里有蘇門山，一名百門山。有百門泉，衛風所謂「泉源在左」者也。定公時已屬晉。衛水源于此。

十二年傳稱隨武子，于十七年請老稱范武子，以後終春秋之世稱范不稱隨。蓋士會以十六年與於滅狄之功，滅留吁、甲氏，晉得狄之土以爲士會賞功之邑耳。其後范復入齊，孟子自范之齊卽此。蓋春秋之季范氏叛晉卽齊，齊、衞助之而范遂入齊爲邑。其地之去來固甚明也。另有考。

鄗 襄二十六年蔡聲子曰：「雍子奔晉，晉與之鄗，以爲謀主。」

杜註「晉邑」。昭十四年邢侯

棘蒲 哀元年師及齊、衞、鮮虞取棘蒲。

杜註「晉地」。漢封功臣柴武，爲侯邑。今直隸趙州城中有棘蒲社。

上雒 哀四年蠻子赤奔晉陰地。楚起豐、析與狄戎，以臨上雒，左師軍于菟和，右師軍于倉野。

今陝西商州雒南縣。水經注：「丹水自倉野又東歷菟和山，又東至商縣上洛，春秋時晉地。」竹書「晉烈公三年楚人伐南鄙至于上洛」，卽此。漢置上洛縣，至元始廢。其地

與雍子争鄐田，蓋亦近邢臺之地。邢臺縣今屬直隸順德府。

木門 襄二十七年衛侯之弟鱄出奔晉，託于木門。

杜註「晉邑」。在今直隸河閒府城西北三里。城中古有大樹，謂之木門城。漢置參户縣，武帝封河閒獻王子免，爲侯邑。宋元符三年張商英請開木門口泄徒駭東流，卽此地。

任 襄三十年鄭羽頡奔晉，爲任大夫。

杜註：「晉邑，屬廣平郡。」哀

卽今商州治也。丹水在城南一里。

陰地 使謂陰地之命大夫士蔑。

杜註：「河南山北，自上雒以東至陸渾。命大夫，別縣監尹。」正義曰：「河南山北，東西横長，其閒非一邑。若是典邑大夫，則當以邑冠之。傳言陰地之命大夫，則是特命大夫，使總監陰地，故以爲别縣監尹也。以其去國遥遠，别爲置監。」

英丘 哀二十三年荀瑶伐齊，〔四〕曰齊取我英丘。

四年齊國夏伐晉取任，卽此。杜註「晉地」。案：是役以報後爲趙邑。漢因置任縣。故英丘之怨，傳稱戰于犂丘，齊城在今直隸順德府任縣東師敗績。犂丘在今山東濟南南。府臨邑縣，則英丘當亦相近之地。

中都昭二年晉人執陳無宇于中都。

杜註：「晉邑，在西河介休縣東南。」今汾州府平遥縣西北十二里有中都古城，西南至介休五十里。

良昭十三年晉侯會吴子于良。

後漢書志：「良成縣故屬東海，春秋時曰良。」漢書志良成縣註侯國，師古曰：「左氏傳晉侯會吴子于良，卽此。」

今爲江南徐州府邳州。

乾侯昭二十八年公如晉，次于乾侯。

杜註：「晉境内邑，在魏郡斥丘縣。」闞駰曰：「地多斥鹵，故曰斥丘。」歷代皆爲斥丘縣，高齊始改置成安。今直隸廣平府成安縣東南有斥丘古城。

鄔昭二十八年晉分祁氏之田爲七縣，司馬彌牟爲鄔大夫。

杜註「太原鄔縣」。今鄔城故址在汾州府介休縣東北二十七里。

平陵司馬烏爲平陵大夫。

亦曰大陵，後屬趙。漢置大陵縣。隋改爲文水。今太原府文水縣東北二十里有大陵故城。

塗水知徐吾爲塗水大夫。杜註「太原榆次縣」。今太原府榆次縣西南二十里有塗水故城。

馬首韓固爲馬首大夫。元和郡縣志：「馬首故城在壽陽縣東南十五里。」漢爲榆次之東境。隋置壽陽縣。今屬平定州。縣東南十五里有馬首村。

孟孟丙爲孟大夫。
杜註「太原孟縣」。哀四年齊國夏伐晉取孟，卽此。孟縣今屬平定州。
平陽分羊舌氏之田爲三縣，趙朝爲平陽大夫。
杜註：「平陽，平陽縣。」堯所都，春秋時晉邑，後韓武子都此。歷代皆爲平陽縣，隋改曰臨汾。今爲平陽府治。
楊氏僚安爲楊氏大夫。
杜註：「平陽楊氏縣。」今平陽府洪洞縣南二里有古楊城。一名范城，叔向所築。

五氏定九年齊侯、衛侯次于五氏。

杜註晉大夫邯鄲午之私邑。亦曰寒氏。十年傳午以徒七十人門于衛西門，曰「請報寒氏之役」，即此。今直隸廣平府邯鄲縣有五氏城。

邯鄲定十三年趙鞅殺邯鄲午。

杜註：「邯鄲，廣平縣。」故衛邑，後屬晉。戰國時趙肅侯都此。今直隸廣平府邯鄲縣西南三十里有邯鄲故城。

河内定十三年齊邴意茲曰銳師伐河内。

杜註「汲郡」。故爲衛之邶

邑。衞遷楚丘後，河内殷墟更屬于晉。今爲河南衞輝府治汲縣。

晉陽秋趙鞅入于晉陽以叛。即今太原府之太原縣，唐叔始封時故都也。見晉都。

朝歌冬荀寅、士吉射入于朝歌以叛。即今河南衞輝府之淇縣，衞康叔始封時故都也。後屬晉。詳衞都。

臨哀四年趙稷奔臨。杜註「晉邑」。今直隸趙州臨城縣有古臨城，即春秋時臨邑。

欒　哀四年齊國夏伐晉，取邢、任、欒、鄗、逆時、陰人、盂、壺口，會鮮虞，納荀寅于柏人。杜註：「欒至壺口八邑，皆晉地。」

杜註：「在趙國平棘縣西北。」本欒武子封邑，其後南徙。漢于其故地置關縣，後漢改曰欒城縣。今屬直隸真定府。又直隸趙州之北境皆古欒邑地。

鄗

杜註：「卽高邑縣也。」鄗本晉邑，後屬趙。漢置鄗縣，光武改曰高邑。北齊移治于房子縣東北，去舊城三十里，卽

今直隸趙州之高邑縣也。古鄗城在今趙州柏鄉縣北十二里。

逆時

水經注:「濡水回湍曲復,亦謂之曲逆水。春秋齊國夏伐晉取曲逆是也。」是直以逆時爲曲逆矣。秦置縣。漢封陳平爲曲逆侯。今曲逆故城在直隸保定府完縣東南二十里。

壺口

杜註:「潞縣東有壺口關。」舊志壺關山在山西潞安府壺關

縣西北二里。今在府治長治縣東南十三里。詳見山川。

柏人

杜註：「晉邑，趙國柏人縣也。」哀五年晉圍柏人。史記趙王遷元年置柏人縣，屬趙國。漢高祖八年過趙，問縣名不宿而去。今柏人故城在直隸順德府唐山縣西十二里。

冠氏哀十五年齊伐晉，取冠氏。

杜註：「陽平館陶縣。」案：冠氏，晉邑。隋因分館陶界析置冠氏縣。今山東東昌府冠

縣北有冠氏故城。

虞

都	邑	地
夏墟 今爲山西解州之平陸縣，在河之北。譜云武王封虞仲之庶孫爲虞仲後，處中國爲西吳。史記武王封周章弟虞仲于周之北故夏墟，與荆蠻、勾吴爲兄弟。杜註：「虞在河東大陽縣。」唐改曰平陸。今縣東北四十里有古虞城。	鄍 僖二年晉荀息曰：「冀爲不道，入自顛軨，伐鄍三門。」 杜註「虞邑」。今山西解州平陸縣東北二十五里有故鄍城。	共池 杜註闕。今平陸縣西四十里許有共池，與讓畔城相近。志云虞公出奔地。 顛軨 在平陸縣東北五十里。見山川。 三門 在平陸縣東五十里，即砥柱之三門也。見山川。

虢

都

上陽 在今河南陝州東南。周文王弟虢叔始封，在陝西鳳翔府寶雞縣東六十里。東遷後爲秦之雍地。漢置虢縣。志云雍爲西虢是也。隱元年鄭人以王師、虢師伐衞。杜註：「弘農陝縣東南有虢城。」則從平王東徙後所封矣。

邑

下陽 僖二年虞師、晉師滅下陽。

杜註：「虢邑，在河東大陽縣。」今大陽廢縣在山西解州平陸縣東五十里，又東北三十里爲故下陽城。

地

玤 莊二十一年王巡虢守，虢公爲王宮于玤。

杜註：「虢地。」在今河南河南府澠池縣界。

莘 莊三十二年有神降于莘。

杜註：「虢地。」今河南陝州硤石鎮西十五里莘原是也。

渭汭 閔二年虢公敗犬戎于渭汭。

杜註：「水之隈曲曰汭。」案：渭水入河處在今陝西同州府華陰縣，乃虢之西境。見山

川。

桑田僖二年虢公敗戎于桑田。杜註：「虢地，在弘農陝縣東北。」今河南陝州靈寶縣西二十五里稠桑驛卽其地。

秦

都

雍今爲陝西鳳翔府治鳳翔縣。史記德公元年初居雍城大鄭宮，時魯莊公十七年也。至僖十三年輸粟于晉，自雍及絳。杜註：「雍，秦國都。」始

邑

彭衙文二年戰于彭衙。杜註：「郃陽縣西北有彭衙城。」史記秦武公元年伐彭戲氏。正義曰：「彭戲，戎號，卽彭衙。」秦文公于其地置泉縣，在今陝西同州府白水縣

地

王城僖十五年晉陰飴甥會秦伯，盟于王城。杜註：「秦地，〔三〕馮翊臨晉縣東有王城。」在今陝西同州府朝邑縣東。僖二十四年晉侯潛會秦伯于王城，瑕甥、郤芮

見于春秋。孔穎達曰：「周初爲召穆公采邑，有召亭。」東遷時地陷于戎。平王賜襄公岐以西之地，曰能攻逐戎卽有之。至文公十六年伐戎，戎敗走，遂收周餘民，地至岐，岐以東獻之周。鄭氏詩譜云「秦襄公横有周西都畿内八百里之地」，非是。詳疆域表。今縣南七里有古雍城，秦德公所居大鄭宮城也。

平陽爲秦舊都

今爲陝西鳳翔府之郿縣。史記秦寧公二年徙居平陽，是

東北六十里。

汪 文二年晉伐秦，取汪及彭衙而還。

當亦在白水縣界。

邧 文四年晉侯伐秦，圍邧、新城。

杜註「秦邑」，當在同州府澄城縣境。

新城

杜註「秦邑」，卽梁國之新里也。秦取之謂之新城。今同州府澄城縣東北二十里有古新城。

少梁 文十年晉人伐秦，取少梁。

杜註：「馮翊夏陽縣故梁國也。」秦取其地以爲邑，曰少

不獲公，乃如河上。成十一年秦、晉將會于令狐，秦伯不肯涉河，次于王城。則王城爲河以西臨河之地。史記厲共公十六年塹河旁攻大荔取其王城，蓋春秋末地失于戎而復取之也。

河西 文十三年秦伯師于河西。

杜註：「今河北縣，于秦爲在河之東。」〔六〕在今陝西同州府及華州之境。

麻隧 成十三年晉、秦戰于麻隧，秦師敗績。師遂濟涇，及侯麗而還。迓晉侯于新楚。

爲魯隱公之九年。至桓四年秦師圍魏，執芮伯萬以歸，秦始見經，則寧公徙平陽後之七年矣。

靈臺 僖十五年秦獲晉侯，舍諸靈臺。

杜註：「周之故臺，在京兆鄠縣。」今西安府鄠縣東五里有酆宮，又東二十五里有靈囿，囿中有靈臺高二丈，周回一百二十步。

具囿 僖三十三年鄭皇武子曰：「鄭之有原圃，猶秦之有具囿。」

杜註「囿名」。穆公都雍，具囿必在祈年、橐泉之閒，今鳳

梁。今同州府韓城縣南二十里有古少梁城。

杜註「秦地」，在今陝西西安府涇陽縣西南。

侯麗

杜註「秦地」，劉伯莊云在今涇陽縣境。

新楚

杜註「秦地」，當在今同州府朝邑縣境。

棫林

杜註「秦地」，卽舊鄭咸林，宣王母弟友所封也。今爲陝西同州府華州。

翔縣。		

校勘記

〔一〕〔昭二十三年叔孫婼如晉〕 「三」原作「二」，據左傳昭公二十三年改。

〔二〕〔上黨壺關縣有黎亭〕 「亭」原作「城」，據春秋左傳集解改。

〔三〕〔河東東垣縣東南有壺丘〕 「垣」前「東」原脱，據春秋左傳集解補。

〔四〕〔哀二十三年荀瑶伐齊〕 「三」原作「二」，據左傳哀公二十三年改。

〔五〕〔秦地〕 「秦」原作「晉」，據春秋左傳集解改。

〔六〕〔于秦在河之東〕 「東」原作「西」，據春秋左傳集解改。

春秋列國都邑表卷七之四

錫山　顧棟高復初輯
山陽受業楊日炳贊皇參

楚

都

郢　今爲湖廣荆州府治江陵縣。史記文王熊貲始都郢；孔穎達曰世本及譜皆云武王都郢；又左傳沈尹戌曰若敖、蚡冒至于武、文，土不過圻，猶不城郢，則楚之都郢并不始于武王，蓋經營之數世，至

邑

湫　莊十九年楚子伐黃，還及湫有疾。杜註：「南郡鄀縣東南有湫城。」今在襄陽府宜城縣西南。楚靈王時爲伍舉采邑。國語有湫舉，子湫鳴。

析　僖二十五年秦、晉伐鄀，過析隈，入而係輿人以圍商密，商密人懼曰秦取析矣。

地

沈鹿　桓八年楚子合諸侯于沈鹿。杜註「楚地」。今湖廣安陸府治鍾祥縣東六十里有鹿湖。池深不可測，相傳有白鹿入此，因名。今涸爲上腴。

郊郢　桓十一年鬬廉謂屈瑕曰：「君次于郊郢，以禦四邑。」杜註「楚地」。今安陸府治鍾

武、文而始定耳。初時未有城郭，文十四年公子燮、子儀因城郢作亂，事未得訖。襄十四年子囊將死，遺言謂子庚必城郢，楚于是始城之。至昭二十三年囊瓦畏吳，復增脩以自固，卽杜預所云江陵縣北紀南城也。今紀南城在荆州府治北十里。

遷于鄀

今爲湖廣襄陽府之宜城縣，所謂鄢郢也。以江陵爲紀郢，故謂此爲鄢郢。史記昭王十二年吳伐楚取鄀，楚恐，

杜註：「楚邑，一名白羽，南鄉析縣。」昭十八年楚遷許于此，今河南南陽府鄧州內鄉縣卽其地，近武關。戰國時秦昭王發兵下武關攻楚取析是也。

商文十年子西爲商公。

杜註：「楚邑，上雒商縣。」今陝西商州東九十里有上洛廢縣。又河南鄧州內鄉縣西有商於城，爲商鞅封邑，張儀以商於地誑楚。裴駰曰：「有商城在於中，故曰商於。」酈道元曰：「丹水經內鄉、丹水二

祥縣郢州故城是其地也。前代置郢州，蓋以楚郊郢故。案：府治旁控石城，下臨漢水，蓋險固地。當時四國：隨在隨州，蓼在固始，州在監利，絞在鄖陽，遼遠不能遽集。而此居中扼要，故欲據之以離其黨羽，因以伐鄖之孤軍耳。鄖國在今德安府治安陸縣，與「溳」、「䢵」二字通用。水經注「溳水經安陸故城」，古鄖國也，若敖娶䢵子之女生子文卽此。

樠木之下莊四年楚武王卒于樠木

北去，徙都鄀，實當春秋定公之六年，吳入郢後之二年矣。因仍謂之郢，故左傳曰遷郢于鄀也。今縣西南九十里有故鄀城。又史記頃襄王二十一年秦白起拔郢，燒夷陵，楚王東北保陳城，卽故陳國，今爲河南陳州府治，號曰郢陳。考烈王二十二年又遷壽春，仍謂之郢，卽今江南鳳陽府之壽州。又三世至負芻而亡。

丹陽爲楚故都

在今湖廣歸州東南七里，北

縣閒，隔於中，故曰商於。」或謂商卽商州，於卽內鄉，蓋自內鄉至商州凡六百里皆古商於地矣。

期思 文十年楚子田孟諸，期思公復遂爲右司馬。

杜註「弋陽期思縣」。故蔣國，楚滅之以爲邑，在今河南光州固始縣西北七十里。

大林 文十六年楚大饑，戎伐其西南，師于大林。又伐其東南，至于陽丘，以侵訾枝。

杜註「楚邑」。城邑考：「今安陸府荆門州西北有長林城。

之下。

今安陸府治鍾祥縣東一里有樠木山。一名武陵，以楚武王卒于此因名。

那處 莊十八年傳楚武王遷權于那處。

杜註：「楚地，南郡編縣東南有那口城。」史記文王少子季載封于冉。孔氏曰：「『冉』一作『郙』，或作『那』，皆讀曰『然』。」卽那口也。今安陸府荆門州東南有那口故城。

津 莊十九年楚子禦巴人，大敗于津。

杜註「楚地」。水經注「枝江

枕大江。亦曰秭歸。史記周成王封熊繹于楚，居丹陽。章懷太子曰：「丹陽在秭歸東南。」袁山松謂屈原有賢姊，〔二〕聞原放逐，亦來歸，因名秭歸。又枝江亦名丹陽者，不知楚何時所遷。杜佑通典曰：「楚初都丹陽，爲今秭歸；後徙枝江，亦曰丹陽。」蓋諸侯遷都，常仍舊名，故有兩丹陽，後世猶因之。晉王濬伐吴破丹陽，遂克西陵，此歸州之丹陽也。西魏伐江陵，曰爲蕭氏計，席捲渡江，直據丹

城北有櫟林長坂，栱木脩竹，隱天蔽日，卽曹操追先主處。」胡氏曰：「長坂在當陽縣東南百二十里長林城北。」蓋自當陽之北而接長林之境皆長坂也。

訾枝

杜註「楚邑」。當在安陸府治鍾祥縣境。

廬文十六年自廬以往振廩同食。

故廬戎國，伐羅傳所謂羅與廬戎兩軍之者也。楚滅之爲廬邑。孔疏曰：「『盧』與『廬』通，漢置中廬縣。」今爲中廬

縣西三里有津鄉」。枝江縣今屬荆州府。後漢建武四年岑彭謀伐蜀，引兵屯津鄉，當荆門要會，十一年自津鄉攻田戎于荆門，克之，是也。

陘僖四年齊伐楚，次于陘。

杜註：「楚地，潁川召陵縣南有陘亭。」在今河南許州府郾城縣召陵城南。詳山川。

召陵盟于召陵。

杜註「潁川縣也」。今郾城縣東四十五里有召陵故城。

武城僖六年許僖公見楚子于武城。

杜註：「楚地，在南陽宛縣

陽，此枝江之丹陽也。枝江，漢縣，今屬荆州府。水經注云：「北據大江，江汜枝分，東入大江，縣治洲上，故名。」所謂江陵有九十九洲是也。班固地理志謂楚封在丹陽郡丹陽縣者，大謬。丹陽郡爲今江南鎭江府。

鄢爲楚別都

今襄陽府宜城縣西南九里有古鄢國。桓十三年楚屈瑕伐羅及鄢，亂次以濟，杜註：「鄢水在襄陽宜城入漢。」昭十三年靈王沿夏將欲入鄢，夏卽

鎭，在襄陽府南漳縣東五十里。而應劭謂廬州古廬子國，通典因之，而復云左傳自廬以往卽此地。又廬州古蹟有同食館，唐元和中刺史路應求建，亦采左傳自廬以往振廩同食之義爲名，誤甚矣。

魚 文十六年滅庸傳惟裨、儵、魚人逐之。

杜註：「裨、儵、魚，庸三邑。」魚卽魚復縣，漢爲益州都尉治，公孫述號曰白帝城，先主改曰永安。今爲四川夔州府治奉節縣。縣東有魚復浦。

北。」今南陽府治南陽縣北有武延城。故爲申國地，申滅屬楚。

選 文十六年麇人率百濮聚于選，將伐楚，楚謀徙于阪高。

杜註「楚地」，當在荆州府枝江縣南境。

阪高

杜註「楚險地」，當在今襄陽府西境。

句澨 楚次于句澨，使廬戢棃侵庸及庸方城。

杜註「楚西界地」，當在襄陽府均州西。

漢之別名，杜註云「順漢水入鄢也。」本爲楚別都，故靈王欲入。後昭王徙郢于鄀，兼稱鄢郢。以鄢與鄀俱在宜城縣，地相近，故稱鄢以別于江陵之紀郢也。楚又嘗自鄀徙鄢，踰年而復。史記六國表頃襄王二十年秦白起拔鄢；二十一年拔郢，王亡走陳。高誘曰：「秦兵出武關則臨鄢，下黔中則臨郢。」

渚宮

卽今荆州府治江陵城也。文十年子西爲商公，沿漢泝江，

葉 宣三年鄭文公生公子士朝于楚，楚人酖之，及葉而死。

杜註「南陽葉縣」。楚遷許于葉。王子勝曰：「葉在楚，方城外之蔽也。」楚子乃使遷許于析。而更以葉封沈諸梁，號曰葉公。東魏置襄州。其地險隘，高齊保此以備周。今河南南陽府葉縣南三十里有古葉城。

轑陽 宣四年子越圍伯嬴于轑陽而殺之，遂處烝野，將攻王。

杜註「楚邑」。

烝野

庸方城

杜註：「庸地，上庸縣東有方城亭。」今鄖陽府竹山縣東四十五里有方城山，上平坦，四面險固。山南有城，周十餘里，卽春秋時庸方城也。

陘隰 先君蚡冒所以服陘隰也。

杜註「地名」。荆州府以東多山谿之險，因名。

臨品 楚子會師于臨品，子越自石溪，子貝自仞以伐庸。

杜註「地名」，當在襄陽府均州界。

石溪

將入郢，王在渚宮下見之。孔穎達曰：「商在漢水北，漢水東流而南入江，子西自商縣沿漢水順流而下，至江乃泝流逆上。渚宮當郢都之南，故王在渚宮下見之。」水經注：「今江陵城，楚船官地，卽春秋時渚宮也。」互見犬牙相錯表。

荒谷、冶父

在今荆州府治江陵縣西。桓十三年莫敖縊于荒谷，羣帥囚于冶父以聽刑。案：荆州記：「州東三里餘有三湖，湖

杜註「楚邑」。俱當在荆州府境。

沂宣十一年令尹蔿艾獵城沂。

杜註「楚邑」。定五年大敗夫槩王于沂卽此。

九縣宣十二年鄭行成于楚，曰「請改事君，夷于九縣」。

杜註：「楚滅九國以爲縣。」正義曰：「莊十四年滅息，十六年滅鄧，僖五年滅弦，十二年滅黃，二十六年滅夔，文四年滅江，五年滅六、滅蓼，十六年滅庸，傳又稱楚武王滅庸，文王縣申、息。凡十一國，不

杜註「入庸道」，當在均州界。

仞

杜註「入庸道」，當在均州界。

皋滸宣四年楚子與若敖氏戰于皋滸。

杜註「楚地」。路史：「英、六、貳、軫皆皋地，皋陶之所封也。」後皆屬楚。滸，水邊地名。案：傳上文云若敖師于漳澨，漳水在荆州府枝江縣北四十里，此亦當在其境。

郔宣十一年楚左尹子重侵宋，王待諸郔。

杜註「楚地」，當在河南陳州

東有水名荒谷，又西北有小城曰冶父。」水經注：「揚水逕郢城南，又東北路白湖注之。湖在大港北，港南曰中湖，下曰昏官湖，三湖合爲一水，東逕荒谷。荒谷東岸有冶父城。水盛則南通大江，否則南迄江隄。」皆當在郢都之側，故羣帥囚于此以聽刑。今冶父城在江陵縣東。

窒皇 宣十四年楚子伐宋，屨及于窒皇，劍及于寢門之外，車及于蒲胥之市。

杜註「寢門闕」，正義曰：「下

知何以言九。」高氏曰：「楚人拓地始于北境，次及于東。欒貞子曰：『漢陽諸姬，楚實盡之。』杜謂姬姓之國在漢北者。夷考姬姓國之近楚者，曰隨、曰息、曰蓼、曰穀。隨終春秋不滅，穀在漢南，息、蓼在淮壖，又非漢北。蓋楚所吞滅姬姓國甚多，皆不見于經、傳也。鄭所謂九縣者，未知何所指。」

沈 宣十二年戰于邲，沈尹將中軍。

杜註：「沈或作寢。寢，縣也。」今汝陰固始縣。案：此

府項城縣境。

夏州 宣十一年楚入陳，鄉取一人焉以歸，謂之夏州。

杜註：「州，鄉屬。示討夏氏所獲。」地理通釋云：「大江中州也。」今在湖廣武昌府江夏縣。

鄧 成九年鄭伯會楚公子成于鄧。

桓二年蔡侯、鄭伯會于鄧。穀梁傳曰「鄧某地，不知其國」，公羊傳曰「鄧與會爾」。又賈逵、服虔並以鄧爲國。而正義駁之，云：「蔡、鄭懼楚始爲此會，不應就近楚小國，

云劒及于寢門之外，則屨之所及未至于外，故以窒皇爲寢門之闕。莊十九年鬻拳葬于絰皇，『窒』與『絰』字異音同，杜註亦云絰皇冢前闕。經、傳通謂兩觀爲闕，以其在門兩旁，而中央闕然爲道，故雉門之觀特得闕名。其實雖小門亦如此耳。」

蒲胥之市

正義云「闕名窒皇及市名蒲胥義皆未聞」，蓋謂郢都之市耳。

章華之臺

沈國之別邑，楚取之以爲重鎮，故沈尹見于春秋甚詳。時爲沈尹者，莊王之子公子貞也。靈王時有沈尹射，平王時有沈尹赤，昭王時有沈尹戌，惠王時有沈尹朱。邑本名寢，楚人因取之于沈，遂謂之沈。至光武時改名固始。今屬河南光州。又沈本國定四年爲蔡所滅，後入楚爲平輿邑，在今汝寧府沈丘縣。後漢地理志汝南郡有「平輿，有沈亭，故國」。輿圖備考于河南沈丘下註云：「古沈子

故知非鄧國也。」昭十三年楚蔡公召子干、子晳盟于鄧，杜註：「潁川召陵縣西南有鄧城。」推知桓二、成九兩會皆在此矣。戰國時楚懷王伐秦敗于藍田，韓、魏聞之，南襲楚至鄧，卽此。今河南許州府郾城縣東南三十五里有鄧襄城。

汝陰之田成十六年楚使公子成以汝陰之田求成于鄭。

杜註：「汝水之南近鄭地。」楚文王封畛于汝，楚地止于汝水之南。田蓋在汝州陝縣及

昭七年楚子成章華之臺，杜註：「章華，南郡華容縣。臺在華容城內。」今荊州府監利縣北六十里有章華臺。又江陵沙市鎮有章華臺，荊州志云故楚離宮也，亦曰豫章臺，今爲章臺寺。

脾洩

定五年王在隨，子西爲王輿服，國于脾洩，杜註「楚邑」。近郢都，當在今荊州府江陵縣境。

鄂爲楚熊渠時別都

今爲湖廣武昌府武昌縣，在

國，漢平輿。」合諸後漢志平輿有沈亭之說相符，則沈國之在沈丘信矣。

州來成七年吳入州來。

杜註：「楚邑，淮南下蔡縣。」今爲江南鳳陽府壽州，卽壽春也。自成七年吳入州來，至昭二十三年雞父之戰楚師大奔，州來遂入吳，自是入郢之禍兆矣。吳蓋爭之七十餘年而後得。哀二年吳遷蔡于州來，謂之下蔡。由是壽春城在淮之南，下蔡城在淮之北，相去三十里，夾淮爲固。

裕州葉縣閒。

瑕成十六年鄢陵之戰楚師還及瑕。

杜註「楚地」。水經注：「肥水逕山桑縣故城南，又東積而爲陂，謂之瑕陂。又東南逕瑕城南，春秋楚師還及瑕卽此城也。」山桑，漢縣，在今江南潁州府蒙城縣北。

繁陽襄四年楚師爲陳叛故，猶在繁陽。

杜註：「楚地，在汝南鮦陽縣南。」今河南汝寧府新蔡縣北有繁陽亭。

相襄十年會吳于相。

府東北百八十里。史記：「熊渠當周夷王時，興兵伐庸、揚粵，至于鄂。立其長子康爲句亶王，中子紅爲鄂王。」句亶卽今江陵，鄂卽武昌也。「熊渠卒，長子康蚤死，子熊摯紅立，卽鄂王紅也。其弟弑而代立，曰熊延。」又鄭語孔晁注云：「熊繹玄孫曰熊摯，有疾，楚人廢之，立其弟熊延。熊摯自棄于夔，子孫有功王命，爲夔子。」與史記云弑少異。案：夔卽歸，卽楚始封之丹陽。熊摯自竄，不

歷東漢至六朝，常爲重鎮。汴宋南渡亦謂之南、北壽春。今壽州治卽古壽春，縣城爲楚考烈王所築。州北三十里有蔡國城，卽下蔡矣。

呂 成七年子重請申、呂爲賞田。

呂爲虞、夏時國。國語史伯曰當成周者南有申、呂。後并于楚。今南陽府城西三十里有呂城。

鍾離 成十五年諸國大夫會吳于鍾離。

杜註：「楚邑，淮南縣。」昭四年楚箴尹宜咎城鍾離以備

杜註「楚地」。今山東兖州府嶧縣東南有渣口戍，卽今泇河入氶水之泇口。又汪氏克寬曰「偪陽國及柤地皆在沛縣」，蓋地相接云。

庸浦 襄十三年吳侵楚，子庚與吳戰于庸浦。

杜註「楚地」，在今江南廬州府無爲州南濱江之浦也。

雩婁 襄二十六年楚子、秦人侵吳，及雩婁。

淮南子「楚相孫叔敖決期思之陂，灌雩婁之野」，期思陂卽芍陂。今雩婁縣在江南潁

過遜居國都之側。蓋熊渠當日仍都丹陽，分立兩子，各啟土宇。逮武王定都江陵，夔乃獨爲一國，世守宗祀爲附庸，而武昌亦世爲別都耳。

吴。二十四年楚子爲吴師以略吴疆，師還，吴踵楚遂滅巢及鍾離。南北朝時爲重鎮。今江南鳳陽府鳳陽縣東四里有鍾離舊城。

新石 成十五年鄭子罕侵楚，取新石。

杜註「楚邑」，當在河南南陽府裕州葉縣境。

巢 成十七年吴人圍巢，伐駕，圍釐、虺。

杜註：「巢、駕、釐、虺，楚四邑。」巢即蘧啟疆城之以備吴者，今爲江南廬州府巢縣。

駕、釐、虺

州府霍丘縣西南，期思城在河南光州固始縣境，二邑相隣並也。水經注云「雩婁故吴地」，此誤。本傳原云知吴有備而還，是不入吴境也；又爲叔敖陂水所溉，其爲楚地明矣。史記吴王餘祭十二年楚伐吴至雩婁。服虔亦曰：「雩婁，楚之東邑。」

夏汭 昭四年楚沈尹射奔命于夏汭。

杜註：「漢水曲入江，今夏口也。」荆州記「夏口入江處謂之夏汭」，蓋夏水之尾。漢末謂之夏口，亦曰漢口，亦曰沔

襄三年吳伐楚取駕，駕，良邑也。駕、鳌皆在無爲州境，虺在廬江縣境，俱屬廬州府。

棠 襄十四年楚子囊師于棠，以伐吳。

昭二十年伍奢長子曰棠公尚。寰宇記：「六合，古棠邑。」今爲江南江寧府六合縣。

棘 襄二十六年聲子曰：「吳于是伐巢取駕克棘。」

杜註：「楚邑，譙國酇縣東北有棘亭。」今在河南歸德府永城縣南。

櫟 昭四年吳伐楚，入棘、櫟、麻。

杜註：「楚東鄙邑，汝陰新蔡

口。沔之下流爲漢，夏水亦會，三水共出此口也。今在湖廣武昌府治江夏縣。

瑣 昭五年楚伐吳、越，大夫常壽過帥師會楚子于瑣。

杜註「楚地」，當在今江南潁州府霍丘縣東。

鵲岸 聞吳師出，薳啟彊帥師從之。

杜註：「廬江舒縣有鵲尾渚。」高氏曰：「志云今廬江府舒城縣西北有鵲亭，卽杜預所云也。然薳射自夏汭出，薳啟彊別從江道交戰，不應在楚之內地。杜佑曰：『南陵大江

縣東北有櫟亭。」今河南汝寧府新蔡縣北二十里有野櫟店，卽古櫟城也。若鄭之櫟邑，則今河南禹州，與此不同。

麻

杜註「楚東鄙邑」。魏收志「碭郡安陽縣治麻城」。今江南徐州府碭山縣有安陽城，卽故麻城也。以楚東鄙言之，安陽之說近是。

城父 昭九年楚公子棄疾遷許于夷，實城父。

杜註：「城父縣屬譙郡。」案：

中有鵲尾洲，卽古鵲岸也。』此說可通。今江南太平府繁昌縣西南大江中有鵲尾洲。又池州府銅陵縣北十里有鵲頭山，高聳臨江。」故江曰鵲江，岸曰鵲岸。

南懷 昭五年薳射帥繁陽之師，先入南懷，及汝清，吳不可入。

汝清

杜註「皆楚界」。俱應在今江、淮閒。

豫章 昭六年楚使薳洩伐徐，吳人敗之。令尹子蕩帥師，伐吳師于豫章，而次于乾谿，吳人敗其師于房鍾。

楚有兩城父，此所謂夷城父，取諸陳者也。僖二十三年楚伐陳取焦、夷，杜註「夷一名城父」，即此。焦邑別見陳地。昭三十年楚城夷以處徐子章羽。三十一年吳人侵楚伐夷。蓋夷、城父二名兼用矣。今江南潁州府亳州東南七十里有城父城。又有北城父。昭十九年費無極言于楚子大城城父而寘太子焉，以通北方，故太子建居于城父，杜註：「今襄城城父縣。」此又一城父也。哀六年昭王攻大

豫章凡六見于左傳。杜註始云：「在江北淮水南，蓋後徙江南豫章。」至柏舉之戰又云豫章「漢東江北地名」，與前文小異。由是諸說紛然。至求之湖廣德安府之章山，施諸吳、楚夾漢，則可以解定二年之見舟豫章；昭十三年楚師還自徐，吳人敗諸豫章，獲其五帥，則相距千餘里，求諸傳文，前後斷不可合。愚嘗考之，豫章係寬大之語。自江西之饒州、南康二府，西抵九江府之德化，盡鄱陽湖之

冥，卒于城父，卽此。漢置父城縣。王莽末馮異爲父城長，光武屯巾車鄉獲馮異處也。今河南汝州郟縣西四十里有城父城。

不羹 昭十一年楚子城陳、蔡、不羹。

杜註：「襄城縣東南有不羹城，定陵西北有不羹亭。」案：羹音郎，有東、西二不羹。今河南許州府襄城縣東南有西不羹城。定陵故城在南陽府舞陽縣北，縣西北有東不羹城。

中犫 昭十三年王奪鬭韋龜中犫田。

境，隔江爲江南安慶府之宿、松，北接潁、亳、廬、壽，西接光、黃，皆爲楚之豫章，地跨大江南北，以及淮南。蓋鳳陽以西壽、霍、光、固之境皆近淮壖，爲吳、楚日交兵處。今日但以江西爲豫章，乃漢豫章郡，非春秋時豫章地也。秦滅楚置九江郡。漢分九江置豫章郡，乃遥取春秋之豫章爲名。如會稽本在浙東，而秦、漢之會稽郡則盡浙西之境也。至皇輿表以南昌爲吳豫章地，尤非。南昌乃漢

杜註「邑名」。疑當在南陽府境。

州屈 昭二十五年楚子使薳射城州屈，復茄人焉。

在今江南鳳陽府治鳳陽縣西。

茄

近淮小邑。

丘皇 城丘皇，遷訾人焉。

在今河南汝寧府信陽州境。

訾

亦在信陽州境。昭十三年楚靈王師及訾梁而潰，即此。訾水之梁也。

豫章郡治，如秦會稽都尉治蘇州、嘉興，其地統隸極遠，今日豈可求會稽于蘇州乎？且南昌始終爲楚地，于吳無涉。考史記闔閭十一年吳伐楚取番，番即今鄱陽縣，爲饒州府治。而闔閭十一年爲定公六年，在柏舉之後，則當柏舉戰時吳尚未有饒州之地，又安得越南康、九江二府而先有南昌也哉。由是知左傳舍舟淮汭，自豫章與楚夾漢，豫章斷非今日之南昌。案：淮汭爲今壽州，在淮之南。

卷 使熊相禖郭巢，季然郭卷。

杜註：「使二大夫爲巢、卷二邑築郭也。卷城在南陽葉縣南。」後漢志葉有卷城。在今河南南陽府葉縣西南。巢見前。

潛 昭二十七年吳師圍潛。

杜註：「楚邑，在廬江六縣西南。」昭三十一年吳人侵潛、六，楚沈尹戌帥師救潛，吳師還，楚遷潛于南岡，卽此。漢置灊縣，屬廬江郡。晉因之。今江南六安州霍山縣東北三十里有灊城南岡，卽漢置縣

杜氏所云豫章在江北淮水南者，正當卽指淮汭而言。蓋舍舟于此，遵陸亦當由此耳。至漢東之説，高氏辨之甚明，不論可也。

乾谿

杜註：「在譙國城父縣南，楚東境。」今江南潁州府亳州東南七十里有乾谿，與城父村相近，卽漢城父縣也。

夷濮西田 昭九年然丹遷城父人于陳，以夷濮西田益之。

杜註：「夷田在濮水西者。」水經注：「夏肥水上承沙水，東

處也。

養 昭三十年吳公子掩餘、燭庸奔楚。楚子大封而定其徙。逆吳公子使居養。莠尹然、左司馬沈尹戌城之，取于城父與胡田以益之。

杜註：「養卽楚封吳公子之邑。胡田，故胡子之地。」今河南陳州府沈丘縣東有養城，春秋時楚養邑也。杜雖不言養所在，然他處注云城父屬譙郡，汝陰西北有胡城。譙郡今爲江南亳州，汝陰今爲潁州府，沈丘與之逼近，正在吳、楚境上，言養邑在此理

南流逕城父縣故城，春秋所謂夷田在濮水西者也。」蓋濮水亦稱沙水，在潁州府亳州西境，今堙。

潁尾 昭十二年楚子狩于州來，次于潁尾。

杜註：「潁水之尾，在下蔡西。」蓋潁水入淮處也。亦謂之潁口。歷南北朝至唐、宋，皆爲戰爭地。今在江南鳳陽府壽州西北四十里。

魚陂 昭十三年楚公子比爲王，公子黑肱爲令尹，次于魚陂。

杜註：「竟陵縣城西北有甘魚

可通矣。

豐 哀四年司馬起豐、析與狄戎。

杜註：「楚邑，析南有豐鄉。」今河南南陽府淅川縣西南有豐鄉城，其地與鄖陽相接。

析

杜註：「楚邑，析縣屬南鄉郡。」今淅川縣及內鄉縣之西北境皆析地。

白 哀十六年子西召故太子建之子勝于吳，使處吳境，爲白公。

杜註：「楚邑，汝陰褒信縣西南有白亭。」今河南光州息縣東有白城，東北七十里有褒國。

陂。」戰國策冷向曰「楚南有符離之塞，北有甘魚之口」，是也。今在湖廣安陸府天門縣西北。天門縣卽古竟陵縣。

訾梁 師及訾梁而潰。

梁名，在河南汝寧府信陽州界。

宗丘 昭十四年楚子使然丹簡上國之兵于宗丘。

杜註「楚地」，當在今湖廣宜昌府歸州境。上國在國都之西，西方居上流，故謂之上國。

信城。

慎吳人伐慎，白公敗之。

杜註：「汝陰慎縣也。」今江南潁州府潁上縣西北有慎城。水經注「潁水經慎縣故城」，是其地。文獻通考云：「白公勝邑。」案：左傳子西召勝使處吳境爲白公，杜註：「白，楚邑也。汝陰郡褒信縣西南有白亭。」是勝之封邑在褒信矣。白公敗吳于慎，非封慎也。慎自是楚邑，但非白公所封之邑耳。

長岸昭十七年楚人及吳戰于長岸。

杜註「楚地」。今江南太平府當塗縣西南三十里有西梁山，與和州南七十里之東梁山夾江相對，如門之闕，亦曰天門山。郡國志云春秋楚獲吳乘舟餘皇處也。歷代爲建康西偏之要地。

下陰昭十九年楚工尹赤遷陰于下陰。

杜註：「陰縣，屬南鄉郡。」水經注：「沔水逕穀城東，又南逕陰縣故城西，故下陰也。春秋遷陰于下陰卽此。」今湖

廣襄陽府光化縣西漢水西岸有古陰縣城。

雞父昭二十三年戰于雞父。

杜註：「楚地，安豐縣南有雞備亭。」今江南鳳陽府壽州西南六十里有安豐故城，雞備亭又在其城西南。

圉陽昭二十四年楚子爲舟師以略吴疆，及圉陽而還。

杜註「楚地」。應在江南廬州府巢縣南境。

柏舉定四年吴、楚戰于柏舉。

杜註「楚地」。名勝志云：「湖廣黄州府麻城縣東北三十里

有柏子山，縣東南有舉水。」柏舉之名，蓋因柏山、舉水而得。今案傳文子常濟漢，自小別至于大別，又三戰而陳于柏舉，是在漢之東北，其地應在麻城縣境也。

大隧　直轅　冥阸　左司馬戌謂子常曰：「子沿漢而與之上下，我悉方城外以毁其舟，還塞大隧、直轅、冥阸。」

杜註：「三者，漢東之隘道。」又城口是三隘道之總名，所謂義陽有三關之塞也。三關之中，冥阸最著，在河南汝寧

府信陽州東南九十里、湖廣德安府應山縣北六十五里。一名平靖關。其關因山爲障，不營濠湟，故以平靖爲名。亦曰冥塞。莊辛對楚襄王「穰侯塡黽塞之內，投己乎黽塞之外」，是也。大隧，一名武陽關，在信陽州東南一百五十里，西南至應山縣一百三十里。地名大寨嶺，薛氏云「三關之險，大寨嶺爲平易」，是也。直轅，一名黃峴關，又謂之九里關，在信陽州南九十里，南至應山亦九十

里。義陽城與三關，勢如首尾。南北朝時最爲重鎮，得失不常。侯景之亂，三關爲齊有，南國之勢益弱。春秋之世，楚所恃以爲國者。申、息之閒，方城之外，扼要惟此也。

稷定五年秦子蒲使楚人先與吳戰，而自稷會之，大敗夫概王于沂。

杜註「楚地」，當在河南南陽府桐柏縣境。

軍祥薳射子從子西，敗吳師于軍祥。

杜註「楚地」，當在湖廣德安府隨州西南。

堂谿夫概王奔楚，爲堂谿氏。

杜註「楚地」。水經注「瀙水出汝南吴房縣，吴房西北有堂谿城」，卽此也。吴房本房子國，楚封夫概于此，故曰吴房。今河南汝寧府遂平縣西吴房故城，北有堂谿城，與西平縣及許州府郾城縣相接。

麇吴師居麇。

杜註「楚地」。今湖廣岳州府治巴陵縣東有麇城。案：麇本小國，其地爲今鄖陽府治鄖縣。文十一年楚子伐麇，後尋爲楚滅。高氏謂吴師敗

楚師于雍澨，吴師居麇，雍澨在安陸府京山縣境，麇地不能至此，當是麇滅之後，楚人遷之以來，如羅、鄀類耳。竊謂麇之爲麇國不可知。而彙纂謂在岳州巴陵縣，此斷非也。細案前後傳文，定四年戰于柏舉，係黄州府麻城縣；吴從楚師及清發，係德安府附郭安陸縣；繼敗諸雍澨，五戰及郢，雍澨係安陸府京山縣；楚子遂棄其國都奔隨，隨爲德安府之隨州，近河南。蓋吴師從淮右陸路來，與楚

夾漢，在漢水之北，交戰只在楚之北境。楚亦倉皇向北走，未嘗一涉洞庭湖之南也。且傳云敗諸雍澨，五戰及郢；是年左司馬戌及息而還，敗吴師于雍澨，三戰皆傷；五年秋，吴師又敗楚師于雍澨，則雍澨爲苦戰之地，所謂父兄親暴骨焉者也。子期欲焚麇而子西不可，則麇卽爲雍澨無疑。案：麇亦作麇，宋白曰「楚伐麇」。今安陸府當陽縣東南六十里有麇城，與京山接壤，此爲較近。竊意水草

之交爲麇，麇卽雍澨水邊，吴師偶屯駐其地耳。如此纔與傳文脗合。若岳州巴陵，遠在湖南，吴、楚未嘗一戰，其地何暴骨之有？且郢爲今荆州江陵縣，在湖之北，王已出奔隨州，何用更涉楚之南，入楚之內地乎！必不然矣。

負函 哀四年楚人謀北方，致蔡于負函。

杜註「楚地」，在今河南汝寧府信陽州境。

繒關 致方城之外于繒關。

杜註「楚地」，在今邵州境。

地

倉野右師軍于倉野。

杜註：「在上洛縣。」今陝西商州東南有倉野聚。

三户晉執蠻子與其五大夫以畀楚師于三户。

杜註：「丹水縣北有三户亭。」今河南南陽府淅川縣西南有三户城。

陳

都

宛丘

今爲河南陳州府治。孔穎達曰：「樂記武王克殷，未及下

邑

焦、夷僖二十三年楚伐陳取焦、夷。

杜註：「陳邑，譙縣也。」襄元年晉以諸侯之師伐陳，遂侵

地

厥貉

杜註地闕，當在今陳州府項城縣界。

車，封黄帝之後于薊，帝堯之後于祝，帝舜之後于陳，左傳所謂以備三恪者也。鄭玄以薊、祝、陳爲三恪，杞、宋爲二王之後。杜氏以陳、杞、宋爲三恪。鄭説爲優。虞閼父爲周陶正，其子曰胡公滿，武王配以元女大姬，而封諸陳。」今府城南三里有宛丘，高二丈。又城内東北隅有池，即詩所謂東門之池也。

夏封舜後曰虞

今爲河南歸德府虞城縣。杜註：「梁國有虞縣。」案：堯典

楚焦、夷，蓋其時已屬楚矣。秦爲譙縣。史記葛嬰攻譙下之。曹操，譙縣人，于譙東五十里築精舍，往往治兵于此，以擊孫權。曹丕改建五都，譙其一也。至後周始改爲亳。今爲江南潁州府亳州治。通典乃云亳州理譙縣，周武王封神農于焦即其地。案：史記周本紀注：「地理志弘農陝縣有焦城，古焦國。」爲晉所滅，所謂許君焦、瑕，朝濟而夕設版焉者也，與亳州之譙無預。夷見楚地，即城父。

辰陵 宣十一年楚子、陳侯、鄭伯盟于辰陵。

杜註：「陳地，潁川長平縣東南有辰亭。」今陳州府西南四十里有辰陵亭。故長平城在府西北四十里。

大冥 哀六年吴伐陳，楚昭王救陳，攻大冥，卒于城父。

杜註：「陳地，吴師所在。」當在今陳州府項城縣境。

濮 隱四年衛人殺州吁于濮。

杜註：「陳地，水名。」在今陳州府北境，即渼水。

「嬪于虞」，虞在河東大陽縣西，山上有虞城，今爲山西解州平陸縣，舜因以爲有天下之號。周興，封仲雍之後爲虞國，正是其地。而禹受舜禪，封商均于虞，卻在梁國虞縣。虞思妻少康以二姚，而邑諸綸，是其後也。今縣西三十五里有綸城，卽夏時綸邑。周武王封陳時，虞絶封已久。

殷封舜後曰遂　今山東兖州府寧陽縣西北十里有遂鄉，杜氏以爲殷所封。

壺丘文九年楚侵陳克壺丘。　杜註「陳邑」，在今陳州府南境。

鳴鹿成十六年知武子以諸侯之師侵陳，至于鳴鹿。　杜註：「陳國武平縣西南有鹿邑。」今河南歸德府鹿邑縣西十三里有古鹿邑城。

昭八年傳舜重之以明德，寘德于遂，遂世守之。及胡公不淫，故周賜之姓，使祀虞帝。杜註：「殷之興，存舜之後而封遂。」「胡公滿，遂之後，武王賜姓曰嬀，封諸陳。」蓋胡公自以選建明德而封遂本國，能世守，至周時尚存，特微不克振耳。莊十三年爲齊桓公所滅，春秋齊人殲于遂是也。

陳城門曰栗門

宣十一年楚子入陳，殺夏徵舒，轘諸栗門。杜註：「陳城

門。」

蔡

都

上蔡 今爲河南汝寧府上蔡縣。左傳蔡仲封淮、汝之閒，今縣西南十里有故蔡國城。

遷新蔡 今爲汝寧府新蔡縣。昭十一年楚滅蔡，使公子棄疾爲蔡公。十三年平王立，復蔡封，于是隱太子之子廬歸于蔡，

邑

郹陽 昭十九年楚子在蔡，郹陽封人之女奔之，生太子建。杜註「蔡邑」，在今汝寧府新蔡縣境。

地

莘 莊十年，荆敗蔡師于莘。杜註「蔡地」，在今汝寧府汝陽縣境。

桑隧 成六年晉師侵蔡，楚公子申、公子成以申，息之師救蔡，禦諸桑隧。杜註：「汝南朗陵縣東有桑里，在上蔡西南。」〔二〕朗陵，漢縣，在今汝寧府確山縣西南三十五里。又縣東有桑里

是爲平侯。漢地理志：「新蔡縣，蔡平侯徙此。」當在此時也。其事不見經、傳，惟杜氏釋例嘗言之。

又遷州來

今爲江南鳳陽府壽州。哀元年楚子圍蔡，使蔡疆于江、汝之閒而還。蔡請遷于吴。後中悔。二年吴洩庸如蔡聘因襲之，蔡侯哭而遷墓，冬蔡遷于州來，謂之下蔡，在淮水之北，與壽春夾淮爲固。今州北三十里有下蔡城。

亭。

許

都

許
今爲河南許州府治石梁縣。隱十一年公及齊侯、鄭伯入許，鄭莊公使許叔居許西偏。莊公卒，鄭亂，許叔乃復入于許。後屢受兵于鄭，遂遷楚境。鄭因有其地，謂之舊許。今府治東三十里有故許城。

遷于葉
今爲河南南陽府葉縣。成十五年許畏鄭，請遷于楚，楚遷

邑

鉏任 成四年鄭伯伐許取鉏任、冷敦之田。

冷敦
俱在今許州府治境。

地

展陂 成四年鄭公孫申帥師疆許田，許人敗諸展陂。
杜註「許地」，在今許州府治西北。

棫林 襄十六年晉伐許，次于棫林。
杜註「許地」。案此許即葉也。昭九年遷許于夷，遷方城外于許。杜註：「許遷于葉，因謂之許。」是也。棫林在今葉縣東北。

函氏 又伐許，次于函氏。

許于葉。襄二十六年許靈公如楚請伐鄭，既而卒于楚，楚爲之伐鄭，而後葬許靈公。蓋許雖遷，猶在方城之外，鄭患未已。昭四年楚欲遷許于賴，卒不行。至昭九年遷許于夷，葉仍入楚。十一年靈王滅蔡遷六小國于荆山，許亦與焉。十三年平王復封陳、蔡，許亦復居于葉。十八年楚王子勝曰：「葉在楚，方城外之蔽也，土不可易。」楚子乃遷許于析，葉復入楚，以封葉公。今縣治東有古葉城。

杜註「許地」，亦在今葉縣北。

又遷于夷

今爲江南潁州府亳州。昭九年楚公子棄疾遷許于夷，實城父。今州東南七十里有城父城。

又遷于白羽

今爲河南南陽府内鄉縣。昭十八年楚使王子勝遷許于析，實白羽，杜註：「自葉遷也。」

又遷于容城

在今南陽府葉縣西。應劭以漢華容縣爲許所遷之容城，非也。定四年許遷于容城，

後二年鄭卲滅許，傳云因楚敗也。漢華容爲今荆州府監利縣，在郢都之側，鄭豈能至此？又哀元年許復從楚圍蔡，似未嘗滅。或云楚復封之，則不可考其何地矣。

庸

都	邑	地
上庸 今爲湖廣鄖陽府竹山縣。文十六年楚大饑，戎伐其西南。庸人率羣蠻以叛楚，麇人率	裨 儵 魚見上。 杜註：「庸三邑。魚，魚復	庸方城見上。 杜註：「庸地，上庸縣東有方城亭。」今竹山縣東四十五里有方城，山上平坦，四面險

百濮聚于選。楚使廬戢棃侵庸，及庸方城。又與之遇，七遇皆北，惟裨、鯈、魚人逐之，庸人遂不設備。楚人、秦人、巴人滅庸。楚自此益强。今縣東四十里有上庸故城。

也。」漢置魚復縣。公孫述改號曰白帝城，先主改曰永安，蕭梁置信州，唐改夔州，今爲四川夔州府治奉節縣。

固，山南有城，周十餘里，卽春秋時庸方城也。

麇

都

錫穴　今爲湖廣鄖陽府治鄖縣。文十一年潘崇伐麇，至錫穴。杜註「麇地」，蓋卽麇之國都。錫音「陽」。至十六年楚伐

邑

地

防渚　文十一年楚子伐麇，成大心敗麇師于防渚。杜註「麇地」。杜佑曰：「房陵卽春秋時麇國地，所謂防渚者也。」秦始皇徙趙王遷于房

庸，麇人率百濮聚于選，則麇猶存。蓋庸在上庸，爲今竹山縣。麇有錫穴及防渚，爲今之鄖縣、房縣，俱屬鄖陽府，爲接壤。庸滅而麇亦不復存矣。今與陝西、四川俱接界。

陵，卽此。建安十四年先主遣孟達攻下房陵，又使劉封自漢中乘沔水會達，攻上庸，上庸太守申耽降。後孟達據房陵降魏。蓋隴蜀咽喉，蜀、魏所必争之地也。今爲鄖陽府房縣。明季流賊張獻忠居穀城，羅汝才居房縣，既降，復叛，遂潰爛天下。蓋幅員曠遠，接壤四川，爲藏慝伏奸之地。穀城屬襄陽府，今有鎮臣駐劄。

吳

都

梅里 今爲江南常州府無錫縣。吳地記：「泰伯築城于梅李，平墟周三里二百步，外郭周三百餘里。」其地漢爲無錫縣地。劉昭曰：「無錫縣東皇山有太伯冢，去墓十里卽舊宅，井猶存。」杜氏通典無錫縣東南三十里有泰伯城，地曰梅李鄉，亦曰梅里村。城東五里有皇山，一名鴻山。自泰

邑

鳩茲 襄三年楚子重伐吳，克鳩茲，至于衡山。

杜註：「吳邑，在丹陽蕪湖縣東。」今太平府蕪湖縣東四十里有鳩茲港，卽此也。漢蕪湖縣屬丹陽郡，以地卑蓄水，嘗生蕪藻，因名。孫權使陸遜屯兵于此，先主嘗謂權曰：「江東形勝，先有建業，次有蕪湖。」古蕪湖城在今縣東三十里。輿地通考「今蕪湖縣

地

淮上 襄三年晉侯使荀會逆吳子于淮上。

淮水東流，由楚地入吳境入海。此淮上當在臨淮、泗州之境。

善道 襄五年會吳于善道。

杜註地闕。公、穀皆作善稻。范甯註曰「吳地」。阮勝之南兗州記云：「盱眙本吳善道地，秦置盱眙縣。項羽尊楚懷王爲義帝，都盱眙。許慎

伯至闔閭二十三君俱都此。

遷于姑蘇

今爲江南蘇州府治。城邑考：「周敬王六年闔閭築大城，周四十二里三十步，小城八里二百六十步。開陸門八，水門八，名皆子胥所制，東曰婁、曰匠，西曰閶、曰胥，南曰盤、曰蛇，北曰平、曰齊。以地有姑蘇山，因曰姑蘇。山在府城西三十里。」案：敬王六年爲吳闔閭元年，魯昭公之二十八年也。韋昭國語注曰「姑蘇，臺名」，非也。姑

德政鄉有勾慈社」，卽鳩茲之訛也。衡山卽横望山，在當塗縣城東北六十里。「衡」、「横」古通用。杜註云「在烏程縣南」，太遠，非是。

朱方 襄二十八年齊慶封奔吳，吳與之朱方。

杜註「吳邑」。顏師古曰：「丹徒，古朱方也。」秦始皇以其地有天子氣，使赭衣徒三千鑿京峴以敗其勢，因名丹徒。漢置縣。有孫氏所築子城特堅，號鐵甕城。汴宋改名曰鎮江府。今爲鎮江府附郭丹

曰：張目爲盱，舉目爲眙。城居山上可以矚遠，故曰盱眙。」今屬江南泗州。

皋舟之隘 襄十四年楚子囊師于棠，以伐吳，吳人自皋舟之隘要而擊之。

杜註：「吳險阨之道。」或曰水淺滯舟之處，非地名也。案：傳云師于棠，棠爲今江寧府六合縣。又云吳不出而還，子囊殿，吳人要而擊之，楚人不能相救。蓋從濱江水淺之處邀其惰歸，使首尾斷絕也。約當近六合，在泗州、盱眙之間。

蘇爲吳國都之地名。越伐吳，吳王率其賢士重禄以上姑蘇，猶夫越棲會稽耳。安有棄其國都而走保一臺乎？觀後范蠡入姑蘇之宫遂滅吳，則姑蘇爲吳都無疑矣。

徒縣。	
延陵 襄三十一年趙文子問曰「延州來季子其果立乎」。杜註「季札邑」。本封延陵，後復封州來，故曰延州來。公羊傳「季子去，之延陵」。春秋時已有延陵之名，其曰延州來者省文也。漢改毗陵。晉改晉陵，尋爲郡。隋廢郡，置常州府。唐增置武進縣，與晉陵俱附郭。明初并晉陵入武進。季札墓在今武進縣北七十里，申浦之西。	房鍾 昭六年楚子蕩伐吳，吳人敗其師于房鍾。杜註「吳地」。或曰在今潁州府蒙城縣界。案：傳云子蕩師于豫章而次于乾谿，乾谿在今潁州府亳州，則此蒙城縣當亦相近。
檇李 定十四年於越敗吳于檇李。	橐皋 哀十二年會吳于橐皋。杜註：「在淮南逡遒縣東南。」孟康曰：「橐皋，音拓姑。」漢置縣。宋紹興十一年兀朮陷廬州，屯兵柘皋，爲劉錡等所敗。「橐」訛爲「拓」，又訛爲「柘」。今廬州府巢縣西北六

杜註：「吳郡嘉興縣南醉李城。」吳越春秋：「吳王夫差增越封，西至于醉李。」然則與闔廬戰時，檇李猶當爲吳地。杜氏通典吳國南百四十里與越分境，吳伐越，越子禦之于檇李，則今嘉興縣之地也。古檇李城在今浙江嘉興府嘉興縣南四十五里。

艾哀二十年吳公子慶忌出居于艾。

杜註：「吳邑，豫章有艾縣。」水經注：「溳水出豫章艾縣桓山西南，吳公子慶忌諫夫差不納，居于艾是也。」今江西

十里有柘皋鎮，俗猶名會吳城。漢逡遒故城在今廬州府治合肥縣東，與巢縣相接壤。

鄖哀十二年公會衛侯、宋皇瑗于鄖。

杜註：「發陽也，廣陵海陵縣東南有發繇口。」案：晉時海陵縣屬廣陵郡，今爲江南泰州。發陽無考。今通州如皋縣亦係海陵地。縣南十里有會盟原，相傳爲吳、楚會盟處。考春秋之世，吳、楚始終無盟會事，意必指此矣。

桐汭哀十五年楚伐吳及桐汭。

杜註：「宣城廣德縣西南有桐

南昌府寧州西一百里龍平岡有古艾城。

水。」在今江南廣德州西北二十五里。詳見山川。

良哀十五年楚伐吳，陳侯使公孫貞子弔焉，及良而卒。

杜註「吳地」。又昭十三年晉侯會吳子于良，水道不可辭，杜註：「下邳有良城縣。」卽此良也。前漢于良地置良成縣，屬東海郡，師古曰：「卽晉將會吳處。」後漢屬下邳國。晉改曰良城縣。今邳州北六十里有良城。

頯黃哀十六年楚白公之亂，王孫燕奔頯黃氏。

杜註「吳地」。在今寧國府境。

越

都

會稽

今爲浙江紹興府山陰縣。史記：帝少康之庶子封于會稽以奉禹祀。至周初受封爲不成子。韋昭曰：「周禮諸子之國封疆方二百里，越不能成子，言其國小也。」昭五年會楚伐吳事，始見于經。是時

邑

地

鄞見上。

今浙江寧波府治鄞縣。

禦兒見上。

越地。一名語兒。在今浙江嘉興府石門縣東二十里。

姑蔑哀十三年越伐吳，王孫彌庸見姑蔑之旗。

杜註：「東陽大末縣。」案：越

越地南至于勾無，北至于禦兒，東至于鄞，西至于姑蔑，蓋跨有錢塘之東西。至句踐歸吴，吴又增其封，東至于勾甬，西至于檇李，南至于姑末，北至于平原，縱横八百餘里。禦兒在今嘉興府石門縣東二十里。會稽越王城在紹興府南十二里。

境西至于姑蔑，即此。秦置大末縣，屬會稽郡。晉改屬東陽郡。今爲衢州府龍游縣。

甬東 哀二十二年越使吴王居甬東。

杜註：「勾章縣東海中洲。」是也。案：越境南至于勾無，即此。勾無即勾章。越滅吴，因大城之，章霸功以示子孫，故曰勾章。秦置縣。漢武帝遣横海將軍韓説，出勾章浮海擊閩越是也。故城在今寧波府慈谿縣西南三十五里。海中洲即舟山。本朝置定海

縣，屬寧波府，其地在故定海縣東北。故定海縣錢氏置，今改爲鎮海縣，亦晉時勾章縣地。

冥哀十九年楚公子慶、公孫寬追越師至冥，不及。

杜註「越地」。案：江西饒州府之鄱陽縣爲楚，餘干縣爲越。餘干卽漢時餘汗，〔三〕越之餘也。廣信府之弋陽、貴溪二縣本餘干縣地。此冥地當在饒州、廣信之閒。

春秋時之滑非今滑縣論

高江村駁正地理處，多體會傳文而知其道里之遠近，説多當理。獨於僖二十年鄭人入滑，謂非緱氏之滑，而反有取于熊過之説，以爲大名之滑縣。此大謬，所謂過求而失之也。滑縣在春秋時止稱漕邑，無滑之名。漢、魏爲白馬縣。至隋開皇十六年始改曰滑州。聞有前代之地名而後世因之者矣，未聞有後世之改革而前代可假用之者也。此其不可者一也。漕本爲衛下邑，所謂白馬，與北岸黎陽止隔一河。衛舊都在黎陽之廢衛縣，爲狄人所逐，渡河野處，去其國都不遠。若先有滑國在焉，戴公安得廬之，而齊桓又安得驅滑之衆庶而更以封衛乎？若謂既爲滑，又以封衛，則衛爲鵲巢鳩居，而滑爲鳥鼠同穴，必無之事也。又江村云戴公野處漕邑，與齊桓城楚丘封衛皆在滑境，滑蓋衛都邑所在，故鄭人極力争之，而終不得。自古無與人争國都之理，以戰國秦之强，圍趙邯鄲已爲異事，在春秋時尚無此等。且使滑爲衛都邑，則滑已滅于衛矣，安得更謂之滑屬于列國，而上煩周天子之命乎？原江村所以疑滑非緱氏之滑者，以傳云滑人聽命，師還又即衛，謂滑必鄭、衛交境之地，而緱氏遠在河南，非衛所及。似又不必如此拘泥。齊、晉與國，幾半天下。即如魯之郲、莒，亦不必十分逼近。攷秦人滅滑傳，秦師過周北門，次及滑，鄭商人弦高遇之滑，與鄭鄰近自不必言，而衛之儀封亦在河南，與滑非絶遠，不必以此爲疑也。又按莊三年公次于滑，杜註：「鄭地，在陳留襄邑縣西北。」此本後漢志之説。今睢州西北之滑亭是也，與緱氏之滑自别。蓋彼是滑國，此是滑地。謂滑有二則可。高江村謂滑有三，而以滑縣之滑當

其一，則非也。

春秋兩楚丘辨

春秋時有兩楚丘。隱七年戎伐凡伯于楚丘，在山東曹縣東南四十里。本戎州己氏之邑，凡伯過其地因刦略之，杜註所謂濟陰成武縣西南者是也，地界曹、宋閒。襄十年宋享晉侯于楚丘即此。其一爲僖四年衛遷于楚丘，在滑縣東六十里，于漢爲白馬縣。杜註春秋無明文，而毛詩傳、鄭箋、孔疏及水經注言之甚晰。毛定之方中傳云：「虛，漕虛也。楚丘有堂邑。」鄭箋云：「自河以東，夾于濟水，文公登漕之虛以望楚丘。」孔疏則云：「楚丘西有河，東有濟，故曰夾于濟水。」水經注曰：「白馬，濟有白馬城，衛文公東徙渡河，都之。」其不得混于成武彰彰明矣。又隋開皇十六年同時置兩楚丘縣，一在漢己氏縣，以戎伐凡伯之楚丘爲名，爲南楚丘；一在漢白馬縣，即桓公封衛者，爲北楚丘。後以曹縣有楚丘，因改名衛南縣。杜佑通典：「白馬，春秋衛國漕邑。衛南，衛國楚丘也。」元和郡縣志及舊唐書所載竝同。而朱子詩集注亦云「漕、楚丘皆在滑州」，尤顯然較著。乃班固地理志于成武下則云「齊桓公所城，遷衛文公于此」，既混滑縣之楚丘于成武；而文定説春秋，于凡伯傳又云「罪衛不救王臣之難」，又混成武之楚丘于滑縣，蓋兩失之。至熊過謂楚丘爲魯地，言城楚丘猶夫城向、城郎耳，因力辨桓公無封衛之事，引僞子貢詩傳謂楚丘爲魯風，不惟與公羊之本文相悖，并舉詩所稱楚宮、楚室而一概抹殺之，豈非尤荒經蔑古之甚乎。高江村辨楚丘甚明晰，獨以宋享晉侯于楚丘謂即衛地，此又不然。宋都在歸德府睢州，與

滑縣之楚丘中閒尚隔一開封府，相去五、六百里，雖宋之邊不宜至是，且宋亭晉侯亦無干衛國都之理。又臆度之云「衛北遷帝丘，隔遠南鄙，由是地組于宋」，亦無明文，不可强爲之說。不如景范所説戎州己氏，地界曹、宋閒，宋之楚丘與戎伐凡伯之楚丘爲一，差爲近是也。

春秋時衛莘地爲今東昌府莘縣論

宣十六年傳衛宣公使公子伋如齊，使盜待諸莘。杜註：「衛地，陽平縣西北有莘亭。」水經注：「京相璠曰莘爲自衛適齊之道，縣東有二子廟，猶謂之孝祠。」今山東東昌府莘縣北莘亭故城是也。成二年戰于鞌傳，師從齊師于莘，杜又註云：「莘，齊地。」高江村曰：「莘原跨兩境，齊、衛皆有之，蓋晉師自衛來至齊疆故也。但莘去鞌四百餘里，齊侯既親遇晉師境上，即當遏勿使進，何爲不戰引退，縱敵入境四百里而後戰乎？由是推之，莘亦當爲近鞌之地。」蓋調停兩屬之説，而又疑莘縣爲未必然。然愚嘗詢諸東昌士大夫習往來于是者，云莘縣在東昌府治西南七十里，從府治聊城縣東歷茌平、長清、齊河三縣，而後至濟南府治歷城，共二百四十里，華不注山在城北，則從莘至鞌約計三百一十里，亦無四百餘里之遠。而細考傳文，莘與鞌原屬兩日事，高氏之疑非也。杜兩註齊、衛，亦屬騎牆之見。左傳明言莘是衛地，特人習讀之而不察耳。傳云晉師救魯、衛，季文子帥師會之，及衛地，韓獻子將斬人，郤獻子馳將救之，云云。下遂云師從齊師于莘，六月壬申師至于靡笄之下。觀其特志月日，則知從于莘自是前月事，尚在衛地。至六月壬申歷東昌至濟南，深入齊境三百餘里，齊侯始親自迎敵，道里與時日一絲不爽。

蓋自四月丙戌孫良夫敗于新築，不入，遂如晉乞師，而晉師旋以五月至。是時莘地必有齊之偏師侵略衞疆而未返者，晉師適遇，遂與交戰，緣是偏師零騎望風披靡，故不言勝負。直至六月壬申長驅至靡笄之下，齊侯始請戰期。其前言齊師，後言齊侯，歷歷分明可証。若如高氏之疑，豈有國君巡徼境上躬自迎敵之理乎？蓋高氏所以疑者，緣左傳插入韓獻子將斬人一段，隔斷上下文；而又忽看過「六月壬申」四字，疑莘與靡笄之下爲同日至，故有莘當爲近畿之疑。是齊地而非衞地之説。是泥于杜註而不細察傳文之故也。今以及衞地與下文師從齊師于莘一連看，六月壬申略一停頓，則莘止是衞地，爲今東昌府莘縣，兩傳地理俱瞭然矣。

秦自穆公始東境至河宜從史記不宜從鄭詩譜論

鄭康成詩譜：「秦襄公當平王初，興兵討西戎救周。平王東遷，以岐、豐之地賜之，遂橫有周西都畿內八百里之地。」史記秦本紀云：「平王封襄公爲諸侯，賜之岐以西之地，與誓曰：「戎侵奪我岐、豐，秦能攻逐戎，卽有其地。」襄公十二年伐戎至岐，卒。至襄公之子文公，以兵伐戎，戎敗走，遂收周餘民有之，地至岐，岐以東獻之周。岐爲今陝西鳳翔府岐山縣。是秦至文公未嘗越岐以東一步，〔四〕豐、鎬故物依然尚在也。是時周之號令猶行西土，虢、鄭懿親雖從王東遷，而其故封無恙，呼吸可通。魯莊之二十一年惠王與虢酒泉，酒泉在今同州府澄城縣。計東遷至此，已歷平、桓、莊、僖四世九十四年矣，而金甌尚無缺也。直至魯僖之二年而秦穆公滅芮，卽其地築王城以臨晉，濱河而守；晉亦于僖五年滅虢守桃林

之塞，秦、晉遂以河爲界，豐、鎬故都淪入于秦而不可反矣。計至此距初遷已及百有二十年。此豈一朝一夕之故哉！藉令如鄭氏之說，則西都久已在秦封內，天朝宫殿當已脩葺，王使至秦當有設館迎候之禮，何至有黍離之痛，滿目悲涼，破瓦頹垣，依然故物哉！孔氏穎達曲護鄭說，引終南之詩爲證，謂襄公時已得岐東，非唯自岐以西。案：終南山凡八百里，亙鳳翔、岐山、郿三縣及西安一府之境，是岐西亦有終南，不得援以爲據。況此詩原係興體，言山之高大必有美材，以稱其穹窿；人君尊崇必有令德，以稱其顯服，未嘗指終南爲當日之實境也。惟朱傳謂「至止」爲至終南之下，似指爲本國之境。而鄭箋則謂受命服于天子而來，爲下句作起耳，于當日之封域無與也。孔氏又謂如本紀說文公獻岐東于周，而春秋時秦境東至河，計襄公以後更有何功德之君得之？噫，此又不思之甚也。据史記秦武公十年伐邽、冀戎，初縣之；十一年初縣杜、鄭，滅小虢。而汲冢周書穆公二年滅芮。春秋傳所載僖十九年秦取新里遂滅梁。是其累世蠶食，非一日之故。而謂東遷之初，一舉手而橫有西都八百里之地，此理勢所必無者。余反覆左傳、史記及詩秦風，而斷謂詩譜之不足信如此。後之尚論者，尚其有取于余言。乾隆十年七月中浣九日復初氏識。

校勘記

〔一〕〔袁山松謂屈原有賢姊〕「山松」原作「崧」，據水經注江水改。

〔二〕在上蔡西南 「西」原作「東」，據春秋左傳集解改。

〔三〕餘干即漢時餘汗 「汗」原作「汙」，據漢書地理志上改。

〔四〕是秦至文公未嘗越岐以東一步 「東」原作「西」，據史記秦本紀改。

春秋列國山川表卷八之上

錫山顧棟高復初輯
古岑程志銘述先參

敍

或問：「春秋之山川與今日有異乎？」曰：「濟絶于王莽時，而濼水之源于趵突泉，爲大、小清河之入海者，猶濟之故瀆也。河不兩行，即屯氏南、北故瀆幾不可問。至近世而蔡、潁絶，汴、泗成涓流，非復當日之故迹矣。」「然則山川曷爲異？」曰：「亦由天運，亦由人事。夏、商之時，世運淳古，民氣安静，故其時有王者，無羣雄。無羣雄，故亦不言地利。殷之革夏也，止有一湯，不聞有先湯而舉事者。周之勝殷也，止有一武，不聞有偕武而並興者。八百諸侯胥歸有德，未嘗角力而始臣之問。所謂草山而軍、阻河爲固者，無有也。至周之衰，迺有七國。秦攻伐二百年，而始混一天下。故六國者，羣雄之祖。而春秋實戰國之先聲也。其時乃有以天地之山川爲攻守之備、富彊之計。齊塹防門、廣里，起于平陰；楚營方城爲城，亙于宛、葉，而山之形勢漸失矣。吴掘邗溝以通運，而江、淮始通；齊桓遏八流以自廣，而九河始塞，水之故道漸移矣。春秋以後，戰功滋興，至有塹山堙谷，壅川塞河，以求一切戰勝攻取之計者。知伯決晉，王賁灌大梁，蒙恬築長城堙地脈，馴至西漢，與河患相終始，易天地之性，違川陸之宜。譬之人身，日事壅閼，則血脈營衛非復故常，衝決盭逆，隨開輒發。山川之不能不易者，亦自然之勢也。」春秋

一書，當衰周之中，伯功之始，言地利者權輿于是乎在。故讀禹貢而識山川奠定所由基，讀春秋而知山川改易所自始，亦猶導河者必于積石，導江者必于岷山也。輯春秋列國山川表第八。

春秋列國山川表

周

山險

轘轅襄二十一年使候出諸轘轅。杜注：「轘轅關在緱氏縣西南。」

轘轅，山名，在今河南府鞏縣西南七十里。其坂有十二曲，將去復還，故名。詳見險要。

闕塞昭二十六年晉知躒、趙鞅納王，使女寬守闕塞。杜注：「洛陽西南伊闕口也。」

闕塞山在今河南府治洛陽縣城南三十里。一名龍門山，一名伊闕，一名闕口。志云：「山之東曰香山，西曰龍門。大禹疏以通

水道

河昭二十四年王子朝用成周之寶珪于河。

大河經河南府洛陽縣北境。禹貢「東過洛汭」，正當王城之東北，故子朝用珪于河以求福也。

洛水昭元年趙孟館于雒汭。杜注：「洛水在鞏縣南，水曲流爲汭。」

雒汭在今河南府鞏縣東北三十里。後漢書鞏縣注「夏太康五弟徯于洛之汭」，即此。水經注：「洛水入河之處，清濁異流，亦名什谷。」隋于此置洛口倉，以洛水東逕洛汭，北

水。兩山對峙，石壁峭立，望之若闕，伊水歷其閒，故名伊闕。」詳見險要。

北山昭二十二年王田于北山。杜註：「北芒也。」一作邙山。

北邙山在今河南府治洛陽縣城北十里。山連偃師、孟津、鞏三縣，綿亙四百里。在城之北，故曰北山。一名郟山。成王定鼎于郟鄏卽此。亦謂之郟，王城之別名。桓七年遷盟、向之民于郟，襄二十四年齊人城郟，杜註皆云「郟，王城也」。今府城西有郟鄏陌。亦曰郟山，亦曰邙山。東漢諸陵及唐、宋諸名臣墓多在此。詳見險要。

三塗昭四年傳四嶽、三塗、陽城、太室，九州之險。杜註：「三塗在河南陸渾縣南。」

對瑯琊渚入河，謂之洛口。

伊水僖二十二年辛有適伊川。

伊源有二。水經注伊水出南陽蔓渠山，逕陸渾縣三塗山東注虢略，其地卽辛有過伊川見被髮而野祭處。後漢書則云伊水出盧氏。近志因之，謂伊川出盧氏悶頓嶺，東流經嵩縣、洛陽、偃師入洛水。蓋原有二水合流，諸家各言所見耳。

穀水襄二十四年傳註：「穀、洛鬭，毀王宮。」

穀水在今河南府洛陽縣王城北門外。昭二十四年士景伯立于乾祭，杜註：「乾祭，王城北門。」水經注：「穀水又東繞乾門北，子朝之亂，晉所開也。其東卽千金堨。又東爲金谷水，水之西北卽金墉城。」

三塗山在今河南府嵩縣南。水經注曰：「伊水歷崖口，山翼崖深高，壁立如闕，伊水穿峽北流，卽古三塗山。」武王所謂南望三塗是也。金志嵩縣有三塗山。服虔以三塗爲道觀。春秋晉伐陸渾有事于三塗，卽知是山明矣。

陽城見上。杜註「在陽城縣地」。

陽城山在今河南府登封縣北三十八里。志云：「城中有測景臺，周公定此地爲土中，立圭測景。漢、唐因之。」

太室見上。杜註「在陽城縣西南」。

太室山在今河南府登封縣北十里。漢志武帝置崇高縣以奉太室，是爲中嶽。詩譜卽外方山也。嵩山三十六峰，東曰太室，西曰

湟水昭二十二年王猛居于皇。杜註：「河南鞏縣西南有黃亭。」

案：後漢志湟水卽皇也。水經注：「雒水合于谿泉，又東濁水注之，卽古湟水。京相璠曰黃亭在鞏城北三里。」今在鞏縣西北。

溴水襄十六年會于溴梁。杜註：「溴水出河內軹縣東南，至溫入河。」

案：爾雅「梁莫大于溴梁」，溴梁，水隄也。溴水源出懷慶府濟源縣西北，俗呼白澗水。

翟泉昭二十三年天王居于狄泉。〔一〕亦曰翟。杜註：「洛陽城內大倉西南池水也。」

案：敬王初居狄泉時，尚在城外。至昭公三十二年，合諸侯于狄泉，以其地大成周之城，乃繞狄泉于城內。今乾無水。

少室，嵩高其總名。

施谷昭二十六年王城人、劉人戰于施谷。

萑谷丁丑，王次于萑谷。

案：大谷在今洛陽縣東。後漢書孫堅進軍大谷，距洛九十里，其谷連亙至潁陽縣，何進設八關，大谷其一也。周之萑谷、施谷，蓋皆大谷之支徑耳。

酒泉莊二十一年王與虢公酒泉。杜註「周邑」。

今陝西同州府澄城縣有温泉，西注于洛。又有甘泉出匱谷中，造酒尤佳，名曰酒泉。蓋虢地跨河東西，後入于晉。

平陰昭二十三年晉師在平陰。杜註「今河陰縣」。

案：平陰古爲津濟處。陳平降，漢王使參乘監諸將，南渡平陰津至洛陽，是也。後置平陰縣，以縣在平津、大河之閒，故名。魏、晉改曰河陰縣。唐改曰河清縣。至金移治于河南岸，改曰孟津縣，即今河南府之孟津縣治也。杜註之河陰縣與今鄭州之河陰縣有別。

山險

泰山隱八年鄭伯請以泰山之祊易許田。

泰山在今山東泰安府城北五里。史記貨殖傳：「其陽則魯，其陰則齊。」

防山僖十四年季姬及鄫子遇于防。蓋魯國之防山也。

防山在兖州府曲阜縣東二十里。孔子父母合葬于防，卽此。

龜山定十年齊人來歸鄆、讙、龜陰田。杜註：「泰山博縣北有龜山，田在其北。」

龜山在今泰安府新泰縣西南四十里。詩云「奄有龜、蒙」卽此。龜，山也。又夫子去魯作龜山之操。

萊柞昭七年季孫以桃易孟氏之成，其臣謝息辭以無山，與之萊柞。

水道

濟水莊十八年公追戎于濟西。杜註：「逐之于濟水之西。」

案：莊三十年公及齊侯遇于魯濟。杜註：「濟水歷齊、魯界。在齊界爲齊濟，在魯界爲魯濟。」水經註：「濟水過定陶西，東流濟陰乘氏縣西，分爲二瀆。其南瀆爲菏水，東南流至山陽湖陸縣，與泗水合而入淮。其東北流入鉅野澤，又東北過東郡壽良縣西界，北逕須昌、穀城，又東北逕盧縣、華不注山、臺縣、菅縣、梁鄒、臨濟、樂安而入于海。」杜氏所謂歷齊、魯界者，卽東北分流一支，其在鉅野、壽良、須昌，則穿曹、魯之境，謂之魯濟。其在穀城以下，則穿齊、衛之境，所謂齊濟也。鉅野今亦爲縣，屬曹州

萊柞在今泰安府萊蕪縣。應劭曰「魯之萊柞邑」。蓋邑有二小山也，萊、柞，二山名。

府。壽良卽今兗州府之壽張縣。須昌在今東平州。穀城在今東阿縣。俱屬泰安府。此齊、魯分界也。

汶水僖元年公賜季友汶陽之田。杜註：「汶水北地。汶水出泰山萊蕪縣，西入濟。」

汶水西南入兗州府寧陽縣境，至東平州東會坎河諸泉，流至此而分，其西流者入大清河。大清河卽濟水也。

洙水莊九年冬浚洙。杜註：「洙水在魯城北，下合泗。浚，深之爲齊備。」

水經注：「洙水西南至魯縣東北分爲二流，北爲洙瀆，南卽泗水。孔子設教于洙、泗之閒闕里是也。」

泗水襄十九年諸侯次于泗上。

案：此魯城北之泗也。哀八年吳伐魯，深入魯地，舍于庚宗，次於泗上。從征記「洙、泗二水交于魯城東北十七里」，今在曲阜縣東北八里。自泗水縣流入境，入嵫陽縣界。

沂水昭二十五年季孫請待于沂上以察罪。杜註：「魯城南自有沂水。」

沂水在今曲阜縣南二里雩門，源出尼山，西流經此。論語所謂「浴乎沂，風乎舞雩」者也。又有雩水，亦曰泮水。魯頌「思樂泮水」即此。水側有雩壇，亦名舞雩，雩門因此而名。雩門，魯南城之西門也。沂水西入嵫陽縣境，合于泗水。杜註云云，蓋以别于沂州之沂水也。沂州之沂水見齊地。

漷水襄十九年取邾田自漷水。杜註：「漷水西經魯國下

入泗。」
漷水在今滕縣南十五里。哀二年季孫斯伐邾取漷東田及沂西田，卽此。漷水出鄒山東，則流于邾、魯之閒。正義云：「邾在魯南，〔二〕田在漷北，此魯取邾田之境也。」

淄水昭二十六年成人伐齊師之飲馬于淄者。杜註：「淄水出泰山梁父縣，西北入汶。」
兗州府寧陽縣東北舊有淄水，今涸。

逵泉莊三十三年公子牙歸，及逵泉，卒。
寰宇記云：「逵泉在曲阜縣東南十里，源出平澤，合沙溝共流數里以入于沂。」漕河志云：「縣境之泉凡二十二，其五入泗，其十六入沂，其一入洸。」

大野哀十四年西狩于大野，獲麟。杜註：「高平鉅野縣

東北大澤是也。」

大野在今曹州府鉅野縣東十二里，兼涉兖州府嘉祥縣之地。舊爲大澤，東西百里，南北三百里。禹貢「大野既瀦」，職方十藪「魯有鉅野」，即此也。隋後濟流枯竭，鉅野漸微。元末河徙，涸爲平陸矣。今爲鉅野縣。案：晉太和四年桓温自兖州伐燕。六月至金鄉，天旱水絶，使將軍毛虎生鑿鉅野三百里，引汝會于清，引舟自清入河。郗超曰「清水入河，難以通運」，即此。清水即濟水。是鉅野澤至晉時猶存。綱目注謂「漢有鉅野縣」，誤矣。

黄池哀十三年公會晉侯及吴子于黄池。杜註：「陳留封丘縣有黄亭，近濟水。」

齊

案：地名攷從胡傳，以黃池列諸衞地，非也。公羊傳曰：「吳在是，則天下諸侯莫敢不至。」趙伯循云：「黃池，魯地，故魯獨會之耳。若更有諸侯，不當不序。」是時吳闕爲深溝于商、魯之閒。商卽宋。魯會而宋不會，故吳王歸欲伐宋，殺其丈夫而囚其婦人，則趙氏之言爲有據矣。國語稱北屬之沂，西屬之濟，以會晉公午于黃池。沂水出蓋縣臨樂山入于泗，而濟水在封丘縣南。今河南開封府封丘縣西南有黃池，東西廣三里，春秋時爲宋地。

山險

泰山

史遷曰：「自泰山北被于海，膏壤二千里。」

靡笄成二年戰鞌傳師至于靡笄之下。杜註：「靡笄，山名。」

靡笄山在今濟南府治歷城縣南十里，亦曰歷山。史記「晉平公元年伐齊，齊靈公戰于靡下」，徐廣曰：「『靡』當作『歷』。」左傳作「靡笄之下」，省文而爲「靡下」，又譌「靡」而爲「歷」也。漢三年韓信襲破齊歷下軍，卽此。鄭康成云「歷山卽雷首山」，山有九名，歷下其一也。三齊記：「歷下城南對歷山，城在山下，因名。」

華不注成二年晉逐齊侯三周華不注。杜註：「山名。」

水道

海僖四年管仲對楚子曰：「賜我先君履，東至于海，西至于河。」

蘇秦曰：「齊北有渤海。」韓非子：「齊景公遊于少海。」今自平州碣石南至登州沙門島皆爲渤海，卽少海也。孔穎達曰：「齊地當盡樂安、北海之東界。」今濟南東北境皆濱海，青州之博興、壽光濱渤海，沂州之日照濱大海，登、萊二府三面距海。當其北者爲渤海，當其東南者大海也。桓公時未能有登、萊之地，故曰東至于紀酅。後滅萊，則東盡于海矣。

河

古九河故道大抵在河間、成平今交河縣，屬河

華不注山在濟南府城東北十五里，下有華泉。伏琛云：「『不』音『跗』，與詩『鄂不韡韡』之『不』同，謂花蒂也。言此山孤秀，如花跗之着于水云。」

巫山襄十八年齊侯登巫山以望晉師。杜註：「巫山在盧縣東北。」

巫山在今濟南府肥城縣西北七十五里，卽齊侯望晉師處。

格馬山襄十八年晉師伐齊，齊師遁，殖綽、郭最代夙沙衛殿，衛殺馬于隘以塞道，二子獲于晉。後人因以名山。

格馬山在今濟南府長清縣東南六十里。水經注「漢賓水出南格馬山，北流盧縣故城北」，山卽夙沙衛殺馬塞道處也。

艾山隱六年公及齊侯盟于艾。杜註：「泰山牟縣東南有

間府。以南，平原、鬲縣平原縣屬濟南府。鬲縣今德州。以北。九河徙駭最西，以次而東。計桓公之時，齊之東境當在最西徒駭，是其西界耳。又尚書禹貢彙纂曰：「九河故道春秋時已湮廢遷徙，然大勢當在山東德州以上，及直隸河間府數百里之地。」則齊之東境當亦止此。

無棣又管仲曰北至于無棣。

水經注：「清河入南皮縣界，分爲無棣溝，流逕高城入海。」隋改高城爲鹽山，屬滄州。杜氏通典：「鹽山，春秋之無棣邑也。」自後廢置不一。至元分其地置兩無棣縣，一仍舊治，屬河間路之滄州；一屬濟南路之棣州。

艾山。」

高氏曰：「今沂州府蒙陰縣西北百二十里有艾山。漢牟縣屬泰山郡，晉因之，在今萊蕪縣東二十里。蒙陰正在萊蕪東南。又桑氏水經沂水出泰山蓋縣艾山，漢蓋縣在今沂水縣西北七十里。沂水與蒙陰相隣，以地勢準之，亦相近也。」

明改河間之無棣爲慶雲，屬滄州；今屬天津府。改濟南之無棣爲海豐，屬武定州。今隸府。今海豐、滄州之境皆有無棣溝，舊合高津河東入海。唐世嘗疏之，以通濱海魚鹽之利，亦曰無棣河，今淤。

濟水 隱三年齊、鄭盟于石門，鄭伯之車僨于濟。

濟卽今之大清河，在濟南府長清縣界二十五里，自平陰縣流入境，又東北入齊河縣界，卽鄭伯車僨處。

濼水 桓十八年公會齊侯于濼。杜註：「濼水在歷城縣西北入濟。」

濼卽今之小清河。志云：「濟之南源也，」源發趵突泉，在濟南府城西南濟水伏流重發處。經城北而東，大明湖自城北水門流入

焉。又東北經華不注山陽合華泉，又東北入大清河，卽濟瀆也。宋南渡時，濼水分流入章丘縣界，謂之小清河。行五百餘里至馬車瀆入海。明永樂後屢濬屢塞。」今小清河仍自華不注東北入大清河。

濰水襄十八年晉師東侵及濰，南及沂。杜註：「濰水在東莞東北，至北海都昌縣入海。」

濰水出今沂州府莒州西北九十里之箕屋山，卽濰山也。土人名爲淮河。昭十三年中行穆子曰「有酒如淮，有肉如坻」。劉綽曰『淮』當作『濰』，是也。東流歷諸城、高密、安丘、濰縣，至昌邑之東北五十里入海。昌邑縣卽古都昌境。

沂水見上。

沂水出今沂州府沂水縣西北一百七十里雕崖山，鄭康成云出沂山，或云臨樂山。酈道元云出艾山。禹貢錐指謂皆沂山支阜之異名也。接蒙陰縣界，南流至江南淮安府宿遷縣北，匯爲駱馬湖，又南入運河。此本地理今釋。曾氏曰：「水以沂名者非一，出尼丘山西北徑魯之雩門者亦謂之沂水，此曾點浴沂之沂。出太公武陽之冠石山者今兗州府費縣。亦謂之沂水。俗呼小沂水。而沂水之大則出于泰山也。」哀二年取沂西田，係小沂水，與此又別。

淄水太公始封營丘。孔穎達曰：「營丘臨淄水上，故曰臨淄。」臨淄今亦爲縣，屬青州府。淄水出今青州府益都縣西南顏神鎮東南二十五里之原山，經臨淄縣東，東北流至壽光

縣北入海。田單馳騁于淄、澠之閒，蓋淄水在城南，澠水在城北也。易牙能別淄、澠，卽此。

澠水昭十二年晉侯與齊侯宴。齊侯曰「有酒如澠」。杜註：「澠水出齊國臨淄縣，北入時水。」

澠水在今青州府臨淄縣西，源出故城西南之申池，北流至博興縣界，入于時水。

時水莊九年及齊師戰于乾時。杜註：「時水旱則乾竭，故名。」

時水出今臨淄縣西南二十五里，蓋伏淄所發。亦謂之耏水，平地出泉曰耏。襄三年齊侯與晉士匄盟于耏外，卽此。水經注今樂安、博昌縣南界有時水，西通濟，其上源在盤陽北。高苑下有死時，卽春秋之乾時。

亦謂之時澠水，以下流與澠水合也。

姑水昭二十年晏子曰「聊、攝以東，姑、尤以西。」杜註：「姑、尤，齊東界二水，皆在城陽郡東南入海。」

尤水

姑水，今曰大沽河，發源于登州府黄縣西南三十里之蹲狗山東南福山界，又折而西南歷招遠、萊陽，以至于平度州南故卽墨城。尤水，今曰小沽河，發源于萊州府東南三十里之馬鞍山，亦東南流至平度州，與大沽河合，通名沽河，至膠州卽墨縣入海。二水起北海至南海，行三百餘里，繞齊東界。

申池文十八年齊懿公遊于申池。杜註：「齊南城西門名申門，齊城無池，惟此門左右有池。」

申池在今臨淄縣西，卽系水源也。襄十八

年晉及諸侯伐齊焚申池之竹木，卽此。

華泉成二年戰鞌傳丑父使公下如華泉取飲。

華泉，華不注山下之泉水也，在濟南府城北。

晉

山險

華山僖十五年晉侯許賂秦伯，南及華山。杜註：「華山在弘農華陰縣南。」

華山在今陝西華陰縣南十里。華陰爲晉之陰晉邑。潼關在華陰東北四十里，河南閿鄉縣西六十里。

二崤僖三十三年晉師及姜戎敗秦于殽。杜註：「殽在弘

水道

河文十二年晉人、秦人戰于河曲。杜註：「河曲在河東蒲坂縣南。」

水經云：「河水南至華陰潼關，渭水自西來會之。」蓋河水自此折而東，故謂之河曲，卽蒲坂也。今蒲坂故城在山西蒲州府城東南五里。

農澠池縣西，亦曰二崤。」

二崤在今河南府永寧縣北六十里。漢澠池之西界，自東崤至西崤長三十五里。

案：左傳殽有二陵，南陵夏后皋之墓，北陵文王之所避風雨。杜註：「南谷中谷深委曲，兩山相嶔，故可以避風雨。」水經注石崤山山徑委深，峯阜交蔭，故可以避風雨。建安中曹公西侵巴漢，惡其險，更開北山高道，後行旅皆由此。北周復從南道。隋大業初建東京開蔓冊道，即北道也。大約出潼關，歷陝州，入永寧界分爲二道：東南入福昌縣界，即南道；東北入澠池縣界，即北道。春秋時秦師伐晉之道，其道在南，故杜曰「南谷中」。魏太和中于其地置崤縣。唐

汾水成六年傳韓獻子曰「不如新田，有汾、澮以流其惡。」杜註：「汾水出太原，經絳縣北，西南入河。」

汾水出太原府靜樂縣北百四十里之管涔山，自臨汾經絳縣故城北，至蒲州府之滎河縣北折而入于大河。新田，晉所遷，今絳州絳縣也。

澮水見上。杜註：「澮水出平陽絳縣南，西入汾。」

澮水有二源：一出平陽府翼城縣之烏嶺山，一出絳縣東北，俱西流過平陽府曲沃縣，流入絳州之王澤，合于汾。亦曰少水。襄二十三年齊侯伐晉，封少水而還，即此。

案：新田在汾、澮二水之閒。蓋古者建國必居于水之交會，所以固其風氣，流其疢疾，資其灌溉。汾、澮之于晉，猶洙、泗之于魯，

廢爲石壕鎮，杜子美詩石壕吏卽此。

桃林塞文十三年晉使詹嘉處瑕以守桃林之塞。杜註：「在弘農華陰縣東潼關。」

桃林在今河南陝州靈寶縣南十一里。隋置桃林縣。唐天寶初得寶符于關旁，改名靈寶。關在谷中，絕岸壁立，深險如函，因名潼關，自魏武西征馬超始見于史，在今陝西同州府華陰縣東四十里。蓋自華而虢，而陝，而河南，中間千里，古立關塞有三：在華陰者潼關也，自潼關東二百里至陝州靈寶縣則秦函谷關也，自靈寶縣東三百餘里至河南府新安縣則漢函谷關也。王氏曰：「自靈寶以西、潼關以東，皆曰桃林。自崤山以西、潼津以東，通稱函谷。」然則桃林、函谷

淄、澠之于齊，澗、瀍之于周王城耳，皆環會都城之水也。齊莊公伐晉，至爲京觀于少水，直逼國都之側，晉亦危矣。是時晉之君臣疑懼，恐有欒氏之人爲内應，故且按兵以待之。厥後積怒欒氏，一再錮之，蓋深恨其召外兵以幾至不測也。

涑水成十三年呂相絕秦，伐我涑川。杜註：「涑水出河東聞喜縣西南，至蒲坂縣入河。」

今山西蒲州府城東北二十六里有涑水城，卽秦所伐之涑川也。水經注：「涑水出聞喜縣東山，至周陽與洮水合。」又曰：「河水南至雷首山西，涑水注之。」案：雷首去蒲坂三十里，卽杜氏所云入河處也。

洮水昭元年傳子産曰「臺駘能業其官，宣汾、洮」。

同實異名，新安漢關與桃林無與。自秦關以西，皆詹父所守矣。秦孝公始于其地置關，以前則但謂之桃林。

孟門襄二十三年齊侯伐晉，取朝歌，爲二隊入孟門，登太行。杜註：「孟門，晉隘道。」

孟門在今河南衞輝府輝縣。司馬貞謂在朝歌東北。高氏曰：「元和郡縣志太行首始河內，北至幽州，連亘十三州之界，凡有八陘。第一軹關陘，第二太行陘，第三白陘，此三陘在河內；第四滏口陘卽鄴，第五井陘，第六飛狐陘，第七蒲陰陘，此四陘在中山；第八軍都陘，在幽州。」合以今日之地，軹關在濟源縣，太行陘在懷慶府城北，白陘在輝縣。輝縣界連淇縣，淇縣卽古朝歌。齊之

後漢志聞喜有洮水。聞喜縣今屬山西平陽府。水經注：「洮水東出清野山，西合涑川。」然則涑水亦洮水之兼稱矣。

塗水昭二十八年魏獻子分祁氏、羊舌氏之田爲十縣，以知徐吾爲塗水大夫。杜註：「塗水出太原榆次縣。」

塗水有二。一曰大涂水，發源太原府榆次縣東南八縛嶺下，西北流入洞渦水。一曰小涂水，源出鷹山，西流入大涂水。

汝水昭二十九年晉趙鞅、荀寅帥師城汝濱。杜註：「汝濱，晉所取陸渾地。」

陸渾在今河南府嵩縣，汝水源于汝州魯山縣，地相接。

盟津卽河陽。僖二十八年天王狩于河陽。

在今河南懷慶府孟縣西南三十里。武王會

入孟門，蓋入白陘也。殷紂之國左孟門，右太行，蓋以紂都朝歌，太行如屏擁其西北，二陘分列，左右可恃以爲固也。是時齊輕兵深入，既取朝歌，則分兵爲二部：一入白陘，由朝歌而墮其險阨；一登太行，由河内以瞰其腹心。朝歌故衞都，此時屬晉。

太行見上。

太行卽太行陘，在懷慶府城北。亦名羊腸坂，闊三步，長四十里。羊腸所經，瀑布懸流，實爲險阻。曹孟德詩云：「北上太行山，艱哉何巍巍。羊腸坂詰屈，車輪爲之摧。」卽此也。八陘隨地異名，獨此稱其本號，蓋險要尤在此。

壺口哀四年齊國夏伐晉取邢、任、欒、鄗、逆時、陰人、

諸侯于盟津，卽此。地後歸晉，謂之河陽。晉泰始中杜預于此造舟爲橋，名曰河橋，亦曰富平津。詳見險要。

茅津文三年秦師自茅津濟，封殽尸而還。杜註：「茅津，在河東大陽縣西。」

今山西解州平陸縣東南有茅城，河水經其南，卽茅津也。南對陝州州治，距河僅三里，乃黃河津濟處。亦謂之大陽津。唐貞觀十一年于茅津造浮梁，曰大陽橋，長七十六丈，廣一丈，架大河之上，尋廢。今亦曰大陽關。蓋東則富平津，西則大陽津，實大河之衝要也。詳見險要。

棘津昭十七年晉荀吳帥師涉自棘津，用牲于雒，遂滅陸渾。杜註：「河津名。」

盂、壺口。杜註：「潞縣有壺口關。」

壺口山在今山西潞安府城東南十三里，延袤百餘里，東接相州，山形險狹，形如壺口。亦謂之崞口。地形險要，自昔爲襟喉之地。

首山宣二年趙宣子田于首山。杜註：「首山在河東蒲坂縣東南。」

首山卽首陽山，在今山西蒲州府城東南。山有九名，亦曰陑山，亦曰雷首山。禹貢「壺口、雷首，至于太岳」，尚書大傳「湯放桀，升自陑」，皆此也。

霍太山閔元年晉獻公滅霍。杜註：「永安縣東北有霍太山。」

霍太山一名霍山。周職方冀州其山鎮曰霍山，地志謂卽霍太山是也。史記：「晉滅霍，

棘津在今河南衛輝府胙城縣北。水經注：「河水經東燕故城，北則有濟水北來注之，有棘津之名，亦謂之石濟津。」僖二十八年晉將伐曹，假道于衛，衛人不許，還自南河濟，卽此。

采桑津僖八年晉里克敗狄于采桑。杜註：「北屈縣西有采桑津。」

采桑津在今山西吉州寧鄉縣西大河津濟處也。水經注「河水又南爲采桑津」。史記作齧桑。瓠子之歌所云「齧桑浮兮淮、泗滿」者，此在梁與彭城之閒，與此又別。

董澤宣十二年厨武子曰「董澤之蒲」。杜註：「聞喜縣東北有董池陂。」

今山西絳州聞喜縣東北三十五里有董氏

霍哀公奔齊。晉大旱，卜之，曰『霍太山爲祟』，使趙夙召霍君奉祀。」山在今山西平陽府霍州東三十里，周二百餘里，南接岳陽、趙城二縣，北接靈石縣，東接沁源縣界。亦曰太岳，亦曰岳陽。禹貢「既脩太原，至于岳陽」，「壺口、雷首，至于太岳」，皆此也。今爲中鎮。

梁山成五年梁山崩。杜註：「在馮翊夏陽縣北。」梁山在今陝西同州府韓城縣西北九十里。詩：「奕奕梁山，惟禹奠之。」本爲韓國鎮山，晉滅韓，其地屬晉。水經注：「河水又南逕梁山原。」公羊傳：「梁山，河上之山也。梁山崩，壅河三日不流。」

沙鹿僖十四年沙鹿崩。杜註：「山名，平陽元氏縣東有

陂，中產楊柳，可以爲箭。又名豢龍池，即舜封董氏豢龍之所。下流入涑水。水經注：「涑水西經董澤，陂南即古池，東西四里，南北三里。」文六年蒐于董澤，即此。

鹽池成六年晉人謀去故絳，諸大夫皆曰「必居郇瑕氏之地，沃饒而近盬」。「盬，鹽也。」猗氏縣鹽池是也。鹽池在今山西蒲州府猗氏縣南。許慎謂之鹽盬池。池長五十一里，廣六里，周一百一十四里，紫色澄渟，渾而不流，水出石，鹽自然凝成。宋志鹽之類有二，引池而化者，周官所謂盬鹽也；煮海煮井煮鹻而成者，周官所謂散鹽也。孔叢子猗頓以盬鹽起。漢于其地置猗氏縣。

百泉定十五年晉人敗范氏之師于百泉。

沙鹿土山。」今北直大名府元城縣東四十五里有沙麓山。穀梁傳：「沙鹿，晉山。林屬于山爲鹿。沙，山名也。」水經注元城縣有沙丘堰，大河所經，以沙鹿山而名。

緜山僖二十四年介之推隱而死，晉侯求之不獲，以緜上爲之田。杜註：「在西河介休縣南。」今山西汾州府介休縣東南二十五里有介山，以介之推得名。山南跨靈石，西跨沁源，盤踞深厚。亦名緜山，亦名緜上。襄十三年晉侯蒐于緜上以治兵，卽此。

今河南衞輝府輝縣西北七里有蘇門山，山有百門泉，泉通百道，衞風所謂「泉源在左」者也。衞水源于此。故屬衞，定公時已屬晉。

曲逆水哀四年齊國夏伐晉，取逆時。酈道元以爲卽曲逆也。水經注：「濡水出蒲陰縣西昌安郭南，枉渚迴湍，率多曲復，亦謂之曲逆水，春秋齊國夏伐晉取曲逆是也。」是直以逆時爲曲逆矣。在今北直保定府完縣東南二十里。

秦

山險

中南昭四年傳司馬侯曰「荆山、中南，九州之險」。杜註：「中南在始平武功縣南。」

中南一名終南山，亦曰太白山，在今陝西西安府長安縣南五十里，亙鳳翔、岐山、郿縣、武功、盩厔、鄠縣、長安、咸寧、藍田九縣之境。

程氏大昌曰：「終南山横亙關中南面，西起秦、隴，東徹藍田，凡雍、岐、郿、鄠、長安、萬年，相去且八百里。」

顧氏祖禹曰：「終南脈起崑崙，尾銜嵩岳，作都邑之南屏，爲雍、梁之巨障。關中有事，

水道

河文十三年秦伯師于河西，魏人在東。杜註：「今河北縣，于秦爲在河之東。」

河西在今陝西同州府及華州之境。秦初起岐、雍，未能以河爲界。晉强，遂跨河而滅西虢，兼舊鄭，以汾、澮爲河東，故以華陰爲河西。至僖九年秦穆公援立夷吾，夷吾請割河外列城五，東盡虢略。河外，卽河之西。史記亦作「河西八城」。虢略，故虢國地，卽今閿鄉、靈寶，在河之東。逮背約不與，而戰韓見獲。僖十五年十一月秦歸晉侯，始征晉河東，而河外五城不必言矣。十七年

終南其必爭之險。晉潘岳關中記云終南一名中南，言在天下之中，居都之南也。」唐柳宗元曰：「據天之中，在都之南。西至于褒斜，又西至于隴首，以臨于戎；東至于商顏，又東至于太華，以距于關。」

晉太子圉爲質于秦，秦復歸晉河東，而河西五城大抵終爲秦有。自是秦地始東至河。秦在河西，晉在河東，判然若兩戒。秦孝公初立，下令曰「穆公東平晉亂，以河爲界」，此其證也。秦地至河自穆公始。

涇水成十三年晉師伐秦濟涇，及侯麗而還。杜註：「涇水出安定，東南經扶風、京兆高陸縣入渭。」涇水出今陝西平涼府平涼縣笄頭山，亦名崆峒山，東至西安府高陵縣西南入渭水。高陸即高陵也。寰宇記涇陽有雎城渡，即諸侯濟涇，秦人毒涇上流處。舊爲漢、唐之通津。

鄭

山險

敖山宣十二年戰邲傳晉師在敖、鄗之閒。杜註：「二山在滎陽縣西北。」

敖山在今河南鄭州河陰縣西二十里。晉爲滎陽縣地。唐開元二十年始析置河陰縣。周宣王狩于敖，卽此。秦于其地臨河置倉，名曰敖倉，北臨汴水，所謂敖倉之粟是也。

梅山襄十八年楚師伐鄭，右回梅山，侵鄭東北。杜註：「梅山在滎陽密縣東北。」

今河南開封府鄭州西南三十里有梅山。路史云：「梅，伯爵，紂所滅，河南密縣有梅山。武王封伯玄孫于黃梅，在楚、鄭之閒，子孫

水道

河

今河南原武縣西北大河，卽晉師敗而濟河、楚莊王祀河告成處。原武縣向屬開封府，今屬懷慶府，係鄭地。又廩延卽今延津縣。水經曰：「河水又東北流，通謂之延津。」廩延之津也。

濟水襄十一年諸侯圍鄭，觀兵于南門，西濟于濟隧。

水經注：「濟水伏流自河而出陰溝上源，濟隧絕焉，世謂之十字溝。京相璠曰滎澤在滎陽東南，與濟隧合。」

邲水宣十二年晉、楚戰于邲。

以梅爲氏。」

魚陵襄十八年楚師伐鄭，次于魚陵。杜註：「魚陵，魚齒山下，在南陽犨縣北。」

魚齒山在今河南汝州東南五十里。子庚門于純門，涉于魚齒之下，以山下有湛水，故言涉。水經注湛水源于魚齒山。

函陵僖三十年晉、秦圍鄭，晉軍函陵。

函陵在今河南許州府新鄭縣北十三里。洧水流逕其北，山形如函，故名函陵。

今河南開封府鄭州東六里有邲城，亦爲邲水，卽今之汴河。濟水于此又兼名邲，卽晉、楚戰處。明季爲河所奪，今湮。

潁水宣十年晉士會逐楚師于潁北。杜註：「潁水出河南陽城，至下蔡入淮。」

水經注：「潁水出潁川陽城縣西北少室山，又東南過陽翟縣北。」陽翟今禹州，潁北當在禹州之北。成十五年諸侯師于潁上；襄十年晉師與楚夾潁而軍，鄭人宵涉潁與楚盟，亦禹州之潁也。

汝水成十七年楚師于汝上。

汝水出河南汝州魯山縣東北，經伊陽至汝州南，又東南經寶、郟，南入南陽之裕州，歷許州府之襄城、郾城，襄城、郾城皆鄭地。成

十六年楚以汝陰之田求成于鄭，汝水蓋在鄭、楚之界。

洧水襄元年晉伐鄭，敗其徒兵于洧上。杜註：「洧水出密縣東南。」

洧水出許州府密縣馬嶺山，又東過新鄭縣南，卽晉敗鄭徒兵處。又昭十九年龍鬭于時門之外洧淵。蓋古鄭城在今新鄭縣治西北，溱水在北，洧水在南，亦鄭環衞國都之水也。

旃然水襄十八年楚師涉潁，次于旃然。杜註：「旃然水出滎陽成皋縣，東入汴。」

旃然水卽索水，在今開封府滎陽縣南三十五里，北流入京水。後唐同光二年詔蔡州刺史米勍濬索水通漕。宋人每濬京、索二

水以爲金水河之源，卽此水也。

黃水襄二十八年公如楚，伯有勞于黃崖。杜註：「滎陽西有黃水，西南至新鄭城，西入洧。」

今許州府新鄭縣東南二十里有黃水。

滎澤宣十二年楚潘黨逐之，及滎澤。

禹貢濟水入于河溢爲滎，孔傳：「濟水入河，並流十數里而南截河，又並流十數里，溢爲滎澤。」自王莽時濟水但入河，不復過河，滎澤已枯。鄭玄曰：「自平帝以後滎澤塞爲平地。」隋于其地置廣武縣，尋改爲滎澤縣，屬開封府。古滎澤在今縣治南。

棘澤襄二十四年次于棘澤。

棘澤在今開封府新鄭縣東南。水經注「龍淵水出長社縣，又東南逕棘城北」，卽傳之

棘澤也，「又東左注洧」。

圃田澤僖三十三年皇武子曰「鄭之有原圃」。杜註：「原圃即圃田。」

圃田澤在今開封府中牟縣西北七里。周禮豫州藪曰圃田，爾雅十藪鄭有圃田澤，多產麻黄，詩所謂「東有甫草」也。東西五十里，南北二十六里，高者可田，窪者成匯。今爲澤者八，若東澤、西澤之類；爲陂者二十六，若大灰、小灰之類，其實一圃田澤耳。

狼淵文九年楚子師于狼淵以伐鄭。杜註：「潁川潁陰縣西有狼陂。」

寰宇記謂之狼溝。潁陰今屬河南許州府。

萑苻之澤昭二十年鄭多盜，取人于萑苻之澤。杜註：「澤名。」

此卽中牟之圃田澤。

南氾水僖二十四年王適鄭，處于氾。杜註：「鄭南氾也，在襄城縣南。」

在今許州府襄城縣南。京相璠曰南氾水出襄城縣浮城山，至鄭州氾水縣入河。以周襄王出居于此，故名襄城。成七年楚子重伐鄭師于氾，襄二十六年楚伐鄭涉于氾，昭五年楚令尹子蕩如晉逆女過鄭，鄭伯勞諸氾，皆此氾也。

東氾水僖三十年晉、秦圍鄭，秦軍氾南。杜註：「此東氾也，在滎陽中牟縣南。」

在今開封府中牟縣，南入官渡水，今涸。秦軍氾南，在此水之南。又襄九年晉會諸侯伐鄭，師于氾，亦在此。

校勘記

〔一〕〔昭二十三年天王居于狄泉〕「三」原作「二」，據左傳昭公二十三年改。

〔二〕〔郳在魯南〕「魯」原作「滕」，據春秋左傳正義改。

春秋列國山川表卷八之下

錫山　顧棟高復初輯
清河受業吳華熠儀可參

衛

山險

案：左傳衛地無山。僖十四年沙鹿崩，杜註：「沙鹿，山名，平陽元城縣東有沙鹿土山。」此時當屬衛。晉惠公時封域安得到此？卜偃之言，乃因明年韓原之敗適與之會而附會之耳。穀梁亦以爲晉山，此因後日之晉而追言之，非實録也。公羊以爲爲天下記異者，得之。

水道

河閔二年狄滅衛，宋桓公逆諸河，宵濟。

衛都朝歌，在今衛輝府淇縣，在河北。僖二年遷楚丘，爲今衛輝府滑縣；僖三十一年遷帝丘，爲今北直大名府開州，俱在河之南。

濟水定八年齊與衛地，自濟以西。

毛詩鄭箋云「衛自河以東夾于濟水」，孔穎達云：「濟自河北而南入于河，又出而東。楚丘在其間，西有河，東有濟，故曰夾于濟

水。」齊所與衞地，蓋齊、衞分境之濟也。又濟水亦謂之清水。隱四年公及宋公遇于清，杜註：「清，衞邑，濟北清河縣有清亭。」水經注：「濟水自魚山而北逕清亭東。京相璠曰濟水通得清之目。」清亭在今山東東阿縣東北四十里。

濮水定八年齊侯、鄭伯盟于曲濮。

濮渠首受濟水，東流至祭城分爲二瀆，北濮出焉；又東逕須城北，詩云「思須與漕」者也；又北迤邐而東入乘氏縣，由鉅野以入濟。曲濮爲濮水曲折處，在今山東曹州府濮州境。

洹水成十七年聲伯夢涉洹。杜註：「洹水出汲郡林慮縣東北，至魏郡長樂縣入清水。」

洹水在今彰德府治安陽縣北四里，亦名安陽河，源出林縣西北林慮山中，東流入内黄縣界，入于衛河。

彭水昭二十年公與北宮喜盟于彭水之上。

詩「清人在彭」，孔疏：「彭，河上邑。」水經注清地水逕清陽亭南，卽故清人城也。

澶淵襄二十年盟于澶淵。杜註：「在頓丘縣南，今名繁汙，此衞地，又近戚田。」

水經注曰：「浮水故瀆上承大河于頓丘縣，而北出，東逕繁陽故城南，故應劭曰『縣在繁水之陽』。張晏曰『縣有繁淵』。春秋襄公二十年公會晉侯、齊侯，盟于澶淵。杜預曰：『在頓丘縣南，今名繁淵。』澶淵卽繁淵也，亦謂之浮水焉。」彙纂云：「繁陽故城在

内黄縣東北二十七里，古頓丘約略在濬縣之南。漢元光三年河水徙頓丘東南流，既而決瓠子。今瓠子故城在開州西南二十五里。則澶淵之地當在内黄之南、開州之西北也。」

案：水經注發明杜氏之説最有根據。而後漢書地理志乃云杼秋故屬梁國，有澶淵聚，左傳襄二十年盟于澶淵。南畿志云杼秋故城在今蕭縣西十七里。案：江南徐州府蕭縣去直隸大名府開州千有餘里，後漢志誤也。

阿澤襄十四年孫氏追敗公徒于阿澤。杜註：「濟北東阿縣西南有大澤。」

阿澤在今山東泰安府東阿縣東北六十里，

有七級上下二閘，爲今運河所經，古阿澤是其處。

南河僖二十八年晉侯伐曹自南河濟。杜註：「曹在衛東，從汲縣南渡，出衛南而東。」

黃河故道自新鄉東流，徑衛輝府汲縣南七里，謂之棘津，亦曰南河，係衛地。昭十七年晉伐陸渾，亦于此渡，蓋此時汲縣已屬晉矣。又東二十里爲延津，卽廩延之津，係鄭地，今爲縣，乃此津之下流。

滎澤閔二年狄伐衛，戰于滎澤。杜註：「此滎澤當在河北。」

杜註以別于鄭州之滎澤也，鄭州之滎澤係鄭地。正義曰：「禹貢導沇水入于河，溢爲滎，是滎在河南。此時衛都河北，爲狄敗乃

東徙渡河，故知此滎澤當在河北。但沇水入河，乃泆被河南多，故專得滎名；其北雖少，亦稱滎也。」

曹

山險

曹南山僖十九年宋公、曹人、邾人盟于曹南。

詩曹風「薈兮蔚兮，南山朝隮」，毛傳云：「南山，曹南山也。」今曹縣南八十里有曹南山。范氏謂曹之南鄙是也。杜註、孔疏以會于曹南謂在曹之都者，非是。

水道

濟水僖三十一年分曹地，自洮以南東傅于濟。杜註：「濟水自滎陽東過魯之西。」

禹貢濟水東出于陶丘北，鄭氏曰曹在濟陰定陶，是在濟水之南。其地夾于魯、衞之閒，曹在衞東，魯更在曹東，故在曹則曰東傅于濟。而杜註則曰濟水過魯之西也。曹、魯分境之濟在鉅野、壽良、須昌之閒。鉅野

縣今分屬曹州府，壽良卽今兖州府壽張縣，須昌在今泰安府東平州。今曹州府治卽古曹國，與魯之東鄆、鉅野相接，所争濟西田，蓋在此。

邾

山險

繹山文十三年邾文公卜遷于繹。杜註：「魯國鄒縣北有繹山。」

一名嶧山。在今兖州府鄒縣東南二十五里。郭璞曰：「繹山，純石積搆，連屬如繹絲然，故名。」水經注嶧山東西二十里。

水道

漷水哀二年取漷東田及沂西田。

漷水出鄒山東則流于邾、魯之閒。今滕縣南十五里有漷水，卽襄十九年取邾田自漷水者。前所取未盡，故邾復以賂魯。互見魯地。

沂水見上。

此小沂水也，出太公武陽之冠石山，今兗州府費縣，爲邾之沂，此沂西田是也。出曲阜縣尼丘山西北，徑魯之雩門者，爲魯城南之沂，曾點浴沂，昭二十五年季孫請待于沂上以察罪是也。出沂州府沂水縣西北一百七十里者，爲齊之沂，襄十八年晉師東侵及濰南及沂是也。互見齊地。禹貢「淮、沂其乂」，係沂水縣之沂，與邾、魯之沂自別。

宋

山險

案：宋都商丘係河南之歸德府，合境無山。宋又兼有彭城，彭城爲今徐州府之銅山縣，

水道

泓水僖二十二年宋、楚戰于泓。杜註：「泓，水名。」寰宇記鄢城北里許有泓水，即宋、楚戰處。

現今有山而不見于左傳，故宋之山險無可考。

鄟城在今河南歸德府柘城縣北三十里。

孟諸僖二十八年楚子玉爲瓊弁玉纓，夢河神謂己曰：「畀余，余賜女孟諸之麋。」杜註：「孟諸，宋藪澤，水草之交曰麋。」

今歸德府治東北有孟諸澤，接虞城縣界。周禮謂之望諸，爾雅十藪宋有望諸是也。又虞城縣北有孟諸臺，俗謂之湄臺，卽杜預所謂「水草之交曰麋」矣。

楚

山險

荊山昭四年傳荊山、中南，九州之險。杜註：「荊山在新城沶鄉縣南。」

荊山在今湖廣襄陽府南漳縣西少北八十

水道

大江宣十二年鄭行成于楚，曰「其俘諸江南以實海濱，亦惟命」。

江水自四川夔州府巫山縣流入楚境，經湖

里。昭十三年楚遷許、胡、沈、道、房、申于荆，杜註：「荆，荆山。」是荆山之爲地廣矣。子革曰「昔我先君熊繹辟在荆山」，則以地近西境爲言耳。

塗山昭四年穆有塗山之會。杜註：「塗山在壽春東北。」

塗山在江南鳳陽府懷遠縣東南八里。水經注：「荆、塗二山本相連爲一脈，禹以桐柏之流泛濫爲害，乃鑿山爲二以通之，兩山閒有斷接谷。」

大別定四年楚師濟漢而陳，自小別至于大別。

大別山在今湖廣漢陽府漢陽縣東北半里，漢、江西岸。江水逕其南，漢水從西北來會之。山之左卽沔口。地説曰漢水東行觸大別之陂，南與江合是已。亦名魯山，以山有

廣宜昌府巴東縣及歸州之北，爲楚始封之丹陽，又東歷夷陵州、荆州府、岳州府，又北至漢陽府城東、武昌府城西而會于漢水，復北折而東歷武昌府北，又東歷黄州府南，又東南歷廣濟縣、黄梅縣之南，而東入江南安慶府宿松縣界，江之南岸卽江西九江府德化縣界矣。迂廻千八百餘里，皆當時楚境也。初都丹陽，在枝江，居江南。後徙郢都，在荆州府，居江北。別都鄂，卽武昌府，亦在江之南。自荆州以南，皆楚所謂江南也。楚遷權于那處，遷六小國于荆山，在江北。遷羅于枝江，遷許于華容，在江南，鄭蓋欲自比此屬耳。春秋時未知有南海，屈完之對齊桓公蓋漫爲侈大之辭，實非楚境

魯肅祠因名。

小別見上。

小別山在今漢陽府漢川縣南十里。山形如甑，亦名甑山。漢川在漢陽之西北百七十里，則小別當在大別之西。孔穎達謂在大別之東，謂楚師退而至大別自東漸西者，非是。另有論。

方城僖四年屈完曰「楚國方城以爲城」。杜註：「方城山在南陽葉縣南。」

方城，山名，在今河南南陽府裕州東北四十里葉縣，正在州北。楚人因山爲固築連城，東向以拒中國，則屈完所謂「方城以爲城」也。今自葉縣之方城山至唐縣，連接數百里。一曰長城山，卽古方城舊蹟。

也。鄭請實海濱，亦自貶損以悦之耳。

漢水莊四年莫敖以王命入盟隨侯，且請爲會于漢汭而還，濟漢而後發喪。杜註：「汭，内也，謂漢西。」

漢水自襄陽府城北折而東南，經宜城縣之東，又經安陸府城之西、荆門州之東，復東南出，經潛江縣北及景陵縣西，又東歷沔陽州北及漢川縣南，至漢陽府城東北大別山下，會于大江。此漢汭乃襄陽以南至安陸之漢水也。自襄陽至安陸府七百里，自安陸至沔陽州七百里，安陸爲楚之郊郢。是時王卒于樠木之下，在安陸府治東一里。莫敖懼隨人邀襲，故以王命請隨侯爲會于此，示以整暇，待隨侯濟漢歸國而後發王喪也。此時楚尚未能有漢，隨在漢東，楚在漢西，

少習哀四年將通于少習以聽命。杜註：「少習，商縣武關也。」

少習，山名，在今陝西西安府商州東。州今陞直隸。武關在少習山下，故亦名少習。京相璠曰：「武關，楚通上雒阨道也。」春秋時蓋嘗爲晉有，以其近陰地。穆公之世秦伐鄀，與楚爭商密。商密，近武關地。至是云將通于少習，而杜釋之如此，是楚已得武關矣。今由河南之南陽，湖廣之襄、鄖入長安者，必道武關。自武關至長安四百九十里，多從山中行，至藍田始出險就平，蓋自古爲險阨矣。

菟和哀四年左師軍于菟和。杜註：「菟和山在上雒東。」

菟和，山名，今陝西商州東有菟和山，通襄、

故杜註漢汭爲漢西。

淮水桓八年楚武王侵隨，軍于漢、淮之閒。

淮源出桐柏山，在今河南南陽府桐柏縣東一里，東南接湖廣德安府隨州。隨州卽春秋時隨國，正當漢之東、淮之南，故曰軍于漢、淮之閒。是時南陽之境猶未爲楚有，逮後文王縣申、息，封畛于汝，則淮爲楚境內之水矣。彙纂曰：「楚軍于漢、淮之閒，當在今德安府應山縣境。」

汝水成十六年楚以汝陰之田求成于鄭。杜註：「汝水之南近鄭地。」

汝水出河南汝州魯山縣東北，經伊陽至汝州南，又東南經寶、郟，南入南陽府之裕州，歷許州府之襄城、郾城，南至汝寧府西平

漢往來之道。

析隈僖二十五年秦、晉伐鄀，秦人過析隈，入而係輿人以圍商密。杜註：「析，今南鄉析縣。」

析隈，山名，在今河南南陽府鄧州南七十里，俗訛爲厮隈山。

汾、陘之塞戰國策蘇秦曰「楚北有汾、陘之塞」。鮑彪註曰：「陘，召陵陘亭，汾在襄城。」

陘僖四年齊伐楚次于陘。杜註：「楚地，潁川召陵縣南有陘亭。」

陘山在今河南許州府郾城縣南。又新鄭亦有陘山，在縣南三十里。蓋陘塞縣亘甚遠。蘇秦説楚曰「北有汾、陘」，説韓曰「南有陘山」，蓋二國皆恃此爲險。在楚爲北塞，在韓則爲南塞也。徐廣曰：「陘，山絶之名。」

境，又東南流至潁州南而入于淮。其自南陽以下皆楚境也。楚文王封畛于汝，蓋楚地止于汝水之南。其在汝州郟縣及裕州葉縣間者，汝陰田也。

潁水昭十二年楚子狩于州來，次于潁尾。杜註：「潁水之尾在下蔡西。」

潁水出陽城山東，至下蔡入淮，在今江南潁州府潁上縣，與鳳陽府壽州接界。潁水入淮處在壽州西北四十里，所謂潁尾也。亦謂之潁口。荀子曰：「楚，汝、潁以爲險。」

溠水莊四年除道梁溠，軍臨于隨。杜註：「溠水在義陽厥縣西。梁，橋也。」

溠水在今隨州北八十五里，周禮職方豫州其浸波、溠。是時王薨于行，若歸國，則虛

汾襄十八年楚子庚治兵于汾。杜註：「襄城東北有汾丘城。」

汾丘在今河南許州府襄城縣東北。史記秦昭王四十三年攻韓汾、陘，拔之。蓋與新鄭陘山俱爲南北隘道。

阜山文十六年戎伐楚西南，至于阜山。

阜山在今湖廣鄖陽府房縣南五十里。

萊山昭五年沈尹赤會楚子于萊山。

今河南光州光山縣南百五十里有天臺山，或云卽萊山。

坻箕之山昭五年楚子觀兵于坻箕之山。

今江南廬州府巢縣南三十七里有踟蹰山，輿地志以爲卽坻箕山。

樠木山莊四年楚武王卒于樠木之下。

實立見；若進兵臨漢，復恐隨人阻漢而守。故用奇兵別開新道，橋溠水，出不意而直壓隨都，隨既懼而行成。計從漢還，又恐隨人乘半渡而邀擊，復以王命請隨侯爲會于漢汭，而我乃還國，蓋欲隨人以好會之禮送楚師至漢水之西。隨既會訖，濟漢東還，而後發王喪。始由奇道從溠東渡，繼由正道從漢西歸也。

彭水桓十二年楚伐絞，楚師分涉于彭。釋例：「彭水至南鄉筑陽縣入漢。」

彭水在今湖廣鄖陽府房縣西南流入穀城縣界。

涌水莊十八年閻敖游涌而逸。杜註：「涌水在南郡華容縣。」

今湖廣安陸府治東一里有樠木山，上有青泥池。一名青泥山。三國志魏樂進與關羽相拒于青泥山，祝穆曰卽樠木山也。亦名武陵，以楚武王卒于此而得名。

涌水在今湖廣荆州府監利縣東南，乃夏水支流。水經注：「江水當華容縣東南，涌水出焉。涌水自夏水南通于江，謂之涌口。閻敖游涌而逸于二水之閒者也。」

鄢水桓十三年及鄢，亂次以濟。杜註：「鄢水在襄陽宜城縣入漢。」

鄢水在今湖廣襄陽府宜城縣南。

滑水宣八年楚伐舒、蓼，滅之，楚子疆之，及滑汭。

滑汭當爲今江南廬州府東境。

雲中定四年楚子濟江入于雲中。

夢中宣四年䢵夫人使棄諸夢中。

周禮職方荆州藪曰雲夢，今湖廣德安府雲夢縣南一里有雲夢橋。今澤已湮，昔時方八九百里。雲澤跨江之南，夢澤跨江之北。

今荆州府之監利、石首、枝江三縣，安陸府之荆門州、沔陽州，黄州府之蘄州及黄岡、麻城二縣，德安府之安陸縣，俱有雲夢之稱，蓋跨川亙隰兼包勢廣矣。

睢水定四年楚子涉睢。杜註：「睢水出新城昌魏縣，東至枝江縣入江。是楚王西走處。」

睢水入江處在今荆州府枝江縣，當郢都之西，楚王避吴西走處也。睢一作沮。

漳水宣四年子越師于漳澨。杜註：「漳水出新城沶鄉縣南，至當陽縣入沮。」

漳水在今湖廣安陸府當陽縣北四十里，自南漳流入城，至縣東南五十里與沮水合，名合溶渡。

湛水襄十六年晉、楚戰于湛阪，楚師敗績，晉師遂侵方

城之外。杜註：「昆陽縣北有湛水，東入汝。」

湛水在今河南南陽府葉縣北三十里，縣北二十里有昆陽城。周禮「荆州其浸潁、湛」。水經注：「湛水出犨縣北魚齒山，東南流爲湛浦，春秋晉、楚戰于湛阪卽此。」

泜水僖三十三年楚子上救蔡，與晉師夾泜而軍。杜註：「泜水出魯陽縣東，經襄城定陵入汝。」

泜水卽滍水，在今河南南陽府葉縣東北一里。光武大敗王邑、王尋于昆陽，士卒溺死，滍水爲之不流，卽此。定陵在今南陽府舞陽縣界。

夏水昭四年楚沈尹射奔命于夏汭。杜註：「夏汭，漢水曲入江，今夏口也。」

孔穎達曰漢水之尾變爲夏水，以冬竭夏流

故名。夏汭，乃漢水入江處，其地在漢陽府城東、武昌府城西，正當大別山下，禹貢所謂「南入于江」者也。莊四年會于漢汭，在安陸府治鍾祥縣北，去此七百里。泉始出山爲漾，南流爲沔，至漢中東流爲漢尾，稱夏，隨地立名。亦有全漢俱稱夏者。昭十三年王沿夏欲入鄢，杜註：「順流爲沿，順漢水南至鄢。」鄢在今襄陽府宜城縣。順流入鄢，則猶在宜城之北，漢水之上流。左傳遽稱夏者，是舉尾以該首，猶水經以全漢爲沔，是舉首以該尾也。

羅水昭五年楚子以馹至于羅汭。杜註：「羅，水名。」今河南汝寧府羅山縣舊有羅水，北入淮，楚子當至此。或言卽汨羅，不應反過洞庭湖

南，大謬。

窮水昭二十七年楚與吴師遇于窮，令尹子常以舟師及沙汭而還。

水經注：「淮水又東，窮水入焉。窮水出安豐縣窮谷，卽楚與吴師遇處。」在今江南潁州府霍丘縣西南八里。

沙水見上。

水經注：「汴、沙到浚儀而分，汴東注，沙南流，至義城縣西南入于淮，謂之沙汭，楚東地也。」義城故城在今江南鳳陽府懷遠縣東北。

臼水定五年王之奔隨也，將涉于成臼。杜註：「江夏竟陵縣有臼水，西南入漢。」

今湖廣漢陽府漢川縣有臼水，亦名臼子河，

吳

西南與漢水合。

清發定四年吳從楚師，及清發。杜註：「清發，水名。」水經注：「溳水過安陸縣西，又南逕石巖山北，亦謂之清水，卽春秋時吳從楚師處。」今湖廣德安府附郭安陸縣城西八十里有石巖山，溳水經其下。

雍澨定四年吳從楚，敗諸雍澨，五戰及郢。今湖廣安陸府京山縣西南八十里有三澨，水通于漢、江，春秋之雍澨其一也。又縣境有汊澨、漳澨、薳澨，說者以爲卽禹貢之三澨。昭二十三年薳越縊于薳澨，今湮。

山險

夫椒哀元年吴敗越于夫椒。杜註："吴郡吴縣西南太湖中椒山。"

通典包山一名夫椒山，卽西洞庭山也，在太湖中。左思吴都賦"指包山而爲期，集洞庭而淹留"，卽此。山周迴百三十五里，在今江南蘇州府吴縣西南八十五里。或云在無錫縣西北，與馬跡山相近，似誤。

衡山襄三年楚子重伐吴，克鳩兹，至于衡山。杜註："在吴興烏程縣南。"

案：鳩兹在今江南太平府蕪湖，而烏程乃浙江湖州府之附郭縣，相去太遠，不可從。今太平府當塗縣東北六十里有横山，"横"與"衡"古通用，似爲近之。

水道

海哀十年吴徐承帥舟師自海入齊。

大江自江南通州入海，淮自淮安府安東縣入海，吴從此至山東登萊府界，卽齊地。

大江哀九年吴城邗溝，通江、淮。

大江自西來，流入江南安慶府宿松縣界，南岸爲江西九江府德化縣界，楚地止此。從此入吴境，經安慶府，太平府，江寧府，鎭江府，常州府武進、江陰縣之北、靖江縣之南，又東至通州之狼山入海，經流千五百餘里，皆吴地。

淮水襄三年晉侯使荀會逆吴子于淮上。

淮水發源河南南陽府桐柏縣桐柏山，東流至光州東北，又東由固始縣入江南潁州府

界，又東流至潁上縣東南，又東北至鳳陽府懷遠縣界，自發源至此，皆楚地，以下入吳。又東經長淮衞至五河縣，又東徑泗州城南、盱眙城北，漫衍入洪澤湖。盱眙卽吳之善道地，襄五年會吳于善道卽此。又東北出淮安府清河縣之清口，與黃河會，又刷河東流經山陽縣，至安東縣雲梯關入海。淮上當在臨淮、泗州之境。

邗溝見上。杜註：「于邗江築城穿溝，東北通射陽湖，西北至末口入淮，通糧道也。」今爲邗江，亦曰漕河。起揚州府城東南二里，歷邵伯湖、高郵湖、寶應湖，北至黃浦，接淮安界爲山陽瀆，其合淮處曰末口，在淮安府北五里。自江達淮，南北長三百餘里。

淮安府志云「運河古山陽瀆，隋開皇六年鑿」。然吴王城邗溝出于末口，卽新城北辰坊之北閘也。三國時以無運而塞，隋因平陳而廣之，五代亦以不運而湮，周以平南唐而濬之，元以兵阻而廢。洪、永閒以漕運而復之。時已築新城，則又倣宋轉運使喬維嶽之制，自郡城西北逶迤轉于西南，建閘通清河口，皆平江伯陳瑄之力也。又云：「石閘在新城北，洪武十年建，今廢爲水關。」末口卽北閘，北閘卽今新城之北水關。末口在淮安北五里，確有可據。

射陽湖在淮安府東南七十里，長三百里。故時邗溝由此入淮，後人于此立堰，曰北神堰。今漕運皆由淮安城西，而城東入淮之

故道廢。北神堰不復治，而射陽湖亦僅成帶水矣。禹貢錐指曰：「今山陽縣西有山陽瀆，卽古邗溝。其縣北五里之北神堰，卽古末口也。」明永樂十三年平江伯陳瑄總督漕運，故老爲瑄言：「淮安城西有管家湖，自湖至淮河鴨陳口僅二十里，與清河口相直，宜鑿河引湖水入淮以通漕。」瑄以聞，遂發軍民開河，置四牐以時啟閉。此卽今日由城西入淮之運道也。

笠澤哀十七年越伐吳，吳子禦之笠澤。

今太湖也，亦謂之五湖。周禮職方揚州藪具區浸五湖，以周行五百里故名。吳志東北則有建康、常、潤數郡之水自百瀆注之，西南則有宣、歙、臨安、苕、霅諸水自七十二

縷注之，源多流盛，東西三百餘里，南北一百二十里，周五百里。今江南蘇州府之吴、吴江二縣，常州府之武進、無錫、宜興三縣，浙江湖州府之烏程、長興二縣，皆其所分隸也。

桐水哀十五年楚伐吴，及桐汭。杜註：「宣城廣德縣西南有桐水。」

桐水在今江南廣德州西北二十五里，源出州南白石山，西北流經建平縣界，又西入宣城縣界，匯于丹陽湖，入大江。南畿志古郡名曰桐川，曰桐汭。

越

山險

會稽哀元年吳王夫差入越，越子保于會稽。

會稽，山名。史記禹會諸侯于江南，計功而崩，因葬焉，命曰會稽。會稽者，會計也。水經注謂之古防山，周禮所謂揚州之鎮也。在今浙江紹興府會稽縣東南十二里。

水道

海哀二十二年越使吳王居甬東。杜註：「勾章縣東海中洲也。」

越地東至于鄞，今寧波府附郭鄞縣；南至于句無，今寧波府定海縣，東南皆邊海。范蠡曰：「我先君濱于東海之陂。」吳、晉黃池之會，范蠡、舌庸帥師沿海泝淮以絕吳路。

大江

史記越兵横行于江、淮東。又楚世家越已滅吳而不能正江、淮北，正義曰「謂廣陵縣及徐、泗等州」。是越地僅至江也。

淮水

史記句踐已平吳，乃以兵北渡淮，與齊、晉諸侯會于徐州。周元王命爲伯。句踐已去，渡淮南，以淮上地與楚。

補遺

虞

山險

顛軨僖二年晉伐虢，假道于虞，曰：「冀爲不道，入自顛軨，伐鄍三門。」杜註：「大陽縣東北有顛陵阪。」

顛軨在今山西解州平陸縣東北五十里，自上及下，七山相重，東西絶澗，至爲險仄。亦曰虞坂，戰國策「騏驥止于虞阪而不能進」是也。

水道

共池桓十年虞公出奔共池。杜註地名闕。

今山西解州平陸縣西四十里許有共池。志云虞公出奔地。山海經曰：「甘棗之山，共水出焉，西流至于河。」

三門見上。

卽禹貢之砥柱山，在今解州平陸縣東五十里。河流至此山有三門，南曰鬼門，中曰神門，北曰人門。水經注禹破山以通河謂之三門。

虢

山險

不見傳。僖十五年晉侯許賂秦伯東盡虢略，杜註：「從河南而東盡虢界。」元豐志：「自河南府西南抵虢州界三百二十五里，稍南抵鄧州界六百里，皆高山深林，古虢略也。」据此，則晉桃林之塞以前當屬虢，但傳無明文

水道

渭汭閔二年虢公敗犬戎于渭汭。杜註：「渭水出隴西東入河。」

渭水出今陝西臨洮府渭源縣界鳥鼠山西北谷，東流經盩厔、興平、咸陽、渭南，至華陰縣入河，渭水入河處乃虢之西境也。案：昭

耳。

二十三年萇弘曰「周之亡也三川震」，杜註：「涇、渭、洛水也。」三川舊屬西周，後涇水屬秦；渭水屬虢，旋屬晉，後入秦；洛水出陝西慶陽府北，非伊、洛之洛。至同州府朝邑入渭，朝邑後爲秦王城。三川之震，蓋西周將入秦之應也。

北燕

山險

不見傳。

水道

濡水昭七年齊、燕盟于濡上。杜註：「濡水出高陽縣東北，至河閒鄚縣入易水。」

水經注：「濡水出蒲陰縣南，枉渚迴湍，率多曲復，亦曰曲逆水。漢封陳平爲曲逆侯，卽

此。曲逆縣章帝改曰蒲陰縣。」其故城在今直隸保定府完縣東南二十里，是濡水之上源矣。濡上在今安州、任丘間。

泰山亙齊、魯二國。

太行山亙晉、衛、中山、北燕四國。

海周迴齊、吴、越三國。

大河經流秦、晉、周、鄭、衛、齊六國。

濟水經流鄭、衛、曹、魯、齊五國。

汝水經流晉、鄭、蔡、楚四國。

潁水經流鄭、楚二國。

大江經流巴、楚、吴三國。

淮水經流楚、蔡、吴三國。

春秋時秦晉周鄭衛齊諸國東西南北渡河考

古大河由北而南，折而東，復折而東北入海，故有西河、南河、東河之稱。春秋時其津要之見于左傳者，凡有數處：一曰蒲津，即晉河曲；一曰茅津；一曰孟津，即晉河陽；一曰延津，即鄭廩延；一曰棘津，即衛南河。其往來之徑道，俱可考而知焉。文十二年晉、秦戰于河曲，河曲爲今山西蒲州府，通典云有蒲津關。西岸爲陝西同州府朝邑縣，秦之王城在焉。十三年秦伯師于河西，魏人在東，是蒲州與朝邑東西相望也，秦、晉平日往來多于此。晉公子返國濟河，子犯投璧；秦伯誘殺吕、郤于河上；及孟明伐晉濟河焚舟，俱在此處。成十一年秦、晉爲成，秦伯不肯涉河，次于王城，則在朝邑西岸。河曲之戰，臾駢曰「薄諸河必敗之」，則在蒲州東岸。昭元年秦后子造舟于河，歸取酬幣，終事八反，則從朝邑至蒲州東西造舟以渡。以其常所津濟，故不言處所。「遂自茅津濟」、「遂自南河濟」、「涉自棘津」，則以非平日經行處，故特著其名。茅津在今山西解州平陸縣，南岸爲河南陝州州治，距河七里，是由北至南。秦以晉人不出，故不復從蒲津西返，特由茅津南渡，至陝州永寧、澠池之閒，封殽尸，更西北從陸路歸也。南河一名棘津，在衛輝府汲縣南七里。曹在衛東，晉從汲縣南渡，出衛南而東。陸渾，今河南府嵩縣，在晉南。是時晉欲假用牲于雒以襲陸渾，故不由孟津，而東南涉棘津以掩其不備。皆非平日往來之常徑，故特稱某處某處，以著兵機之倏忽。棘津西二十里爲延津，即鄭廩延之津，爲今衛輝府延津縣。水經云「河水又東北通謂之延津」，故衛亦有延津之名。孔悝爲蒯聵所逐，載伯姬于平陽，行于延津，是也。衛

之楚丘爲滑縣，有白馬津，亦曰延津，北岸爲濬縣，係衛舊都，與淇縣接界。衛文公渡河野處漕邑，是從黎陽南渡白馬津也。衛後遷帝丘，爲今北直之開州，黄河在開州北十五里，則鄭、衛皆在河之南，故俱有河上之稱。衛宣公作新臺于河上，此時尚都朝歌，則在河之北。鄭文公使高克禦狄于河上，則在河之南，皆在濱河之境。邲之戰，晉師濟河，是從孟津濟。大抵春秋時晉西渡河至秦則由蒲津，南渡河至周、鄭則由孟津，東渡河伐齊則由衛之開州長壽津，三者皆不言處所。蒲津、孟津皆在晉本境。而孟津爲今河南府孟縣，卽晉河陽，晉與周、鄭往來尤數，凡使聘郵遞、出軍振旅，路必由此。城濮之勝，晉召王狩于河陽，是從南渡河而北返。邲之戰先縠以中軍佐濟，是從北渡河而南。至敗而宵濟掬舟中之指，及楚莊祀河告成，則在原武縣西北大河。是時倉卒失次，不復能整部伍，從故道歸也。周與晉南北以河爲界。周都洛陽，有北邙山，山之北臨大河，河北岸卽望見孟津。子朝用周之寶珪于河，津人得之河上，蓋在孟津之南也。衛遷帝丘後，與鄭皆在河南。兩國適晉，則鄭由延津，衛由白馬津。白馬津亦曰延津，其地名偶一見之。襄三十年游吉奔晉，駟帶追之，及酸棗，此爲廩延之延津。哀十六年孔悝載伯姬于平陽行于延津，此爲滑縣之白馬津也。鄭太叔命西鄙、北鄙貳于己，又收貳以爲己邑，至于廩延，是延津在鄭之北。游吉欲從此渡河北奔晉，故駟帶追之，及酸棗，用兩珪質于河也。齊地西至于河。成二年鞌之戰，襄十八年荀偃沈玉而濟，是時河已南徙，渡處當在今濬、滑之閒，由開州長壽津。昭、定之閒六次至河，乃復大抵假道于此。蓋是時晉地已有鄭之虎牢、衛之朝歌，并錯入山東范縣界，與齊、魯接壤。大抵由河曲以北爲秦、晉分界，則謂之西河；從河曲之南，折而東經周、鄭之界，則謂之南河；更從南河折

而東北穿入衞、齊界，則謂之東河。左氏于諸國行軍朝聘之往來，皆以一河爲經緯，最明晰有法。今據其可見者約著其地理如此，使後之讀左氏者有考焉。

書渡河考後

大河從古遷徙不常，在春秋時已當劃分兩截。看周定王五年河徙自宿胥口東行漯川，與禹河故道南北相去幾四百里。案：定王五年己未爲魯宣公七年，春秋隱公元年己未至此恰一百二十一歲，適當春秋之半，殆亦氣運使然。學者不可不詳考也。宿胥口在今衞輝府濬縣之西南，滑縣之西北。禹河則繞濬縣之西而北流經廣平、肥鄉，合于洚水，卽漳水，至肥鄉入河。曲周鉅鹿，卽禹貢所謂至于大陸也。至天津入海。河行漯川後，則繞濬縣之南大伾山之足，折而東流至長壽津，復與漯別，大河經內黄之東北流，過元城縣西。漯河則經開州清豐，抵觀城、范縣之界，復迤邐折而東北流，至濱州利津入海。秦、晉、周俱在濬、滑之西境，與河徙無涉，齊地去徙處尚遠，其改移者獨衞。而見于傳文可考者，莫著于開州。襄十四年孫蒯入使，衞獻公歌巧言之卒章。其詩曰「居河之麋，職爲亂階」，蓋指孫文子居戚，戚在開州北七里，故以刺之。使在宣七年以前，河不經由開州，無爲歌此詩矣。哀二年晉納蒯聵于戚，宵迷，陽虎曰：「右河而南，必至焉。」杜註云：「是時河北流過元城界，戚在河外，晉軍已渡河，故欲出河右而南。」使河未徙，不經由元城，無右河而南之理。又襄二十九年吳公子札自衞適晉，將宿于戚。史記孔子自衞將適晉，臨河而反，曰：「美哉水洋洋，丘之不濟，此命也夫。」大抵河徙以後，諸國欲適晉者必由衞，由衞適

晉者必由開州長壽津，蓋取道徑便。孫林父擁兵居戚，踞大河之濱，當南北孔道，又結交晉之權要，故諸侯畏之若一敵國。綜而計之，禹導河從積石起，至東過洛汭，迄今河道如故，卽再經千百年亦應無變更。蓋自鞏縣以西至秦、晉交界，東乎華山、太行、北邙，重山疊巘之閒，河勢不得橫溢，至濬縣出險就夷。春秋中葉河始徙，向繞大伾山之西直北流者，轉經大伾山之南麓，出乎濬、滑之閒而東行。漢之末季，曹、袁相拒官渡，黎陽、白馬爲戰爭要地，至宋靖康之世猶然。元代河合淮流，大河經開封城北，距濬縣又南徙三百里。而禹貢所謂「至于大伾」者，亦無之矣。滄桑之故，夫豈偶然，要之禹河初變自春秋宣七年始。余是以謹志之。乾隆十年十二月下浣六日復初氏又識。

春秋不書河徙論

「周定王五年河徙，當魯宣公之七年，爲千古河流變遷之始。此係大事，而聖人不書，何也？」曰：「此可見春秋之書因魯史，魯史之書因赴告，列國不赴，則魯史不書，聖人亦無從書也。」曰：「然則列國之不赴何也？」曰：「是時河徙自宿胥口東行漯川，在今濬縣之境，諸國獨係于衞，周及秦、晉皆無與。倘衞而流殺人民、漂没屋廬，則自不免赴告列國，而是時河、漯合行，漯亦自能容河。卽使小有決溢，而三代之時民居稀少，去水各二十五里，凡山澤隙地皆不耕種，水至得有所遊盪，故雖經行滑縣及開州，滑卽衞楚丘之地，開州卽衞帝丘之地，逼近國都而無甚患害。本國不赴告，鄰邦不弔災，故魯史莫得而書也。」曰：「子何以知其然也？」曰：「據春秋，宋大水則書，齊大災則書，宋、衞、陳、鄭災及成周宣榭火則

書，凡王朝及四鄰之國水火災祲無不書者，豈有河流失常，壞人都邑而不重書之于策乎？以是知不告故不書，無大患故亦不告也。」曰：「襄公二十三年爲周襄王之二十二年，穀、洛鬭，毁王宫，至春秋襄二十四年而齊人城郟，此時自當告于齊，豈有告齊而不告魯之理，而春秋不書何也？」曰：「此魯人恥之，故諱之也。凡春秋書列國之災，無不行弔卹之禮者。故宋大水而公使弔焉，宋災而諸侯會于澶淵歸宋財。是時天子微弱，晉亦失政，魯惟晉伯之令是聽。晉、魯皆王室懿親，不徵諸侯爲王城郟，而齊叛晉乃行之，故魯、晉皆以爲恥而諱而不書，亦非聖人削之也。通考春秋全經，如僖十四年沙鹿崩，成五年梁山崩壅河三日不流，公羊云皆爲天下記異。若循此例，則玆之河徙與穀、洛鬭，其變故更大，而不一見于春秋者，此可考見當日之情事與世變，而非聖人之有遺漏及有所筆削于其閒。通乎此，而可以知春秋書不書之故矣。」乾隆十一年七月下浣六日復初氏識于淮陰志館。

春秋時藪澤論

余考古之藪澤，其見于爾雅、周官職方及禹貢，惟彭蠡、震澤至今長存。其餘若菏澤今爲曹州府菏澤縣矣，孟豬今爲歸德府孟諸臺矣，滎波今爲鄭州滎澤縣，大野今爲兖州府鉅野縣，雲夢今爲安陸府雲夢縣。至澤之古無而今有者，尤不可勝紀。洪澤湖近古州來，今壽州。巢湖爲古居巢，吴、楚戰争時未有也。錢塘江爲吴、越分界，吴、越戰争時未有也。至洞庭爲稽天巨浸，南旺湖爲南北分水之脊，春秋時不聞其名。蓋水勢有變遷，此盈則彼涸，雲夢竭而後水入洞庭湖，大野枯而後水歸南旺澤，滄桑之理使

然。至彭蠡、震澤之所以亙古長存者，蓋亦有故。余生長東南，熟知太湖利害。又乾隆歲己未余自武陵浮錢塘，徑建德入徽、歙以達浮梁，又自浮梁絶彭蠡以至九江，假館大孤山塘，與彭蠡相吞吐者一載有餘。歸由湖口縣入大江，浮舟東下，細察水勢。蓋彭蠡自南而入于江，朱子謂地勢北高南下，故其入于江也，反爲江水所遏而不得，遂因卻而自豬，以是瀰漫成數十百里之大澤。而夏氏允彝亦云震澤四面之水既高若建瓴，而入海之處又亢若仰盂，水亦反流而趨內其中，受水之處蓄而不洩，內溢而外噎，則激盪靡寧。因恍然曰二澤之所以長流至今者，豈非以此之故哉。蓋澤以受水，必使四面高而中央下，而後水得有所容注。若西北諸澤，則地形高仰。又雲夢在安陸諸府地，亦偏于西，其日久而漸湮漸微，且或遷徙他處，其理固然，無足怪者。余觀春秋時藪澤，合諸禹貢，已有不盡符者，至今日則汪洋之地變成官府，城市之區淪爲魚鼈，難可究詰。而二水自禹貢至今莫之有改，考其地勢，豈不較然著明也哉。

春秋時海道論

杜少陵詩云「雲帆轉遼海，粳稻來東吳」，說者謂此卽唐時海運也。至元世祖時，用宋末海盜朱瑄、張清爲萬户，府歲運東南粟四百萬至燕京，行之百年。至明洪武、永樂朝，猶海陸兼運，至會通河成而止。儒者謂元虐用其民，猝遇颶風顛覆，至以生靈膏魚鱉之腹，而不知「浮于江、海，達于淮、泗」，禹貢已有之。海道出師已作俑于春秋時，並不自唐起也。左傳哀十年吳之伐齊也，徐承帥舟師自海入齊，

此即今登、萊之海道也。國語哀十三年越之入吴也，范蠡、舌庸帥師自海泝淮以絶吴路，此即今安東雲梯關之海道也。春秋之季，惟三國邊于海，而其用兵相戰伐，率用舟師，蹈不測之險，攻人不備，入人要害，前此三代未嘗有也。是以聖人止守内地，不矜遠略。僖四年管仲對楚使曰齊地東至于海，此特誇言耳。其時登、萊二府尚有萊、介諸國，與夷雜處。至襄六年滅萊，齊境始邊海，而適召吴之寇。楚使曰寡人處南海，此亦誇言耳。終春秋世楚地不到湖南。至秦始皇始兼桂林、象郡，而漢武遂遣樓船、横海將軍浮海擊東越。晉劉裕之滅盧循也，遣將軍孫處帥師三千由海道入番禺，中國遂以海爲門户。而在春秋時尚爲荒遠莫居之地，故吴雖欲避楚長江直下之險，止從淮右北道，未嘗由海道。使當日楚越甌、廣而有之，則樓船、横海之師且見于闔閭之世矣。是以後世疆域益廣，爲備益多。煙墩障戍，濱海相望，而猶時有烽烟之警，即春秋吴、齊已事較然可見。世運遷流，其亦有不得不然者哉。

春秋列國地形險要表卷九

錫山顧棟高復初輯
金匱錢袁英箴三參

敍

險要之爲天下重也，從末世起也。羣雄起而後有戰争，戰争用而後出奇制勝，設守要害，則險要尚焉。太平之世，天下爲家，未嘗有也。余讀左氏，知春秋險要之地莫多於秦、晉、吴、楚、鄭、衛。鄭、衛南北所争，而吴、楚、秦、晉壤地相錯，爲日交兵之國。桃林、二殽、茅津之爲西北險也，以秦、晉七十年之戰争著也，汪氏曰：「秦、晉七十年之兵争，起於殽之戰，終於襄十四年十三國之師。」函谷一入秦，而六國之亡兆矣。鍾離、州來、居巢之爲東南險也，以吴、楚七十年之戰争著也，林氏曰：「鍾離、州來、居巢三邑，吴争七十年而後得此。」州來一入吴，而入郢之禍基矣。他如齊穆陵之爲大峴，晉劉裕過之而喜形于色者，而地鄰莒、魯，强晉東來道所不經，故戰伐罕書焉。晉南陽之卽河陽，唐李光弼百戰守之以固關輔者，而界連周、鄭，方輯和以拱衛，故兵争亦不及焉。轘轅、伊闕同一險也，伊闕以備子朝而著，而轘轅則無聞。虎牢、敖倉同一要也，虎牢以晉悼之城而著，而敖、鄗則無聞。至晉、楚懸隔千里，所争惟在鄭、宋，楚戍彭城以塞晉之通吴，晉城虎牢以防鄭之服楚。春秋尤大書特書少習、武關，爲秦、豫咽喉之地。秦人滅鄀，蓋欲南出以圖武關，而卒不能有。及楚圖北方，將通少習，而晉人震懼。豈非襄、鄖、商、雒之閒地形阨塞，與函谷俱稱

絶險哉。故險要有常所，初無定形，有千年不易之險要，有一時因敵爲防之險要。往往在後世爲要害，在春秋爲散地者，此亦古今時勢不同之故也。聖王安不忘危，大易有設險之義，周書有慎固之訓，三代之世何嘗不以險要爲兢兢。故詳列春秋所書，參以後世攻守之事，使古今山川險固瞭若列眉，而列國强弱之勢與當日行軍用師交争累戰之故，俱可考而知焉。輯春秋列國地形險要表第九。

春秋列國地形險要表

國	地名	事迹
周	轘轅	襄二十一年王使候出諸轘轅。杜註「轘轅關在緱氏縣西南。」轘轅山今在河南府鞏縣西南七十里。
魯	西鄆	成四年城鄆。杜註「魯西境上邑。公欲叛晉，故城之以爲備。」今在山東曹州府鄆城縣東十六里。鄆
齊	穆陵	僖四年管仲對楚子曰：「賜我先君履，南至于穆陵。」杜註闕。今在山東青州府臨朐縣東南一百五里大峴山上。山高七十丈，周迴二
晉	桃林	文十三年晉使詹嘉處瑕以守桃林之塞。杜註「在弘農華陰縣東潼關。」今在河南陝州靈寶縣南，即秦函谷關也。漢武帝從楊僕
宋	彭城	成十八年楚子伐宋，宋魚石復入于彭城。杜註：「彭城，宋邑，今彭城縣。」今爲江南徐州府治銅山縣。春秋時吳、晉往來之通道。晉
衛	楚丘	僖二年封衛于楚丘。亦曰漕，閔二年立戴公以廬于漕。杜註：「衛邑。」古楚丘城今在河南衛輝府滑縣東六十里。南北朝謂之滑臺。劉宋、
鄭	虎牢	莊二十一年王與鄭伯武公之略，自虎牢以東。杜註「今河南成皋縣。」今在河南鄭州汜水縣西二里。亦名成皋。戰國時韓獻于秦，十九年
秦	河西	文十三年秦伯師于河西，魏人在東。」杜註「今河北縣，于秦爲在河之東。」今在陝西同州府及華州之境。三家分晉，地入
楚	少習	哀四年將通于少習以聽命。杜註：「少習，商縣武關也。」武關在今陝西商州東百八十里，東去河南內鄉縣百七十里。繇河南
吳	鳩茲	襄三年楚子重伐吳，克鳩茲。杜註：「鳩茲，吳邑。在丹陽蕪湖縣東。」今江南太平府蕪湖縣東四十里有鳩茲港。孫權使陸遜屯兵

其坂有十二曲，將去復還，故名。關在山上。

闕塞

昭二十六年晉知躒、趙鞅納王，使女寬守闕塞。杜註：「洛陽西南伊闕口也。」今在河南府城南三

自唐季爲戰爭要地。朱全忠謀奔山東，則急擊鄆州。唐莊宗取大梁，先襲取鄆，方陣橫行徑入，蓋鄆爲四達之衡矣。

十里，道境危惡。一名破車峴。劉裕伐慕容超，兵過大峴，喜形于色，即此。

東陽

襄二年晏弱城東陽以偪萊子。通典臨朐縣有東陽城，在今山東青州府臨朐縣東。劉裕滅南燕，留羊牧

言，徙故關于新安縣東界，東人蓋三百里，謂之新關。建安十六年潼關之名始見于史，則在陝西華陰縣東四十里，河南閿鄉縣西六十里，今新設潼關縣。春秋時通謂之桃林。

二殽

立徐州爲重鎮，朱序鎮守。宋高祖經略中原，置府于此，魏大武以三十萬衆攻之不能下。陳后山曰：「南守則略河南、山東，北守則瞰淮、江，于兵家爲守攻之地。」林氏曰：「晉悼始圍彭城，繼

元魏力爭于此，爲四鎮之一。

澶淵

襄二十年盟于澶淵。杜註：「澶淵在頓丘縣北。」在今北直大名府開州西七里。往時大河經流于此。晉王存勖于河之南、北各築一城，謂之

而遂亡。今自滎陽而東皆坦夷，西入縣境地漸高。城中突起一山，如萬斛囷；出西郭則亂嶺糾紛，一道紆曲其間，斷而復續，使一夫荷戈而立，百人自廢。

廩延

隱元年太叔收貳以爲己

魏，後獻于秦。吳起去西河而泣，即此。

王城

僖十五年晉侯及秦伯盟于王城。杜註：「馮翊臨晉縣東有王城。」在今陝西同州府朝邑縣東三十步，亦曰大荔戎城。

中南

之南陽、湖廣之襄鄭入長安者，必道武關。自武關至長安四百九十里，多從山中行，過藍田始出險就平，信乎爲天設之險。

方城

僖四年屈完對管仲「楚國方城以爲城。」杜註：「方城

于此。先主嘗謂權曰：「江東形勢，先有建業，次有蕪湖。」

朱方

昭四年楚靈王使屈申圍朱方，克之。顏師古曰：「漢丹徒縣，吳朱方也。」今爲江南鎮江府治丹徒縣。孫權于此築城，號鐵甕。東晉

里。一名伊闕。漢靈帝時河南設八關，轘轅、伊闕居其二。

北山

昭二十二年王田于北山。杜註：「北芒也。」一作邙山。今在河南府城北十里。山連

之爲青州刺史，鎮東陽，常用重兵戍守。後魏攻圍數月，不拔。元嘉八年，蕭思話棄東陽奔平昌魏軍竟，不至而東陽積聚已爲百姓所焚。

馬陘

成二年晉郤克入自丘輿，擊馬陘。在今山東青

僖三十二年晉敗秦師于殽。杜註：「殽在弘農澠池縣西。」亦曰二崤。今在河南府永寧縣北六十里，東北入澠池縣界。自新安以西，歷澠池、硤石、陜州靈寶、閿鄉而至于潼關，凡四百

城虎牢，識天下之勢。」

夾河寨。亦名德勝津。宋真宗時謂之南城、北城，盟契丹于澶淵，即此。

馬陵

成十七年同盟于馬陵。杜註：「在陽平元城縣東南。」今北直大名府治元城縣東南十五里有馬陵道。

邑，至于廩延。杜註：「陳留酸棗縣北有延津。」舊城在今河南開封府延津縣北十五里。黃河故道自新鄉東流徑衛輝府汲縣南七里，謂之棘津。又東二十里爲延津。石勒破劉曜途出于此，以河

昭四年司馬侯曰「荆山、中南，九州之險」。杜註：「在始平，武功縣南。」亦曰南山。在今陝西乾州武功縣西南九十里。西起秦隴，東徹藍田，相距且八百里。關中有事，終南其必争之險。

山在南陽葉縣南。」今在河南南陽府裕州東北四十里。州境本古葉地，葉縣正在州北。自葉縣之方城山至唐縣，連接數百里。

夏汭

昭四年吴伐楚，入棘、櫟、麻。楚沈尹射奔命

時謂之北府。

橐皋

哀十二年公會吴于橐皋。在今江南廬州府巢縣西北六十里。一名會吴城。漢置縣。唐廢縣存鎮。後訛爲柘皋。宋紹興十一年兀朮陷廬州屯兵柘皋，爲

偃師、孟津、鞏三縣，綿亘四百里。東、西魏及隋末李密、王世充皆苦戰于此。洛陽形勝地也。

洛汭　昭元年趙孟館于雒汭。杜註：「洛水在河南

州府治益都縣西南。晉永嘉中曹嶷爲刺史，于縣西四里築城，有大澗甚廣固，因謂之廣固。南燕慕容德都之。潘聰曰：「廣固，曹嶷所營，山川阻峻，足爲帝王之都。」城側有五龍口，險阻難

八十里，皆河流翼岸，巍岸插天，絶谷深委，險甲于天下。

茅津　文三年秦伯伐晉，取王官及郊，遂自茅津濟。杜註：「茅津在河東大陽縣西。」今在山西解州平陸縣。以在大河之

戰國時魏伐韓，齊使田忌、孫臏救韓，直走魏都安邑，魏將龐涓倍道并行逐之，孫子度其行暮當至馬陵，馬陵道狹而旁多阻隘，乃使萬弩夾道而伏，涓至射殺之，卽此處。汴宋河北漕運往往

冰泮爲神靈之助，號靈昌津。唐安祿山渡此破洛陽。

敖　宣十二年邲之戰，晉師在敖、鄗之間。杜註：「敖山在滎陽縣西北。」在今河南鄭州河陰縣西二十里。詩稱周宣王搏

諸葛與魏相持，多在南山褒斜諸谷間。

于夏汭。杜註：「夏汭，漢水曲入江，今夏口也。吳兵在東北，楚盛兵在東南，以絶其後。」今爲漢口鎮，在湖廣武昌府之西，漢陽府之東。楚至是始欲順流東向以制吳。

大別

劉錡等所敗，卽此。

鍾吾　昭三十年冬，吳子執鍾吾子。蓋滅矣。漢置司吾縣。今江南徐州府宿遷縣西北有司吾鄉。晉元帝督運軍儲于此，因置宿豫縣，爲重鎮。宋、齊、梁之世，常

鞏縣南。」亦謂之鞏。水經註洛水入河之處亦曰什谷，張儀說秦「下兵三川，塞什谷之口」是也。漢王距楚兵于此。隋于此置洛口倉。今爲河南府鞏縣

攻。石虎、慕容恪、劉裕攻圍，必塞五龍口，乃拔。

盧

隱三年傳齊、鄭盟于石門，尋盧之盟也。杜註：「濟北盧縣故城。」在今山東濟南府長清縣西南二十五里。按盧爲齊高傒采

北，故名大陽。河之南岸爲河南陝州治，距河三里乃黃河津濟處，亦曰大陽津。唐貞觀十一年于茅津造浮梁，曰大陽橋，長七十六丈，廣二丈，架大河之上，東則富平津，西則大陽津，實大河

于黎陽或馬陵道口裝卸，蓋津要之地。

獸于敖。秦于其地臨河置倉，名曰敖倉。漢王軍滎陽，築甬道屬之河，以取敖倉粟，酈生說漢高據敖倉之粟，是也。

定四年子常濟漢而陳，自小別至于大別。杜註：「在江夏界。」在今湖廣漢陽府城東北百步漢水入江處也。亦謂之魯山。杜佑曰：「三國、南北朝爲必爭之地。」

鍾離

昭四年楚使

迭屬南北。唐避代宗諱，改曰宿遷。

善道

襄五年會吳于善道。今爲江南泗州盱眙縣。南兖州記盱眙本吳善道地也。秦爲東陽縣。二世時，陳嬰爲東陽令史，即此。宋太守沈璞

治。

太室

昭四年司馬侯曰：「四嶽、三塗、陽城、太室，九州之險。」杜註：「即中嶽嵩高山也。」今在河南府登封縣北十里。在汝、洛之間，雖逼近都

邑，成十七年高弱以盧叛，襄十八年晉趙武、韓起以上軍圍盧，二十九年高豎又以盧叛，蓋亦險隘之地。唐地里志盧縣北有碻磝津故關。宋元嘉中王玄謨平碻磝，立戍守之，爲河南四鎮之

之衝要也。

河陽

僖二十八年天王狩于河陽。杜註：「河陽，今盟津。」古河陽城在今河南懷慶府孟縣西南三十里。晉泰始中杜預于此造河橋，曰富平津。唐設河陽三城節度使。史

箴尹宜咎城鍾離，薳啟疆城巢，然丹城州來，以備吳。昭二十四年楚平王爲舟師以略吳疆，師還，吳踵楚，遂滅巢及鍾離。在今江南鳳陽府臨淮縣東四里。春秋時互爲吳、楚邊邑。歷代爲戰爭

繕城浚隍。魏太武以三十萬衆，圍三旬不克而退。張魏公曰：「淮東宜于盱眙屯駐，以扼淸河上流；淮西宜于濠、壽屯駐，以扼渦、潁之運。」

笠澤

哀十七年越伐吳，吳子禦之笠澤。

會，而道里少爲僻遠。蒙古攻金，潼關不能下，乃由嵩山小路趣汝州，遇山澗，輒以鐵槍相鎖連接爲橋以渡，遂趣汴京，即此。

一。

思明陷汴鄭，李光弼棄洛陽守河陽，賊不敢西窺關輔。南岸爲孟津縣。

棘津

昭十七年晉荀吴帥師涉自棘津，用牲于雒，遂滅陸渾。

杜註：「河津名。」亦曰南河。僖二十八年晉將伐

重地。梁天監中魏元英進圍鍾離，邢巒謂「鍾離天險，必無克狀」，即此。

州來

楚城州來。見上。自後迭屬吴、楚。昭二十四年雞父之戰，楚師大奔，州來遂爲吴地。封季札于此，爲延

即今太湖，在江南蘇州府西南三十里，常州府東南百里，浙江湖州府北二十八里。哀元年吴敗楚于夫椒，通典云即今太湖中西洞庭山也。江、浙有事，太湖常爲戰區。唐初李子通爲杜伏威所

曹，假道于衛，衛人不許，還自南河濟，即此。杜註：「從汲縣南渡，出衛南而東。」水經注：「河水逕東燕縣故城北，有濟水北來注之，有棘津之名。」亦曰石濟津。今在河南衛輝府汲縣南七里。

州來季子。哀二年吳遷蔡于州來，謂之下蔡。在今江南壽州北三十里古下蔡城也，在淮水之北，與壽春城對據，翼蔽淮濱。自南北朝梁、魏與後周，南唐，爲苦戰之地。汴宋以下蔡爲北壽春，

敗，自京口東走太湖，襲取沈法興于吳郡。五代時吳、越、南唐往往鬭爭于此。明太祖與張士誠相持時，常州府悉爲明境，而無錫猶爲士誠守。乃自宜興下太湖，先取湖州、嘉興；李文忠亦下杭

孟門

襄二十三年齊侯伐晉，取朝歌，爲二隊入孟門，登太行。杜註：「孟門，晉隘道。」案：孟門卽白陘，太行八陘中之第三陘也。在今河南衛輝府輝縣。輝縣界連淇縣，淇縣卽古朝

而壽春縣爲南壽春。劉錡、楊沂中敗劉麟、劉猊于此。

州，夾攻蘇州，擒士誠，而無錫乃下。蓋險要之無定形如此。

巢

楚城巢滅巢。見上。古居巢城在今江南廬州府巢縣治東北五里。孫權于此築濡須塢，曹公四越巢湖不成，卽此。

大隧

歐。

太行

見上。

杜註闕。

案：輿地志太行陘在河南懷慶府西北三十里，八陘中之第二陘也。其地據南北之喉。吳起稱「殷紂之國，左孟門右太行」，蓋以紂都朝歌，太行如屏擁其

定四年柏舉之戰，楚左司馬戌謂子常曰：「我悉方城外以毁其舟，還塞大隧、直轅、冥阨。」杜註：「三者，漢東之隘道。」大隧一名武陽關，在今河南信陽州東南一百五十里，西南至湖廣德安

西北，二陘分列左右。

壺口

哀四年齊國夏伐晉，取壺口。杜註：「潞縣有壺口關。」今在山西潞安府城東南十三里。延袤百餘里，東接相州，山形險狹，形如壺口，自昔爲襟喉之地。

府應山縣一百三十里。

直轅

一名黃峴關，又謂之九里關，在信陽州南九十里，南至應山縣亦九十里。

冥阸

一名平靖關，在信陽州東南九十里，南至應山縣北六十五里。三關

華山

僖十五年晉許賂秦伯以河外列城五，南及華山。杜註：「在弘農華陰縣南。」今在陝西同州府華陰縣南十里。亦曰西嶽。秦踐華爲城，因河爲池，險甲天下。春秋時屬

勢如首尾，南北朝時所謂義陽三關也。齊、梁世爲重鎮。

渚宮

文十年子西沿漢泝江將入郢，王在渚宮下見之。水經注：今江陵城楚船官地，即春秋之渚宮也。今爲荊州府治江陵縣。

晉，爲陰晉邑。

陰地

宣二年趙盾自陰地侵鄭。又有陰地之命大夫。

杜註：「自上雒以東至陸渾。」

今爲陝西商州治。以在洛水上源，亦曰上雒。哀四年楚起豐、析以臨

東晉後嘗爲重鎭，桓溫及其弟沖皆保據渚宮。梁元帝、後梁蕭銑及高從誨皆都此。

潁尾

昭十二年楚子狩于州來，次于潁尾。

杜註：「潁水之尾，在下蔡西。」

今在江南鳳

上雒。赫連勃勃謀取關中，王買德曰：「青泥、上洛，南北險要。」

河曲

文十二年晉、秦戰于河曲。杜註：「在河東蒲阪縣南。」蒲阪城在今山西蒲州東南五里，渡河卽陝西同州府

陽府壽州西北四十里，潁水入淮處也。亦曰潁口。魏曹丕循蔡、泗浮淮如壽春，蓋自潁口入淮。歷代爲阨要之地。

沈

定四年蔡滅沈，後屬楚，爲平輿邑。杜註：「汝南平輿縣北有沈亭。」

朝邑縣，有蒲津關，與朝邑縣之臨晉關東西相對。魏武帝征馬超、韓遂，夜渡蒲津關，即此。水經云河水自此折而東，故謂之河曲，據關、河之要。劉、石、苻、姚、赫連、拓拔、高、宇文氏，莫不力争，

今河南汝寧府治東南有平輿故城。亦曰懸瓠城。南北用兵，懸瓠爲必争之地。汝水屈曲，形如垂瓠，故名。

申

楚文王縣申、息。杜註：「申國，今南陽宛縣。」在今河南南

此爲關中得失。唐升州，爲河中府。朱全忠欲取河中，謂諸將曰："我今斷長蛇之腰，爲我以一繩縛之。"蓋有河中，則河東不能與長安相聯絡也。

稷

宣十五年晉侯治兵于稷，以略狄

陽府南陽縣北三十里。終春秋之世，申最爲楚重地，每有攻伐，必發其兵。後光武亦從南陽起。林氏曰："楚有圖北方之志，其君多居于申，合諸侯又在焉。子重請申、呂爲賞田，巫臣曰：『不

土。杜註：「河東聞喜縣西有稷山。」今在山西絳州稷山縣南五十里。隋因山以名縣。縣西南十三里，宇文時王思政于此築玉壁城，高歡攻之不能克。後韋孝寬代思政，歡百計攻圍，晝

可，無申、吕，晉、鄭必至于漢。」

棠

襄十四年楚子囊師于棠以伐吳。

今爲江南江寧府六合縣。堂邑涂塘卽此。亦名瓦梁河。孫權築堂邑涂塘以淹北道。晉武平吳，使王伷出涂中。太

夜不息，孝寬隨機拒守，歡智勇俱盡而退，因置勳州以旌其功。通釋云玉璧城四面並臨深谷，其北尤天險。

顛軨

僖二年荀息假道于虞，曰：「冀爲不道，入自顛軨，伐鄍、三門。」

元四年謝石率舟師屯涂中。南唐何延錫建言六合西二十五里有堰，曰瓦梁水，合五十四流，輻湊吴堰，中闕橫斷，羣山回環，據天經而絶地緯之要者。

鵲岸

昭五年吴敗楚人于鵲岸。高氏據

杜註：「河東大陽縣東北有顛軨坂。」在今山西解州平陸縣東北五十里。亦曰虞阪。自上及下，七山相重，東西絶澗，至爲險仄。戰國策騏驥止于虞阪而不能進，卽此。

下陽

僖二年虞

杜佑說，謂今太平府繁昌縣西南大江中有鵲尾洲，池州府銅陵縣北十里有鵲頭山，高聳臨江。唐志云山在鵲洲之頭，故名，卽古鵲岸也。宋泰始二年，晉安王子勛舉兵，遣其將陶亮軍鵲洲。又

師、晉師滅下陽。杜註：「虢邑，在河東大陽縣。」今山西解州平陸縣東北四十五里，爲故下陽城，隔河爲河南陝州虢地，蓋跨河南北。晉假道于虞伐虢，賈逵曰「虞在晉南，虢更在虞

袁覬率樓船千餘來入鵲尾。元凶劭之亂，武陵王駿軍于鵲頭。孝建初，南郡王義宣舉兵鵲頭。梁承聖初，王僧辨討侯景，遣侯瑱襲鵲頭戍，克之。唐李孝恭討輔公祏，拔其鵲頭鎮。蓋二地本相連，

			南」，是也。元察罕帖木兒自陝州追汝潁賊，賊渡河陷平陸，復追襲之，蹙之以鐵騎，賊還，復欲渡河而南，察罕扼之下陽，賊赴水死者甚衆，卽此。				常爲戰爭要地。
							長岸 昭十七年楚人及吳戰于長岸。今江南太平府西南三十里有東梁山，與和州南七十里之西梁山夾江相對，如門之闕。楚獲吳乘舟餘皇處。晉伐吳，吳主遣將軍張象

禦之于梁山，象降，遂破建業。宋孝建元年，南郡王義宣叛，宋主命柳元景等據梁山洲。陳霸先先拒侯瑱，遣侯安都立栅于梁山。唐初輔公祏于梁山連鐵鎖斷江路。歷代爲建康西偏之要

地。東晉以京口爲北府，姑孰爲南府。

附昭關

戰國策范雎曰：「子胥橐載而出昭關。」今在江南和州含山縣北二十里。一名小峴山。與大峴山兩山對峙，爲廬、壽往來之衝。南北

朝爲戰守要地。宋紹興十一年王德復和州，兀朮退屯昭關，德擊敗之，遂復昭關。三十一年金亮南侵，王權棄廬州退屯昭關，又自昭關退保和州，淮西大擾。隆興二年金人入濠涂，王彥棄

昭關走，兩淮幾陷。其山長二十里，兩山壁立，水繞山下，險固足恃。春秋時爲吳、楚之界。

春秋列國不守關塞論

春秋時列國用兵相鬭爭，天下騷然。然其時禁防疎闊，凡一切關隘阨塞之處，多不遣兵設守，敵國之兵平行往來如入空虛之境，其見于左傳者班班可攷也。文十三年春晉侯使詹嘉處瑕以守桃林之塞，註云以備秦。桃林，今潼關也。昭二十六年秋晉知躒、趙鞅帥師納王，使女寬守闕塞，註云以備子朝。闕塞，今伊闕也。二者天下之險，必待紛紜有事而後遣將設守，重書于册，則其平日之漫無閑禦可知矣。齊莊公之伐晉也，入孟門，登太行，封少水而還，而晉僅于其還也，使趙勝率東陽之師追之而已，而

晉平日之備禦無有也。吳闔閭之入楚也，舍舟淮汭，自豫章與楚夾漢，道由大隧、直轅、冥阨，而司馬戌第于既陣始議塞城口以邀其歸路，而楚平日之控扼無有也。是皆一夫守險，千人莫過。使當日有一旅之師、百夫之長當關旅拒，則齊之啓胠申殿必不能輕騎而入羊腸之隘，吳之水犀精甲必不能疾驅而至漢水之濱也。以至文五年秦人入鄀，道由上雒出武關，經歷晉之陰地。是時秦、晉已絶好，而鄀在南陽之析城，深入東南五百餘里，秦出兵與楚争鄀而晉人不之禁也。僖三十三年秦人襲鄭，道自華陰出函谷關，經歷二崤及周之轘轅、伊闕，而後至河南之偃師，行嶔巖深谷中一千餘里，商人弦高遇諸途而始覺，而周人、晉人不之詰也。他若晉會十三國諸侯于柤而柤爲楚地，吳伐魯而子洩故從武城道險，是蓋列國皆然。主者無設險固圉之謀，敵人無長慮卻顧之志。處兵争之世，而反若大道之行，外户不閉，歷敵境如行几席，如適户庭。主人能則有秦穆之喪師，主人不能則爲楚昭之失國。春秋之所以日尋于多事者，以此也。易有之「重門擊柝以待暴客」，又曰「慢藏誨盜」。夫土地人民，國之寶藏；敵國外患，國之大盜。偃然弛備，而欲狡焉啓疆者不胠其篋而劫其藏，得乎？善爲國者，慎其封境，險其守集，深維大易設險之謀，重懍周書慎固之訓，〔一〕庶乎姦宄戢志而强鄰寢謀矣。

校勘記

〔一〕「重懍周書慎固之訓」　「懍」原作「凜」，據陝西求友齋本改。

春秋列國地形口號

錫山顧棟高復初著
金匱華玉淳師道參

敍

余纂春秋地形卷成，中有所見，與前人違反處，既爲著論，復作韻語以叶之，積成一百一十三首，取便于學者之記誦。其封疆錯互、險要肯綮與列代戰争顯著，及今日川瀆改易，併漕運海道來由，俱用今代府州縣地名旁注其下，簡而居要，可爲讀史之先路，杜氏之驛郵。而列國廢興大要、封建原委，與杜註、孔疏之舛譌，亦一二附見焉。昔元遺山先生效少陵體作評論古今人詩三十六首，近世阮亭復推廣之爲五十首。余不能詩，但以左氏丱角受讀，今成白首，又參以二十年來足跡所歷，輒倣元氏之意，名曰春秋地形口號，貽諸學者，用爲讀左之一助云。時假館九江大孤山堂。乾隆四年十二月上浣復初氏識。

老向蟫魚寄此身，那堪歷碌走風塵。春秋列國紛如繡，贏得披圖數問津。一

余經歷七省，到處訪求春秋地理。

從古文人説馬遷，撏撦經傳等談天。瀾翻左氏如流水，聚米山河在眼前。二

土地稱名歷代更，征南註左最分明。滄桑更轉無窮劫，繙譯重須仗顧棨。三

杜元凱有釋例、土地名。

綺錯縱横舊板圖，瓜分合併更懸殊。若從盲左清疆索，酈註桑經信不誣。四

酈道元註桑欽水經，説春秋地理最有根據。

初遷洛邑帶河陽，肩背桃林是虢疆。表裏山河俱屬晉，空存虚器守烝嘗。五

鄭氏詩譜：周東都北得河陽，漸冀州之南。河陽爲今河南懷慶府孟縣，即古孟津也。又虢公爲王卿士。虢地自河南府嵩縣以西至陝州靈寶，六百里高山深林，皆虢略之地，桃林之塞在焉。後皆屬晉。

聲勢相聯稱宛、雒，宣王封謝壯藩垣。申亡腰膂從中斷，南國旋成楚北門。六

詩稱「于邑于謝，南國是式」。謝，申伯之都，周之南國也。故城在今河南南陽府南陽縣北三十里。楚文王滅申，由是出兵則以申、息爲先驅，守禦則以申、呂爲門户。文十六年楚大饑，戎、蠻交伐，楚申、息之北門不啓。

燕封僻遠隔山戎，職貢王朝路未通。北伐功高稱尚父，京師左輔舊無終。七

莊三十年山戎病燕，齊桓公伐以通道。山戎一曰北戎，一曰無終，三名一地也。襄四年無終子嘉父納虎豹之皮于晉，以請和諸戎。杜註：「無終，山戎國名。」今爲直隸永平府玉田縣，縣治西有古無終城。

齊桓伐楚合江、黃，此是驅人到滅亡。晉悼用吳能制楚，褒齊貶晉說何狂。八

江在河南汝寧府真陽縣東，黃在光州西十二里，皆近楚小國。齊桓于僖四年合江、黃八國，爲召陵之師。僖十二年楚滅黃，文五年楚滅江，齊不能救。諸儒謂齊桓能遠交以孤楚之勢，胡氏至比之牧野之庸、蜀、彭、濮，而以晉悼之用吳比之御虎進狼者，竊所未喻。

登、萊大海浸茫茫，萊子城高百尺牆。齊滅萊棠通海道，空聞鏜鎝怕吳強。九

今山東登州府黃縣東南二十里有萊子城，極爲險峻。棠，萊邑，在今萊州府即墨縣南八十里。襄六年齊侯滅萊，遂圍棠滅之。齊于是始有登、萊二府之境，東際于海矣。哀十年吳徐承帥舟師自海入齊，蓋因齊滅萊棠後通東方海道也。

敵入韓原患寇深，幾從河内費搜尋。晉疆直抵延安府，白翟遺墟舊帶襟。十

韓原，晉地，爲今陝西同州府之韓城縣。僖十五年韓之戰，晉惠公曰：「寇深矣，若之何。」近代顧亭林先生謂韓城在河外，無寇深之理，疑當在河東，或欲以河北縣之韓亭當之，非也。晉跨有河西之地，直抵白翟故墟，魏得之爲河西、上郡。孔氏曰：「河西，同、丹二州。」丹州今延安府宜城縣。上郡爲延安以北。延安東去黃河界四百五十里。質諸寇深之言脗合，不必以韓城爲疑也。

曹、衞諸姬南向楚，名之曰畔更何辭。宋儒半是陳餘者，只道文公譎用師。十一

曹、衛以北方大國，與魯僖俱南向事楚，此時周室孤立，有累卵之勢。晉文坐致楚師，一舉勝之，使天下諸侯翕然宗晉，眞有回瀾倒日之力。僖二十八年書晉侯侵曹，晉侯伐衛，兩舉其爵。家氏鉉翁所謂言之不足而重復言之者也。夫子謂譎而不正，蓋指其他事，如請隧及召王巡狩之類耳。必以伐衛致楚爲譎，是驅天下而爲宋襄之仁義也。厥後雖晉伯極衰，叛者四起，而曹、衛未嘗一日事楚，豈非城濮之餘烈未艾歟。

狄之廣莫晉爲都，密邇平陽患切膚。滅衛入邢侵魯、鄭，東連齊界半寰區。十二

莊二十八年傳，(一)二五言于晉獻公曰：「蒲與二屈，君之疆也。請使重耳主蒲，夷吾主屈。」使俱曰：「狄之廣莫，于晉爲都。」杜註「蒲，平陽蒲子縣」，今山西隰州；「屈，平陽北屈縣」，在今山西吉州治東北二十一里，俱逼近晉都。是時狄侵滅諸國，狄地蓋連亙齊、晉，由山西貫直隸以及山東之西界。

齊、晉東西各樹壇，征車盟會路漫漫。晉人滅潞收遺地，逼近齊疆遂戰鞌。十三

初時齊在山東，晉在山西，遠不相及，故齊桓之霸，晉獻不與盟；晉滅虞、虢，齊桓不能討。自宣十五年晉景公滅潞，收狄之遺土，于是晉地跨有東昌、曹、濮之境，與齊接壤。成二年鞌之戰遂平行以入齊都矣。郤克欲使齊之境內盡東其畝，惟戎車是利，蓋以地逼近故也。

范家封邑在山東，狄土歸來作賞功。後入齊疆更奇絶，助臣黨叛長凶風。十四

范爲今山東曹州府范縣。季氏私考謂此係衛地，晉不應以封其大夫。余考宣十二年邲之戰士會稱隨武子，宣十五年晉滅潞，十六年士會帥師滅甲氏留吁，十七年請老稱范武子，以後終春秋之世稱范不稱隨。蓋范爲狄所滅之衛地，晉收之以爲士會賞功之邑耳。後又入齊爲邑，孟子自范之齊卽此。此因春秋之季，范、中行叛晉卽齊，齊、衛助之，范遂入齊不返。情事固顯然也。

郇伯懷思歎下泉，黍苗陰雨被桑田。興師曲沃由朝命，見滅王靈不復宣。十五

詩稱「郇伯勞之」，毛傳：「郇伯，郇侯也。」鄭箋云：「郇侯，文王之子，爲州伯。」「郇」一作「荀」。左傳畢、原、酆、郇，文之昭；桓九年荀侯、賈伯伐曲沃，郇與荀同一國也。荀承王命，連五國以伐曲沃，舉方伯連帥之職。而汲郡古文云晉武公滅荀以賜大夫原氏黯，爲荀叔。是顯抗王命，挾仇滅國。而周室不討，王令不行于天下可知矣。僖二十四年晉文公入國，秦、晉大夫盟于郇，杜註：「解縣西北有郇城。」今在山西蒲州府臨晉縣東北十五里，卽故荀國地。

梁、韓同在陝韓城，秦、晉鄰居鼠穴争。厥後戰攻歷幾世，少梁、刳首血縱横。十六

韓，姬姓，文王之子，詩稱「韓侯受命」是也。晉文侯滅之爲韓原地，後以封桓叔之子韓萬，爲韓氏之祖。在今陝西同州府韓城縣南十八里。梁，嬴姓。僖十九年秦穆公取其地爲少梁邑，在韓城縣南二十里。文十年晉人取少梁，卽此。

秦臨河界築王城，秦、晉爲成亟會盟。初起西陲基尚狹，東平晉亂始經營。十七

王城在今陝西同州府朝邑縣西二里，所謂臨晉也，東近黄河渡口。秦孝公初立，下令曰：「穆公東平晉亂，以河爲界。」則知前此未能東至河也。韓之戰獲晉侯，十月晉陰飴甥會秦伯盟于王城。王城之名始見于此，疑經營卽在此時。

靈臺舊在鄠宫旁，周室遺模尚未亡。奢麗阿房秦帝制，可憐焦土是咸陽。十八

周靈臺在今陝西鄠縣東三十里，阿房宫在今咸陽縣，俱屬西安府。

秦伏西陲四百年，空餘戎馬莫争先。桃林、少習他家有，柙虎深山洞口填。十九

桃林卽函關，屬晉。少習卽武關，屬楚。

楚先北向後東圖，申、吕、隨、唐實首塗。漢水諸姬吞滅盡，徵諸傳記半模糊。二十

今人多以九縣爲漢陽諸姬。高江村曰：「漢陽謂在漢北。夷考姬姓國之近楚者，曰隨、曰息、曰蓼、曰轂。隨終春秋不滅，轂在漢南，息、蓼在淮壖，又非漢北。蓋楚所吞滅之姬姓甚多，皆不見于經、傳也。」

楚勢鴟張自滅庸，連秦掎角道巴賓。戎車更繞周疆後，郟鄏初通漢水烽。二十一

文十六年楚人、秦人、巴人滅庸，杜註：「庸，上庸縣。」故城在今湖廣鄖陽府竹山縣東四十里。先儒謂秦、楚相遠，其所以得伐庸者，由巴、蜀以通道。楚至是蓋西連巴、秦，繞出周、晉之後，列國諸侯在其掌握。自是楚益强，宣三年遂問鼎于雒邑矣。

邲水從稱古汴梁，袁、曹官渡戰争場。渡河争掬舟中指，原武河邊祀告長。二十二

晉楚戰于邲。邲城在開封府鄭州東六里。邲水一名汴水，楚、漢時謂之鴻溝，三國時謂之官渡。又原武縣西北大河，卽晉師敗而濟河、楚莊王祀河告成處。

疇昔驅車覽宋椒，荒原千里集寒鵰。應懲洛邑遺頑畔，平地封藩四望遥。二十三

宋都爲今河南歸德府商丘縣，上高而四簿者，爲椒城。西南有商丘，周三百步，世稱閼臺。余十年前曾過此。

往來頻過魯遺墟，南自魚臺北汶餘。漫説海邦魯所居，詩人頌禱尚從虚。二十四

余往來京師，水陸皆由魯境。隱五年公矢魚于棠，爲今兖州府魚臺縣。又汶上縣爲齊南魯北境上。魯境東西長而南北狹，其後侵奪邾、莒、杞小國，故其地多畸零不正員。朱子謂襲慶，東平府沂、密、海等州卽其地，皇輿表以爲山東登州府之寧海州，非也。魯地未嘗涉登、萊之境。且既以爲江南之海州，不得復兩屬。

鄭界中州四戰區，惟强是擇最良圖。高家賴子同斯術，得免兵戈保一隅。二十五

五代十國中南平高氏，國小民貧，地當四戰，奉事中朝，又稱臣吴、蜀、閩、漢，當時目爲高賴子。然用是五十年無大兵革，民以少安，蓋用鄭犧牲玉帛待于竟上之計。

杞遷東國是何時，宋得雍丘事可疑。三恪舊封疆互易，春秋失載更誰知。二十六

杞始封雍丘，爲今河南開封府之杞縣。入春秋未幾，卽遷東國。東國卽淳于，爲淳于公故地，在今山東青州府安丘縣東北。而雍丘爲宋有，淳于去雍丘絶遠，不知杞以何年并淳于之地，又不知宋以何道取雍丘，此等俱不見于經、傳。

棄陳何事等珠厓，召楚初由陳計乖。齊、楚會盟陳列首，卒夷九縣聽差排。二十七

晉悼公時陳事晉，范宣子曰「陳近楚，棄陳而後可」。僖十九年宋襄圖伯，陳穆公請修好于諸侯以無忘齊桓之德，于是會陳人、蔡人、楚人、鄭人，盟于齊。陳、蔡列楚上，此爲楚與中國會盟之始。

蔡先服楚亂中華，入郢鞭尸蔡始芽。厥後零丁無倚泊，州來遷國入吴沙。二十八

定四年蔡以吴人伐楚，入郢。楚復國，哀元年楚圍蔡，蔡請遷于吴，二年冬吴遷蔡于州來。由是壽州更爲下蔡。蔡之服楚最蚤，其得楚之禍亦最酷。自莊十年獻舞被執，蔡遂甘心從楚。齊桓之興，僅一從北杏之會。後以八國加師，國潰而不能革其從楚之志也。逮晉文大創楚，蔡始黽勉爲三會，而旋即背之。悼公復伯，陳、鄭相率事晉，而蔡安于即楚。凡楚之撓亂王略，呑噬諸侯，蔡無役不從。卒至昭十一年楚殺般，用世子有，遂從而滅蔡矣。平王封蔡，蔡猶忘讎事楚，雖東國再逐而不悔。至昭侯積累世之怨，用吴破楚，入郢鞭尸，蔡爲禍胎。楚復而蔡禍未已，哀元年楚復圍蔡，而蔡遂入吴，遷于州來。蔡一微國，而有關于夷、夏之世變如此。

楚武經營首事隨，藩臣役楚不嫌卑。若從盟會江、黄比，蚤見南遷叫子規。二十九

隨國在今湖廣德安府隨州，近河南界。自僖二十年楚子伐隨取成而還，自後爲楚私屬，不與諸侯盟會。定四年吴入郢，楚昭王奔隨，隨人免之。楚以此德隨，哀元年復列于諸侯，終春秋世不滅。

滕、薛、邾、郳併一方，截長補短亦何當。況從里計周量小，百里曾無七十强。三十

四國俱在今兖州府滕縣。孟子曰：「今滕絶長補短，將五十里也。」五十只當今二十七里有奇。蓋里從丈、尺起，周尺短，當今五寸五分弱也。

濡上南通易水寒，悲歌慷慨號無端。黄金不愛求死士，前有燕昭後子丹。三十一

昭七年齊、燕盟于濡上，杜註：「濡水出高陽縣東北，至河間鄚縣入易水。」黄金臺在易水東南十八里，濡上蓋在今直隸安州任丘之間。

梅李遺墟泰伯城，于今脆弱可憐生。闔閭以上俱都此，破楚爭齊蓋世橫。三十二

今江南常州府無錫縣東三十里有泰伯城，地名梅李鄉，自闔閭以上二十一世俱都此。

鐵甕城邊江水潺，朱方當日舊江山。楚師何道能深入，邀擊應無匹馬還。三十三

昭四年楚靈王使屈申圍朱方，克之。顔師古曰：「漢丹徒縣，吳朱方也。」今爲江南鎮江府附郭，孫權于此築城號鐵甕。

歷盡閩疆又浙東，俗能堅忍號雄風。范蠡深識能因地，嘗膽君臣啟霸功。三十四

舊以浙江以東皆越境。余甲辰遊閩，丙午、丁未遊浙東，徧歷越地。

越封西竟盡餘汗，衢、信遥連姑蔑寬。于越渡頭流水在，淮南獻議炳如丹。三十五

江西饒州府餘干縣爲越之西界。寰宇記縣西南有于越渡。漢淮南王安獻議曰：「越人欲爲變，必先田餘汗界中。」蓋今餘干縣以東連廣信一府，皆漢餘汗地。國語止稱越地西至于姑蔑，姑蔑爲今浙江衢州府龍游縣。由衢至饒，中尚隔廣信府，饒爲越、楚分界。廣信之弋陽、貴溪二縣，本餘汗縣地也。餘汗即于越，爲越之餘，國語所稱殊未盡。

夏口憑高江上師，吳兵仰瞰自難支。其如陸騎臨江岸，淮右啣枚席捲馳。三十六

昭四年楚沈尹戌奔命于夏汭，杜註：「今夏口也。」吳兵在東北，楚盛兵在東南，以絶其後。按夏口在今湖廣武昌府治江夏縣，扼江上流。吳人仰攻勢不便，故出兵多就淮右北道。楚亦從北道應之，至是出夏汭，欲順流東向以制吳。十七年長岸之戰，以得

上流而勝。至柏舉之役，吴舍舟淮汭，自豫章與楚夾漢，則從陸路臨江岸，失水戰之勢矣。

大别鋒交吴卻東，還師就近易收功。不期夫概先殊死，三戰長驅入郢中。三十七

定四年子常濟漢而陳，自小别至于大别，庚午陳于柏舉。小别在漢川，大别在漢陽，柏舉在麻城。自漢川至麻城，吴師東退三百里，蓋因懸師深入，故且戰且卻，引楚至近，以爲全師返國之計耳。孔穎達謂自東而漸西者，誤。詳見柏舉之戰論。

楚王掃境與吴爭，紀郢空存百雉城。不固國都圖保聚，倉皇燧象卻吴兵。三十八

子常濟漢擊吴，蓋在漢陽府漢川縣；戰于柏舉，在黄州府麻城縣，去郢都江陵尚遠。是時昭王不宜親在行閒，當其戰敗，急宜還守國都，固其根本，猶可背城借一，乃遽取季芈畀我以出，涉雎西走，乞哀隨人，使宗社爲墟。倘無包胥，楚不國矣。

城口邀歸用計精，不行旋致楚師崩。闔閭豈是狂愚者，倘肯從前冒進兵。三十九

城口乃漢東三隘道之總名，卽大隧、直轅、冥阨也。在河南汝寧府信陽州東南，與湖廣德安府應山縣接界，乃吴師北來之路。是時吴方與楚夾漢，屯駐漢口，在武昌、漢陽之閒，深入楚内地。司馬戌欲毁舟淮汭，塞其歸路，前後夾擊，乃漢李左車塞井陘之計。世謂子常不從其策，以致敗。余謂闔閭、子胥精于用兵，必然有備，卽從其策，未必能勝。

蔡居淮、汝水中閒，逼近能爲楚國患。淮北漢川幾千里，全憑嚮導透重關。四十

尚書、左傳蔡封淮、汝之閒，在今河南汝寧府上蔡縣，與信陽州義陽三關接界。當日舍舟淮汭，在今江南壽州，中閒經大隧、直轅、冥阨，至漢陽府漢川縣，陸路凡一千一百里。若無蔡人爲之鄉道，吴必不敢踰險深入。杜預云吴乘舟從淮來，過蔡而舍之。

蓋蔡近淮汭，吳師至蔡境，蔡更道吳從陸路來，徑越信陽三關之險，乃吳以前用兵所未嘗歷者。經于定四年書蔡侯以吳子，杜云吳從蔡計謀，故經書以「以」者，言能左右之也。故讀春秋必深曉地里，方知聖人經文皆是據實書。

吳人伐楚取鄱陽，路出嚴、徽道里長。此事已當入郢後，從前何路到南昌。四十一

鄱陽縣爲今江西饒州府治，在鄱陽湖之東。湖亙饒州、南康、九江、南昌四府，南昌在湖之西。定六年吳始伐楚取番，番卽鄱陽。春秋時鄱地極大，不止今一縣，當爲今饒州、南康。略盡彭蠡之境。九江德化縣已當彭蠡之尾。而定四年入郢傳云自豫章與楚夾漢，又以前屢言豫章，吳豈能越饒、南、九三府而先有南昌之地乎？知春秋之豫章非今日之南昌決矣。

錢塘帶水分吳、越，語出唐賢殆未然。笠澤戰爭鋒不解，鴻溝只在五湖邊。四十二

唐人詩云：「到江吳地盡，隔岸越山多。」以錢塘江之東爲越地。若然，則今嘉、湖、杭三府吳兵當有守禦，安得越一出兵，卽入太湖，與吳爲夫椒、笠澤之戰耶？況越北境之禦兒已爲嘉興府之石門縣；越敗吳于檇李，檇李城在今嘉興縣南四十五里，則此語之不足信明矣。國語曰：「與我争三江、五湖之利者，非吳也耶。」五湖卽太湖。詳見吳、越分界論。

夫椒敗越係包山，淼淼湖光煙水閒。逐北直過苕、霅界，會稽山接伍胥灣。四十三

哀元年吳敗越于夫椒，杜註：「吳縣太湖中椒山。」通典包山一名夫椒山，卽西洞庭山也，在蘇州府西南八十五里。越一敗，卽保棲于會稽，吳王追而圍之。蘇州去會稽五百里，追奔直至此，可見今日湖、杭二府春秋時係甌脫，爲兩國莫居之地。

楚、越交通計不疎，掎吳結越在鄱餘。若非左蠡親經歷，三國分疆總瞀如。四十四

昭二十四年楚子爲舟師以略吳疆，越大夫胥犴勞王于豫章之汭，歸王乘舟，且帥師從王。據此，則豫章爲水濱。案地圖，饒州府之鄱陽縣爲楚，餘干縣爲越，豫章之汭即今鄱陽湖，連亙二縣之境，歸王乘舟當在此，吳、楚、越三國之分界也。余親歷鄱陽湖，方深曉其地理。蓋杭州以西爲吳地，由杭州而嚴州，而徽州，至饒州之鄱陽縣濱湖，則闔閭十一年伐楚取番之路也。衢州之龍游縣爲越姑蔑，由衢州而廣信，而饒州，至餘干縣亦濱湖，則越大夫帥師從王、歸王乘舟之路也。哀十九年越侵吳以誤楚，楚追之，至冥，不及，乃還，當亦近餘干之境。從前論地理者未及此。

會計山頭苦聚兵，風高獵獵越王城。滅吳固守江、淮險，七國爭雄比大鯨。四十五

太史公曰：「會稽者，會計也。」「禹會諸侯于江南，計功而崩，因葬焉。」在今浙江紹興府山陰縣東南十二里，有無餘故城，號越王城，勾踐所都。又越滅吳而不能正江、淮以北，今日揚州、淮安之地盡棄與楚，所以五世至無疆爲楚所并。

自第五首至四十五共四十一首，論春秋列國疆域。

闕塞屯師備子朝，轘轅捷出徑嶕嶢。漢家八設關都尉，弭亂黄巾並建標。四十六

昭二十六年子朝之亂，晉使女寬守闕塞。杜註：「伊闕口也。」在今河南府洛陽縣城南三十里。襄二十一年晉欒盈過周，王使候出諸轘轅。孔穎達曰：「轘轅山在緱氏縣東南四十里，連接鞏縣界。」漢靈帝時並爲河南八關之一，張衡賦曰「迴行道于伊闕，邪徑捷于轘轅」，是也。

周、齊苦戰北邙餘，鄭、魏羣雄角闘初。本自成周襟帶地，洛陽遥挹孟津裾。四十七。

昭二十二年王田于北山。杜註：「北邙也。」在河南府治洛陽縣城北十里，連偃師、孟津、鞏三縣，連亙四百里。魏文帝欲平北邙山，令登臺，便見孟津，以辛毗諫而止。周宇文泰攻河橋，據北邙爲陳。魏公李密攻鄭，鄭王王世充自引精兵出偃師，據北邙以待之。蓋自古爲洛陽形勝地。

河陽自古孟津區，晉造河橋天際紆。南北三城列節度，臨淮百戰固西都。四十八

河陽即古孟津，在今懷慶府孟縣西南三十里。晉泰始十年杜預以孟津渡險，始建河橋。河橋自此始。魏孝文帝太和十三年作橋于河北側岸，謂之北中城。東魏元象元年更築東城及中潬城，所謂河陽三城者是也。唐設三城節度使，爲重鎮。史思明之叛，李光弼棄洛陽守河陽，賊卒不敢西渡，關輔得無恙。北城在孟縣，南城在今河南府孟津縣，中隔一河，相去四十里。中潬城即今河中之郭家灘。宋政和以後廢，今皆無故跡。

一丸泥固壯秦墉，誰料崤、函是晉封。蚤定霸圖由虢略，河山兩戒此當衝。四十九

文十三年晉使詹嘉處瑕以守桃林之塞。桃林即秦函谷關，在今河南陝州靈寶縣，故虢地。晉獻公滅虢，崤、函爲晉有，故得以制秦。秦得崤、函，而六國之亡始兆矣。自秦孝公始置關，以前則但謂之桃林。

武關一掌閉秦中，襄、鄖、江、淮路不通。少習虛聲能懾晉，卻憐拱手送商公。五十

哀四年傳將通于少習以聽命。杜註：「商縣武關也。」在今陝西商州東，楚通上雒阨道。今自河南之南陽，湖廣之襄、鄖入長安者，必道武關。後入于秦，秦以封衛鞅爲商於邑，自河南鄧州內鄉縣至陝西商州，凡六百里，皆古商於地，武關在其內。自後秦屢出兵武關，攻楚成建瓴之勢矣。

太行詰屈阪羊腸，少水封尸事更狂。不是危疑等風鶴，當令單騎縛齊光。五十一

齊莊公伐晉，取朝歌，爲二隊入孟門，登太行，張武軍于熒庭，封少水乃還。案太行陘在懷慶府城北，所謂羊腸阪也。少水卽沁水，在絳縣，逼近晉都。是時晉方懼欒盈爲內應，故按兵不動，徐俟其退，而使趙勝帥偏師追之。不然，豈止如殽之獲三帥已乎。

秦人滅鄀志南圖，楚郤移都好避吳。白起功成置南郡，百年未竟舊遺模。五十二

僖二十五年秦人、晉人伐鄀，文五年秦人入鄀，蓋欲圖南出武關，然終不能有其地。至定公六年，楚避吳之侵北去，徙都鄀，謂之鄢郢。頃襄王二十一年秦白起拔郢，置南郡，楚東北保陳城，明年又遷壽春。蓋白起所拔之郢，卽僖二十五年秦穆公所圖之鄀也。至拔郢之歲，統計凡三百五十六年。

韓原戰勝賦河東，不久歸還晉尚雄。魏獻西河十五縣，空教吳起泣成功。五十三

僖十五年秦、晉戰韓，獲晉侯，秦始征晉河東。河東卽河外列城五，晉人背約不與者。僖十七年秦質晉太子圉，仍歸晉河東。蓋今陝西同州府及華州之境。左傳所謂虢略，華陰也，少梁、北徵、彭衙、刳首之戰皆在此地。三家分晉，地入魏。秦惠王六年魏始納陰晉，八年納河西地，十年納上郡十五縣，由是河西盡入于秦。吳起去西河而泣，曰：「使畢我能，秦必可亡，西河可以王。」自僖十五年至戰國秦惠王十年，統計凡三百十六年。

大峴關山古穆陵，齊南天險實堪憑。戰爭不見春秋傳，強晉東來道不登。五十四

僖四年傳齊地南至于穆陵。穆陵關在山東青州府臨朐縣東南一百五十里。劉裕伐慕容超，兵過大峴，喜形于色，卽此。青州

與魯、莒、杞三國接界。

平陰廣里肇長城，魯、衞東眙孰敢争。晉水波高北風競，空聞殺馬格追兵。五十五

襄十八年諸侯同圍齊，齊侯禦諸平陰，塹防門而守之，廣里。今山東泰安府平陰縣東北三十五里有古平陰城，防門去平陰二里，卽齊築長城之始。又格馬山在濟南府長清縣東南六十里，卽夙沙衞殺馬塞道處。

虎牢天下據中樞，南北東西孰敢逾。服鄭制荆成晉悼，韓侯從此啟雄圖。五十六

虎牢城在今河南開封府汜水縣西二里。初屬鄭，後屬晉。襄十年諸侯之師戍鄭虎牢，卽此。後三家分晉，段規謂韓襄子曰「必得石溜之地」，卽虎牢也。後韓哀侯卒以此滅鄭。

夾寨沿河梁、晉争，契丹南渡亟親征。澶淵自古襟喉地，林父居廩盜弄兵。五十七

襄二十年盟于澶淵。杜註：「衞地，近戚田。」古澶淵在今直隸大名府開州之西北，往時大河經流于此。梁、晉争時，晉王存勖于此築夾寨城。時河流闊遠，兩城相距三十里，故有南澶、北澶之目。宋景德初，寇準勸帝親征，親至南城，準固請渡河御北城門樓，士氣百倍，卽夾寨之兩城也。戚爲衞孫林父邑，在開州北七里。衞獻公使太師歌巧言之卒章，喻文子居河上而爲亂，于是文子遂叛。

馬陵狹道可藏兵，此地春秋曾會盟。萬弩深林夾道伏，終教豎子遂成名。五十八

成七年同盟于馬陵。杜註：「衞地，在陽平元城縣東南。」今直隸大名府治東南十五里有馬陵道，卽孫臏伏弩射殺龐涓處。考

史記世家，此時魏尚都安邑，乃齊入魏境必由之道也。

彭城南北往來衝，吴、晉通聯遏楚鋒。猶有偪陽口中蝨，不由王命晉家封。五十九

春秋時彭城爲宋有，今江南徐州府治銅山縣也。偪陽在沛縣，與山東兗州府嶧縣接界。襄十年晉滅偪陽以與宋，欲通吴、晉往來之道。

汝寧府治古懸瓠，南北兵争最要區。此地春秋沈子國，平輿屬楚蔡先驅。六十

今河南汝寧府治有平輿故城，在汝水南岸，春秋時故沈子國。定四年晉人使蔡滅沈。後屬楚，爲平輿邑。晉杜預時猶仍平輿之名，亦謂之懸瓠城。南北朝用兵，懸瓠爲必争之地。

楚陵中夏恃方城，百萬雄師莫敢攖。連亘直苞申國地，戍申不用怨周平。六十一

方城，山名，在今河南南陽府裕州東北。楚人因山爲固築連城，東向以拒中國，起葉縣至唐縣，連接數百里，苞絡故申國之地。僖二十五年楚子入居于申。杜註：「申在方城内，故曰入。」是也。楚文王滅申在莊十八年。至僖四年屈完對齊桓公，即云楚國方城以爲城，蓋楚一得申地即經營方城。楚之强横莫制，實始于滅申也。平王東遷，申已被楚侵伐，故平王戍之，詩人興刺。至入春秋滅申之歲，已近百年矣。楚之覬覦中國非一日，則申之係周利害豈淺鮮哉。

楚扼長江最上流，吴兵更擾東北陬。防淮全恃州來險，一失藩籬到郢州。六十二

州來，楚邑，爲今江南鳳陽府壽州，阻淮爲固。吴畏楚上流，出兵多從淮右北道，壽州是其要害。昭二十三年雞父之戰，楚師

大奔，州來遂失，自是入郢之禍兆矣。雞父在今壽州西南六十里。

鍾離天險號難降，梁、魏兵爭劍戟撞。起自春秋吳、楚世，巍然百雉奠南邦。六十三

昭四年楚城鍾離、州來、居巢，以備吳。鍾離爲今江南鳳陽府鳳陽縣，控扼淮水。南北朝時爲重鎮。梁天監五年魏將元英圍鍾離，邢巒謂鍾離天險必無克狀，魏主不聽，梁遣曹景宗、韋叡督軍三十萬赴救，魏人敗走。

上庸蜀、魏互相攻，孟達、申耽反覆蹤。白馬金城空歎息，楚莊圖霸首侵庸。六十四

庸國在湖廣鄖陽府竹山縣東四十里。秦置上庸縣。建安十四年先主遣劉封、孟達攻上庸，上庸太守申耽降。後孟達復以城降魏。其城號白馬塞。孟達登之而歎曰：「劉封、申耽據金城而更失之。」春秋文十六年楚使廬戢梨侵庸，遂滅庸，蓋莊王圖伯之始事也。

白水真人氣鬱蔥，春陵帝里舊唐風。晉陽本自伊耆後，肅爽成仇郢市空。六十五

唐本堯後，夏、殷徙封晉陽。周成王徙之于許、郢之閒，而以其地封叔虞。春秋唐惠侯是其後。定三年唐成公如楚，有兩肅爽馬，子常欲之，弗與，止之。由此遂結仇。明年道吳人伐楚入郢，又明年爲楚所滅。漢元帝時以蔡陽之白水鄉徙春陵，戴侯仁爲春陵侯，屬南陽郡。蘇伯阿過之，曰：「氣佳哉，鬱鬱蔥蔥然。」即此。今爲唐城鎮，在湖廣德安府隨州西北八十五里。

楚雖三户足亡秦，項氏兵來三户津。夷考當年渡河處，春秋晉地果誰真。六十六

哀四年晉人執戎蠻子以畀楚，師于三户。史記楚南公曰：「楚雖三户，亡秦必楚。」後項羽果使蒲將軍日夜引兵，渡三户，破章

郡。說者以爲亡秦之讖。今考三户津，服虔曰「漳水津名也」，在彰德府治臨漳縣西三十里，春秋時爲晉地。楚之三户在今南陽府内鄉縣西南。内鄉距臨漳驛道一千三百里，地名偶同，不可以此混彼也。

楚地蔓延多險阻，六十萬衆始能平。深山大澤多英物，劉、項還從楚地生。六十七

秦王翦破楚用六十萬人。後項羽，宿遷人；漢高帝，沛縣人，俱屬今徐州府，當日係楚地。

自四十六至六十七共二十二首，論列國險要。

官山府海致齊强，旋入陳家爲國殃。興霸卽成竊國計，國之重寶慎收藏。六十八

曲沃初由支子興，驪姬奪嫡更堪懲。從今無畜羣公子，本削終教異姓乘。六十九

宣二年傳，初驪姬之亂，晉詛無畜羣公子。正義曰：「服虔以驪姬與獻公爲此詛，非也。乃文公懲驪姬之禍而設此詛爾。考文公諸子，雍在秦，樂在陳，黑臀及襄公之孫談在周，無在本國爲卿大夫者。」知是文公本意，非踵驪姬舊法，蓋矯枉過正。自是權移六卿矣。

公族、旄車加趙氏，宗藩大柄世卿操。揚干及慭無通顯，盟會從來不執羔。七十

晉成公卽位，宦卿之適子以爲公族，使教公之子弟。于是趙括爲公族大夫，趙盾爲旄車之族。晉之公族無通顯者，見傳惟悼

公之弟揚干、悼公之子憖二人。終春秋之世，晉公子未嘗見經。定八年公會晉師于瓦，范獻子執羔。周禮大宗伯卿執羔。

七穆、三桓張魯、鄭，晉無公子執朝權。從教廢食還懲噎，莽、懿千秋好作緣。七十一

春秋時會盟征伐，列國諸公子見于經者甚衆。魯、鄭則非公子不行，惟晉絕無。此春秋變局也。齊則崔、慶、欒、高遞執國柄，亦稱公族，迨自相吞滅而陳氏興矣。

楚之立國最堪師，委任宗支更不疑。命將尤能嚴賞罰，喪師辱國莫逃誅。七十二

楚之令尹執政俱用公子爲之，不參用異姓。然每有敗績，輒必誅不赦，城濮之敗誅子玉，鄢陵之敗誅子反，陳之叛誅子辛，惟柏舉之戰囊瓦以逃鄭免。所以權不下移，累世彊盛。

晉當典午曾南渡，楚際春秋向北遷。南畏吳侵徙鄀都，西憂秦逼就淮川。七十三

楚郢都爲今荊州府治江陵縣。定六年徙郢于鄀，爲襄陽府宜城縣。戰國時白起拔郢，遷郢陳，爲今河南陳州府。又遷壽春，仍謂之郢，今江南壽州。是由南而向北也。

季子能全讓國高，終令傳位闔閭饕。誅鋤骨肉摧殘甚，夫概功成卒逋逃。七十四

季札不立而立王僚，係夷昧之子，所以闔閭欲圖篡弒。其後疎忌骨肉，使徐執公子掩餘，鍾吾執公子燭庸，二公子皆奔楚，夫概有破楚大功，卒奔楚，爲堂谿氏，所以一蹶不復振。

仲尼沐浴討陳恆，全魯加齊力尚勝。決勝審知彼己策，伊川持論太無憑。七十五

事見哀十四年獲麟之後。孔子勝齊確有成算，非以空言作一好題目告君者，左氏載孔子之言甚明。伊川謂勝齊爲孔子之末務，是不免以人國爲僥倖也，竊恐未然。

自六十八至七十五共八首，論列國廢興大要。

莒國初封舊介根，葛盧朝魯事難論。于今高密膠州地，曾有夷人解獸言。七十六

杜註：「介，東夷國，在城陽黔陬縣。」今萊州府高密縣西有黔陬城，膠州南七十里有介亭，蓋高密與膠州連壤也。又高密縣東南四十里有計斤城，春秋謂之介根，莒始封邑。

長狄三人九畝身，弟兄都歷百年春。不知何地堪君長，絕種離奇恐未真。七十七

公羊傳第云兄弟三人，一之齊，一之魯，一之晉，不詳其立國何地。杜預云：「鄋瞞，防風氏之後漆姓。」至國語以長狄即古汪芒氏，守封隅之山，韋昭註云「山在吳郡永安縣」，尤誕妄。

驪戎舊在陝臨潼，納女驪姬國祚空。積怒山川能作祟，晉疆蚤徹漢新豐。七十八

驪戎，國名，杜註：「在京兆新豐縣。」新豐，漢高帝置，今爲陝西西安府臨潼縣。案國語晉獻公伐驪戎，克之。滅驪子，獲驪姬以歸，立以爲夫人。史蘇曰：「君滅其父而畜其子，禍之基也。是爲女戎，三代皆然。」魏冰叔曰：「後世滅國，其所滅之國，山川乏生，必積其怨怒篤，生殊尤，入後宮爲患害，用以傾覆宗祀，如驪姬及隋宣華夫人是也。」據此，則晉地早已踰河而西矣。

小戎陸渾本燉煌，重耳姬甥後嗣昌。允姓姬宗支派別，史遷女弟說荒唐。七十九

晉獻公娶二女于戎，大戎子狐姬生重耳，小戎子生夷吾。杜註：「大戎，唐叔子孫別在戎狄者。小戎，允姓之戎。」孔疏：「狐氏出自唐叔之後，狐伯行之子實生重耳，狐偃其舅。」在今陝西延安府境。「小戎，瓜州之允姓戎。」爲今燉煌，後遷中國爲陸渾，在今河南嵩縣。瓜州在今陝西肅州衛西，即詹桓伯所謂惠公歸自秦而誘以來者，蓋爲惠公母家，故挾以偕來也。二公子母姓各別，史記晉世家謂「夷吾母，重耳母女弟也」，可發一笑。

肥、鼓俱遭晉剗除，鮮虞尺土幾紛拏。中山立國開王號，界在燕、齊抵霸餘。八十

鮮虞一名中山，與肥、鼓俱白狄別種。春秋季年，晉竭力攻鮮虞，終不能滅。至戰國時僭號稱中山王，與趙、魏並。今直隸正定府治西北四十里有鮮虞亭。

自七十六至八十共五首，論春秋四裔。

山川阻奧隔舟車，戎裔、中華錯雜居。晉、楚并吞俱失記，周初列國萬千餘。八十一

周時蠻、夷、戎、狄錯處中夏。大抵近山者爲戎，近水者爲夷，廣莫之地爲狄，如淮夷、徐戎、赤狄、白狄之類。先王第設方伯連帥以統屬之，未嘗必欲驅逐翦除而後已也。蠻、夷以姓名自通于天子者，雖大皆曰子，如今湖南、兩廣蠻峒之地，動輒數百里。春秋時北方亦多有之。晉所滅留吁、甲氏、陸渾，楚所滅戎蠻子，特以其來告而後書耳。又凡諸侯滅國，不赴告則不書，則知周初執玉帛者蓋萬國也。

周當八百會同初，推戴功高難剗除。封建屏藩先懿戚，半仍舊地奉車書。八十二

周初封國，同姓五十餘人，而中國空地殊少，如滅奄以封伯禽，滅三監以封康叔，滅唐以封叔虞，其餘非有罪不遽除也。封召公于燕，封太公于營丘，周初已屬荒遠之地。此外如薛，如呂，如徐，如巢，如越，如庸、蜀、盧、濮、焦、祝、薊、遂，以及羣舒、六、蓼爲皋陶偃姓之後，俱係夏、殷舊封，先王因而不改。

蕭叔酬功宋附庸，夔因廢疾就他封。東遷亦有分茅典，不係初年大小共。八十三

宋蕭叔大心立桓公有功，宋封之以爲附庸。又僖二十六年楚人滅夔，杜注：「夔，楚同姓國。」鄭語孔晁注云：「熊繹玄孫曰熊摯，楚人廢之，熊摯自棄于夔，子孫有功，王命爲夔子。」以及郳黎來進爵爲子，王命曲沃爲晉侯，皆係東遷後封典。蕭爲今江南徐州府蕭縣。夔卽歸，今湖廣歸州治東二十里有夔子城。

自八十一至八十三共三首，論封建源流。

蒼莽河從西北來，黎陽、白馬望中開。流經鄭、衞迤齊北，無棣溝通海曲隈。八十四

禹貢「導河積石」至「東過洛汭」，洛汭爲河南府鞏縣，以上黄河俱東于山峽之間，千年不易。「至于大伾」，大伾山在今濬縣，卽古黎陽，爲河之北岸；其南岸爲白馬，卽今之滑縣，大河經流其中，乃古河道自東折向北處。今則南徙三百里，在開封府城北十里矣。河道遷易自大伾始。春秋時白馬爲衞楚丘。稍西爲延津縣，卽鄭之廩延。又東北爲開州，卽衞之澶淵。又東北爲汲縣，卽衞之南河，晉文公還自南河濟侵曹伐衞處也。又自東而北則爲齊之無棣，無棣卽九河入海處。今山東武定府海豐縣有無棣溝，

合鬲津河東入海。鬲津乃九河最東第九河也。

周定五年河始徙，春秋年數恰中央。大伾右轉流從北，卻繞山南迤邐長。八十五

周定王五年河徙，自宿胥口東行漯川。是年係己未，爲魯宣公之七年。自隱公元年己未至此，恰一百二十一年矣。禹河則繞濬縣之西而北流，河徙後則繞濬縣之南，經大伾山之足折而東流。禹貢所謂「北過洚水，至于大陸」，此時已無之矣。自是河流濬、滑之間二千年，前首所謂「黎陽、白馬望中開」也。蓋此時已與禹迹微分，同一大伾，而一經其西，一繞其南，正對白馬南岸。嗣後河屢決而南，河流更在濬縣之南三百里，爲開封府城北十里，而至于大伾之迹亦不可復問，爲今日之河道矣。前首所云乃春秋宣公七年以後之河道也。宣公六年河未徙以前，河離滑縣、開州尚遠。詳見河圖說。

王莽旱時清、濟絶，餘流今作小清河。發源趵突温泉水，迤邐青、齊入海波。八十六

桓十八年公會齊侯于濼，濼即今之小清河。其源即趵突泉，在濟南府治歷城縣西南濟水伏流重發處也。流經章丘、鄒平、長山、新城、高苑、博興、樂安七縣，以入于海，蜿蜒六百餘里。故道就湮而水横決，爲諸邑患。民多曲防盜決。本朝康熙某年張鵬撫山東，斥豪强之占河身爲田者，疏請濬，復建石閘以備旱潦蓄洩，遂爲永利。此濼水之見于今日者也。詳見徐東海憺園集。趵突泉冬温，故又謂之温泉。北注則謂之濼。

大江無恙截南區，衆澤分流勢轉紆。彭蠡、九江和震澤，宛如傳舍列通衢。八十七

江、河俱横截中夏，乃河屢易而江如故者，固緣河性湍急，亦由河處北方，爲百川之委，無諸澤爲之渟蓄。如貕養、昭餘祁及孟諸諸藪俱乾涸，夏秋霖雨歸併一河，故屢決而遷。江則有洞庭、鄱陽，俱數十百里，列峙東西，如人狂奔得憩息之處，自然不至

顛蹶。蓋亦地勢然也。春秋時諸澤尚未乾涸，故河至西漢始決溢，其理可想見。

淮瀆于今未失常，黃流吞噬軼分疆。刷黃仍藉清淮力，持正還能力砥狂。八十八

淮水發源河南南陽府桐柏縣，至江南淮安府安東縣入海，至今仍由禹貢故道。因河屢南徙，至元之季年，徑從淮安府清河縣之清口與淮合，兩瀆併而爲一。自有明潘季馴治河，專恃固隄，束淮清水刷黃泥沙，使通流入海。故淮盛則可敵黃，淮弱則黃淤塞而決潰，是淮之爲功大矣。

三折如巴江水源，建瓴千里迅如奔。益州已吸金陵勢，吳、楚平分天塹門。八十九

春秋時大江經流巴、楚、吳三國。後世晉、隋取金陵，皆用益州樓船。

鉅野澤承河、濟委，河遷濟絶涸成阿。猶餘南旺湖中水，南北分流濟運河。九十

哀十四年西狩于大野。大野一名鉅野，在今山東曹州府鉅野縣東五里，濟水之所絶也，屢經河患，自漢以來衝決填淤，凡四、五度。元至正四年河又決入此處。及河南徙，遂涸爲平陸，今爲鉅野及嘉祥二縣地。王氏樵曰：「南旺湖在汶上縣西南，縈迴百五十餘里，漕河貫乎其中。有東湖、西湖，東湖北接馬踏伍莊坡以及安山諸湖，南接蜀山馬場坡以及昭陽諸湖，卽古之大野澤也。」今有分水龍王廟，三分北流，七分南流，以濟運。

海口微高瀦太湖，鄱陽北阻大江紆。自餘十藪皆乾涸，雲夢、圃田今已無。九十一

夏氏允彝曰：「震澤入海之地亢若仰盂，水反流而趨內，內溢而外噎，故激蕩靡寧。」朱子謂：「彭蠡在大江之南，地形北高而南

下，其北流入江處反爲江水所遏，因卻而自瀦。」故二澤至今不改。其餘鉅野、雲夢皆涸爲縣，圃田、孟諸亦幾成平陸矣。詳見春秋時藪澤論。

元建燕都行海運，雲帆轉稻自唐先。那知吳霸爭齊日，已辦舟師入海船。九十二

哀十年吳徐承帥舟師自海入齊，此爲海道之始。詳見春秋時海道論。

連屬江、淮、沂、濟波，積成今日轉漕河。夫差爭長黃池歲，卻已功成半又過。九十三

哀九年吳城邗溝通江、淮，杜注：「通糧道也。今廣陵邗江是。」又哀十三年會于黃池，杜注：「在封丘縣南，近濟水。」國語：「夫差起師北征，闕爲深溝于商、魯之間，北屬之沂，西屬之濟，以會晉公午于黃池。」案：邗溝今日漕河，亦曰官河，起于揚州府城東南二里，歷邵伯、高郵、寶應諸湖，北至黃浦，接淮安界。其合淮處曰末口，在淮安府北五里。自江達淮，南北共長三百餘里。又十三年既溝通江、淮，遂帥舟師自淮入泗，自泗入沂，復穿魯、宋之境，連屬水道，有不通者鑿而通之，以達于封丘之濟，卽杜氏所云近濟水也。蓋吳人溝通之路，由今考城過杞縣北境，歷蘭陽而至于封丘。今日漕河由淮而北，連合沂、泗、汶、洸及山東諸泉以濟運，都做其遺法。漕河沿革考曰：「漕河之北段卽元人之會通河，其南段春秋吳子所開之邗溝也。北段萌芽于元，南段兆始于吳，至明而大備，總爲我朝萬世之利。

南海春秋尚未知，屈完之對屬誇辭。濱東齊地連吳、越，三國時勤海道師。九十四

哀十年吳徐承帥舟師自海道入齊，十三年吳爲黃池之會，越范蠡、舌庸帥師沿海泝淮以絕吳路，俱用海師，以三國俱邊東海故也。春秋時中國尚無閩、廣，故未知有南海。屈完之對，及鄭伯行成楚子云「俘諸江南，以實海濱」，皆虛言耳。

自八十四至九十四共十一首，論川瀆改易及今日漕運海道來由。

亞父封條漢廣川，晉初疆域太相懸。鳴條近在今安邑，通雅諸書竟失傳。　九十五

桓二年晉穆侯以條之役生太子，杜註但云晉地。通雅云：「河間府景州有古條，漢周亞父封條侯，卽晉條地。」近皇輿表祖之。案：穆侯當周厲、宣之時，晉地安得至此。今山西解州安邑縣北三十里有鳴條岡。括地志云岡北與夏縣接界，卽舜所葬。孟子曰舜卒于鳴條，尚書大傳湯伐桀戰于鳴條，卽此。以此爲晉條邑，庶幾近之。

今日中牟鄭圃田，佛肸畔處迹終湮。征南不解知何地，漫說湯陰亦未然。　九十六

今河南開封府之中牟縣在大河之南，係鄭地，至漢初始置中牟縣，春秋時未有中牟之名也。春秋晉之中牟，杜注第云「當在河北」，不詳何地。據各處傳文及國語約當在今直隸順德府邢臺、邯鄲之間。今日第當傳疑。雖以近日閻百詩之精于地里，亦云無可考。而史記張守節正義以湯陰縣有牟山，謂中牟當在其側。今方輿紀要與高氏地名考俱從之，亦未必然也。余脩河南省志，曾詳辨此，有春秋時中牟論。

楚邑丹陽係秭歸，女嬃遺蹟是耶非。朱方別有丹陽郡，班志傳訛失據依。　九十七

楚封丹陽，在今湖廣歸州東南七里，熊繹故封也。亦曰秭歸。袁山松曰：〔三〕屈原有賢姊，聞原放逐亦來歸，因名秭歸，離騷所謂「女嬃之嬋媛」也。班固地里志謂楚始封在丹陽郡丹陽縣，大謬。丹陽郡今爲江南鎮江府丹徒縣，東晉時爲重鎮，丹陽尹常以皇子爲之。

衛邑原來兩楚丘，開皇並置本春秋。班書謬列從成武，滑縣漫同己氏州。九十八

穀梁于兩楚丘皆言衛邑，而不明其處。至隋開皇十六年同時置兩楚丘縣。一在漢己氏縣，以戎伐凡伯之楚丘爲名。己氏，春秋時爲戎州，在今山東曹州府曹縣東南四十里。一在漢白馬縣，卽齊桓公所封者，在今河南衛輝府滑縣東六十里，截然甚明。班固地里志于山陽郡成武縣下注云「有楚丘亭，齊桓公所城，遷衛文公于此」，則以滑縣混同曹縣，大謬。

宗邦並列兩平陽，新泰、高平各一方。稽古兩援盟越事，東南不辨魯封疆。九十九

魯有兩平陽。一爲東平陽，是魯本有之邑。宣八年城平陽是也，杜註「泰山有平陽縣」，今山東泰安府新泰縣西有東平陽城。晉羊祜爲平陽人，奏立新泰縣。今仍之。一爲南平陽，向本邾邑，魯取之。哀二十七年越使后庸來聘，令魯還邾公，與之盟于平陽，是也，杜註云「西平陽」，「西」字當作「南」。孔疏「高平南有平陽縣」，今兖州府鄒縣西三十里有南平陽城，後屬齊。孟子一戰勝齊遂有南陽，卽此。景范氏于兩平陽下俱引左傳盟越后庸事，高江村地名攷删一存一，遂以宣八年之平陽下註云「案哀二十七年公及越后庸盟于平陽卽此」，兩地混而爲一矣。景范、江邨俱精于地里而不免于此，此千慮之一失也。

豫章廬、皖及饒州，六見經文迹可求。漢代郡名非昔地，南昌尚隔楚江脩。一百

春秋時豫章地極廣，今江南廬州府之巢縣，鳳陽府之壽州，安慶府泗州及江西之饒州、南康二府，盡鄱陽湖之境，吳、楚、越三國接界處。當日吳、楚交兵，豫章凡六見于左傳。南昌在鄱陽湖之西，吳兵未嘗至南昌也。柏舉之戰舍舟淮汭自豫章與楚夾漢，豫章卽指淮汭，今日壽州地耳。世多以江西之南昌爲豫章，乃漢分九江置豫章郡，南昌是漢豫章郡治耳。按之春秋當日之地形殊不合也。

鄭重滅許在容城，葉地西偏敢撼荆。漢縣華容郢都側，楚雖新敗豈能爭。一百一

定四年楚遷許于容城，六年春鄭游速帥師滅許，杜註「因楚敗也」。此許當爲葉縣之許。昭九年傳遷方城外于許，杜云「許遷于葉，因卽謂之許」，是也。鄭至是凡再滅許矣。其舊許之地在許州，已爲鄭所奪。容城當卽在葉縣西。蓋葉在楚方城之外，故鄭得因楚之敗乘機取之。應劭以爲卽漢之華容，案華容城在今荆州府之監利縣，逼近郢都，此時昭王新復國，鄭師豈能至此。

祝其城在贑榆西，魯國南疆更遠齊。盟會須當接界地，稱爲夾谷屬無稽。一百二

祝其，漢縣，屬東海郡，地在今江南海州贑榆縣西五十里，當魯之極南。定十年公會齊侯于夾谷，杜註「夾谷卽祝其」，後漢志東海郡祝其縣卽古夾谷。以道里計之，祝其縣僻處海隅，去齊、魯之都數百里，非會盟之轍所宜至。且齊强魯弱，齊豈能越國而會于其地，魯亦無爲挈齊而會于其國之極南也。高氏地名考以山東濟南府淄川縣西南三十里有夾谷山，一名祝其。彙纂又以爲齊、魯相會不應去齊若此之近，去魯若此之遠，而以泰安府萊蕪縣之夾谷峪爲萊兵劫魯侯處。近日山東通志以新設青州府之博山縣有地名顏神鎮爲當日之夾谷，爲萊蕪、淄川二縣適中處，庶幾近之。

齊、曹各有重丘地，曹縣、東昌迥不同。兩國並從元凱註，宛溪于此又朦朧。一百三

襄十七年衞孫蒯田于曹隧，飲馬于重丘，毁其瓶，重丘人閉門而呴之，衞伐曹取重丘。杜註「曹邑」，在今曹州府曹縣東北五十里。又襄二十五年諸侯同盟于重丘。杜註「齊地」，在今東昌府東南五十里，跨茌平縣界。兩國分注甚明。景范氏方輿紀要以襄十七年衞所取之重丘卽注東昌府，謂爲曹北竟之邊邑，襄二十五年同盟于重丘卽此。混而一之，殊誤。

自九十五至一百三共九首，論從前地里差譌處。

近關脫屣等浮雲，廢置由來總不聞。馮道老奸狙儈術，卷懷高蹈事宜分。一百四

襄十四年衛孫林父將出獻公，告蘧伯玉，對曰：「君制其國，誰敢奸之，雖奸之，庸知愈乎？」遂行，從近關出。襄二十六年甯喜將弒其君剽而納獻公，復告伯玉，伯玉曰：「瑗不得聞君之出，敢聞其入。」復從近關出。此左氏之謬也。夫伯玉食君之祿，而首尾十三年之間此廢而彼入，彼入而此弒，漠然不關其慮，若無與己事者，此長樂老人之歷事五代，豈伯玉大賢而出此。而子朱子乃引爲「卷而懷之」之證，恐未可訓。詳見蘧伯玉論。

一百四一首，論左氏差謬。

徒父占辭說涉河，候車東敗是秦戈。征南詮解殊疎謬，地里推尋矛盾多。一百五

僖十五年韓之戰，卜徒父筮之，曰「吉涉河」，三字要連讀，是卜徒父口中語，猶襄二十八年傳子之曰「克見血」。左氏每有此文法。若說秦軍涉河，則韓原之地當在河以東，于陝西韓城縣解不去矣。候車是秦之游兵，如今之探騎。「侯」同「候」，古人二字通用。係秦車，非晉車。若說晉車敗，是秦已得勝，穆公安用詰徒父，杜解殊謬。詳見杜註正譌。

焉用喪歸屬晉侯，繆公本意不成仇。若從杜解支離甚，伉儷情深輟鬪謀。一百六

秦伯曰：「獲晉侯，以厚歸也。既而喪歸，焉用之。」兩「歸」字俱屬晉侯說，下文有「必歸晉侯」可證。文義本易解。杜註云「若將晉侯入，則夫人或自殺」。穆姬在內，如何云喪歸。且穆公竟成懼內之人，真所謂武夫力而拘諸原，婦人暂而免諸國矣。

沃盟旋揮系屬連，英雄降服豈徒然。湔衣揮水鄰調戲，情事相懸有萬千。一百七

僖二十三年傳秦伯納女五人，懷嬴與焉，奉匜沃盥，既而揮之。案：沃盥是執巾櫛之事，既而知是懷嬴係姪婦，欲揮令遠去，故懷嬴怒曰「何以卑我」。降服而囚，只是當日畏秦威耳。杜註：「揮，湔也。」正義解之曰：「懷嬴奉匜，爲公子澆手，既而以溼手揮之，使水湔污其衣。」如此則此時已屬調戲情事，正是相反。

鳩茲江水屬蕪湖，吳地烏程天一隅。南北懸殊千里外，追奔曷用過吳都。一百八

襄三年楚子重伐吳，克鳩茲，至于衡山。鳩茲爲今江南太平府蕪湖縣。杜註：「衡山在吳興烏程縣南。」今爲浙江湖州府附郭。是時吳都尚在無錫，烏程更在無錫東南三百里，何用追奔至此乎？疎舛甚矣。

生而賜族本劉炫，穎達譏彈已在先。仲氏、季孫從後得，康侯祖述亦徒然。一百九

僖十六年三月壬申，公子季友卒。胡傳謂「季友、仲遂皆生而賜氏，俾世其官，春秋書此以著壞法亂紀之戒。」案：賜氏之說本出于劉炫，正義已駁之，曰：「『季』是其字，『友』是其名，如仲遂、叔肸皆名字雙舉，無以爲氏之理。劉炫謂季友、仲遂皆生而賜族以規杜過，非也。」仲遂生時止稱東門氏，成十五年仲嬰齊卒，傳云宣十八年逐東門氏，既而又使嬰齊紹其後，曰仲氏；季友至孫行父始稱季孫氏，其生時之「季」與「仲」非氏也。胡氏之說誤。

劉君規杜未爲真，孔氏依阿是諛臣。千慮何妨存一失，後人無用護前人。一百十

劉炫規杜氏之失凡一百五十餘條，穎達謂其雖規杜氏，義實淺近，固然。然韓之戰劉炫以侯車敗爲秦伯車敗，云：「侯者，五等總名，國君大號。且韓戰之前未有交兵，何得言晉侯車有三敗。」其說甚允。而穎達必强申杜氏之說，謂：「秦是伯爵，晉實是侯

爵，既云侯車敗，故知是晉侯車敗。」如此則秦車當云伯車，楚車當云子車乎？可發一笑也。又云：「三敗是車有敗壞，非兵敗。」强解殊甚。凡杜氏之稍有違誤者，必曲成其說，如此等類，不一而足。

劉炫矜伐性多爭，穎達攻劉義極精。獨到征南違反處，更無一語爲持平。一百十一

孔氏正義序内謂劉炫意在矜伐，性好非毁。其攻劉氏規杜，如傳三十三年晉人敗狄于箕，及襄二十一年傳邾庶其以漆、閭丘來奔，以公姑姊妻之二條，伸杜抑劉，可謂析入牛毛繭絲。但其他杜有未安而劉規之爲得者，必曲護杜氏，甚覺無謂。且杜最精地里，而孔于地里特疎，凡涉地里處多置不解，如柏舉之戰，謂吴兵自東而追至西者，尤誤。

自一百五至一百十一共七首，論杜註、孔疏、胡傳之失。

虢滅西歸絶好音，申亡南服啟雄心。春秋晉、楚平分勢，兩國存亡痛鉅深。一百十二

晉滅虢，得陝州鹽寶桃林之地，鎬京消息中斷；楚滅申有宛、謝、南陽，營方城，逼近洛邑，自是春秋爲晉、楚之世矣。

此一首總論春秋全局。

往日譚經兒戲同，聽人傳說任西東。而今紙上看形勢，歷歷輿圖指掌中。一百十三

補遺

越棄江、淮就故封，史遷耳食未宜從。武城烽火曾相接，隔遠如何有戰攻。

史記越滅吴而不能正江、淮以北，故楚得東侵，廣地至泗上。泗上蓋今揚州及徐、泗等地。考吴越春秋、竹書紀年、越絶書，俱云越從都琅琊，起觀臺以望東海。琅琊爲今山東沂州府，其所屬日照縣向係海曲，疑所謂觀臺即于此。左傳哀二十二年越滅吴，二十七年越使后庸來言邾、魯之界，哀公嘗欲以越伐魯而去季氏，公又嘗如越，武城嘗有越寇，武城在今沂州府費縣。若棄江、淮，則后庸使命之往來，公之如越，越之寇武城，中間俱隔一楚地，則知史記之説非也。

楚疆不越洞庭湖，此外殊方天一隅。吴起相荆新闢地，春秋原不隸輿圖。

長沙府以南俱爲百蠻地。楚莊王時羣蠻從楚子滅庸，自後蠻服楚，鄢陵之戰蠻從楚擊晉，然皆不隸板圖。及吴起相悼王，南并蠻、越，遂有洞庭、蒼梧，漸由湖南以開兩廣矣。春秋時並非楚地也。

沙鹿于今隸大名，經爲天下志山崩。祇緣卜偃言亡國，適會韓原與禍并。

僖十四年秋八月辛卯沙鹿崩，晉卜偃曰：「期年將有大咎，幾亡國。」僖十五年十一月壬戌秦、晉戰于韓原，獲晉侯。後儒遂謂沙鹿是晉地。胡傳云：「春秋書沙鹿崩于前，書獲晉侯于後，事應具存。」此不考地里而曲徇左氏之過也。案：杜註「陽平元城縣東有沙鹿土山」，在今北直大名府元城縣東四十五里，其西有沙鹿城，去晉疆絶遠。晉當惠公時，其地未至于東方也。沙鹿即五鹿，杜註「衛地」。僖二十三年傳晉公子重耳處狄，十二年而行。史記年表是年爲僖公十六年，即秦、晉戰韓之明年也。公子由狄過衛，出于五鹿，乞食于野人。杜註「陽平元城縣亦有五鹿」。近志今大名府有五鹿城二，屬元城縣者，即沙鹿城也。由晉而狄而衛，

道極遼遠，沙鹿非晉地明甚。因左氏好言災異，附著晉卜偃之言，而韓原之役適與之會，後儒不察，遂以沙鹿屬之晉，而不知此日之晉尚未有沙鹿也。僖二十八年文公伐衛取五鹿，沙鹿屬晉。未幾又屬衛。至哀四年齊、衛救趙稷于邯鄲圍五鹿，又屬晉。蓋當春秋之季，晉地直跨至山東界，沙鹿始爲晉有。不得據其後以概夫前也。公羊云「爲天下紀異」，此爲得之。

江、漢初逢大別山，楚、吴角鬬此中閒。康成錯解安豐縣，顧氏仍譌未肯删。

禹貢漢水「過三澨，至于大別，南入于江」。春秋定四年吴、楚柏舉之戰，自小別至于大別。大別山在今湖廣漢陽府城東北百步，武昌府之西漢水觸山迴南入江處，即今之漢口也。康成註禹貢謂在今之安豐；史記索隱及班固前漢志亦云：「六安國安豐縣，禹貢大別山在西南；」而方輿紀要亦從之，皆誤也。安豐之大別另是一山，與禹貢、左傳俱無涉。安豐爲今江南壽州大別山，在今潁州府霍丘縣西南八十里，去漢口絶遠。孔氏穎達曰：「吴既與楚夾漢，然後楚乃濟漢而陳，自小別至于大別。」然則二別是近漢之名，無緣反在安豐也。

校勘記

〔一〕「莊二十八年傳」 「莊二十八」原作「僖五」，據左傳莊公二十八年改。

〔二〕「袁山松曰」 「山松」原作「崧」，據水經注江水改。